손
정
도

Long for the Liberty and Peace of Korea:
Life and Thoughts of the Rev. Jung-Do Sohn

ISBN: 978-89-6907-236-8 03910

Published in Seoul, Korea by
Miral Books
2F Oksan Bldg., 177 Yeonhui-ro, Seodaemun-gu, Seoul, Korea 03697

| 일러두기 |

1. 이 책에 인용된 성경구절은 대한성서공회 『개역개정판 성경전서』(1998년) 본문을 사용하였다.
2. 책에서 인용한 자료 본문 가운데 국한문 혼용이나 고어체로 된 것은 본래 문장의 취지를 살려 독자들이 이해하기 쉽게 한글체로 풀어 썼다.
3. 중국 지명이나 인명은 중국식 발음으로 표기하지 않고 한자 표기를 그대로 한글로 번역하여 사용하였다.
4. 책에서 자주 인용한 영문 자료의 약어는 아래와 같다.

ARMEC: Annual Report of the Board of Foreign Missions of the Methodist Episcopal Church
KMEC: Official Minutes and Reports of the Korea Mission(Korea Mission Conference, Korea Annual Conference) of the Methodist Episcopal Church
KMF: The Korea Mission Field
KM: The Korea Methodist

* **밀알북스**는 신앙과지성사의 자매브랜드입니다.

자유와 평화의 꿈

손정도

이덕주 지음

밀알북스

머리글

밀린 숙제, 20년 만에 끝내다

이덕주 (감리교신학대학교 은퇴교수)

1999년 여름으로 기억된다. 동국대에서 한국사를 강의하던 김승일 교수로부터 전화를 받았다. "올가을에 손정도 목사님에 대한 한·중 국제학술 세미나가 열리게 되었는데 논문 한 편 발표하실 수 있겠습니까?" 손정도 목사가 감리교 목사였으니 감리교 역사학자가 논문을 쓰는 것이 좋을 듯싶다며 원고를 부탁했다. 그 전화 한 통으로 나의 '손정도 역정(歷程)'은 시작되었다. 처음엔 "논문 한 편 발표할 기회가 왔구나." 하고 쉽게 생각했다. 당시 손정도에 대한 내 지식수준은 아주 일천했다. 내가 몸담고 있던 감리교신학대학교 '대선배'로서 한국 감리교회의 '모교회'인 정동제일교회를 담임하다가 삼일운동 직전 중국으로 망명하여 상해 대한민국임시정부 의정원 의장을 지낸 독립운동가 정도로만 알고 있었다. 이미 연구된 결과물들도 여러 편 있어 쉽게 논문을 쓸 수 있을 것으로 생각했다. 그러나 손정도에 대한 자료를 찾고 읽어가는 과정에서 내가 크게 착각하였음을 깨달았다. 단시간에 쉽게 접근할 분이 아니었다.

우선 손정도는 그 활동 반경이 실로 광대하였다. 국내에서는 출생지 강서에서 출발해서 기독교인이 된 평양, 신학을 공부하고 목회하였던 서울을 거쳐 '가츠라암살음모사건'으로 1년 유배 생활을 했던 전라도 진도까지 2천 리 길이었다. 그는 예수를 믿고 부모와 고향에서 쫓겨난 이후 '27년 공생애'의 반 이상(15년)을 해외에서 살았다. 중국 남방 상해에서 북경과 산해관을 거쳐 북방 길림과 하얼빈까지 1만 리 길이었다. 그는 그렇게 광활한 지역을 누비면서 목사로만 산 것이 아니라 선교사로, 독립운동가로 살았다. 그 과정에서 그가 만난 사람들은 도산 안창호와 우남 이승만을 비롯해서 전덕기, 양기탁, 이동휘, 이시영, 이동녕, 안태국, 김규식, 여운형, 김구, 노백린, 신규식, 현순, 김인전, 김병조, 정인과, 김동삼, 하란사, 김마리아, 김활란, 박인덕, 유관순, 신마숙, 신준려, 이화숙, 권기옥 등 그야말로 한국 독립운동사와 근대사의 주역들로 교과서에서 읽었던 인물들이었다. 땅속에 숨긴 거대한 칡뿌리 같은 인맥이었다.

손정도 목사만 그런 것이 아니었다. 가족의 투쟁 또한 눈물겨웠다. 삼일운동 때 평양에 있던 부인과 자녀들도 모두 만세시위에 가담했고 어머니(오신도)는 맏손녀(손진실)와 함께 평양 애국부인회를 조직해서 총재로 활동하다가 체포되어 옥고를 치렀다. 손정도 목사의 두 아들(손원일과 손원태) 역시 일제말기 국내로 들어왔다가 일본 경찰에 체포되어 옥고를 치렀다. 그리고 손정도 목사는 생애 말년, 북만주 길림에서 목회할 때 아버지를 여의고 길림에 들어온 '숭실 동문' 김형직의 아들 김성주(김일성)를 '친자식처럼' 돌봐준 일이 있었다. 그 일로 김일성은 1992년 평양에서 출간한 회고록에서 손정도 목사를 "생명의 은인"이라고 칭송하였다. 그렇게 해서 손정도 목사는 '남과 북에서 공히 존경하는 인물'이 되었고 그를 매개로한 남과 북의 종교인, 역사학자들의 교류가 이루어졌다. 이처럼 손정도 목사는 그 인맥과 활동은 백두산에서 한라산까지 한반도를 관통하고 있는 백두대간처럼 웅대하였다.

그런 웅장한 인물을 한 달 만에 글을 쓰겠다고 응답했던 내가 잘못이었다. 그러나 세미나 날짜가 정해진 터라 얼추 자료를 엮어 그해 가을 "손정도 목사의 생애와 신학사상"이란 제목의 논문을 발표하였다. 발표 후 세미나 참석자들은 "훌륭한 논문이었다."라고 하였지만 내 맘은 편치 않았다. 그야말로 수박 겉핥기식으로 쓴 것을 나 자신 알고 있었기 때문이었다. 무엇보다 '영으로' 강연을 들었을 손정도 목사님에게 죄송하고 미안했다. "그게 나냐?" 하시는 것 같았다. 그래서 논문 발표 후 "시간을 길게 잡고 손정도 목사님의 삶과 투쟁, 그것을 가능케 했던 신앙과 신학을 제대로 규명해 보아야겠다."라고 생각했다. 그렇게 '서툰' 논문을 발표한 4년 후, 2003년 10월에 북조선 사회과학원 초청을 받고 평양에 올라가 '손정도 목사 기념 남북학술대회'에 참가하게 되었다. 남쪽에서는 감리교신학대학교와 한국기독교역사연구소 학자들이 참석했고 건강이 여의치 않았음에도 미국의 손원태 장로님도 동행하셨다. 거기서 나는 전의 논문을 약간 보완해서 같은 제목의 논문을 발표하였다. 내 논문 내용은 부실했지만, 북조선 최고 학자들과 '손정도 목사에 관하여' 토론을 했다는 것만으로도 감격스러웠다.

그러나 평양 학술대회를 마치고 서울로 돌아오는 내 마음은 편치 못했다. 최선을 다하지 못한 나 자신이 부끄러웠다. 손정도 목사님께 대한 죄송함도 떠나지 않았다. 그 후 학교로 돌아와서도 교수에게 주어진 일상 업무와 책임 수행 때문에 '손정도 연구'에 손을 대지 못했다. 틈틈이 관련 자료는 보았지만 본격적인 집필은 할 수 없었다. 그렇게 교수 생활을 마치고 2017년 2월 정년 은퇴하였다. 학교 연구실을 비워 주고 소중하다 생각되는 자료만 한 보따리 챙겨 들고 집으로 돌아오는 내 마음속에는 손정도라는 '밀린 숙제'도 함께 들어 있었다. 그러나 은퇴 후 곧바로 집필에 착수하지 못했다. 내 마음속 요구에 따라 은퇴 후 1년간은 의도적으로 '침묵과 은둔'의 시간을 가졌다. 가급적 바깥출입이나 사람 만나는 것을 피하고 나 자신을 돌아보는 시간을 가졌다. 그리고 '삼일운동 백 주년'을 맞은 2019년을 정말 바쁘게 지냈다. '삼일운동과 기독교'를 주제로 한 글도 많이 썼고 강연도 많이 했다. 그러면서도 "기독교에서 삼일운동 하면 손정도 목사님인데." 하는 생각을 떨쳐버릴 수 없었다.

그렇게 '대목 만난' 장사꾼처럼 분주했던 2019년이 끝날 즈음에야 비로소 여유가 생겼다. 그래서 오래 묵혀 두었던 '손정도 자료'를 꺼내 읽기 시작했다. 전에 읽었던 것인데도 새롭게 읽혔다. 그리고 그동안 수 없이 보았던 신문과 잡지였음에도 읽지 못했던 '손정도 글'이 큰 글자로 읽혔다. 때에 맞추어 손정도의 독립운동에 관한 소중한 원문 자료들이 국사편찬위원회와 국가기록원, 독립기념관 인터넷 자료실을 통해 '쏟아져' 나왔다. 내가 자료를 찾아다니는 것이 아니라 자료가 나를 찾아오는 격이었다. 더 이상 집필을 미룰 이유가 없었다. 그렇게 해서 2020년 1월부터 집필을 시작했다. 그리고 한 달 만에 '느닷없이' 코로나19 사태가 터졌다. 예약했던 집회와 모임이 모두 취소되었다.

좋든 싫든 오로지 집안 서재에 앉아있어야 했다. 그것은 내게 '축복의 시간' 이었다. 오직 손정도에만 매달려 자료를 글로 바꾸는 작업을 하였다.

나는 3개월만에 탈고한 원고를 제일 먼저 '손정도 목사의 장손' 인 손명원 장로님(손원일 제독의 장남)께 보여드렸다. 삼촌(손원태 장로)과 함께, 혹은 단독으로 북한을 여러 차례 방문해서 생전의 김일성 주석을 여러 번 만났던 손명원 장로님은 성공한 기업인으로 남북 평화통일에 대한 남다른 기대와 열정을 갖고 계셨다. 내 원고를 읽어보신 손명원 장로님은 출판을 적극 지지하며 조언을 아끼지 않으셨다. 특히 손명원 장로님은 "일본 측 재판자료를 보면 손정도 목사님의 본적이 '정동 34번지 정동제일교회' 로 되어 있는데 혹시 중구청에 목사님 호적이 남아 있을지 모르니 알아봐 달라."는 나의 부탁을 받고 중구청을 찾아가 1910년대 기록된 제적부를 구해오셨다. 거기엔 그동안 알려지지 않았던 손정도 목사의 부모와 동생, 자녀에 대한 새로운 정보들이 담겨 있었다. '손정도 제적부' 는 집필을 끝낸 내게 '보너스' 같은 선물이었다. 나는 또 탈고한 원고를 국사학자 이만열, 윤경로 두 선생님께 보여드리고 일독을 부탁했다. 독립운동사 연구의 권위자이신 두 분 선생님은 원고를 읽고 조언해 주셨을 뿐 아니라 추천하는 글까지 보내주셨다. 늘 고마운 분들이다.

그렇게 해서 정리된 원고를 내 오랜 '글벗' 최병천 장로의 '신앙과지성사' 에 전달하였다. 사실 최병천 장로는 내가 학교에 있었을 때부터 "타락한 목회자들의 권위가 땅바닥에 떨어지고, 사회적 책임을 외면한 교회가 지탄을 받고 있는 요즘 같은 때, 신앙적 양심에서 민족구원의 책임감으로 자신을 희생하신 손정도 목사님 같은 분을 제대로 조명함으로, 방향을 잡지 못하고 갈팡질팡하고 있는 오늘 한국교회와 목회자들에게 바른길을 보여주고, 70년 넘게 분단 문제를 해결하지 못한 채 불신과 갈등을 빚고 있는 한반도 상황에서 평화와 통일의 가교로서 기독자의 올바른 자세가 무엇인지를 알려주어야 하지 않겠는가?" 하면서 "손정도 평전을 빨리 쓰라."고 독촉했던 장본인이었다. 그는 20년 전 나의 『신석구 목사』 전기를 출판했던 그 책임감으로 이번 손정도 목사 전기도 내주었다. 요즘처럼 '종이책'이 팔리지 않는 시절에도 문서선교에 대한 책임감 하나로 출판업을 포기하지 않고 버티고 있는 최병천 장로에게 고마움과 미안함을 동시에 느낀다. 원고가 책으로 바뀌는 과정에서 신앙과지성사의 권오무 목사와 직원들의 수고가 컸다. 그리고 자료수집과 원고 교열, 색인 작업을 도와준 '한반도통일역사문화연구소' 소장 최태육 박사와 연제윤 전도사의 수고도 잊을 수 없다.

이 책이 만들어지기까지 나와 함께 생각과 이야기를 나누었던 분들은 한민족의 평화통일을 향한 '손정도의 꿈과 이상'을 공유한 분들이다. 이 책을 읽는 사람들 가슴속에도 그런 꿈과 이상이 피어나 실현되었으면 좋겠다. 통일이 되면 손명원 장로님과 함께 손정도 목사님의 고향, 평남 강서군 증산면 오흥리 어딘가에 있을 손정도 목사님의 부모님 산소에 국화꽃 한 송이를 올려드리고 싶은 것이 나의 남은 꿈이다.

추모의 글

역사는 미래의 거울

손명원 (손정도 목사 장손, 전 쌍용자동차 회장)

손정도 목사님의 삶을 재조명하는 이유는 무엇인가? 한 인간이 얼마간 살아 있었냐가 중요한 것이 아니고 그가 어떤 삶의 철학, 삶의 원칙을 마음에 간직하고 살았느냐가 중요하기 때문이다. 손정도 그 사람의 삶의 철학은 무엇이었나? 마음에 간직한 한 사람의 삶의 원칙을 어떻게 행동으로 옮겼는지가 중요하다.

가장 좋은 예가 예수님이 아닌가 생각한다. 2천여 년 전에 돌아가신 그분의 탄생을 기리기 위하여 사람들은 예수 탄생일을 기준으로 BC와 AD로 나누고 오늘 우리가 하루하루 지나는 것을 서기 달력으로 기록하며 살고 있다. 성경은 세계에서 가장 많이 읽고 팔리는 책이다. 그 사람의 삶의 원칙이었던 사랑의 계명을 우리 인간들이 중요시했고 따르려고 하고 있기 때문이다. 이 『손정도』에서 밝혀지듯이 그의 첫째 삶의 철학은 하나님 사랑이 나라 사랑이고, 나라 사랑이 민족 사랑이었다. 둘째는 걸레 정신이다. 가족 대대로 지켜오던 유교 가정에서 기독교를 받아들이며 이 새로운 삶의 선택은 그의 삶의 철학을 바꾸어 놓았다. 이 '바뀜'이 오늘 이 글을 쓰게 된 이유가 아닐까 생각한다.

젊은 청년 손정도가 예수님을 영접하며 예수님의 으뜸 계명인 사랑의 계명이 그의 삶의 철학, 삶의 원칙이 되었다. 하나님을 사랑하고 이웃을 사랑하라는 주님의 계명이 그의 으뜸 계명이 되고 그의 삶의 철학이 되었다. 네 마음과 목숨과 뜻을 다하여 하나님을 사랑하고 네 이웃을 네 몸 같이 사랑하라는 주님의 계명이 손정도 삶의 원칙이 되었다. 그의 이웃사랑 하는 방법은 목숨을 바쳐 민족을 사랑하는 것이다. 그는 자기 선택과 그 선택에 따르는 결과를 서슴지 않고 받아들였다. 그 결과로 그는 49세 젊은 나이에 하나님 옆으로 떠났다.

그의 첫번째 삶의 변화는 20세에 기독교 신자가 되어 새로운 삶을 선택하고 성경에서 가르친 하나님 이외에 다른 신을 믿는 것은 죄라는 말씀을 따라 그는 가족 대대로 물려 내려오던 조상 숭배 장소인 사당을 부숴버림으로 집에서 미친놈으로 취급받고 쫓겨나게 된다. 두 번째 삶의 전환점은 전도사로 중국에서 선교활동을 하며 망명하여 살고 있는 동포들과의 만남이다. 이들을 삶의 도탄에서 구하기 위하여 독립운동에 꼭 참여하겠다고 결심한다. 그리고 그는 일본 경찰에게 독립운동 지도자로 지목받게 된다. 이 선택으로 그는 평생 안고 다니는 고문 후유증과 위장병을 갖게 된다. 30대 초반에 '105인 사건'과 '가츠라총리암살음모사건' 등으로 체포되어 모진 고문을 받았다. 젊어 씨름대회에서 일 등을 할 정도로 건강했던 손정도는 위장병으로 삶의 기초인 매끼 식사와 싸워야 하는 고달픈 삶을 살아야 했다.

그가 49세 길림에서 세상을 떠날 때까지 고문 후유증은 항상 그와 동행하였다. 육체적으로 폐인이 된 그가 진도 유배를 통해 조금씩 건강이 회복되어 동대문교회, 정동교회 목사로 안정된 삶을 살게 되었다. 그러나 고종황제를 만나면서 다시 그는 적극적으로 독립운동에 참여하게 된다.

손정도가 신학공부를 해야만 했던 이유가 무엇이었을까? 신앙은 상아탑에 귀히 모셔놓고 일요일에 한 번씩 가서 들춰보는 것이 아니고, 믿는 것을 숨 쉬는 것같이 매일 삶에 적용하는 것이 참 신앙이다. 그러므로 신앙을 뒷받침할 수 있는 신학을 공부하여 자신이 믿는 신앙이 어떻게 이성적으로 학술적으로 뒷받침이 되는지를 알기 위하여 그는 신학을 공부하였다고 생각한다. 힘의 원리는 F=MA이다. 힘이 나에게 가해지는 것은 알지만 얼마나 큰 힘이 어떻게 내게 전하여지는 가는 힘의 방정식을 이해할 때 가능하다. 얼마나 큰 힘이 나에게 다가오는지, 또 이 힘을 사용하여 내가 만들고 싶은 빌딩과 자동차를 만들려면 그에 따른 힘의 방정식을 알고 이해해야 한다. 이와 같이 신앙은 그냥 믿는 것이 아니고 이 신앙을 남에게 전하기 위하여서는 우리의 이성과 풍습과 성경의 구절을 연결시키는 신학이 필요하였다.

주님의 종이 되겠다는 선택으로 인한 큰 파도가 지나가고 흥분 속에서 벗어나 조용한 해변에서 자신을 보며 지금부터 나는 어디로 가야 하는지 물었을 것이다. 거리에 버려진 어린이가 되었다는 것을 느끼며, 나는 이제 어디로 가야 하는가를 물었을 것이다. 손정도는 주를 선택하게 만든 그 목사님을 찾아가는 수밖에 없었다. 그는 새로운 사람 기독교 신자로서의 삶을 시작하게 된다. 거리의 방랑자가 마음에 평안과 목표를 주는 주님을 마음에 모시고, 손정도는 오늘의 불행에서 내일의 행복을 얻고자 목사님을 찾아간다. 하나님의 말씀을 전하는 전도사는 매일 나라 잃고 허덕이는 민족을 만나게 되며 어떻게 이들을 도탄에서 구할 수 있을까를 매일 묻지 않을 수 없게 된다. 바로 이 질문에 대한 답이 다음 파도인 독립운동가로 목숨을 바쳐 이웃인 민족을 위하여 독립운동에 참여하는 선교사, 목사, 독립운동가로 나타난다.

법치국의 나라를 세우기 위하여 첫째 법이 필요하고 이 법에 따라 나라를 세우기 위하여 상해임시정부가 시작되었다. 이 입법부(오늘의 국회)를 세우고 이 입법부에서 만든 법과 절차에 의하여 행정부를 수립하였다. 즉 오늘의 대한민국 산파 역할을 한 임시 의정원을 만드는 것이 손정도와 독립운동가들의 급선무였다. 1919년 4월 11일 의장에 이동녕이 선출되었고 부의장에 손정도가 선출되었다. 이틀 후 4월 13일 이동녕 씨가 사임하고 손정도가 다음 4년간 의정원 의장직을 맡아 '걸레' 역할을 한다. 그는 주어진 숙제, 국호, 헌법 등을 제각기 다른 분야, 다른 이념, 다른 지역 지도자들의 다른 생각들을 화합하여 결과를 만들어내야 했다. 나라 이름을 선택하고, 나라의 기본 이념, 조직, 미래 로드맵을 정하는 일이 시작되었다.

가장 어려웠던 문제는 나라를 잃고도 모인 사람들이 양보보다는 모두 자기 몫을 확보하려는 끝없는 지역별 싸움, 이념 싸움과 헤게모니 싸움이었다. 대통령에 이승만을 지지한 이유는 대한민국은 민주주의 나라이며 이를 끌고 가기 위하여서는 민주주의 나라인 미국에서 교육을 받고 독립운동을 하는 이승만이 적임자였다고 생각해서였다. 신학을 공부함으로 예수님이 손정도를 예수님 어깨에 앉혀 멀리 자기 생의 갈 길을 보게 한 것이 아닌가 생각된다. 목마 태워주신 예수님은 손정도 신앙 신입생에게 장래를 제대로 보게 하려고 협성신학교(현 감리교신학대학교)를 다니게 한 것이 아닌가? 선교한다는 것은 예수님, 하나님이 어떤 분인지 모르는 사람들에게 예수님이 우리 삶에 무슨 역할을 하는지를 알려야 한다. 평민들이 알아듣고 이해할 수 있는 풍습, 이성을 묶어 성경의 어떤 구절이 어떻게 연결되는지를 알리는 것이 전도사, 선교사, 목사가 해야 할 일이며, 이에 필요한 지식을 갖추기 위하여 신학교를 다닌 것이다.

손정도 목사는 일하기 싫으면 먹지도 마라. 집주인이 맡겨놓은 돈을 두 배로 늘린 일꾼에게 칭찬하고, 땅에 묻어 놓았던 일꾼에게는 나무라고, 그 돈도 두 배로 만든 일꾼에게 주었던 것을 귀중히 여겼다. 열심히 함께 일하여 크게 모은 수확을 공평하게 나누며 사는 것이 행복한 삶이라고 생각하였다. 함께 하나님께 감사하며 지내는 것이 그가 원하는 사회 공동생활이 아니었을까? 부자의 돈을 빼앗아 불쌍한 농민에게 주는 것은 일하지 않으면 먹지도 말라는 가르침에 어긋난다. 또 남의 노동으로 혼자 부자가 되는 것도 옳지 않다고 생각하였고 이러한 생각은 성경에 기반 한 것이다. 그러나 이런 생각을 공산주의와 연결하려는 것은, 색안경을 끼고 그의 생각을 오해한 탓이다. 유산으로 받은 땅을 이상촌 설립에 필요한 토지구매에 썼다. 그 땅이 일본 정부 소유로 넘어가는 것을 본 손정도 목사는 모든 것을 잃어버렸다. 꿈을 현실화하려는 것이 실패로 끝난 것이었다. 자신이 가지고 있던 모든 것을 이웃을 도우려고 바쳤다. 고문 후유증으로 육체적인 고통은 음식을 못 먹어 건강이 최악에 다다랐고, 정신적으로는 하나님이 보여주신 꿈의 이상촌도 결국 파도에 쓸려간 모래처럼 되었다.

위계양으로 피를 토하며 일본 의사가 운영하는 동양병원을 찾았을 때 치료를 거부당한 손정도가 마지막으로 하늘을 향해 드린 기도는 어떤 기도였을까? "주님 저를 잊으셨나이까? 주여 저를 주님 곁으로 데려가 주십시오." 숨을 거두는 그 순간에 마지막 한마디는 "주여"였을 것이다.

산다는 것은 배우는 것이다. 산다는 것은 사랑하는 것이다. 산다는 것은 일하는 것이라고 한다. 인생의 삶은 끊임없는 선택으로 배우고, 사랑하고, 숨지는 날까지 일하다 가는 것이 아닌가? 하나님을 배우고 가족과 민족을 사랑하였고 있는 것 모두 바쳐 하나님 이상촌을 짓다가 떠난 손정도 목사님, 나의 할아버지를 만나 눈물로 감사하고 싶다.

코로나19 팬데믹이 전 세계를 휩쓸고 있는 지금, 높고 낮음 없이 누구에게나 찾아올 수 있는 죽음을 듣고 보는 오늘이다. 대한민국 국민으로 내일의 대한민국을 걱정하는 우리는 오늘의 대한민국이라는 국호가 어떻게 만들어 졌고 또 대한민국 정신의 뿌리, 대한민국 나라의 마음이 무엇으로 만들어졌는지 상해임시정부 창립 시 열띤 토의 끝에 우리의 뿌리가 어떻게 만들어졌는지를 볼 수 있게 이 책은 안내자 역할을 하고 있다. 역사는 미래의 거울이라는 말을 되새기며 손정도 평전의 추천사를 쓰게 된 것에 감사드린다. 그리고 이 큰 작업을 완수하신 이덕주 교수님께 무한한 감사를 드린다.

추천의 글

앞으로도 계속 될 감동과 도전

전용재 (감리회 27대 감독회장, 손정도기념사업회 대표회장)

내가 최근에 새롭게 만난 분이 손정도 목사님이십니다. 감리교회의 대표 자격으로 손정도 목사님의 추모일 등에 설교하러 가곤 하면서 손정도 목사님을 점점 더 알아가게 되었습니다. 막연히 감리교회의 선진으로서 동대문, 정동교회를 담임하셨고, 독립운동을 하셨으며, 아들이신 손원일 제독이 해군의 아버지이며, 군 선교를 시작하게 하신 분이란 정도로 알고 있었던 내게 그분에 대하여 알아갈수록 너무 많은 도전과 감동이 생기게 된 것입니다. 결국 이런 일들이 쌓이면서, 손정도 기념 사업회의 대표회장까지 맡게 된 것입니다.

유관순은 잘 알고 있지만, 그 유관순을 있게 해 준 신앙적, 정신적 스승으로서 손정도 목사님을 아는 이는 많지 않습니다. 임시 정부는 알고 있고, 김구 선생은 알고 있지만, 임시 정부의 실질적 시작의 지도자가 손정도 목사님이시고, 이승만 박사나 김구 선생 같은 분을 임시 정부에 모셔 온 분이 손정도 목사이심을 아는 이가 많지 않습니다. 대한적십자사는 잘 알고 있는 것 같은데 그 운동을 시작하고 초대 총재를 지낸 분이 손정도 목사님이신 줄 아는 이는 별로 없습니다.

그분의 손자이신 손명원 장로의 증언처럼, '걸레 정신' 더럽혀지고 어지러울 때, 나타나 깨끗하게 치워주고, 소임을 다하면 한 모퉁이, 사람들이 잘 보지 못하는 곳에 가 있는 걸레 같은 정신을 갖고 살아오신 탓일 수도 있습니다. 그런데 사실은 우리의 무관심 탓입니다. 역사를 통해서 교훈을 받고, 선진들의 위대한 희생정신, 나보다 나라를 더 위하고 공동체를 살리려고 하는 놀라운 헌신에 감사해 할 줄 모르는 우리의 이기적 자세 탓입니다. 이런 분이야말로 오늘의 우리 정치 현실에, 우리의 종교 현장에 꼭 필요한 분일 것입니다. 손정도 목사님을 아주 적절한 시기에 소환해 주신 이덕주 교수께 감사를 드립니다.

책에서도 나오지만, 손정도 목사님은 김일성 주석과의 얽힌 지난날의 인연들로 인하여 북한에서는 민족의 위대한 독립운동가로 추앙받고 있습니다. 이런 이유가 오히려 우리에게는 불편하게 여겨져 이분을 추모하고 알아 가는 일을 등한히 했는지도 모릅니다. 그러나 손정도 목사님을 알아 갈수록 그리스도의 사랑에 붙잡혀 나라를 살리고, 백성들이 평화롭고 평안하게 살게 하려는 그분의 사명감, 이를 이루기 위해서 당신 자신과 가정까지 희생하시면서 올 인하셨던 손 목사님으로부터 우리는 너무나 많은 도전과 교훈을 받게 됩니다.

이런 지도자야말로 오늘 우리 시대에 너무너무 필요함을 절감하면서 이 책을 저술해 주신, 그래서 20년 만에 숙제를 잘 마쳐준, 이덕주 교수께 다시 감사를 드리며, 출판해 주신 신앙과지성사의 최병천 장로에게도 고마운 마음을 드립니다. 이 책이 오늘과 앞으로 올 다음 시대의 많은 사람에게 감동과 도전이 되길 기도합니다.

차례

손정도 삶의 자리

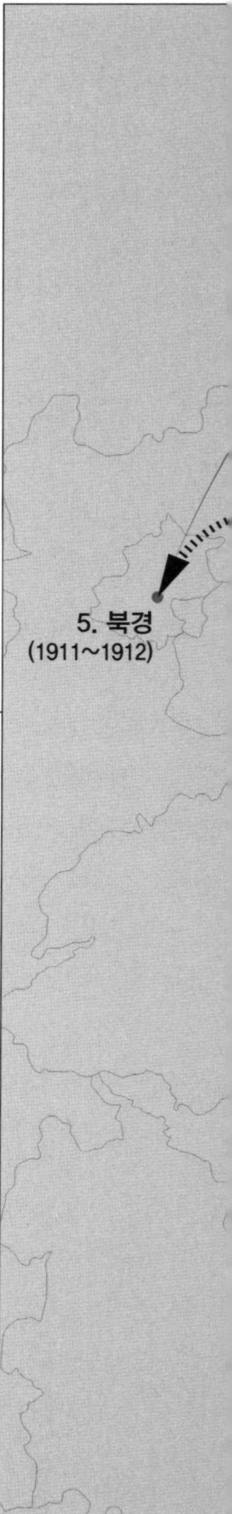

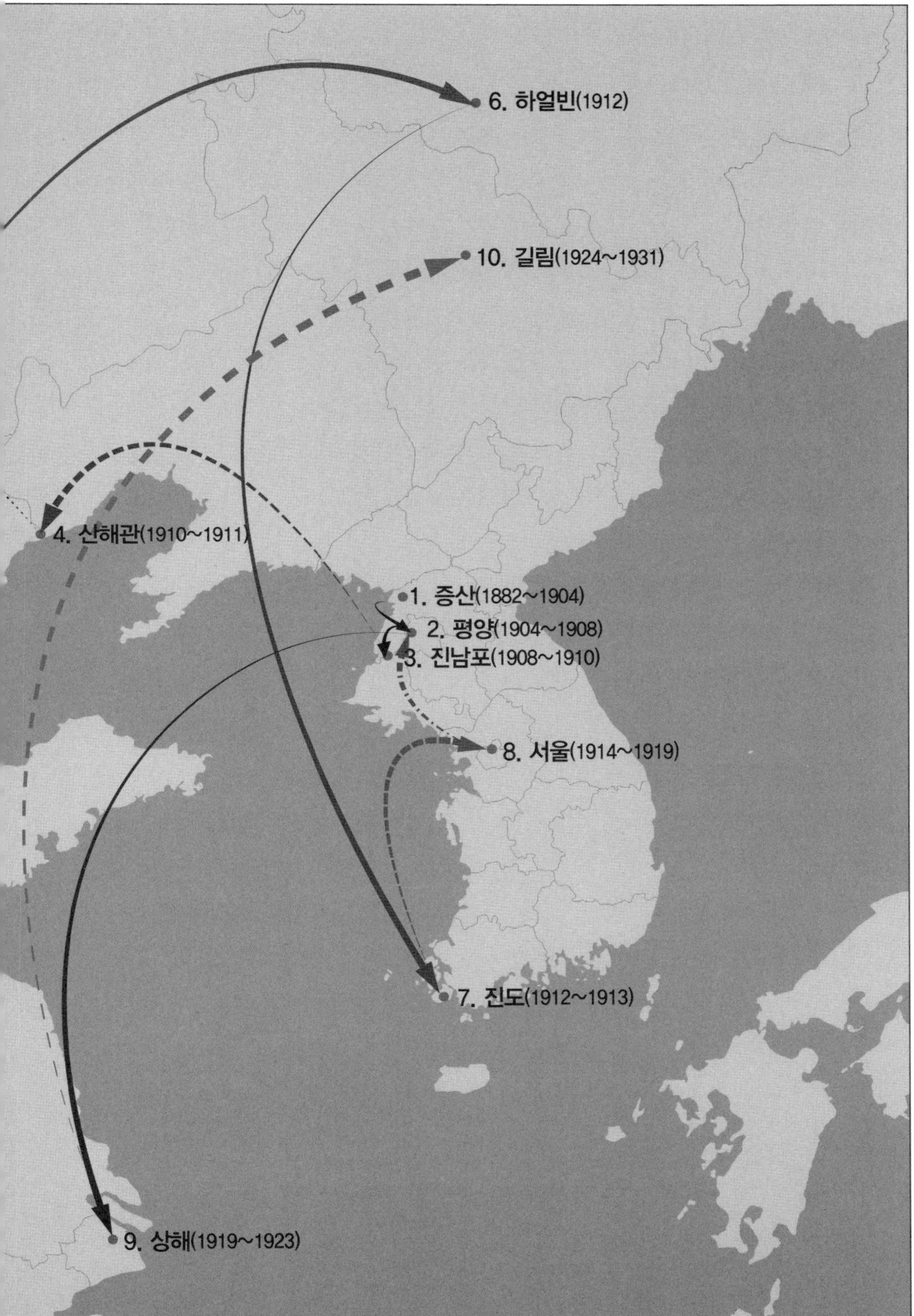
6. 하얼빈(1912)
10. 길림(1924~1931)
4. 산해관(1910~1911)
1. 증산(1882~1904)
2. 평양(1904~1908)
3. 진남포(1908~1910)
8. 서울(1914~1919)
7. 진도(1912~1913)
9. 상해(1919~1923)

Ⅰ. 증산에서 평양 거쳐 진남포까지(1882~1910년)

"너는 너의 고향과 친척과 아버지의 집을 떠나 내가 네게 보여 줄 땅으로 가라. 내가 너로 큰 민족을 이루고 네게 복을 주어 네 이름을 창대하게 하리니 너는 복이 될지라."(창 12:1~2)

상투는 자르고 갓을 쓴 손정도

성경과 기독교 전통에서 성인(聖人)과 위인(偉人)의 생애는 언제나 고향을 떠나는 것으로 시작된다. '믿음의 조상' 아브라함을 비롯하여 이삭과 야곱이 그러했고 출애굽의 영웅 모세와 여호수아도 그러했다. 신약의 예수 그리스도와 그의 제자들이 그러했으며 바울과 어거스틴, 프란체스코, 루터, 칼뱅, 웨슬리, 슈바이처 등도 그러했다. 우리나라 기독교 역사도 마찬가지다. 우리 민족에게 복음을 전해 주었던 언더우드와 아펜젤러, 스크랜턴, 헤론, 홀, 에비슨, 헐버트, 벙커 등 서울 양화진 외국인 묘소에 묻혀 있는 선교사들의 무덤이 그런 역사를 증언하고 있다. 이런 선교사들로부터 기독교 복음을 전해 듣고 전도자의 길을 나섰던 한국인 목회자들의 이야기도 '집을 떠남'으로 시작되었다. 만주에서 세례를 받은 서상륜과 백홍준, 일본에서 세례받은 이수정이 그러했고 국내에서 복음을 접한 김창식과 최병헌, 길선주, 신석구, 한석진 등이 모두 고향을 떠나 타지에서 목회하다가 생을 마쳤다. 이들은 모두 "나온 바 본향을 생각하였더라면 돌아갈 기회가 있었으려니와 그들이 이제는 더 나은 본향을 사모하니 곧 하늘에 있는 것"을 바라보며 이 땅에서는 '외국인과 나그네'로 살았던 사람들이다(히 11:13~16).

이 책의 주인공 손정도 목사도 예외는 아니다. 평남 강서에서 태어난 그는 고향에서 한학을 공부하다가 관직 등용시험을 보러 평양으로 가던 중 기독교 복음을 접한 후 돌연 상투를 자르고 집으로 돌아와 사당을 부수었고 그 일로 '미친 사람'으로 몰려 집안에서 쫓겨났다. 그렇게 고향을 떠나 평양에 와서 숭실중학교에 입학하여 신학문을 배우던 중 1907년 평양 대부흥운동 때 영적 회심과 함께 위기에 처한 민족을 구할 '종교적 책임'이 자신에게 있음을 깨닫고 복음 전도자의 길에 나섰다.

> "오직 성령이 너희에게 임하시면 너희가 권능을 받고 예루살렘과 온 유대와 사마리아와 땅 끝까지 이르러 내 증인이 되리라 하시니라."(행 1:8)

그렇게 시작된 손정도 목사의 25년 목회여정은 익숙한 곳에서 낯선 곳으로, 편안한 곳에서 불편한 곳으로, 높은 곳에서 낮은 곳으로, 대접받는 자리에서 섬기는 자리로 옮겨 다니면서 그리스도 예수를 증언하는 '전도 외길'이었다. 그리고 마침내 '땅끝까지' 이르러 춥고 황량만 만주 벌판, 길림 땅에서 가족과도 떨어져 여관방에서 홀로 '피를 토하고' 쓰러져 길지 않은 49년 일생을 마쳤다.

1. 고향을 떠나: 믿음의 여정

1) 죽음이 시작

짐승이나 일반인은 죽음이 끝이지만 위인과 성인은 그렇지 않다. 오히려 죽음이 시작이다. 죽음이 생명이 되어 세상을 바꾸고 사람을 움직인다. 죽은 사람의 생각과 정신은 소멸되지 않고 살아남은 사람에게 살아서 계속 그 힘과 의지를 드러낸다. 자기가 죽어서 남을 살리는 생명의 연속이다. 그래서 죽어도 죽은 것이 아니다. 죽어서 사는 것이다. 기독교에서는 그것을 부활이라고 한다(요 11:25~26). 그렇게 '믿음의 사람'은 죽어서 산다. 부활의 첫 열매가 되신 예수 그리스도가 그러했고 그를 믿고 따랐던 제자들이 그러했으며 2천 년 기독교 역사에 등장했던 수많은 신앙 위인들이 그러했다. 한반도에서 이루어진 120년 기독교(개신교) 역사에서도 그렇게 '죽어서 산' 신앙 위인들이 적지 않았다. 이 책의 주인공 해석(海石) 손정도(孫貞道) 목사가 그러했다. 그의 이야기를 죽음으로 시작하는 이유다.

1931년 2월 21일 자 〈동아일보〉 2면에 "민족운동의 거두(巨頭) 손정도(孫貞道) 목사 장서(長逝)"란 제목의 3단 기사가 실렸다.

> "계태랑암살음모사건의 혐의와 무관학교사건으로 조선 안에서도 다년간 옥중고초를 밧다가 해외로 나간 후로는 벌서 십여 년을 두고 활동하야 때때로 여러 가지 소문을 고토에 보내든 목사 손정도씨는 작(昨) 19일 오후 열두 시 중국 길림성내에 있는 동양병원에서 52세를 일기로 씨의 고질이든 위병에 드디어 세상을 떠나고 말았다."[1]

民族運動의巨頭! 孫貞道牧師長逝

海內外風霜卅餘年

桂太郎暗殺과 北間島事件

學識과 人格으로 信任을 받든 牧師

손정도 별세 기사(동아일보, 1931.2.21.)

1 "民族運動의 巨頭 孫貞道 牧師 長逝", 〈동아일보〉 1931.2.21.

이어서 신문은 고인의 사진과 함께 그가 '해내외(海內外)에서 겪었던 풍상 30년'을 요약해서 소개하였다. 즉 평남 강서군 증산에서 태어나 고향에서 농사를 지으며 한학을 공부하다가 평양 숭실중학과 서울 협성신학교를 졸업한 후 만주에 선교사로 파송을 받아 시무하던 중 가츠라(桂太郎)암살음모사건으로 러시아 경찰에 체포되어 국내 총독부 경무총감부에 압송되었고, 북간도 무관학교 설립기금 모금사건으로 기소되어 평양재판소에서 무죄 선고를 받았음에도 행정명령으로 진도에서 1년간 거주제한(유배)형을 받았으며, 이후 서울 동대문교회와 정동교회에서 목회하다가 1차 세계대전 후 중국으로 망명하여 상해임시정부 임시의정원 원장으로 2년 활동하고 길림 조선인교회 목사로 시무하던 중 지병으로 별세하였다고 기록하였다.

그리고 나흘 후인 1931년 2월 25일, 기독교계 〈기독신보〉에도 짧은 별세 기사가 실렸다.

> "조선 종교계에도 거두요 특히 민족운동에 노력하던 손정도 목사가 그동안 파란 많은 생활을 하다가 중국 길림 조선교회에서 목회하다가 위병으로 19일 밤 열두 시에 만주 벌판에서 고혼이 되었다. 조리 있는 부흥설교를 잘하든 씨를 잊어버린 조선교회는 애통함을 금치 못하며 그의 영혼이 편히 쉬기를 또는 그의 가족에게 위로가 있기를 빈다."[2]

"부흥설교 잘하던" 손정도 목사의 별세 소식이 알려지자 그를 추모하는 모임이 곳곳에서 열렸다. 우선 〈동아일보〉는 "진남포 사립

2 "손정도 목사 영면", 〈기독신보〉 1931.2.25.

삼숭학교 동창회 주최로 3월 16일 저녁에 진남포 신흥리교회에서 '민족운동의 거두' 손정도 목사 추도식이 거행될 예정이다."라는 소식을 전했다.[3] 손정도 목사 추도식을 거행한 진남포 신흥리교회와 삼숭학교는 손정도 목사가 처음 목회를 시작한 곳이었다. 그리고 그해 6월 11일 개성 북부교회에서 개최된 감리교 연회에서도 만주지방 감리사 배형식(裵亨植) 목사 사회로 '손정도 목사 추도식'이 거행되었다.[4] 추도식에 참석했던 감리교 목회자와 선교사들은 "손정도 목사의 유해를 묻을 곳을 얻지 못해 아직도 관이 노상(路上)에 안치되어 있다."는 배형식 감리사의 보고를 듣고 즉석에서 헌금을 실시하였다. 배형식 감리사는 그 돈으로 길림성 밖 북산(北山) 언덕에 묘지를 마련하고 11월 25일 안장식을 거행했다.[5]

추모와 함께 그의 삶을 기록하여 후대에 전하려는 시도가 이루어졌다. 별세 5개월 후인 1931년 7월부터 10월까지 3회에 걸쳐 〈기독교종교교육〉에 실린 '손정도 목사 약전(略傳)'이 그것이다. 필자 최봉측(崔鳳則)은 평북 영변 숭덕학교와 서울 배재학당 고등과를 거쳐 1926년 서울 연희전문학교 문과를 졸업한 후 초교파 선교기관인 조선주일학교연합회 간사로 있으면서 기관지 〈기독교종교교육〉을 편집하고 있었다. 그는 1910년대 영변 숭덕학교 재학시절 학교 부흥회에서 손정도 목사의 설교를 처음 듣고 감화를 받은 후 서울 유학 시절 정동교회에 출석하면서 손정도 목사의 가르침을 받았던 '신앙의 제자'였다. 그런 배경에서 최봉측은 손정도 목사 별세 소식을 듣자마자 자

3 "손 목사 추도식 진남포에서 거행", 〈동아일보〉 1931.3.7.
4 "고 손정도씨 추도회", 〈기독신보〉 1931.6.24.; 〈기독교조선감리회 동부·중부·서부 제1회 연합연회 회록〉 1931, 72~73.
5 "해외동포소식 편편", 〈기독신보〉 1931.11.11.

신의 경험과 주변인들의 증언을 토대로 손정도 목사의 생애를 기록하였다. 최봉측은 기록 목적을 이렇게 진술하였다.

"세상이 변하고 혼돈하여짐을 따라 사람도 변하고 윤리도 변하고 사상도 변한다. 따라 신앙도 변하고 신조도 바뀌운다. 일시 종교계에서 부흥목사로 명성이 쟁쟁하던 어른으로도 한 번 정치운동의 인물이 될 때에는 신조가 바뀌우고 신앙이 타락한 이들을 손꼽아 지적할 수 있다. 또 그 소위 민족을 사랑한다든 열렬한 애국지사로도 사회주의에 생각을 담그고 민족운동에 크게 타마(陀摩)하는 이 실로 그 수를 헤아릴 바 아니었만 오직 고 해석 손정도 목사만은 타오르는 그 신앙과 신조가 평생을 통하여 한결같았고 자기의 민족을 사랑하는 그 마음은 청송

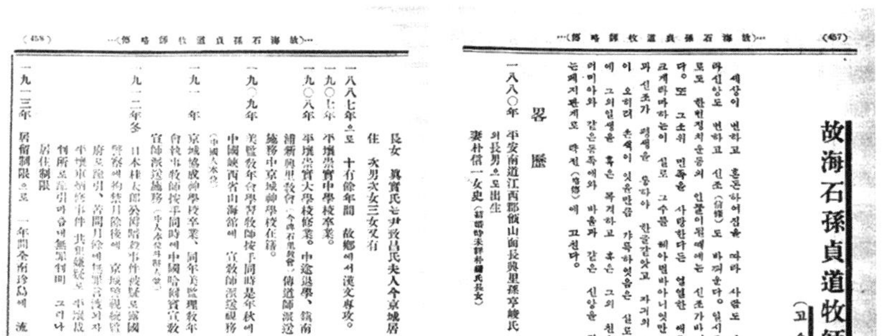
(457) …(故海石孫貞道牧師略傳)…

故海石孫貞道牧師略傳【一】

(고손정도목사략전)

崔鳳則

세상이 변하고 혼돈하여짐을 따라 사람도 변하고 륜리(倫理)도 변하고 사상도 변한다。따라신앙도 변하고 신조(信條)도 바꺼운다。일시종교계에서 부흥목사로 명성이 쟁쟁하던 어룬으로도 한번정치운동의 인물이될때에는 신조가바꺼우고 신앙이 타락한이들을 손곱아 지적할수잇다。또 그소위 민족을 사랑한다든 열열한 애국지사로도 사회주의에 생각을잠그고 민족운동에 고계타마하는이 실로 그수를 헤아렴바아니엇만 오직 고해석 손정도목사만은 타올으는 그신앙과 신조가 평생을 통하아 한결같앗고 자기의 민족을 사랑하는 그마음은 청송과녹죽(靑松綠竹)이 오히려 손색이 잇을만큼 가특하엿음은 실로 선수를 통하야 저할만하고 교훈될만 하기로 이에 그의일생을 혹은 목격하고 혹은 그의 친우(親友)에게 뭇고、다른기록에서 수집하야 옛날에 어미아와 같은몽족에와 바울과 같은 신앙을 진술하야 영원한 기념을 삼고저한다。우선본호에는페지관계로 략전(略傳)에 끄친다。

略歷

一八八〇年 平安南道江西郡甑山面長興里孫亨峻氏의長男으로出生
妻朴信一女史(結婚時未詳朴纘氏長女)
現中國北平居留
長男 元逸君(二十四) 中國海軍에投身
今英國海軍을見學中

(458) …(故海石孫貞道牧師略傳)…

長女 眞實氏는尹致昌氏夫人今京城居住 次男文女三女又有
一八八七年으로 十有餘年間 故鄕에서漢文專攻。
一九〇七年 平壤崇實中學校卒業。
一九〇八年 平壤崇實大學校修業。中途退學、鎭南浦新興里教會(今碑石里教會)傳道師派遣施務中京城神學校在籍。
一九〇九年 美監教年會學習牧師按手同時是年秋에中國錦西省山海舘에 宣教師派遣視務(中國人來往)
一九一一年 京城協成神學校卒業、同年美監理教年會執事牧師按手同時에中國哈爾賓宣教師派遣施務
一九一二年冬 日本桂太郎公爵暗殺事件嫌疑로露國警察에拘禁月餘後에 京城警視總監府로拖引、若干月餘에無罪言渡되자平壤東州事件 共犯嫌疑로 平壤裁判所로拖引마음에無罪判明 그러나居住制限
一九一三年 居留制限으로 一年間全南珍島에 流刑。
一九一四年 流刑에서解禁、京城東大門教會駐在牧師로派遣
一九一五年 京城貞洞第一禮拜堂駐在牧師로 派遣 三年間奉職
一九一八年 因病休職平壤府新倉里居留
一九一九年 二月京城梨花學堂教監 河蘭史女史와同伴中國北京行
同年 三月 朝鮮三一運動勃發以來上海法租界內에有하臨時政府議政院長으로李承晩博士가米洲에서 到着하기까지 李博士任務의署理兼任
一九二四年春—一九三〇年 中國吉林省額穆縣教會宣教牧師로七年間施務
一九三〇年春 因病辭職 中國北平香山寺에療養三四月後家族同伴昨年滿洲居留同胞騷擾事件以來로同胞의安堵를爲하야不眠活動하다가
一九三一年 二月十九日下午十二時胃病의重態로吉林省東洋病院에서歸作不歸之魂

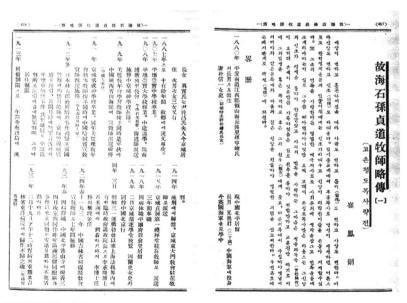

최봉측의 손정도 약사(1931년)

과 녹죽(青松綠竹)이 오히려 손색이 있을 만큼 갸륵하였음은 실로 천추를 통하여 전할 만하고 교훈 될 만하기로 이에 그의 일생을 혹 목격하고 혹은 그의 친우에게 묻고 다른 기록에서 수집하야 옛날 예레미야와 갓은 동족애와 바울 같은 신앙을 편술하야 영원한 기렴을 삼기로 한다."[6]

급변하는 세상 풍조 속에서 지조를 바꾸고 변절한 민족운동가들이 속출하고, 신조와 신앙을 버리고 타락한 종교지도자들이 빈번했던 시대였다. 그런 상황에서도 손정도 목사는 '자기 민족을 사랑하는 그 마음'과 '타오르는 신앙과 신조'가 평생을 통하여 '푸른 솔과 대나무' 같이 한결같았다. 최봉측은 그것을 '예레미야의 동족애(同族愛)', '바울의 신앙'으로 표현하였다. 최봉측은 3회 연재한 글을 통해 손정도 목사의 신앙, 특히 평양 대부흥운동 때 경험한 영적 회심과 가츠라 암살음모사건 때 하얼빈 경찰서와 서울 경무청감옥에서 당한 악형과 종교적 신비체험에 대한 증언 기록을 남겼다.

그리고 6년 후, 1937년 2월에도 최봉측은 기독교 잡지 〈새사람〉에 "고 손정도 목사를 추모함"이란 글을 통해 그의 '올곧은 신앙'을 다시 한번 증언하였다.[7] 이렇게 '기독교 독립운동가'로서 손정도의 이름을 언급하는 것조차 조심스러워했던 일제강점기에 최봉측의 용기와 노력으로 손정도 목사의 삶, 특히 그의 신앙체험에 대한 증언 자료가 남았다.

그리고 손정도 목사 별세 후 그의 유가족에 대한 기사도 종종 일

6 최봉측, "고 해석 손정도 목사 약전(1)", 〈기독교종교교육〉 2권 7호, 1931.7, 457.
7 최봉측, "고 손정도 목사를 추모함", 〈새사람〉 제2호, 1937.2, 44~45.

반 언론에 소개되었다. 1주기가 되는 1932년 2월 15일, 〈중앙일보〉는 "길림서 객사(客死)한 손정도씨의 모당(母堂) 안동현(安東縣)에 표박(漂泊)"이란 기사를 실어 손정도 목사에 대한 기억을 끌어냈다. 이 기사는 〈중앙일보〉 기자가 당시 남만주 안동현에 거주하고 있던 손정도 목사의 어머니 오신도(吳信道)를 인터뷰하고 쓴 것인데 총독부 검열로 인해 상당 부분 "○○○○식으로" 삭제된 기사이기는 했지만, 내용을 파악하기란 어렵지 않다. 우선 손정도 목사에 대하여 "일찍이 청년 목사로서 중국에 선교사가 되어 다년간 포교에 노력하였으며 귀국한 뒤에도 교리 선전에 많은 공로가 있어 교회에서 가장 명망이 높던 손정도씨는 다만 교회일 뿐만 아니라 동포를 위한 적성은 그로 하여금 상해와 남경, 북경, 천진, 길림 등지를 포박하며 비상한 역경과 싸우게 하여 감옥에서 얻은 숙환으로 말미암아 목숨을 잃었다."고 기록한 후 아들을 먼저 여읜 어머니 오신도의 근황을 이렇게 소개하였다.

> "지금으로부터 20여 년 전에 남편을 여의고 손정도 외에 몇 남매를 기르며 실로 여성으로서는 당하기 어려운 파란의 생애를 거듭해 오던 중 1919년 애국부인회사건으로 옥고를 치렀고 아직도 이목(耳目)이 총망하고 극히 인자하나 이역(異域)에서 홀로 세상을 떠난 애자(愛子)를 생각할 때에는 가슴이 미어지는 듯하다 하며 현재 안동현 객창의 생애는 매우 쓸쓸한 가운데 그날그날을 보내고 있다."[8]

이후 어머니 오신도는 귀국하여 미국 유학을 마치고 돌아와 평

8 "吉林서 客死한 손정도씨의 母堂 安東縣에 漂泊", 〈중앙일보〉 1932.2.15.

양에 정착한 둘째 아들 경도의 집에서 지내던 중 1933년 9월 5일 증산 고향집을 방문했다가 거기서 별세하였다.

손정도 목사의 자녀들에 관련된 소식도 종종 신문과 잡지에 실렸다. 1932년 8월 미국 로스앤젤레스에서 올림픽 경기가 개최되었는데 대중잡지 〈동광〉은 당시 중국 상해교통대학 교수였던 '축구왕' 신국권(申國權)이 중국 올림픽위원으로 중국선수단을 인솔하여 미국에 가면서 "부인과 함께 참가했다."는 기사를 실었다.[9] '신국권의 부인'은 곧 손정도 목사의 둘째 딸 손성실(孫聖實)이었다. 성실 역시 언니 진실과 함께 3·1운동 직후 중국 상해로 건너가 중고등학교를 거쳐 음악전문학교를 다녔는데 상해 유학 시절 알게 된 신국권과 부친 별세 직후(1931년 10월) 결혼해서 상해에 살면서 북경에서 공부하고 있던 두 동생(원태와 인실)의 유학 생활을 돕고 있었다.

그 무렵 손정도 목사의 맏아들 손원일(孫元一)은 상해 중앙대학 항해과를 졸업한 후 항해사가 되어 독일과 중국 무역회사 상선을 타고 유럽과 세계를 돌고 있었다. 그는 1931년 2월 블라디보스토크에서 함부르크로 가던 중 무전을 통해 아버지의 별세 소식을 듣고 "아버지의 임종도 하지 못한 불효자식은 인도양 한가운데서 울고 또 울었다. 달려갈 방법도 없었고 당장 소식을 전할 수도 없었다."[10] 원일은 1932년 12월에야 중국으로 귀항하여 북경에 살고 있던 어머니와 가족들을 만나보았다. 그리고 1934년 11월, 휴가를 얻어 귀국해서 서울 누나(진실) 집에 머물던 중 상해부터 쫓아온 일본 밀정의 밀고로 종로경찰서에 체포되어 아버지 고향인 강서경찰서로 압송되었다. 그곳에서

9 "올림픽 삽화", 〈동광〉 38호, 1932.10, 48.
10 손원일, "나의 이력서(24)", 〈한국일보〉 1976.10.31.

원일은 아버지가 경무청 감옥에서 받았던 것과 같은 혹독한 고문을 당했다. 원일은 매형 윤치창이 경찰당국에 손을 써 1년 만에 석방되었지만, 그는 그때 당한 고문 후유증으로 상당 기간 고통을 당하였다.[11] 이후 손원일은 경찰당국의 '금족령'으로 중국으로 나가지 못하고 무역회사 남계양행(南桂洋行)을 차리고 사업을 하였고 1939년 3월 이화여전 음악과 졸업생 홍은혜와 결혼하였다.

손원일은 1938년 3월 초, '임종 직전'의 도산 안창호를 만났다. 상해에서 손정도 목사 별세 소식을 듣고 크게 낙담했던 안창호는 1932년 4월 '윤봉길 폭탄투척사건'의 배후 인물로 지목되어 일본 경찰에 체포되었다. 안창호는 국내로 압송되어 경성지방법원에서 징역 4년을 선고받고 3년 복역 후 가출옥 형태로 평양 대성산에서 요양하던 중 1937년 6월 수양동우회사건으로 다시 체포되었다가 건강이 악화되어 그해 12월 병보석으로 풀려나 경성대학병원에서 치료를 받고 있었다. 그런 안창호로부터 "아스파라거스가 먹고 싶다."는 연락을 받고 손원일은 수입품 아스파라거스를 갖고 안창호를 찾아갔다. 그때 일에 대한 손원일의 증언이다.

> "누워 있던 도산은 첫눈에 나를 알아보고 반겼으나 이미 그의 얼굴은 너무 부어올라 예전의 준수한 모습은 아니었다. 도산은 아버지와 얽힌 추억들을 쉬엄쉬엄 이야기했다. 아스파라거스를 맛있게 들더니 한숨을 내쉬며, '나도 멀지 않았네. 손 목사와 같은 병이야…' 했다. 위궤양이 극히 악화된 상태였다. 오래 견디지 못하리라는 것을 직감할

11 손원일, "나의 이력서", 〈한국일보〉 1976.11.6.~11.10;『윤치호 일기』 10권, 국사편찬위원회, 1988, 354~355.

수 있었다. 아버지의 임종을 못 했던 나는 도산에게서 아버지의 체취를 함께 느끼며 눈물을 떨구었다. 민족의 큰 별 하나가 또다시 떨어지는 아쉬움, 너나없이 악형을 받고 건강을 잃은 슬픔이 한 번에 엄습해 왔다. '젊은 나이에 너무 고생했구나. 자포자기하지 말고 조금만 더 참고 있으면 좋은 날이 올 것이다.' 도산은 마치 유언처럼 이렇게 말했다. 오히려 위로를 받고 슬픔에 북받쳐 작별했다."[12]

손원일이 병문안을 다녀온 이틀 후, 1938년 3월 10일 도산 안창호는 별세하였다. 손정도 목사의 평생 친구이자 동지였던 안창호의 마지막 길도 비슷했다. 옥중 고문으로 얻은 질병(위궤양)으로 고생을 하다가 결국 병원에서 숨을 거둔 것이 그러했다.

그 무렵 중국 북경에서 유학 중이던 손정도 목사의 2남 손원태(孫元泰)와 막내딸 손인실(孫仁實)도 뛰어난 운동 실력으로 언론에 보도되었다. 1935년 2월 23일 자 〈동아일보〉에 실린 "고 손정도씨의 남매 두 분, 화북빙상(華北氷上)에서 전승(全勝), 이것은 북중(北中)의 최고 기록이다."는 제목의 기사가 그것이다.[13] 1월 25~26일 중국 북경에서 '제1회 화북 빙상대회'가 개최되었는데 당시 북경 회문(滙文)고등학교 재학생 손원태가 남자 고교부에서 5백 미터, 5천 미터, 2천 미터에서 우승하였고 모정(慕貞)여자중학교 재학생 손인실이 여자 중등부에 출전하여 5백 미터, 1천 미터, 2천 미터에서 우승하였다. 〈동아일보〉는 그 소식을 전하면서 "만일 연경대학에 유학 중인 문명기 군이 참가하였더라면 더 좋은 성적을 냈을 것인데 군이 불행히 입적(入籍)되

12 손원일, "나의 이력서(32)", 〈한국일보〉 1976.11.12.
13 "고 손정도씨의 男妹 두 분 華北氷上에서 全勝", 〈동아일보〉 1935.2.23.

지 않아 참가 허락을 받지 못한 것이 유감이다."는 기사도 실었다. 이 기사에서 언급한 문병기(文炳基)는 당시 연경대학 의예과 재학생으로 '만능 체육인' 이었는데 후에(1939년) 손인실과 결혼하였다.[14] 〈동아일보〉는 "우리의 빙상선수가 족광(足光)에서 그와 같은 호성적을 거두고 우승함을 들을 때 이곳 해외에 있는 우리의 맘은 기뻐서 어찌할 줄을 모르겠다."는 중국 거주 한인교포들의 소감도 전하였다. 중국 선수들을 물리친 손정도 목사 자녀의 우승 소식은 나라를 잃고 중국 땅으로 쫓겨 가서 본토인들에게 억눌려 살고 있던 동포들의 자존심을 세워주었다.

2) 추모와 기억

손정도 목사의 두 자녀가 중국 빙상대회에서 우승을 차지했다는 소식이 전달된 1935년 이후 더 이상 손정도 목사나 그의 가족에 대한 기사나 소식은 접할 수 없었다. 한민족의 역사와 정체성을 말살하려는 일제의 군국주의 식민통치가 막바지에 이른 '일제말기' 가 시작되었기 때문이었다. 이후 해방되기까지 '항일 민족운동의 거두' 손정도 목사에 관한 이야기는 공개적으로 말할 수 없는 금기사항이었다. 그렇게 10년 '암흑기' 를 거친 후 1945년 8·15해방이 되었다. 역사와 세상이 바뀌었다. 한반도를 지배했던 일본과 친일 세력이 물러가고 그들에 의해 추방되거나 갇혔던 독립운동가와 망명객들이 돌아왔다. 감옥에서 풀려나거나 망명지에서 돌아온 독립운동가들을 환영하는 열기가 뜨거웠다. 그다음으로 해외에서 독립운동을 하다가 별세하

---

14 안혜령, 『손인실: 사랑과 겸허의 향기』, 이화여자대학교 출판부, 2001, 54~63.

여 돌아오지 못한 순국선열과 애국 열사들을 애도하고 추모하는 행사가 열렸다. 그런 추모 분위기 속에서 잊혀졌던 '손정도 목사 이야기'도 부활되었다.

해방 후 첫 번째로 거행된 손정도 목사 추도회는 1949년 2월 20일(일) 오후 1시, 손정도 목사가 중국으로 망명하기 직전에 담임했던 서울 정동교회에서 거행되었다.[15] '18주기 추모예배' 형태로 진행된 추모예배는 배형식 목사 사회로 기도는 정재면 목사, 성경봉독은 홍에스더, 설교는 장석영 목사, 축도는 양주삼 목사가 하였고 추모사는 사회부장관 이윤영 목사, 국회부의장 김동원 장로, 흥사단 대표 김홍서, 총리원 대표 신공숙 목사, 정동교회 대표 김인영 목사, 총리원 대표 이규갑 목사, 그리고 독립운동 동지였던 위병식과 한중전 등이 맡았다. 유가족 대표로 손정도 목사의 맏사위 윤치창이 답사를 하였다. 그리고 추모예배 음악 순서는 정동교회 성가대와 맏아들 손원일이 창건한 해군 군악대가 맡아 예식 분위기를 돋우었다.[16] 추도회를 주도한 배형식 목사는 만주지방 감리사로 사역하다가 1939년 은퇴한 후 북간도 용정에 있다가 해방과 함께 월남하여 1949년 1월 친구이자 동지였던 손정도 목사 추모발기회를 조직하고 추도식과 전기 발간에 착수하였다.[17] 그리하여 그해 10월, '기독교건국전도단' 발행으로 『고 해석

15 "고 손정도 목사 二十日 追念式", 〈동아일보〉 1949.2.17.

16 배형식, 『故 海石 孫貞道 牧師 小傳』, 기독교건국전도단, 1949, 23~33.

17 손정도 목사 추도식 발기위원은 다음과 같다.
양주삼 배형식 전효배 박선제 장석영 정재면 홍병선 전희철 이규갑 구자옥 권성집 송홍국 송득후 현동완 김유순 이윤영 신공숙 조화철 박창국 김성식 정달빈 김영락 이천득 원문용 조신일 박원경 현영성 양매륜 임영빈 박신일 이영은 정태희 이병남 김재덕 이세언 구성서 이호빈 박현숙 김응태 남경순 김덕윤 김경린 허영백 윤성렬 유형기 임일호 박동선 최애라 황해성 이형재 이명제 문창모 김종필 김성남 송창식 이종권 마경일 김명선 이용정 현성원 홍애시덕 김신영 김인영 김태원 조의혁 신창균 위병식 김항묵 곽만영 박동환 이명원 장기형 배형식, 『故 海石 孫貞道 牧師 小傳』, 22~23.

손정도 목사 소전』이 간행되었다. 배형식 목사는 이 책 서문에서 자신과 손정도 목사와의 관계, 그리고 그의 전기를 쓰게 된 동기와 목적을 이렇게 진술하였다.

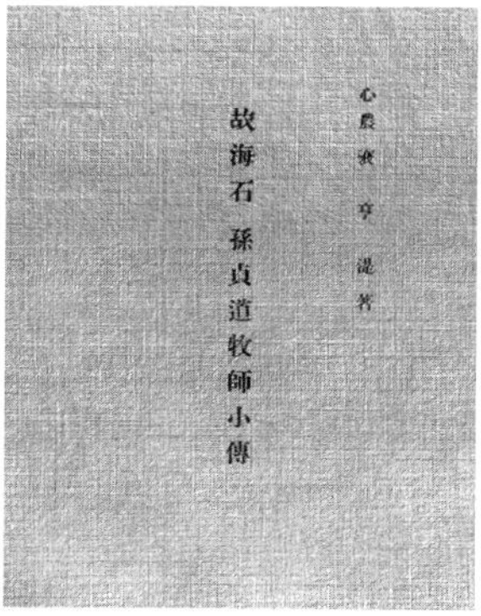

배형식 목사의 손정도 목사 전기

"필자는 고 해석 손정도 목사와 가장 깊은 친구이다. 영계(靈界)에 은사요 사교(社交)에 동지자다. 종교계로는 감리교회에서 목사 안수와 장로 성품과 신학 동창에 동문 출신이며 선교사명에 선후행적(先後行績)이 있었다. 사교상(社交上)으로는 범사에 동모자(同謀者)로 협력 활동하였다. 상해 임정 초대(初代)에 입장을 같이 지냈고 만농(滿農) 농촌건설에 동우(同友)이며 남북만 전도사업에 동역자로 고락을 같이하였다. 그러나 필자는 해석 선생의 성격에 비할 수 없는 결점이 많아 해석 형은 관서(寬恕)와 포용성이 풍부하야 필자의 부족한 과오를 듣고 보는 대로 동기같이 책(責)을 많이 않고 도리어 자기의 소감을 기탄없이 설정(說情)하며 비밀사정까지 은휘(隱諱)없이 통정(通情)하셨다. 항상 도의적 태도로 의리(誼理)를 존중시하던 절대의 신우(信友)다." 18

손정도 목사는 생전에 '마음과 뜻과 믿음'이 통했던 대표적인 '절친' 둘이 있었으니 민족운동 현장에서는 도산(島山) 안창호, 목회

18 배형식, "소개의 말", 『故 海石 孫貞道牧師 小傳』, 1.

현장에서는 심농(心農) 배형식 목사였다. 배형식 목사는 손정도 목사보다 나이는 위(5년)였지만 1908년 손정도가 진남포교회 전도사로 목회를 시작할 때 그 교회 권사로 만나 그의 신앙지도를 받은 이후 20년 넘게 신학교육과 목회, 선교 현장에서 동지와 동역자로 삶을 함께하였다. 그런 배형식 목사였기에 '듣고 본 대로' 손정도 목사의 일생을 증언할 수 있었다. 비록 40여 쪽에 불과한 소책자이긴 하지만 이 책을 통해 손정도 목사의 생애와 사역 전반에 관한 체계적인 소개가 이루어졌다. 그리고 배형식 목사는 전기 마지막 부분에서 "불원장래에 목사님 유적지인 만주를 우리나라 식민지로 되어[만들고] 하얼빈에 안의사(安義士) 중근공(重根公)의 기념 동상 건립과 길림성에 순교하신 손목사의 기념예배당이 건축되기를 바란다."는 '당찬 희망'을 피력하였다. 하지만 6개월 후 한국 전쟁이 터졌고 휴전 후 40년 넘게 중국은 방문 불가능 국가가 되어 길림의 손정도 목사의 묘소도 방문할 수 없게 되었다. 그러면서 손정도 목사에 대한 기억도, 추모도 소멸되었다. 1962년 3월 대한민국 정부가 손정도 목사를 독립유공자로 선정하고 건국훈장 국민장을 추서하였지만 다른 수백 명 독립운동가와 함께 받은 것이어서 손정도 목사가 특별한 주목을 받지는 못했다.

그리고 세월이 흘러 1976년 9월, 손원일이 〈한국일보〉에 석 달 동안 "나의 이력서"란 제목의 회고록을 연재하면서 손정도 목사 이야기는 다시 한번 세간에 알려졌다.[19] 해방 직후 해군을 창설하고 초대 해군참모총장과 국방부 장관, 주독일 대사를 지냈던 손원일은 회고록의 초반 6회를 아예 '아버지 손정도 목사' 이야기로 꾸몄다. 그는 동

19 손원일, "나의 이력서", 〈한국일보〉 1976.9.29.~11.29.

생들의 증언을 취합하여 '가족 증언'을 남김으로 최봉측이나 배형식 목사 같은 '외부 인사'들이 놓치기 쉬운 손정도 목사의 내면세계와 가족에 대한 정보를 제공하였다. 그리고 30년 세월이 흘러 남북화해 분위기가 고조되던 2000년 초반, 손인실과 손원태도 회고록 형태로 '아버지 이야기'를 남겼다. 2001년 전기 작가 안혜령이 집필한 『손인실: 사랑과 겸허의 향기』(이화여자대학교 출판부)와 2003년 손원태가 미국에서 영문으로 출판한 『김일성과 조선의 투쟁: 자유 비망록』(Kim Il Sung and Korea's Struggle: An Unconventional Firsthand History)이 그것이다.[20] 원태와 인실은 아주 어려서 아버지와 헤어졌기 때문에 1925년 길림에서 아버지와 재회할 땐 그 얼굴을 알아보지 못할 정도였다. 그러나 비록 짧은 기간(5년)이었지만 길림에서 '아버지 손정도'와 함께했던 두 자녀의 증언을 통해 최악의 상황으로 바뀌고 있던 목회와 독립운동 환경에서도 교회와 민족을 위해 고군분투하였던 손정도 목사의 '마지막' 모습을 확인할 수 있다.

그런데 흥미로운 것은 손인실과 손원태가 어린 시절 길림에서 만난 김성주(후의 김일성)에 대한 이야기를 회고록에 싣고 있다는 점이다. 손원일도 1976년 쓴 회고록에서 '길림 육문중학교 후배, 세 살 아래인' 김성주에 대해 언급하였지만 "별로 기억이 나지 않는다."는 수준이었다.[21] 하지만 두 동생은 김일성과의 교제를 소상하게 기억하고 있었다. 특히 손원태는 회고록 제목을 아예 '김일성과 조선의 투쟁'이라 잡을 정도로 김일성에 대한 내용을 상세하게 기록하였다. 손원

20 Won Tai Sohn, *Kim Il Sung and Korea's Struggle: An Unconventional Firsthand History,* Jefferson: McFarland & Company, Inc., Publishers, 2003.

21 손원일, "나의 이력서(13)", 〈한국일보〉 1976.10.16. 손원일이 "김성주에 대한 기억이 없다."고 증언한 것은 그가 상해로 유학을 떠난 직후 김성주가 길림에 들어왔기 때문이었다.

나의 履歷書 ①
孫元一
아버지의 變身
科擧길서 만난 牧師說敎에 감복

손원일과 손원태, 손인실의 회고록

태는 아버지 별세 후 북경을 거쳐 소주에서 공부하다가 1940년 가족 방문을 위해 귀국하던 길에 일본 나가사키에서 체포되었고 서울로 압송되어 동대문경찰서에 구금되었다가 역시 매형 윤치창의 주선으로 석방되었다. 이후 그는 서울 세브란스의전을 거쳐 해방 후 1949년 미국에 유학, 시카고 노스웨스턴대학을 졸업한 후 네브래스카주 오마하에서 병리학자로, 한인장로교회 장로로 시무하다가 1986년 은퇴하였다. 그는 길림 시절 김일성과의 교제를 기억하고 방북을 시도하여 1991년 5월 김일성 주석의 초청을 받고 평양을 방문하였다. 이후 손원태는 1994년 7월 김일성이 별세하기까지 수차 방북해서 김일성과 '아버지 손정도 목사와 길림 시절 이야기'를 나누었고 그 내용을 책으로 펴냈던 것이다.

이런 손원태 장로와 김일성 주석과의 재회와 교제 소식이 국내에도 알려지면서 자연스럽게 60여 년 전 길림에서 이루어졌던 '손정도 목사와 김일성과의 만남'에 대한 언론과 연구자들의 관심이 쏠렸

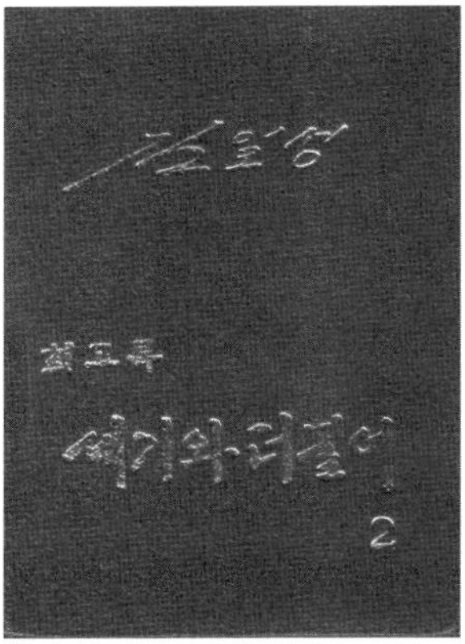

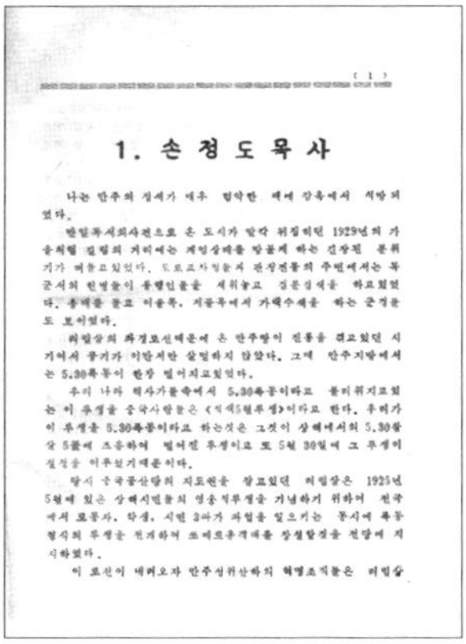

(1)

1. 손 정 도 목 사

나는 만주의 정세가 매우 험악한 때에 감옥에서 석방되였다.

김일성 회고록 제2권(1992년)

다. 길림에서 이루어진 김일성과 손정도 목사 가족과의 만남과 교제에 대한 이야기는 북쪽에서 먼저 알려졌다. 김일성은 1992년 4월 평양에서 간행된 자신의 회고록『세기와 더불어』(전 7권)의 제2권, 제1장을 아예 '손정도 목사'라 제목을 붙이고 자신의 길림 시절(1926~30년) 손정도 목사 부부로부터 받은 도움과 보살핌을 구체적으로 진술하였다. 그는 이 책에서 손정도 목사를 '생명의 은인', '진정한 독립운동가'로 칭송하였다.[22] 이러한 김일성의 증언 기록으로 손정도 목사와 그가 추진했던 기독교 독립운동에 대한 북쪽 역사학계의 평가가 긍정적으로 바뀐 것은 물론이다. 그리고 북쪽의 이러한 변화는 남쪽 언론계와 역사학계의 손정도 목사에 관한 관심을 증폭시켰다. 비록 남쪽에서는 일반인들이 평양에서 인쇄된 김일성 회고록을 자유롭게 볼 수 없었지만, 통일원 자료실을 통해 그 본문을 접한 역사학자들은 손정도 목사

22 김일성,『세기와 더불어』2, 평양: 조선로동당출판사, 1992.9, 354~355.

와 김일성과의 관계를 넘어 손정도 목사의 생애와 독립운동을 재조명하는 작업을 시도하였다.

그런 학술적 연구의 결과물로 1997년 독립운동사 연구가인 동국대학교 김창수·김승일 교수의 공저로 『해석 손정도의 생애와 사상 연구』(넥서스)가 출간되었다. 이 책은 저자 서문에서 밝힌 것처럼, "1) 지금까지 연구되지 않은 인물에 대한 최초의 조명이라는 점에서 앞으로의 해석(손정도) 연구에 하나의 계기를 만들어 주었다는 점, 2) 자료 부족으로 인해 연구되지 못한 인물들에 대한 연구방법을 나름대로 제시했다는 점, 3) 독립운동사 연구계에서 과연 진정한 독립운동가란 어떤 형태의 인물이고 동시에 효율적인 독립운동이란 어떤 형식으로 이루어졌는지, 그에 대한 예를 해석(손정도)의 독립활동에서 찾을 수 있다는 점, 4) 얼마 되지는 않지만 그나마라도 남아 있는 자료가 공개되었다는 점, 5) 얼마 남지 않은 유족들로부터 여러 가지 회고담을 들을 수 있는 기회를 가졌다는 점에서"[23] 출간의 의미가 컸다. 이 저술로 손정도 목사의 기본적인 생애와 그를 중심으로 하여 진행되었던 민족독립운동의 실상이 처음으로 체계적으로, 상세하게 정리되었다. 다만 아쉬운 점이 있다면 손정도의 독립운동을 가능케 했던 정신적 기반으로서 그의 기독교 신앙적 요인을 밝히는 데까지 이르지는 못했다는 것이다. 손정도 목사에게 독립운동은 그 자체가 목적이라기보다 종교적 체험과 신념을 바탕으로 한 목회와 선교의 연장이었다. 그에게는 '나라 사랑' 못지않게 '하나님 사랑'도 중요 가치였다. 손정도 연구에서 그의 신앙과 신학을 규명하는 작업은 간과해서는 안 될 부분이다.

---

23 김창수·김승일, 『해석 손정도의 생애와 사상 연구』, 넥서스, 1999, 9~10.

이렇듯 1990~2000년대 북쪽과 남쪽에서 회고록이나 연구서를 통해 손정도 목사를 재조명하는 작업이 진행되면서 '독립운동가' 손정도 목사는 역사학계뿐 아니라 일반 시민사회, 언론계로부터 주목을 받았다. 특히 손정도 목사가 길림에서 마지막 목회와 농촌운동을 전개하던 시절 북쪽의 '최고 지도자'가 될 김일성과 맺었던 우정의 역사는 분단 50년 만에 어렵게 조성된 남북 화해와 교류 분위기를 촉진시킬 수 있는 좋은 소재였다. 전쟁 후 반세기 남북 간의 이념과 체제 갈등이 심화되면서 한반도의 근현대사 인물 가운데 남과 북이 공(共)히 추앙할 만한 이가 없었는데 김일성 회고록 때문에 손정도 목사는 남과 북이 함께, 높이 평가하는 인물이 되었다. 손정도 목사는 남과 북의 역사학자들이 '공동 연구'할 수 있는 훌륭한 소재였다. 그런 배경에서 2003년 10월 13일 평양에서 손정도 목사의 생애와 사상을 조명하는 남북 공동학술대회가 열렸다. 북쪽에서는 노동당 역사연구소와 조선과학자협회, 김일성대학 역사학부 교수와 연구자들이, 남쪽에서는 손정도목사기념사업회(대표: 서영훈)와 감리교신학대학교(총장 김득중), 한국기독교역사연구소(소장: 윤경로) 교수와 연구자들이 참여하였는데 그때 발표된 논문들은 다음과 같았다.[24]

구분	남 측		북 측	
	제 목	발표자	제 목	발표자
기조 강연	손정도 목사 연구의 종교사적 민족사적 의의	김득중 (감리교신학대학교 총장)	손정도 목사는 그리스도교 정신을 독립운동으로 승화시킨 애국의 거성	최상순 (조선과학자협회 부위원장)

24 김득중 편, 『손정도 목사의 생애와 사상』, 감리교신학대학교 출판부, 2004, 5.

주제 발표	손정도 목사의 생애와 기독교 사상	이덕주 (감리교신학대학교 교수)	우리나라 반일민족해방운동과 손정도 목사	김석준 (조선과학자협회 부국장)
	항일 민족운동사의 맥락에서 본 손정도 목사	이명화 (독립운동사연구소 연구원)	김일성 주석의 회고록《세기와 더불어》를 통하여 본 손정도 목사	김영희 (4·15 문학창작단)
	일제강점기 '기독교 사회주의'와 손정도 목사	한규무 (광주대학교 교수)	손정도 목사와 반일 무장투쟁로선	강수현 (조선과학자협회 처장)
연구 발표	남한에서의 기독교와 사회주의 관련연구: 현황과 과제	류대영 (한동대학교 교수)	종교와 민족해방 연구	김광빈 (조선과학자협회 연구원)
			종교와 사회주의	리창국 (김일성종합대학 역사학부 종교학강좌장)

북쪽 연구학자들을 대표하여 최상순 박사는 기조 강연에서 손정도 목사와 김일성 수령 사이의 '역사적 우호관계'를 다시 강조하면서

손정도 목사 기념 남북학술대회
(2003.10. 평양)

그 의미를 이렇게 설명하였다.

> "손정도 목사님과 우리 수령님과의 호상관계는 단순한 사제관계나 혁명선배와 후배간의 관계가 아니라 민족주의 운동자와 사회주의 운동자와의 관계로서 애국적이며 민족적인 사상 감정으로부터 서로 상대방의 리념과 주의 주장을 리해하고 용납하고 동조하는 사상 정신적 결합이였고 전민족적 차원에서의 모든 애국 력량의 단합을 모색하고 그것을 참답게 이루어낸 구감이였다고 말 할 수 있습니다. 손정도 목사님은 그분이 지니고 계시는 열렬한 애국심과 독실한 신앙심 그리고 한생을 조국과 민족을 위해 깡그리 바치신 그 고귀한 업적으로 하여 우리 모두의 존경과 찬양을 받고 있을 뿐 아니라 위대한 수령님의 생명의 은인이라고 하는 그 절대적인 공헌으로 하여 우리 인민은 특별히 따뜻하고 친근한 마음으로 손정도 목사님의 한생을 추억하며 뜨겁게 기념하고 있는 것입니다."[25]

손정도 목사의 모교(감리교신학대학교) 총장으로서 신학자들을 인솔하여 평양 학술대회에 참가한 김득중 박사도 기조 강연을 통하여 손정도 목사를 매개로 한 남북 공동학술 연구의 의미와 기대를 세 가지로 설명하였다.

> "첫째, 이번 만남을 통해 손정도 목사님의 생애와 사상이 다각적으로 조명되어 그분이 남기신 정신적 유산이 남과 북의 모든 동포들에게 유

25 최상순, "손정도 목사는 그리스도교 정신을 독립운동으로 승화시킨 애국의 거성", 『손정도 목사의 생애와 사상』, 21~22.

익을 주기를 기대합니다. 손정도 목사님이 남기신 삶의 흔적과 정신적 가치가 남과 북의 공동 유산으로 계승 발전될 수 있다고 믿기 때문입니다. 둘째, 이번 만남이 이 시대 우리 민족의 공동 목표인 평화적 통일에 기여하게 되기를 기대합니다. 손정도 목사님이 민족의 자주 독립을 위해 자신을 희생하신 것처럼 오늘 우리는 학자로서, 종교인으로서 우리 민족의 평화 통일을 위해 힘을 모아야 할 책임이 있다고 생각하기 때문입니다. 셋째, 이번 만남을 통해 기독교와 사회주의 상호간의 이해가 촉진되기를 기대합니다. 그리고 이런 상호 이해를 통해서 그 동안 우리를 가로막았던 불신과 오해의 장막을 거두고 신뢰와 협력의 새 시대를 열어가는 계기를 만들어 우리 후세대에 평화와 공존을 선물로 남겨 주어야 한다고 생각하기 때문입니다."[26]

그렇게 2003년 평양 학술대회에 참석했던 역사학자와 신학자들은 '손정도 목사와 김일성 수령'을 매개로 하여 남북 간에 지속적인 만남과 학술교류가 이루어지기를 기대하였다. 그러나 이후 북미, 남북 간의 정치·외교 관계가 악화되면서 활발했던 남북 간의 만남과 교류도 중단되었다. 기대했던 손정도 목사에 대한 '공동 연구'도 이루어지지 못했다. 그런 중에도 남북 화해와 교류, 평화통일을 기원하는 남쪽 역사학계, 기독교계의 염원은 다양한 형태의 손정도 목사 관련 학술연구와 기념행사로 나타났다. 기독교방송(CBS TV) 한국방송공사(KBS TV)에서 '손정도 다큐멘터리'를 제작하여 전국에 방영한 것이 대표적이다. 필자 역시 손정도 목사와 같은 교단(감리교회) 후배 목사

26 김득중, "손정도 목사 연구의 종교사적 민족사적 의의", 『손정도 목사의 생애와 사상』, 16~17.

이자 그의 모교(감리교신학대학교) 후배 교수로서 2003년 10월 평양 학술대회에 참가하여 "손정도 목사의 생애와 기독교사상"이란 논문을 발표하고 돌아온 후 지속적인 관심을 갖고 자료들을 수집하고 그와 관련된 역사적 흔적이 남아 있는 국내외 유적지를 답사하면서 손정도 목사의 신앙과 정신을 파악하기 위해 애썼다. 그 결과물로 이 책을 쓰게 되었다.

3) 평양과 강서에 들어온 복음

엄밀한 의미에서 손정도 목사는 '무덤이 없는 사람'이다. 1931년 2월 길림에서 별세한 손정도 목사의 유해는 바로 안장하지 못하고 중국인 장의소에 9개월 동안 임시 안치되어 있다가 국내 교인들의 헌금으로 길림성 밖 북산 자락에 묘지를 마련하고 묘소를 조성한 후 사진까지 새긴 묘비를 세웠다. 하지만 해방과 함께 중국이 공산화된 후 60년 세월이 흐르는 동안 북산 묘역은 돌보는 사람이 없어 손정도 목사의 묘소는 물론 그 주변에 들어섰던 길림지역 교인들의 무덤도 훼손되었다. 특히 1970년대 문화혁명 '광풍'으로 십자가가 새겨진 기독교인 묘소는 철저히 파괴되었고 1980~90년대 재개발 열풍으로 길림 외곽이 주택가로 바뀌면서 북산에 있던 손정도 목사 묘소는 흔적조차 찾을 수 없게 되었다. 중국 여행이 어느 정도 자유스러워진 1990년대 들어서 손정도 목사의 국내 유가족과 독립운동사 연구자, 그리고 손정도 목사의 유해를 '모시기' 원하는 남북의 관계자, 다큐멘터리를 제작하던 언론사 취재진들이 길림을 방문하여 손정도 목사 묘소를 찾으려 노력했지만 뜻을 이루지 못했다. 1996년 여름 해외에 묻혀 있는 독립운동가와 애국열사의 유해를 국내로 봉환하는 일을 추

손정도 목사 유해 봉환식과 묘소(서울 국립현충원)

진하던 대한민국 정부(보훈처) 관계자들이 길림을 방문하여 손정도 목사의 묘소 위치를 탐문하였으나 결과를 얻지 못하고 '길림 흙'만 가져와 동작동 국립 현충원에서 안장식을 거행했다.

손정도 목사는 무덤이 없을 뿐 아니라 고향에서도 '쫓겨난' 사람이었다. 그는 스물세 살 때 기독교로 개종하고 상투를 자른 후 사당을 부쉈다는 이유로 집안에서 쫓겨난 이후 다시는 고향을 찾지 못했다. 손정도 목사가 중국 하얼빈 선교사로 갔다가 가츠라암살음모사건에 연루되어 국내로 압송되어 옥고를 치른 후 서울에서 3천 명 모이는 정동교회 목사가 되어 기독교계를 대표하는 '부흥 목사'로 활약할 때도 고향을 방문하지 못했다. 그리고 1919년 2월 중국으로 망명한 후 대한민국 임시의정원과 임시정부 요인으로 활약하다가 길림으로 이주하여 마지막 목회와 민족운동을 할 때도 그의 일거수일투족을 일본 경찰당국이 감시하고 있어 고향은 물론 고국도 방문할 수 없었다. 손정도 목사가 이처럼 고향을 다시 찾지는 못했기에 '떠나온 고향'에 대한 그리움과 애정은 남달랐다. 단편적이지만 손정도의 고향 이야기는 자녀들의 증언으로 남아 있다. 맏아들 원일은 1919년 여름, 초등학교 시절 아버지 고향을 방문한 적이 있었다. 아버지가 중국으로 망명한 직후였다. 그때 일을 원일은 이렇게 기억하였다.

> "내가 태어나기도 전에 아버지가 쫓겨났던 강서군 증산면 오홍리는 그때 단 한 번의 방문으로 끝나버렸으나 내 기억 속에는 영원히 남아 있다. 양탄자처럼 펼쳐진 넓은 벌판, 강을 끼고 야산자락에 삼태기처럼 들어앉은 마을, 들판 건너 서쪽 끝에 와서 부딪치는 황해바다 물결… 한창 개구쟁이였던 나는 하루 종일 갯가에서 흙투성이가 되어 놀았다. 황소 잔등에 올라타고 말 탄 장군의 흉내를 내다가 굴러떨어진 일도 있었다."[27]

둘째 아들 원태도 직접 가보지는 못했지만 전해들은 '아버지의 고향 강서' 이야기를 이렇게 증언했다.

> "우리 집안의 고향이었던 강서는 진보적인 종교지도자 뿐 아니라 독립운동 애국지사들을 많이 배출한 고장이었다. 우리 아버지도 그중 한 분이었다. 도산이란 호를 썼던 유명한 독립운동가 안창호도 강서에서 가까운 용강 출신이었다. 일본 경찰은 이처럼 애국지사들이 많이 나온 것은 강서 사람들의 특별한 기질 때문이라 생각하고 그 기운을 막기 위해 마을 뒷산에 쇠말뚝을 박아놓았는데 마을 사람들이 몰래 산에

27 손원일, "나의 이력서(7)", 〈한국일보〉 1976.10.7.

올라가 그 쇠말뚝을 뽑아버리고 산의 정기를 바로 세워 유명 인사들이 많이 나오게 해 달라고 하느님께 기도했다고 한다. 그 때문에 조선총독부에서는 강서 경찰서에 잔인한 경찰들을 골라서 파견했다고 한다. 나의 형 원일도 체포된 후 그 경찰서에 잡혀가서 참혹한 고문을 당하였다. 그런데 강서는 한국의 대표적인 독립운동가 안창호와 손정도 목사를 배출한 것으로 더욱 유명해졌다." 28

손원태는 도산 안창호의 고향을 '용강'이라고 언급하였지만 실은 손정도 목사와 같은 '강서군'(江西郡) 출신이다. 안창호는 강서군 초리면 칠리(七里), 대동강 수중도(水中島) 도롱섬에서 태어났다. 그래서 호를 '도산'(島山)이라 지었다. 손정도의 호는 '해석'(海石)이었다. 배형식 목사는 손정도의 호 '해석'을 두보의 시에 나오는 "강물은 흘러도 돌은 구르지 않는다."는 뜻의 '강류석부전'(江流石不轉)에서 따 온 것으로 설명하였다.29 그 의미가 '도산'과 통하였다. 강에 있는 섬이든, 바닷속 바위든 세파와 풍조에 떠내려가거나 휩쓸리지 않고 의리와 지조를 지키는 충절을 의미하였다. 그렇게 도산과 해석은 변절과 훼절이 다반사였던 시대의 풍조 속에서, 그리고 배반과 음모가 난무하는 독립운동 현장에서 마지막 순간까지 변함없는 신의와 우정을 지켰다. 그리하여 도산과 해석은 일제강점기 평남 강서에서 배출한 대표적인 독립운동가로 이름을 남겼다.

강서는 도산과 해석 외에도 많은 역사 위인들을 배출했다. 고대

---

28 Won Tai Sohn, *Kim Il Sung and Korea's Struggle: An Unconventional Firsthand History,* Jefferson: McFarland & Company, Inc., Publishers 2003, 30.

29 배형식, 『故 海石 孫貞道 牧師 小傳』, 2.

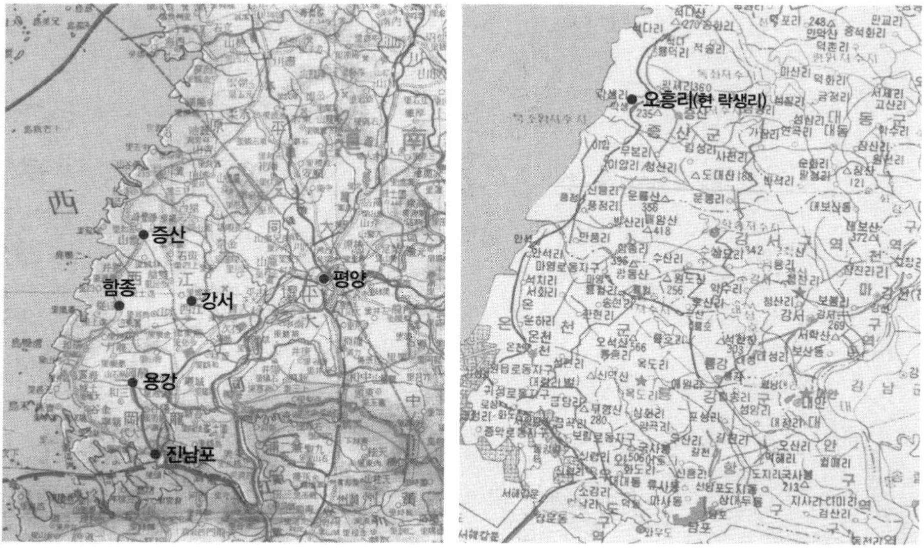

손정도의 고향 강서군 증산면 오흥리

사 인물로는 고구려 명장 을지문덕이 있었고 조선 후기부터 일제강점기에 이르는 근현대사에서는 〈대한매일신보〉를 창간하여 근대 민족주의 언론시대를 연 후 도산과 함께 신민회를 창설했던 운강(雲岡) 양기탁, 일제강점기 정주 오산학교 교장을 지냈고 해방 직후 조선민주당을 창당해서 평양에서 민족주의 통일운동을 추진했던 고당(古堂) 조만식 장로가 있었다. 그리고 3·1운동 때 평양 만세운동을 주도하고 체포되었다가 옥사한 박석훈 목사, 3·1운동 당시 전국 만세운동 관련 피의자 중 유일하게 사형선고를 받고 처형된 조진탁 장로, 만세시위를 주도한 혐의로 체포되었다가 옥중 순국한 고지형 장로, 3·1운동 직후 비밀결사 함종청년단을 조직하여 군자금 모금활동을 벌이다 체포된 김승현, 손정도 목사와 상해임시정부 활동을 함께 했던 김희선과 김홍서, 유기준, 김예진, 애국부인회를 조직해서 임시정부 군자금 모금운동을 벌였던 손정도 목사의 어머니 오신도와 딸 손진실을 비롯하여 여류 독립운동가 안경신과 박승일, 최매지, 송성겸, 중국 만주에서 의용군을 조직하여 무장투쟁을 벌이다 일경에 체포되었다가 "일본의 재판을 받을 수 없다."며 옥중 할복 자결한 김영호 등이 강서 출신이었다.[30]

그렇다면 강서 땅에 기독교 복음은 언제, 어떻게 들어왔을까? 지금까지 밝혀진 자료에 의하면 강서 사람으로 처음 기독교 복음을 받아들인 인물은 오석형이다. 오석형은 강서면 왁새말(巖底里) 출생으로 평양에 나가 한약방을 하고 있었다. 1893년 봄 미감리회 의료선교사 홀(W.J. Hall, 하락) 박사가 통역 노병선, 전도인 김창식을 대동하고 평양에 내려와 서문 안 대찰리 '초당집'을 사서 시약소를 시작하였는데 오석형이 '서양 약'에 대한 호기심으로 선교사를 찾아갔다가 노병선과 김창식의 전도를 받고 개종하였다. 그리고 얼마 후 평양의 한학자였던 황정모도 병 치료를 위해 홀 선교사를 찾았다가 역시 개종한 후 홀의 어학 선생이 되었다. 평양 선교의 '첫 열매' 오석형과 황정모의 전도로 평양 사람들이 주일 집회에 나오기 시작하였고 교회부속 학교(후의 광성학교)도 시작하였다.[31] 그렇게 평양 선교를 개척한 1년 후 1894년 여름 청일전쟁이 터졌을 때 평양 '초당집' 예배당은 교인은 물론 일반 시민들의 피난처가 되었고 홀 선교사는 전쟁 직후 평양에 창궐한 전염병 환자들을 치료하다 그 병에 걸려 11월 순직하였다.

---

30 『江西郡誌』, 강서군지편수회, 1967, 306~421; 『平安南道誌』, 평안남도지편찬위원회, 1976, 957~1004.

31 "평양 남산현교회", 〈조선감리회보〉 1936.6.10.; 이덕주, 『독립운동의 요람 남산재 사람들』, 도서출판 그물, 2015, 36~39.

이 일로 '서양오랑캐 종교'로 오해를 받았던 기독교에 대한 인식이 바뀌면서 개종자와 구도자들이 늘어났다. 그 결과 20명 수준이던 집회 참석자가 전쟁 후 1백 명으로 늘어났다. 이에 예배 공간이 부족하여 1896년 봄 평양 시내 중심부, 수옥리(아영동) 남산재 언덕에 십여 칸짜리 기와집 예배당을 건축하였다. 그때부터 남산현교회(南山峴敎會)라 하였다.

남산재에 예배당을 건축한 후 교인은 계속 늘어나 1897년 2백 명, 1898년 5백 명, 1899년 1천 명을 넘겼다. 그와 함께 남산현교회 부속학교(광성학교) 학생 수도 늘어났다. 예배당을 두 차례 증축했지만 넉넉지 않아 결국 1902년 10월, 2천 명을 수용할 수 있는 95칸(270평) 규모의 양철지붕 벽돌 예배당을 건축했다. 평양 시내가 한눈에 내려다보이는 남산재 언덕에 세운 새 예배당은 평양은 물론 북한 지역에 처음 세워진 '서양식' 건물이었다. 손정도가 개종 후 평양에 올

평양선교부 노블 사택

라와 출석한 교회다. 이처럼 평양 선교가 급속도로 발전하자 미감리회 선교부는 선교사들을 증파하였다. 우선 순직한 홀 박사 후임으로 1896년 8월 노블(W.A. Noble, 노보을) 부부와 의료 선교사 폴웰(E.D. Follwell)이 평양에 내려왔다. 노블은 서울 배재학당에서 4년 동안 학생들을 가르치다가 평양에 내려와 이후 10년 넘게 평양선교부와 북한지역 선교를 지휘하였다.[32] 그리고 폴웰은 평양에 도착하자마자 남산재 선교부에서 병원을 시작하였는데 2년 전 순직한 홀을 기념하여 병원 이름을 '기홀병원'(紀忽病院, Hall Memorial Hospital)이라 하였다. 후에 손정도 목사 부인(박신일)은 이 병원 잡역부로 일하면서 해외에서 선교사로, 독립운동가로 활약하는 남편을 뒷바라지하며 자녀들을 키웠다.

남편(홀) 장례식을 치른 후 귀국했던 홀(R.S. Hall) 부인도 1897년 11월 평양에 다시 와서 여성전용 병원인 광혜여원(廣惠女院)을 설립했고 한국 최초로 맹아학교(盲啞學校)도 시작하였다. 그리고 1900~1902년 사이에 모리스(C.D. Morris, 모리시)와 여선교사 릴리언 해리스(Lillian A. Harris), 에스티(Ethel Estey), 밀러(Sarah Miller), 로빈스(Henrietta P. Robins, 나빈수) 등이 평양에 부임하여 평양과 인근 지역 선교를 담당하였다. 1903년에 크리쳇(Carl Critchett)과 베커(Arthur A. Becker, 백아덕), 존 무어(John Z. Moore, 문요한) 등 세 선교사가 보충되었다. 이 가운데 크리쳇만 해주로 가서 황해도 선교를 개척하였고 베커와 존 무어는 평양선교부에 배속되어 노블의 지휘를 받으며 남산현교회 부속학교 교육 외에 평양 외곽지역을 동, 서로 나누어 지방선교를 맡았다. 평양 서쪽을 담당한 무어(문요한)는 대동강 서편 강서와 증산, 진남포, 삼

32 W.A. Noble, "Pyeng Yang Circuit", *Official Minutes and Reports of the Korea Mission of the Methodist Episcopal Church*(이하 KMEC) 1898, 30~32.

화 지역을 순회하며 전도에 나섰다.[33] 무어 선교사는 기독교로 개종한 후 고향에서 쫓겨나 평양으로 올라온 손정도에게 선교부 일자리와 숭실중학교에서 공부할 수 있는 기회를 주었고 그가 목회자가 된 후에도 지속적으로 후원한 '신앙의 은인'이었다.

무어 선교사가 강서를 방문하기 이전에 강서 출신으로 평양에서 개종한 후 고향에 와서 복음을 전한 이들이 있었다. 홀 부부가 평양에 와서 첫 번째로 얻은 교인 오석형이었다. 오석형은 개종 후 홀 병원 조수와 교회부속 남학교 교사로 일하면서 종종 고향에 가서, 혹은 평양에 올라온 고향 사람들에게 복음을 전했다. 그렇게 해서 얻은 교인이 '북한 땅에서 최초로 세례받은 여성'인 전삼덕(全三德)이었다. 전삼덕은 남편 김선주(金善柱)가 고종 때(1860~70년대) 장령(掌令)을 거쳐 우부승지(右副承旨) 벼슬을 한 고위 양반집 부인이었다. 그는 1893~94년 어간에 "평양에 야소교하는 사람이 들어왔다."는 소문을 듣고 호기심에서 서문 안 시약소로 홀 박사를 찾아갔다가 거기서 같은 고향(강서 왁새말) 사람 오석형을 만나 『신덕경』『세례문답』 등 교리서를 받아가지고 집으로 돌아와 두 며느리와 함께 공부하기 시작했다. 그때부터 전삼덕은 평양까지 80리 길을 '가마를 타고' 다니며 주일예배를 드리다가 1895년 김창식과 오석형을 대동하고 고향집을 방문한 스크랜턴에게 막내딸과 함께 세례를 받았다.[34] '승지 부인'의 개종은 강서 사람들, 특히 부인사회에 큰 반향을 일으켰다. 전삼덕의 전도로 왁새말은 물론 거기서 15리 떨어진 강서읍에도 교인이 나왔다. 이에 노블 부인

33 W.A. Noble, "North Korea District", *KMEC* 1904, 27~28. J.Z. Moore, "North Korea District West Pyeng Yang Circuit", *KMEC* 1905, 38~40; Arthur L. Becker, "Maing San Circuit", *KMEC* 1905, 43~44.
34 전삼덕, "내 생활의 략력", 『승리의 생활』, 조선기독교창문사, 1927, 6~11.

강서읍교회와 교인들(1910년대)

은 1899년 2월 평양 전도부인 노살롬을 강서읍으로 파송하여 여학교를 시작하였고 1년 후에는 그의 남편 김재찬이 강서읍교회 전도사로 파송을 받아 강서와 함종, 증산, 용강, 삼화 등지 교회를 설립하였다.[35] 이처럼 강서와 증산에 토착인 전도자들에 의해 복음이 전파되고 교회가 설립되었다.

손정도의 고향인 증산에 복음을 처음 전파한 이는 황정모였다. 오석형과 함께 '평양 선교의 첫 열매'였던 황정모는 1894년 평양에서 기독교도박해사건과 청일전쟁, 홀 박사의 순직을 겪은 후 1895년 증산읍에 가서 교회를 설립하였다. 한학자였던 황정모의 전도로 양반 선비들 가운데 개종자들이 생겨나 증산 군수를 역임한 김인식과 김병

35 "로살롬 녀사 략력", 『승리의 생활』, 87~93.

락, 나이황, 송성헌, 신편도 등 10여 명이 집회를 시작하였다.[36] 그렇게 증산읍교회를 설립한 황정모는 1896년 새로 나온 폴웰의 어학교사가 되어 평양으로 돌아갔고 그 대신 김창식 전도사가 내려와 강서와 증산 교인들을 지도하였다. 김창식 전도사가 1898년 8월 연회에 보고한 내용이다.

> "저는 작년[1897년] 연환회 이후로 특별이 외처에 다니며 전도하는데 평양 경내에 다섯 곳이오 강서 경내에 아홉 곳이오 룡강 경내에 여덟 곳이오 삼화 경내에 다섯 곳이오 함종 경내에 여섯 곳이오 징산(증산) 경내에 두 곳이오 상원 경내에 네 곳이니 합하여 삼십 구처요 멀기는 일백 오십 리에 지나지 못하엿으며 강서와 룡강과 삼화와 함종 네 고을은 일곱 번을 다니고 징산(증산)과 상원에는 세 번 다녓사오며…"[37]

이 보고를 통해 증산 두 곳에 교회가 설립되었음을 알 수 있다. 앞서 황정모가 1895년 증산읍에서 시작한 교회 외에 한 곳이 더 생긴 것이다. 평양과 강서지역 교회를 돌아보던 김창식 전도사는 1901년 5월 연회에서 '한국인 최초 목사'로 안수를 받은 후 고향인 황해도 수안으로 파송 받아 떠났다. 그 후에는 안기용과 강인걸 등이 강서와 증산 교회를 담당하였다.[38] 그리고 1903년부터 무어(문요한)가 대동강 서편의 강서와 증산, 함종, 삼화, 진남포, 용강지역 교회들을 관리하였다. 무어는 1년 후 1904년 2월 연회에서 자신이 담당한 칠산과 증산

36 황정모, "나의 지낸 일을 회상함", 『승리의 생활』, 82.
37 "평양 교우 김창식씨의 보단", 〈대한크리스도인회보〉 1898.9.7.
38 "Pyeng Yang Circuit", *KMEC* 1901, 30. "North District Korea", *KMEC* 1902, 37.

구역에 7개 교회, 654명 교인이 있음을 보고하면서 그중에 "증산에 세례입교인 15명, 학습인 106명, 총 121명" 교인이 있음을 밝혔다.[39] 1904년 연회 후 안식년 휴가를 떠난 노블 후임으로 감리사 직분을 맡게 된 모리스는 그해 5월 무어와 에스티를 대동하고 대동강 서편, 강서와 증산, 삼화, 진남포 지역 교회들을 순방하며 '계삭회'(季朔會, 구역회)를 열었다. 그 내용을 〈신학월보〉가 자세히 소개했다.

> "북방 장로사[감리사] 모리스씨는 평안도 삼면 5읍으로 가서 계삭회를 보시려고 문 목사와 모리쓰 부인과 에쓰티 부인과 동행하야 오월 사일에 발행하였는데 이 순환에 있는 계삭회가 다섯이오 이 다섯 계삭회의 자미 있는 보단[보고]과 교우의 흥왕한 것은 이로 말을 다 기록할 수 없거니와 특별이 금월 십오일 예배에는 삼화읍 회당에서 성만찬을 베풀새 모인 인원이 270인이라 회당이 좁은 고로 마당에서 예식을 행하였고 함종읍 계삭회는 150인이 모였고 증산 오수리서는 80인이 모였고 남포 회당에서는 150인이 모였고 강서 회당에서는 50인이 모여 계삭회를 자미있게 보았더라."[40]

여기서 주목할 것은 교인 80명이 모였다는 '증산 오수리' 관련 기사다. 증산면 오수리는 바로 손정도 목사의 고향 마을 증산면 오흥리(吳興里)의 옛 명칭이다. 조선 시대 오수리(吳樹里)는 증산현(甑山縣) 국보방(國寶坊)에 속해 있었는데 1896년 행정구역 개편을 하면서 오수리는 근처 무흥리(武興里)와 합쳐 '증산군 국보면 오흥리'가 되었다.

39 J.Z. Moore, "Pyeng Yang Circuit", *KMEC* 1904, 46.
40 "평양교회 통신", 〈신학월보〉 1904.7, 290.

그리고 다시 1914년 행정구역을 개편할 때 증산군이 증산면으로 바뀌면서 '강서군 증산면 오홍리'가 되었다.[41] 따라서 1904년 5월, 모리스 감리사가 증산 계삭회를 열었던 '오수리교회'는 '오홍리교회'로 해석된다. 또한 1898년 김창식 전도사 보고에 나오는 '증산의 두 곳'은 이안리(利安里)에 있던 증산읍교회와 오홍리(오수리)에 있는 오홍리교회를 의미한 것으로 볼 수 있다.[42]

이처럼 손정도 목사의 고향 마을에도 일찍이(1898년 이전) 기독교 복음이 전파되어 교회가 설립되었다. 더욱 흥미로운 것은 손정도 목사의 본적 주소 '증산면 오홍리 446번지'와 오홍리교회 주소 '증산면 오홍리 440번지'가 아주 인접해 있었다는 점이다. 손정도의 집과 교회가 몇 집 건너 사이였다. 그리고 모리스 감리사가 오수리에 와서 증산 계삭회를 개최한 시기(1904년 5월)가 손정도의 기독교 개종 직후였다는 점도 주목할 필요가 있다. 손정도가 그때 '오수리에 모인 80명' 교인 가운데 있었는지 여부는 확실치 않지만 그가 개종하기 전부터 고향 마을에 세워진 교회를 통해 기독교라는 종교의 실체를 알고 있었음은 분명하다. 그리고 모리스와 함께 오홍리를 방문했던 무어 선교사가 바로 고향교회 담임자였고 그의 주선으로 손정도는 평양 숭실중학교에 입학했다.

이처럼 오홍리교회를 포함하여 강서와 증산, 함종, 삼화, 진남

41 증산면 오홍리는 해방 후 1952년 북한 정부에서 행정구역 개편을 할 때 인근 낙생리(樂生里)에 병합되어 지금은 '평안남도 증산군 낙생리'가 되었다. 조선과학백과사전출판사·한국평화문제연구소 공편, 『조선향토대백과사전』, 평화문제연구소, 2005.

42 1932년 기독교조선감리회 총리원에서 펴낸 『기독교조선감리회 요람』에 의하면 증산면에는 이안리(利安里) 100번지 증산교회와 오홍리 440번지 오홍리교회 외에 용덕리(龍德里), 무본리(務本里), 광제리(廣濟里), 영천리(靈泉里), 두만리(斗滿里)에도 감리교회가 있었다. 『기독교조선감리회 요람』, 기독교조선감리회 총리원, 1932, 87.

포, 용강지역 교회들은 계속 부흥하였다. 이들 대동강 서부지역 교회들은 1905년 평양 지방회가 조직될 때 '평양서구역'이란 명칭으로 독립 구역(Circuit)이 되었다. 구역 담임자였던 무어 목사는 주기적으로 구역 내 각 교회들을 순방하며 성례를 집행하고 교회마다 전도사와 본처 사역자(local preacher)를 두어 예배를 인도하도록 하였다. 다음은 1905년 6월 연회 때 보고된 평양지방의 각 구역별 교세 통계다.[43]

구역	교회	목회자	교인수				주일학교		매일학교		헌금
			입교	학습	원입	총교인	학교	학생	학교	학생	
평 양	2	6	209	505	1,040	1,754	1	490	2	150	1,628
신 계	6	3	22	106	347	475	4	333	3	60	472
해 주	16	11	312	648	823	1,783	16	930	3	50	651
칠 산	4	6	102	141	257	500	4	500	4	49	499
평양서	29	30	364	1,458	1,165	1,987	22	1,940	18	370	3,547
총 계	57	54	1,009	2,858	3,632	7,499	47	4,193	30	679	6,797

홀 부부가 평양에 와서 대찰리 '초당집'에서 집회를 시작할 때는 김창식과 황정모, 오석형 등 10여 명이 모였을 뿐이었다. 그런데 불과 10년 만에 교세는 크게 성장하여 평양 시내에만 2개 교회에 1,754명 교인이 생겼고 평양 선교의 1차 결실인 평안남도와 황해도 일대에는 57개 교회에 7,499명 교인을 확보하였다. 여기에 교회부속 주일학교와 매일학교 학생 수까지 포함하면 1만 2천 명이 넘는 사람들이 예배당을 출입하였다. 각 구역 통계를 비교하면 강서와 증산, 함종, 용강, 삼화, 진남포지역 교회들로 구성된 평양서구역의 교세가 모

43 "Statistical Report of Korea Mission Conference For the Conference Year 1905~1906", *KMEC* 1905.

든 면에서 다른 구역보다 월등하였다. 평양서구역에만 교회가 29곳, 목회자 30명, 교인 1,987명, 주일학교 22개에 학생 1,940명, 매일학교 18개에 학생 370명이었고 교인들의 헌금액수도 제일 많았다.

그리고 1905년 통계에서 주목할 것은 '매일학교'(day school) 항목이다. 같은 교회 부속학교이지만 주일학교는 주일에만 주로 교인 자녀들을 모아 신앙교육을 하는 곳이라면 매일학교는 주간 중에 학생들이 통학하며 배우는 곳이었다. 교인 자녀뿐 아니라 일반 학생들도 다닐 수 있었던 매일학교에서는 성경과 함께 국어, 산수, 역사, 지리, 과학, 음악, 체육 등 '신식'(新式) 학문을 가르쳤다. 그 결과 매일학교를 통해 지역사회의 봉건적 풍습과 풍토가 사라지고 서구의 근대적 문화와 문명이 보급되었다. 매일학교를 설립, 운영하는 교회와 기독교에 대한 지역 평가도 우호적으로 바뀌었다. 한국 교회는 선교 초기부터 교회 설립과 매일학교 설립을 함께 추진하여 "교회 옆에 학교"가 병설되는 현상이 나타났다. 평양지방도 예외는 아니어서 5개 구역, 57개 교회가 총 30개 매일학교를 운영하였으니 두 교회에 하나씩 매일학교를 설립한 셈이다. 평양서구역도 마찬가지여서 29개 교회가 18개 매일학교를 설립, 운영하고 있었다. 다음은 '강제합병'(1910년) 직후 조선총독부에서 조사한 전국 〈기독교계 학교 현황〉 가운데 평양서구역인 진남포와 강서, 증산 지역의 감리교계통 학교 명단이다.[44]

학교	주소	교장	설립교회	수업연한
삼존(三存)학교	진남포부 대하면 덕동	김기범	덕동교회	

44 "在朝鮮基督教會 附屬學校 一覽(1912年)", 『朝鮮在留歐美人調査錄(1907~1942年)』, 영신아카데미 한국학연구소, 1981, 210~217.

삼신(三新)학교	진남포부 신남면 신흥동	김기범	신흥리교회	보통과 4년 고등과 3년
삼신(三新)여학교	진남포부 신남면 부사동	나빈수	신흥리교회	
삼풍(三豊)학교	진남포부 귀하면 금사동	김재찬		
삼달(三達)학교	진남포부 노일면 노하동	김재찬	노하리교회	
삼숭(三崇)학교	진남포부 원당면 비석동	손정도	비석리교회	
삼숭(三崇)여학교	진남포부 원당면 비석동	나빈수	비석리교회	
삼광(三光)학교	진남포부 금당면 석하동	김재찬	금당교회	
삼중(三重)학교	진남포부 서리면 율곡동	김재찬	옥정리교회	
삼흥(三興)학교	진남포부 서리면 내거동	김재찬		
삼농(三農)학교	진남포부 원당면 어은동	김기범		
삼상(三尙)학교	진남포부 대상면 해창동	김기범		
삼성(三成)학교	진남포부 내고면 담부동	김재찬	담부리교회	
순천(順天)학교	강서군 거암면 필로동	김재찬	강서읍교회	
사창(四昌)학교	증산군 대안면 신흥리	배선희		
사창(四昌)여학교	증산군 대안면 신흥리	나빈수		
사중(四重)학교	증산군 중리면 범오동	오기선		
창신(彰新)학교	증산군 성도면 이용리	노보을	증산교회	
사달(四達)여학교	증산군 서운면 용전리	나빈수	자작동교회	
사달(四達)학교	증산군 서운면 용전리	장문찬	자작동교회	
사광(四光)여학교	증산군 중리면 향교리	나빈수	함종읍교회	
사광(四光)학교	증산군 중리면 망운동	오기선	함종읍교회	
영성(永成)여학교	증산군 적연면 신재동	나빈수		
합성(合成)학교	증산군 송석면 영명동	박연창		

1905년 당시 18개였던 매일학교가 5년 사이에 24개로 늘어났다. 구체적으로는 개항장이 되어 인구가 급증한 진남포(삼화와 용강 포함)에 13개 학교가 있었고, 강서에 1개가 있었으며 증산(함종 포함)에 무려 10개 학교가 있었다. 그리고 눈길을 끄는 것은 손정도 목사의 고향인

증산에 열 개 학교가 있어 각 면마다 기독교 계통 학교들이 설립되어 있었다는 점이다. 증산에 그만큼 많은 교회가 있었다. 실제로 1931년 당시 증산면 소재 감리교회를 보면 이안리의 증산교회를 비롯하여 두만리와 영덕리, 무본리, 광제리, 영천리, 석삼리, 그리고 손정도의 고향인 오흥리에도 교회가 있었다.[45] 그리고 위 총독부 조사에서 진남포 비석리교회 부속 삼숭학교(三崇學校) 교장은 손정도였다. 이는 손정도 목사가 1910년 6월 중국 선교사로 떠나기 직전까지 진남포구역 담임자로 있으면서 교회부속 매일학교 교장도 겸했기 때문에 그렇게 기록한 것이다. 바로 이 삼숭학교 졸업생들이 1931년 손정도 목사가 길림에서 별세하였다는 소식을 듣고 전국에서 처음으로 그를 추모하는 추도회를 개최하였다.[46]

다른 지방에서 그러했지만 평양을 중심한 평안도 지역에서 기독교는 개방과 근대화를 촉진시켰다. 선교사들이 설립한 병원과 학교, 교회는 기독교 복음을 전파하는 구심점이자 또한 서구의 근대 학문과 과학적 문물을 유입, 확산시키는 통로였다. 그리하여 기독교는 과거 봉건시대 풍습과 제도를 거부하고 '세상을 바꾸는 종교'로 인식되었다. 이에 보수적 전통 가치와 질서를 지키려는 보수파와 근대적 가치관과 이념을 바탕으로 개혁과 개방을 추진하려는 개화파 사이의 갈등과 충돌은 불가피했다. 그런 진보 ↔ 보수 간 갈등과 충돌은 도시에 국한되지 않았다. 보수성이 강한 지방과 시골로 내려갈수록 수구파의 기독교에 대한 반감과 배척이 강하였다. 그런 견제와 방해를 받으면서도 선교사와 전도인들은 고을과 마을을 찾아다니며 기독교 복음을

45 『기독교조선감리회 요람』, 기독교조선감리회 총리원, 1932, 39~41.
46 "손 목사 추도식 진남포에서 거행", 〈동아일보〉 1931.3.7.

전했다. 그리하여 평양에 들어온 지 불과 10년 만에 평안남도 전 지역에 교회와 기독교 학교들이 세워지고 '상투를 자른' 교인과 학생들이 세상이 바뀌고 있음을 보여주었다. 그런 종교·사회적 변화와 개혁의 파장은 평양에서 1백리 떨어진 서해안 바닷가 손정도의 고향, 강서군 증산면 오홍리에도 예외 없이 전달되었다.

4) 예수 믿고 고향에서 쫓겨남

손정도 목사 자신은 물론 그의 가족과 조상, 집안 배경을 알려주는 자료는 충분치 않다. 그런 가운데서도 손정도 목사와 가족이 작성한 몇 가지 자료가 남아 있어 손정도 목사 가족에 대한 기본적인 정보를 제공하고 있다. 우선 손정도 목사와 딸 손진실, 그리고 동생 손이도가 1920년 상해와 미국에서 홍사단에 가입하면서 제출했던 이력서가 남아 있다.47

이름	손정도(孫貞道)	손이도(孫利道)	손진실(孫眞實)
생년월일	1882년 7월 26일	1899년 4월 2일	1903년
출 생 지	평남 강서군 증산면 오홍리	강서군 국보면 오홍리	강서군 증산면 오홍리
거 주 지	1882~1904 출생지 1904~1911 평양 1911~1914 전남 진도 1914~1919 서울 1919~1920 중국 상해	1899~1908 출생지 1909~1913 평양 1916 서울 1917 평양 1919~1920 미국	1903~1913 평양 1914~1919 서울

47 "제109단우 손정도 이력서",『도산 안창호 전집』 10권(동우회II 홍사단 단우이력서), 도산안창호선생기념사업회, 2000, 663; "제131단우 손이도 이력서",『도산 안창호 전집』 10권(동우회II 홍사단 단우이력서), 687; "제163단우 손진실 이력서",『도산 안창호 전집』 10권(동우회II 홍사단 단우이력서), 724.

직 업	1890~1901 사숙(私塾) 1905~1908 평양 숭실중학교 1908~1914 신학 수업 1909~1919 감리교 목사 1919~1920 임시의정원 의장	1907~1913 소학(小學) 1914~1916 중학(中學) 1919~1920 노동	1910~1914 평양 정진소학교 1914~1919 서울 이화학당 고등과 1920 상해 청심학교
학 력	신학, 보통학	중학 3년	보통교육
종 교	기독교	기독교	기독교(감리교)
단 체	기독교청년회	국민회	애국청년회 엡윗청년회
특 기	전도	체조	도화(圖畵)
취 미	활동 창작		문학
가 족	父(亨俊) 母(吳信道) 弟(敬道 利道) 妻(信一) 子女(眞實 聖實 元逸 元泰 仁實)	父(亨俊) 母(吳信道) 弟(貞道 敬道)	父(孫貞道) 母(朴信一) 妹(孫聖實 孫仁實) 弟(孫元逸 孫元泰)
입 단 일	1920년 6월 10일	1920년 1월	1920년

이 기록에서 눈에 띄는 것은 손정도 목사가 자신의 특기를 '전도'(傳道, 설교), 취미를 '활동'(운동)과 '창작'(문학)이라 기록한 것이다. 목회자로서 복음전도와 설교, 강연에 대한 책임감과 자연인으로서 체육과 문학에 대한 자신감을 표현한 것으로 보인다. 손정도 목사는 큰 키는 아니었지만 다부진 몸집에 청년학생 시절부터 '씨름 선수'로 이름을 날릴 정도로 운동에 남다른 소질이 있었으며 문필가로서도 소질이 있었다. 이런 그의 취미와 재능은 자녀들에게 그대로 계승되어 아들들은 축구와 스케이트 선수로, 딸들은 성악과 미술 분야에서 뛰어

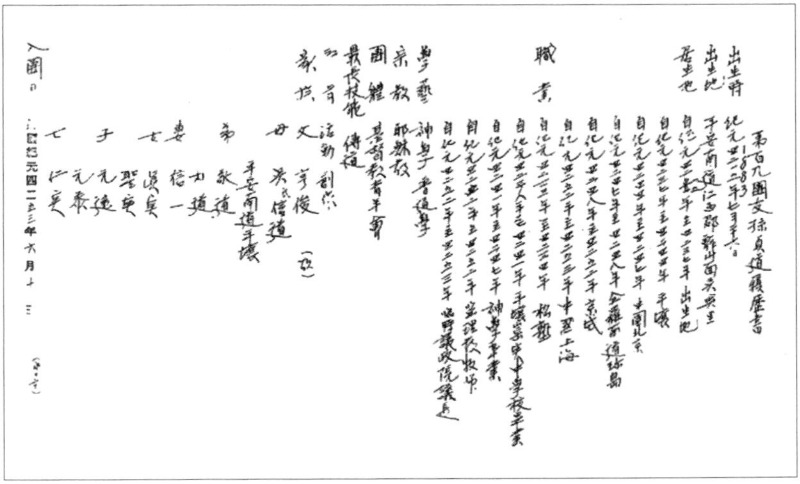

손정도 흥사단 입단서류

난 재능을 발휘하였다.

그리고 손정도 목사는 길림 목회 시절(1925~29년) 사용한 것으로 보이는 〈목회 수첩〉에 두 차례에 걸쳐 가족의 생년월일을 기록해 놓았다.48

	1926년 기록	1929년 기록
본 인	戶主 孫貞道 壬午(1882) 7月 26日	戶主 孫浩範 甲申(1884) 7月 26日 (46세)
부 인	妻 朴信一 己卯(1879) 10月 19日	妻 朴信一 庚辰(1880) 10月 19日 (51세)
어머니	母 吳順德 庚申(1860) 10월 8日	

48 이 자료는 손정도 목사가 상해임시정부 활동을 접고 길림으로 이주한 1924년 이후 1931년 별세할 때까지 목회활동을 하면서 필요했던 내용(주로 설교와 강연 초)들을 기록했던 수첩 형태의 작은 책자인데 손정도 목사 유가족(손명원)이 보관하고 있던 것이다.

자 녀	子 元逸 戊申(1908) 5月 5日 子 元泰 甲寅(1914) 6月 21日 女 眞實 壬寅(1902) 正月 2日 女 聖實 乙巳(1905) 3月 13日 女 仁實 丁巳(1917) 8月 11日	女 聖實 甲辰(1904) 3月 13日(26세) 子 元逸 戊申(1908) 5月 5日(22세) 子 元泰 甲寅(1914) 6月 21日(16세) 女 仁實 丁巳(1917) 8月 11日(13세)
동 생	弟 敬道 年32 甲午(1894) 12月 24일 弟 利道 年27 己亥(1899) 4月 2日	弟 利道 己亥(1899) 4月 2日(30세)
조 카	侄 元善 丁未(1907) 7月 21日	侄 昌浩 辛丑(1901) 6月 3日(29세)
기 타	娣弟 玉觀彬	侄婦 白俊筌 壬辰(1892) 正月 18日(38세)

3년 간격 기록인데도 적지 않은 차이가 눈에 띈다. 우선 손정도 목사는 본인의 이름으로 정도(貞道) 외에 '호범'(浩範)도 사용하고 있음을 밝혔다. 그는 상해임시정부 활동 시절 '문세'(文世)란 이름으로도 활동했다.[49] 여러 이름을 쓰는 것은 신분을 감추기 위해 독립운동가들이 흔히 쓰던 방법이기도 했다. 그리고 일반적으로 '오신도'(吳信道)로 알려진 어머니도 '오순덕'(吳順德)이란 다른 이름을 가지고 있었다. 자녀 명단에서는 길림에 함께 살고 있는 원태와 인실 외에 미국 유학 중인 진실과 성실도 함께 적어 자식에 대한 사랑과 그리움을 표하고 있다. 그리고 1929년 자녀 명단에서 맏딸 손진실이 누락된 것은 그해에 그가 윤치창과 결혼하면서 '출가외인'이 되었기 때문으로 보인다.

또한 손정도의 수첩 기록에서 확인할 수 있는 것은 두 동생 손경도와 손이도, 그리고 그 가족에 대한 깊은 관심과 애정이다. 손정도보

49 "機密 第27號: 不逞鮮人各團體首領號名使用ノ件"(1922.4.6.),『日本外務省 外交史料館文書』.; "機密 第161號: 在外要注意鮮人別名變名雅號件"(1924.6.17.),『日本外務省 外交史料館文書』.

다 열두 살 아래(1894년생)인 손경도는 형이 평양에서 숭실중학을 다니면서 '학생 전도사'로 활동할 무렵(1907년) 평양으로 올라와 형이 다니던 숭실학당에서 중학과 대학을 졸업한 후 1913년 일본 아오야마학원(青山學院) 전문학부를 거쳐 1916년 미국에 유학, 파크빌대학을 졸업한 후 미국 캘리포니아에서 사업을 하면서 임시정부 지원금을 보냈다. 그는 도산 안창호의 흥사단과 국민회에 가입하였을 뿐 아니라 3·1운동 직후에는 미주지역 청년 학생들의 '청년혈성단'을 조직하여 형이 상해에서 조직한 의용단에 상응하는 독립운동을 전개했다.[50] 손정도보다 열일곱 살 아래(1899년생)인 손이도 역시 경도 형과 비슷한 시기, 비슷한 경로로 평양과 일본을 거쳐 1919년 미국 시카고로 건너갔다. 그 역시 흥사단과 국민회에 가입하였고 흥사단원들이 경영하는 국수공장 직원으로 일하면서 상해임시정부를 위해 독립운동 자금을 지원했다.[51] 손정도가 1931년 별세한 후 손경도가 귀국하여 어머니(오

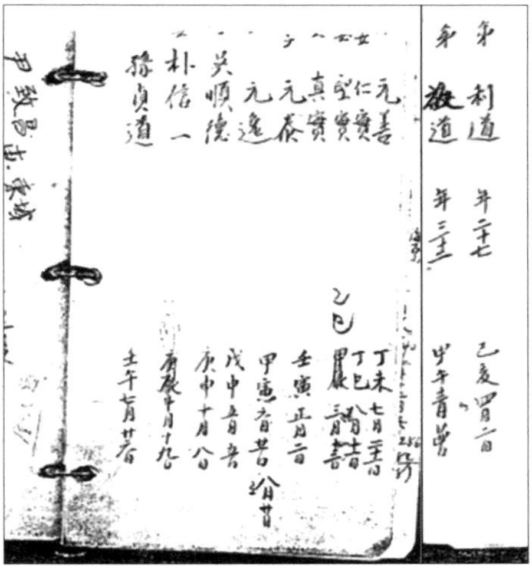

손정도 목회 수첩

50 〈흥사단 단우 손경도 이력서〉(1917); 손경도, "나의 포켓이 가벼워서 이것만 보냅니다", 〈신한민보〉 1917.7.26.; "청년혈성단 취지서", 〈신한민보〉 1919.5.31.
51 〈흥사단 단우 손이도 이력서〉(1920); "시카고 동포의 三一", 〈신한민보〉 1924.3.13.

신도)를 모신 것과 달리 손이도는 계속 미국에 머물러 사업을 하면서 독립운동을 지원하였다. 그 때문에 1934년 조선총독부 경무국에서 펴낸 『국외용의조선인명부』(國外容疑朝鮮人名簿)에 손이도는 "배일사상을 가지고 있는 자", "1917년 4월 고학을 목적으로 도미하여 재미 국민회원이 되어 조선독립운동에 분주한 자"로 표기하였다. 그리고 이 총독부 자료를 통해 손정도와 손이도 형제의 본적이 '강서군 증산면 오흥리 446번지'인 것을 확인할 수 있다.[52]

그리고 1926년 기록에서 주목을 끄는 것은 '여동생 남편'(娣弟) 즉 동서(同壻)로 기록된 옥관빈(玉觀彬)이다. 평남 중화 출신인 옥관빈은 도산 안창호가 설립한 평양 대성학교 교사로 있던 시절 형(玉成彬)과 함께 105인 사건에 연루되어 4년여 옥고를 치렀고 3·1운동 직후에는 중국으로 망명해서 상해임시정부 활동에 참여하였다. 그러나 옥관빈은 2년 만에 임시정부 활동을 접고 이후 상해에서 무역업에 종사하였는데 독립운동 진영과 거리를 두었을 뿐 아니라 독립운동 자금지원도 거부하여 '일본 스파이'로 의심을 받다가 1933년 8월 상해 불조계에서 무정부주의 청년들에게 암살당하였다.[53] 손정도 수첩에 기록된 '옥관빈'이 그 '불운의 민족운동가' 옥관빈이었다면 손정도 역시 그로 인한 마음고생도 적지 않았을 것이다.

그런데 최근(2020년 3월) 손정도 목사의 장손인 손명원(孫明元)에 의해 서울 중구청 문서보관소에 있던 〈손정도 제적등본〉(孫貞道除籍謄本)이 발견되었다. 이 자료를 통해 그동안 밝혀지지 않았던 손정도 목

52 『國外ニ於ケル容疑朝鮮人名簿』, 조선총독부경무국, 1934, 194.
53 "옥관빈 피살", 〈조선중앙일보〉 1933.8.4.; "玉觀彬氏의 豪語", 〈삼천리〉 5권 9호, 1933.9; 김광재, "上海시기 玉觀彬 밀정설에 대한 비판적 검토", 〈한국근현대사연구〉 63호, 2012.12, 42~47.

사 '가족 상황'이 새롭게 확인되었다.[54]

<table>
<tr><td>본적</td><td>경기도 경성부 정동 34번지</td><td>전호주</td><td colspan="3">손형준(孫亨俊)</td></tr>
<tr><td colspan="2" rowspan="15">전 호주 손형준의 사망으로 1913년 9월 18일 호주가 됨.
1914년 6월 30일 평안남도 강서군 증산면 오홍동 7통 6호에서 이거.
1915년 5월 14일 경성부 종로 6정목 65번지에서 이거.
5월 21일 신고.
1931년 2월 19일 오후 10시 중화민국 길림성 남만주철도병원에서 사망.
동거자 손원일(孫元一) 계출(屆出).
4월 1일 수부(受附).
1931년 4월 1일 손원일 호주상속 계출로 본적 말소.</td><td rowspan="5">호주</td><td>부</td><td>손형준(孫亨俊)</td><td rowspan="3">장남</td></tr>
<tr><td>모</td><td>오신도(吳信道)</td></tr>
<tr><td>본</td><td>밀양</td></tr>
<tr><td colspan="3">손정도(孫貞道)</td></tr>
<tr><td>출생</td><td colspan="2">1882년 7월 26일</td></tr>
<tr><td rowspan="5">모(母)</td><td>부</td><td>오현구(吳玄九)</td><td rowspan="3">장녀</td></tr>
<tr><td>모</td><td>호씨(扈氏)</td></tr>
<tr><td>본</td><td>해주</td></tr>
<tr><td colspan="3">오신도(吳信道)</td></tr>
<tr><td>출생</td><td colspan="2">1852년 4월 8일</td></tr>
<tr><td rowspan="5">처(妻)</td><td>부</td><td>박용락(朴用洛)</td><td rowspan="3">장녀</td></tr>
<tr><td>모</td><td>김씨(金氏)</td></tr>
<tr><td>본</td><td>밀양</td></tr>
<tr><td colspan="3">박신일(朴信一)</td></tr>
<tr><td>출생</td><td colspan="2">1872년 10월 19일</td></tr>
<tr><td colspan="2" rowspan="4">1913년 12월 20일 사망.
1915년 5월 24일 신고.</td><td rowspan="4">제(弟)</td><td>부</td><td>손형준(孫亨俊)</td><td rowspan="2">2남</td></tr>
<tr><td>모</td><td>오신도(吳信道)</td></tr>
<tr><td colspan="3">손진도(孫晉道)</td></tr>
<tr><td>출생</td><td colspan="2">1890년 8월 17일</td></tr>
<tr><td colspan="2" rowspan="5">1911년 3월 23일 사망.
1915년 5월 24일 신고.</td><td rowspan="5">제(弟)
진도
처(妻)</td><td>부</td><td>배형익(裵亨益)</td><td rowspan="3">장녀</td></tr>
<tr><td>모</td><td>김씨(金氏)</td></tr>
<tr><td>본</td><td>해주</td></tr>
<tr><td colspan="3">배씨(裵氏)</td></tr>
<tr><td>출생</td><td colspan="2">1884년 9월 10일</td></tr>
</table>

54 〈손정도 제적부〉(서울특별시 중구 정동 34번지).

	제(弟)	부	손형준(孫亨俊)	3남
		모	오신도(吳信道)	
			손경도(孫敬道)	
		출생	1894년 12월 24일	
	제(弟)	부	손형준(孫亨俊)	4남
		모	오신도(吳信道)	
			손이도(孫利道)	
		출생	1899년 4월 2일	
경성부 견지동 68번지 윤치창(尹致昌)과 혼인 계출(屆出). 1929년 9월 7일 수부(受附) 제적.	장녀	부	손정도(孫貞道)	장녀
		모	박신일(朴信一)	
			손진실(孫眞實)	
		출생	1902년 1월 2일	
	2녀	부	손정도(孫貞道)	2녀
		모	박신일(朴信一)	
			손성실(孫聖實)	
		출생	1905년 3월 23일	
	질(侄)	부	손진도(孫晉道)	장남
		모	배씨(裵氏)	
			손원선(孫元善)	
		출생	1907년 7월 21일	
	장남	부	손정도(孫貞道)	장남
		모	박신일(朴信一)	
			손원일(孫元一)	
		출생	1908년 5월 5일	
	2남	부	손정도(孫貞道)	2남
		모	박신일(朴信一)	
			손원태(孫元泰)	
		출생	1014년 8월 11일	

<table>
<tr><td rowspan="5">1915년 6월 30일 계출(屆出) 취적(就籍).
1925년 2월 25일 이적(離籍).
평안남도 대동군 용산면 금촌리 107번지 실가(實家) 호주 김기성 방에 복적(復籍)으로 제적.</td><td rowspan="5">망제(亡弟) 진도 처(妻)</td><td>부</td><td>김기성(金起聲)</td><td rowspan="3">장녀</td></tr>
<tr><td>모</td><td>임기숙(林起淑)</td></tr>
<tr><td>본</td><td>전주</td></tr>
<tr><td colspan="3">김광명(金光明)</td></tr>
<tr><td>출생</td><td colspan="2">1894년 2월 12일</td></tr>
<tr><td rowspan="4">본적에서 출생 2월 29일 신고.
1916년 2월 28일 오전 4시 본적지에서 사망.
2월 29일 신고.</td><td rowspan="4">3녀</td><td>부</td><td>손정도(孫貞道)</td><td rowspan="2">3녀</td></tr>
<tr><td>모</td><td>박신일(朴信一)</td></tr>
<tr><td colspan="3">손영실(孫榮實)</td></tr>
<tr><td>출생</td><td colspan="2">1916년 2월 25일</td></tr>
<tr><td rowspan="4"></td><td rowspan="4">4녀</td><td>부</td><td>손정도(孫貞道)</td><td rowspan="2">4녀</td></tr>
<tr><td>모</td><td>박신일(朴信一)</td></tr>
<tr><td colspan="3">손인실(孫仁實)</td></tr>
<tr><td>출생</td><td colspan="2">1917년 8월 21일</td></tr>
</table>

이 자료에 의해 손정도 목사의 부친 손형준(孫亨俊)이 1913년 9월 18일 별세하였음을 알 수 있다. 손정도 목사가 진도 유배에서 풀려나기 두 달 전이었다. 그래서 그는 아버지 장례식에도 참석할 수 없었다. 부친 사망으로 호주가 된 그는 1914년 6월 서울 동대문교회 목사로 부임하면서 본적지를 부친의 본적지였던 평안남도 강서군 증산면 오흥동 7통 6호에서 경성부 종로 6정목 65번지(동대문교회 주소)로 옮겼다. 그리고 1년 후 서울 정동교회 담임이 되면서 정동교회 주소인 정동 34번지로 본적을 옮겼다. 그 후 손정도 목사는 1918년 정동교회를 사임한 후 중국으로 망명을 떠났다가 귀국하지 못하고 1931년 만주 길림에서 별세함으로 그의 본적은 그대로 정동 34번지에 남아 있었다.

이 자료를 통해 손정도 목사 가족에 대한 두 가지 새로운 사실이 밝혀졌다. 첫째는 그동안 손정도 목사의 동생으로 알려진 경도와 이

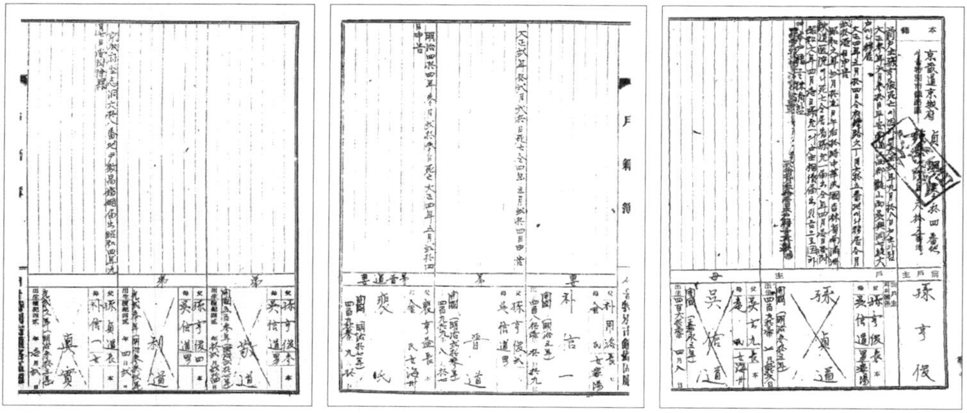

손정도 제적등본

도 외에 진도(晉道)란 동생이 또 있었다는 사실이다. 손정도의 바로 아래 동생으로 1913년 12월에 23세 나이로 죽었다. 그런데 진도는 두 번 결혼했는데 2년 먼저 죽은 첫 부인 배씨 사이에 아들 원선이 있었다. 어린 원선은 아버지의 둘째 부인(김광명) 손에서 자랐다. 손정도 목사는 조카가 18세 되었을 때 길림 집으로 데려왔고 제부(弟婦)는 대동군 친정집으로 보냈다. 그래서 앞서 살펴본 〈손정도 목회 수첩〉에 '조카 손원선'이 가족 명단에 포함되었던 것이다. 이처럼 '집안 장손'이었던 손정도 목사는 일찍 죽은 동생의 가족을 식구처럼 돌봐주었다. 두 번째 새로 밝혀진 것은 손정도 목사의 자녀로 그동안 진실과 성실, 원일, 원태, 인실 등 2남 3녀를 둔 것으로 알려졌는데 원태와 인실 사이에 영실(榮實)이란 딸이 하나 더 있었다. 정동교회 목회 시절인 1916년 2월 25일 태어나 사흘 만인 2월 28일 죽었다. 비록 3일밖에 살지 못했지만 손정도 목사는 그 아이에게도 '영실'이란 이름을 지어주고 본적에 올려 "세상에 왔었다."는 흔적을 남겼다.

〈손정도 제적등본〉을 통해 손정도 목사는 1882년 7월 26일 평남 강서군 증산면 오흥동 7통 6호(오흥리 446번지)에서 밀양 손씨(密陽孫氏) 가문의 손형준과 해주 오씨(海州吳氏) 가문의 오신도 사이에 맏아들로 출생하였음을 확인할 수 있다. 어머니는 그 당시로는 '늦은 나이'인 30세 때 맏아들 손정도를 낳았는데 그 위로 두 딸이 있었던 것으로 보인다. 손정도 목사의 부친이나 외가 집안에 대한 정보도 거의 없다. 손정도 목사는 기독교로 개종하고 집안에서 쫓겨난 후 고향을 방문하지도 못했고 부친과 화해할 시간도 없어서 자녀들에게도 집안 배경에 대한 이야기를 별로 들려주지 못했던 것 같다. 다만 맏아들 원일은 어려서 들은 집안 어른들로부터 들은 할아버지와 집안 내력을 이렇게 증언하였다.

> "고향은 평안남도 강서군 증산면 오흥리라는 평양에서 멀지 않은 서해 바닷가의 농촌, 대를 이어(언제부터인지는 모르겠으나) 이곳에서 뿌리를 내리고 살아와 강서 일대에서는 꽤 알려진 집안에 속했고 토착 유학자에다 부농이었던 할아버지는 무척 완고한 분이었다. 정확한 기억이 없어 죄송한 마음을 금할 수 없으나 할아버지는 벼슬도 지녔던 것 같다. 또 작은 할아버지는 조금 더 높은 벼슬(아마도 군수 쯤)을 지냈던 것으로 기억한다." 55

강서 지방에서 '꽤 알려진' 양반 가문, '부농 집안'의 장손으로 출생한 손정도는 집안 전통에 따라 어려서부터 한학을 공부하였다.

---

55 손원일, "나의 이력서(1)", 〈한국일보〉 1976.9.29.

양반집 자제로서 과거 시험에 급제하여 '입신출세' 하는 것이 글공부 목적이었다. 그리고 역시 집안 전통에 따라 13세 때(1895년) 집안 어른들의 주선으로 인근 증산면 부암리(釜巖里)의 박용락(朴用洛, 일명 朴鏞)의 장녀와 결혼했다. 아내는 후에 남편을 따라 기독교로 개종한 후 이름을 '신일'(信一)이라 지었다. 부인 박신일은 '열부'(烈婦) 칭호를 받기에 부족함 없는 희생과 수고로 남편의 독립운동과 목회를 도왔다.

손정도 목사 자녀들은 외가 식구들로부터 적지 않은 도움을 받았다. 우선 외삼촌 박인준(朴仁俊, 1892~1974)은 한국의 현대건축사에 이름을 남긴 건축가로 유명했다. 매형 손정도 목사로부터 사상적 영향을 받은 그는 1912년 평양 숭실중학 졸업 후 서울 연희전문학교에 다니다가 독립운동 혐의로 경찰의 추적을 받고 중국 상해로 망명했고 1916년 미국으로 건너가 시카고 루이스공과대학과 미네소타주립대학에서 건축학을 전공하였다. 그는 뒤이어 미국에 유학 온 손경도와 손이도, 손진실 등 매형 가족들의 후견인 역할도 하였고 1932년 귀국하여 서울 연희전문학교 교수가 되었다. 그는 서울 공평동에 건축회사를 차리고 다양한 '미국식' 주택 건물을 남겼는데 손진실과 윤치창 부부의 '가회동 돌집'을 설계하였고 1936년 북경에서 귀국한 누나(박신일) 가족을 돌봐주었다.[56] 또한 손정도 목사의 처사촌(妻四寸)인 박이준(朴履俊)은 1920년 4월 고향 친구들과 결사대를 조직하고 평양 경찰서에 폭탄투척을 준비하다 경찰에 체포되어 옥고를 치른 독립운동가

---

56 "각 대학에 우리 학생", 〈신한민보〉 1924.9.25.; "박인준씨는 미네소타대학에", 〈신한민보〉 1924.11.27.; "三千里 機密室 The Korean Black chamber 思想界·內外情勢", 〈삼천리〉 7권 8호, 1935.9, 19; 〈延京西高秘 第3213號ノ4: 禧專門學校內ニ於スル學內組織ニ關スル件〉(1938年 5月 21日); 『會員 名簿』, 연희전문학교 동문회, 1941; 손원일, "나의 이력서(27)", 〈한국일보〉 1976.11.6.; 김정동, "한국근대건축사의 재조명", 〈건축사〉, 건축사협회, 1987.5~1989.2; 김소연, "디아스포라의 섬, 박인준", 『경성의 건축가들』, 루아크, 2017.

였다.[57] 이 사건에 대해서는 후에 자세히 살펴볼 것이다.

그러나 목회와 독립운동 현장에서 손정도 목사에게 가장 든든했던 후원자는 아내 박신일이었다. 남편보다 열 살 위였던 박신일은 결혼 후 대가족인 오홍리 시집에서 종가집 며느리로 전형적인 시집살이를 했다. 박신일은 결혼 7년 만인 1902년 1월에 첫째 딸 진실을 출생했다. 그러나 아이를 얻었다는 기쁨도 잠시, 남편이 "평양으로 과거 시험을 보러 갔다가 도중에 전도를 받고 개종을 결심한 후 상투를 자르고 돌아오는" 사건으로 집안에 큰 소동이 벌어졌고 평양으로 도피한 남편 대신 그가 집안 어른들로부터 곤욕을 치렀다. 원일은 그 대목을 이렇게 기록하였다.

> "1902년, 나라의 쇠잔한 운명처럼 기울여 가고 있던 어느 겨울날, 23세의 청년 손정도는 고향 오홍리를 떠나 평양으로 간다. '관리가 되기 위한 시험을 치르러' 였다니 무슨 과거(科擧)가 아니었나 모르겠다. 어쨌든 짧은 겨울 해는 평양까지의 백리 길을 다 가기 전에 기울었고 청년은 길가 어느 마을에서 하룻밤 자고 가기를 청한다. 그리고 조(趙)씨 성을 가진 마을의 한 집에서 과객으로 묵게 된다. 우연하게도 이 집은 목사 댁이었다. 상투에 갓을 쓰고 한학 밖에는 배운 것이 없는 청년이었으나 이 무렵 청년은 신학문에 대한 동경에 사로잡혀 있었다. 그런 청년에게 조 목사는 서구의 문화와 기독교 교리를 이야기했다. 평소 괄괄하고 열정적인 성품이었던 청년은 당장에 '몸을 떠는' 감동을 맛보았다. 불과 하룻밤에 못돼 청년 손정도는 기독교에 몸을 맡기는

57 "平壤에서 四靑年 被捕", 〈독립신문〉 1920.5.18.; "大爆發의 前兆", 〈독립신문〉 1920.5.29.

'변신'을 이루는 것이다. 이튿날 아침 조 목사는 손 청년의 상투를 자른다. 단발령에 자결로 저항하던 당시의 풍조 아래서는 혁명적인 일이다. 손 청년은 그길로 평양 길을 포기하고 발길을 집으로 되돌린다."[58]

구체적인 부분에서 검증과 교정이 필요하다. 우선 평양으로 가던 중에 하룻밤 묵은 집주인 '조(趙) 목사'에게 전도를 받고 상투를 잘랐다고 했는데 그 시기 한국인 목사로 조씨 성을 가진 이는 없었다.[59] 성명은 알 수 없지만, 그 무렵 평양서구역에서 사역하던 전도자로 볼 수 있다. 증산에서 평양까지 백 리 길이었는데 그 길은 청일전쟁 어간부터 노블과 모리스, 무어, 에스티 등 선교사와 황정모, 오석형, 김창식, 이은승, 강인걸 등 전도인들이 평양을 출발하여 강서군 일대를 순회하던 '전도 길'이기도 했다. 그리고 그 길 따라 중요한 마을마다 설립된 교회와 학교들을 통해 기독교와 서구 문화, 개화의 바람이 대동강 서부지역으로 확산되고 있었다. 따라서 손정도가 평양 가는 길에 묵었다는 '조 목사 집'은 '평양 서구역'에 있던 교회 가운데 하나였을 가능성이 크고 그 교회에서 사역하고 있던 '본처 전도인'에게 전도를 받고 개종을 결심한 것으로 볼 수 있다.

평양으로 과거 시험을 보러 간다고 나갔다가 도중에 상투를 자르고 돌아온 손정도의 모습을 본 부친이나 집안 어른들은 큰 충격을 받았다. 이름 있는 '유학자 집안'의 장손이 '무군무부'(無君無父)의 서양 오랑캐 종교, 나라를 망하게 한다는 사학(邪學), '천주학(天主學)쟁

58 손원일, "나의 이력서(1)", 〈한국일보〉 1976.9.29.

59 감리교 목사로 평양과 북한 지역에서 사역하던 이로는 1901년에 안수를 받은 김창식 목사, 1903년 안수를 받은 이은승 목사, 그리고 1905년 안수를 받은 강인걸 목사가 있었다. 장로교에서는 1907년에야 목사가 나왔다. *KMEC* 1901~1905.

이'가 되었다는 사실은 받아들이기 어려운 일이었다. 기독교인이 된 아들에 대한 부친과 집안 어른들의 설득과 협박, 탄압이 이어졌다. 그런 핍박을 받으면서도 손정도는 고향 마을의 오흥리교회나 증산읍교회에 출석하며 신앙생활을 시작하였다. 그리고 얼마 후 구역 담임자 무어(문요한) 선교사도 만났다. 그 정확한 시기는 알 수 없지만 손정도는 어느 날 무어 선교사를 대동하고 집으로 와서 조상들의 위패를 모셔 두었던 집안 사당을 부숴버렸다.[60] 그 일로 손정도는 집안사람들에게 '미쳐도 크게 미친 사람'으로 몰려 살해 위협까지 당하였다. 결국 그는 '한밤중에' 몰래 집을 빠져나와 도망칠 수밖에 없었다. 원일은 이에 대해 "그날 밤 청년[손정도]은 잠자리에서 눈 덮인 들판으로 도망치는 신세가 되었다." "속옷 바람으로 집을 나온 아버지는 눈 덮인 산에서 밤새 기도를 하다가 실신, 인근 주민들에 의해 구출됐다."라고 적었다.[61]

그때가 언제쯤일까? 1903년 5월 내한한 무어 선교사가 평양선교부에 배속되었다가 모리스 감리사와 함께 처음으로 증산 '오수리'(오흥리) 교회를 방문한 것이 1904년 5월이었으므로 손정도가 무어 선교사와 함께 집안 사당을 훼파한 것은 1904년 5월 이후로 볼 수 있다. 이것으로 보아도 손정도의 개종 및 출가는 1904년에 이루어진 것으로 추정할 수 있다. 그렇게 해서 손정도는 고향을 떠났다. 정확하게 표현하면 쫓겨났다. 집안에서는 '버린 자식'이 되었다. 그 후 손정도는 다

60 손원일은 〈한국일보〉에 회고록을 연재하면서 처음엔 손정도가 "상투를 자르고 돌아온 그 날로 사당을 쳐부순" 것으로 기록했으나 두 달 후 미국에서 그 글을 읽어 본 큰 누이 손진실로부터 "집안 사당을 부순 것은 문요한 선교사와 함께 와서 한 것이라."는 증언을 듣고 처음 기록을 수정하였다. 손원일, "나의 이력서(1)", 〈한국일보〉 1976.9.29.; 손원일, "나의 이력서(27)", 〈한국일보〉 1976.11.6.

61 손원일 "나의 이력서(2)", 〈한국일보〉 1976.9.30.

시 고향을 찾지 못했다. 개인적으로 보면 고향에 돌아가지 못한 '불행한' 인생이었지만 종교적으로 보면 모든 신앙 위인들처럼 고향을 떠나므로 오히려 더욱 웅대하고 의미 있는 삶을 살 수 있었다. 성경에 나오는 '믿음의 조상' 아브라함처럼 손정도 목사도 고향을 떠나므로 '위대한' 인생 여정이 시작되었다.

2. 영적 각성과 민족 구원: 평양 대부흥운동

1) 평양 숭실중학교 수업

증산의 고향과 아버지 집에서 나온(쫓겨난) 손정도는 평양의 무어 선교사를 찾아갔다. 내한 2년 차 선교사 무어는 손정도를 어학선생 겸 가사도우미로 고용했다. 그때부터 손정도는 평양 남산재 언덕, 경창리에 있던 평양선교부 안에서 무어 선교사 가족들의 생활을 도우면서 방금 벽돌예배당 건축을 끝낸 남산재교회에 출석하였다. 그에게 세례를 준 선교사 이름은 알 수 없지만 무어 혹은 노블 선교사였을 것이다. 그는 남산재교회 교인으로 본격적인 신앙생활을 시작하였다. 그러나 평양으로 올라온 손정도의 가장 큰 희망은 '신교육'을 받는 것이었다. 당시 평양에는 장로교의 장대현교회 부속으로 숭덕학교와 숭현여학교, 감리교의 남산현교회 부속으로 광성학교와 정진여학교가 있었다. 이들 네 개 학교는 모두 초등과정(보통과) 학교였는데 이 학교 졸업생들을 위한 중등과정(고등과 및 대학과) 학교가 필요했다. 이에 북장로회 선교부의 베어드(W.M. Baird, 배위량)는 1901년 신양리에 숭실학당(崇實學堂)을 설립하였고 감리교에서는 1905년 4월 남산현교회 청년회원들이 주도하여 '청년학교'(青年學校)를 설립하였다. 감리교의 청년학교는 '교육전담 선교사'로 내한했던 베커(백아덕)가 담당하였다. 아직 독자적인 교사(校舍)가 없어 남산현교회에서 수업을 하였다. 베커는 설립 한 달 후 청년학교 학생들에 대하여 "35명가량이 상투를 자르고 교복을 입었으며 그렇게 하겠다고 약속한 학생이 17명이다. 이들은 모두 15세 이상 된 청년들이다."고 보고했다.[62] 시기적으로 보아 나이 스물이 넘은 손정도도 이 청년학교의 '상투를 자른 18명' 학생 가운데 포함되었을 것이 분명하다.

그런데 그 무렵 평양에 있던 장로교와 감리교의 중등과정 학교를 연합하여 합동으로 운영하려는 논의가 진행되고 있었다. 1903년 8월 원산에서 시작된 부흥운동의 여파로 장로교와 감리교 선교사들 사이에 교파를 초월한 '하나의 개신교회'를 설립하고 의료와 교육,

평양 숭실학당

62 A.L. Becker, "A Desire for Education", *The Korea Methodist,* May 1905, 125~126; 이덕주, 『백아덕과 평양 숭실』, 숭실대학교 출판부, 72~73.

성경과 찬송가, 문서선교 분야의 연합 사업을 초교파적으로 추구하려는 운동이 추진되었다. 그런 분위기에서 1905년 9월, 장로교와 감리교의 6개 선교부가 참여한 '한국복음주의선교연합공의회'(General Council of the Protestant Evangelical Missions in Korea)가 조직되어 문서선교 외에 서울과 평양의 의료 및 교육 사업을 연합 사업으로 추진하기로 결의하였다.[63] 이 결정에 따라 평양 기홀병원과 서울 세브란스병원, 평양의 숭실학당과 청년학교, 서울의 배재학당과 경신학당을 장로교와 감리교 연합으로 운영하였다. 그리하여 1905년 9월, 가을학기부터 예과 1년, 본과 4년 과정의 '연합 숭실중학교'(Pyeng Yang Union Academy)가 시작되었다. 교장은 베어드, 부교장은 베커였으며 수업은 미국 고등학교 수준 교과목으로 하여 영어와 성경을 비롯하여 수학과 역사, 물리, 천문, 지리, 생물, 화학 외에 한문과 음악도 가르쳤다. 한문과 성경을 제외하고 대부분 수업은 선교사들이 맡았다.[64]

이로써 남산현교회 부속 청년학교에서 수업을 받던 감리교 학생들은 보통문 안 신양리, 북장로회 선교부 안에 있던 숭실학당으로 가서 수업을 받았다. 그 가운데 손정도가 포함되었음은 물론이다. 통합 이후 숭실중학교는 착실하게 발전하였다. 학생 수도 계속 늘어나 1906년 전체 학생 135명 가운데 감리교 학생이 22명이었는데 1907년에는 전체 학생 283명 가운데 감리교 학생이 140명으로 늘었다.[65] 이처럼 숭실중학교가 자리를 잡아가면서 졸업생도 꾸준히 나왔다. 숭실중학교는 합동 1년 전인 1904년에 1회 졸업생 3명을 배출한 후 1905년

---

63 S.A. Beck, "Committee of Union", *KMEC* 1906, 73.
64 W.A. Noble, "Reports of the Pyeng Yang District", *KMEC* 1906, 62~63.
65 A.L. Becker, "Pyeng Yang High School", *KMEC* 1907, 51.

4명, 1906년 4명, 1907년 22명의 졸업생을 냈다.[66] 이때까지 졸업생들은 합동 이전부터 중등과정 수업을 받아왔던 장로교 학생들뿐이었다. 연합 이후 숭실중학의 첫 감리교 졸업생이 나온 것은 1908년이었는데 손정도가 거기에 포함되었다.

숭실중학교 졸업생들이 배출되면서 고등과정의 대학교 설립이 필요하였다. 이에 '연합 중학교' 사역을 통해 신뢰와 협력 관계를 구축한 베어드와 베커는 1906년 10월 숭실중학교 졸업생 11명으로 대학 수업을 시작하였다. 그렇게 해서 한국 최초의 대학으로 '숭실대학'(崇實大學, Pyeng Yang Union Christian College)이 시작되었다. 교과목은 중학교 상급반 때 배웠던 수학과 물리, 지리, 화학 과목에 대수학, 삼각법, 측량법, 교수법, 심리학 등을 추가했고 영어와 성경도 필수과목으로 가르쳤다. 수업은 신양리 숭실중학교 교실을 빌려 시작했는데 감리교 선교사들이 학생들에게 약속한 대로 1907년 2월, 남산현교회 근처 상수구리에 격물학당(格物學堂)이란 명칭의 과학관이 준공되면서 대학생들은 그곳으로 옮겨 수업을 받았다.[67] 이후 중학생들은 북장로회 선교부가 있는 신양리로, 대학생들은 미감리회 선교부가 있는 상수구리로 가서 수업했다. 숭실대학도 1909년 첫 졸업생 두 명(김두화, 변린서)을 낸 후 매년 3~10명 졸업생이 나왔다. 이렇게 평양에서 장·감 연합학교로 운영되던 숭실중학교와 숭실대학 체제는 부교장이었던 베커가 1914년 서울로 옮겨가기까지 10년간 존속했다.[68]

---

66 『崇實學友會 會員名簿』, 숭실전문학교, 1938, 110.
67 A.L. Becker, "Report of Pyeng Yang Educational Work", *KMEC* 1908, 64~68.
68 이후 베커는 북장로회 서울선교부의 언더우드와 함께 초교파 대학으로서 '조선예수교대학'(Chosen Christian College, 후의 연희전문학교) 설립과 운영에 참여하였다. A.L. Becker, "Report of Pyeng Yang Union Academy", *KMEC* 1913, 81~83; 이덕주, 『백아덕과 평양 숭실』, 286~295.

평양에 올라온 손정도는 무어 선교사의 어학 선생 겸 가사도우미로 생활하면서 남산현교회 부속 청년학교를 거쳐 숭실중학교 학생이 되었다. 그리하여 손정도는 경창리에 있는 무어 선교사 사택과 수옥리 남산현교회, 그리고 신양리에 있는 학교를 오가며 비교적 안정적인 생활을 했다. 다만 증산에 남아 있는 가족이 걱정이었다. 당시 고향 집에서는 아내 혼자 딸을 키우고 있었다. '개화꾼', '야소교인'이 되어 집안에서 쫓겨난 남편 때문에 시집 식구들에게 구박과 눈총을 받으며 지내던 아내 역시 보수적인 집안의 유교 전통을 따를 것인가, 아니면 남편을 따라 기독교인이 될 것인가 고민하였다. 그는 '남편과 같은 길'을 가기로 결심하였다. 막내딸 인실은 그 대목을 이렇게 기록하였다.

"고향에 남은 박신일은 갓난 딸 진실을 데리고 시댁의 눈총을 받으며 힘겹게 하루하루를 보냈다. 박신일은 남편 못지않은 담력이 있는 데다 인내심도 대단한 사람이었다. 집안의 냉대를 견디어 내며 이른 새벽마다 정한 그릇에 물을 떠 놓고 '하느님, 저의 집 가족들도 예수를 믿게 해 줍시사. 여자들도 글공부하게 해 줍시사.'고 손을 모아 빌었다. 그러나 문중의 냉대가 심해지는데다 남편 걱정에 마침내 그는 이듬해 진실을 업고 평양으로 왔다."[69]

아내와 딸이 올라온 후 손정도는 남산현교회와 숭실대학 격물학당에서 멀지 않은 만수대 언덕, 하수구리(下水口里) 40번지에 집을 마련

69 안혜령, 『손인실: 사랑과 겸허의 향기』, 19.

평양 기홀병원

하였다.[70] 아내는 평양에 도착한 직후, 1905년 3월 13일 둘째 딸 성실(聖實)을 출생했다. 당시 손정도는 숭실중학교 2학년이었다. 학생 신분이었던 손정도는 선교사 집에서 일해주고 받는 돈으로 자신의 학비와 네 식구로 늘어난 가족 생활비를 대기 어려웠다. 부자 인연을 끊은 고향 집 부친으로부터 경제적 지원을 받을 것은 생각조차 못 했다. 결국 부인이 생활전선에 나섰다. 부인은 평양 선교사들의 주선으로 기홀병원에서 일했다. 주로 빨래와 바느질을 하는 잡역부 일이었다. 그때부터 아내는 1925년 남편이 목회하던 길림으로 이주하기까지 20년 동안 병원 일을 해서 자녀 교육비와 가족 생계비를 충당했다.

손정도는 1908년 6월 숭실중학교 4년 과정을 마치고 제5회 졸업생이 되었다. 그의 졸업 동기는 모두 27명이었는데 감리교 학생으로

70 손정도 가족이 살던 집 주소(平壤府 下水口里 40番地)에 대한 정보는 1920년 일어난 평양 대한애국부인회사건에 대한 일본경찰측 기록에서 확인할 수 있다. "비밀결사 대한애국부인회 검거", 〈매일신보〉 1920.11.7.; 『朝鮮獨立騷擾史論』, 조선독립소요사출판소, 1921, 211.

는 그와 김득수(金得洙), 두 명이었다. 초창기 남산현교회 전도부인으로 평양과 평안도 일대에서 크게 활약했던 김세지 부인의 아들이었던 김득수는 미국 유학을 다녀와 광성고등보통학교 교장이 되었다. 숭실중학 장로교 동창생 가운데 민족운동가로 활약한 대표적인 인물로 조만식과 선우혁, 김홍서를 꼽을 수 있다. 조만식은 손정도와 같은 강서(반석면) 출신으로 3·1운동 때 오산학교 교장으로 독립만세운동을 주도하였고 선우혁은 1911년 105인 사건 때 주모자급으로 체포되어 4년 옥고를 치른 후 중국 상해로 망명하여 3·1운동 기폭제가 되었던 신한청년당을 조직한 후 손정도와 함께 상해임시정부 활동에 참여하였다. 김홍서는 손정도와 함께 초창기 임시정부 활동에 참여했고 손정도가 상해 임시의정원 의장 시절 부의장으로 그를 도왔던 정인과는 숭실중학 1년 선배(4회)였다.[71]

이런 숭실 동문들의 면면으로 볼 때 손정도가 숭실중학교를 다녔던 시기(1904~08년) 학교 분위기가 어떠했을지 충분히 짐작할 수 있다. 그때는 러일전쟁(1904년)과 을사늑약(1905년)에 이어 정미조약(1907년) 체결로 주권이 침탈당하는 상황에서 항일 민족운동이 최고조에 달했던 시기였다. 거기에다 도산 안창호도 5년 미국 망명생활을 접고 1907년 2월 귀국해서 서울과 평양을 오가며 기독교계 민족운동가들을 규합, 항일비밀결사 신민회(新民會)를 조직하여 교육과 문화, 군사와 실업 분야에서 다양한 항일 민족저항운동을 전개하기 시작하였다. 도산이 1908년 2월 평양에 세운 대성학교와 태극서관, 자기회사 등이 그 구체적인 결과물이었다. 그렇게 손정도의 '항일 민족의식'은

71 『崇實學友會 會員名簿』, 110~111; 윤경로, 『105인 사건과 신민회 연구』, 한성대학교 출판부, 2012, 48~49, 80~92.

숭실중학교 시절 형성되었다. 도산 안창호와의 만남과 교류도 이때 시작된 것으로 보인다. 손정도는 숭실중학 졸업 후 숭실대학에 입학하였다. 그러나 곧바로 중퇴하고 감리교 협성성경학원(후의 협성신학교)에 입학하였다. 그가 목회자의 길을 택하게 된 배경에는 평양에 올라와서 도움을 받았던 노블 감리사와 무어, 베커 선교사 등으로부터 받은 영향도 있었지만 그보다는 숭실중학 졸업반 때 경험한 1907년 평양 대부흥운동이 결정적이었다.

2) 평양 대부흥운동과 종교체험

1907년 평양 대부흥운동은 그 내용에서 공개적 죄의 자복, 윤리적 갱신과 도덕적 생활실천, 자발적 전도와 교회 자립운동, 신앙의 토착적 표현 등을 특징으로 삼았다.[72] 무엇보다 집회 때마다 일어난 공개적인 통회자복을 통해 한국교회 지도자들은 회개 → 거듭남(중생) → 성화에 이르는 기독교 고유의 '본질적 신앙'을 체득하였다. 그렇게 회개한 교인들은 일상생활에서도 윤리적이고 도덕적이며 양심적인 삶을 실천함으로 그 권위와 지도력이 교회 안에 머물지 않고 교회 밖 일반사회에까지 미쳤다. 그 결과 선교 20년밖에 되지 않은 기독교의 사회적 위상과 역할이 크게 신장되었다. 그런 배경에서 한말 기독교 지도자들이 전개한 사회개혁운동과 민족운동에 일반 시민사회가 지지를 표하고 동참하였다.

이처럼 종교적으로, 정치·사회적으로 중요한 의미를 지닌 평양 대부흥운동은 1907년 1월 6일부터 10일간 장대현교회에서 개최된 평

72 이덕주, "복음, 이 땅에 뿌리박기-초기 한국교회 부흥운동과 복음의 토착화", 『영적각성 100주년 기념학술연구: 각성·갱신·부흥』, 감리교신학대학교 출판부, 2007, 64~74.

남노회 남자사경회를 통해 시작되었다. 4백여 명이 참석한 사경회 셋째 날 길선주와 김찬성을 비롯한 교회 지도자들이 통회 자복하는 회개운동이 일어났다. 그리고 1월 10일 장대현교회 부속학교인 숭덕학교와 숭의여학교에서 부흥회가 열렸고 1월 17일부터 1주일간 장대현교회에서 여자 사경회가 열렸는데 거기서도 통회 자복하는 현상이 일어났다.[73] 여자 사경회 후에 장대현교회 교인들은 특별 부흥회를 열고 부흥운동의 열기를 계속 이어갔다. 그렇게 1907년 1월 장대현교회와 숭덕학교, 숭의여학교를 중심으로 일어난 '장로교' 부흥운동 열기가 감리교 쪽으로 옮겨붙은 것은 2월이었다. 숭실중학교 부흥회가 그 계기를 만들어 주었다.

숭실중학교는 장로교와 감리교 '연합학교'가 된 지 3년을 넘기면서 안정적인 분위기에서 착실하게 발전하고 있었다. 숭실중학교 부흥회는 2월 4일부터 1주일간 방금 건축을 끝낸 남산재 격물학당에서 개최되었다. 부흥회에 참석한 학생들은 "둘씩 혹은 셋씩 모여 울면서 서로 목을 껴안거나 무릎을 꿇고 기도하면서 시험 중에 저지른 부정행위, 절도, 속임수, 험담, 불평 등 온갖 죄를 자백하였다."[74] 숭실중학교 부교장 베커의 증언이다.

> "우리는 도저히 시간을 통제할 수 없었다. 기도회 때마다 집회가 종료되었음을 몇 번이고 광고했어도 학생들은 성령에 감동되어 울부짖으면서 '할 말이 있어요.'라고 외쳤다. 어떤 경우엔 낮부터 한밤중까지 집회를 계속해야 하는 고역을 치르기도 했고 어떨 때는 학생들이 우리

73 G. Lee, "How the Spirit came to Pyeng Yang", *The Korea Mission Field*(이하 KMF) Mar. 1907, 33~37.
74 Mrs. W.M. Baird, "The Spirit among Pyeng Yang Students", *KMF* May 1907, 66.

숙소까지 따라와 기도해 달라고 하였다. 어느 날 밤에는 학생 네 명이 예배당을 떠나지 않고 밤새 기도하는 것을 보았다. 이번 부흥회를 통해 학생 열 명 중 아홉이 큰 은혜를 받고 거듭났다. 적지 않은 학생들이 십자가 열정에 불이 타 전도자로 나서 부흥의 불길을 인근 지방과 도시 교회로 나가 전했는데 멀리 인천과 공주까지 가서 부흥회를 인도했다."[75]

베커는 전체 숭실중학교 학생의 90%가 '거듭나는' 중생의 체험을 했다고 보고하였다. 1906년 가을학기에 등록한 학생이 135명이었는데 그중에 베커가 지도하던 '감리교 학생'은 22명이었다. 그렇다면 숭실중학교 감리교 학생 가운데 20명 이상이 성령 체험을 한 셈이다. 이들 숭실 학생들이 감리교 남산현교회에 부흥운동의 열기를 전달했다. 당시 남산현교회를 담임하고 있던 이은승 목사는 부흥운동에 대하여 비판적이었다. 그래서 부흥회 개최를 꺼려했다. 그러자 숭실중학의 감리교 학생들이 2월 8일 저녁 남산현교회에서 특별기도회를 열었다. 거기서도 학생들의 통회자복이 이루어졌다. 이은승 목사는 그 자리에 '구경꾼'으로 들어왔다. 기도회에 참석했던 학생들은 이은승 목사를 보자 "그 앞에 무릎을 꿇고 그동안 그의 지도력을 훼손시키려 옳지 못한 행동을 한 것과 학생들을 바르게 인도하려는 그의 목회를 방해한 것을 자백하며" 용서를 빌었다. 그러자 이은승 목사도 "감동을 받아 집회가 끝날 즈음에 당당했던 자세를 버리고 선교사들을 껴안고 울면서 자신의 냉랭함과 방종과 시기심을 자백하였다."[76] 그렇

75 W.A. Noble, "Report of Pyeng Yang District", *KMEC,* 1907, 52~53.
76 Mrs. W.M. Baird, "The Spirit among Pyeng Yang Students", 66~67.

게 회개한 이은승 목사가 인도한 2월 10일 남산현교회 주일예배에서 같은 형상이 나타났다. 이은승 목사는 2월 11일부터 한 주간 예정에 없었던 특별사경회를 개최하였다. 그때 일을 이은승 목사는 '평양의 오순절'이라 불렀다.

> "어떤 이는 미친 것과 같이, 술 취한 것과 같이, 염치없는 사람같이 정신을 차리지 못하다가 다시 똑똑하여 새사람같이 되는 이도 있으며 어떤 이는 서로 붙들고 울며 서로 도와주기를 위하여 조용한 곳에 혹 학교나 예배당이나 조용한 산곡이나 성곽 위에 가서 기도하고 묵상하는 이도 있으며 어떤 이는 곳 애통함으로 죽었다가 기쁨으로 찬송하는 이도 있으며 또한 마음이 새로 변함을 받아 마음이 넓고 사랑이 가득한 지라."[77]

1주일 예정했던 남산현교회 사경회는 한 주일을 더 연장하여 2주 동안 계속되었다. 그만큼 부흥운동 열기가 뜨거웠다. 그리고 2월 22일부터 한 달 동안 협성신학교 신학회 수업이 평양에서 개최되었는데 전국에서 신학생 목회자 118명이 참석했다. 이들 역시 같은 성령체험과 부흥운동을 경험하고 임지로 돌아가 부흥회를 열었다.[78] 그렇게 평양 숭실중학교와 남산현교회에서 발원된 부흥운동 열기는 전국으로 확산되었다.

이처럼 평양에서 부흥운동 열풍이 일었을 때 손정도는 그 한복판에 있었다. 손정도는 2월 4일부터 시작된 숭실중학교 부흥회에 참

77 리은승, "평양 오순절 역사", 〈신학월보〉 5권 2호, 1907.5, 55~56.
78 G.H. Jones, "Report of the Biblical Institute of Korea", *KMEC* 1907, 73~74.

평양 남산현교회에서 개최된 남자사경회(1907년)

석했다. 그리고 앞선 베커의 보고서에 나온 대로 "부흥회를 통해 큰 은혜를 받고 거듭난 숭실 학생 열 명 중 아홉 명"에 포함되었다. 그때 부흥회를 통해 회개와 거듭남을 체험한 숭실 학생들은 자발적으로 전도대를 만들어 시골 마을로 나가 전도하였다. 손정도도 부흥운동 경험 후 열정적으로 기도와 전도 생활에 임했다. 그는 훗날 그때 경험을 이렇게 증언하였다.

> "숭실중학교에 재학시에 이십리 내외되는 성 밖에 전도 다닌 일이 있었다. 어떤 날 외촌교회에 다녀오는 길에 나지막한 언덕 잔잔한 솔밭에 몸을 이끌었다. 어떤 탐스런 솔포기 뒤에 엎대여 기도를 시작하였다. 기도를 얼마동안이나 하였던지 밤을 새였다. 또 혹은 귀 뒤에 허연 눈이 키를 넘도록 쌓였다. 이는 다 기도를 그치고 일어날 때에 처음 안 감각이었다. 또 때로는 학교 기도실에서 밤을 보내인 적도 한 두 번이

아니었다." 79

평양 외촌에 나가 전도하고 돌아오다가 소나무 밑에 엎드려 기도를 시작했는데 밤새 내린 눈이 온몸을 덮는 것도 모를 정도로 '몰아지경'(沒我之境)에 들기도 하였다. 손정도는 다른 글에서 그것을 '삼층천(三層天) 기도'로 설명했다.

"하루는 삼십리 되는 촌에 전도가는 길에 마음의 우연히 일어나는 생각은 바울께서 삼층천에 올라가셨는데(고후 12:2) 그 뜻이 무슨 뜻인지 삼십리 행로에 잊지 못하고 생각하였더니 그날 밤에 하나님이 감동하사 분명히 가르치는 말씀은 손으로 땅을 그어 그림으로 삼층천이라 하는 것은 유대나라에 있는 성전이니 이 성전은 삼층이라. 하나님 앞에 제사드릴 때에 백성들이 서는 곳과 제사장들이 서는 곳과 대제사장이 혼자 들어가서 분향하는 지성소가 있사오니 하나님의 나타나심을 보는 곳은 지성소라 하시며 예수를 믿는 자의 기도도 그와 같이 백성들이 서는 곳에서 기도하는 자도 있고 또 제사장들이 서는 곳에서 기도하는 자도 있고 대제사장이 들어가는 지성소에서 기도하는 자도 있으니 백성이 서는 곳과 제사장이 서는 곳에 서서 기도하는 자는 하나님을 보는 자가 아니라 대제사장이 일 년에 한 번씩 들어가는 지성소에 들어가서 기도해야만 하나님의 나타나심을 보느니라 하시며 '바울의 기도하는 열심력이 지성소에 달하였으니 이와 같이 이상한 가운데 들어갔느니라.' 하시기에 본인의 마음을 미루어 살펴본즉 그전 칠 년 동

79 이 내용은 손정도 목사가 1916년 배재학교 학생회 종교부원 수양회에서 간증한 것이다. 최봉측, "고해석 손정도 목사 략전(二)", 〈기독교종교교육〉, 1931.8.9, 63.

안 기도하는 힘이 성전 지성소 밖에 두 층에 오르락내리락하며 기도하였으며 하나님이 나의 기도를 듣겠지 하는 마음으로만 기도하였더니 이때에는 마음 힘이 비로소 지성소에 들어간 때라. 그 뜻 깨닫기가 용이하게 되었으니 믿는 자의 기도가 삼층 속에 들어가지 못하면 기도의 능력이 적고 하나님의 은밀한 교통을 받기 어려운 줄 알겠도다."[80]

이처럼 '깊이 있는' 기도를 하는 손정도의 전도에 '능력'이 임할 것은 당연했다. '학생 전도자'로서 손정도의 명성도 알려지기 시작했다. 앞서 베커는 "숭실 학생들이 십자가 열정에 불이 타 전도자로 나서 부흥의 불길을 인근 지방과 도시 교회로 나가 전했는데 멀리 인천과 공주까지 가서 부흥회를 인도했다."고 보고하였다. 그 주인공이 손정도였다. 손정도는 1907년 3월 인천 내리교회 부흥회 강사로 활약했다. 인천 내리교회는 2월 중순 사경회를 열었는데 부흥운동은 일어나지 않았다. 당시 내리교회 담임목사와 영향력 있는 평신도 지도자들은 부흥운동에 비판적이었다. 그런 상황에서 부흥을 원하는 교인들은 계속 기도하면서 평양 남산현교회에 도움을 요청하였다. 이에 남산현교회에서는 이은승 목사와 손정도를 파송했다. 이은승 목사와 손정도는 인천에 도착한 이튿날부터 집회를 시작했는데 초반부터 반대파의 저항과 훼방을 받았다. 그런 중에도 손정도와 이은승 목사는 '성령의 도우심'을 간구하면서 집회를 이끌었다. 그 결과 둘째 주부터 변화가 생겼다. 반대하던 목사와 교인들은 회개하고 부흥회에 참석했다. 그리하여 "교인들은 밤이든 낮이든 자백하는 일만 하였다. 교인들

80 손정도, "한국교회 세력을 낙론함", 〈대도〉 1권 11호, 1909.11, 28~29.

은 자백할 수 있는 기회를 얻으려고 애를 썼다. 시간마다 죄로 인해 고통스러워하며 눈물로 애통하며 통회하는 교인들이 줄을 이었다."[81] 평양과 똑같은 현상이 인천에서도 일어났다. 당시 인천지방 선교사 데밍(C.S. Deming, 도이명)의 보고다.

숭실중학교 학생 부흥사 손정도(오른쪽)와 고종철

"지난 3월 평양에서 내려온 한국인 형제 두 명이 인도한 집회를 통해 우리는 성령의 임재를 경험하였다. 이번 집회는 우리의 죄의식을 심화시켜 준 것이 특징이었다. 교인 전체가 그동안 저지른 죄의 사악함을 깨달았고 한 주일 동안 참된 회개를 하였으며 자비를 구하면서 서로 자기 죄를 자복하였다. 그런 후에 감미로운 죄 사함의 은총을 입었으며 하나님께 절대 순종하는 삶으로 교회 전체가 새로워졌다."[82]

1907년이 종교적으로 부흥운동의 해였다면 정치적으로는 일제

81 G.H. Jones & W.A. Noble, *The Korean Revival*, New York: The Board of Foreign Missions of the Methodist Episcopal Church, 1910, 29.
82 "Report of C.S. Deming", *KMEC* 1907, 35.

의 주권 침탈과 이에 저항하는 항일 민족운동으로 그 어느 때보다 혼란스러웠던 한 해였다. 국채보상운동과 헤이그밀사사건으로 시작해서 고종황제의 강제퇴위와 정미조약체결, 군대 강제해산과 정미의병운동으로 이어지는 정치·사회적 혼란 상황에서 부흥운동 경험자들은 개인적 영혼 구원과 초월적 종교체험, 내세지향적 신앙을 강조하며 현실 문제에 거리를 두는 경우가 많았다. 기독교 신앙과 정치적 민족운동은 함께 추구할 수 없는 상극(相克) 관계로 이해되었고 그 결과 교회의 '비정치화'(非政治化) 현상이 심화되었다.[83] 정교분리(政教分離) 원칙을 강조하는 보수적 장로교 선교사와 교회 지도자들은 대부분 그런 입장을 취하였다. 그렇지만 손정도는 달랐다. 손정도는 "길에 가나 방에 앉거나 오매 간에 광명한 종교적 정화의 세계를 찾기 위하여 또는 캄캄한 조선이 구원의 길로 나아갈 살길을 찾기 위하야 쉬임 없는 기도를 하였다."[84] 그에게 '종교적 정화'와 '민족의 구원'은 둘 중의 하나는 버리고 하나는 취하는 양자택일(either or)의 문제가 아니었다. 어느 하나도 포기할 수 없는, 함께 지켜야 할(and both) 가치였다. 그래서 그는 신앙적 정화를 위해 기도하는 동시에 위기에 처한 나라와 민족의 구원을 위해서도 기도했다. 그렇게 나라를 위해 밤새워 기도하던 중 '주의 임재'를 경험하였다.

---

83 대표적인 예로 1907년 부흥운동의 발원지인 평양에서는 그 시기 전국적으로 일어났던 의병운동과 같은 민중 소요가 전혀 일어나지 않았는데 선교사들은 그 것을 평양 부흥운동 지도자 길선주 장로의 공으로 돌리고 있다. "Korea Mission", *Annual Report of the Board of Foreign Missions of the Presbyterian Church in the USA*, 1908, 269; 이덕주, "초기 한국교회 부흥운동", 『한국 토착교회 형성사 연구』, 한국기독교역사연구소, 2000, 154~155.

84 최봉측, "고 해석 손정도 목사 약전(二)", 64.

"바로 새벽력 하(下)였다. 답답히 앞길의 광명을 찾으려고 애닯게 호소하던 나의 앞에는 신(神)의 광명한 빛이 세상에서 볼 수 없는 이상(異象)의 빛으로 빛났다. 인자하시고도 건실하신 구주 예수께서 자애 깊은 눈물을 흘리며 나에게 임하셨다. 나도 흐득였고 그도 느끼셨다. 이 흐득임은 슬프거나 답답해서가 아니라 너무 감격하고 말할 수 없이 기쁜 그 극(極)에서 정화된 눈물이다. 광명을 찾은 즐거움이오 앞으로 나아갈 그 길을 하도 애쓴 뒤에 발견한 기쁨에 넘치는 눈물이다."[85]

'광명의 빛' 속에서 그리스도와 함께 '흐느끼는' 임재를 체험하였다. 그의 신비 체험은 계속 이어졌다.

"그담으로는 나 자신 앞에 이천만의 남녀 동포가 하나도 빠짐없이 죽 늘어선 것이 보였다. 즉 사망에 빠지는 그들, 죄악의 멍에에 착고(着錮)를 당한 그들을 구원하고 해방함이 나의 책임이라고 보여줌이다. 그들을 보고 나는 또한 통곡하였다. 그러나 기쁘다 미덥다 할 만하다고 생각됨은 만능의 구주께서 나와 같이 하시기 때문에."[86]

손정도는 민족의 구원과 해방의 책임이 자신에게 있음을 느꼈다. 민족을 억압하고 구속하고 있는 멍에와 사슬을 깨뜨리는 것이 그에게 주어진 '종교적 사명'이었다. 민족 구원의 책임을 무겁게 느꼈다.

"그 이튿날은 마침 주일이었다. 남산재 예배당으로 향하고 올라갈 때

85 앞글.
86 앞글.

에 자기의 한 발걸음을 옮길 때마다 땅이 우묵 우묵 오르고 내림을 느꼈다. 이는 이천만을 구원할 무거운 짐을 자기의 등에 진 까닭에 자기의 몸이 그만큼 중대함의 상증(象徵)이었다. 이로부터 외치는 소리는 불신성(不神聖)한 자 또는 불철저(不徹底)한 가면(假面) 운동자와 모든 위선을 책(責)하며 기독(基督)의 완전무결한 구원의 도리를 전파하기에 하루같이 하여 올뿐더러 훗날에 갖은 고생을 당하여도 그리스도주의에 충성하게 되었다."[87]

이러한 종교체험을 통해 손정도는 철저한 기독교 신앙이 민족 구원의 발판이 된다는 것을 깨달았다. '하나님 사랑이 곧 나라 사랑' 이란 삶의 원리가 이때 설정되었다. 이런 종교적이면서도 정치적인 경험을 바탕으로 손정도는 목회자의 길을 가기로 했다. 손정도의 신학교 동기 배형식 목사는 그가 목회에 헌신하게 된 과정을 다음과 같이 소개하였다.

"목사님은 어느 날 신성기도(晨醒祈禱)하시고 성경 사도(使徒) 1:6~8 말씀을 보시매 베드로의 주께 요구한 사정에 목사님이 동감하셨다. 국가가 있어야 할 자유 독립과 국민이 가져야 할 민족주의를 부르짖고 신앙자유의 용기로 화평한 복음을 전하며 진리와 정의로 선한 싸움을 싸워보리란 결심으로 하느님께 약속하셨다. 이때부터 목사님은 신앙부흥운동의 성사(聖使)로 출발하시고 가시는 교회마다 오순절 성화(星火)가 일어나서 신자마다 중생(重生)의 은혜를 받으며 불신자(不信者)가 회개하

87 앞 글.

고 구원의 길을 찾는 자가 많았다."[88]

손정도가 '계시로' 여겼던 사도행전 1장 본문은 그리스도가 승천하시기 직전 제자들이 던진 질문, "이스라엘을 회복하심이 이때입니까?"로 시작된다. 이에 대하여 그리스도는 "때와 시기는 아버지께서 자기의 권한에 두셨으니 너희가 알바 아니요 오직 성령이 너희에게 임하시면 너희가 권능을 받고 예루살렘과 온 유대와 사마리아와 땅 끝까지 이르러 내 증인이 되리라."는 말씀을 주셨다. 손정도는 이 본문을 당시 한반도 상황에 적용하여, "대한제국이 국권을 회복할 때가 이때입니까?"라는 질문과 "대한제국이 독립을 얻을 때와 시기는 하나님이 정하실 것으로 우리는 알 수 없다."는 응답, 그리고 "다만 우리 민족이 성령을 받아 땅 끝까지 이르러 복음을 전하면 우리 민족의 독립 시기가 단축될 수 있다."는 희망으로 읽었다. 그래서 부흥운동을 통해 성령 강림을 체험한 평양을 예루살렘, 한반도를 온 유대, 만주를 사마리아, 중국을 땅 끝으로 보았다. 이는 사도시대 땅 끝이 '세계의 중심' 로마였듯 아시아 대륙의 땅 끝을 중국으로 해석한 결과였다. 이런 계시와 해석을 근거로 손정도는 대학생에서 신학생으로 변신하였고 전도사와 목사, 부흥사를 거쳐 선교사가 되었다.

그 사이 손정도 가정에도 변화가 생겼다. 우선 1908년 5월 5일 아들 원일(元一, 元逸)이 출생했다. 식구가 다섯으로 늘었다. 그 무렵 증산의 아버지 가족도 평양으로 올라와 아들 집(하수구리 40번지) 근처(하수구리 49번지)에 넓은 집을 마련하여 살고 있었다.[89] 그러나 아버지는

88 배형식, 『故 海石 孫貞道牧師 小傳』, 2~3.
89 아버지 가족이 살던 집 주소(平壤府 下水口里 49番地)에 대한 정보 역시 1920년 평양 대한애국부인회사

'부자의 연' 을 끊은 아들 가족을 전혀 돕지 않았다. 아들도 아버지에게 도움을 구하지 않았다. 그런 부자간의 불편한(?) 관계는 나이 어린 자녀들에게 아픈 기억으로 남았다. 누나 성실의 증언을 바탕으로 한 원일의 기록이다.

> "강서에 사시던 할아버지는 아들과 부자의 인연을 끊은 뒤 곧 평양으로 이사를 했다. 집도 컸고 여전히 잘 살았으나 같은 성 안의 아들 집과는 내왕이 없었다. 성실 누님이 여섯 살 때쯤이었다. 누님은 배가 고파 칭얼대는 동생(손원일)을 업고 할아버지 집을 찾아갔다. 마침 점심때였는지 방에서는 사촌 동생들이 할머니와 함께 밥상에 둘러 앉아 있었다. 생선이며 고기며 침 넘어가는 밥상을 멍청히 쳐다보고 있던 누님은 할머니로부터 '네 놈들이 뭣하러 왔느냐.'는 꾸중을 들은 끝에 마루 아래로 내 쫓겼다. 누님은 마당가에 놓여 있던 무 한 개를 집어 들었다가 할머니에게 빼앗겼다. 울면서 사랑채를 돌아 문 밖을 나서는데 누군가가 불러 세우는 사람이 있었다. 할아버지였다. 할아버지는 말없이 누님의 손에 5전짜리 동전 한 닢을 쥐어주셨다. 누님은 그 돈으로 군것질을 해서 허기를 면했다."[90]

어린 시절의 '아픈' 기억이었다. 그렇게 평양에서 손정도 가족은 가난하고 궁핍한 생활을 하였다. 어려운 경제 상황은 손정도가 1909년 6월 진남포교회 전도사로 목회를 시작하면서 조금씩 나아졌

건에 연루된 어머니 오신도에 관한 일본경찰측 기록에서 확인할 수 있다. "비밀결사 대한애국부인회 검거", 〈매일신보〉 1920.11.7.; 『朝鮮獨立騷擾史論』, 211.

90 손원일, "나의 이력서(2)", 〈한국일보〉 1976.9.30.

다. 하지만 신학 공부를 하면서 지방교회 전도사로 받는 봉급으로는 가족 생활비를 충당할 수 없었다. 생활비는 전적으로 기홀병원 잡역부로 일하는 아내의 몫이었다. 그런 중에도 아내 박신일은 여선교사들의 도움을 받아 장·감 연합으로 운영하던 숭의여학교 야간부에 들어가 3년 동안 공부를 하였다.[91] 이런 아내의 헌신적인 희생이 있었기에 손정도는 자녀 양육이나 교육에 대한 부담감을 덜고 신학 공부와 목회에 전념할 수 있었다.

3) 신학공부와 진남포 목회

목회자가 되기로 결심한 손정도가 제일 먼저 해야 할 일은 신학 공부였다. 미감리회의 신학교육은 개척선교사 아펜젤러가 1887년 배재학당 '신학부'(神學部, theological department)를 설치하고 성경과 기독교 교리를 가르친 것으로 시작되었다. 그리고 1890년대 들어서 목회 지원자들이 늘어나자 1894년부터 '신학반'(神學班, theological class) 이란 이름으로 정규 목회자 양성과정을 시작하였고 1899년 신학회(神學會)로 이름을 바꾸었다. 신학반이나 신학회는 요즘처럼 학교가 있어 등록학생들이 학기제로 수업을 듣는 형태가 아니라 농한기를 이용해서 전도자들이 서울이나 평양, 인천 등지의 교회에 모여 한두 달 집중 강의를 듣는 형태로 수업을 진행하였다. 일종의 '이동 수업'이었다. 그러다가 1907년부터 미감리회와 남감리회 선교부가 연합 경영하는 신학교로서 '협성성경학원'(協成聖經學院, Union Biblical Institute)을 시작하였다. 연합 신학교가 되면서 1백 명으로 늘어난 신학생을 체계적

91 안혜령, 『손인실: 사랑과 겸허의 향기』, 19.

으로 가르칠 수 있는 교사 건축이 시급하였다. 신학교는 1910년 가을에야 서울 서대문 밖 냉천동 언덕에 3천여 평 부지를 확보하고 교사와 기숙사를 건축한 후 1911년 가을부터 '협성신학교'(協成神學校, Union Theological Seminary) 명칭으로 수업을 시작하였다. 그때부터 신학생들은 '이동식 수업'을 끝내고 매년 두 학기 서울에서 기숙사 생활을 하며 수업을 받았다.

이처럼 협성성경학원이 '이동 수업'을 할 때 손정도는 신학수업을 받기 시작하였다. 그는 1908년 9월부터 10월까지 두 달 동안 서울에서 개최된 협성성경학원 수업(신학회)에 참석하여 수업을 받았다. 그때 교수로는 미감리회에서 노블과 케이블, 남감리회에서 하디와 크램이 참여하였고 전국에서 신학생 126명이 참석했다.[92] 거기서 손정도는 이후 목회와 독립운동을 함께 할 동지들을 많이 만났다. 우선 1907년 평양 대부흥운동 때 같은 숭실중학교 '학생 전도자'로 활동했던 고종철과 강신화도 신학 공부를 함께 시작하였고 강서 출신으로 평양선교부에서 어학교사로 함께 일했던 오기선, 강서와 증산에서 목회하던 김재찬과 이능도, 그리고 105인 사건 때 옥고를 치른 안경록, 3·1운동 만세운동을 주도한 현석칠과 신홍식, 최성모, 상해임시정부 활동을 함께한 현순 등을 만났다.[93]

그렇게 신학교에서 만난 학생 중에는 이미 목사 안수를 받은 최병헌과 전덕기, 손승용, 홍승하, 이익모, 박원백, 장락도 등도 포함되어 있었다. 그중에도 전덕기(全德基) 목사는 상동교회 목사로 남대문

92 *KMEC* 1909, 180.
93 "신학 시험성적", 〈그리스도회보〉 1911.6.15.; 박연서편, 〈감리교회신학교 동창회보〉 창간호 1932.6, 7~8.

시장의 소외되고 가난한 민중계층을 위한 목회에 헌신했을 뿐 아니라 윤치호와 이상재, 이승만, 신흥우 등 황성기독교청년회(YMCA) 지도자들과 가깝게 지냈고 양기탁과 이동녕, 주시경, 안태국, 이동휘, 박용만, 정순만, 이시영, 이회영, 김구, 이준, 조성환 등 거물급 민족운동가들과 교류하며 구국기도회와 국채보상운동, 헤이그밀사파견 등 굵직굵직한 민족운동을 주도하거나 적극 참여하였다. 이 같은 전덕기 목사 중심의 '상동파' 민족운동 세력이 형성되어 있었기에 도산 안창호는 1907년 2월에 귀국한 직후 그와 함께 손을 잡고 항일비밀결사 신민회를 조직할 수 있었다.[94] 그런 배경에서 손정도는 목회와 민족운동을 병행하는 전덕기 목사와 뜻이 통하는 동지가 되었고 이후 도산 안창호와 전덕기, 손정도는 서로 호형호제(呼兄呼弟)하는 막역한 관계가 되었다.

손정도는 1909년 3월 5일부터 4월 21일까지 평양에서 개최된 신학회 수업에도 참석하였다. 평양 수업에는 전국에서 신학생 72명이 참석했고 교사로는 존스 교장과 노블, 케이블, 크리췟 등이 참여했다. 신학회 수업이 끝난 후 1909년 6월 23일부터 29일까지 평양 남산현교회에서 미감리회 연회가 개최되었다. 손정도는 처음으로 연회에 참석하였다. 1905년부터 한국과 일본 선교를 관리하던 해리스(M.C. Harris) 감독이 연회를 주재하였는데 중국과 일본 감리교회 대표들도 참석해서 축사를 하였다. 선교사 보고 시간에 평양지방 감리사 노블은 강서와 증산, 함종, 삼화, 진남포로 구성된 평양 서구역 부흥을 특별 언급하였다. 즉 1년 동안 교인 수가 4,295명에서 5,432명으로 늘어난 것과

94 윤경로, "신민회 창립과 전덕기", 『한국 근대사 성찰과 고백』, 한성대학교 출판부, 2008, 177~179; 이덕주, 『상동청년 전덕기』, 공옥출판사, 2016, 352~365.

구역 내 66개 학교에 학생 1,817명이 다니고 있음을 언급한 후 교회 부흥과 그 이유를 이렇게 설명하였다.

> "지난 3년 동안 진남포교회는 예배당 건축이 시급했다. 그럼에도 아직까지 건축 기금을 마련하지 못하고 있다. 5천 명 회집할 수 있는 예배당을 건축하려면 5천 달러가 필요하다. 시내 다른 곳에 예배당을 건축해야 하는데 3백 달러가 필요하다. 이 구역의 특징은 영적 생활이 최고조에 달했고 토착 전도자들이 최상의 열정을 보이고 있다는 점이다. 한 눈 팔지 않고 자기 임무에 충실한 이곳 사역자들의 모습을 보면 그 동안 한국이 주변 여러 나라들의 희생제물이 되었음에도 단일민족으로서 그 결속력을 잃지 않았던 이유를 알 수 있다. 한국인 목회자들의 가슴은 기독교 신앙의 열정에 사로잡혀 있어 현재 일이나 장래 일이나, 생명이나 죽음이나, 그 어떤 피조물이라도 이들로 하여금 맡은 바 책무로부터 멀리 할 수 없음을 알게 된다."[95]

노블은 국가적 위기상황에서도 "단일민족으로 그 결속력을 잃지 않고" 목회와 전도의 사명을 감당하고 있는 한국인 목회자들의 모습을 보고 "사망이나 생명이나 천사들이나 권세자들이나 현재 일이나 장래 일이나 높음이나 깊음이나 다른 어떤 피조물이라도"(롬 8:38~39) 목회의 책무를 막을 수 없을 것이란 확신을 얻었다. 노블이 언급한 '청년 목회자' 가운데 손정도도 포함되었다. 손정도는 1909년 연회에서 정식 연회원이 되면서 전도사 직첩(職牒)을 받았다. 그와 함

95 W.A. Noble, "Pyeng Yang District", *KMEC* 1909, 61.

평양 남산현교회에서 열린 미감리회 연회 참석자들(1909년)

께 1907년 부흥운동 때 숭실중학교 '학생 전도자'로 활약했던 고종철, 강서 출신 오기선도 연회 허입과 전도사 직첩을 받았다.[96] 이들 신입 전도사들은 평양지방 교회로 파송을 받았다. 손정도는 진남포교회, 고종철은 평양 남산현교회, 오기선은 함종읍교회로 파송을 받았고 그 외에 강서읍교회에 김창규 목사, 증산읍교회에 이능도 전도사, 삼화교회에 김재찬 전도사, 강서 선돌(입석)교회에 황정모 전도사, 돌다리(석교)교회에 한신도 전도사, 세리교회에 안석훈 전도사 등이 파송되었다.[97]

손정도 전도사의 첫 목회지 진남포는 행정적으로는 삼화면에 속한 대동강 하구의 항구마을이었다. 인구 2백 명 미만의 작은 어촌이었

96 *KMEC* 1909, 27.
97 〈미감리회 조선매년회회록〉 1909, 45~46.

지만 인천이나 군산 등 남쪽에서 오는 배들이 평양에 들어가려면 반드시 이곳을 거쳐 대동강을 거슬러 올라가야 했기에 군사적으로, 경제적으로 중요한 곳이었다. 진남포는 1897년 10월 개항장이 되고 기선이 접항할 수 있는 현대식 항구도시로 개발되면서 인구가 급증했고 항구 주변으로 제철공장을 비롯한 산업시설이 들어서 평안남도의 대표적인 경제 무역도시가 되었다. 특히 러일전쟁과 을사늑약 후에는 일본인들이 집단적으로 이주하여 금융과 산업, 상업 시설을 장악함으로 진남포는 일제의 북한지역 경제 침략의 교두보가 되었다.

진남포교회는 1896년 10월, 평양선교부의 노블이 이곳에 살던 교우 집에서 예배를 드리면서 시작되었다. 이후 노블은 김창식 전도사를 삼화로 보내 진남포 집회도 인도하도록 하였다. 진남포 교인이 30명으로 늘어나자 1897년 3월 신흥리에 초가삼간 집을 구입하여 예배당으로 사용하였고 1899년 황정모 전도사가 내려와 교회부속 삼숭학교를 시작하였으며 1901년에는 삼숭여학교도 설립하였다. 이후 교인수가 1백 명을 넘자 1905년 8칸 기와집 예배당을 건축하였고 1907년 평양 대부흥운동 때 교인이 더욱 늘어나 1908년 예배당을 배로 증축하였다. 그래도 늘어나는 교인을 모두 수용할 수 없어 비석리에 지교회를 개척하였고 교회 부속학교로 삼신(三新) 남녀학교를 설립, 운영하였다.[98]

이처럼 진남포 '큰' 교회에 '목회 초년병' 손정도 전도사를 파송한 것은 목회자로서 그의 뛰어난 능력을 인정한 결과였지만 그보다 진남포교회 교인들의 '강력한' 요구가 있었다. 당시 진남포교회 권

---

98 "진남포감리교회 예배당 약사", 〈신학세계〉 3권 3호, 1918, 157.; 오문환, "대동강안 교회를 차저서 (1) 진남포 신흥리교회", 〈기독신보〉 1929.11.6.; 홍만호, 『진남포 백년사』, 알파문화사, 1987, 496.

사였던[99] 배형식 목사의 증언이다.

"이때에 진남포교회로서 2주일간 정기(定期)인 부흥전도회에 [손정도] 목사님을 청하여 부흥회를 개최하였는데 그 기간에 큰 부흥이 일어나 중생자(重生者)와 신생자(新生者)가 5백여 명이 생기였다. 이때 왜(倭) 형사가 회개하고 경찰의 직(職)을 자퇴하였으며 부흥회 석(席)에 와서 신발 도적하여 갔던 사람도 회개하고 신발을 가져왔으며 교만하든 신사들이 회개하였다. 이 부흥회를 필한 후 진남포교회가 마침 담임 목사가 없는 때라 은혜 받은 신자 5백여 명의 청구로 목사님을 진남포 담임 목사로 원류(願留)하였다. 목사님 대답은 연회 파견이라야 한다고 하였다. 또 평양 남산현교회 허락이 필요하다고 평양으로 가시려 할 때 신자들의 차도(遮途)로 못가시고 필경은 지방 감리사 문요한 목사의 임명으로 진남포교회 담임목사가 되셨다."[100]

선교사와 교인들의 기대를 안고 진남포교회에 부임한 손정도 전도사는 '부흥 목회'로 그 기대에 부응하였다. 그가 부임한 후에도 교회의 '부흥회 열기'는 계속 이어졌다. 1909년 12월에는 평양 서구역 연합 겨울사경회가 진남포교회에서 개최되었다. 안식년 휴가를 떠난 무어를 대신해 구역 담임자였던 루퍼스(W.C. Rufus, 노부수)와 손정도 전도사가 사경회를 인도하였는데 160명의 새 신자를 얻었다.[101] 이처럼 진남포교회는 지속적으로 부흥하여 1천 명을 수용할 수 있는 새 예

99 "성전 건축 경영", 〈그리스도회보〉 1911.3.30.
100 배형식, 『故 海石 孫貞道牧師 小傳』, 3~4.
101 "West Circuit", *Annual Report of the Board of Foreign Missions of the Methodist Episcopal Church*(이하 ARMEC) 1910, 185.

배당 건축을 준비하였다.

진남포교회 손정도 전도사의 명성은 평양 지방이나 국내에 머물지 않고 해외에까지 알려졌다. 1909년 11월, 미국 샌프란시스코에서 강행되던 교민잡지 〈대도〉(大道)에 손정도 전도사가 쓴 "한국교회 세력을 낙론(樂論)함"이란 글이 수록되었다. 이 잡지는 미국 본토에서 최초로 설립된 한인교회인 샌프란시스코 한인교회에서 간행하던 월간지로 평남 용강 출신인 양주삼(梁柱三) 전도사가 편집을 맡고 있었다. 손정도는 〈대도〉에 기고한 글에서 "기독교와 부흥운동이 국권 회복과 부강한 국가 건설의 기초가 된다."는 점을 강조하였다. 그는 한국 기독교 선교 25년의 의미를 구약성경 요나서 내용을 가지고 풀이했다. 즉 니느웨 백성들이 하나님께 죄를 범하여 멸망할 수밖에 없었지만 예언자 요나의 경고 메시지를 듣고 왕을 비롯하여 모든 백성이 '굵은 베옷을 입고' 회개하고 하나님께 돌아옴으로 멸망을 면하였다는 내용을 예로 들어(욘 3장) 한국에 기독교가 들어온 후 우리 민족이 "천여 년에 자자손손(子子孫孫)이 전래하면서 사신우상(邪神偶像)에게 숭배하던 죄원(罪源)을 일조(一朝)에 뉘우쳐 고침"을 받은 점을 "제일 감사하고 세계 인류의 마음을 두드릴만한" 것이라고 하였다.

> "두렵다 한국 동포여. 하나님께서 니느웨를 사랑하심과 같이 한국을 사랑하사 25년 전에 미국 선교사를 한국에 파송하여 경향각처에 주류하야 천국 복음을 전파하였음으로 칠층 지하에 떨어졌던 인생이 금일 환생하였으니 후에 우리도 능히 회개하는 자의 본이 되리로다. 찬송 찬송하리로다. 시온에 가는 백성들아 찬송하리로다. 우리 아버지 하나님의 은혜여 죄 많은 곳에 은혜도 풍성하시다 한 말씀을 뉘가 믿

지 아니하리오. 이천만명 인구에 섬기던바 우상은 팔천만이나 되던 것을 수십년지간에 전수이 파멸하고 촌촌 면면이 하나님께 예배하는 성당을 설립하고 예배하는 자 구름같이 모여 하나님께 영화를 돌리는도다." 102

오랫동안 섬겨오던 우상을 철폐하고 마을마다 교회가 세워지는 현상은 손정도 자신이 직접 경험하고 목격한 바였다. 그도 개종 즉시 상투를 자르고 집안 대대로 섬겨오던 사당을 훼파하였다. 손정도는 이런 우상철폐와 회개운동을 니느웨 백성의 회개운동으로 해석했다. 그는 선교사와 전도자들이 한국에서 요나의 역할을 한 것으로 풀이했다. 그런 맥락에서 한국의 미래도 이들 '요나와 같은' 전도자들의 손에 달려 있었다.

"금일 한국에 청년 전도사들이 마음에 용력 있게 일어난 생각은 누가 하나님의 권능을 대적하리오. 옛적에 헤롯같이 악한 왕이 예수 강생한 때에 몇 날이 못 되어서 죽이기를 도모하였지만은 능히 해하지 못하였고 소(小) 헤롯이 예수를 십자가에 못 박아 죽였지만은 만왕의 왕이 되시고 만민의 구주로 부생(復生)하셨사오며 주강생 후 66년으로 68년까지 로마국 황제 네로가 교회를 백방으로 핍박하였으나 교회에 해 받은 흔적도 없는지라. 근일 한국에 이웃나라도 대한교회를 해하되 백계무책이라. 아모리 헌병 순검 병정으로 전도사를 잡아 무죄한 자를 죄 있겠다고 옥에 가두며 무죄한 교우를 의병이라 목을 매여 총으로 쏘며

102 손정도, "한국교회 세력을 낙론함", 〈대도〉 1권 11호, 1909.11, 27~28.

예배 날 총을 겨눠 예배하는 자를 해하였지마는 저들은 저 헤롯과 네로 왕에서 더 악할 수가 있겠나뇨. 그런즉 우리 청년은 핍박을 밧아 죽을 지라도 우리 생명을 구원하는 생명의 도는 없이하지 못하리라 하고 백절불굴하는 마음으로 일합시다."[103]

손정도는 '이웃나라' 일본을 폭군 헤롯과 네로에 비유하였다. 헤롯과 네로가 그리스도와 기독교 신자들을 살육하고 투옥했지만, 그리스도의 부활과 기독교 부흥을 막지 못했던 것처럼 일본이 한국 교회와 그 지도자들을 박해할지라도 기독교 부흥을 막을 수 없을 것이라고 주장하였다. 실제로 1907년 정미의병운동이 일어났을 때 의병 진압을 빙자해 일본군 헌병들은 지역사회에 영향력이 컸던 기독교 지도자들을 독립운동 혐의로 체포하여 재판도 하지 않고 처형하였다. 대표적인 예로 경기도 이천에서 활동하던 감리교 구연영 전도사와 아들 구정서 전도사가 일본군에 처형되었고 강화읍교회의 김동수 권사와 김영구, 김남수, 3형제도 살해당하였다. 천안지방에서는 일본군에 의해 교회가 불타고 교인들이 피살되기도 했다. 손정도는 이런 기독교 핍박에 맞서 '청년 전도자'들은 교회의 부흥과 민족의 구원을 위해 '백절불굴하는' 신앙과 정신으로 나갈 것을 호소하였다.

"이때가 뉘의 땐고. 우리의 때라. 우리가 만일 문명한 나라에 낳더면 이 같은 핍박과 고생을 한 번도 당하여 보지 못할 터인데 이것이 우리의 영광일세.

103 앞 글, 29~30.

〈대도〉에 실린 손정도 논설

1. 예수씨의 군병들아 깨여서 지키라

   벌떼 같은 저 마귀는 우리의 원술세

2. 십자기를 높히 들고 성신 검 잡아라

   우리 대장 명을 좇아 마귀터 파하세

   할렐루야 아멘.

선하다 이 말이여. 내가 괴로움 받는 것을 즐거워함은 그리스도의 남은 고난을 내 육체에 채우니 이는 그 몸 된 교회를 위함이라. 골노새 1장 24절." 104

104 앞 글, 30.

손정도의 글에 나오는 '원수'와 '마귀'는 침략자 일본을 의미했다. 그만큼 일본의 침략에 대한 저항과 투쟁 의지는 분명했다. 그런 맥락에서 손정도는 교회와 민족의 미래가 안정적이고 평화롭지 않을 것을 내다보았다. 실제로 그가 이 글을 발표한 1년 후 '경술국치'(庚戌國恥)라 불리는 '강제합병'으로 한반도는 일본의 식민지가 되었다. 이후 36년, 우리 민족은 일본 제국주의의 잔혹한 식민통치 하에 극심한 고통을 받으면서 민족의 자유와 해방을 위해 가열 찬 투쟁을 전개하였다. 손정도는 그 고난과 투쟁의 현장에 '청년 전도자'들이 나설 것을 호소하였다. 그것은 자신을 향한 다짐이기도 했다. 그래서 그는 "그리스도의 남은 고난을 그의 몸 된 교회를 위하여 내 육체에 채우노라."는 바울의 고백으로 글을 끝맺었다. 그 고백한 대로 손정도는 이후 교회 부흥과 민족 구원을 위한 투쟁과 고난의 삶으로 일관하였다.

II. 평양에서 하얼빈 거쳐 서울까지(1911~1918년)

"헬라인이나 야만인이나 지혜 있는 자나 어리석은 자에게 다 내가 빚진 자라. 그러므로 나는 할 수 있는 대로 로마에 있는 너희에게도 복음을 전하기를 원하노라."(롬 1:14~15)

중국 선교사 손정도

'이방인의 사도' 바울은 자신의 마지막 전도지를 로마로 정했다. 로마에 가려는 그의 여행 목적은 "땅 끝까지 이르러 내 증인이 되리라."(행 1:8)는 그리스도의 말씀을 따르기 위함이었다. 그가 살던 시대 '땅 끝'은 세계의 중심으로 알려진 로마였다. 세계의 중심 로마에 복음을 전함으로 그곳으로부터 세계 각 나라와 민족에 복음이 전파될 수 있을 것이기 때문이었다.

마찬가지 논리로 숭실중학 졸업반 때 부흥운동을 경험한 후 '민족 구원'을 위한 전도자가 되기로 결심하고 진남포에서 목회를 시작한 손정도는 1910년 중국 선교를 자원하였다. 바울 시대 로마가 '땅 끝', 즉 세계의 중심이었던 것처럼 손정도 시대에 '땅 끝'은 아시아 대륙의 중심 중국 북경이었기 때문이다. 손정도 선교사는 "땅 끝까지 이르러 복음을 전하면 잃은 나라를 되찾을 수 있다."는 희망을 안고 중국 산해관에서 1년, 북경에서 1년, 선교사 훈련을 받은 후 1912년 중국의 국경도시 하얼빈에 가서 목회와 선교 사역을 시작하였다. 그러나 선교 착수 4개월 만에 그는 가츠라암살음모사건에 연루되어 러시아 경찰에 체포되었다가 일본 영사관에 넘겨져 국내로 압송, 서울 경무청 감옥에서 혹독한 고문을 받았다. 그는 감옥 안에서 죽음의 문턱에까지 이르는 잔혹한 고문을 받는 중에도 '주의 음성'을 듣는 신비체험을 하면서 그 신앙은 더욱 단단해졌다.

손정도 목사는 아무런 죄 없이 재판에 회부되어 1년 유배형을 선고받았다. 유배생활 중에도 그의 신앙과 민족의지는 더욱 확고해졌다. 유배에서 풀려난 그는 서울 동대문교회를 거쳐 정동교회에서 목회하였다. 이 무렵 그의 '부흥 설교'는 빛을 발하였다. 그는 기복적이거나 현실도피적인 부흥사가 아니었다. "기독교인으로서 사회적, 민족적 책임감을 가지고 진실 되게 살아갈 때 잃은 나라를 되찾을 수 있다."는 설교 메시지는 식민통치 하에서 실의에 빠졌던 청년 학생들에게 희망을 심어 주었다. "하나님 사랑이 곧 나라 사랑이다."라는 손정도 특유의 설교 명제는 이때 확립되었다.

> "누구든지 하나님을 사랑하노라 하고 그 형제를 미워하면 이는 거짓말하는 자니 보는 바 그 형제를 사랑하지 아니하는 자는 보지 못하는 바 하나님을 사랑할 수 없느니라. 우리가 이 계명을 주께 받았나니 하나님을 사랑하는 자는 또한 그 형제를 사랑할지니라."(요일 4:20~21)

1. 땅 끝까지 이르러: 중국 선교

1) 중국선교 지원

진남포교회에 부임한 이후 손정도 전도사는 목회와 신학공부를 병행하였다. 남북 감리회선교부가 합동 운영하는 협성성경학원은 아직도 학교 위치를 두고 개성으로 할 것이냐, 서울로 할 것이냐 결정을 하지 못한 채 여전히 '이동 수업'을 하고 있었다. 그는 1909년 9월부터 석 달 동안 개성에서 개최된 협성성경학원 신학회 수업에 참석하였고 1910년 3월부터 두 달 동안 서울에서 개최된 신학회 수업에도 참석했다.[1] 손정도 전도사는 서울에서 개최된 신학회에 참석해서 신학 수업을 받는 중에 종종 기독교청년회(YMCA) 초청을 받아 전도 강연을 하였다. 그 사실을 민족주의 언론지 〈대한매일신보〉가 보도하였다.

> "[1910년 3월 31일] 본일 하오 7시 30분에 종로 청년회관에서 손정도씨를 청하야 '세상을 건진다.'는 문제로 연설을 한다더라."[2]

> "[1910년 4월 10일] 본일 하오 3시에 종로 청년회관에서 복음회를 하고 평양 전도사 손정도씨를 청하여 강도(講道)한다더라."[3]

손정도 전도사가 3월 31일에 연설한 강연 제목 "세상을 건진다."에서 '세상'은 '민족'을 의미하였다. 기독교청년회관에 모인 청년 학생들은 '청년 전도사' 손정도의 애국적 강연을 듣고 감동과 도전을 받았다.

신학회 수업을 마친 손정도 전도사는 계속 서울에 머물러 5월 11일부터 19일까지 정동교회에서 개최된 미감리회 연회에 참석하였다. 1910년 연회는 미감리회의 '한국선교 25주년'을 기념하는 연회였다. 1885년 개척 선교사 아펜젤러와 스크랜턴, 두 가족이 서울 정동에 정착하여 시작한 미감리회의 한국 선교는 1910년에 이르러 독립된 연회 아래 서울과 평양, 수원, 공주, 영변 등지에 6개 지방회가 설립되어 선교사 36명과 토착인 목회자 61명이 전국 359개 교회의 세례입교인

1 J.L. Gerdine, "Report of Seoul-Songdo District", *Annual Meeting of the Korea Mission of the Methodist Episcopal Church, South,* 1910, 25.; C.D. Morris, "Yengbyen District", *ARMEC* 1910, 190.
2 "청년회관 연설", 〈대한매일신보〉 1910.3.31.
3 "손씨 강도", 〈대한매일신보〉 1910.4.10.

6,500명, 학습인 18,134명, 도합 24,534명 교인을 확보하였다. 여기에 250개 주일학교 학생 25,711명, 169개 교회 부속학교 학생 6,055명을 포함하면 전국 '감리교인'은 5만 6천 명을 헤아렸다.[4] 이는 한국보다 30년, 50년 앞서 선교를 시작한 일본이나 중국의 선교결과를 뛰어 넘는 것이었다.

이 같은 한국교회의 부흥과 성장을 잘 보여주는 곳이 평양지방이었다. 1910년 당시 교인 통계를 지방별로 살펴보면 서울지방이 6,634명, 수원지방 3,374명, 공주지방 3,509명, 영변지방 1,365명, 평양지방 7,842명이었다. 서울보다 10년 늦게 선교가 시작되었음에도 평양지방 교세는 서울은 물론 다른 지방에 월등히 앞섰다. 그것은 지역사회 선교의 매체가 되었던 교회부속 매일학교 통계를 통해서도 확인된다. 1910년 당시 전국에 감리교 계통의 매일학교가 169개 학생 6,053명이 있었는데 그 가운데 서울지방에 30개(17.7%) 1,828명(30.2%)이었던 반면 평양지방에 95개(56.2%) 3,045명(50.3%)이었다. 전국 학교의 반 이상을 평양지방이 차지하였다. 이런 평양지방의 부흥을 이끈 곳이 평양서구역이었다. 평양지방 교세를 구역별로 살펴보면, 전체 신자 7,842명 가운에 평양구역이 866명(11.0%) 칠산구역이 531명(6.8%), 평양서구역이 3,324명(42.4%) 신계구역이 790명(10.1%) 해주구역이 2,331명(29.7%)으로 평양서구역 교세가 가장 컸다.[5]

결국 최근 10년 한국교회와 평양지방 교회 부흥을 이끈 대표적인 곳은 진남포와 강서, 증산, 함종, 용강지역 교회로 이루어진 평양서구역이었음을 알 수 있다. 이런 평양서구역 교회들을 돌보다가 안식

4 "Statistics of Korea Conference, 1910", *ARMEC* 1910, 192~193.
5 앞 글, 192~193.

년 휴가로 귀국한 무어 선교사를 대신해서 구역 담임자가 된 루퍼스(W.C. Rufus, 류부수) 선교사는 1910년 연회 보고에서 자신이 담당한 진남포와 강서, 증산 지역의 총인구 8만 명 가운데 5,500명(6.8%)이 감리교인이 되었음을 알렸다. 그는 교회 부흥이 기독교학교 교사들의 헌신적인 희생의 결과라고 하였다.

> "평양 서구역 신도들이 자기네 학교를 확장하기 위해 기울인 노력과 금전은 가히 영웅적이었다. 교사들은 허락만 한다면 자기네 수개월 봉급을 저당 잡아 학교 시설을 확충하여 경쟁 학교보다 월등한 수준으로 학교를 운영하려고 한다. 지방 학교 교사들은 흔들리지 않는 신앙 자세로 가난과 박해를 무릅쓰고 자리를 지키고 있다. 시골에서는 학교 교사들이 교실에서 드리는 주일 예배를 인도할 뿐 아니라 주간 중에는 기도회를 인도하며 교회를 훌륭하게 이끌고 있다."[6]

진남포교회와 교인들(1910년대)

손정도가 교장으로 있던 진남포교회 부속 삼숭학교 교사들이 그런 희생적 봉사를 보여주었다. 삼숭학교는 일제강점기 한국 종교계와 교육계, 문화계를 이끈 인재를 양성한 곳으로 유명했다. 미국 유학을 다녀와 연희전문학교, 감리교신학교 교수를 역임한 노정일과 이화학당 및 이화여전 음악 교수로 활약한 윤심성과 윤성덕 자매, 역시 미국 유학을 다녀와 인덕학원을 설립한 박인덕, 이화학당 출신의 여류시인 김일엽(본명 김원주) 등이 대표적이었다.[7] 이처럼 손정도 전도사가 진남포에서 목회했던 시기 진남포교회와 삼숭학교는 전성기를 구가하였다.

1910년 연회는 한국교회 역사상 처음으로 해외선교를 시작하기로 결의하였다. 한국 감리교회는 1902년 하와이 이민단에 선교사(전도인)를 포함시켜 파송한 적이 있지만 이는 엄밀한 의미에서 해외거주 교포들을 대상으로 한 '디아스포라 선교'(diaspora mission)였다. 외국 현지인을 대상으로 한 '해외 선교'(foreign mission)는 아니었다. 미감리회는 1909년 6월 연회에서 "대한 국내 지방에 사는 대한 국민에게 복음을 전파할 것"을 목적으로 '대한 감리교회 국내선교회'(Home Missionary Society)를 조직하였다.[8] 그리고 1년 만에 선교 지역을 해외까지 넓혀 '대한 감리회 내외국선교회'(Home and Foreign Missionary Society)로 조직을 개편하고 중국에 선교사를 파송하기로 결의하였다.[9] 중국 현지인 선교를 목표로 한 것이었다.

---

6 *ARMEC* 1910, 185.
7 홍만호, 『진남포 백년사』, 1,000~1,029.
8 "대한 감리교회 국내선교회 장정", 〈미감리회 매년회 일기〉 1909, 22; "Constitution of the Home Missionary Society of the Methodist Episcopal Church of Korea", *KMEC* 1909, 106.
9 "선교회 취지", 〈그리스도회보〉 1911.12.15.

한국 감리교회가 해외 선교를 시작하면서 중국을 첫 선교지로 선택한 것은 1909년 연회에 참석했던 중국연회 감독 베쉬포드(James W. Bashford) 박사의 설교와 강연 때문이었던 것으로 보인다.[10] 베쉬포드 감독은 1904년 미감리회 감독으로 선출된 후 중국 선교를 관리해왔는데 1909년 6월, '1907년 대부흥운동' 현장이었던 평양에서 개최된 한국 연회에 참석해서 폭발적인 부흥과 성장을 이룩한 한국교회의 '활기찬' 모습을 확인하였다. 반면 그가 관리하고 있던 중국교회는 선교사 가족들이 대거 학살당한 의화단사건(1900년) 이후 증폭되었던 중국인들의 외국인에 대한 반감과 배척이 소멸되지 않아 선교 상황이 어려웠다. '서양인이 동양인에게'(west to east) 선교하기 어려운 상황에서 '동양인이 동양인에게'(east to east) 복음을 전하는 방안을 모색한 것이다. 베쉬포드 감독을 통해 중국의 '어려운' 선교 상황을 전해 들은 한국 교인들은 중국 교회를 지원하기 위해 선교사를 파송하기로 결의했다. 이로써 한국 감리교회는 선교사를 받아들인 지 25년 만에 '선교사를 파송하는 교회'가 되었다.

해외 선교를 결의한 1910년 연회는 중국에 파송할 선교사로 손정도를 선발했다. 그것이 감독의 지명에 의한 것인지, 아니면 손정도 자신의 지원에 의한 것인지 확실치 않지만 후자일 가능성이 크다. 그것은 두 가지로 설명할 수 있다. 첫째 종교적인 이유로서, 손정도는 1907년 부흥운동을 직접 경험한 후 복음 전도와 목회를 자신의 종교적 사명으로 여겼다. 특히 그는 '성령 강림'을 체험한 후 기도하던 중 사도행전 1장 6~8절의 "오직 성령이 너희에게 임하시면 너희가 권능

10 〈미감리회 매년회 일기〉 1909, 2~3; *KMEC* 1909, 10.

을 받고 예루살렘과 온 유대와 사마리아와 땅 끝까지 이르러 내 증인이 되리라."는 말씀을 계시로 받아들여 평양(예루살렘)에서 시작해서 한반도(온 유대)와 만주(사마리아)를 거쳐 중국(땅 끝)에 복음을 전해야 한다는 선교 사명을 갖고 있었다. 이런 그에게 만주와 중국은 사마리아와 땅 끝 선교의 현장이었다. 그런 측면에서 '땅 끝까지' 복음을 전하는 것을 전도자의 사명으로 여긴 손정도가 중국 선교를 자원한 것으로 볼 수 있다.

둘째 정치적이고 민족적인 이유로서, 손정도는 중국을 장차 민족운동 근거지로 여겨 중국 선교를 지원하였다. 1907년 이후 나라와 민족 상황은 더욱 악화되었다. 특히 정미조약 체결로 내정권까지 장악한 통감부는 대한제국 정부 내 친일파 관료들을 내세워 일본과의 '합병'을 강압적으로 요구하였다. 이런 상황에서 1909년 10월 북만주 하얼빈에서 천주교인 안중근과 개신교인 우덕순이 조선통감을 지낸 이토히로부미를 저격, 살해하는 사건이 벌어졌다. 이 사건을 계기로 일본은 국내에서 활동하던 민족주의 독립운동가들을 대거 체포, 구금하였는데 그 일로 도산 안창호도 체포되어 일본군 형무소에서 2개월 옥고를 치렀다. 도산은 국내에서 더 이상 독립운동이 어렵다는 것을 인식하고 1910년 4월 중국으로 탈출, 만주와 시베리아에 있는 민족운동 세력을 규합하여 해외(중국) 독립운동기지 건설을 모색하였다. 도산은 중국으로 탈출하기 직전 손정도를 만나 향후 독립운동 계획에 대하여 논의했고 그런 배경에서 손정도는 도산과 함께 중국에서 독립운동을 함께 추진할 목적으로 중국 선교를 지원했을 가능성이 매우 크다.

중국 선교사로 파송을 받은 손정도는 1910년 5월 19일 연회를 마친 후 진남포로 내려가 교회와 학교 일을 정리한 후 6월 1일 진남포 교회 교인들이 마련한 송별회에 참석하였다. 그 사실을 〈대한매일신보〉가 보도했다.

"삼화항[진남포]에 있던 예수교 감리회 목사 손정도씨는 외방선교사로 피선되어 청국과 만주 방면으로 향하여 가는대 전별하기 위하여 그 교회 안에서 본월[6월] 1일 하오 5시에 만찬회를 하였고 그 이튿날 발정할 때에 교우 제씨와 남녀 학도들이 또 전송하였다더라."[11]

당시 〈대한매일신보〉 주필이었던 양기탁도 도산과 절친했던 신민회 회원이었던 관계로 손정도의 중국행이 갖는 정치적 의미를 파악하고 있었을 것이다. 그래서 그의 출국 소식을 자세히 전했다. 진남포 교인들의 환송을 받고 평양 집으로 돌아온 손정도는 곧바로 중국으로 떠났다.

손정도의 중국 여행에는 선교사들도 동행했다. 즉 평양지방 감리사 노블과 내외국선교회 회장 모리스를 비롯하여 베커와 루퍼스, 빌링스 등 평양선교부 선교사 가족들이 다수 동행했다. 그해 7월 중국 휴양도시 북대하(北戴河)에서 열리는 선교사 수양회에 참석하기 위해서였다. 북대하 수양회가 선교사들만의 모임이었기 때문에 손정도는 봉천(奉天, 지금의 심양)에 남고 선교사들은 북대하로 가서 중국 선교사들에게 "한국 교회가 중국에 선교사를 파송하기로 결의했다."는 소식을 알렸다. 그러자 대부분 중국 선교사들은 "일본 교회도 전에 중

11 "목사 전별", 〈대한매일신보〉 1910.6.8.

국에 선교사를 보냈다가 실패했고, 중국 교회도 미국 태평양 연안에 중국인 선교를 위해 선교사를 파송했다가 실패했는데 과연 한국 교회가 중국 선교를 감당할 수 있겠는가?" 회의적인 반응을 보였다. 노블 감리사를 비롯한 평양선교부 선교사들이 1907년 부흥운동 이후 한국교회의 변화와 성장을 소개하면서 설득하였다. 이에 중국 선교사들은 '실험적으로 시도'(placed on exhibit)해 보기로 동의했다. 그 과정에서 중국 선교사로 연경대학(후의 북경대학) 설립자인 로우리(Hyram H. Lowry) 박사와 북중국 선교를 관리하고 있던 파이크(James H. Pyke) 박사가 적극적으로 협조하였다. 당시 미감리회의 산해관 선교부 관리자였던 킬러(Joseph L. Keeler) 박사도 도왔다. 이들의 주선으로 손정도의 선교사역 훈련지는 산해관(山海關)으로 정해졌다. 노블은 즉시 봉천에 전보를 쳐서 손정도를 산해관으로 내려오도록 했다.[12] 이로써 손정도의

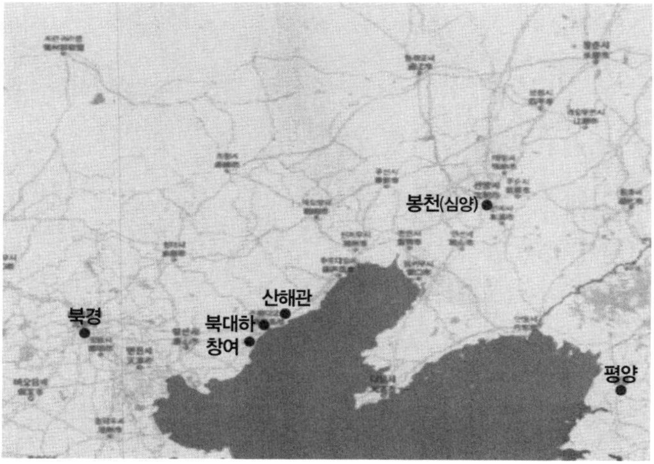

손정도의 중국 선교지

12 "Foreign Missionary Work", *ARMEC* 1911, 201.

중국 선교가 시작되었다.

산해관은 북대하에서 북쪽으로 30킬로미터 정도 떨어진 하북성(河北省) 발해만(渤海灣)에 있던 작은 도시였다. 만리장성 동쪽 끝자락에 위치한 산해관은 중국 본토와 만주 지역을 구분하는 경계선이었고 옛 고구려와 당나라 사이에 국경 분쟁이 빈번했던 역사의 현장이었다. 조선시대에는 외교 사신들이 압록강을 건너 이곳 산해관을 거쳐 북경으로 들어갔다. 노블은 이런 '역사적인' 산해관에서 손정도의 중국 선교가 시작된 것에 특별한 의미를 부여했다.

> "산해관이 옛날 한국이 중국으로 진출할 때 맞닥뜨렸던 국경이었던 것을 주목할 필요가 있다. 지금도 산해관에는 강고했던 한국 민족이 서쪽으로 세력을 확장하려 했던 흔적이 남아 있다. 이 역사적인 의미가 깃든 장벽에서 '한국의 영적인 중국 침공'(Korea's spiritual attack on China)이 시작되었다. 내가 믿기로는 지금 한국교회 전체가 만주를 다시 점령하려는 '거룩한 열정'(holy zeal)으로 가득 차 있다. 나는 손정도에게 산해관 선교부 안에 숙소를 마련해 주고 중국어 교사와 시종을 붙여주어 어학훈련을 받도록 했다. 우리 선교사들은 자신을 무시하고 싫어하는 사람들 속에 살면서 느끼는 고독감이 어떤 것인지 잘 안다. 손정도 역시 눈물로 향수병을 앓았을 것이다."[13]

노블은 산해관에서 시작한 손정도의 중국 선교를 '영적 침공'으로 보았다. 그리고 중국 선교의 궁극적 목표가 과거 고구려 영토였던

13 앞 글.

만주 일대를 기독교 복음으로 정복하는 것에 있으며, 손정도는 물론 그를 선교사로 파송한 한국교회가 이를 향한 '거룩한 열정'에 사로잡혀 있다고 표현하였다. 노블은 킬러 박사의 도움을 받아 산해관 선교부 안에 거처와 중국인 어학교사는 물론 가사 도우미까지 붙여 주어 손정도로 하여금 중국어 어학훈련에 집중하도록 했다. 미국 선교사들이 중국에 와서 받는 선교사 훈련을 손정도가 그대로 받도록 주선한 것이다. 그렇게 손정도는 한국 교인들의 뜨거운 열정과 한·중 두 나라 선교사들의 우호적인 협력을 바탕으로 중국 선교를 시작하였다.

2) 산해관 선교

산해관에서 손정도는 중국어 공부와 현지 적응훈련에 임했다. 산해관 선교부의 킬러 선교사와 중국인 교사와 도우미, 그리고 현지 중국인교회 목회자들이 그를 도왔다. 손정도는 1910년 가을부터 이듬해 봄까지 산해관 선교부 안에서 어학 공부에 집중하면서도 틈틈이 현지교회 예배에 참석하거나 중국인 전도자들과 함께 거리로 나가 전도를 시도하였다. 그리고 마침내 '손정도의 눈물'이 중국인 교회의 부흥운동을 끌어냈다. 노블 감리사의 보고다.

> "만주에 기근이 들었을 때 킬러 박사가 중국 정부로부터 도와달라는 요청을 받고 봉천을 방문한 적이 있었다. 그곳에서 비참한 참상을 목격한 킬러 박사는 1911년 4월 7일자로 내게 편지를 보냈는데 거기에서 그는 산해관에서 한 시간 거리에 있는 도시 창여(昌黎)에서 일어난 부흥운동을 언급하였다. 그는 '손정도에게 [창여로] 내려와서 부흥회를 도와달라고 하였지만 그가 [한국] 연회에 참석키 위해 귀국했다는 말을

들었습니다. 내가 그를 안 지 오래 되지는 않았지만 그는 신실한 사람으로 산해관에 대해 나와 이야기를 나눈 적이 있었습니다. 그는 자신이 산해관에 온 이래 단 한 명의 개종자도 얻지 못한 것에 대단히 실망한 것처럼 보였습니다. 그런 그의 모습을 보고 나는 가슴이 떨렸습니다. 나는 그것을 우리 [중국인] 교인들에게 말했습니다. 그리하여 간접적이기는 했지만 그의 실망과 눈물이 창여에서 부흥을 일으켰습니다. 중국 교인들도 그를 대단히 좋아합니다. 연회를 마친 후 그가 돌아오기를 기대합니다.' 라고 적었다." 14

손정도가 "산해관에 와서 여섯 달 있는 동안 한 명의 개종자도 얻지 못했다."며 실망감에 눈물을 흘리는 모습을 보고 감동을 받은 킬러 선교사는 그 이야기를 현지교회 신도들에게 전하였다. 그 말을 들은 중국인 신도들은 가슴에 찔림을 받아 회개하고 전도하는 부흥운동을 시작했다. 부흥운동이 일어난 창여는 산해관에서 남쪽으로 북대하를 거쳐 50킬로미터 정도 떨어진 내륙 도시였다. 이것이 손정도가 산해관에서 어학공부와 현지 적응훈련을 받던 중에 일궈낸 첫 번째 선교 열매였다. 그 일로 손정도는 킬러를 비롯한 중국 선교사들의 신뢰를 받았고 그런 손정도의 선교 결과는 노블 감리사의 보고를 통해 한국교회에도 알려졌다.

처음으로 외국에 나와 선교사 생활을 시작했던 손정도는 실망과 함께 자신감을 얻었다. 선교에 대한 그의 자신감은 그가 연회에 참석하기 위해 귀국하기 직전, 산해관에서 쓴 "그리스도인의 자신력(自信

---

14 앞 글.

力)"이란 글에서 확인할 수 있다.

"크도다. 만사를 물론하고 성취한 원인은 자신력의 지은 것이로다. 대개 자신력은 나무의 뿌리가 되고 일하는 것은 가지와 잎이 되며 자신력은 씨의 생기가 되고 일하는 것은 꽃과 열매가 되나니 뿌리가 없으면 나무에 어찌 지엽이 발하며 씨의 생기가 없으면 어찌 꽃과 열매가 열리리오. 우리가 하나님께 감사할 것은 조선 교인의 믿음이 세상에 전하여 들림이로다. 그런 중 항상 기도하고 바랄 것은 하나님께서 더욱 풍성한 은혜를 내리사 전국 교인이 믿음으로 믿음에 들어가 굳게 자신하는 힘이 일어남이라. 사랑하는 형제들이여, 서양 격언에 이르기를 '사람이 편안하고 사치하게 세상을 보내면 환란을 당할 때에 용진분투(勇進奮鬪) 하는 힘이 없고 또 사람의 전장(戰場)에 가장 요긴한 자신력이 나지 아니한다.' 하였으니 우리는 마땅히 편안함과 사치를 사랑치 말고 환란에 거하는 것을 편히 여길 것이라. 그리하면 칠팔월 망야(望夜)에 명랑한 달과 같이 우리 마음에 자신력이 생(生)하리로다."[15]

손정도가 이 글을 쓸 무렵, 한민족은 자신감을 상실하고 불안한 미래에 절망을 느끼고 있었다. 8개월 전에 이루어진 '경술국치', 즉 강제 합병으로 인해 일본의 식민통치, 헌병을 앞세운 무단통치를 받게 된 정치·사회적 현실 때문이었다. 산해관에서 '합병' 소식을 들은 손정도 역시 실망과 좌절을 느꼈지만 그런 중에도 한국교회 교인과 민족을 향해 "자신감을 갖자."고 호소하였다.

15 손정도, "그리스도인의 자신력", 〈그리스도회보〉 1911.4.15.

"형제들이여, 또 서양격언에 이르기를 만사를 물론 하고 시작이 반이라 하였으니 우리는 되겠다, 되지 아니하겠다, 판단치 말고 마음에 있는 대로 하여 봅시다. 그리하면 만삭되지 못하여 생산한 우리도 자신력을 얻어 바울의 일을 할 지로다. 사랑하는 형제들이여, 남을 의뢰치 말라. 만일 누구든지 남을 온전히 의뢰하는 자는 자기가 자기를 죽이고 다른 사람으로 자기를 대신하며 또 혹 절반은 자신하고 절반은 의뢰하면 이는 반은 자기요 반은 다른 사람이라 할지라. 말하기 쉬운 20세기에 개인의 지위는 개인의 자신력으로 얻으며 일가(一家)의 업은 일가인(一家人)의 자신력으로 성취하며 일사회(一社會)의 면목은 일사회 회원의 자신력으로 유지하며 일국(一國)의 행복은 일국 국민의 자신력으로 향유(享有)하나니 그런즉 우리 교회도 마땅히 하나님의 은혜를 받은 각 교우의 자신력으로 발달할지라." [16]

비록 나라와 주권은 빼앗겼을지라도 전 민족이 남을 의뢰하는 나약한 자세를 버리고, 자신감을 갖고, '마음에 있는 대로' 스스로 서기(自立) 위하여 노력할 때 가정과 사회와 나라에 행복한 미래가 도래할 것이라고 호소하였다. 그는 특히 하나님의 능력과 은총을 믿는 기독교인이라면 불안한 현실 가운데서도 밝은 미래에 대한 자신감을 가져야 한다고 강조하였다. 부정적 현실을 극복하고 바꿀 수 있는 초월적 능력과 계시를 믿는 종교인만이 절망적인 상황에서 희망을 볼 수 있다. 그런 맥락에서 손정도는 암울한 정치 현실에서 한국교회가 전개하고 있는 '백만명구령운동'(One Million Souls for Christ Movement)에

16 앞 글.

희망을 걸었다.

"만일 우리가 자신력이 없으면 명일(明日)이 금일(今日)과 같고 내월(來月)이 금월(今月)과 같고 명년(明年)이 금년(今年)과 같아 언제든지 스스로 서는 힘을 얻지 못하리니 사랑하는 형제와 자매들은 생각하여 보시오. 하나님께서 우리를 택하사 당신의 사자(使者)로 쓰시고저 함으로 거년(去年)에 전무한 대분흥회(大奮興會)가 처처에 일어나서 백만 명 기도와 백만 명 찬미가 전국을 흔들 뿐 아니라 영미 양국 교회에서 조선을 위하여 특별히 날을 정하여 기도회를 열고 세계만국이 다 주목하기에 이르렀으니 이와 같이 은혜 받는 때에 우리는 속히 자신력을 얻어 남을 믿지 말고 스스로 서서 동양에 선교하는 큰 기관 교회가 되기를 간절히 믿고 바라나이다."[17]

이런 자신감을 안고 귀국한 손정도는 1911년 6월 서울에서 열릴 미감리회 연회에 참석하기에 앞서 평양에 들러 가족들을 만났다. 1년 만의 재회였다. 평양 남산현교회 교인들이 마련한 환영식에도 참석하였다. 마침 평양지방 순회전도사로 사역하다가 해주지방으로 떠나는 이영순 전도사를 환송하는 의미도 겸한 야유회였다. 야유회는 대동강 뱃놀이(船遊)로 시작해서 부벽루 백사장 '씨름(脚戲)대회'로 막을 내렸는데 씨름대회에서 손정도가 1등상을 받았다.[18] '평양 기독교 씨름장사' 타이틀(?)을 안고 서울로 올라온 손정도는 6월 21일부터 29일까지 정동교회에서 개최된 미감리회 연회에 참석해서 '선교사 보고'를

17 앞 글.
18 "一영 一전", 〈그리스도회보〉 1911.6.30.

하였다. 그동안 한국인 목회자들은 연회에서 미국인 선교사들의 선교 보고만 들었는데 이제 처음으로 한국인 선교사의 선교 보고를 들으면서 자긍심과 보람을 느꼈다. 연회원들은 손정도가 보고하는 중에 "[중국과 만주 땅에] 조선 사람은 자기 그림자 외에 없다."는 말을 듣고 "중국에 선교사 한 사람을 더 보내자."고 결의하였다.[19]

3) 북경 선교

1911년 7월 연회를 마치고 중국선교 현장에 복귀한 손정도 선교사의 임지는 산해관에서 북경으로 변경되었다. 1년 동안 산해관에서 중국어 공부에 집중한 결과 어느 정도 중국인과 소통할 수 있게 된 그

미감리회 북경 선교의 거점이었던 북경 숭문문교회

19 "년회 순서", 〈그리스도회보〉 1911.6.30.; "미감리회 특별광고", 〈그리스도회보〉 1911.10.30. 1911년 연회에서 손정도 전도사가 '목사로 승품' 되었다는 기록이 있으나("년회 一속" 〈그리스도회보〉 1911.7.15.) 연회록 자료에서 확인되지 않고 있다. 그가 '집사목사'로 안수를 받은 것은 1914년이었다.

는 중국의 심장부 북경에 진출해서 본격적으로 중국인 선교를 펼칠 계획을 세웠다. 그가 자리 잡은 곳은 미감리회 북경 선교부가 위치한 숭문문(崇文門) 안 팔보호동(八寶胡同) 34호였다.[20] 산해관에서 그랬던 것처럼 북경에서도 그는 미감리회 선교사들과 협력해서 선교 활동을 준비하였다. 그는 본격적으로 사역하기보다 어학 공부에 더 많은 시간과 노력을 기울였다. 산해관에서 시작된 '선교사 훈련'의 연속이었다.

손정도는 중국뿐 아니라 아시아의 중심 도시인 북경에서 본격적인 선교를 준비하면서 '시대를 읽고, 때에 맞는' 선교를 모색하였다. 이런 그의 관심과 의지를 보여주는 것이 〈그리스도회보〉에 2회 연재한 "천시(天時)가 변천함"이란 글이다. 그는 하나님의 창조 질서가 춘하추동, 4계절의 변환에 따라 이루어짐을 예로 들어 기독교 사역을 설명했다.

> "춘(春)이라 하는 자가 썩 들어서니 땅에 찬 백설은 구멍을 못 찾아 야단하고 딍딍한 빙산은 술술 녹아서 둘둘 흘러 낮은 골작이로 도망하고 식물은 싹을 발하며 곤충은 입을 열고 눈과 귀를 뜨며 금수는 깃을 틀어 새끼를 치며 왔다 갔다 부르는 소리 처량하도다. 봄이 가고 여름이 갈아드니 훈훈한 날 중에 줄기줄기 오는 비로 초목이 씨를 열고 백곡이 기름진 이삭을 발함이 거룩한 임군의 덕이 찬 듯 하도다. 여름이 가고 가을이 갈아드니 낙엽은 소소하고 명월은 하수를 희롱하야 청량

20 당시 손정도가 살던 북경 집 주소(崇文門內 八寶胡同 34號)는 1911년 10월 조성환이 도산 안창호에게 보낸 편지를 통해 확인할 수 있다. "조성환이 안창호에게 보낸 편지(1911.10.2.)", 『도산 안창호 전집』 제2권, 도산안창호선생기념사업회, 2000.

한 빛을 번듯번듯 날리는데 객의 마음 처량하다. 가을 가고 겨울이 갈 아드니 북풍한설 모진 바람에 만물이 문을 닫쳐 적막할 뿐이니 일년에 변천함도 과연 적지 아니하다."[21]

손정도는 자연 만물도 사계절의 변화에 맞추어 그 모습과 움직임을 바꾸어 나가는데 하물며 만물의 영장인 사람이 '하늘의 때'에 맞추어 자기 할 일을 찾아 감당하는 것이 당연하다고 설명하였다. 즉 "시대의 표적을 분별할 수 있는"(마 16:2) 지혜를 강조하였다. 손정도는 당시 '하늘의 때'(天時), 즉 '종교적' 계절을 가을로 보았다.

"내 사랑하는 형제자매시여, 만경창파에 배를 타고 앉아 보라. 파도가 흉흉히 났다 깨졌다 하는 것이 우리 인생이 이 세상에 잠시 났다 잠시 가는 것 같으니 하늘 도리를 아는 자가 어찌 탄식할 일이 없으리오. 눈을 들어 바깥을 보라. 천시가 변천하기를 저 춘하추동의 능간으로 이미 수 없이 하였는데 지금은 때가 봄도 아니오 여름도 아니오 방금 가을이 되었도다. 농부들은 낫을 메고 곡식 거둘 때니 곡식 거누는 노래나 불러보세.

1. 삼천리 강산 주의 동반도는
   구원 얻은 동포 많아졌으니
   그리스도 왕의 명령을 좇아서
   어서 추수하려 나아갑세다.

21 손정도, "천시가 변천함", 〈그리스도회보〉 1911.11.15.

후렴: 나아갑세다 나아갑세다
어서 추수하러 나아갑세다
나아갑세다 나아갑세다
어서 추수하러 나아갑세다

2. 이 세상에 제일 광대한 전답에
곡식 익어 황금 빛과 같으니
농부들은 속히 농기를 메이고
어서 추수하러 나아갑세다

3. 형제와 자매들 다모여 들어서
십자가를 달고 달음질 마당에
반도 안에 있는 주의 일군들은
어서 추수하러 나아갑세다."[22]

'가을'은 추수할 때다. 손정도는 "너희 눈을 들어 밭을 보라 희어져 추수하게 되었도다."(요 4:35) "추수할 것은 많되 일꾼이 적으니 그러므로 추수하는 주인에게 청하여 추수할 일꾼들을 보내어 주소서 하라."(마 9:37~38)는 성경 말씀을 바탕으로 이 글을 썼다.

그는 또 성경의 '포도원 일꾼 비유'(마 20:1~16)를 예로 들어 한국 교회의 선교 사명을 재확인하였다. 즉 포도원 주인이 자기 농장에서 일할 일꾼을 채용하는데, 이른 아침부터 '사시'(巳時, 오전 10시)와 '오

22 손정도, "천시가 변천함", 〈그리스도회보〉 1911.11.15. 이 가사는 찬송 "새벽부터 우리"(496장)에 맞춰 부르면 된다.

시'(午時, 오전 12시), '신시'(申時, 오후 4시), '유시'(酉時, 오후 6시)에 들어온 사람들에게 일을 시킨 후 품삯을 줄 때 제일 늦게 온 사람도 이른 아침에 온 사람과 똑같은 품삯을 받은 것을 지적하면서 한국이 아시아 국가 중에 기독교 복음을 제일 늦게 받아들였지만 '마지막' 열심을 다해 전도와 선교에 임하면 앞서 기독교를 받아들인 서구 기독교 국가들과 똑같은 '하나님의 축복'을 받을 수 있을 것이라 하였다.

> "나의 사랑하는 형제자매시여 이때가 어느 때냐 하면 곳 가을이니 속히 겨울이 올지니 속히 나가 일합세다. 이 시(時)가 어느 시냐 하면 곳 유시(酉時)라. 속히 밤이 될 터이니 어둡기 전에 추수합세다. 시간이 늦었다고 낙심 말고 속히 속히 포도원에 들어가 일합세다. 지금 들어가는 자라도 잘 만 하면 아침부터 일한 자와 같이 상급을 받습네다."[23]

손정도에게 '포도원에 들어가 일하기'란 이방인들에게 '하늘나라 복음'을 전하는 전도와 선교 사역을 의미하였다. 그리고 일한 후에 받는 '하늘나라 상급'은 잃어버린 국권을 되찾은 후 독립된 국가의 국민으로서 자유와 행복을 누리는 미래였다.

복음전도와 민족운동을 병행하려는 손정도의 의지는 이 시기 도산 안창호에게 보낸 편지를 통해서도 확인된다. 1910년 4월에 중국으로 탈출한 도산은 청도에서 독립운동 지도자 회합을 시작으로 만주와 블라디보스토크(海參威)를 거쳐 1911년 9월 미국 샌프란시스코에 도착해서 해외 민족운동 세력을 규합하기 위해 힘을 모으고 있었다. 손정

23 앞 글, 1911.11.30.

도는 서울 연회를 마친 후 중국 선교지로 귀환하면서 도산을 위해 양복 한 벌을 가져와 북경에 있던 신민회 동지 조성환(曺成煥)을 통해 미국에 보냈다.[24] 구한국부대 장교 출신인 조성환은 국내에서 안창호, 양기탁, 이동녕 등과 함께 독립운동을 하다가 1910년 중국으로 망명한 후 안창호와 연락을 취하며 무관학교 설립과 해외 독립운동 기지 건설을 모색하고 있었다. 손정도는 그런 조성환과 숭문문 거처에서 함께 지내면서 독립운동을 모의하였다. 손정도가 1911년 12월 25일 도산에게 쓴 편지에서 세 사람 사이의 관계를 알 수 있다.

"거년(去年) 춘(春)에 경성 남문외(南門外) 제중원(濟衆院)에서 상별(相別)한 후에 형님께서 북행(北行)하시고 제(弟)는 거년(去年) 하절(夏節)에 북경(北京)에 내착(來着)한 즉 형님은 해삼위(海參威)로 가셨다 하며 조형(曺兄)에게로 내왕하는 서신을 보고 소식은 드럿사오나 일차 문안치 못하엿삼나이다. 제(弟)는 금년 춘(春)에 환국(還國)하야 본국(本國) 내형(內形)을 여간 도라보는 시(時)에 양(梁)기택 안(安)명근씨 등 사오십 동포가 재판당함을 보고 기타 전 국민이 악혹한 형벌아래서 심(心)이 십분낙심(十分落心)되엿난대 제(弟)는 만나는 대로 안형(安兄)과 이형(李兄)이 해외에 재(在)하야 조흔 일을 만히 한다 하고 십분권면(十分勸勉)하여 하엿난대 대성교(大成校)도 여전(如前)하고 교회와 교회내 학교는 여전하나 기타는 일인(日人)의 수(手)에 드러간 모양인 듯 하지오."[25]

---

24 "조성환이 안창호에게 보낸 편지(1911.7.17.)", 『도산 안창호 전집』 2권(서한 II), 도산 안창호 선생기념사업회, 2000, 567~568.

25 "손정도가 안창호에게 보낸 편지(1911.12.25.)", 『도산 안창호 전집』 2권(서한II), 229.

이 서한을 통해 몇 가지 중요한 사실을 확인할 수 있다. 1) 1910년 봄 서울 남대문 제중원에서 손정도와 도산이 만났다. 당시 도산은 출옥한 직후 병원에서 치료를 받으며 중국 망명을 준비하고 있었고 손정도는 서울에서 개최된 협성경경학원 수업에 참석하고 있었다. 이 만남에서 해외 독립운동 기지 건설에 대한 논의가 이루어졌을 것으로 보인다. 2) 손정도는 1910년 7월 중국에 도착해서 선교사들의 주선으로 산해관에 자리를 잡은 후 북경에 들어가 조성환을 만났고 그를 통해 도산이 청도회담을 마치고 블라디보스토크로 떠났다는 사실을 알았다. 3) 손정도는 1911년 4월 연회 참석차 귀국하였다가 6개월 전에 일어난 안악사건(안명근 사건)으로 양기탁과 안명근 등 수십 명의 독립운동가들이 재판을 받고 있어 민족운동 진영은 물론 일반 시민사회도 우울한 분위기에 잠겨 있음을 보고 만나는 사람들에게 "지금 해외에서 안창호와 이승만이 독립운동을 하고 있다."며 격려하였다. 4) 강제합병 이후 모든 것이 일본인 손아귀에 들어가 어려운 상황임에도 도산이 설립한 평양의 대성학교와 교회 및 기독교 학교들은 그대로 유지되고 있었다. 이렇게 도산에게 국내 소식과 정황을 알려준 후 손정도는 자신의 독립운동 계획을 구체적으로 밝혔다.

"제(弟)의 우견(愚見)의 생각하는 바는 본국에서 할 일과 만주에서 할 일을 시춘(時春)부터 시작하고져 하난대 모사(謀事)는 재인(在人)이오 성사(成事)는 재천(在天)이니 하고저 하난 바는 여좌(如左)하올세다. 본국 내지(內地)에 설립할 회(會)는 아직 국민의무회(國民義務會)라고 할 수가 무(無)하고 교회 내 청년으로 시작하야 피차 기도하난 회(會)라 설립하고 회금(會金)을 모집하야 회금에 대하야서난 용(用)하난 법이 반(半)은 북

(北)으로 내여다 병기를 예비케 하고 반은 시시(時時) 본회(本會)에서 쓸 터인대 회(會) 위치는 큰 교회 있는 곳마다 두고 가령 평양에서 모히난 회(會)는 우리 기회를 만나는 시(時)에 평양에 착(着)한 원수만 파멸하고 경성에 있는 회는 경성에 착(着)한 원수를 일일일시(一日一時)에 박멸하게 하야 기도회(祈禱會)를 성립할 터인대 작년에 기처(幾處)에 다소간 시작하여스나 완전한 지경이 못되엿삼내다. 금년 연회시(年會時)에 가면 될 듯하웨다." 26

손정도의 계획은 국내운동과 국외운동으로 나뉘었다. 먼저 국내운동은 1) 교회마다 청년 중심으로 '기도회'란 명칭의 위장 독립운동 단체(국민의무회)를 만들어 회비를 모은 후, 2) 기금의 반은 만주에서 활동하는 독립군 무기를 마련하는 데 사용하고 반은 국내 조직 운영에 사용하며, 3) 독립전쟁이 전개될 때 각 지역 기도회 청년들이 자기 지역에 침투한 일본 세력을 격멸하도록 훈련한다는 계획이었다. 그러면서 손정도는 1911년 연회 참석차 귀국했을 때 몇몇 교회에 그런 조직을 만들었음을 밝혔다. 평양 남산현교회나 진남포교회에 그런 독립운동 조직이 만들어졌던 것으로 추정된다. 그가 중국 선교사로 오갈 때마다 진남포교회와 남산현교회 청년학생들이 베푼 환송 및 환영 모임에 참석한 것도 그런 목적 때문이었다. 그는 마지막으로 만주에 가서 구상했던 독립운동을 실천해보겠다는 계획을 밝혔다.

"청국(淸國)에 대한 사(事)는 영요(嬰要)한 지방이 만주(滿洲)인대 만주 인

26 위 편지.

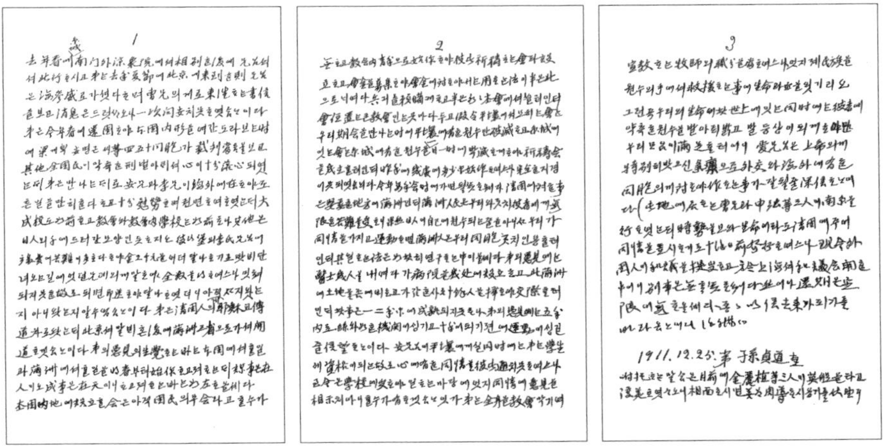

손정도가 안창호에게 보낸 편지(1911.12.25.)

민은 우리와 같이 피자(彼者, 일본)에게 무한한 고난을 수(受)하니 필연 일인(日人)이 자기의 원수 되는 줄을 아니까 우리가 동정을 가지고 운동을 하면 만주인(滿洲人)은 우리 동포같이 인용할 터인대 그 일하는 법은 여기(如其)히 연구하는 중이올세다. 제(弟)의 의견에는 의사(醫師) 기인(幾人)을 내여다가 병원을 기처(幾處)에 설립하고 북만주(北滿洲)에 토지를 좀 예비하고 가감한 사람 십여인을 휘(揮)하야 교제할 터인대 기사(其事)는 일이년 중(中)에 성취되지 못하나 제(弟)의 우견(愚見)에는 오년 내로 사(絲)와 여(如)한 기관이 생기고 십년 내에 운동이 생길 줄 신망(信望)하나이다." 27

손정도의 국외운동 계획은 1) 만주를 배경으로 하여 만주인들과 연대하여 항일투쟁을 하되, 2) 이를 위해 먼저 병원을 설립하여 만주인들의 환심을 산 후 토지를 확보하고 독립운동 기지를 설립하는 것이었다. 이런 손정도의 계획은 미국에 있는 도산의 계획과도 일치하였다. 도산이 청도회담 후 만주와 블라디보스토크를 순회하며 망명 중인 민족운동가들을 만난 것도 만주나 연해주에 독립운동 기지를 건설하기 위함이었다. 실제로 손정도 목사는 훗날(1924년) 상해임시정부 활동을 접고 길림으로 가서 농민호조사를 설립하고 자신의 계획을 실천에 옮겼다.

이렇게 안창호와 손정도, 조성환이 국외에서 고군분투하는 사이 국내 정치 상황은 더욱 악화되었다. 1911년 11월에 터진 '105인 사건'이 치명적이었다. '강제 합병' 이후 한반도에서 식민통치에 저항하는 항일 민족운동 세력을 척결하기 위해 일제가 조작한 '데라우치(寺內)총독 암살미수사건'으로 수백 명의 독립운동가, 민족운동가들이 체포되었고 그중 주모자급 인사 105인이 유죄판결을 받고 2~4년 옥고를 치렀다. 이 사건으로 항일비밀결사 신민회 조직이 와해되었고 양기탁과 윤치호, 유동열, 임치정, 안태국, 이승훈, 양전백 등 기독교계 민족운동 지도자들이 옥고를 치렀다. 이들은 대부분 신민회 조직을 통해 손정도와 함께 활동했던 동지들이었다. 그 외에 손정도의 '숭실 동문' 김두화와 변린서, 길진형, 선우혁, 차리석, 홍성익, 곽태종, 윤원삼, 안세환, '협성신학 동문' 안경록, 그리고 손정도의 동서 옥관빈과 그 형 옥성빈 등도 체포되어 옥고를 치렀다.[28]

손정도는 나라 밖에서 자신과 가깝게 지내던 동지와 동문들이 다수 체포되어 고문과 악형을 받은 후 투옥되었다는 소식을 듣고 마음이 괴롭고 아팠다. 이런 그의 심정은 1912년 1월 23일 미국의 도산

---

27 위 편지, 229.
28 윤경로, 『105인 사건과 신민회 연구』, 48~49, 80~92.

에게 쓴 편지에서 확인할 수 있다.

"형님께로부터 조형(曺兄)에게 내도(來到)한 전보는 조형께로 즉일(卽日) 부송(付送)하였나이다. 조형은 상해 유(留)하는대 환기(還期)는 미정이옵고 추후로 내(來)한 신(信)은 조형 댁에 왕치(往置)하였사오며 별사(別事)는 무(無)하올세다. 내지(內地) 소식을 종종 문(聞)한즉 피자(彼者)의 악한 형벌에 옥중처사(獄中處事)가 수다(數多)하고 기타 무쌍(無雙)한 고난은 고금(古今)에 무(無)한 듯하웨다. 청국(淸國)에 혁명사(革命事)는 두령(頭領)에는 손문(孫文)의 세력이 외교 급(及) 군사상에 광대한 대 근일(近日)에 불호(不好)한 사(事)가 생(生)함은 강씨파(康氏派)라. 손(孫)의 공화파(共和派)와 강씨(康氏) 보황파(保皇派)가 불원(不遠)에 대전(大戰)이 될 듯하웨다." 29

손정도는 국내에서 일어난 105인 사건 옥사(獄事)를 "역사의 고금에도 없는, 무엇과도 비교할 수 없는, 저들(일본)의 악한 형벌"이라고 표현했다. 그만큼 충격과 분노가 컸다. 그리고 손정도는 방금(1911년 11월) 중국에서 일어난 '신해혁명'(辛亥革命)으로 인해 급변한 중국 정세도 간단하게 소개하였다. 이처럼 국내외 정치 상황은 더욱 어려워졌지만 그런 중에도 추진하려는 자신의 독립운동 계획을 다시 한번 밝혔다.

"형님이여. 우리들은 어떻게 하오. 불가불 한 방침이 유(有)하여 할 터

29 "손정도가 안창호에게 보낸 편지(1912.1.23.)", 『도산 안창호 전집』 2권, 233.

인데 청년이 북방 아청화중(俄淸華中)에 유지케 하야만 될 터인대 그 방침은 토지를 매(買)하는 것이 필요할 듯 하기로 작년부터 주선(周旋)은 좀 있으나 내지(內地)에 고난이 심한 고로 용이치 못하웨다. 형님이여 공평일월하(公平日月下)에 혼자 슬프고 혼자 부끄러워 못 살겟소. 제가 상제(上帝)의 고소(告訴)하기는 나의 생명을 나의 국욕(國辱)을 씻고 피왜(彼倭)의 원수를 갚기 전에는 아(我)가 불사(不死)하겠다 하였소이다. 지성(至誠)이 유(有)하여 지성(至誠)으로 사(事)를 도모하면 응당 상제가 허락하시리이다. 다른 말씀 전무(全無)하올세다." 30

손정도는 "밝은 대낮에 혼자 슬프고 부끄러워 못 살겠다." 자괴하고 도산에게 "형님, 어찌하면 좋소?" 하소연하면서도 하나님께는 "내 생명을 다하여 나라의 치욕을 씻기 전까지, 저 일본의 원수를 갚기 전까지, 나는 결코 죽지 않겠나이다." 기도하였다. 그러면서 "지성으로 지성을 다하면 응당 하나님이 허락하실 것이다."는 희망도 버리지 않았다. 그 '허락'이 독립인 것은 물론이었다.

그렇게 손정도의 독립운동 의지는 여전하였다. 아무리 현실은 어둡고 힘들어도 손정도에게 조국 광복의 꿈과 의지는 포기할 수 없는 '하늘의 명령'(天命)이었다. 그러면서 손정도는 해외 독립운동기지 건설에 대한 자신의 구상을 좀 더 구체적으로 밝혔다. '아청화중' 즉, 중국과 만주, 러시아 국경지역에 토지를 매입하여 독립운동기지를 건설하겠다는 계획이었다. 손정도는 그 위치로 북만주 하얼빈을 염두에 두고 있었다. 손정도는 이런 꿈과 구상을 안고 1912년 연회에 참석하

30 위 편지.

기 위해 귀국 길에 올랐다.

4) 하얼빈 선교

1912년 미감리회 연회는 3월 5일부터 12일까지 서울 상동교회에서 개최되었다. 손정도는 중간에 평양에 들러 식구들을 잠깐 만나보고 곧장 서울로 갔다. 손정도의 '숭실 동문'들이 대거 체포된 평양도 그러했지만 105인 사건 재판이 갓 시작된 서울 분위기도 가라앉아 있었다. 교회나 연회 분위기도 마찬가지였다. 연회가 개최된 상동교회의 담임 전덕기 목사는 체포를 면했지만 급성 폐결핵을 앓고 있어 연회에도 참석하지 못했고, 손정도의 '신학교 동문' 안경록 전도사는 105인 사건에 연루되어 감옥 안에 있었다. 을사늑약 체결 때부터 일제의 한반도 지배를 노골적으로 지지했던 '친일파' 해리스 감독이 주재하는 1912년 연회에는 유난히 많은 일본인 목사들이 내빈으로 참석했다. 서울에 일본인 교회를 설립하고 선교활동을 하고 있던 기하라(木原) 목사와 후지오카(藤岡) 목사, 서울의 일본인 기독교청년회 총무 니와(丹羽), 그리고 일본교회 대표 야마모토(山本) 목사와 와다세(渡瀨) 목사 등이 대거 참석해서 축사와 인사, 기도 순서를 맡았다.[31] '강제 합병'으로 자신들의 식민지가 된 한국 연회에 참석해서 마치 '점령군 군종사제'처럼 일본어로 연설하고 기도하는 것을 듣는 한국교회 지도자들의 마음은 그리 편치 않았다. 그런 분위기 가운데 열린 연회 첫째 날, 손정도는 해리스 감독의 소개로 연회원들 앞에서 인사하고 간략하게 선교사 보고를 하였다. 그리고 연회 마지막 날(3월 12일) "중국

31 *KMEC* 1912, 6~10; 〈미감리회 조선매년회 회록〉 1912, 4~5.

봉천 북방, 하얼빈 남방에 손정도를 파송하고, 중국 만주에 선교사 한 명을 더 파송하고, 일본 도쿄에도 유학생 선교를 위해 선교사 한 명을 파송하자."는 '국내외선교회' 건의안을 통과시켰다.[32] 이로써 손정도 선교사의 임지가 하얼빈으로 정해졌다.

손정도의 선교지가 북경에서 하얼빈 쪽으로 바뀐 것은 두 가지로 설명할 수 있다. 첫째, 북경과 그 주변 지역의 불안한 치안 상황 때문이었다. 1년 전 남쪽 상해에서 시작된 '신해혁명'의 열풍이 급속도로 북상하여 북경에서도 청나라(淸朝) 황실체제를 지키려는 세력과 붕괴시키려는 세력 사이에 군사적인 충돌이 벌어져 외국인들이 거주하거나 활동하기 불안한 상황이 되었다. 특히 10년 전 일어났던 의화단 소요를 기억하고 있는 선교사들은 안전한 지역으로 가족을 피신시켰다. 북경 선교부에서 활동하던 의료 선교사 볼트(R. Bolt)도 가족을 데리고 서울에 왔다가 연회에 참석했는데 그를 통해 선교사들은 북경 상황을 알 수 있었다.[33] 그뿐 아니라 성서공회 총무 밀러(Hugh Miller)도 천진에서 사역하는 여동생으로부터 받은 편지를 소개하며 북경과 천진 지역의 불안한 치안상황을 알려주었다.[34] 그 결과 내외국선교회와 연회는 손정도의 선교지를 북경보다는 상대적으로 안전한 북만주지역으로 바꾸기로 하였다.

둘째, 보다 적극적인 이유로 손정도 자신이 북쪽으로 임지를 옮길 것을 강력하게 요청한 것이다. 손정도는 북경을 떠나기 직전 도산

---

32 *KMEC* 1912, 20; 〈미감리회 조선매년회 회록〉 1912, 16.

33 볼트는 세브란스의학교 교수로 초청을 받아 1912년 2월 서울에 도착했다. 시기적으로 보아 연회에 참석하기 위해 귀국하는 손정도와 동행하였을 가능성도 있다. "Notes and Personals", *KMF* Apr. 1912, 106.

34 *KMEC* 1912, 18.

중국 선교사 손정도(왼쪽)와 오기선 목사

에게 쓴 편지에서 '아청화중' 즉 러시아와 중국 국경지역에 토지를 매입해서 그곳에 선교거점 및 독립운동 기지를 건설하려는 계획을 밝혔다. 산해관과 북경에서 2년 동안 어학공부에 집중한 결과 중국어와 중국 문화에 어느 정도 익숙해진 그는 자신의 구상과 계획을 펼칠 때가 되었다고 판단하였고 그 무대를 국경도시 하얼빈으로 정했다. 그곳은 중국이나 일본의 경찰력이 미치지 않는 '러시아 조차지'였을 뿐 아니라 3년 전에 일어난 안중근의 이토히로부미 저격 사건으로 독립운동 진영에 '항일 민족운동 성지'로 여겨지던 곳이었다. 그곳은 또한 강제합병 이후 정치적 망명객과 교민들이 집단으로 이주해 살고 있어 독립운동 기지로 적합한 곳이었다.

연회가 끝난 후 손정도 선교사는 새로운 선교지 하얼빈을 향해 출발하였다. 그는 가는 길에 황해도 백천읍교회 교인들이 마련한 '환영회'에 참석했다. 〈그리스도회보〉 보도다.

"거월(去月)에 경성에서 개(開)한 미감리회 연회에 참석하였던 목사 홍순탁 오기선 손정도 3씨가 백천읍으로 나려가매 그곳 형제자매와 남녀학도 수백 인이 당지 회당 내에 모여 성대한 환영회를 열고 3씨에게 대하야 사랑하는 뜻을 표하였더라."[35]

손정도 선교사와 함께 교인들의 환영을 받은 홍순탁 목사와 오기선 목사는 모두 '신학 동문'으로서 1911년 12월 협성신학교(전의 협성성경학원)를 제1회로 졸업했다.[36] 손정도 전도사도 선교사로 떠나지 않았더라면 이들과 함께 신학수업을 계속 받아 1회 졸업생이 되었을 것이다. 1912년 3월 연회에서 홍순탁 목사는 백천읍교회로, 오기선 목사는 해주읍교회로 각각 파송을 받아 평양으로 가는 손정도와 함께 기차를 탔는데 홍순탁 목사가 부임할 백천읍교회 교인들이 세 목회자를 환영하는 모임을 열어주었다. 그렇게 백천읍교회 교인들의 환영(환송)을 받은 손정도는 평양 집에 잠깐 들렀다가 기차 편으로 의주와 안동(단동), 봉천을 거쳐 1912년 4월 하얼빈에 도착했다.

손정도의 하얼빈 선교활동은 비교적 순조롭게 진행되었다. 산해관과 북경에서 2년 어학공부와 선교지 적응 훈련을 받은 결과 해외선교에 대해 어느 정도 자신감을 얻은 것도 있었지만 그보다는 좋은 선교 동역자를 얻었다. 한국 장로교회가 파송한 선교사 최관흘(崔寬屹) 목사였다. 그는 1909년 9월 대한예수교장로회 독노회로부터 시베리아 선교사로 파송 받아 블라디보스토크에 자리를 잡고 한인교회를 시작했는데 1년 만에 1백 명 교인으로 부흥하였다. 그러나 이런 한인교

---

35 "목사를 환영함", 〈그리스도회보〉 1912.4.15.
36 "신학 졸업식", 〈그리스도회보〉 1911.12.30.

회 부흥을 우려한 블라디보스토크 지방정부와 종교당국의 견제와 탄압을 받았다. 러시아 정교회(Russian Orthodox Church)를 국교로 삼고 있던 러시아 제국시대였기 때문에 한국인 개신교회 발전을 달가워하지 않았다. 러시아 정교회 당국은 최관흘 목사에게 추방압력을 가하며 한편으로 정교회로 개종할 것을 요구했다. 게다가 '강제합병' 이후 정치 망명객들이 블라디보스토크로 모여들자 이를 우려한 일본 영사관도 러시아 지방정부에 한인교회를 규제하도록 압력을 넣었다. 결국 최관흘 목사는 러시아 연해주 총독의 추방령으로 1912년 2월 블라디보스토크를 떠나 5월 하얼빈에 도착해서 새로운 선교를 모색하고 있었다.[37]

손정도로서는 '시베리아선교 3년' 경력의 최관흘 목사와 함께 하얼빈 사역을 시작하게 된 것을 다행으로 여겼다. 두 선교사는 하얼빈 선교를 장로교와 감리교 연합으로 추진하기로 했다. 국경도시였던 하얼빈에는 중국과 러시아, 한국 등 세 나라 사람들이 섞여 살고 있었다. 손정도와 최관흘은 러시아 종교법 때문에 러시아인에게는 전도할 수 없어 중국인과 한국인 교포들을 대상으로 전도사역을 시작하였다. 그 결과 한 달 만에 중국인 3명, 한국인 40명 교인을 얻었다. 이에 하얼빈 도리수도가(道裡水道街), 송화강 북부 선창가에 3백여 평 부지를 구입하고 10여 칸짜리 목제 2층 양옥을 건축한 후 위층은 예배당으로 사용하고 아래층에서는 교인과 교포 자녀 20명으로 동흥학교(東興學校)를 시작하였다.[38] 하얼빈 선교부지 확보 및 예배당과 학교건물 건

37 〈예수교장로회대한노회회록〉 1909, 23; 〈예수교장로회조선노회회록〉 1911, 20~27; 〈예수교장로회조선총회회록〉 1912, 18~19; 박치형, "로령 해삼항 신개척교회", 〈기독신보〉 1917.5.2.

38 배형식, "만주선교 상황(1)", 〈기독신보〉 1922.9.13.; "미감리회 만주선교사업", 〈신학세계〉 7권 5호, 1922.10, 124.

축비는 손정도 선교사가 미감리회 국내외선교회와 숭실학당 학생선교회(Student Missionary Association)에서 보내온 선교비로 충당했다.[39] 그렇게 설립된 하얼빈교회와 동흥학교는 하얼빈지역 교포사회와 민족운동의 구심점이 되었다.

이처럼 손정도와 최관흘 선교사가 하얼빈에 오면서 기독교 선교와 한인 교포사회가 활기를 띠게 되자 러시아 정교회 당국은 물론 일본 영사관 경찰당국도 이를 예의 주시했다. 특히 하얼빈주재 일본 영사관은 이들의 활동을 면밀하게 탐지하고 그 내용을 본국 정부에 보고했다. 예를 들어 1912년 5월 20일 하얼빈주재 일본 총영사 혼다(本多熊太郎)는 일본 외무대신 우치다(內田康哉)에게 보낸 기밀 보고서에서 "1) 블라디보스토크에 거주하던 최관흘 목사가 5월 초순 가족을 이끌고 하얼빈에 와서 동흥학교 내 김성백(金星伯) 방에 머물고 있는데, 2) 조선에서 예수교를 전하기 위해 건너온 김덕영(金德榮)과 손정도를 만나 모종의 일을 꾸미고 있는 듯하며, 3) 평양 출신으로 동흥학교 교사로 봉직하고 있는 김철(金喆)이 국민회 회원을 모집하면서 배일사상을 퍼뜨리고 있다."고 밝혔다.[40] 그리고 보름 후인 6월 8일 혼다 총영사는 "1) 하얼빈 국민지방총회가 회원 15명이 참석한 가운데 5월 25일 개최된 것, 2) 5월 29일 '대한기독교 동흥학교' 교사와 학생 40명이 참석한 예배식에서 최관흘이 기도하고 손정도가 설교한 것, 3) 6월 1일 동흥학교에서 '자제(自制)와 용감(勇敢)의 관계 및 이해(利害)'란 주제로 청년토론회를 개최한 것, 4) 6월 6일 국민지방총회 회원 30여 명이 모

39 A.R. Becker, "Reports of Pyeng Yang Union Academy for 1912 and 1913", *KMEC* 1913, 62; *ARMEC* 1913, 326.

40 "機密 第33號: 當地方 朝鮮人ノ動靜關スル情報"(1911.5.20.),『日本外務省資料』.

여 '대한기독교 동흥학교' 교명 개칭에 관한 토론회를 개최한 사실을" 보고하였다.[41] 특히 총영사는 동흥학교 학생예배에서 손정도가 한 설교 내용을 요약해서 보고하였다.

> "내[손정도]가 동포들로부터 듣는바 요즘 일본에 유학하는 자들이 많은데 날이 갈수록 이들이 일본 문물에 친해진 결과 점차 사상도 일본화(日本化)되어 국가에 대한 관념도 약해져서 잠시 모국을 방문하였을 때는 깨닫는 것 같다가도 [일본으로] 돌아가면 국민 고유의 기풍을 잃고 전연 일본식으로 감화를 받기 때문에 예측하기 어렵다고 한다. 우리는 교회가 이 점을 깊이 깨달아 먼저 일본에 있는 동포 학생들을 기독교로 귀의하도록 해서 저들의 애국심을 함양하도록 해야 하는데 이를 위해 모국교회에서 목사 수 명을 일본 동경에 파견하여 저 학생들로 하여금 하느님의 복음을 받아들이게 하는 동시에 일치단결해서 굴욕의 지경을 벗어나도록 노력해야 한다."[42]

하얼빈 일본 총영사가 본국 정부에 손정도의 설교 내용을 이처럼 구체적으로 전달한 것은 "선교를 명목으로 일본에 파견되는 한국인 목사들의 언행을 예의 관찰하라."는 부탁이자 경고였다. 그렇게 하얼빈에서 손정도 목사와 최관흘 목사의 행적은 일본 영사관 경찰의 감시를 받았고 그 내용이 일본 정부에 보고되었다. 일본 경찰은 이들의 행적을 단순한 종교 활동으로만 보지 않았다. 두 목사의 '선교활동' 이면에는 하얼빈을 북만주 일대 항일 독립운동 세력의 중심 거점

41 "機密 第40號: 當地方朝鮮人ノ動靜ニ關スル情報(三)"(1912.6.8.), 『日本外務省資料』.
42 앞 글.

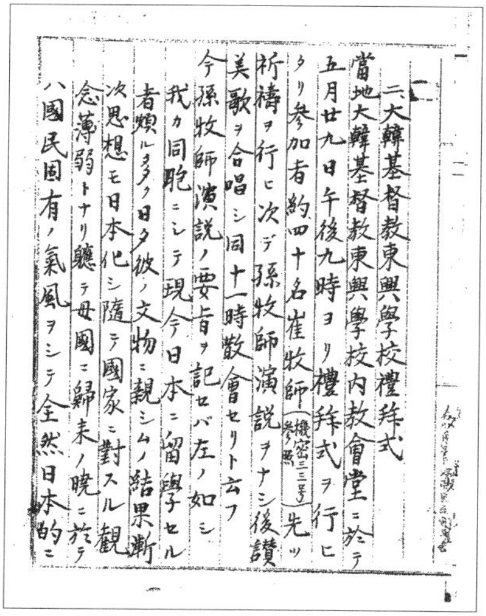

二、大韓基督教東興學校禮拜式
當地大韓基督教東興學校内教會堂ニ於テ
五月廿九日午後九時ヨリ禮拜式ヲ行ヒ
タリ参加者約四十名崔牧師(機密三號参照)先ツ
祈禱ヲ行ヒ次デ孫牧師演説ヲナシ後讃
美歌ヲ合唱シ同十一時散會セリト云フ
今孫牧師演説ノ要旨ヲ記セバ左ノ如シ
我カ同胞ニシテ現今日本ニ留學セル
者頗ル多ク日夕彼ノ文物ニ親シムノ結果漸
次思想モ日本化シ随テ國家ニ對スル觀
念薄弱トナリ聽テ母國ニ歸來ノ暁ニ於テ
八國民固有ノ氣風ヲシテ全然日本的ニ

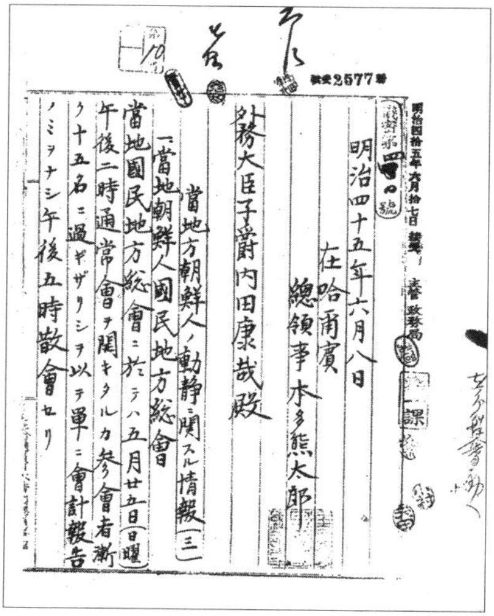

明治四十五年六月八日
在哈爾賓
總領事本多熊太郎
外務大臣子爵内田康哉殿
當地方朝鮮人ノ動靜ニ關スル情報(三)
一、當地朝鮮人國民地方總會
當地國民地方總會ニ於テハ五月廿五日(日曜)
午後二時通常會ヲ開キタルカ参會者漸
ク十五名ニ過ギザリシヲ以テ單ニ會計報告
ノミヲナシ午後五時散會セリ

손정도의 행적에 대한 하얼빈 일본 영사관 비밀보고서

으로 육성하려는 목적이 깔려 있다고 파악했다. 사실이 또한 그러했다. 그래서 일본 경찰은 손정도 목사와 최관흘 목사에 대한 감시와 추적을 강화하면서 이들 주변에 모여드는 민족운동 세력을 척결할 기회를 노렸다. 그리고 오래지 않아 일을 터뜨렸다.

2. 감옥의 은총: 가츠라암살음모사건과 진도 유배

1) 가츠라암살음모사건

손정도와 최관흘 선교사가 하얼빈에 도착해서 '연합사업'으로 한인교회와 동흥학교를 설립하고 북반주 선교와 독립운동 기반을 조성해 나가던 시기, 일본의 거물급 정치인 가츠라타로(桂太郞)가 러시아로 가는 길에 하얼빈을 지나갔다. 가츠라는 육군대신을 거쳐 두 차례 일본 정부 총리를 지냈는데 그가 총리로 있던 시절 가츠라-태프트 밀약(1905년)과 강제합병(1910년)이 이루어졌다. 이토오가 한반도 현장에 나와 국권 침탈을 지휘한 인물이라면 일본에서 그것을 지시한 인물이 가츠라였다. 이런 가츠라가 러시아를 방문한 목적은 1912년 7월 8일 러시아와 일본 정부 사이에 조인된 제3차 러·일협약 내용을 구체화하기 위해서였다. '러·일 밀약'으로도 불리는 3차 러·일협약의 내용은 일본이 러시아의 몽골 지배를 묵인하는 대신 러시아도 일본의 만주 지배를 묵인한다는 것이었다. 이런 정치적 목적을 갖고 1912년 7월 6일 도쿄를 출발한 가츠라는 선편으로 7월 12일 중국 대련에 도착, 열차로 갈아타고 요양과 봉천, 장춘, 하얼빈, 만주리(이르쿠츠크)를 거쳐 7월 21일 러시아 수도 상트페테르부르크에 도착하여 러시아 정부 각료들과 회담을 가진 후 독일 베를린을 거쳐 8월 10일 일본 도쿄로 귀환하였다.[43] 일본 귀환 후 가츠라는 외무대신을 거쳐 다시 일본 총리가 되었다.

가츠라 일행이 탄 기차가 하얼빈을 통과한 것은 7월 14일이었다. 일본 측에서는 3년 전(1909년)에 일어났던 안중근 사건과 같은 불상사가 일어날까 우려하여 정차하지 않고 그대로 하얼빈을 통과할 계획이었지만 러시아 측 요청으로 잠시 역에 정차하여 거창한 환영식 행사를 가진 뒤 곧바로 떠났다.[44] 환영식이 거행되는 동안 하얼빈역 주변으로 러시아와 일본 군경이 삼엄한 경계와 통제를 펼쳤다. 그렇게 해

43 "桂公等의 行程", 〈매일신보〉 1912.7.14.; "桂公 一行 歸京", 〈매일신보〉 1912.8.13.
44 "桂公 滿洲里 通過", 〈매일신보〉 1912.7.16.

서 가츠라의 만주와 러시아 여행은 아무런 소요 없이 마무리되었다. 그런데 가츠라 일행이 하얼빈을 통과한 지 1주일이 지난 7월 20일부터 21일까지 러시아 경찰이 하얼빈의 한인 주택들을 수색하여 90여 명을 체포하였다.[45] 당시 하얼빈 거주 한인교포들이 1백 호 정도였는데 90명을 체포했다면 하얼빈에 거주하던 성인 남자들은 모두 검속한 셈이다. 가츠라가 탄 열차가 하얼빈역을 통과할 때 그를 암살하려 했다는 이유였다. 러시아 경찰은 그렇게 마구잡이로 체포한 90명 가운데 혐의가 있다고 판단되는 30여 명을 계속 가두고 조사하였다. 그들 가운데 손정도와 최관흘 목사도 물론 포함되었다. 하얼빈에서만 그런 것이 아니다. 가츠라가 러시아행 열차를 탄 대련에서도 암살 시도가 있었다며 그곳에 있던 조성학과 북경 휘문대학 유학생 백영엽(白永燁), 그리고 안중근 사건 때 배후 인물로 체포되어 옥고를 치른 후 만주리(이르쿠츠크)에서 국민회지방총회 부회장으로 활동하던 정대호(鄭大鎬)도 체포하였다.[46] 이들도 중국 현지 경찰에 체포된 후 일본 영사관에 이첩되어 국내로 압송되었다. 그렇게 해서 '가츠라암살음모사건'(桂太郎暗殺陰謀事件)이라 불리는 정치 사건이 만들어졌다.

이 사건은 1년 전, 1911년 11월 국내에서 일어난 105인 사건과 같은 유형의 정치적 음모사건이었다. 105인 사건의 정확한 표현은 '데라우치총독 모살미수사건'이었다. "1910년 강제합병 직후 총독으로 부임한 데라우치가 평안도지방을 열차 편으로 순시할 때 신민회 지도부 인사들과 기독교계 민족주의 사립학교 교사와 학생들이 기차역

45 "桂公과 警戒嚴", 〈매일신보〉 1912.7.20.
46 "桂公暗殺 陰謀者" 〈매일신보〉 1912.8.15.; "桂公邀擊 嫌疑者 處分", 〈매일신보〉 1912.10.15.; "日本首相 桂太郎暗殺陰謀事件에 關聯하여", 〈동아일보〉 1922.10.5.

에서 총독을 암살하려고 모의하였다가 미수에 그쳤다."는 것이 당시 일본 경찰당국이 발표한 사건 내용이었다. 증거라고는 혹독한 고문과 악형에 의한 피의자들의 자백 밖에 없었다. '음모'는 한국 민족주의자들이 한 것이 아니라 일본 경찰과 사법 당국이 한 것이었다. 사건을 조작한 일본 경찰당국의 궁극적인 목적은 국내에 남아 있던 항일 민족운동 세력을 척결, 압살하려는 데 있었다.[47] 그렇게 해서 1911년 11월부터 민족운동 혐의자 수백 명을 체포하여 조사한 후 그 가운데 주모자급 123명을 정식 재판에 회부하여 105명이 유죄 판결을 받고 옥고를 치렀다. 이 사건으로 국내의 항일 민족운동 세력은 큰 타격을 받았다. 국내에서 독립운동이 어렵게 되자 많은 민족운동 지도자들이 해외, 특히 만주와 시베리아 지역으로 탈출하여 항일독립운동을 지속하였다. 이에 일본 정부는 해외로 옮겨진 항일민족운동 세력을 척결할 목적으로 '가츠라암살음모사건'을 조작했다.

이처럼 1912년 7월 '러·일 밀약'이 체결된 시기에 맞추어 일어난 '가츠라암살음모사건'은 러시아와 일본, 두 나라 경찰당국의 공조체제 아래 혐의자 체포와 조사가 진행되었다. 러시아 경찰이 하얼빈 거주 한인들을 대거 체포한 것도 일본 영사관과 경찰당국이 제공한 정보 자료를 근거로 진행되었다. 이는 하얼빈에서 대대적인 검거가 이루어진 지 두 주일 만인 1911년 8월 6일 서울 조선총독부의 야마가타(山縣) 정무총감이 데라우치총독에게, "가츠라공작 암살음모사건과 관련된 혐의로 러시아 관헌에 체포되었던 92명 중에 풀려난 자를 제외하고 19명이 남아 있는데 이들이 우리 관헌의 손에 들어와 충분한

47 윤경로, 『105인 사건과 신민회 연구』, 48~92.

취조를 받게 되면 음모의 진상이 밝혀질 것입니다. 그 방법은 러시아 관헌이 이들 조선인들을 러시아 조차지에서 추방명령을 내리는 즉시 우리 영사관 경찰이 이들을 인수하여 조선으로 압송할 것이니 우리도 이에 준비를 해야 할 것입니다."라고 보고한 비밀문건을 통해서 확인된다.[48] 하얼빈에서 러시아 경찰의 조사가 끝나지도 않았는데 조선총독부는 이미 피의자들을 국내로 압송해서 조사할 계획을 세워놓고 있었다.

이 사건이 국내 일반인에게 알려진 것은 총독부 기관지 성격의 〈매일신보〉 1912년 8월 15일 자 신문 보도를 통해서였다. 즉 '북만 음모단 인도'라는 제목의 "하얼빈에서 체포된 가츠라공 일행 음모자들은 지금 러시아 관헌의 손에 있지만 지금 인도절차에 대한 교섭이 진행되고 있어 머지않아 우리 관헌의 손에 인도되어 호송되리라더라."는 기사와 '계공(桂公, 가츠라) 암살 음모자'란 제목의 "계공 일행의 러시아 방문을 기회로 삼아 대련에서 암살을 기도하였던 조성환 일당이 천진에서 관헌의 손에 체포되었는데 조성환 외 3명은 관동군 헌병대 손을 거쳐 머지않아 경성으로 호송되리라더라."는 기사였다.[49] 러시아 경찰에 체포된 독립운동가들이 일본 영사관에 넘겨져 국내로 압송되는 것은 시간문제였다.

이런 상황에서 하얼빈 경찰서에 구금된 독립운동가들을 구출하려는 시도가 해외 교민사회를 중심으로 추진되었다. 최관흘 목사가 활동하였던 블라디보스토크에서 그런 움직임이 먼저 일어났다. 즉 블라디보스토크 한인교회 교인들은 최관흘 목사가 "본국으로 이송되면

48 〈山縣政務總監이 寺內總督에게 보낸 書翰〉(大正 八月 六日), 『日本統治史料』.
49 "桂公暗殺 陰謀者" 〈매일신보〉 1912.8.15.; "北滿 陰謀團 引渡", 〈매일신보〉 1912.8.15.

비참한 경우를 당하리라 생각하고 정교회 신부 오와실례로 하여금 일본 영사관에 교섭하여 최 목사를 석방시키도록" 부탁하였다.[50] 그런 배경에서 러시아 정교회 사제가 하얼빈 경찰서에 수감된 최관흘을 면회하고 "러시아로 귀화하거나 러시아 정교회로 개종하면 석방될 것이라."며 회유하였다. 최관흘은 블라디보스토크에 있을 때도 그런 압력과 회유를 받은 적이 있었다. 거부하면 일본 영사관에 넘겨져 국내로 압송될 것은 당연했다. 결국 그는 고심 끝에 개종을 표명했다. 개종의사를 밝힌 최관흘은 일본 영사관에 넘겨지지 않고 석방되었다.[51]

최관흘 목사와 마찬가지로 손정도도 러시아 정교회 사제로부터 개종 회유를 받았다. 투옥된 이들에게 '개종만이 살길'이었다. 암살음모에 가담했느냐 여부가 아니라 개종 여부가 석방과 구금을 판가름하는 기준이 되었다. 이런 상황에서 손정도는 '살길'보다는 '죽을 길'을 택하였다. 이에 대한 최봉측의 증언이다.

> "당시 제정(帝政)시대인 러시아 희랍정교는 실로 특권 계급이어서 구금된 기독교인들은 일일이 희랍정교(希臘正教)에 귀환을 권세에 의지하야 강요하였다. 종교는 자유임에 불고하고 권력에 의하여 신조를 강요하던 희랍종교의 권력행사는 이것이 응당 소베트정부 창건 이전 최후 기

---

50 박치형, "로령 해삼항 신개척교회", 〈기독신보〉 1917.5.9.

51 최관흘 목사가 하얼빈으로 갔다가 러시아 정교회로 개종한 사실이 국내에 알려지면서 1912년 9월 장로교 총회는 시베리아(블라디보스토크) 선교를 중지하고 최관흘 목사의 사임을 받아들였다. 이후 최관흘은 블라디보스토크에서 러시아 정교회로 개종한 교인들을 중심으로 목회하다가 1917년 러시아 볼셰비키혁명 후 목회를 중단하고 소왕령(蘇王嶺)에서 농부로 생활하던 중 1921년 8월 한국 장로교회에서 파송한 블라디보스토크 선교사 김현찬 목사의 '간절한' 편지를 받고 장로교 신앙을 회복하고 소왕령에서 전도활동을 재개하였다. 〈조선예수교장로회 총회회록〉 1912, 18~19; "최초 선교사 최관흘씨의 귀도", 〈기독신보〉 1922.3.22.; "미감리회 만주선교사업", 〈신학세계〉 7권 5호, 1922.10, 124~125.

> 식(氣息)이었을 것이다. 의지 잃은 백성이 로제국의 권력을 지고 강요함에 별수 있으랴! 모다 그러마고 점두(點頭)하는 대로 다 놓이게 되었다. 최관흘 목사도 희랍정교에 귀화를 약속하고 무사히 해방되었다. 그러나 지조가 강직하기로 일관한 손 목사는 '내가 여기 와서 중국 사람과 조선 형제에게 기독교를 전도하는 것 외에 하등의 필요가 있어 본국 연회에서 파송한 사명을 굽혀 희랍교에 귀화하겠느냐.' 고 준절히 거절하였다." [52]

그렇게 개종을 거부한 손정도와 그를 포함한 17명이 한 달 만에 일본 영사관에 이첩되었다. 초반에 90여 명을 체포하며 대단한 사건처럼 소동을 벌였지만 구금자가 30명으로 줄어들더니 결국 17명만 일본 영사관 경찰에 의해 국내로 압송되었다.[53] 개종을 거부하였을 뿐 아니라 독립운동에 대한 의지를 꺾지 않았던 '최후의 남은 자' 들이었다.

이 사건으로 최관흘과 손정도, 두 선교사가 하얼빈에서 4개월 동안 활기차게 전개하였던 하얼빈 선교도 중단되었다. 주일마다 40여 명이 모여 예배를 드리던 교회는 해산되었고 교회부속 동흥학교도 폐지되었다. 교회와 학교가 함께 사용하던 건물도 개인 소유로 넘어갔고 항일 민족운동의 구심점이었던 국민지방총회도 해체되었다.[54] 이후 상당 기간 하얼빈 선교는 재개되지 못했고 하얼빈 교인들은 '목자 잃은 양' 처럼 흩어졌다.

---

52 최봉측, "고 해석 손정도 목사 약전(2)", 〈기독교 종교교육〉 2권 8·9호, 1931.8, 537.
53 "할빈에서 잡혀갔도다", 〈권업신문〉 1912.9.1.; "桂公邀撃 嫌疑者 處分", 〈매일신보〉 1912.10.15.
54 "機密 第7號: 鮮人動靜ニ關スル件"(1913.1.29.), 『日本外務省資料』.; 배형식, "만주선교 상황(1)", 〈기독신보〉 1922.9.13.

2) 옥중 고문과 종교체험

1912년 8월 말 국내로 압송된 손정도 일행은 서울 남산에 있던 조선총독부 경무청 유치장에 수감되어 조사를 받았다. 그곳은 바로 얼마 전까지 손정도의 신민회 동지 양기탁과 안태국, 유동열, 임치정, 안세환, 길진형, 이승훈 등이 "데라우치 총독을 암살하려 했다."는 자백을 받아내려는 일본 경찰로부터 혹독한 고문과 악형을 받았던 곳이었다. 그들이 받은 고문의 실상은 방금 시작된 105인 사건 재판 석상에서 고스란히 폭로되고 있었다. 바로 그런 곳에서 손정도는 "가츠라 전 총리를 암살하려 했다."고 자백하라는 경찰의 고문과 악형을 받았다. 당시 손정도가 받았던 고문과 악형에 대한 배형식 목사의 증언이다.

> "왜경의 고문은 목사님께 들은바 과연 몸이 떨리고 이가 갈린다. 어떤 때는 목사님을 거꾸로 매달고 코에 고춧물을 붓고 죽편혁편(竹鞭革鞭)으로 양퇴(兩腿)를 난타도 하며 어떤 때에는 결박하여 꿇어앉힌 몸에 죽편맹타(竹鞭猛打)와 죽침화침(竹針火針)질 하는 악형을 행하였다. 또 어떤 때는 벌거벗은 몸으로 추운 날 문 밖에 내세우고 냉수를 전신에 끼얹어 주며 무엇을 대라든지 덮어놓고 직토(直吐)하라고 호령이 추상같다. 목사님은 이러한 고문을 당할 때마다 대답은 나는 무죄(無罪)라고만 하였다."[55]

그가 경무청에서 받은 고문 중에 가장 견디기 힘든 것은 물고문

---

55 배형식,『故 海石 孫貞道牧師 小傳』, 6.

과 비행기고문이었다. 물을 잔뜩 먹인 다음 경관이 불러 오른 배 위에 올라타고 구르면 아홉 구멍에서 물이 솟구치는 고통을 견디기 힘들었다. 이런 물고문을 하루에도 몇 차례 당하면서 위장은 물론 소화기관 전체가 상하였다. 겉은 멀쩡해서 고문 받은 흔적이 없었지만 몸속은 망가져 음식을 소화할 수 없었다. 손정도는 물고문으로 얻은 위궤양으로 평생 고생하였다. 비행기고문도 견딜 수 없는 고통이었다. 두 팔을 등 뒤로 젖혀 깍지를 끼게 한 후 겹쳐진 양손 엄지손가락을 줄로 묶고 철사 줄로 꿰어 천정에 매단 후 몸을 끌어올려 비행기처럼 흔들며 때리면 "두 팔 뼈가 뚝뚝 소리가 나고 두 손가락은 힘줄이 늘어나며 빠지는 것 같이 신고(辛苦)의 애고(哀苦) 소리가 자연히 높았다."[56] 손정도 목사는 훗날 서울 정동교회에서 목회할 때 종종 배재학당 예배와 부흥회를 인도하면서 경무청에서 고문당한 경험을 학생들에게 소개하곤 했다. 그때 배재학당 학생으로 그의 설교를 직접 들었던 최봉측의 증언이다.

> "그처럼 몸이 천정에 저울질하고 있는 동안 온몸에 쑤시는 신경이 오죽하였으랴. 견디다 못하여 없는 일이라도 있다고 자백하여 이 연옥의 고초를 면할까 하는 약한 심사(心思)도 한 두 번이 아니었다. 그러나 양심을 속임은 그의 신앙생활에 금물이라. 스스로 그 굳지 못한 마음을 꾸짖는 듯 부인하는 듯 머리를 좌우로 흔들며 그리스도의 이름만 부르짖기를 실로 수없이 하였다. 그러다가도 육적 고통이 그 극에 달할 때에 도저히 견딜 수가 없어서 '만일 나를 풀어주면 말하겠소.' 하고 옥

56 앞 글, 7.

리에게 말하여 풀리운 때도 몇 번인가 거듭하였다. 풀리기만 하면 다시금 머리를 드는 양심의 뛰놂을 어찌하랴! 그러면 아니 불(不) 자를 가슴에 그리며, 땅에 쓰며 여전히 그런 일이 없다고, 다시 처음 말을 반복하였다. 여기에 한 가지 큰일은 옥리를 속여 잠시에 해방을 꾀함이라고 분통이 터지는 옥리는 수없는 채찍으로 그 몸에 더한다. 그러고는 다시 몸을 천정에 저울질하게 된다."[57]

하얼빈 러시아 경찰서에서 '개종이 살길'이었다면, 서울 경무청 유치장에서는 '자백이 살길'이었다. 그러나 없었던 일을 있었다고 거짓 진술하는 것은 신앙 양심에서 받아들일 수 없었다. 그래서 자백하라며 고문하는 경관 앞에서 그는 '아니 불(不)자'로 일관하였다. 그런 그에게 더욱 더 혹독한 고문이 가해졌다. 그렇게 손정도는 연이틀 극심한 비행기고문을 받다가 '생명줄이 끊어지는' 마지막이라고 느껴지던 순간, 캄캄한 감옥 안에서 빛으로 임하는 '주의 임재'와 '주의 음성'을 듣는 신비체험을 하였다. 최봉측은 이 대목을 소개하면서 손정도 자신의 고백처럼 기록하였다.

"아마도 이틀만엔가 날은 벌써 서산을 넘었는지 먹장같이 캄캄하여진 밤 중 달리운 몸은 극도로 아프다 못해 모든 신경이 거의 마비되었을 때다. 내 생명이란 것도 이제는 몇 초가 남지 않았다고 생각될 때에 돌무더기 속에서 최후를 마치던 성 스데반으로 위시하야 성 베드로, 성 바울로, 오! 그리고 온 인류의 죄를 위시하여 하느님의 높으신 아들로

57 최봉측, "고 해석 손정도 목사 약전(3)", 〈기독교 종교교육〉 2권 10호, 1931.10, 602.

자기 몸을 십자가에 달리시던 그리스도 예수를 생각하였다. 이들은 벌써 천여 년 전에 이러한 앞길을 모본으로 보여주었구나 하고 느껴가며 기도하였다. 응당 이때처럼 그들의 순교한 진경(眞境)을 좀 더 가까이 가본 적은 없다. 오! 과학문명을 믿는 세상 사람들은 아마도 나더러 미쳤다고 하리라. 그러나 이는 나의 분명한 묵시요, 존재요, 체험임을 어찌하랴! 감실감실하는 내 생명줄을 최후로 고르며 기도하고 또 기도할 때에 아! 십자가에 달리셨던 구주 예수는 그 빛난 광채를 캄캄한 옥중에 부신 듯 발하며 우시면서 내 앞에 나타나지를 아니하시는가!

'오! 소자야 내가 너를 아노니
두려워 말라 락심치 말라' 고.
간단이 일러주시던
그 말씀, 그 음성, 그 손길.
아! 나는 더 참을 수 없어
감격에 느껴 울음을 지었노라.

정화에 빠진 나의 영은
물끄러미 그를 바라보다가
그만 다시 머리를 수그리며
하염없는 감루를 금치 못했노라.
그러고 또 다시 머리를 들 때
오! 가신 곳 없어라, 그는 다시.

이윽고 몸은 매인 줄에 풀리었다. 그러나 온 몸은 저려서 움직일 수가 없었다. 두 팔을 뒤로 한 채 새우의 자세 그대로 그 자리에 한참을 섰노라면 그때에야 피 순환이 제 길을 얻어 몸을 놀릴 수 있게 될 때 그만 기쁨에 넘침을 끊이지 못하였다. 그 기쁨은 나로 하여금 그냥 두지 못하였다. 두 팔을 벌리고 양발로 뛰면서 우줄우줄 몸을 옮길 때

'찬송하는 소래 있어 사람 기뻐하도다.
하느님의 크신 이름 거룩 거룩 하외다.
천하사람 찬미하자 이름 거룩하리로다.'

하는 제5장 찬미를 목 놓아 불렀다. '할렐루야' 하였다. 간수는 미쳤다고 하면서도 놀라고, 세상은 이상하여 하였고, 성도는 그 정취를 같이 하였을 그때 소식은 전날 대한매일신보에도 보도되었던 것이다." 58

손정도로서는 5년 전(1907년) 평양 대부흥운동 때 숭실중학교 기도실에서 나라와 민족의 구원을 위해 기도하던 중 "민족을 구원할 십자가 무거운 짐을 네게 주었다."는 음성을 들은 후 두 번째 경험하는 신비체험이었다. 극단의 절망과 고통 중에 빛과 환상을 보고, 음성을 듣는 신비체험을 한 후 고문과 협박에 대한 '아니 불(不)자' 대응은 더욱 확고해졌다.

그렇게 손정도는 경무청 유치장에서 한 달여 고문을 받으면서도 끝내 그들이 짜놓은 각본대로 움직이지 않았다. 조작된 사건에 자백이 유일한 증거가 될 터인데 원하는 답을 얻지 못한 총독부 경찰당

58 앞 글, 602~603.

남산 왜성대 조선총독부(1910년대)

국은 당황했다. 그러던 중 평양 재판부로부터 "손정도의 신병을 넘겨 달라."는 요청이 왔다. 그 무렵 평양재판부에서 다루고 있던 '차병수 사건'에 손정도 목사가 관련된 것 같아 조사할 필요가 있다는 이유였다. '평양음모사건'으로도 불린 이 사건의 주범 차병수(車炳修)는 평남 용강출신 기독교인으로 강제합병 후 중국으로 망명하여 서간도지역에서 독립운동을 하다가 1911년 은밀하게 귀국하여 한창술, 옥성빈, 이원찬, 최남화 등과 비밀결사를 조직한 후 '육혈포와 단도로 무장하고' 수안 홀동(笏洞) 금광과 평양, 강서, 양덕 지역 부호들을 찾아다니며 독립운동 자금을 징수하다가 1912년 6월 체포되어 조사를 받고 있었다.[59] 평양 경찰당국은 손정도가 차병수와 연락을 취하며 군자금 모금운동에 개입하였을 것으로 보고 조사하겠다고 나선 것이다.

그렇게 해서 손정도는 평양형무소로 이송되어 새로운 사건 피의

59 "平壤陰謀 公判", 〈매일신보〉 1913.2.11.; "車犯等 公判", 〈매일신보〉 1913.2.25.

자로 조사를 받았다. 거기서도 그는 고문과 악형을 받으며 자백을 강요받았다. 그러나 평양에서도 그의 '아니 불(不)자' 응대는 변함없었다. 결국 한 달 동안 조사하였지만 혐의를 발견하지 못한 평양 경찰 당국은 그를 다시 서울 경무청으로 돌려보냈다. 서울과 평양에서 두 달 동안 조사해서도 뚜렷한 혐의를 발견하지 못하였음에도 일본 사법 당국은 손정도를 무죄 석방하지 않았다. 그 무렵 미국 네브래스카에서 소년병학교를 운영하고 있던 박용만이 하얼빈으로 손정도에게 보낸 편지가 일본 경찰에 압수되어 조사가 진행 중이었다.[60] 이에 경무총감부는 "정치에 관한 불온 동작을 할 우려가 있는 자에 대하여 일정한 거주지에서 퇴거하거나 특정 지역에 들어가지 못 하도록 금지할 수 있다."는 보안법 규례를 적용하여 1912년 10월 손정도를 비롯하여 '가츠라암살음모사건' 혐의로 잡혀 온 4명에게 '거주제한 1년'을 선고하였다.[61] 수감대신 격리를 택한 것이다. '거주제한'은 조선시대 '유배형'에 해당하였다. 그리하여 하얼빈에서 잡혀 온 손정도는 진도로, 천진에서 잡혀 온 조성환은 거제도로, 북경에서 잡혀 온 백영엽은 울릉도로 유배를 떠났고 만주리(이르쿠츠크)에서 잡혀 온 정대호도 먼 섬으로 유배당했다.

3) 진도 유배생활

손정도에게 진도 유배는 또 다른 고난이었지만 한중전(韓重銓)과 한진석(韓鎭碩), 이유필(李裕弼) 등 독립운동 동지들과 함께 지낼 수

---

60 "機密 第58號: 在米排日鮮人ノ書信ニ關スル件"; 秘受 第1940號: 不逞團關係雜件－朝鮮人ノ部－在歐米(1912.11.14.),『日本外務省資料』.

61 "桂公邀擊 嫌疑者 處分",〈매일신보〉1912.10.15.

있어 다행이었다. 그중에도 진남포 출생인 한중전은 대한제국시기(1908년) 탁지부 양지과 기수로 평양출장소에 근무한 적이 있었고 손정도 전도사가 진남포교회에서 목회를 시작할 때부터 알고 지냈다. 그는 105인 사건에 연루되어 경무청 감옥에서 혹독한 고문을 받은 후 '거주제한 1년' 선고를 받고 진도로 유배되었다. 손정도와 한중전은 같은 날(11월 5일) 들어갔다가 1년 후 같은 날 나올 때까지 진도에서 함께 지냈다.[62] 한중전은 유배에서 풀려난 후 고향 진남포에서 물산장려운동과 〈개벽〉 기자로 민족주의 사회활동을 계속하였고 해방 후 월남해서 1949년 2월 서울 정동교회에서 개최된 '손정도 목사 추도식'에 참석하여 추모사를 하였다. 그의 증언을 중심으로 손정도의 진도 유배생활을 정리하면 다음과 같다.[63]

1) 1912년 11월 5일 오전 한중전과 손정도는 다른 독립운동가 30여 명과 함께 일본경찰 경비선에 실려 인천항을 출발하였다. 오후 3시 남해안 목포에 도착하여 한중전과 손정도 두 사람만 작은 배에 옮겨 타고 2시간 만에 진도에 상륙, 한 시간 걸어서 저녁 6시경 진도읍내 일본 경찰주재소에 도착하였다. 거기서 여러 가지 조사를 받고 문서를 작성한 후 "성 안에서만 지내라."고 주의를 받았다.

2) 첫 날 밤은 진도읍내 여관에서 지냈고 다음 날 주재소에서 지정해 준 읍내 정(鄭)씨 소유 2칸짜리 방을 정배소(定配所)로 삼아 자취생활을 시작하였다. 한중전은 주로 밥을 짓고 손정도는 반찬을 만들었다. 손정도 목사는 중국에서 배운 만두를 자주 만들어 먹었다. 하루일과는 아침 식

62 배형식, 『故 海石 孫貞道牧師 小傳』, 9.
63 한중전, "추념사: 진도유배의 회고", 『故 海石 孫貞道牧師 小傳』, 27~30.

사 후 경찰주재소로 가서 점검과 주의를 받는 것으로 시작하였다. 진도에서의 모든 행동과 활동은 주재소장의 허락을 받아야만 했다.

3) 당시 진도에는 손정도 일행보다 5일 앞서 도착한 한진석과 이유필이 있었다. 의주읍교회 영수와 집사였던 두 사람은 105인 사건에 연루되어 '1년 거주제한' 명령을 받고 진도에 유배 중이었다. 이들 '4인 클럽'은 거의 매일 만났다. '4인 회동'의 좌장은 손정도였다. 모두 기독교인이었기 때문에 자연스럽게 기도와 찬송, 성경 모임으로 발전하였다. 처음엔 네 사람이 시작했는데 호기심으로 주변 이웃들도 참석하였다.

4) 손정도가 지도하는 모임은 성경과 기독교 서적을 읽고 예배와 기도로 진행되었다. 감시하러 왔던 주재소 순사와 형사도 함께 성경을 읽고 찬송을 불렀다. 이들 모임에 참석한 한국인 순사와 형사 덕분에 손정도 일행은 주재소에 매일 출근해서 심사를 받는 절차가 생략되었다. 그 무렵 의주에서 한진석 부인이 진도로 내려와 남편과 손정도 일행의 식사를 맡아 주었다.

5) 정배소 모임에 대한 소문이 진도읍내는 물론이고 성 밖의 시골마을까지 퍼져나갔다. 그 결과 수십 리 밖에 있던 교인들까지 찾아와 모임에 동참했다. 그리고 이들의 요청을 받고 손정도는 시골교회에 가서 집회를 인도하기도 하였다. 어느 주일날, 그렇게 손정도가 수십 리 밖 교회로 가서 예배를 인도하고 돌아오던 중에 외지로 출장 갔던 일본인 주재소 소장을 만났다. 주재소장은 "읍내에만 있어야 한다."는 규율을 어겼다며 손정도를 크게 질책하고 손정도 일행에 대한 감시를 강화하였다. 손정도가 인도하던 모임도 중단되었다.

6) 그 무렵 손정도와 한중전은 또 다른 일로 곤욕을 치렀다. 두 사람이

일본경찰 순시선에 실려 온 30여 명 독립운동 동지들과 목포에서 헤어지기 직전, "한 달에 한 번, 엽서로라도 서로 안부를 확인하자."며 정보를 전달할 때 사용할 암호를 정한 적이 있는데 어느 동지(?)의 밀고로 그 사실을 알게 된 순시선 경찰간부가 한중전과 손정도를 주모자로 지목해 진도읍 주재소에 통보하였다. 이에 주재소장은 손정도와 한중전을 격리하고 감시를 강화하였다.

7) 이런 상황에서 진도읍 유지인사들이 주재소 소장에게 호소하고 설득하여 한중전과 손정도의 정배소가 읍내 남동리 528번지 허도종(許道宗)의 집 사랑채로 바뀌었다.[64] 그리고 식사는 남문 밖에 있던 허도종의 서모(庶母) 집에서 해결하였다. 이처럼 허도종이 자기 사랑채를 정배소로 내놓은 것은 손정도로부터 받은 감화 때문이었다. 당시 나이 17세였던 허도종은 진도의 세력 있는 양반가문 출생으로 초등학교를 졸업하고 집에서 농사를 짓고 있었는데 새로운 학문과 지식에 대한 열망에 차 있었다. 그런 중에 손정도를 만났고 그가 지도하는 모임에 참석하였을 뿐 아니라 개인적으로 성경을 공부하며 개종을 결심하여 "손정도 목사의 애정을 받은 제자요, 복음의 아들"로서 "자기 장래 입신을 목사에게 의뢰하기로" 결심하였다.[65] 허도종은 손정도와 함께 지내면서 그의 지도를 받았다. 그런 '비밀 공부' 모임에 진도읍 주재소 순사의 동생도 참석했다. 그렇게 손정도와 한중전은 허도종 사랑

64 허도종의 집 주소(全南 珍島郡 珍島面 南洞里 528)는 1926년 5월 전남 도지사가 총독부 경무국장에게 보낸 〈外國海航者 行動調査 報告書〉에서 확인된다. "全南警高 第3296號: 外國海航者ノ行動調査ノ件"(1926.5.15.), 『日本外務省資料』. 현재 진도읍 남동리 528번지에는 보은모텔과 국제약국이 자리 잡고 있다. 한편 진도문화원(원장: 박주언)이 제공한 〈양천허씨제양군공파보〉(陽川許氏齊陽君公派譜)에 따르면 허도종(일명 許道行, 1896~1978)은 허억회(許憶會, 1877~1941)의 맏아들로 태어나 밀양손씨 손병기(孫炳冀)의 딸(1894~1950)과 결혼해서 아들 허규무(許珪茂, 1919~ ?)를 두었다.

65 배형식, 『故 海石 孫貞道牧師 小傳』, 9.

손정도와 한중전이 유배되었던 진도읍 내 허도종 집터

채로 정배소를 옮긴 후 주재소 순사의 엄한 감시를 받으면서도 '은밀한' 집회와 공부 모임을 지속했다.

8) 1913년 10월 말에 한진석과 이유필이 먼저 진도를 떠났고 11월 5일 손정도와 한중전도 진도를 떠났다. 손정도가 진도를 떠날 때 허도종도 동행하였다.

해방 후 1949년 손정도 목사 추도식에 참석해서 이런 내용으로 '진도 유배생활 1년'을 증언했던 한중전은 손정도 목사에 대한 추모의 정을 이렇게 진술하였다.

"아 목사님! 목사님을 모시고 있던 진도 1년간 더욱 거주제한(居住制限)된 몸으로 다시 행동제한(行動制限)까지 된 동안 우리 단둘이서 꼭 같이 하던 기거동정(起居動靜)을 생각함에 참으로 감개(感慨)의 정을 금키 어렵습니다. 목사님! 밤새는 줄도 모르고 기도드리던 일, 보름달 밝은 밤

진도만(珍島灣)에 만조(滿潮)된 동구 밖 멀직이 나아가서 '동해물과 백두산'을 높이 부르던 일, 북쪽 멀리 할빈에서부터 서울까지에 아홉 번 죽었다가 겨우 피어났다는 악독무도(惡毒無道)한 왜정 고문의 정황을 말씀하던 일. 이 모두가 기억에 사무처 솟아나오나 일일이 기록하기에 번거로웁니다. 다만 목사님의 애국애족의 열성과 백절불굴하는 강한 성격을 앙모할 뿐입니다."66

한편, 다른 경로로 손정도의 진도 유배 이야기를 들었던 최봉측의 증언이다.

"그의 몸은 극도로 쇠약하였으나 진도에서 지나는 일년간에 많이 회복되었다. 그러나 키가 작을지라도 청년시절에 고향에서 씨름하여 이기는 사람이 없었던 건강은 다시 옛날을 회복하지 못하였다. 그는 언젠가 가느다랗게 마른 자기 다리를 걷어 보이며 '나는 1912년도 후로 다시 살이 안 찌오. 언제나 강단에서 열심히 전도하다가 그냥 쓰러져 최후를 마치겠지요.' 하며 자기의 불건강(不健康)을 말씀하셨다."67

그렇게 손정도에게 진도 유배는 치유와 회복의 시간이었다.

"그러나 진도 있는 일 년간에 그리스도를 위하여 또는 조선 동포를 위하여 그의 신앙생활과 희생을 각오한 신앙은 더욱 깊었고 고결한 지경이 이르렀다. 그는 또 이런 말씀을 하셨다. 어떤 가을날 달빛이 째듯한

66 한중전, "추념사: 진도유배의 회고", 『故 海石 孫貞道牧師 小傳』, 30.
67 최봉측, "고 해석 손정도 목사 약전(3)", 〈기독교 종교교육〉 2권 10호, 1931. 10, 605.

밤, 진도 해안에 호올로 설 때에 북으로 멀리 백두산까지 바라보고 다시 고요한 바다 밑에 뚜렷이 비치인 달을 바라보면서 '아! 나는 이렇듯 맑고 흠 없는 깨끗한 양심을 가지고 내 사랑하는 동포형제들에게 이 몸과 마음을 바치리라.' 고 남모르게 머리를 숙으려 하느님께 수없이 맹서하는 기도를 올렸다 한다." 68

손정도 목사는 진도 유배생활 1년 동안 1) 유치장과 감옥에서 받은 고문과 악형으로 상한 몸과 마음을 치유하며 회복할 수 있는 기회를 얻었고, 2) 세속과 격리된 공간에서 기도와 묵상을 통해 신앙 영성을 키웠으며, 3) 진도에 함께 유배된 독립운동가들과 교류하면서 민족운동에 대한 의지와 구상을 구체화하였고, 4) 정배소에서 시작한 집회와 공부 모임을 통해 허도종을 비롯한 청년 학생 제자들을 길러냈으며, 5) 지역 주민과 교인, 심지어 주재소 순사와 형사들에게까지 기독교 신앙과 독립정신을 심어주었고, 6) 그가 이끈 신앙 모임과 전도로 진도읍은 물론 성 밖의 시골까지 복음이 전파되었다.

3. 나라 사랑이 하나님 사랑: 서울 부흥목회

1) 서울 동대문교회 목회

진도 유배에서 풀려난 손정도는 평양 집으로 가기 전에 서울에 들렀다. 경무청 신고도 해야 했지만 진도에서 데려온 '믿음의 아들'

68 앞 글.

허도종을 배재고등보통학교에 입학시키는 것이 목적이었다. 허도종은 손정도의 추천을 받아 1913년 11월 배제학당고등과에 입학하였고 1918년 졸업 후 미국 유학을 떠났다.69 그러고 나서 협성신학교 학생들이 마련한 '위로회'에 참석하였다. 신학교는 그가 하얼빈에서 잡혀 와 경무청 감옥에 갇혀 있던 1911년 가을, 서대문 밖 냉천동 언덕에 웅장한 3층짜리 벽돌

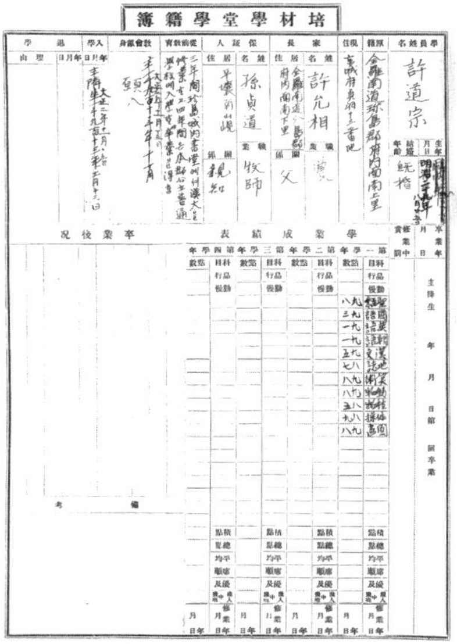
培材學堂學籍簿

허도종의 배재학당 학적부

교사와 기숙사를 짓고 1백여 명 신학생들이 체계적인 수업을 받고 있었다. 그 신학생들이 '신학 선배' 손정도 선교사가 석방되었다는 소식을 듣고 11월 10일 그를 위한 위로 겸 환영회를 베풀었다. 당시 진남포교회 전도사로 신학 수업을 받고 있던 배형식이 전하는 위로회 광경이다.

"지나(支那) 공화국에서 선교사로 파송되였든 손정도씨는 작년 11월 보안조례를 의지하야 전남 진도군에 1개년 동안 있다가 만기되여 본월

69 〈허도종 배재학당 학적부〉 1913.11.

10일에 경성에 도착한 고로 당일 하오 7시에 신학생 일동이 해씨(該氏)의 위로회를 신학교 내에 개(開)하였는대 그 순서는 찬송가 제5와 김창현씨의 기도로 개회하고 김영식씨가 로마 8장 18절을 낭독하고 류한익씨가 식사(式辭)를 한 후 상견례를 행하고 배형식씨가 위로사를 한 후 학생 일동이 위로가(慰勞歌)를 노래하고 최병헌 장락도 홍종숙 제씨가 연설한 후 손정도씨가 감동할 만한 답사를 한 후 다과를 나누고 산회하였다더라." 70

신학생들이 부른 찬송가 제5장, "찬송하는 소리 있어 사람 기뻐하도다."는 손정도가 1년 전 경무청 감옥 안에서 비행기고문을 당하다가 고통을 이기지 못하고 혼절하는 순간, 빛의 광채와 십자가 환상을 보는 신비체험을 한 직후 감격에 겨워 부른 찬송이었다. 그리고 김영식 전도사가 읽은, "생각하건대 현재의 고난은 장차 우리에게 나타날 영광과 비교할 수 없도다."라는 성경 구절 역시 그가 감옥 안에서 극심한 고통을 받았을 때 위로가 되었던 말씀이었다. 위로사와 환영사를 한 최병헌 목사와 장락도 전도사, 홍종숙 전도사는 그와 함께 신학 공부를 했던 동창들이었고 예식사를 한 류한익 전도사는 고종황제 시절 궁내부 고위관리 출신으로 민족의식이 투철했다.

위로회 후 손정도는 평양으로 내려가 가족들을 만났다. 1년 6개월 만의 재회였다. 그 사이 손정도는 "워낙 잘생긴 용모의 정열적인 눈빛을 갖고 있어 청년시절 많은 여인들이 흠모를 받기까지 했는데 이때 받은 고문으로 얼굴이 많이 달라져" 부인도 몰라볼 정도였다.71

70 배형식, "손씨 위로회", 〈그리스도회보〉 1913.12.1.
71 손원일, "나의 이력서(2)", 〈한국일보〉 1976.9.30.

그가 중국 선교사로 파송을 받아 1년 간격으로 산해관과 북경, 하얼빈으로 옮겨 다니던 중에도 자녀들은 자라나 맏딸 진실은 열한 살, 둘째 성실은 아홉 살로 남산현교회 부속 여학교에 다니고 있었고 맏아들 원일은 다섯 살이었다. 가족들은 여전히 부인이 기홀병원에서 일해서 번 돈으로 생활하고 있었다. 손정도가 진도 유배에서 풀려나기 5개월 전인 1913년 6월 6일부터 12일까지 미감리회 연회가 서울 정동교회에서 개최되었다. 연회 둘째 날 '진도에 유배 중'인 손정도의 편지가 낭독되었고 그를 위한 기도회가 열렸다. 이에 대한 연회록 기사다.

> "회장[해리스 감독]께서 미국 형제들의 부탁한 문안을 회중에 전하고 또한 중화민국에서 선교하다가 진도로 류배당한 선교사 손정도씨의 편지를 회중에 낭독하였는데 로보을[노블] 감리사께서 해씨를 위하여 간절이 기도하신 후에 회장께서 말씀하시기를 손정도씨는 먼 섬 가운데 류배를 당하야 고난 중에 있을지라도 예전에 사도 요한이 발마[밧모] 섬에 있을 때에 신령한 은혜와 묵시를 더욱 많이 받은 것과 같이 손정도씨도 신령한 은혜와 묵시를 많히 받을 줄 믿는다고 설명하시다."[72]

손정도의 편지는 상동교회 부목사 현순 목사가 낭독했다. 그리고 경성지방 감리사 노블의 기도 후에 해리스 감독이 정치범으로 유배된 손정도를 '밧모 섬에 유배된 사도 요한'(계 1:9)에 빗대어 "고난 중에도 많은 은혜와 계시를 받을 줄 믿는다." 하였다. 기도회 후에는

72 〈조선예수교감리회 연회일기〉 1913, 5.

연회원들이 구제헌금을 실시하여 "손정도씨와 그 가족을 위하야 금년에는 [매월] 30원씩 주기로" 하고 "외국선교는 당분간 정지하기로" 결의하였다.[73] 이후 미감리회의 해외선교는 5년간 중단되었다.

한편 평양으로 돌아온 손정도는 오랜만에 가족과 함께 지내며 휴식을 취하고 평양 남산현교회 현석칠 목사의 목회를 도왔다. 그렇게 손정도는 평양에서 겨울을 보낸 후 1914년 6월 3일부터 8일까지 정동교회에서 개최된 연회에 참석했다. 손정도 목사는 2년 만에 참석한 연회에서 자기 가족을 위해 구제금을 보내준 연회원들에게 감사를 표하였고 둘째 날(6월 4일)에는 개회기도를 했다. 그리고 연회 닷새째 날인 6월 7일, 손정도는 한국과 일본 선교 관리자 해리스 감독과 중국 선교 관리자 루이스(Wilson S. Lewis) 감독의 공동 집례로 '집사(deacon) 목사' 안수를 받았다.[74] 1909년 연회에 입회하고 진남포교회 전도사로 목회를 시작한 그는 1911년 연회에서 목사로 안수 받을 자격을 갖추었지만, 중국 선교사로 나갔기 때문에 안수를 받지 못했다. 그리고 1912년 하얼빈으로 임지를 옮겼다가 가츠라암살음모사건에 연루되어 1년 유배형을 받음으로 1913년 연회에도 참석하지 못해 안수는 계속 미루어지다가 1914년 연회에서 마침내 집사 목사로 안수를 받은 것이다. 이로써 '손정도 목사' 시대가 열렸다.

그러나 안수를 받았음에도 손정도 목사의 마음이 기쁘지만은 않았다. 연회 마지막 날 거행된 동료 목회자 추도회 때문이었다. 연회 마지막 순서로 오랜 투병생활 끝에 1914년 3월 23일 별세한 상동교회

73 〈조선예수교감리회 연회일기〉 1913, 14; *KMEC* 1913, 7.
74 *KMEC* 1914, 11, 15. 선교 초기 감리교회의 목사는 '집사'(Deacon)와 '장로'(Elder), 2단계로 이루어졌다. '집사목사'는 나중에 '준회원 목사', '장로 목사'는 '정회원 목사'로 명칭이 바뀌었다.

의 전덕기 목사와 미국에서 요양 중에 4월 23일 별세한 무어(문요한) 선교사 부인을 추모하는 모임을 가졌다.[75] 두 사람 모두 손정도 목사와 각별한 사이였다. 전덕기 목사는 '마음과 뜻이 통하였던' 독립운동 동지였고 무어 부인은 그가 증산 고향 집에서 쫓겨나 평양에 왔을 때 그를 어학교사로 채용하고 숭실중학교에 입학하도록 도와준 은인이었다. 그래서 손정도 목사는 무어 부인 추모사를 하면서 "무어 부인이 한국에 있을 때 남긴 업적을 '웅변조로 칭송'(strong words of praise)하였다."[76]

1914년 연회에 참석할 때 손정도 목사의 처음 생각은 중국 선교사로 다시 나가는 것이었다. 하지만 뜻대로 이루어지지 않았다. 진도 유배에서 풀려났지만 '보안법 조례' 위반으로 '요시찰 인물'이 된 그는 일본 경찰의 감시와 통제를 받았다. 총독부와 경찰당국은 그가 중국으로 다시 나가 중단했던 해외 독립운동기지 건설운동을 재개할 것을 우려하였다. 이런 상황에서 해리스 감독과 노블 감리사는 손정도 목사의 목회지를 국내로 바꾸었다. 그렇게 해서 손정도 목사는 연회 마지막 날 서울 동대문교회 담임자로 파송을 받았다.[77] 손정도 목사도 그런 연회 결정을 받아들였다. 이로써 손정도 목사의 동대문교회 목회와 그 가족의 '서울 생활'이 시작되었다. 평양에 있던 손정도 목사 가족도 서울로 올라와 동대문교회 목사 사택에서 생활하게 되었다. 부인은 서울에 올라온 직후 1914년 6월 21일 동대문부인병원에서 둘째 아들 원태(元泰)를 낳았다. 식구가 여섯 명으로 늘어났다.

75 〈조선미감리교회 연회일기〉 1914.4, 58~62.
76 *KMEC* 1914, 14.
77 *KMEC* 1914, 20;〈조선미감리교회 연회일기〉 1914, 20.

손정도 집사목사 안수증서
(1914년)

1914년 연회에서
전덕기 목사 추도식 후
(오른쪽부터 김유순 손정도 최병헌
장락도)

손정도 목사가 새로 부임한 동대문교회는 20년 역사의 ‘부흥하는 교회’였다. 동대문교회는 한국선교 개척자 스크랜턴 모자(母子)에 의해 개척, 설립되었다. 1885년 내한하여 정동에서 시병원을 시작한 아들 스크랜턴 박사는 “가난하고 소외된 민중계층이 있는 곳에 선교 병원을 세워야 한다.”는 ‘선한 사마리아인 병원 계획’에 따라 1889년 갖바치와 백정, 무당 등 빈민층이 살고 있던 동대문 안쪽 성벽 언덕에 선교 부지를 마련하였다. 그리고 정동 이화학당을 세운 어머니 스크랜턴 대부인도 미국에서 모금한 선교비로 1892년 동대문에 여선교회 선교부지를 마련한 후 '볼드윈 시약소'(Baldwin dispensary)와 '볼드윈 예배당'(Baldwin chapel)을 지었다. 그렇게 동대문에 설립된 볼드윈 시약소는 후에 정동에 있던 여성 전용병원 보구여관(普救女館)을 흡수하여 '동대문부인병원'(東大門婦人病院, Lillian Harris Memorial Hospital)으로 발전하였고 해방 후 이화여대 부속병원이 되었다. 볼드윈예배당은 동대문교회로 발전하였다. 이처럼 '빈민선교'와 '민중목회'를 배경으로 시작된 동대문교회의 초기 담임자는 헐버트(H.B. Hulbert)와 벙커(D.A. Bunker)와 스웨어러(W.C. Swearer) 등 선교사들이었다. 그러나 동대문교회의 실질적인 목회는 선교사보다 노병선과 이경직, 김우권 등 한국인 전도사 및 목사들이었다. 특히 1905년 동대문교회에 부임한 김우권 목사는 열성적인 목회로 교회를 부흥시켰는데 1909년 백만명 구령운동 때 교인들과 함께 동대문 밖, 양주군 일대로 나가 전도활동을 펼친 결과 왕십리와 용머리(용두동), 벌리(번동), 손가장(정릉), 미아리(돈암동), 소귀(우이동), 두모갓(금호동), 한강(이태원), 각심사(월계동), 삼청동, 갈월리에 지교회가 설립되었다.[78] 이후 동대문교회는 계속 부흥하여 1910년 5월 동대문 언덕 위에 1천 명을 수용할 수 있는 2층짜리 벽돌 예배당을 건축하였다.[79] 동대문교회는 서울 동부와 경기도 동북부 지역 선교확장의 거점이 되었다.

그렇게 동대문교회를 부흥시킨 김우권 목사는 1912년 연회에서

---

78 D.A. Bunker, "East Gate Chapel", *KMEC* 1909, 46~47; "동대문안 김목사 우권씨 보단 대개, 〈미감리회 매년회 일기〉 1909, 31.; 이덕주, 『서울연회사 I 』, 기독교대한감리회 서울연회, 2007, 171~176, 354~366.

79 "Notes from the Stations: Seoul", *KMF* Jul. 1910, 167; *ARMEC* 1910, 174.

서울 동대문교회(뒤편은 동대문부인병원)

남양읍교회로 파송을 받아 떠났고 후임으로 '성경 박사'로 불렸던 장락도 목사가 파송되었다가 장락도 목사도 1년 만에 협성신학교 교수로 떠났다. 그 후임으로 해주읍교회에서 목회하던 오기선 목사가 동대문교회를 담임하였는데 그때(1913년) 동대문교회 상황을 경성지방 감리사 데밍(C.S. Deming, 도이명)은 이렇게 보고하였다.

"동대문교회는 작년에 목사가 바뀐 후 1년 사이 눈부신 발전을 이루었다. 장락도 목사가 신학교로 옮겨 간 후 지난해 11월 1일부터 해주에 있던 오기선 목사가 담임하였다. 벙커는 안식년 휴가를 마치고 돌아온 후 동대문과 주변의 열 개 연맹교회들을 성실하게 돌아보았다. 교인들은 토요일을 제외하고 매일 축호전도나 사경회를 하였는데 그 결과가 매우 좋았다. 다른 교회처럼 동대문교회도 교인 명부를 정비했는데 재적교인 수는 450명에 달했다. 한강교회는 아직 예배당 건축이 끝나지 않았지만 목회자와 재정만 확보된다면 크게 부흥할 것이다. 그곳에는 배운 사람들이 많아서 유능한 설교자를 보내야 할 것이다. 동대문교회 지교회들을 돌아 볼 전도부인이 더 필요하다. 여름 방학 동안 협성여자신학교 학생들이 큰 도움을 주었다. 왕십리교회는 가장 발전을 보이는 곳 중에 하나인데 교인 수는 129명이다."[80]

동대문과 왕십리 교인만 합쳐도 580명이었다. 여기에 '연맹교회'(allied chapels)라 불리는 열 곳 지교회 교인들까지 합치면 1천 명이 넘는 교인이 동대문구역에 속하였다. 게다가 동대문교회 부속 홍인배재학교와 동대문여학교가 있어 5백 명이 넘는 학생들이 다니고 있었고 교회 옆에는 미감리회 여선교부가 운영하는 동대문부인병원과 스크랜턴부인기념관(여선교사 생활관)이 있었다. 남감리회와 미감리회 여선교부가 연합으로 운영하는 협성여자신학교 학생들도 충정로에 새 교사를 마련하기까지 동대문 여선교부에서 수업을 받고 있었다. 그 결과 동대문교회 담임자는 1천 5백 명이 넘는 교인과 학생들을 돌봐야 하는 막중한 책임이 있었다. 손정도 목사가 이런 동대문교회 담임자로 파송을 받게 된 것은 전임자 오기선 목사가 부임 1년 만에 일본의 도쿄 한인연합교회 목사로 파송을 받아 떠났기 때문이었다.

손정도 목사의 동대문교회 부임은 교회 안에서뿐 아니라 교회 밖 일반사회에서도 관심사였다. 2년 전 총독부 당국이 제공한 정보에 따라 '가츠라암살음모사건' 피의자들에 대한 소식을 상세히 전했던 〈매일신보〉는 1914년 6월 28일 자 신문에서 "목사 이동"이라는 제목

80 C.S. Deming, "Seoul District Report", *KMEC* 1913, 55~56.

으로 1914년 6월 연회 이후 이루어진 목사 이동을 소개하는 중에 "평남에 재(在)한 이동 소식을 거한 즉 평양 남산현 손정도씨는 경성 동대문내로" 이동하였다고 보도하였다.[81] 손정도는 여전히 일반 언론의 주목을 받고 있었다. 국내 언론만 아니었다. 미국 하와이에서 발행되던 교포신문 〈국민보〉는 1914년 6월 호놀룰루에 있는 한인기독학원에서 제1회 졸업식에 맞추어 졸업생들이 공연하는 연극 내용 중에 "제3막에서 손정도씨가 북경에서 전도하다가 일인(日人)에게 잡혀가는 장면이" 있었다고 소개하였다.[82] 그렇게 진도 유배에서 풀려나 서울 동대문교회에 부임한 손정도 목사는 교회 안팎으로, 국내외로 '유명인사'가 되었다. 그런 손정도 목사의 설교를 듣기 위해 많은 청년 학생들이 동대문교회로 몰려들었다.

삼십 대 초반(32세) 나이에 교회에서는 부흥사로, 일반사회에서는 독립운동가로 '유명세'를 타기 시작한 손정도 목사의 설교는 교인뿐 아니라 일반 시민들에게도 호소력이 컸다. 개종 직후의 부흥운동과 해외선교, 독립운동과 투옥, 옥중 고문과 신비체험, 진도 유배 등 다양한 경험을 바탕으로 한 손정도 목사의 복음적이고 애국적인 설교는 강제합병 후 강화되는 일제의 무단통치 상황에서 절망과 불안에 휩싸여 있던 청년 학생들에게 희망과 용기를 안겨주었다. 그의 설교를 들은 청년 학생 중에서 훗날 독립운동에 투신한 이들이 많았다. 대표적인 예로 1919년 11월 대동단사건으로 체포되어 옥고를 치른 이들 가운데 용두리 여학교 교사 안교일, 홍인 배재학교 교사 정희종, 홍인 배재학교 졸업생 전대진, 동대문 여학교 교사 강정희 등이 있는데 이

81 "목사 이동", 〈매일신보〉 1914.6.28.
82 "기독학원 졸업식", 〈국민보〉 1914.6.17.

들은 모두 손정도 목사가 동대문교회를 담임하던 시절 함께 동대문교회에 출석하였다.[83] 그리고 1923년 1월 종로경찰서에 폭탄을 투척하고 경찰과 교전 중에 순국한 김상옥(金相玉)도 1905년부터 동대문교회에 출석하였다. 그는 1913년 동대문교회에서 정진주와 결혼한 후 창신동에서 철물점을 하다가 3·1운동 직후 중국 상해로 건너가 임시정부 의열단에 가입한 후 귀국하여 암살단을 조직해 활동하다가 종로경찰서에 폭탄을 투척하였다.[84]

그렇게 손정도 목사는 동대문 밖, 열 곳의 동대문교회 지교회들을 주기적으로 방문하며 예배와 성례(세례, 성찬식)를 집행했을 뿐 아니라 서울 시내 다른 교회에 가서도 부흥회를 인도했다. 1914년 11월 정동교회 부흥회를 인도한 것이 대표적인 예다. 당시 정동교회를 담임하고 있던 현순 목사는 11월 4일부터 23일까지 자체 부흥회를 개최하였는데 정동교회 교인뿐 아니라 배재학당과 이화학당 교사와 학생들도 참석하였다. 집회 초기엔 냉랭하였지만 후반에 접어들면서 교인과 학생들이 "자기 죄를 뉘우처 애통하고 회당이 진동하야 신약시대 오순절에 성신의 불세례가 임한 것 같아 누구던지 회당에 들어오면 문득 죄를 회개하고 마음의 편함을 얻었다."[85] 뜨거운 부흥운동 열기로 집회는 계속 연장되었는데 집회를 인도하던 현순 목사가 탈진해서 더 이상 부흥회를 인도할 수 없게 되자 손정도 목사를 비롯한 다른 목사

83 〈동아일보〉 1920.6.29.~7.12; 최태육, "동대문교회 교인들의 독립운동", 〈동대문교회와 한국 근대화의 역사적 조명 학술대회 자료집〉, 기독교대한감리회 서울연회, 2019.12, 61~66.

84 "癸亥劈頭의 大事件 眞相", 〈동아일보 호외〉 1923.3.15. 김상옥열사기념사업협회, 『김상옥열사의 항일투쟁실기』, 1949; 유준기 "김상옥의 항일의열투쟁", 〈한국학연구〉 2, 숙명여자대학교 한국학연구소, 1992.; 윤병석, "1910년대 의열투쟁과 김상옥의사의 서울의거", 『대한과 조선의 위상–격동과 시련의 대한제국 대한민국시대』, 선인, 2011.

85 강매, 〈貞洞教會 三十年史〉 1915.7.

들이 투입되었다. 당시 배재학당 교사로 정동교회에 출석하고 있던 강매(姜邁)가 그때 일을 이렇게 기록하였다.

"이후로 현순 목사는 정신상 잠시 곤뢰함을 인하야 몃칠 동안 휴양하게 되고 손정도 목사와 이익모 목사와 장락도 목사가 뒤를 이어 부흥회를 계속하였으며 이후로는 중앙, 상동, 동대문안 각 교회와 경성내외 각 지교회와 부평, 강화, 인천, 평양, 공주, 강원도 여러 지방에서 부흥회가 일제히 일어나 성신의 세례를 받고 낙심하였던 교우들도 돌아오는 자 많고 새로이 교회에 들어오는 자도 다수하야 꿈 가운데서 몽롱하던 교우들은 새로운 생명을 얻게 되니 엇지 조선교회의 신기원이 아니리오. 우리는 다만 성신을 소멸치 않기로 기도를 쉬지 안이할 따름이라."[86]

그렇게 1914년 11월에 정동교회에서 시작된 부흥운동은 서울시내 중앙교회와 상동교회, 동대문교회로 확산되었고 나아가 경기도 인천과 강화, 부평, 충청도 공주, 멀리 강원도까지 퍼져나갔다. 이에 대한 경성지방 감리사 노블의 보고다.

"작년 1년간에 특별한 일은 부흥회인데 제일 효력 있는 일로 생각하나이다. 이 부흥회가 [정동] 제일예배당에서 시작하야 우리 지방 내에 제일 먼 곳에 있는 교회까지 퍼졌나이다. 이 부흥회를 14처 중요한 교회에서 지킴으로 각 지교회까지 그 결과가 보급하였나이다. 이 부흥회

86 위 책.

가 이와 같이 진홍한 결과로 대전도회를 조직하고 불신자의 지방까지 전도하였는데 그 효력이 엇지 큰지 말로 다 설명키 어렵삽나이다. 김유순 형제는 우리 지방 내 부흥목사이온바 여러 교회와 교인에게 복이 되엿사오며 현순 이익모 손정도 박용래 윤성렬 제씨와 여러 전도사의 큰 사역함에 대하여서는 시간이 없음으로 다 진술하지 못하나이다."[87]

손정도 목사와 함께 경성지방 부흥회를 이끌었던 김유순(金裕淳) 목사는 황해도 신천 출신으로 숭실학당에 다니던 중 초창기 하와이 이민단에 참가하여 하와이로 갔다가 신학을 공부한 후 캘리포니아 연회에서 목사 안수를 받고 1913년 가을 귀국하여 미감리회 경성지방 부흥목사로 파송을 받았다.[88] 손정도와 김유순은 나이가 같았을 뿐 아니라 같은 '숭실중학 동문'으로 1910년대 한국 감리교회를 대표하는 부흥사로 활동하였다. 김유순 목사는 캘리포니아에 있을 때 도산 안창호와 교류하면서 손정도와 같은 민족운동 노선을 취했다.

이렇듯 손정도 목사는 동대문교회 목사로 목회에 복귀하면서 동시에 '부흥사'로서 활동도 재개하였다. 그는 자신이 속한 미감리회 교회만 아니라 남감리회 교회에도 초청을 받아 가서 집회를 인도하였다. 대표적인 예로 그는 1915년 2월 21일부터 한 주간 남감리회 교회인 종교교회에서 개최된 특별전도회에 강사로 초청을 받아 "인격과 사업"이란 제목으로 설교하였다. 그리고 그해 11월 26일에는 종교교회 엡웟청년회 초청을 받아 "활신앙"(活信仰)이란 주제로 특별 강연을

87 "경성지방 감리사 노보을 보고", 〈조선미감리교회 연회록〉 1915, 54~55.
88 "정동교회의 부흥회", 〈그리스도회보〉 1913.9.22.; 〈조선미감리교회 연회록〉 1914, 19.

하였다.[89] 이런 그의 설교 및 강연 소식은 일반 신문인 〈매일신보〉를 통해 세상에 알려져 그의 '애국 설교'를 들으려는 청년 학생들이 몰려들었다. 그가 부임한 후 동대문교회가 더욱 부흥한 것은 당연하였다. 1915년 연회에 보고된 교세 통계를 보면 동대문교회(3개 지교회 포함)는 세례입교인 372명, 학습인 107명, 세례아동 171명, 원입인 377명, 총 1,027명이 출석하는 교회로 발전하였다.[90] 이는 앞서 시작한 정동교회의 1,904명, 상동교회의 1,763명에 버금가는 교세였다.

손정도 목사(왼쪽)와 김유순 목사

2) 서울 정동교회 목회

진도 유배에서 풀려 난 후 1년 동안 서울 동대문교회에서 성공적인 목회를 마친 손정도 목사는 1915년 4월 21일부터 27일까지 서울 정동교회에서 개최된 연회에 참석하였다. 1915년 연회에는 그 어느 때보다 많은 외국 손님들이 많이 참석했다. 매년 연회를 주재해 온 해리

89 "종교예배당의 전도회", 〈매일신보〉 1915.2.27.; "종교교회당", 〈매일신보〉 1915.2.28.; "엡윗청년회", 〈매일신보〉 1915.11.26.
90 "Statistics for Korea Annual Conference Statistics 1914~1915", *KMEC* 1915, 74~75.

스 감독을 비롯하여 중국 선교를 관리하던 루이스 감독, 인도 선교를 관리해 온 워른(Frank W. Warne) 감독이 참석했으며 1883년 10월 미국 워싱턴행 기차 안에서 보빙사절단 민영익을 만나 대화한 후 선교본부에 "한국 선교를 시작하다."며 선교비를 처음 냈던 볼티모어연회의 가우처(John F, Goucher) 박사도 참석했다.91 특히 가우처 박사는 거금의 배재학당 새 교사 건축기금을 보내주고 연회 중에 거행된 기공식에 참여하기 위해 내한하였다. 이들 미국교회 지도자들은 연회 기간 중에 예배와 기도회, 특별 강연을 통해 '눈부신' 부흥과 발전을 이룩한 한국교회를 치하하며 '힘든 시기'를 살아가는 목회자들에게 위로와 격려 메시지를 전했다.

1915년 연회에 참석한 손정도 목사의 마음속에는 여전히 '중국으로 나갈' 생각으로 가득 차 있었다. 이는 연회 마지막 날, 경성지방 감리사가 연회에 제출한 건의안에서 확인된다.

> "조선내외국선교회에서 재정 상황을 살피여 손정도씨를 지나(支那)에 파송하게 하야 계속 선교하자는 경성지방회 청원서를 가수(假受)하고 그 일은 조선내외국선교회에 맡겨 처리케 하자는 김유순씨의 동의에 가결하다."92

경성지방회(감리사 노블)는 "중국에 다시 선교사로 나가겠다."는 손정도 목사의 강력한 의지를 담아 그를 중국에 다시 파송하자는 건

91 *KMEC* 1915, 8.
92 〈조선미감리교회 매년회회록〉 1915, 15. 영문 연회록에는 "월슨 감독 관리 하에 손정도를 중국 선교사로 보내자."고 기록되었다. *KMEC* 1915, 18.

의안을 연회에 제출하였다. 연회는 이 건의안을 '임시로 받아들여' 국내외선교회에서 결정하도록 위임했다. 그러나 선교사들의 영향력이 컸던 국내외선교회에서는 손정도 목사나 경성지방회 건의를 수용하지 않았다. 재정이나 중국 상황 때문이 아니라 여전히 '요시찰 인물'로 총독부 경찰당국의 감시를 받고 있는 손정도 목사를 다시 '독립운동 현장'인 중국(만주)으로 파송하기엔 부담감이 컸던 때문이었다. 결국 연회 마지막 날 해리스 감독은 손정도 목사를 중국이 아닌 서울 정동교회로 파송했다.[93] 이로써 손정도 목사 임지는 동대문교회에서 정동교회로 바뀌었다.

손정도 목사는 중국으로 나가지 못하고 서울 정동교회에서 목회하게 되었지만 중국 선교에 대한 꿈과 의지는 포기하지 않았다. 그는 1915년부터 연회 국내외선교회 위원으로 활동하면서 자신이 가지 못하면 다른 선교사라도 중국에 보내야 한다며 끈질기게 호소하였다. 105인 사건 이후 더욱 늘어난 만주지역 이주동포를 위한 선교가 시급하였다. 장로교회에서는 1915년 평북 선천노회 부인전도회에서 김덕선(金德善) 목사를 만주선교사로 파송하여 봉천 서탑과 화도 오가황, 고자가, 전대하포, 액목현 등지에 교회를 세우고 활발하게 선교활동을 펼치고 있었다.[94] 이런 손정도 목사의 호소에 1916년 미감리회 연회는 "중국에 선교사 파송하는 일을 남감리회와 협의해서 처리하기로" 결의하였다.[95] 손정도 목사가 이처럼 만주선교에 대한 의지를 포기하지 않은 것은 그곳 동포들에게 복음을 전해야 한다는 목회적 사명감도 있었지만

93 *KMEC* 1915, 24.
94 "지나통신", 〈기독신보〉 1916.2.2.
95 *KMEC* 1916, 26; 〈조선미감리교회연회록〉 1916, 17.

해외 독립운동 기지 건설이라는 민족적 사명감 때문이기도 했다.

1917년 6월 평양 남산현교회에서 개최된 미감리회 연회에서도 손정도 목사는 "중국선교가 급무(急務)"라는 제목으로 특별 강연을 하였고, 연회 기간 중에 열린 국내외선교회에서 "해외 선교가 어려우니 국내 공주지방에 전도인 1인만 파송하자."는 의견이 나왔지만 손정도 목사가 "그보다 더 시급히 선교할 처(處)는 북간도(北間島)인즉 차처(此處)에 선교사 1인 파송하고 여력이 유(有)하면 공주지방에 파송하자." 고 제안하여 마침내 중국 선교사를 파송하기로 결의하였다.[96] 이런 연회 결정에 따라 만주에 파송할 선교사로 배형식 목사가 선발되었다. 그는 1918년 6월 연회에서 '북간도 선교사'로 정식 파송을 받았다.[97] 이로써 손정도가 하얼빈에서 체포되어 국내로 압송되면서 중단되었던 중국 선교가 6년 만에 재개되었다. 손정도 목사로서는 진남포 목회 시절부터 알고 지냈던 '신학 동창' 배형식 목사가 만주선교사로 가게 된 것을 누구보다 기뻐하였다.

그렇게 손정도 목사는 '중국 선교'에 대한 의지를 안고 정동교회 목회를 시작하였다. 개척 선교사 아펜젤러에 의해 설립된 정동교회는 한국 감리교회의 '모교회'로 30년 동안 착실하게 부흥, 성장하였다. 교회 설립자 아펜젤러 선교사가 1902년 6월 어청도 앞바다에서 해상선박충돌사건으로 순직한 후 최병헌 목사가 후임자가 되어 10년 넘게 교회를 이끌었고 1914년 연회에서 현순 목사가 부임하였다. '혼신의 힘'을 다해 교회 부흥을 일궈냈던 현순 목사가 1915년 연회 주일학교 총무로 파송되어 가고 그 자리를 손정도 목사가 맡게 된 것이

96 〈미감리회조선연회록〉 1917, 12, 43~44.
97 〈미감리회조선연회록〉 1918, 28~29.

서울 정동교회

다. 손정도 목사가 부임할 당시 정동교회(3개 지교회 포함)는 '부흥과 성장'을 이룩한 교회로서 안정적인 기반을 구축하고 있었다. 우선 교세로 보면 세례입교인 700명, 학습인 258명, 세례아동 146명, 원입인 800명, 총 1,904명이 출석하였고 여기에 주일학교 학생 750명을 포함하면 2천 6백 명이 넘는 교인들이 예배에 출석했다.[98] 또한 정동교회는 교회 양편에 위치한 배재학당과 이화학당의 예배당(chapel) 기능도 수행했다. 정동교회 목사는 두 학교 교사와 학생들의 신앙을 지도하면서 학교의 종교행사도 주관하였다. 그래서 배재학당 2백 명, 이화학당 2백 명 학생들도 주일이면 정동교회 예배에 참석했다.

다음은 배재학당 학감 강매가 정리한 1915년 7월 당시 정동교회

98 "Statistics for Korea Annual Conference Statistics 1914~1915", *KMEC* 1915, 74~75.

목회자와 배재학당, 이화학당 교사 명단이다.[99]

<table>
<tr><th>기관</th><th colspan="2">직위</th><th>이름</th></tr>
<tr><td rowspan="3">정동교회</td><td colspan="2">주임목사</td><td>손정도</td></tr>
<tr><td colspan="2">촉탁목사</td><td>장락도 케이블(E.M. Cable, 기이부)</td></tr>
<tr><td colspan="2">전 도 사</td><td>김종우 정득성</td></tr>
<tr><td rowspan="6">배재학당</td><td colspan="2">당 장</td><td>신흥우</td></tr>
<tr><td colspan="2">학 감</td><td>강매</td></tr>
<tr><td colspan="2">교무주임</td><td>김동혁</td></tr>
<tr><td colspan="2">서무주임</td><td>한교</td></tr>
<tr><td colspan="2">전임교사</td><td>김성호 이중화 유진억 전영식</td></tr>
<tr><td colspan="2">촉탁교사</td><td>데밍(C.S. Deming, 도이명) 이익모 이성렬 변성옥
니시야마(新山仁太郎) 손정도</td></tr>
<tr><td rowspan="4">이화학당</td><td colspan="2">당 장</td><td>프라이(Lulu E. Frey, 부라이)</td></tr>
<tr><td colspan="2">사 무 원</td><td>조만수 박흔영</td></tr>
<tr><td rowspan="2">교 사</td><td>남</td><td>이성회 김극배 안형중 홍선표</td></tr>
<tr><td>여</td><td>하란사 신마실라 이화숙 윤심성 김메레 허애덕 홍애시덕 이인애 김준려 박순애 김애리시 아펜젤러(Alice R. Appenzeller) 헐버트(Jeanette Hulbert) 파이(Olive F. Pye) 부라운리(Charlotte Brownlee) 맥가리(Grace H. McGary) 처치(M.E. Church) 우드(Lola A. Wood)</td></tr>
</table>

이들 배재학당과 이화학당 교사들은 손정도 목사가 돌봐주어야 할 정동교회 교인들이자 동시에 그의 목회와 학원 선교의 '동역자'들이었다. 손정도 목사는 이들 정동교회 소속(촉탁) 목사와 전도사, 그리고 배재학당과 이화학당 교사, 선교사들의 지원을 받으며 정동교회 목회를 시작했다. 다음은 1915년부터 1917년까지 연회에 보고된 정동

99 강매, 〈貞洞敎會 三十年史〉 1915.7.

교회의 교세 변화다.[100]

연도	교인 수					주일학교		학교 학생		헌금
	입교인	학습인	세례아동	원입인	총교인	학교	학생	배재	이화	
1915	700	258	146	800	1,904	3	800	200	250	2,027
1916	747	275	189	950	2,141	4	825	180	280	1,788
1917	759	283	211	1,030	2,283	5	970	410	306	1,234

손정도 목사 부임 이후 교회의 꾸준한 부흥과 성장을 보여주고 있다. 1917년 통계에서 등록된 총교인은 2천 3백 명에 이르렀고 여기에 주일학교 학생과 배재학당, 이화학당 학생까지 포함하면 4천여 명이 주일마다 정동교회 예배에 참석해서 손정도 목사의 설교를 들었다. 이처럼 출석 교인이 늘어나자 예배당 공간이 비좁게 되었다. 1897년 건축한 '한국 최초 서양식' 벽돌 예배당은 2천 명이 넘는 교인들을 수용할 수 없었다. 더욱이 처음 공사할 때 기초공사가 부실했던 탓에 예배당 북쪽(이화학당 쪽) 벽이 붕괴되었다. 이에 정동교회 교인들은 1916년 건축헌금 8백 원으로 대대적인 보수와 증축 공사를 단행했다.[101] 그 결과 예배 공간이 배로 늘어났다. 그러면서 예배당에 회중석 의자를 설치하였고 예배당 한가운데 있던 휘장도 철거하였다. 아직도 '남녀구별'에 대한 봉건적 인습이 남아있는 사회 분위기였지만 손정도 목사는 휘장 철거를 결단하였다. 손정도 목사는 개종하면서 상투를 자르고 사당을 훼파했던 '개혁 정신'으로 서울에서 제일 큰 교회 예배당 안에 남아있던 봉건시대 유물인 휘장을 철거하였다.

100 "Statistics", *KMEC* 1915~1917.
101 W.A. Noble, "Seoul, Chemulpo, Wonju and Kangneung Districts", *KMEC* 1916, 43.

이런 그의 '개혁적' 목회도 새로운 질서와 문화를 희구하는 청년 학생들의 호응을 받았다. 그의 열정적인 '애국 설교'는 젊은 세대를 교회로 끌어들였다. 그 역시 '미래 세대'인 청년 학생들에게 큰 기대를 걸었다. 그런 맥락에서 그는 종종 배재학당과 이화학당 종교집회와 부흥회를 인도하였다. 그는 정동교회에 부임한 직후(1915년 3월 31일) 정동교회에서 개최된 이화학당 대학 제2회 졸업식에서 기도 순서를 맡았다.[102] 이날 졸업한 윤심성은 그가 목회를 시작했던 진남포교회 출신이었는데 함께 졸업한 최활란과 김메레, 허애시덕과 함께 이화학당 교사로 남아 후배들을 가르쳤다. 이들보다 1년 전에 대학을 졸업한 이화숙과 신마실라, 김애리시도 이화학당 교사로 근무하고 있었다. 그리고 손정도 목사는 같은 해(1915년) 11월 이화학당 학생부흥회를 인도하였는데, 그때 학생들이 '통회자복'하는 회개운동이 일어났다. 이에 대한 이화학당 프라이 당장의 보고다.

> "신실한 정동교회 손[정도] 목사의 설교를 들은 학생들은 지금까지 살면서 지은 죄를 깨닫기 시작했다. 사흘 째 되는 날 학생들은 강단 앞으로 몰려 나왔다. 앞선 부흥회에서 그랬던 것처럼 학생들은 마음을 드러내 그동안 잘못한 것을 자백하였다. 한국에서 부흥회는 이런 식으로 진행된다. 훔치고 거짓말하고 미워하고 성경 읽기와 기도에 충실하지 않았던 것, 예배에 집중하지 못했던 것, 믿지 않는 부모에게 무관심하여 전도하려 애쓰지 않은 것 등등. 학생들은 이런 죄를 하나님의 낯을 피하는 중대한 범죄로 생각해서 이것들을 자백하고 난 후에야 평온을

102 "여자의 대학 졸업 이화의 향", 〈매일신보〉 1915.4.1.

되찾았다. 마음이 맞지 않았던 학생들이 서로 손을 붙잡고 회개의 눈물을 흘리면서 함께 기도하는 모습도 보았다. 한 주일 동안 매일 밤 학생들의 기도 소리가 예배당 뿐 아니라 교실에서도 울려 퍼졌는데 이곳에서는 모두 소리를 내서 기도한다."[103]

그때 손정도 목사의 설교를 들은 이화학당 학생 가운데 중등과에 다니던 맏딸 진실과 보통과에 다니던 둘째 성실도 있었다. 성실은 '3·1만세운동의 표상(icon)'이 된 유관순과 같은 반이었다. 유관순과 그의 사촌 언니 유예도, 서울에서 만세운동에 참가하고 옥고를 치른 신특실과 노예달, 유점선, 그리고 이화학당 교사로서 독립운동에 참여했던 하란사와 박인덕과 김활란, 신마실라(신마숙), 신줄리아(신준려), 이화숙, 김독실 등도 손정도 목사의 설교를 들으면서 민족의식을 길렀다. 배재학당에서도 교사로 김진호와 강매, 김인식, 김동혁, 학생으로 장용하와 염형우, 이봉순, 신봉조, 오세창, 성주복, 김재중, 박광남 등이 손정도 목사의 설교를 들으며 신앙생활을 하다가 3·1운동 때 독립운동에 참여하고 옥고를 치렀다.[104] 그렇게 손정도 목사는 정동교회에서도 많은 독립운동가를 키워냈다.

서울에서만 그런 것이 아니다. 그는 종종 지방으로도 내려가 부흥회와 종교 강연회를 인도하면서 청년학생들에게 신앙과 민족의식을 심어주었다. 그 무렵 평북 영변의 숭덕학교에 다니던 중 손정도 목사의 설교를 들었던 최봉측의 증언이다.

---

103 "Ewha Haktang, 1916", *Annual Reports of the Korea Woman's Conference of the Woman's Foreign Missionary Society of the Methodist Episcopal Church*(이하 KWC) 1916, 51.

104 이덕주, 『배재학당사(통사)』, 학교법인 배재학당, 2013, 286~299; 이덕주, "이화학당과 3·1운동", 〈'3·1운동, 여성 그리고 이화' 학술대회 자료집〉 이화여자대학교, 2019.3.15, 11~41.

"마츰 한참 신교육열이 높았든 때라 시골 글방에서 상투를 자르고 기독교 신앙으로 뛰어들어 영변 숭덕학교에서 공부하든 때였다. 그[손정도 목사]는 김유순 목사와 같이 부흥회 인도차로 영변에 왔었다. 나는 그때에 목사님을 처음 보았다. 작으마한 키에 올올이 강단에 서서 쇠소리 같은 목소리로 웨치는 감동 깊은 말씀은 마치 천사가 내려와서 '장망성(將亡城)의 화(禍)를 피하라.' 고 엄숙이 경고하는 듯 하야 그 불타는 듯 한 신앙은 나 같은 풋내기 초학 신앙자에게도 비로소 인간을 초월한 정화세계가 잇는 것을 보여주었든 것이다." 105

그렇게 손정도 목사는 서울과 지방의 여러 곳으로부터 초청을 받아 가서 설교와 강연을 하였다. 그는 1917년 1월 7일 서울 종로 중앙교회에서 개최한 특별강연회 강사로 초청을 받았고 1월 8일 종로 중앙기독교청년회에서 주최한 강연회에서 "사치와 시대의 인심"이란 제목으로 강연하였다.106 그리고 그해 6월 19일부터 26일까지 평양 남산현교회에서 개최된 미감리회 10차 연회에 참석했다. 1917년도 연회는 1916년 5월 미국 감리교 총회에서 새로 감독에 선출된 웰치(H. Welch) 박사가 한국에 나와 첫 번째로 주재한 연회라는 점에서 의미가 있었다. 미국 오하이오 웨슬리언대학 총장을 역임한 웰치 감독은 '일본 편향적' 이었던 전임 해리스 감독과 달리 한국과 일본 사이에 '중립적' 입장을 취하면서도 어려운 형편에 처한 한국교회와 민족에 대한 동정심을 갖고 있었다. 이런 웰치가 주재한 연회에서 손정도 목사는 2일 차 회의에서 개회기도를 하였으며 "중국선교가 급무"란 주제

105 최봉측, "고 손정도 목사를 추모함", 〈새사람〉 제2호, 1937.2, 44.
106 "종로 중앙예배당", 〈매일신보〉 1917.1.7.; "청년회관 강연회", 〈매일신보〉 1917.1.8.

로 특별강연도 하였고 '선교백주년기념회' 위원으로 선정되었다.[107] 연회를 마친 후에는 7월 18일부터 26일까지 평남 강서읍교회에서 개최된 평양 제직사경회 강사로 초청을 받아 새벽기도회를 인도하고 낮에는 '예배학'을 강의했다.[108] 그로서는 고향 집에서 쫓겨난 후 10년 만의 귀향이었다. 그 무렵 그의 어머니와 가족들은 평양에 살고 있었는데 형의 영향을 받아 기독교로 개종한 동생 손이도는 평양에서 중등과정을 마치고 그해(1917년) 4월 미국으로 유학을 떠났다. 그는 미국에 도착해서 형의 소개로 도산 안창호를 만나 흥사단에 가입했고 시카고로 가서 이과(理科)를 공부하였다.

손정도 목사는 이처럼 1915년 정동교회 부임 후 정동교회 목회 외에도 배재학당과 이화학당, 그리고 서울과 지방의 여러 곳에서 종교집회와 부흥회, 강연회 강사로 초청을 받아 바쁘게 지냈다. 그는 가는 곳마다 열정적인 설교로 청중을 감화시켰다. 그 결과 그는 1910년대 한국 기독교계를 대표하는 부흥사로 명성을 얻었다. 그런데 그의 부흥회는 뭔가 달랐다. 배형식 목사의 증언이다.

> "이때에 교역자들도 중생(重生)의 힘을 얻고 목사님과 같이 부흥성역(復興聖役)에 종사하려고 지원한 교역자도 많았다. 그들이 목사님의 설교를 필기하여 가지고 목사님 가시지 못한 교회에 가서 그 필기한 그대로 목사님의 동작 그대로 전도하였더니 손 목사님의 전도 듣고 은혜 받는 그 자리와 마찬가지로 큰 은혜를 받는 것을 보았다고 증거하였다. 이것이 과연 성신의 능력을 나타낸 기적이라 할 수 있다. 목사님

107 〈미감리회 조선연회록〉 1917, 11~12, 22.
108 "감리회통신", 〈기독신보〉 1917.8.15.

부흥운동시대에 목사님 제자로 부흥사가 많았고 손목사식(孫牧師式) 부흥목사란 말까지 교회마다 유포되었다."109

당시 목회자들 사이에 회자되었던 '손정도식부흥회'(孫貞道式復興會)란 그 형식 못지않게 내용(메시지)에서도 특징이 있었다. 그는 여느 부흥사들처럼 "예수 믿으면 복 받는다. 예수 믿어야 죽어서 천당 간다."는 식의 기복적이거나 내세지향적, 현실도피적인 설교를 하지 않았다. 오히려 적극적인 현실참여와 민족운동을 호소하였다. 그는 "나라와 민족의 구원이 기독교인들에게 달려 있다. 교인들이 그리스도의 증인으로서 바르게 살면서 동포와 이방민족에게 복음을 전해야 하나님께서 우리 민족의 독립과 해방의 은총을 주실 것이다."라는 내용으로 설교했다. 그에게 기독교 신앙과 민족구원은 별개가 아니었다. "하나님 사랑은 곧 나라사랑"이었다. 일제의 강압적인 무단통치가 그 폭력성을 더해가던 시기였음에도 이런 손정도 목사의 애국적인 '부흥 설교'는 나라와 민족의 장래를 걱정하는 교인들과 청년들에게 희망과 용기를 불어넣었고 이런 그의 설교를 모방하려는 '손정도식' 부흥사들이 나왔다.

3) 설교와 강연: 종말론적 낙관주의

손정도 목사는 중국 선교사로 다시 나가려는 목적은 이루지 못했지만 동대문교회에 이어 정동교회에서 한층 안정적인 목회와 영향력 있는 설교(강연)자로 자리를 잡았다. 그 결과 그의 설교를 듣기 위해

---

109 배형식,『故 海石 孫貞道牧師 小傳』, 3.

정동교회를 찾아오는 신도들이 증가하였음은 물론 서울과 지방에서도 그를 집회 인도자로 초청하는 경우도 많았다. 같은 배경에서 그의 설교와 논문들도 종종 기독교계 신문이나 잡지에 실렸다. 1916년 1월, 초교파 신문 〈기독신보〉에 "양의 피에 옷을 씻음"(계 7:14)이란 그의 설교가 수록되었다. 그가 정동교회에서 신년 설교로 했던 것을 원고화한 것으로 보인다. 그는 "겨우내 쌓인 눈 위에 먼지와 흙이 쌓여 지저분해진 거리가 밤새 내린 비로 더러워진 눈이 녹아 개울과 강으로 흘러감으로 깨끗해지듯, 더러워진 나무를 석탄산수나 석유로 씻을 수도 있지만 근본적으로 깨끗하게 하려면 물로 씻은 후 햇볕에 말려야 한다."면서 새해를 맞이하여 자신과 사회를 깨끗하게 만들 수 있는 방안이 무엇인지 질문하는 것으로 글을 시작하였다.

> "이 사회를 소독하고저 하는 사람이 많이 있으나 그 방법이 각각 같지 아니한지라. 하나님께서 이 세상을 소독하실 때에 혹 선지자로 예언을 하게 하시며 경계하시며 혹 홍수로써 경성케 하시며 혹 류황불로써 책벌하신 후에는 독생성자(獨生聖子) 예수 그리스도로 하여금 십자가에 못 박아 거룩한 보혈로써 이 세상의 죄악을 정하게 하신 것이라. 그런고로 사람의 힘으로나 사람의 의로써 능히 하지 못하나 오직 어린 양의 피, 곧 그리스도의 피니 만일 주의 보혈이 마음에 있으면 능히 죄악의 더러운 것을 씻어 버릴지니라. 그런즉 사람을 주 앞에 인도하여야 저희로 하여금 능히 주의 보혈로써 깨끗함을 얻게 할지니 이것이 새해의 우리 교역자의 마땅히 힘써 행하기를 연구할 문제이라." 110

110 손정도, "양의 피에 옷을 씨슴", 〈기독신보〉 1916.1.12.

마음을 씻으면 몸이 깨끗해지고, 개인이 깨끗해지면 사회가 정화된다. 개인의 마음을 정화하는 것이 사회와 국가를 쇄신하는 출발점이다. 개인의 '종교적 정화'가 사회의 윤리적 성화로 이어진다는 논리는 손정도 목사가 1907년 부흥운동 때 경험한 바였고 이후 목회자로 헌신하면서 전도와 설교를 통해 추구한 바였다. 그리스도의 복음으로 영혼과 육신, 개인과 사회를 구원해야 하는 것이 전도자의 사명이었다. 그런 점에서 개인과 사회를 정화시켜야 할 막중한 책임을 진 목회자와 전도자가 '먼저' 자신을 정화할 필요가 있다.

> "우리가 이 일을 행하려면 인도하려는 자기가 먼저 주의 보혈로 씻음을 입고 흰 사람이 되어 하나님과 같이 완전하여야 될지니 만일 그렇지 못하면 우리가 전도할 때에 묻는 사람이 말하기를 나는 당신 같은 교인은 보지 못하였다 하리니 그런즉 우리의 언어와 행동과 처사로써 남에게 전도하지 못하면 도저히 남을 주께로 인도할 능력이 없으리니 고로 자기가 먼저 성결하여야 할지니라."[111]

그런데 목회자 가운데 자기 정화에 게을리 하거나, 정치·사회적 환경의 불리함에 핑계를 대고 전도 사명을 소홀히 여기는 이들이 적지 않았다. 그런 현실이 안타까웠다. 특히 유럽에서 진행 중인 제1차 세계대전으로 미국에서 보내오는 선교비가 감축된 것을 핑계로 삼고, 일제의 강압적 무단통치로 시련과 고난을 받는 상황에서 전도와 목회가 힘들다며 책임을 다하지 않는 목회자들이 문제였다.

---

111 앞 글.

"어떤 시대의 사람이 능히 전도하고 혹이 말하되 지금은 구라파에 전쟁이 끊이지 아니하여 전도할 수 없다 하며 혹은 돈이 없어 전도할 수 없다 하나 결단코 그렇지 아니하니 오늘 성경 말씀에 '환난 가운데서 온 사람이 흰 옷을 입었다.' 하였은즉 능히 어려운 가운데서 구원하는 것을 요한이 증거한 것이로다. 그런즉 오늘 우리가 먼저 이 흰 옷을 입은 후에 세상 사람으로 하여금 능히 이 흰 옷을 입고 능히 천국에 들어가게 하기로써 우리의 새해의 새 목적을 정하옵시다."[112]

그는 환경과 조건이 어려울수록 더욱 전도에 힘써야 한다고 호소하였다. 손정도 목사는 같은 해(1916년) 2월, 비슷한 주제의 글을 협성신학교 기관지 〈신학세계〉에 발표하였다. 손정도 목사는 서울에 올라와 동대문교회와 정동교회를 담임하게 되면서 협성신학교 수업을 재개하였다. 그렇게 신학생이 된 손정도 목사는 신학교 기관지 〈신학세계〉 창간호에 "조선의 변천을 논함"이란 글을 발표하였다. 논문 형태로 쓴 이 글은 그가 앞서 1908년 〈대도〉에 발표했던 "한국교회의 위력"이나 1911년 〈그리스도회보〉에 발표했던 "그리스도인의 자신력" 및 "천시가 변천함"이란 글과 맥이 통한다. "때를 분간하라."는 신학적인 주제를 다룬 글이다. 그는 우선 "상고(上古) 이래로 조선(朝鮮)의 변천이 불무(不無)하리니 인(人)의 변천과 물(物)의 변천과 지세(地勢)의 변천과 농공상(農工商)의 변천과 문무(文武)의 변천과 지식의 변천과 일동일절(一動一切)이 그 시대를 좇차 변천함이 있을지라."라고 전제한 후 때(시대)에 따른 변천을 소극적 변천과 적극적 변천으로 구분하였다.

---

112 앞 글.

손정도 목사가 신학을 공부한 감리교신학대학교의 전신인 서울 협성신학교(1910년대)

"이 변천이 소극적 변천과 적극적 변천이 있나니 소극의 변천은 망(亡)하는 것이오 적극의 변천은 홍(興)하는 것이라. 또한 소극과 적극으로 말하면 표면으로 소극이나 내면으로 적극이 될 수 있으며 혹 내면으로 적극이나 표면으로 소극이 될 수도 있나니라. 그런데 소극의 변천은 어디로 좇차 오느뇨. 소극을 짓는 것도 인(人)의 자유요 적극을 짓는 것도 인의 자유라 하노라. 사람이 만민에게 천도(天道)와 인도(人道)와 기타 여러 가지 책임을 인의 자유에 맡기었는데 선으로 좇차 선을 지으면 적극으로 지을 것이며 악을 좇차 악을 지을 것 같으면 소극을 지을 것이라."[113]

113 손정도, "조선의 변천을 론함", 〈신학세계〉 1권 1호, 1916.2, 111.

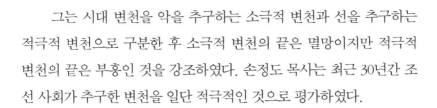

그는 시대 변천을 악을 추구하는 소극적 변천과 선을 추구하는 적극적 변천으로 구분한 후 소극적 변천의 끝은 멸망이지만 적극적 변천의 끝은 부흥인 것을 강조하였다. 손정도 목사는 최근 30년간 조선 사회가 추구한 변천을 일단 적극적인 것으로 평가하였다.

"그런즉 금일 조선에 변천은 어떠하뇨. 혹 소극이뇨 혹 적극이뇨. 나의 생각은 범사의 적극이라 하노라. 우리가 몇 십 년 전에는 표면으로 보면 적극 같으나 내면으로는 매일 매시에 썩어가며 망하여가는 소극의 일만 지었지만은 이때 이르러서는 조선인이 자다가 깨는 때요 죽었던 자가 생(生)하는 시대라. 현금 세계의 문명이 개통되매 여러 십년 혹 여러 백년간 문명이 되어 오는 나라들을 보면 우리가 층절이 있으나 우리의 형편으로만 말하면 천사만사가 다 십년 전보다도 십 배나 적극으로 자랐다 할지라. 이전에는 무엇이던지 하지 아니하는 자가 귀인이오 양반이라 하였지마는 이제는 범사에 일하여야 되는 줄 알았으니 이것 한 가지만 보아도 죽음에서 돌아서서 사는 지경으로 돌아온 증거라 할지라."[114]

19세기 말 시작된 개방과 개혁운동으로 한반도에 서구의 근대 학문과 과학 문명이 도입되고, 그로 인해 사회의 근대화가 이루어졌다. 그 결과 오랜 세월 우리 민족과 나라를 쇠퇴와 멸망의 길로 이끌었던 봉건적 가치와 질서가 붕괴되고 새로운 가치관에 근거한 사회 질서와 문화가 수립되었다. 이는 손정도 자신이 직접 경험한 바였다. 그

114 앞 글, 111~112.

러나 손정도는 그러한 변천과 변혁이 자칫 물질적이고 외면적인 영역에 머물까 우려하였다. 외면과 물질세계 변천은 내면과 정신세계 변천으로부터 시작되어야 했다. 그것은 종교 영역이었다.

"그러나 조선의 변천이 이와 같이 물질상에만 관계되었으면 세계를 대하야 자랑할 것이 무엇이 있으리오. 조선인의 변천은 곧 종교상 변천이라 하노라. 조선인의 심리상태를 이제 논할 것 같으면 캄캄한 어두운 밤이 지나가고 동방으로 환하게 오르는 태양이 비최인 것 같이 마음에 어두운 것은 다 지나가고 광명하신 하나님의 빛이 비최어 주심이라. 옳소. 우리의 마음은 과연 하나님 앞에는 자랑할 것이 없으나 땅에 붙은 인생들을 대하여는 자랑거리가 될 만 한 줄 앎내다. 우리는 하나님 앞에 이미 어둡던 죄악을 다 자복하였고 사람 사이에도 어두운 것을 다 깨트리고 숨기는 것이 없이 다 들어내었나이다. 우리 마음에는 지금 어두운 것이 없삽내다. 어두운 것을 행치 아니하기로 작정하였삽내다. 어두운 것은 우리가 미워하는 바가 되였고 어두운 일 하는 사람을 위하야 우리는 일하려고 하며 어두운 일 하는 자를 위하야 우리 몸은 희생으로 바치나이다."[115]

손정도 목사는 자신이 평양 부흥운동을 통해 정신적, 종교적 영역에서 이루어지는 적극적 변천을 경험하였다. '어두웠던' 과거 죄와 잘못을 회개할 때 얻어지는 용서와 구속, 기쁨과 평안의 세계를 경험하였다. 기독교 복음 안에서 이루어지는 빛의 세계였다. 그것은 물

115 앞 글, 112.

질적인 발전과 향상에서 얻는 것과 비교할 수 없는 감격이었다. 그렇게 어둠을 몰아내고 빛의 영역을 확장시키는 것이 복음 전도자, 목회자의 사명이었다.

> "이 세상아. 네가 얼마나 더 어둡겠느뇨. 하는 일이 얼마나 어두뇨. 밤보다도 더 어둡고 음부보다도 더 어둡구나. 네가 사람이 되어 사람을 사랑할 줄 모르며 사람 죽이기를 시월단풍에 초부가 섭 베기보다 더 쉽게 베는 자로구나. 무슨 까닭에 무엇을 얻고져 하여 서로 다투느뇨. 집이 집을 다투며 지방이 지방을 다투며 나라이 나라를 다투며 민족의 분간, 황색, 흑색, 백색의 분간과 동편 서편의 분간. 이처럼 서로 야단스럽게 물고 서로 눈 부릅뜨고 서로 칼을 겨누며 서로 대포를 겨누나뇨. 무삼 까닭인가 자세히 생각하여보아라. 너희들이 얻고저 하는 것이 너희가 죽이는 사람보다 더 귀하며 더 친하며 더 아름다우며 보배스러운 것이 무엇이 있는가. 이 같은 일을 행하는 사람들아 너의 어두운 것을 속히 회개하라."[116]

세상에서 '어둠의 세력'이 추구하는 것은 지방색 분열과 민족, 인종 간의 분쟁과 다툼이었다. 그 결과 평화로워야 할 인류사회에 불신과 갈등을 조장하여, 민족과 나라 간에 전쟁과 폭력이 난무하여 서로 죽이고 해치는 소극적 변천, 즉 패망의 세계로 바뀌고 있었다. 생명의 움직임보다 죽음의 세력이 판을 치게 되었다. "이 같은 일을 행하는 사람들아 너의 어두운 것을 속히 회개하라."는 손정도 목사의 외침

116 앞 글, 112~113.

은 유럽에서 진행 중인 1차 세계대전을 염두에 둔 것이기도 했지만 그보다는 무단통치로 한반도를 식민지배하면서 우리 민족을 말살하려는 일본 제국주의 폭력에 대한 경고이기도 했다. 손정도 목사가 꿈꾸는 미래는 갈등과 전쟁의 현실 세계가 아니라 사랑과 평화가 이루어진 종교 세계였다.

> "우리는 이와 같이 악하고 어두운 세계를 철장으로 질그릇같이 부스러뜨리듯 하고 평화의 세계 즉 사랑의 세계를 짓고자 하노라. 이 세계는 경쟁의 세계도 아니오 황금의 세계도 아니라. 이 세계는 신학세계며 너희 앞에 속히 이를 세계며 하나님이 그 아들 예수 그리스도로 말미암아 지으신 세계라. 이 세계는 전쟁도 없고 시기도 없고 편당도 없고 민족 민족, 나라 나라, 황색 흑색 백색 홍색의 분간도 없는 신학의 세계니 신학의 세계여, 속히 오시옵소서. 내 알기는 조선 경성 천연정 신학교 내로 신학의 세계가 임하셔서 속히 천하로 하여금 신학의 세계를 지으실 줄 깊이 믿노라. 아멘."[117]

이 글은 〈신학세계〉 창간을 축하하는 의미를 담아 쓴 것이라 '신학 세계'란 단어를 사용했지만 손정도 목사가 말한 '신학 세계'는 나라와 민족의 행복을 담보하는 새로운 '종교 세계'를 의미하였다. 지금 현실(물질) 세계는 "난리와 난리 소문이" 들리고 "민족이 민족을, 나라가 나라를 대적하여" 분쟁과 전쟁이 끊이지 않고 있지만(마 24:6~7) 하나님의 자녀들이 바라보는 미래 세계는 "전쟁도 없고 시기

117 앞 글, 113.

도 없고 편당도 없고 민족과 나라와 인종 간의 분쟁도 없는" 세계, 즉 하나님의 정의와 평화가 이루어져 "다시는 사망이 없고 애통하는 것이나 곡하는 것이나 아픈 것이 다시 있지 아니하는" 세계였다. 곧 로마 제국시대 밧모 섬에 유배된 사도 요한이 바라보았던 '새 하늘과 새 땅'(계 21:1~4)이었다. 그렇게 손정도 목사는 절망의 현실에서 희망의 미래를 바라보는 '종말론적 낙관주의자'(eschatological optimist)였다.

이런 손정도 목사의 신학적 입장을 담은 글로 1916년 10월 〈기독신보〉에 실린 "위대한 사업은 시간과 믿음에"라는 논설이 있다. 손정도 목사는 이 글에서 시간을 '무형의 보물'이라고 정의하고 유형의 보물을 허비하는 것보다 더 중한 과실이 무형의 보물인 시간을 허비하는 것이라고 지적하였다. 그는 성경의 '변화산 사건'(눅 9:28~36)을 예로 들어 설명했다. 즉 그리스도의 제자 가운데 주님과 함께 산 위에 오른 세 제자 말고 산 아래 남아 있던 아홉 제자는 "기도하고 있으라."는 주님의 명령을 따르지 못하고 오히려 "주님이 세 제자만 사랑하고 우리는 사랑하지 않으신다."며 원망과 시기심으로 기도하지 않고 시간을 허비하였다. 그러다 누군가 와서 "내 아이에게 들린 귀신을 내쫓아 달라."는 부탁을 받고 시도해 보았지만 실패하고 말았다. 제자들이 실패한 이유를 손정도 목사는 이렇게 설명했다.

> "이때에 어떤 사람이 와서 자기의 아들이 사귀(邪鬼) 병에 들렸으니 기도하야 낫게 하여주기를 간청하거늘 저희들이 그 아해를 위하야 기도하나 원망이 가득한 마음으로 기도하니 무삼 능력이 있어 그 사귀를 내여 쫓으리오 사귀가 도리어 냉담하고 비웃는도다. 마침 주께서 산으로부터 내려오실 새 그 사람이 다시 주 앞에 나아가 이르되 당신의 제자

들은 기도하되 능히 사귀를 내어쫓지 못하오니 주가 오셔서 낫게 하여 주소서 하거늘 주께서 그 제자들을 책망하시대 '너희가 나의 이른 말대로 준행하지 않고 무엇을 하였느냐.' 하시고 가셔서 기도하사 사귀를 내여 쫓아 곧 낫게 하셨으니 이것으로 말미암아 보건대 귀한 시간을 원망하는 마음으로 허송하여 그 생명을 낫게 못하였으니 시간으로 인하야 사람 생명의 관계가 있으니 어찌 시간이 귀하지 아니하뇨."[118]

산 아래서 기도는 하지 않고 시기와 원망으로 시간을 허비했던 아홉 제자에 빗대어, 손정도 목사는 민족적 위기 상황에서 분당을 짓고 남의 탓으로 원망하는 일에 몰두하며 기도 시간을 허비하고 목회 능력까지 잃어버린 '세속적' 목회자들을 비판하였다.

"이와 같이 사람의 큰 사업을 이루는 것도 시간을 아끼고 허비하는 데 있나니 오늘날 우리 조선 교회의 장래를 생각하고 여러 가지로 생각하야 비판하는 사람이 없지 아니하나 이는 다만 그 비판하는 동안에 귀한 시간을 다 보내면 어느 때에 좋은 시대를 볼 수가 있으리오. 그런즉 지금부터라도 시간을 허송하지 말고 열심히 일하고 아니하는 것으로써 장래 교회의 흥망이 있다 하노라."[119]

손정도 목사는 "믿음은 생명이니 믿음이 확실한 자는 생명이 있고 믿음이 없는 자는 생명도 없나니 생명 있는 자 능히 사람을 살리고 생명이 없는 자는 자기도 살릴 수가 없는 것이라."면서 제자들이 만일

118 손정도, "위대한 사업은 시간과 믿음에", 〈기독신보〉 1916.10.4.
119 앞 글,.

주를 믿는 믿음으로 기도하였으면 귀신을 내쫓을 수 있었을 것인데 자기 안에 그런 믿음이 없었기 때문에 실패하였다고 설명하였다. 이어서 아름다운 나무 한 그루를 구하여 '물 없는 모래밭'에 심으면 말라 죽지만 '잡초가 무성한 옥토'에 심으면 무성하게 자란다는 것을 예로 들어, 착한 사람에게 전도하는 것보다 방탕한 사람에게 전도하여 양심을 회복하고 구원을 얻도록 이끄는 것이 복음 전도자의 사명이라 하였다.

> "비록 잡풀이 무성하여 좋은 나무 자라는 것을 방해할지라도 그 잡초를 다 뽑아버리고 그 나무를 심으면 잘 무성할지니 이는 그 땅이 기름진 고로 잡초도 잘 자라는 것이라. 이와 같이 그 사람이 비록 정욕으로 양심을 가리웠을지라도 그 양심이 무엇을 하고저 하다가 선악의 길을 잘못 향하야 죄를 범한 것이라. 그런즉 이는 그 본 양심이 악한 것이 아니라 그 하는 바 일이 악한 것인즉 그 악한 일을 타파시키고 그 양심의 본능을 회복하면 능히 좋은 사람이 되어 구원의 자리에 참예케 할 수가 있는 것이라. 그런즉 우리가 장래 교회의 유지와 확장을 칭도하는 자는 믿음으로 행할 마음이 있으면 무슨 사업이던지 성취하려니와 할 마음이 없는 자는 믿음의 생명이 없는 사람인즉 아무 일도 성취하지 못할 지니 힘써 믿고 행할지어다."[120]

민족 구원의 책임을 진 한국교회가 추구할 '위대한 사업'이 바로 이러한 '옥토에서 잡초를 제거하는' 종교적 정화작업이었다. 그리고 잡초(죄악)를 제거해서 좋은 나무가 잘 자라도록 바꾸어야 할 옥

120 앞 글.

토는 곧 복음전도 대상인 우리 민족 삼천리강토였다.

계속해서 손정도 목사는 1916년 11월 〈기독신보〉에 "글 읽는 맛"이란 제목의 글을 발표했다. 그 무렵 조선예수교서회(현 대한기독교서회)에서 출간한 『어머니에 대한 강도(講道)』라는 소책자를 소개하는 글이었다. 이 책은 미국의 부흥운동가 빌리 선데이(Billy Sunday)가 쓴 '어머니날 설교'(Mother' s Day Sermon)를 노블(Mattie W. Noble) 부인이 번역하여 출판한 것이다. 짧지만 손정도 목사의 문학적인 소양을 보여주는 흥미로운 글이다.

> "국화 가을 비취이는 밝은 달밤에 슬슬 불어오는 맑은 바람은 뜰 가운데 서있는 오동나무 잎을 의지하여 쇄락한 정신을 가다듬어서 책 한 권을 왼편 손에 들고 한 페지 두 페지 읽어가며 생각하니 자자구구히 내 마음 속에 인상되여 잠시라도 잊을 수 없이 자미스럽고 감사하고 그 은혜를 깨닫는 마음이 점점 깊어가니 예전 에덴 낙원에서 생활하던 시조에 대한 감상이 일어나서 나도 그와 같은 생활을 한 번 하여 볼가 하는 마음이 일어나는지라. 돌이켜 생각하니 오늘 내가 이 책을 읽음으로써 마음속에 얻은바 모든 것은 과연 낙원에 있을지라도 더 얻을 수 없는 쾌락과 기쁨이라 하니라." 121

이 책을 번역한 노블 부인은 손정도 목사가 평양선교부에서 일하며 공부할 때 도움을 아끼지 않았던 '은인'이었다. 그리고 남편 노블(William A. Noble) 선교사는 평양지방과 경성지방 감리사로서 손정

121 손정도, "글 닑는 맛", 〈기독신보〉 1916.11.24.

도 목사가 목회를 시작할 때부터 그의 목회와 선교 활동을 적극 후원하고 도와주었다. 그런 노블 선교사의 '한국 선교 25주년 기념식'이 1917년 10월 18일 정동교회에서 개최되었다. 서울은 물론이고 평양과 해주에서도 교인들이 올라와 1천 명이 넘는 축하객이 모인 가운데 노블 선교사 부부의 선교 25주년 기념식이 성대하게 거행되었다.[122] 정동교회 담임 목사로 이 축하식의 초청인이었던 손정도 목사는 축하식 내용을 상세하게 정리하여 1917년 11월 〈신학세계〉에 발표하였다.[123] 그래서 이 글은 자신을 목회자와 선교사, 부흥사의 길로 이끌어 준 노블 선교사 부부에 대한 '보은'(報恩)의 성격이 강하다.

그렇게 손정도 목사는 1915년 정동교회 담임이 된 이후 3천 명이 넘는 교인과 배재학당, 이화학당 교사와 수백 명 학생의 신앙을 지도하면서 '능력 있는' 목회자로서 관록을 쌓았다. 그러면서 선교사와 동료 목회자들 사이에 '지도급' 인사로 인정을 받았다. 그리고 서울과 지방의 교회와 학교, 기독교기관의 부흥회와 강연회 강사로 초청을 받아 애국적인 부흥설교로 청중들을 감화시켰다. 젊은 목회자 사회에서는 '손정도식 부흥회' 열풍이 불었다. 그 결과 손정도 목사는 1910년대 한국 기독교계를 대표하는 목회자로, 부흥사로 명성을 얻었다. 그뿐만 아니라 〈기독신보〉와 〈신학세계〉에 '절망의 시대에 희망을' 보여주는 설교와 논문들을 발표하여 문필가로서 재능을 인정받았다. 그러나 그의 생각과 의지는 여전히 나라 밖, 중국을 향하고 있었다. 그리고 1918년 여름, 그는 안정된 목회 환경을 떠나 '가시밭' 외유 길에 올랐다.

---

122 삼성생, "기념식에 갔다가", 〈기독신보〉 1917.10.31.
123 손정도, "魯普乙博士 朝鮮宣教 二十五週年紀念式 一覽", 〈신학세계〉 2권 4호, 1917.11, 177~178.

4) 정동교회 사임과 망명 준비

고난과 시련이 점철되었던 손정도 목사의 생애에서 서울 정동교회에서 목회하였던 3년(1915~18년)이 가장 '안정적인' 시기였다. 정동교회 목사 사택에서 살았던 가족들에게도 그때가 가장 평온했다. 누구보다 아내 박신일에게 그러했다. 남편이 고향 집에서 쫓겨난 후 목회자가 되어 중국 선교사로 나가 있는 동안 부인은 평양에 홀로 남아 기홀병원 잡역부로 일하면서 어린 자녀들을 키웠다. 그러다가 남편이 진도 유배에서 풀려나 서울 동대문교회 담임자가 되면서부터 조금씩 형편이 펴졌고 3천 명 교인이 출석하는 정동교회 담임자가 되면서 비로소 안정적인 환경에서 자녀들을 양육할 수 있게 되었다. 부인은 서울로 올라온 직후(1914년) 둘째 아들 원태를 낳았고 정동교회로 옮긴 1년 후(1916년) 셋째 딸 영실(榮實)을 낳았지만 3일 만에 죽는 슬픔도 겪었다. 그리고 1917년 8월 21일 동대문부인병원에서 막내딸 인실(仁實)을 출산했다. 그렇게 해서 식구가 일곱으로 늘어났다. 정동교회에서 주는 목사 봉급이 넉넉하지는 않았지만 평양 시절에 비하면 훨씬 나은 생활을 할 수 있었다.

정동교회 시절 손정도 목사와 가족
(오른쪽부터 진실, 아내, 원태, 원일)

손정도 목사의 자녀들도 순조롭게 자랐다. 맏딸 진실은 이화학당 중등과에, 둘째 딸 성실은 이화학당 보통과에 다녔고 맏아들 원일은 1917년 수창동에 있던 영신학교(永信學校)에 입학하였다. 영신학교는 장로교와 감리교 연합으로 운영하던 소학교였다. 원일은 그때 정동교회 시절을 가장 행복했던 때로 추억하였다.

> "정동에서의 생활은 내 유년기 가운데 가장 빛나는 대목일 것이다. 이화학당 주변, 배재 운동장, 현재[1976년] 대법원 청사가 들어앉은 공터 등은 유별난 개구쟁이였던 나의 전용 놀이터나 다름없었다. 큰 누님 진실, 작은 누님 성실은 모두 이화에 다녔다…. 당시 정동교회에는 이화 학생들이 많이 찾아들었다. 고인이 된 김활란 박사는 그때 전문학교 학생이었는데 아버지를 몹시 따르고 존경했다. 거의 매일처럼 목사관에 놀러 오던 김 박사는 나를 마치 친동생처럼 귀여워해주었다. 어린 시절의 나는 비교적 귀엽게 생긴 편이었다고 지금도 생각하고 있지만 그때문인지 이화의 수많은 누나들로부터 귀여움을 받았다." 124

그 시절 손정도 목사는 정동교회 교인이나 학생들에게 '독립'이나 '자립'에 관한 설교를 자주 하였다. 그리고 그것을 몸소 실천해 보였다. 그가 한국교회의 해외선교를 그토록 강조한 것도 '선교사를 받아들인 교회에서 선교사를 파송하는 교회로서' 지켜야 할 자존심 때문이었다. 그런 자립 원칙을 자녀들에게도 적용하였다. 원일의 증언이다.

---

124 손정도, "나의 이력서(3)", 〈한국일보〉 1976.10.1.

"소학교[영신학교] 들어가던 해 여름방학, 나는 아버지의 명령에 따라 아르바이트를 한 일이 있다. 미국인들의 테니스코트에서 공을 줍는 일이었다. 아버지는 그때 '사람은 일을 할 줄 알아야 한다.' 고 말씀하셨다. '나이가 어리다고, 방학이라는 이유로, 빈둥빈둥 놀아서는 안 된다. 우리 민족이 나라를 잃은 것은 오로지 게으르기 때문이다…' 대강 이런 말씀이었다. 내가 기억하는 아버지의 첫 번째 교훈이다."125

여덟 살 어린 소년은 정동교회 바로 옆, 미국공사관 안에 있던 테니스장에 가서 미국인들이 치는 공을 주워 담는(ball boy) 일을 해서 '동전 몇 닢'을 받는 재미를 느꼈다. 이후 원일은 방학만 되면 '아르바이트'를 해서 용돈을 벌었다. 다른 자녀들도 마찬가지였다. 그렇게 손정도 목사의 자녀들은 어려서부터 스스로 노력해서(自力), 스스로 서는(自立) 법을 배웠다.

이처럼 정동교회 시절 손정도 목사와 그 가족은 어느 정도 '안정적인' 환경에서 생활을 하였다. 하지만 교회 밖, 나라와 민족 상황은 그렇지 못했다. 총독부는 헌병대를 앞세운 폭력적 정치 탄압으로 일관하였다. 105인 사건 이후 나라 안에서 항일 민족운동의 움직임은 더 이상 보이지 않았고 나라 밖의 독립운동도 침체되었다. 일본의 경제적 수탈로 경제상황은 나날이 악화되었다. 그런 중에 1917~18년 겨울은 그 어느 때 보다 혹독했다. 그 무렵 〈기독신보〉 기사처럼, "지난겨울의 추위는 수십 년래 처음이오 또한 물가의 비싼 것은 천지창조 후 처음인 엄동을 당하야 일반 인민의 고통을 주는 생활난은 형언할 수 없는 중 무직업

125 앞 글, 1976.10.5.

한 빈민의 생활 정상은 눈으로 차마 볼 수 없으며 귀로 차마 들을 수 없는" 지경이 되었다.[126] 이런 상황에서 1918년 1월 서울 시내 선교사와 교회 지도자들이 초교파적인 기구로 중앙기독교청년회 안에 '빈민구제회'를 설치하고 모금활동을 벌였다. 그 조직에 손정도 목사도 참여했다. 당시 중앙기독교청년회 총무 윤치호의 1918년 1월 7일 자 일기다.

> "예전처럼 오후 4시 30분에 기독교청년회관 회우부(會友部) 모임을 가졌다. 그에 앞서 오후 3시에 빈민구제회 모임이 있었는데 노블(Noble) 박사와 빌링스(Billings) 목사, 쿤스(Koons) 목사, 홉스(Hobbs) 총무, 그리고 차상진(車相晉) 목사와 손정도(孫貞道) 목사, 이희백(李熙百), 김정식(金貞植) 등이 참석했다. 김정식은 지독한 반외세파 인사로 나에게 일본인 기금을 모아서라도 기독교청년회를 미국인 손아귀에서 구해내자고 하였다."[127]

훗날(1929년) 손정도 목사와 사돈지간이 될 윤치호도 손정도 목사와 가깝게 지내면서 그의 목회를 도왔다. 그런 배경에서 손정도 목사는 1918년 1월 13일 서울 중앙기독교청년회 주최 복음전도회 강사로 초청을 받아 '애국적인 설교'를 할 수 있었다.[128] 그렇게 손정도 목사는 서울에서 목회하는 동안 그가 속했던 미감리회 뿐 아니라 남감리회, 그리고 장로교 교회 지도자들과도 폭넓은 교제를 나누었다. 그는 서울로 올라온 후 중단했던 신학 수업도 받았다. 그는 3년 수업을 마

126 "시내의 빈민구제", 〈기독신보〉 1918.2.20.
127 『윤치호 일기』 7권, 국사편찬위원회, 1988, 147~148.
128 "중앙청년회 복음회", 〈매일신보〉 1918.1.13.

치고 1918년 2월 협성신학교 제5회 졸업생이 되었다. 그때 함께 졸업한 동창이 모두 12명이었는데 그 가운데는 정동교회에서 함께 사역했던 김종우 목사, 진남포 목회시절부터 친하게 지낸 배형식 목사, 고향 증산 이안교회를 담임하던 송익주 목사, 평양 숭실중학 동문 김창준 전도사와 정진수 목사, 강시봉 전도사 등도 포함되었다.[129] 신학교 기관지 〈신학세계〉는 1918년 5월호에서 이들 5회 졸업생들의 약력을 수록하였는데 다음은 손정도 목사를 소개하는 글이다.

> "1882년 평남 강서군 증산면 오홍동에서 생(生)하여 6세에 사숙에 입(入)하여 17세까지 수업하다가 19세에 주(主)를 신(信)하고 가산(家産)을 치(治)하더니 1905년에 평양 숭실중학교에 입(入)하여 1908년에 필업(畢業)하고 1년간 진남포교회에서 전도사로 근무하였으며 1910년 목사가 되여 상제(上帝)의 사명을 봉(奉)하여 지나(支那)에서 선교할 새 이삼년간 한어(漢語)를 준비하며 선교사업에 자미를 상(嘗)하던 중 불행한 사고로 인하야 귀국하여 경성 동대문교회에서 1년을 복무하고 정동제일예배당으로 전임하여 우금(于今) 3년이 되었음에 도처에 교인이 원류(願留)하며 중외(中外)가 다 청년 유력한 목사라 칭하더라."[130]

글의 마지막 문장, "정동교회에 부임한 지 3년이 되었음에도 도처에서 교인들이 와서 머물기를 원하였고 안팎의 모든 사람이 그를 유력한 청년 목사라 칭하였다."는 부분에서 당시 손정도 목사의 인기와 명성을 짐작할 수 있다. 그렇게 30대 중반의 손정도 목사는 한국 기

129 "본교 제오회 졸업생 약력", 〈신학세계〉 3권 3호, 1918.5, 182~191.
130 앞 글, 184.

독교계를 대표하는 '청년 목사'로 부각되었다. 그런 배경에서 손정도 목사는 1918년 3월 9일 이화학당에서 거행된 프라이 당장의 50회 생일과 한국선교 25주년 기념식에 참석하여 정동교회 교인들이 마련한 "신선로까지 갖춘 12첩 반상(飯床)"을 프라이에게 기념품으로 증정하였다.[131] 손정도 목사는 그 그릇에 진실과 성실, 두 딸을 가르쳐 준 이화학당에 대한 감사의 마음도 담아 주었다.

이어서 1918년 6월 19일부터 24일까지 정동교회에서 미감리회 연회가 개최되었다. 손정도 목사는 연회 2일 차 회집 때 개회 기도를 하였고 3일 차 저녁에는 서울지역 다른 교회들과 함께 중앙기독교청년회관에서 '연회원 환영만찬회'를 베풀어 지방에서 올라온 목회자들을 위로하였다. 그리고 연회 5일 차 되는 6월 23일에 그는 '목사견습 4년급'을 마치고 '장로 목사'(elder)로 안수를 받았다. 이때 그와 함

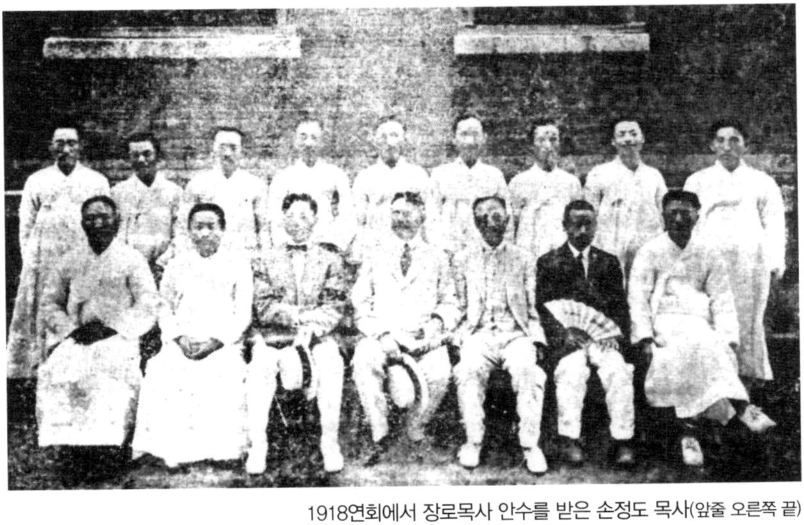

1918연회에서 장로목사 안수를 받은 손정도 목사(앞줄 오른쪽 끝)

131 "리화학당장의 희년", 〈기독신보〉 1918.3.20.

손정도 장로목사 안수증서

께 장로 목사를 받은 15명 중에는 신학교 동창인 김홍식과 김종우, 정진수, 배형식, 이영순, 송익주, 윤성렬 목사와 105인 사건으로 3년 옥고를 치르고 나온 안경록 목사, 그리고 1년 후 3·1운동 때 민족대표로 서명에 참여할 최성모 목사와 남양 만세운동을 주도하고 옥고를 치를 동석기 목사도 포함되었다.[132] 손정도 목사로서는 1918년 연회에서 자신이 장로 목사로 안수받은 것보다 배형식 목사가 '만주선교사'로 파송을 받은 것이 더 기뻤다. 그 소식을 〈기독신보〉가 전했다.

> "이왕 미감리 교회에서 손정도씨를 청국에 선교사로 파송하였다가 사고로 인하여 그동안 중지하였더니 금년에는 북간도에 선교사 한 사람을 파송하기로 결의한 결과 평양 박구리교회를 치리하던 배형식 목사

132 〈미감리회 조선연회록〉 1918, 19; "미감리회 연회 후문", 〈기도신보〉 1918.7.3.

가 피임되였더라." [133]

7년 만에 미감리회의 중국 만주선교가 재개되었다는 소식을 전한 〈기독신보〉는 2주일 후 1918년 7월 24일 자 신문에서 손정도 목사에 관한 '특별' 소식을 전했다.

"경성 정동 미감리교회 제일예배당 목사로 다년 시무하던 손정도씨는 신체의 병기로 인하여 금년 연회에서 1년 몸을 휴양키로 하였음으로 본월(7월) 9일 상오 9시 50분 경의선 급행열차로 가족을 대동하고 평양으로 나려갔다더라." [134]

손정도 목사의 정동교회 사임과 평양행 소식은 누구도 예측하지 못했던 '돌발적인' 것이었다. 신문은 손정도 목사의 사임 이유를 '신체의 병기(病氣)', 즉 건강 문제 때문이라고 설명하였다. 손정도 목사가 연회 중에 감독에게 '휴직 청원'을 하면서 표면적인 이유로 내세운 것도 '건강 악화'와 그로 인한 '휴양 필요'였다. 감독과 연회는 이런 그의 청원을 받아들여 '1년간 휴직'을 허락하면서 휴직 중에도 '목사 월봉 20원'을 지급하기로 결의하였다.[135] 정동교회에는 그 후임으로 왕십리교회에 있던 이필주 목사가 파송되었다.

연회에 '휴직'을 청원한 손정도 목사는 서울에 기숙사 생활을 할 수 있는 맏딸 진실만을 남겨둔 채 다른 식구들을 데리고 평양으로

133 "외국선교사 임명", 〈기독신보〉 1918.7.3.
134 "개인소식", 〈기독신보〉 1918.7.24.
135 〈미감리회 조선연회록〉 1918, 27.

내려갔다. 부인은 남편의 의도를 알았지만 다른 자녀들은 '영문도 모른 채' 행복했던 서울 생활을 접고 낯선 평양으로 내려갔다. 평양으로 내려간 손정도 가족은 평양 교외 신창리, 보통강변에 있던 작은 집에 짐을 풀었다. 그리고 성실과 원일은 감리교계통의 정진여학교와 광성소학교에 편입하였다. 그렇게 평양으로 내려간 후 손정도 목사가 누구를 만나, 어떤 일을 했는지 밝혀진 것은 없다. 다만 손정도 목사는 가족에게도 밝힐 수 없는 '비밀스러운' 작업을 하였다. 이를 밝혀줄 확실한 기록이나 자료는 없다. 다만 손정도 목사의 가족과 주변 인사들의 증언을 종합하면 그는 당시 이화학당 교사였던 하란사와 함께 의친왕 이강(李堈)의 해외 망명을 준비하였다.

평양 출신 하란사(河蘭史)는 인천 별감을 지낸 남편 하상기의 부인으로 기혼여성임에도 신학문을 배우려는 열정으로 이화학당에 입학하였고 일본 게이오여숙(慶應女塾)을 거쳐 1905년 미국 오하이오 웨슬리언대학에서 한국인 여성으로서는 최초로 문학사(B.A.) 학위를 받았다. 귀국 후 이화학당 총교사가 된 그는 학생들에게 근대 여성의식과 민족의식을 고취하였고 고종황제로부터 훈장을 받기도 했다. 그는 주일마다 학생들을 인솔하고 정동교회 예배에 출석하여 손정도 목사의 설교를 들었고 손정도 목사를 종종 이화학당 학생예배에 초청해서 설교를 부탁했다. 손정도 목사는 두 딸이 다니는 이화학당 총교사 하란사와 학부형-지도교사 관계이기도 했다. 그래서 두 사람은 자주 만나 학교와 교회, 민족문제를 두고 상의할 수 있었다. 하란사는 1916~17년 미국을 재차 방

하란사

문하였다. 하란사는 1916년 5월 뉴욕에서 개최된 미국 감리교회 총회에 한국교회 평신도 대표로 참석해서 미국교회 대표들에게 한국교회 선교 상황을 보고하였다. 하란사는 총회 후 곧바로 귀국하지 않고 1년 더 미국에 머물러 시카고대학에서 석사과정을 공부하는 한편 정동교회에 설치할 파이프 오르간 기금을 모금하였다.[136] 그러면서 하란사는 미주지역 교포사회 지도자들과 교류하면서 해외 민족운동 진영에 대한 소식과 정보를 얻었다. 그리고 미국 언론과 미국교회 지도자들을 통해 제1차 세계대전과 종전 후에 이루어질 세계질서 개편에 관한 정보도 얻었다.

이처럼 국내에서는 접할 수 없는 소식과 정보를 습득한 하란사는 1917년 8월 귀국한 후에 뜻이 통하는 동지들과 그 정보를 나누었다. 하란사와 정보를 나눈 국내 인사들 가운데 손정도 목사도 물론 포함되었다. 하란사를 통해 안창호를 비롯한 미주와 해외 독립운동가들의 움직임과 계획에 대한 정보를 얻은 손정도 목사는 하얼빈에서 체포되어 국내로 압송되는 바람에 중단된 해외 독립운동 기지 건설을 다시 추진할 필요성을 느꼈다. 그동안 연회 때마다 손정도 목사는 다시 중국 선교사로 파송해 달라고 요청하였지만 총독부 눈치를 보아야 했던 감독과 선교사들은 그의 중국행을 허락하지 않았다. 결국 손정도 목사는 망명을 택하기로 하였다. 그렇게 망명을 염두에 두고 평양으로 내려온 손정도 목사는 일본 경찰의 감시와 추적을 피하기 위해 요양하는 것처럼 위장하고 은밀하게 서울의 하란사, 북간도 선교사로 파송 받은 배형식 목사와 연락을 취하였다. 배형식 목사는 1918년 6월

136 하란사의 모금으로 마련된 파이프 오르간은 한국에서는 최초로 1918년 7월 정동교회에 설치되었다. "부인 하란사씨의 청연, 내지 교회의 오르간", 〈신한민보〉 1916.12.7.; "부인 하란사씨의 편지", 〈신한민보〉 1917.2.15.; "제일례배당의 제일 큰 풍금", 〈기독신보〉 1918.8.21.

연회를 마친 후 평양 박구리교회 일을 마무리하고 9월 초 원산으로 가서 기차 편으로 북간도로 떠났는데 그사이 평양에서 손정도 목사와 만나 만주선교 및 독립운동 기지 건설에 대한 의견을 나누었다. 이후 배형식 목사는 북간도 국자가와 용정촌, 연길과 왕청, 화룡, 훈춘 등지를 순회하며 선교기지 건설을 모색했다. 그곳은 망명 민족운동가들이 독립운동 거점으로 교회와 학교를 세운 곳이기도 했다.137

그러던 중 1918년 11월, 독일과 오스트리아의 패망으로 제1차 세계대전이 끝났다. 그리고 1919년 1월 프랑스 파리에서 열릴 만국평화회의를 겨냥하여 미국 대통령 윌슨이 제시한 민족자결주의 원칙이 언론을 통해 알려졌다. 이에 국내외 민족운동 진영에서 파리 만국평화회의에 대표를 파견하여 서구 열강국 지도자들에게 한국의 독립 승인을 요구하자는 운동이 전개되었다. 제일 먼저 중국 상해의 신한청년당에서 김규식을 파리에 파견하기로 하고 이를 국내 민족운동 진영에 알리며 협조를 부탁하였다. 미국에서도 서재필과 이승만을 파리에 파견하려는 움직임이 있었다. 국내에서는 고종황제의 다섯째 아들 의친왕을 파리에 파견하려는 논의가 진행되었다. 이화학당의 하란사와 손정도 목사가 여기에 적극 가담하였다. 의친왕은 미국 유학시절(1901~05년) 오하이오 웨슬리언대학에서 하란사와 함께 공부한 적이 있었고 김규식이나 안창호와도 교류한 적이 있었다. 당시 배재학당 교장이었던 신흥우의 증언이다.

"하란사씨가 미국에서 유학할 때부터 의친왕하고 친했습니다. 오하이

137 "개인소식", 〈기독신보〉 1918.9.18.; "감리회 통신", 〈기독신보〉 1918.10.23.

오 델라웨즈에서 얼마동안 같이 있었습니다. 그래서 하란사씨가 의친왕하고 매일 연락을 하다시피 했습니다. 어떤 때는 궁중에 있는 궁녀라고 할는지 하는 사람이 심부름해서 만났는데 우리의 요구는 일본 사람이 찾으려고 해도 못 찾고 있던 1882년에 우리나라와 미국이 맺은 한미조역 원문을 찾으면 그것을 가지고 파리에 가서는 윌슨 대통령에게 보이면서 '왜 일본이 우리나라를 합병할 때 그냥 무시해버렸소.' 하자는 것이었습니다."[138]

의친왕의 파리 파견계획을 고종황제가 승인하거나 지원했는지 여부는 확인할 수 없다. 하지만 이후에도 의친왕이 여러 차례 해외 망명을 시도했다는 점에서 그의 망명 의도는 분명했던 것으로 보인다. 의친왕이 파리 평화회의에 참석하기 위해서는 우선 중국으로 탈출하는 것이 중요한 데 그 과정에 손정도 목사와 하란사가 관여했다. 특히 중국에서 3년간 선교사로 사역한 경험이 있어 중국어와 중국 교통에 익숙했던 손정도가 의친왕의 중국 탈출행로를 준비하기로 하였다. 이런 일들은 일본 경찰의 감시와 추적을 피해서 추진해야 했기에 손정도 목사는 가족에게도 비밀로 하고 평양과 서울을 오가며 은밀하게 일을 추진했다. 그런 배경에서 손원일의 "(평양으로 내려간 후) 아버지는 어디론가 분주히 오가는 사람들을 만나곤 하였다."는 증언이 나왔다.[139] 그렇게 손정도 목사는 정동교회를 사임하고 평양으로 거처를 옮긴 후 해외 독립운동 기지 건설과 의친왕 망명이라는 '모종의 일'을 도모하며 운명의 1919년을 맞이했다.

138 전택부, 『인간 신홍우』, 정음사 1971, 124.
139 손원일, "나의 이력서(5)", 〈한국일보〉 1976.10.5.

Ⅲ. 평양에서 북경 거쳐 상해까지(1919~1923년)

"모세가 하나님께 아뢰되 내가 이스라엘 자손에게 가서 이르기를 너희의 조상의 하나님이 나를 너희에게 보내셨다 하면 그들이 내게 묻기를 그의 이름이 무엇이냐 하리니 내가 무엇이라고 그들에게 말하리이까. 하나님이 모세에게 이르시되 나는 스스로 있는 자이니라. 또 이르시되 너는 이스라엘 자손에게 이같이 이르기를 스스로 있는 자가 나를 너희에게 보내셨다 하라."(출 3:13~14)

대한민국임시의정원 의장 손정도

'민족 해방' 이란 막중한 사명을 모세에게 부여한 하나님은, "당신의 이름이 무엇입니까?"라는 모세의 질문에 "나는 스스로 있는 자다."(I am that I am)라고 답하였다. 누구에 의해서 만들어지거나 주어지거나 옮겨진 존재가 아니고 처음부터 그렇게, '스스로(自) 있어온(存)' 존재라는 뜻이었다. '자존'(自存)은 하나님의 존재와 성격을 설명하는 기본개념이다. 그래서 다른 민족에게 사로잡혀, 시키는 대로 살아가고 있는 이스라엘 민족을 해방하여 '자유민'(自由民)으로 살아가게 만들려는 것이 하나님의 계획이었다. 어느 민족도 다른 민족을 억압하거나 지배할 수 없다는 '하늘의 명령' 이었다. 억눌린 민족에게 자유와 해방! 그것이 하나님의 뜻이었다.

우리 민족에게 3·1운동이 그러하였다. 강제합병 이후 일본 제국주의의 무단통치와 경제수탈, 차별정책으로 한민족의 정체성과 자존심은 철저하게 파괴되고 무시당하였다. 105인 사건 이후 국내에서 더 이상 민족적 저항운동의 움직임이 보이지 않았고 총독부의 식민통치는 순조롭게 진행되어 한반도는 완전히 '일본 영토'가 된 것처럼 보였다. 바로 그러한 때 기독교와 천도교, 불교 등 종교 대표들은 '조선 민족 대표 33인' 명의로 "우리는 이에 우리 조선의 독립국(獨立國)임과 조선인의 자주민(自主民)임을 선언하노라."로 시작되는 〈독립선언서〉를 선포하였다. 그리고 이를 신호로 1년 동안 한반도 전역에서 거족적인 항일 독립만세운동이 전개되었다. 그것은 "우리는 일본이 될 수 없다." "우리는 자유와 독립을 원한다."는 의지 표현이자 저항의 몸짓이었다. 그렇게 3·1운동은 우리 민족의 자존심을 되살려 놓았다.

3·1운동의 결과물로 상해에서 대한민국 임시의정원과 임시정부가 탄생했다. 이후 8·15해방이 될 때까지 임시정부는 한민족의 "살아 있다."는 징표이자 어떤 역경과 환란 중에서도 포기할 수 없는 민족의 자존심으로 남았다. 3·1운동 직전 중국으로 망명한 손정도 목사는 정동교회 전임자였던 현순 목사와 함께 상해로 내려가서 임시의정원과 임시정부 조직에 참여하였다. 이후 손정도 목사는 1923년 12월 북만주 길림으로 자리를 옮기기까지 임시의정원 원장, 임시정부 교통총장, 대한적십자회 총재, 인성학교 교장을 역임하였고 목회와 독립운동 동지들과 함께 대한예수교진정회, 의용단, 노병회 등을 조직하여 항일 독립운동 최일선에서 활약하였다. 애굽에서 모세가 그러했던 것처럼, 그는 망명지 상해에서 '자주 하는' 민족으로 독립 국가를 건설하기 위한 '자존심 투쟁'을 벌였다.

1. 상해 독립운동(1): 임시의정원 의장

1) 3·1운동과 중국 망명

파리에서 만국평화회의가 시작되기로 예정된 1919년 1월이 되자 의친왕 망명을 준비하던 서울의 하란사나 평양의 손정도 목사의 발길이 더욱 바빠졌다. 그러던 중 1월 21일, 덕수궁에 유폐(?)되었던 고종황제의 급작스런 죽음으로 모든 작업이 중단되었다. 고종황제의 죽음은 온 민족에 큰 충격을 안겨주었다. 누구보다 하란사가 받은 충격이 컸다. 신흥우의 증언이다.

"어느 날 오후에 이화학당 서양 교수들의 식당에서 그 교장하고 나하고 차를 마시는데 누군가 문을 두드려서 들어오라고 했더니 하란사씨가 문을 여는데 얼굴이 그냥 새파랗단 말이에요. 침이 말라서 말을 못하다가 하는 말이 '대황제께서 돌아가셨습니다.' 라고 그래요. 그 말을 듣고 참 기가 막혔습니다. 그토록 여러 날을 두고 고대하고 희망하고 궁금해서 사람을 보내서 알아보고 하던 것이 그렇게 되니까 마음속에 '아마 고종께서 그것(파리에 보낼 정부의 외교관계 문서들)을 내어보내려고 하는 그때에(의친왕이 가지고 나오기로 했었습니다) 아마 일본 사람에게 발견되어 해를 당했나 보다.' 하는 것이 우리 마음속에 문득 들어갔던 것입니다."[1]

국장(國葬)이 선포되고 상주(喪主)가 된 의친왕이 해외로 나가는 일은 불가능하였다. 이런 상황에서 서울의 하란사나 평양의 손정도는 계획했던 해외 망명을 계속 추진할 것인가? 아니면 중단할 것인가? 결단해야만 했다. 두 사람은 계속 추진하기로 했다. 비록 의친왕과 함께 가지는 못하더라도 하란사는 단독으로라도 파리에 가서 독립을 원한다는 '한국 여성계'의 의지를 전하려 하였다. 중국 상해의 신한청년당에서 파리에 파견한 김규식이 한국의 남성 청년운동계를 대표하였기에 여성운동계의 소리도 보탤 필요가 있었다. 그리고 손정도 목사는 하얼빈에서 체포되는 바람에 중단된 '해외 독립운동 기지' 건설을

1 전택부, 『인간 신흥우』, 124~125.

재개할 목적에서 중국 망명을 결심하였다. 그래서 두 사람은 가급적 빨리 중국으로 탈출하여 북경에서 만나기로 하였다.

그렇게 손정도 목사가 2월 중순 중국망명 준비를 마치고 중국으로 출발하려는 때 기홀병원에 입원해 있던 이승훈 장로로부터 "만나고 싶다."는 연락을 받았다. 정주 오산학교 설립자 이승훈은 신민회 동지로서 105인 사건 때 3년 옥고를 치르고 나온 민족운동 지도자였다. 그는 1919년 2월 초 선천에서 열린 평북노회 사경회에 참석했다가 상해 신한청년당에서 파견한 선우혁을 만났다. 선우혁은 선천 신성중학교 학생 시절 105인 사건에 연루되어 3년 옥고를 치르고 1914년 석방되자마자 상해로 망명하여 여운형과 함께 상해 한인교회를 설립하였고 1918년 11월 여운형과 김규식, 김철, 장덕수, 서병호, 신규식, 조동호, 한진교 등과 함께 '신한청년당'(新韓青年黨)을 조직하였다. 신한청년당은 김규식을 파리 평화회의에 참석시키는 한편 국내에도 특파원을 보내 이에 호응하는 독립운동을 전개하기로 하였다. 이에 따라 장덕수는 일본, 여운형은 북간도와 시베리아로 파견하고 국내에는 김철과 선우혁을 파견하였다.[2] 그런 과정으로 국내에 파견된 선우혁은 1919년 2월 초 평북 선천에 도착하여 마침 개회 중인 평북노회 사경회에 참석한 이승훈 장로를 만나 귀국 목적을 설명하였다. 그는 민족대표 김규식이 파리에서 국제사회 지도자들에게 '조선의 독립'을 호소하는 것에 맞추어 국내에서도 독립을 요구하는 '민족적 의사'를 표할 것을 부탁하였다. 이에 동의한 이승훈은 동지 규합에 나서 같은 평북노회 소속인 양전백 목사와 유여대 목사, 김병조 목사, 이명룡 장로 등

2 "신한청년당 총회", 〈독립신문〉 1920.2.5.

을 포섭하였고 서울로 올라가 송진우와 최린을 만나 천도교 측과 합동으로 독립운동을 벌이기로 했다.

그렇게 서울을 오가며 동지를 포섭하던 이승훈 장로는 2월 15일 상경 길에 평양에 들러 기홀병원에 '위장 입원'하고 있던 손정도 목사를 만났다. 그러나 손정도 목사는 이미 중국으로 망명길을 떠날 준비까지 마친 상태였기에 "독립선언서에 서명할 민족대표로 참여하라."는 이승훈의 부탁을 들어줄 수 없었다. 그는 대신 당시 남산현교회 담임자 신홍식(申洪植) 목사를 소개하였다. 신홍식 목사는 협성신학교 2회 졸업생으로 손정도 목사와 함께 신학공부를 하였을 뿐 아니라 민족의식도 투철하였다. 그렇게 해서 신홍식 목사가 민족대표로 참가하게 되었다. 이승훈 장로는 그런 식으로 장대현교회의 길선주 목사도 만나 동지로 포섭했다. 후에 이승훈 장로는 경성고등법원 재판정에서 그 과정을 이렇게 진술하였다.

"판사 : 평양에서 길선주 등 3인에게 말하고 동의를 얻었던 일시 장소를 말하라.

이승훈 : 내가 선천을 출발한 것은 14일 밤으로 생각된다. 다음 15일은 가슴이 아파서 평양의 기홀병원에 입원했었다. 거기에 손정도가 가끔 다른 사람의 문병을 온다고 해서 내가 만나고 싶다는 전언을 부탁했더니 15일에 왔었다. 손정도와 만나서 그 독립선언에 대한 말을 했더니 자기는 중국방면으로 가므로 찬동할 수 없다고 했다. 다음 날에 그 사람이 신홍식을 데리고 왔었으므로 그 사람에게 그 독립선언의 취지를 말했고, 길선주에게는 좀 와 달라고 해서 그 취지를 말했는데 모두 그것에 찬동을 했었다. 다만 그 사람에게서

도장을 맡은 일은 없다."[3]

손정도 목사는 신홍식 목사를 이승훈 장로에게 소개한 후 오랫동안 준비해왔던 중국 망명길에 올랐다. 당시 광성소학교 학생이었던 원일은 아버지가 '상복으로' 변장하고 집을 떠나던 그 날밤 장면을 정확하게 기억하고 있었다.

> "보통강 위로 대보름달이 둥실 떠오른 밤이었다. 나와 성실 누님은 여느 동네 어린이들과 함께 강변에 나가 놀았다. 쥐불도 놓고 뛰기도 하는 그런 놀이를 했을 것이다. 어쨌든 밤이 이슥해서야 남매는 집에 돌아왔다. 그런데 집안 분위기가 이상했다. 어머니는 아버지의 옷에 엽전꾸러미를 매달아 꿰매고 있었다. 아무 말씀도 않는 것이 더욱 심상치 않는 일이었다. 우리 남매도 말을 잃고 조용히 앉아 있었다. 그때 아버지가 밖에서 돌아오셨다. 처음 보는 털모자를 썼는데 눈과 입만 나올 뿐 얼굴 전체를 가리는 신기한 것이었다. 나는 그런 모자를 내게 달라고 조르기 시작했다. 아버지는 한동안 나를 바라보시더니 '이 다음에 더 좋은 것을 사주마.' 했다. 그러더니 갑자기 나를 품에 안는 것이었다. 아버지는 어머니와 무엇인가 의논을 한 후 곧 일어섰다. '내 잠간 다녀올 테니 잘 있거라.' 하며 내 머리를 쓰다듬었다. 이웃에 그야말로 '잠간' 다녀오시는 것으로만 알았다. 그런데 모두들 밖에 나가서 인사를 해야 한다고 어머니가 이르는 것이었다. 아버지는 몇 번이고 뒤돌아보시며 어둠 속으로 사라져 갔다."[4]

---

3 "이인환 신문조서(제3회)", 『한민족독립운동사자료집』 12(삼일운동 II), 국사편찬위원회, 1990, 162~163.
4 손원일, "나의 이력서(6)", 〈한국일보〉 1976.10.6.

대보름을 맞아 밤늦게까지 강가에 나가 쥐불놀이를 하고 돌아온 성실과 원일만 먼 길 떠나는 아버지의 '낯선 모습'을 지켜보았다. 아이들은 아버지가 왜 그런 모습으로 밤중에 떠나는지 알 수 없었다. 그러나 아내는 알고 있었다. 아내는 '나랏일'을 하러 먼 길을 떠나는 남편을 위해 말없이 상복 안쪽으로 객지에서 쓸 돈(엽전) 꾸러미를 꿰매달았다. 그렇게 '상복 차림'으로 집을 떠난 손정도 목사는 일본 경찰의 추적을 피하기 위해 밤 기차를 탔다. 진실은 훗날 그때 일에 대하여 "상해로 망명할 때 상주로 변장했으며 열차 편으로 무사히 안동[현재 단동]역에 내렸을 때는 삼베옷이 흠뻑 젖어 있을 정도로 긴장했었다."고 증언했다.[5]

그렇게 압록강을 건너 중국으로 탈출하는데 성공한 손정도 목사는 봉천과 산해관을 거쳐 북경에 들어갔다. 그 길은 8년 전 중국 선교사로 파송 받았을 때 갔던 길이었다. 북경에 도착한 손정도 목사는 선교 훈련을 받을 때 묵었던 숭문문 안 미감리회 선교부의 병원숙소에 임시 거처를 정했다. 북경까지 무사히 오기는 왔지만 어떤 미래가 펼쳐질지 그 자신도 알 수 없었다. 교회에서 정식 선교사로 파송을 받아 나온 것도 아니고 해외 독립운동가들과 사전에 협의하고 추진한 망명도 아니어서 구체적으로 일할 내용이 정해진 것이 없었다. 그래서 그는 서울에서 동지 하란사가 오기를 기다렸다. 하란사는 손정도 목사보다 조금 늦게 서울을 출발하여 평양과 신의주, 안동, 봉천을 거쳐 3월 7일 북경에 도착했다. 그리고 하루 뒤 현순 목사도 도착하였다. 서울에서 주일학교연합회 총무로 일하던 현순 목사는 중앙기독교청

5 손원일, "나의 이력서(27)", 〈한국일보〉 1976.11.6.

년회 간사 박희도를 통해 독립운동 소식을 듣고 2월 20~21일, 남대문 세브란스병원 구내에 있던 함태영과 이갑성 집에서 이루어진 기독교 측 지도자 회합에 참석하였다. 거기서 그는 '해외 특파원'으로 선정되어 1) 중국 상해로 가서 독립선언서와 독립청원서를 파리 평화회의에 참석하는 윌슨 대통령과 각국 대표들에게 전달하고, 2) 상해 주재 각국 영사관에도 전달하여 국제사회의 지지를 호소하고, 3) 임시정부 조직을 위한 기반을 마련하는 임무를 맡았다.[6]

'외국 특파원'으로 선정된 현순 목사는 2월 24일 밤 서울을 출발, 안동과 봉천을 거쳐 천진에서 천도교 측에서 파견한 최창식(崔昌植)과 합류하여 2월 28일 상해에 도착하였다. 이후 그는 남경 유학생 김성근과 현창운, 서병호, 상해 신한청년당의 선우혁과 신규식, 이광수, 김철, 신헌 등을 만나 서울 소식과 자신이 상해로 온 목적을 알렸다. 그리고 상해에서 국내 3·1독립만세운동 소식을 접하고 3월 4일 상해거류 교포 지도자들과 함께 독립운동 임시사무소를 법조계 하비로(霞飛路)에 설치한 후 외국 언론과 영사관을 대상으로 독립운동 실상을 알리는 것으로 외교운동을 시작했다. 이어서 현순 목사는 중국 혁명가 손문(孫文)이 발행하던 영자신문 〈Shanghai Gazette〉 주필 장경여(張敬予)와 함께 북경 주재 외국 언론과 중국 정치지도자들에게 일본의 식민통치 실상을 폭로하고 국내 독립운동에 관한 소식을 알리기 위해 3월 8일 북경에 도착하였다.[7]

그렇게 해서 1년 전 서울에서 자주 만났던 손정도와 현순, 하란

---

6 "이갑성 신문조서(4회)", 『한민족독립운동사자료집』 11(삼일운동 I), 165; "이인환 신문조서(제1회)", 『한민족독립운동사자료집』 12(삼일운동 II), 43; "이인환 신문조서(4회)", 『한민족독립운동사자료집』 12(삼일운동 II), 173~174; "함태영 신문조서(1회)", 『한민족독립운동사자료집』 12(삼일운동 II), 100.

7 현순, "三一運動과 我의 使命", 〈玄楯自史〉.

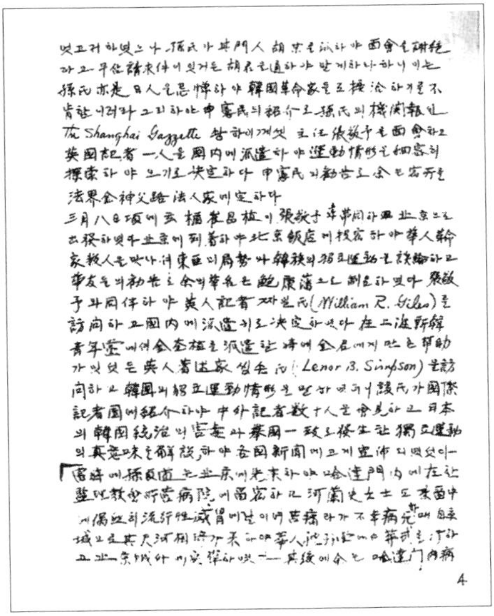

현순 목사와 자필 자서전

사 세 사람이 북경 숭문문 안 미감리회 선교부 숙소에서 다시 만났다. 세 사람은 북경에서 외교활동을 마치고 상해로 내려가서 하란사는 파리로 떠나고, 손정도와 현순 목사는 임시정부 조직에 참여하기로 하였다. 그러나 그 계획에 차질이 생겼다. 하란사가 북경에 도착한 직후 유행성 독감에 걸려 미감리회 여성해외선교부가 운영하던 숭문문 안 부영병원(婦嬰醫院)에 입원 치료를 받다가 3월 10일 별세한 때문이었다. 하란사의 급작스러운 죽음은 손정도 목사와 현순 목사에게 충격이었다. 서울에서 전보를 받고 온 남편 하상기가 지켜보는 가운데 3월 13일 북경 숭문문교회에서 하란사 장례식이 거행되었다.[8]

8 하란사의 죽음 원인을 두고 당시 북경 교포사회에는 서울에서부터 미행했던 일본 스파이 배정자가 북경 환영식 식장에서 하란사가 먹은 음식에 독을 넣어 죽였다는 독살설, 의친왕 망명이 실패로 돌아가자 실망하여 스스로 목숨을 끊었다는 자살설까지 분분하였지만 현순의 회고록이나 당시 북경주재 일본 공사관 기록에는 '유행성 독감'을 사망원인으로 적고 있다. 현순, "三一運動과 我의 使命", 〈玄楯

하란사 장례식 후 손정도 목사와 현순 목사는 북경에 한 주간 머물러 망명 중인 한국인 지도자들과 외교관, 중국교회 지도자들을 만나 외교활동을 벌였다. 한국인으로는 북경 지방정부에 근무하던 한진산(韓震山), 강화군수 출신으로 북경에 망명 중이던 한좌진(韓佐鎭), 평양 숭의여학교 졸업생으로 협화여자의학교에 재학 중이던 김애희(金愛喜) 등을 만났다. 또한 부영병원 원장 홉킨스(N.S. Hopkins) 소개로 북경 기독교청년회 미국인 총무 게일리(R.R. Gailley, 林格)와 중국인 총무 장용지(張佣之)를 만났고 게일리 총무 소개로 북경주재 미국 공사관 테니(Charles A. Tenny) 서기관도 만났다. 그리고 게일리 총무는 상해주재 미국총영사 커닝햄(Cunningham)과 상해 중국기독교청년회 전국총무 서일장(徐日章)에게 소개장을 써주었다.[9] 그 소개장을 갖고 손정도 목사와 현순 목사는 3월 25일 상해에 도착하였다. 이후 두 목사는 임시정부 조직에 참여하였다.

이처럼 손정도 목사가 북경을 거쳐 상해로 가서 임시정부 조직운동에 참여하고 있을 때 국내에 남아 있던 가족들도 다양한 모습으로 3·1독립만세운동에 참여하였다. 3월 1일, 서울과 평양에서 같은 시각에 독립만세운동이 일어났다. 서울에서는 이화학당에 다니던 맏딸 진실이 이화학당 교사, 학생들과 만세 시위에 참가하였고 평양에서는 광성소학교에 다니던 맏아들 원일이 만세시위에 참여하였다. 평양 만세시위는 감리교와 장로교로 나누어 감리교인들은 남산현교회에서, 장로교인들은 신양리 숭실학교에서 각각 독립선언식을 거행한

자史〉; "朝鮮人の行動に關する件(機密第120号) 不逞團關係雜件－朝鮮人の部 在支那各地 1"(1919.3.20.), 『日本外務省資料』. "三愛國女史의 追悼會", 〈독립신문〉 1920.1.22.

9 현순, "三一運動과 我의 使命", 〈玄楯自史〉.

후 시내에서 합류하는 형태로 진행되었다. 원일은 거사 전에 당시 광성소학교 교사 '송(宋) 선생'[10]의 인솔로 평양선교부의 무어(문요한) 선교사 사택 창고로 가서 태극기를 제작했다. 원일의 증언이다.

> "3월 1일이 밝자 우리 학생들(소학교 2학년에도 어른들이 많았다)은 대동문 앞 네거리로 모였다. 냉면으로 유명했던 팔각 집이 있던 곳이다. 네거리는 어느새 시민들로 꽉 메워졌다. 누군가가 '대한독립 만세!'를 선창했다. 우리는 감추어간 태극기를 꺼내 뿌렸다. 군중은 삽시간에 거대한 물결이 되어 흐르기 시작했다. 군중은 신시가지 쪽으로 내달렸다. 신시가는 한인들이 살고 있는 대동문 쪽과는 달리 합방 뒤 몰려온 일본인들이 터 잡은 곳이었다. 경찰서도 그쪽에 있었다. 경찰서 앞에 다다랐을 때에야 헌병 경찰 등 일본 관헌은 당황한 채 진압에 나섰다. 먼저 수동식 소방 호스를 끌고 나와 찬물을 쏘아댔다. 그때까지 군중의 앞줄에 섰던 우리 어린 학생들은 물벼락을 쓰고 골목으로 도망쳤다. 지금 생각해도 그날 평양의 만세시위는 사전 보안이 철저했던 것을 알 수 있다. 만세는 밤늦도록 계속됐다고 전해진다. 어린 마음에도 '만세'는 후련한 느낌을 주는 것이었다."[11]

그날 같은 시각에 동생 원태도 만세시위에 참가했다. 원태의 증언이다.

---

10 박구리에 거주하였던 교회부속학교 교원 송양묵(宋養默)으로 보인다. "騷擾事件의 後報", 〈매일신보〉 1919.3.12.

11 손원일, "나의 이력서(7)", 〈한국일보〉 1976.10.7.

"(3월 1일) 아침에 어머니는 내게 문을 걸고 집을 잘 지키고 있으라고 말씀하시고 어린 인실을 등에 업고 급히 나가셨다. 원일 형도 아침 식사를 하자마자 어디론가 갔다. 정오쯤 되어 숭실학교에서 종소리가 요란하게 났다. 그것은 위급할 때 치는 소리였고 나는 종소리를 듣자 문밖으로 뛰쳐나가 보통문으로 몰려가는 군중 속에 끼어들었다. 숭실학교 운동장은 사람들로 가득 차 있었다. 한 사람이 연설하고 있었는데 그는 연설 말미에 그 내용을 강조하면서 군중 머리 위로 허공에 흰 종이 뭉치를 날렸다. 독립운동에 참가하라는 호소문이었다. 군중은 함성을 외치며 시청을 향해 행진했다. 나도 사람들 속에 휩쓸리어 갔다. 사람들이 시청 청사 앞에 도달하자 소방대는 살수포를 군중을 향해 무자비하게 쏘아댔다. 사람들이 계속 버티자 일본 경찰이 군중을 향해 총을 쏘았다. 내 앞에 섰던 사람이 쓰러졌고 그의 목에서 피가 쏟아져 나왔다. 옷이 피에 흥건히 젖어 고통스러워하는 그 모습을 보고 나는 두려웠다. 나중에 나이 들어서 안 일이지만 이것이 내 조국, 우리 민족이 겪어야 했던 운명의 한 장면이었다."[12]

그렇게 여섯 살 소년 원태도 만세시위에 참가했다. 두 살짜리 막내 인실도 어머니 등에 업혀 남산현교회 독립선언식에 참석하고 시가 행진에 참가하였다. 정진여학교에 다니던 둘째 딸 성실에 대한 기록은 없지만 그 역시 학교 교사들의 인도에 따라 만세시위에 참여했을 가능성이 크다. 그렇게 아버지 손정도는 중국 북경과 상해에서, 그 가족은 서울과 평양에서 만세운동에 참가함으로 '온 가족'이 독립운동

12 Won Tai Sohn, *Kim Il Sung and Korea's Struggle: An Unconventional Firsthand History*, 25~26.

에 참여하는 진기한 모습을 보여주었다. 그리고 얼마 후 손정도 목사의 중국 망명과 임시의정원 의장이 된 사실이 국내에 알려지면서 평양에 남아 있는 가족에 대한 일본 경찰의 감시와 탄압이 가중되었다. 아내는 수시로 일본 경찰에 붙들려가서 남편의 행적에 대한 추궁과 조사를 받았다. 원태의 증언이다.

> "아버지가 떠난 후 우리 집은 일본 경찰의 감시하에 들어갔다. 어머니는 자주 경찰에 불려가서 심문을 당하셨고 집도 수시로 수색을 당했다. 이처럼 힘든 곤경 속에서도 어머니는 언제나 태연하셨다. 정말 어머니는 용감하고 웅지를 품은 여인이었다. 그런 중에서도 혹시나 아버지로부터 무슨 소식이 올까 하고 노심초사하셨다. 그러던 어느 날 어머니는 나를 품속에 꼭 안으시고는 속삭였다. '너희 아버지로부터 소식이 왔다. 상해에 무사히 도착하셨다는구나.' 어머니 눈에 눈물이 고였지만 대단히 기뻐하시는 모습이었다."[13]

중국으로 망명길을 떠난 손정도 목사에게도 힘든 시절이었지만 평양에 남아 있던 가족들 역시 시련과 고난 속에서도 남편과 아버지의 독립운동을 자원하였다. 이런 국내 가족들의 투쟁을 배경으로 삼아 손정도 목사는 상해에서 적극적으로 독립운동에 가담, 자기 역할을 수행할 수 있었다.

13 앞 책, 23.

2) 상해 임시의정원 및 임시정부 조직

1919년 3월 25일 상해에 도착한 현순 목사와 손정도 목사는 법조계 김신부로가(金神父路街)에 임시거처를 정하고 독립운동 동지들을 만나기 시작했다. 현순 목사가 북경을 다녀온 두 주일 사이에 많은 독립운동가들이 상해로 집결해 있었다. 이미 상해 한인교회와 신한청년당을 중심으로 활동하고 있던 여운형과 선우혁, 신규식, 서병호, 조동호, 현창운, 김철, 신헌, 신성(신규식), 김태연, 김종상 외에 북경에서 내려온 이광과 조성환, 조용은(조소앙), 만주에서 온 이회영과 이시영, 시베리아 블라디보스토크에서 온 이동녕, 일본에서 온 이광수 등이 모였다. 국내에서 온 인물은 현순과 손정도뿐이었다. 이들은 3월 26일 저녁 법조계 보창로 329호에 임시 사무소를 개설하고 첫 회합을 가졌다. 그 자리에서 최고기관(임시정부)을 조직하자는 안이 나왔으나 3·1독립운동을 주도한 국내 지도부로부터 통보나 지시를 받고서 조직하자는

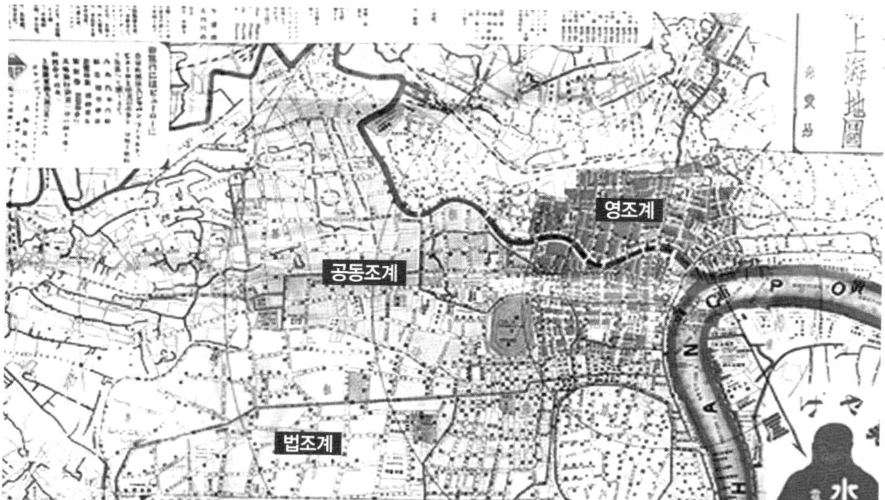

상해 조계지

의견이 우세했다. 이에 국내 독립운동을 지원하고 최고기관 설치를 준비할 8인 연구위원(이동녕 이시영 조소앙 이광 조성환 신헌 이광수 현순)을 선정하고 논의를 계속했다.

3월 말 만주에서 신채호, 시베리아에서 조완구, 국내에서 신익희와 이봉수, 고한, 임득산 등이 합류하면서 임시정부 조직운동은 탄력을 받았다. 특히 보성전문학교 교수였던 신익희는 3·1운동 준비단계에서 손병희와 최린, 송진우, 김시학, 이상재, 이승훈 등 독립운동 지도자들을 폭넓게 만나 '독립선언 이후' 문제를 논의했고 서울 만세시위에 참가한 후 일본 경찰의 추적을 피해 상해로 망명하여 "국외의 유수한 인물들을 망라하여 정부를 조직하라."는 국내 지도자들의 '밀명'을 상해 지도자들에게 전달하였다. 그리하여 4월 2일 연구위원을 중심으로 임시정부 조직에 대해 대통령제로 할 것인가, 의원내각제로 할 것인가 토론하기 시작했는데 쉽게 결론에 도달하지 못했다. 이에 "각 지방대표를 열고 임시 의정원부터 조직하자."는 손정도와 이광수의 제안에 따라 4월 10일 저녁부터 이튿날 오후까지 이어진 회합에서 현순과 손정도, 신익희, 조성환, 이광, 이광수, 최근우, 백남칠, 조소앙, 김대지, 남형우, 이회영, 이시영, 이동녕, 조완구, 신채호, 김철, 선우혁, 한진교, 진희창, 신철, 이영근, 신석우, 조동진, 조동호, 여운형, 여운홍, 현창운, 김동삼 등 의원들로 임시의정원을 조직하고 의장에 이동녕, 부의장에 손정도, 서기에 이광수와 백남칠을 선출하였다. 이어서 국호를 '대한민국'(大韓民國)으로 정한 후 정부 조직에 대해 토론한 결과 대통령제가 아닌 총리제를 채용하기로 하였다.[14]

14 "大韓民國臨時議政院紀事錄 第一回集", 『한국독립운동사 자료 2』 2권(임정편II); 『대한민국임시정부 자료집』 1(임시의정원), 국사편찬원원회, 2005, 3~5; "大正九年 六月 上海駐在不逞鮮人ノ行動(警務

이에 따라 임시의정원은 4월 11일 정부 조직에 들어가 국무총리 이승만, 외무총장 김규식, 내무총장 안창호, 법무총장 이시영, 재무총장 최재형, 군무총장 이동휘, 교통총장 문창범 등을 선정하였다. 그리고 다음과 같은 〈대한민국 임시헌장〉 선포문과 헌장 10개조를 채택하고 제1차 회의를 마쳤다.

"신인일치(神人一致)로 중외협응(中外協應)하야 한성(漢城)에 기의(起義)한지 삼십여일에 평화적 독립을 삼백여주(三百餘州)에 광복(光復)하고 국민의 신임으로 완전히 다시 조직한 임시정부는 항구완전(恒久完全)한 자주독립의 복리로 아(我) 자손여민(子孫黎民)에 세전(世傳)키 위하야 임시의정원의 결의로 임시헌장을 선포하노라.

제1조 대한민국은 민주공화제(民主共和制)로 함

제2조 대한민국은 임시정부가 임시의정원의 결의에 의하야 이를 통치함

제3조 대한민국의 인민은 남녀 귀천 빈부의 계급이 무(無)하고 일체 평등임

제4조 대한민국의 인민은 신교(信教) 언론 저작 출판 결사 집회 신서(信書) 주소이전 신체 및 소유의 자유를 향유함

제5조 대한민국의 인민으로 공민자격이 유(有)한 자는 선거권이 유함

제6조 대한민국의 인민은 교육 납세 및 병역의 의무가 유함

제7조 대한민국은 신(神)의 의사(意思)에 의하야 건국한 정신을 세계에 발휘하며 진(進)하야 인류의 문화 및 평화에 공헌하기 위하야 국

局)",『日本外務省 外交史料館文書』.

제연맹에 가입함

제8조 대한민국은 구황실(舊皇室)을 우대함

제9조 대한민국은 생명형(生命刑) 신체형(身體刑) 및 공창제(公娼制)를 전폐함

제10조 대한민국 임시정부는 국토회복 후 만 1개년 내에 국회를 소집함." 15

임시헌장 서문에 나오는 "신인일치(神人一致)로"라는 표현이나 제7조의 "신(神)의 의사에 의하야 건국한"이란 표현에서 대한민국 건국에 담긴 '종교적 의미'를 읽을 수 있다. 이는 임시의정원 구성원들이 대부분 기독교와 천도교, 유교 등 종교 지도자들이었기 때문으로 풀이된다. 국내에서 일어난 3·1운동도 그러했지만 해외에서 진행된 임시정부 조직운동에서도 종교 지도자들의 역할이 절대적이었다.

이처럼 임시정부 조직을 탄생시킨 임시의정원은 4월 13일 조직을 개편하였다. 이는 그사이 상해로 들어온 독립운동 지도자들이 늘어나 의정원을 명실상부한 '지방 대표'들로 구성하자는 의견에 따른 것이었다. 그리하여 경기도 대표(조완구 오의선 이기룡 신익희 최창식 최근우), 황해도 대표(김보연 김석황 이치준), 평안도 대표(손정도 김병조 이원익 이희 김홍서 고일청), 충청도 대표(유정근 이규갑 조동호 오익표), 경상도 대표(김창숙 유경환 김정묵 백남규 김갑), 전라도 대표(김철 나용균 한남수 장병준) 강원도 대표(이필규 송세호 김성근), 함경도 대표(이춘숙 임봉래 강태동), 러시아령 대표(조성), 중국령 대표(황공호), 미국령 대표(정인과 황진남) 39명

15 "大韓民國臨時議政院紀事錄 第一回集", 『한국독립운동사 자료 2』 2권(임정편II).

의원이 모여 의정원을 다시 조직하였다. 그리고 개인 사정으로 사임 의사를 표명한 이동녕 대신 부의장이었던 손정도 목사를 의장으로 선출하였다.[16] 임시의정원 의장으로 선출된 손정도 목사에게 주어진 과제는 크게 세 가지였다.

첫째, 상해에서 조직된 임시의정원과 임시정부 존재를 국내에 알리는 일이었다. 국내에서는 한 달 넘게 많은 시민과 학생, 종교인들이 독립만세 시위와 항일투쟁을 벌이며 엄청난 희생과 시련을 당하고 있었다. 그런 때 상해에서 임시정부와 임시의정원이 조직되어 활동하기 시작했다는 소식은 한민족 사회에 용기와 희망을 심어줄 뿐 아니라 임시정부 활동을 지지하고 후원하는 독립운동에 참여할 명분과 의지를 심어 주었다. 이를 위해 임시정부 조직의 취지와 목적, 임시정부의 주요 각원들의 명단을 담은 〈임시정부 선포문〉, 일본정부에 저항하는 수단으로 납세 거부와 재판 및 행정 명령을 거부하라는 내용의 〈임시정부령〉을 인쇄하여 비밀 연락원을 통해 국내에 전파하였다. 〈임시정부 선포문〉에 실린 임시정부 각원 명단에 손정도 목사와 현순 목사가 포함되었음은 물론이다. 이 문건은 4월 15일 선천에서 처음 발견되었고 4월 23일 서울 종로에서 한성임시정부 선포식이 거행되었을 때 대량 살포되었다.[17]

둘째, 임시의정원과 임시정부 법과 조직을 정비하여 항일 독립운동의 구심점으로서 기능을 발휘하도록 이끄는 것이었다. 이를 위해 법과 그에 따른 질서를 정비하는 것이 급선무였다. 손정도 의장은 4월

16 "大韓民國臨時議政院紀事錄 第一回集", 『한국독립운동사 자료 2』 2권(임정편II); 『대한민국임시정부 자료집』 1(임시의정원), 국사편찬원원회, 2005, 3~5.

17 "騷密 第783號: 獨立運動ニ關スル不穩文書發見ノ件"(1919.4.24.), 『不逞關係事件 朝鮮人ノ部 在內地』 5卷.

25일 임시의정원법 기초위원을 선정하여 의정원이나 정부 관련 법규를 만들기 시작했다.

셋째, 해외에 산재해 있는 독립운동 세력들을 상해임시정부와 의정원 중심으로 규합하여 항일 민족운동의 단일대오를 구축하는 일이었다. 이를 위해서 정부의 최고 간부(총리 및 총장)로 거명된 인사들, 즉 미국의 이승만과 안창호, 파리의 김규식, 연해주의 최재형과 문창범, 이동휘 등이 상해임시정부 조직에 참여하여 임시정부의 정통성을 확보하는 것이 시급했다.

그런 상황에서 미국에 있던 도산 안창호가 제일 먼저 움직였다. 안창호는 국내 독립만세운동 소식을 접한 직후인 3월 13일, 샌프란시스코 국민회 중앙총회에서 "재산과 생명을 아울러 희생하자."는 내용으로 연설을 한 후 상해임시정부 조직에 참여하기 위해 그날로 샌프란시스코를 출발, 홍콩을 거쳐 5월 25일 상해에 도착하였다. 20년 넘은 국내외 민족운동 경력에다 친화적 통솔력을 갖춘 안창호의 합류로 상해임시정부는 3·1운동 이후 국내외 민족독립운동의 구심점이 되었다. 안창호는 상해 도착 이튿날(5월 26일), 북경로의 상해 한인교회 예배당에서 개최된 환영대회에서 다음과 같은 말로 앞으로 전개될 독립운동의 내용과 방향, 그리고 여기에 임하는 자신의 자세를 밝혔다.

> "무엇보다도 우리는 통일되어야 하겠소. 대한국민 전체가 단합하여야 하겠소. 세계가 지금은 우리를 주목하여 어디 멕시코보다, 어디 중국보다 나은가 보려 합니다. 그러므로 우리가 무엇을 희생하더라도 여기 영광스런 정부를 만들어야 하겠소. 세상의 조소를 받지 않도록 하여야 하겠습니다. 나는 여러분의 머리가 되려 하지 않습니다. 여러분을 섬

기러 왔습니다."[18]

상해에서 만난 안창호와 손정도

상해에서 새로운 독립운동 시대를 열겠다는 안창호가 제시한 행동원리는 '단합'과 '통일' 그리고 '섬김', 세 가지였다. 그것은 손정도 목사가 추구해 온 민족운동 원칙과 일치하였다. 기독교인으로서 나라와 민족의 자유와 행복을 위해 자신을 희생하고 헌신하겠다는 다짐이었다. 그렇게 '마음과 뜻, 그리고 신앙이 통하는' 친구이자 동지로서 안창호와 손정도는 서울역에서 헤어진 후 8년 만에 다시 만나 상해뿐 아니라 국내외 여러 지역의 다양한 운동세력들을 하나로 엮어 항일 민족독립운동의 '단일대오'를 구축하는 일에 매진하였다.

안창호와 손정도를 비롯한 임시의정원 및 임시정부 관계자들이 풀어야 할 가장 시급한 과제는 다른 지역에서 설립, 혹은 선포된 임시정부와의 통합 문제였다. 서울에서 3·1독립선언이 이루어진 직후 상해뿐 아니라 연해주와 북간도, 미국 등 다른 곳에서도 임시정부를 조

18 『도산 안창호 전집』 12권, 683~684.

직하려는 움직임이 일어났다. 모두 3·1운동 이전부터 상당한 규모의 항일 민족운동 세력이 활동했던 지역이었다. 그중에도 형식과 내용에서 유의미했던 정부 수립운동은 연해주와 서울, 상해 세 곳에서 진행되었다. 가장 먼저 움직임을 보인 곳은 연해주 블라디보스토크였다. 을사늑약 체결 이후 연해주 지역으로 이주한 교포가 5만이 넘었는데 1905년 한족회(韓族會)를 설립하여 유인석과 이범윤의 의병운동, 이상설과 이동휘의 권업회 항일 민족운동을 지원하였다. 볼셰비키혁명(1917년) 이후 독립운동 세력이 민족주의와 사회주의 노선으로 나뉘기는 했지만 1918년 6월 결성된 전로한족회중앙총회(全露韓族會中央總會)를 중심으로 다시 뭉쳐 항일무장투쟁을 전개하였다. 그리고 제1차 세계대전 종결과 파리 만국평화회의, 그리고 국내의 3·1운동을 겪으면서 전 세계에 흩어져 있는 항일 민족운동 세력을 규합하자는 의도로 1919년 3월 17일 전로한족회중앙총회를 '대한국민의회'(大韓國民議會)로 개편하고 의장에 문창범, 부의장에 김철훈, 서기에 오철환을 선출하였다. 그리고 의회와 별도로 행정부도 조직하고 대통령에 손병희, 부통령에 박영효, 국무총리에 이승만, 군무총장에 이동휘, 내무총장에 안창호, 산업총장에 남형우, 참모총장에 유동열, 강화대사(講和大使)에 김규식 등을 각각 추대하였다.

그리고 4월 11일 상해에서 대한민국 임시의정원과 임시정부 조직이 발표되었다. 연해주와 상해 조직 모두 공화제를 택하였다는 점에서 일치하였고 각료 중에서도 이승만과 이동휘, 안창호, 김규식 등이 겹쳤다. 자연스럽게 두 조직 사이의 통합 문제가 제기되었다. 이에 국민의회 쪽에서는 원세훈을 상해로 파견하고, 임시정부 쪽에서는 현순을 블라디보스토크로 파견해서 양쪽 의견을 조율하였다. 상해 쪽에서는 임시의정원과 대한국민의회를 합병하여 단일의회를 조직하고 임시정부를 상해에 두되 연해주 쪽에서 강력하게 요구하면 그곳으로 옮길 수 있다는 유연한 자세를 취하였다. 연해주에서는 이동휘가 적극적으로 활동하여 8월 대한국민의회를 해산하고 상해 임시의정원에 합류하기로 하였다. 그리하여 문창범과 이동휘, 원세훈, 남형우, 유동열 등 연해주 인사들이 상해로 와서 임시정부 조직에 참여하였다.[19]

한편 서울에서는 3월 1일 서울 탑골공원에서 만세시위가 시작된 이후 서울과 지방의 만세시위 현장에 다양한 종류의 독립운동 관련 유인물들이 살포되었다. 그 가운데 '독립선언 이후' 운동 방향에 대하여 "전국 국민대표들이 참여하는 국민대회를 연 후 임시정부를 조직하자."고 촉구하는 유인물이 대중의 지지를 받았다. 이런 대중의 요구에 응하여 3월 중순경부터 기독교계의 이규갑과 현석칠, 박용희, 장붕, 신홍우, 유림계의 홍면희와 한남수, 김사국, 민강, 천도교계의 안상덕과 신숙, 그리고 학생운동권의 장채극과 전옥결, 김홍식, 이철, 최상덕, 이용설 등이 국민대회 개최와 정부 조직을 논의하였다. 그리고 4월 2일 인천 만국공원에서 '전국 대표자회의'를 개최한 후 4월 23일 서울 종각 앞에서 국민대회를 겸한 임시정부 선포식을 거행하였다. 그러면서 배포한 〈국민대회 취지서〉와 〈국민대회 선포문〉, 〈임시정부 선포문〉 등을 통해 '한성임시정부'(漢城臨時政府) 조직의 면모가 세상에 밝혀졌다. 한성임시정부는 5조로 된 〈약법〉에서 "국체는 민주제, 정체는 대의제"로 한다고 명기한 후 정부 조직에 대하여 집정관

---

19 박영석, "대한민국임시정부와 국민대표회의", 〈한국사론〉 10, 국사편찬위원회, 1981; 반병률, "대한국민의회와 상해임시정부의 통합정부 수립운동", 〈한국민족운동사연구〉 2, 한국민족운동사연구회, 1988.; 『대한민국임시정부 자료집』 8(정부수립), 국사편찬원원회, 2006, 3~7.

총재 이승만, 국무총리 이동휘, 외무부총장 박용만, 내무부총장 이동녕, 군무부총장 노백린, 재무부총장 이시영, 재무부차장 한남수, 법무부총장 신규식, 학무부총장 김규식, 교통부총장 문창범, 노동국총판 안창호, 참모부총장 유동열, 참모부차장 이세영 등 명단을 발표하였다.[20] 이로써 연해주와 상해에 이어 서울에서도 임시정부 조직이 발표되었다.

서울에서 발표된 한성임시정부 조직에 대한 소식은 상해 임시의정원과 임시정부 관계자들에게도 즉시 전달되었다. 서울에서 국민대회와 한성임시정부 조직을 주도했던 한남수와 홍면희, 이규갑, 장붕 등 핵심 인사들이 4월 2일 인천 만국공원에서 열린 국민대표자회의 직후 중국 상해로 망명해서 임시의정원과 임시정부 조직운동에 참여했다. 그래서 4월 11일 상해에서 발표된 임시정부 조직에는 한성임시정부 측 의견이 어느 정도 반영된 것으로 볼 수 있다. 이는 상해에서 발표된 정부 각료 일곱 명 가운데 이승만과 안창호, 이시영, 김규식, 문창범 등 다섯 명이 한성정부 명단에 들어있는 것으로 확인된다. 그래서 한성임시정부의 취지와 조직을 상해임시정부가 수용하는 것은 크게 어렵지 않았다. 더욱이 서울에서 4월 23일 국민대표회의와 한성임시정부 선포식을 주도한 현석칠과 김사국, 민강, 장채극, 전옥결 등 지도부 인사들은 물론 시위에 참가한 시민 학생까지 2백여 명이 체포됨으로 한성임시정부는 후속 조치를 취할 수 없었다. 자연스럽게 상해임시정부는 한성임시정부의 취지와 조직을 계승, 흡수하여 그 정통

20 "경성지방법원 장채극 외 14명 판결문"(1919.12.19), 『독립운동사 자료집』(삼일운동 재판기록), 고려서림, 1973, 78~135.; 이현주, "3·1운동 직후 '국민대회'와 임시정부 수립운동", 〈한국근현대사연구〉 7, 한국근현대사학회, 1997; 이현주, 『한국 사회주의 세력의 형성: 1919~1923』, 일조각, 2003, 31~51.

성을 강화할 수 있었다.

이렇듯 국내에서 3·1운동이 일어난 후 3월에 블라디보스토크, 4월에 상해와 서울에서 임시정부가 조직되어 마치 같은 목적을 지닌 세 기관이 각기 다른 곳에서 조직되어 서로 경쟁하는 것이 아닌가 하는 우려가 있었지만 세 곳 독립운동 지도자들의 대화와 타협으로 4개월 만에 상해임시정부 하나로 통합되었다. 3·1운동 때처럼 이념과 노선이 다르더라도 민족을 위해 하나로 힘을 모아 단결하는 모습을 보여준 것이다. 이 과정에서 상해 의정원과 임시정부를 이끈 손정도 목사와 안창호의 지도력이 능력을 발휘하였다. 손정도 목사는 4월 13일 임시의정원 의장이 된 직후 임시의정원 조직 정비에 힘을 썼다. 그 결과 4월 25일 끝난 제1차 의회에서 임시의정원법 기초안이 통과되었고 남형우와 이춘숙, 서병호, 장도, 이광 등을 심사위원으로 선정하여 검토하도록 하였다. 그리고 7월 7일부터 19일까지 제2차 임시의정원 의회를 개최하여 의정원 조직을 정비하였다. 즉 1) 임시의정원 안에 법제와 내무, 외무, 군무, 교통, 재무, 예산결산, 청원, 징계 등 9개 상임위원회를 두고 위원들을 각 위원회별로 배치하여 의정원이 상임위원회 중심으로 활동할 수 있도록 조직을 개편하였고, 2) 임시정부 국무원 요청에 따라 가을에 열릴 국제연맹에 대한민국 정부 대표로 서재필과 이승만, 김규식 3인을 파견하되 이들이 국제연맹에 제출할 청원안 제정위원으로 김병조와 이춘숙, 오의선, 정인과, 최창식 등 5인을 선정하였으며, 3) 임시정부 제안에 따라 2천만 원 공채권을 발행하기로 결의하였다.[21]

---

21 "臨時議政院紀事錄(第一回集–第六回集)",『한국독립운동사 자료 2』 2권(임정편II);『대한민국임시정부 자료집』 2, 22~29.

3) 임시헌법 제정과 임시정부 조직개편

임시의정원의 다음 과제는 대한민국 임시헌법을 제정하고 임시정부 조직을 개편하는 일이었다. 연해주나 상해, 서울에서 임시정부를 조직하면서 〈약법〉이나 〈헌장〉을 발표했지만 정부 조직의 기본 원리나 원칙을 밝힌 간단한 내용이라 국가를 경영하는 헌법이라고 볼 수 없었다. 다른 서구 민주주의 국가들처럼 제대로 골격을 갖춘 헌법을 제정할 필요가 있었다. 그런 목적에서 임시의정원 제3차 의회가 1919년 8월 18일부터 9월 17일까지 한 달 동안 진행되었다. 그런데 헌법 제정을 위한 중요한 의회였음에도 손정도 의장은 고문 후유증으로 얻은 병이 악화되어 병원에 입원 치료를 받아야 했다. 그래서 부의장 정인과(鄭仁果)가 대신 사회를 보았다. 정인과 목사는 평남 순천 출신으로 손정도 목사의 숭실중학교 1년 선배(나이는 여섯 살 아래)였는데 미국 샌프란시스코신학교 유학 중 3·1운동이 일어나자 안창호의 지시를 받고 상해로 와서 북미지역 대표로 임시의정원 활동에 참여하였다.[22]

그렇게 정인과 부의장 사회로 진행된 임시의정원에서 격론을 벌인 것은 헌법 제정보다 정부조직 개편안이었다. 의원들은 정부 조직에 대하여 민주공화제를 바탕으로 의원내각제를 가미한 형태로 한다는 것은 쉽게 합의하였으나 정부의 각 부서 조직과 명칭에서 의견이 달라 긴 토론을 거쳤다. 그것은 앞서 연해주와 서울, 상해에서 발표한 임시정부 조직의 부서와 명칭이 서로 달랐기 때문이었다. 정부조직 개편안 실무를 주도했던 안창호는 '통합을 위한 양보'를 기본 원칙으

---

22 "議政院 開院日", 〈獨立〉 1919.8.21.; "孫議長 病闕로 副議長 鄭仁果 昇席", 〈獨立〉 1919.8.28.; 민경배, 『정인과와 그 시대』, 한국교회사학연구원, 2012.

로 삼고 일을 추진하였다. 그는 연해주 인사들도 한성임시정부 조직에 동의하고 있다는 점을 감안하여 한성임시정부 조직을 최대한 수용하고자 노력하였다. 다만 내각의 최고수반 명칭만은 집정관 총재를 대통령으로 바꾸었다. 이는 연해주 조직의 명칭을 채용한 것이기도 했지만 이미 미국에서 이승만이 영어로 'President of the Republic of Korea'라는 직함으로 외교활동을 벌이고 있어 그 입장을 살려줄 필요가 있다고 보았다. 그리고 총리가 지휘하는 국무원은 7부(내무 외무 군무 재무 법무 학무 교통) 1국(노동) 체제로 하였는데 그것도 한성임시정부 조직을 그대로 채용한 것이었다. 안창호가 자신의 직위를 총장보다 한 직급 아래인 노동국 총판으로 한 것도 같은 맥락이었다. 회의 중에 노동국도 노동부로 상향 조정하자는 의견도 있었으나 안창호는 "노동국을 노동부로 바꾸면 모든 것을 바꾸는 것이니 그대로 두어 [한성임시정부와] 통일을 구하는 바다."고 의원들을 설득하여 그가 제안한 대로 통과되었다. 이러한 정부 개편안을 포함한 임시헌법은 여러 차례 독회와 수정을 거쳐 9월 6일 의정원 회의에서 마침내 통과되었다. 의정원에서 통과되어 9월 11일자로 공포된 〈대한민국 임시헌법〉의 전문은 다음과 같았다.

> "아(我) 대한인민은 아국(我國)이 독립국임과 아민족(我民族)이 자유민임을 선언하였도다. 차(此)로써 세계만방에 고(誥)하야 인류평등의 대의를 극명(克明)하였으며 차로써 자손만대에 고하야 민족자존의 정권을 영유케 하였도다. 반만년 역사의 권위를 대(代)하야 이천만 민족의 성충(誠忠)을 합하야 민족의 항구여일(恒久如一)한 자유발전을 위하야 조직된 대한민국의 인민을 대표한 임시의정원은 민의를 체(體)하야 원년(元

年) 4월 11일에 발포한 10개조의 임시헌장을 기본삼아 본 임시헌법을 제정하야써 공리(公理)를 창명(昌明)하며 공익을 증진하며 국방 급(及) 내치를 주비(籌備)하며 정부의 기초를 공고(鞏固)하는 보장이 되게 하노라." 23

새로 제정된 임시헌법은 3·1운동의 정신과 이념을 계승하였음을 분명히 하였다. 그리고 헌법 본문은 모두 7장 58조로 되어 있었는데 헌법의 기본 정신을 담고 있는 제1장 '총령'(총령)은 다음과 같았다.

제1조 대한민국은 대한인민으로 조직함

제2조 대한민국의 주권은 대한인민 전체에 재(在)함

제3조 대한민국의 강토는 구한제국의 판도로 정함

제4조 대한민국의 인민은 일체평등임

제5조 대한민국의 입법권은 의정원이 행정권은 국무원이 사법권은 법원이 행사(行使)함

제6조 대한민국의 주권행사는 헌법 범위 내에서 임시대통령에게 전임(傳任)함

제7조 대한민국은 구황실(舊皇室)을 우대함

제8조 대한민국의 인민은 법률 범위 내에서 좌열 각항의 자유를 향유함

1. 신교(信敎)의 자유
2. 재산의 보유와 영업의 자유
3. 언론 저작 출판 집회 결사의 자유

---

23 "改正 公布된 新憲法", 〈獨立〉 1919.9.18.; 『대한민국임시정부 자료집』 1, 6~7.

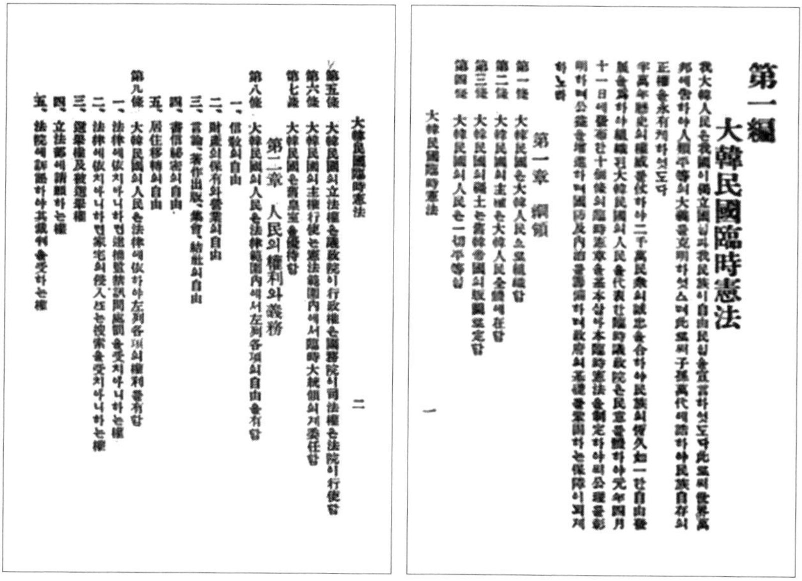

第一編 大韓民國臨時憲法

我大韓人民은我國이獨立國임과我民族이自由民임을宣言하엿도다此로써世界萬邦에告하야人類平等의大義를克明하엿스며此로써子孫萬代에誥하야民族自存의正權을永有케하엿도다

半萬年歷史의權威를代하야二千萬民衆의誠忠을合하야民族의恒久如一한自由發展을爲하야組織된大韓民國의人民을代表한臨時議政院은民意를體하야元年四月十一日에發布한十個條의臨時憲章을基本삼아本臨時憲法을制定하야써公理를彰明하며公益을增進하며國防及內治를籌備하며政府의基礎를鞏固하는保障이되게하노라

第一章 綱領

第一條 大韓民國은大韓人民으로組織함

第二條 大韓民國의主權은大韓人民全體에在함

第三條 大韓民國의疆土는舊韓帝國의版圖로定함

第四條 大韓民國의人民은一切平等함

大韓民國臨時憲法 一

大韓民國臨時憲法 二

第五條 大韓民國의立法權은議政院이行政權은國務院이司法權은法院이行使함

第六條 大韓民國의主權行使는憲法範圍內에서臨時大統領에게委任함

第七條 大韓民國은舊皇室을優待함

第二章 人民의權利와義務

第八條 大韓民國의人民은法律範圍內에서左列各項의自由를有함

一、信敎의自由

二、財産의保有와營業의自由

三、言論、著作出版、集會、結社의自由

四、書信秘密의自由

五、居住移轉의自由

第九條 大韓民國의人民은法律에依하야左列各項의權利를有함

一、法律에依치아니하면逮捕監禁訊問處罰을受치아니하는權

二、法律에依치아니하면家宅의侵入또는搜索을受치아니하는權

三、選擧權及被選擧權

四、立法部에請願하는權

五、法院에訴訟하야其裁判을受하는權

대한민국임시헌법(1919.4)

4. 서신 비밀의 자유

5. 거주 이전의 자유

제9조 대한민국의 인민은 법률에 의하야 좌열 각항의 권리를 유(有)함

1. 법률에 의(依)치 아니하면 체포 사긴(査緊) 신문(訊問) 처벌을 수(受)하지 아니하는 권

2. 법률에 의(依)치 아니하면 가택의 침입 또는 수색을 수(受)치 아니하는 권

3. 선거권 및 피선거권

4. 입법부에 청원하는 권

5. 법원에 소송하야 그 재판을 수(受)하는 권

6. 행정관서에 소원(訴願)하는 권

7. 문무관(文武官)에 임명되는 권 또는 공무에 취(就)하는 권

제10조 대한민국의 인민은 법률에 의하야 좌열 각항의 의무를 유(有)함

1. 납세의 의무

2. 병역에 복(復)하는 의무

3. 보통교육을 수(受)하는 의무

계속해서 임시헌법은 대통령과 임시의정원, 국무원, 법원, 재정에 관한 법령을 담았다. 임시의정원에 관하여는 "대한민국 인민으로 중등 이상 교육을 받은 만 33세 이상 된 자"로 의원 자격을 규정했고 의원 수에 대해서는 "경기, 충청, 경상, 전라, 함경, 평안 각 도 및 중국령 교민, 러시아령 교민에 각 6인, 강원 황해 각 도 및 미주 교민에 각 3인"을 선출하여 모두 66명 의원으로 의정원을 구성하도록 규정하였다.[24] 그리고 대통령에 대해서는 "대한인민으로 공권상(公權上) 제한이 없고 연령 44세 이상 된 자로 의정원에서 기명단기식(記名單記式)으로 투표하여 투표 총수의 3분의 2 이상을 얻은 자"로 규정하였다. 이에 따라 의정원 의원들은 9월 6일 신헌법을 통과시킨 직후 곧바로 대통령 선거를 실시하였는데 안창호가 추천한 이승만이 '무효표 1표를 제외한 만장일치로' 초대 대통령에 당선되었다. 그날 "병중의 손정도 의장도 출석하여" 헌법 제정 및 대통령 선거의 역사적 현장을 지켰다.[25] 그리하여 다음과 같이 대한민국 임시정부 국무원 조직이

24 Ibid., 1919.9.18.;『대한민국임시정부 자료집』2, 39~51.

25 "臨時議政院",〈獨立〉1919.9.2.; "臨時憲法 通過",〈獨立〉1919.9.9. "大統領 選擧",〈獨立〉1919.9.9.

대한민국 임시정부 국무원(1919.10.11., 앞줄 중앙 안창호, 그 오른쪽이 현순)

완성되었다.[26]

대통령: 이승만
국무총리: 이동휘
내무총장: 이동녕
외무총장: 박용만
군무총장: 노백린
재무총장: 이시영
법무총장: 신규식
학무총장: 김규식
교통총장: 문창범
노동국총판: 안창호

26 "新內閣 成立", 〈獨立〉 1919.9.16.

정부 각료가 새롭게 선출되었지만 상해에 있는 각료는 안창호 한 명뿐이었다. 나머지 각료들은 미국이나 연해주, 파리와 중국 외지에 있어 상해에 도착하기까지 시간이 걸렸다. 이에 임시의정원은 노동국 총판 안창호를 '총리 대리'로 임명하여 국무원 사무를 집행하도록 하였다. 안창호는 법조계 하비로가 321호에 임시정부 본부 사무실을 두고 집무를 시작하였다.[27]

이처럼 임시의정원 제3기 회의는 임시헌법 제정과 정부조직 개편이라는 막중한 책임을 성공적으로 수행한 후 9월 17일 폐원식을 거행하였다. 폐원식은 국가 제창과 국기배례에 이어 부의장 정인과의 폐회사, 상해 한인교회 집사이자 의정원 의원인 김태연의 독창, 정부 대표 안창호의 축사에 이어 손정도 의장이 등단하여 "의장의 중임(重任)을 지고도 신병(身病)으로 인하야 시무치 못한 것은 미안하노라. 안창호 총판 및 기타 정부원의 용력(用力)으로 금번 의사가 신속 진행됨에 대하여 감사하노라."는 말로 답사를 한 후 그의 선창으로 만세삼창을 부르면서 25일간의 대장정을 마쳤다.[28] 손정도 의장은 비록 투병 중이라 회의를 온전하게 주재하지는 못했지만, 회의가 무난하게 진행되어 소기의 목적을 달성하게 된 것을 기뻐하였다.

이렇게 법과 조직을 정비한 후 상해 임시의정원과 임시정부는 국내외 독립운동 진영의 지지와 후원을 배경으로 본격적인 독립운동과 항일투쟁을 전개하였다. 남은 일은 정부에 각료로 거명된 인사들의 합류와 참여였다. 신헌법 제정과 정부조직 개편 이후 상해임시정부에 대한 해외 독립운동 지도자들의 평가가 우호적으로 바뀌었다.

27 "上海를 首府로 한 韓國臨時政府", 〈獨立〉 1919.9.27.
28 "臨時議政院 閉院式", 〈獨立〉 1919.9.24.

우선 대통령으로 추대된 이승만이 임시의정원 결정을 수락한다는 의사를 밝혀 왔고 총리로 지명된 이동휘가 9월 18일 상해에 도착하였으며 10월에는 항주에서 요양하고 있던 법무총장 신규식이 돌아왔고 연해주에 있던 내무총장 이동녕, 교통총장 문창범, 재무총장 이시영도 왔다. 정부 각료들만 들어온 것이 아니었다. 개정된 의정원 법에 따라 국내와 만주, 러시아, 미주 지역에서 대의원으로 선발된 인사들도 속속 상해로 집결하였다.[29]

손정도와 안창호는 무엇보다 국무원을 총괄할 이동휘 총리가 상해에 합류한 것을 기뻐하였다. 이들 세 사람은 10년 전 서울에서 신민회 활동을 함께 하였던 동지였다. 연해주에서 함께 왔던 문창범이 "약속했던 것과 다르다."는 이유로 교통총장 취임을 고사한 것과 달리 이동휘는 상해임시정부 조직에 적극 참여하였다. 그는 법조계 서가회(徐家匯)에 거처를 정하고 안창호가 맡아왔던 국무원 업무를 관장하기 시작하였다. 이를 두고 임시정부 기관지 〈독립신문〉은 "관내(管內)에 들어오니 방금 이 총리, 안 독판, 손 의장, 민국(民國)의 3거성(巨星)이 회의하는 중"이라고 보도하였다.[30] 총리와 세 총장의 취임에 대한 손정도 의장의 소감도 〈독립신문〉에 실렸다.

> "나는 금일에 희열이 극(極)하야 자연히 비감(悲感)이 일어남을 금치 못하였노라. 나는 확신하노니 우리의 광복사업은 필경코 신(神)의 도우심을 몽(蒙)함이로다. 국무총리 내착한 이래로 다소의 항설이 불무하였으나 이는 거의 하등의 영향을 끼침이 없었고 금일에 각 총장으로 더불

29 "上海를 首府로 한 韓國臨時政府", 〈獨立〉 1919.9.27.; "三總長의 來到", 〈獨立新聞〉 1919.10.28.
30 "李 總理의 動靜", 〈獨立〉 1919.9.23.

어 일시에 취임을 단행하였으니 이로 좇차 우리의 사업은 크게 진보하야 새로 임(任)에 나간 제(諸) 두령의 손으로 반드시 우리 민족의 자유를 회복할 줄을 확신하노라." 31

손정도는 취임을 거부하고 있는 문창범 교통총장에 대해서도 "나는 문 총장과 상종한 지 오래며 한 가지로 옥중의 고초를 겪은 일도 있거니와 씨의 신명과 재산을 국가를 위하야 희생한지라. 금일에 씨가 주저함은 대국(大局)을 여하히 수습할까 하는 성의에서 출(出)함이오 결코 일신을 고(顧)함이 아니니 불원에 취임하리라 함은 일반의 신(信)하는 바라." 낙관하였다.32 그러나 문창범은 끝내 취임을 거부하

대한민국 임시정부와 임시의정원 요인들(앞줄 중앙 안창호와 손정도)

31 "總理 就任에 關하야", 〈獨立新聞〉 1919.11.8.
32 Ibid.

고 블라디보스토크로 돌아갔다.[33]

그렇게 3·1운동 후 6개월 만에 상해에서 임시의정원과 임시정부가 조직을 정비하고 본격적인 독립운동을 전개하였다. 손정도 목사는 미래를 알 수 없는 망명길에 올라 북경에서 동지 하란사의 장례식을 치른 후 현순 목사와 함께 상해로 내려와 여러 가지 시련과 난관이 있었음에도 임시의정원과 임시정부를 조직한 후 법과 조직을 일신하여 항일 독립운동의 중심 거점으로서 안정적인 기반을 구축할 수 있었다. 모든 것이 기적 같았다. 그래서 손정도 목사는 "하느님의 도우심을 입은(蒙) 결과라."고 표현하였다.

4) 국제 여론 호소운동

대한민국의 유일하고 합법적인 의회 및 정부 기구로서 그 조직과 기능을 쇄신한 임시정부가 추진해야 할 많은 일 가운데도 가장 중요하고 시급한 것은 그 존재와 역할을 국내 동포에게 알리고 국내외를 연결하는 독립운동 연대를 구축하는 일이었다. 국내에서는 3월 1일 독립만세시위가 시작된 후 불과 한 달 사이에 전국 모든 지역으로 확산되어 '거족적인' 독립만세운동으로 발전하였다. 이에 충격을 받은 일본 정부와 총독부는 군사작전과도 같은 무력진압에 나섰고 그 결과 4월 들어서 천안 아오내장터, 수원 제암리와 수촌리, 강서 모락장, 익산 솜리시장, 함흥과 강계 등지에서 시위 군중에 총격을 가함으로 시위현장에서 수많은 사상자를 냈다. 게다가 5월 들어서 파리 국제평화회의가 한국 문제에 대한 상정이나 토의 없이 사실상 막을 내렸

33 "大韓民國 臨時政府 公告(1919.11.5.)", 〈獨立新聞〉 1919.11.27.

3월 1일 독립만세운동(서울 정동)

다는 소식이 들려오면서 대중적인 만세운동은 현격히 줄어들었다. 대신 해외 독립운동 단체, 특히 만주지역에 분포한 독립운동 단체들과 연결된 무장투쟁이 지하운동 형태로 전개되었다. 이런 상황에서 국내외 독립운동 진영을 총괄 지휘하는 투쟁본부로서 상해임시정부 조직과 역할이 중요하였다.

상해에서 임시의정원과 임시정부가 조직되었다는 소식이 국내에 알려진 것은 4월 13일 상해임시정부가 인쇄하여 특파원을 통해 국내에 전파한 〈선언문〉(宣言文)과 〈정강〉(政綱) 등을 통해서였다. 이 같은 선언문 및 정강과 함께 임시의정원과 임시정부 지도부 인사들의 명단도 국내에 유입되었다. 중국으로 망명한 손정도 목사가 임시의정원 의장이 되었다는 소식도 그렇게 해서 국내에 알려졌다. 이때로부터 임시의정원 의장 손정도 목사의 이름과 역할은 여러 가지 독립운동사건으로 국내에 알려졌다. 대표적인 예로, 1919년 5월 16일 일본 오카야마에서 체포된 이원성(李源性)의 소지품에서 독립선언서와 윌슨 대통령 연설문 등 독립운동 유인물이 나왔는데 이를 조사한 일본 경찰당국은 이원성이 손정도의 지시를 받아 활동한 독립운동가라고 발표하였다.[34] 일본 경찰당국의 발표에 의하면, 서울 관훈동에서 무역업을 하던 이원성이 만세운동 직후 친구 황옥(黃鈺, 황해도 송화재판소 서기)과 함께 서울 종로경찰서 경부의 '밀정'이 되어 상해에 파견되었다. 이원성은 4월 25일 상해에 도착한 즉시 독립군으로 전향하여 임시정부 재무총장 이시영에게 황옥의 정체를 폭로하였고 상해거주 조선인 상인들을 중심으로 독립운동 자금 모금운동을 벌였으며 5월 초 상해 청년학생 80여 명으로 '고려교민청년회'를 조직한 후 손정도 목사를 회장으로 추대하였다. 그는 임시정부로부터 파리에 가 있는 김규식에게 문서와 경비를 전달하라는 밀명을 받고 상해를 출발, 일본을 거쳐 프랑스로 가려다가 체포되었다. '이원성사건'으로 손정도 의장은 일본 경찰의 주목을 받기 시작했다.

일본 경찰당국이 상해의 손정도 목사를 주목하고 있었다는 증거는 1919년 5월 27일 조선총독부 경무국이 일본 정부에 보낸 비밀보고서에서도 확인된다. "상해의 불령선인(不逞鮮人)과 조선의 외국인 관계"라는 제목으로 작성된 이 보고서에는 일본 경찰이 입수했다는 손정도 목사의 편지 전문이 실려 있다. 즉 5월 15일 중국 남경역을 출발하여 북경으로 가던 열차 안에서 임시정부 연락원 임승업(林承業)이 잠든 사이 그의 짐을 뒤진 일본 경찰 요원(밀정)이 손정도 목사가 서울의

34 "高秘 第8576號: 要注意鮮人ニ關スル件"(1919.5.17.), 〈不逞團關係雜件 朝鮮人ノ部 在內地 6〉, 『日本外務省 外交史料館文書』.

노블 선교사에게 보내는 서한을 발견하고 이를 절취한 후 임승업의 국내 행적을 추적하였다. 경찰이 입수하였다는 손정도 서한은 1919년 5월 7일 자로 서울의 노블 선교사에게 보낸 것으로 그 내용은 다음과 같았다.

"친애하는 노블 박사님. 우리의 국가운동이 큰 성공을 거두었으며 이를 기쁜 마음으로 보고 드립니다. 우리를 사랑으로 인도하여 주시고 원조해 주신 존경하는 미국 선교사 여러분에게 마음속 깊이 감사의 말씀을 드립니다. 우리는 하나님의 거룩한 명령에 따라 우리가 오랫동안 육성할 국가의 기초를 지도하기 위해 최선을 다하여 준비하고 있습니다. 당신과 마지막 인사를 나눈 후 약 한 달 만에 저는 이곳에 왔습니다. 저는 변장한 모습으로 그달 북경으로 이동하여 3월 1일 운동을 준비하기 위해 진력하였습니다. 그러나 저는 건강 악화로 인해 20일 이상 입원생활을 하였고 회복한 후 현재 상해에서 지내고 있습니다. 조선 내외의 우리 조선인은 일치 화합하여 임시 의회 및 정부를 조직하였습니다. 우리는 평화회의와 국제연맹에 대한 청원이 실패한 것을 반성하며 최후 수단으로 호소할 준비를 하고 있습니다. 조선은 회오리바람(飄風)이 불어 닥치기 전 잠시 안정을 취하고 있습니다. 저는 귀하에게 매우 중요한 일을 부탁하고자 합니다. 일본의 감시와 수색이 엄중한 까닭에 우리가 조선 밖으로 자금을 보내는 것이 매우 어려운 상황입니다. 우리는 상해에서 매월 오만 원이 필요합니다. 저는 어떤 인물에게 자금을 귀하에게 보내달라고 부탁하였습니다. 귀하가 그 사람을 만나주시기 바랍니다. 저는 조선인을 사랑으로 보살펴주고 계시는 귀하가 그 자금을 저에게 보내주실 것을 믿습니다. 만약 사정이 허락되

上海孫貞道ヨリ京城米國人ノーブルニ宛テタル書信寫（原文ハ英語）

一九一九年五月七日　上海　孫貞道

親愛ナルノーブル博士、我々國家運動ハ充分成功致シツツアルコトヲ喜ビ御報知申スヘク候吾等ヲ仁愛的ニ導キツツアル人々及有効ニ吾等ヲ援助シツツアル尊キ米國宣教師諸君ニ多謝可致候吾等ハ神ノ聖ナル命ニ依リ吾等ノ長ク育テラレタル國家ノ基礎ヲ指導スル為最善ヲ為スノ準備ヲ致シ居リ候貴下ニ最後ニ御面會致シタル後約一ケ月尚當地ニ滞在罷在候小生ハ乞食ニ姿ヲ變ジ其ノ月北京ニ赴キ北京ニ於テ五月一日運動準備ニ盡瘁致シ候小生ハ健康勝レズ二十日以上入院致シ候夫レヨリ小生ハ目下滞在致シ居ル上海ニ參リ候朝鮮内外ノ吾等朝鮮人ハ能ク一致和合シ假議會及政府ヲ組織致シ候平和會議及國際聯盟ニ對スル吾等ノ請願失敗ニ歸セハ吾等ハ最後ノ手段ニ訴フル準備中ニテ朝鮮ハ暫時ノ間騷風ノ來ル迄安靜タルベク候小生ハ貴下ニ對シ最モ重大要件ヲ御願ヒ致度候日本ノ監視又ハ捜索ノ嚴重ナル為朝鮮外ニ金ヲ送ルコトハ吾等ニ取リ甚ダ困難ニテ候吾等ハ當地ニテ毎月五萬圓ヲ要スヘク小生ハ或ル人ニ對シ金ヲ貴下ニ送ル様頼ミ置候ニ付貴下ハ此ノ者ニ御會ヒナサルヘク候小生ハ尚朝鮮人ノ愛護者タル貴下カ其ノ金ヲ小生宛御送金下サル御親情ヲ信シ申候若シ事情許サズトセバ此ノ金ハ只貴下ノ御携帯ニ依テ持チ來タサルルコトヲ希望致度若シ御携帯出來ストセバ貴下ノ御友人ニ御願ヒ被下度或ハ仁川香港上海銀行ヲ通ジテ御送金ヲ願ヒ度候若シ前記ノ方法全部不可能トセバ小生ハ誰カヲ差遣ハスベク候小生ノ宛名ハ上海北京街十八番地フヰツチ博士宅ニ候

殘虐慘状ハ毎日母國ヨリノ通報ニテ承知致候吾人ハ寧ロ家ナキヲ謝スベク候家ナキモ神ハ吾人ト共ニ存マスベク候小生ハ此ノ地上ニテ貴下ト再會スルノ機アルヤ否ヤ相分リ申サズ候ヘトモ小生ハ天國ニ於テ吾等ノ父ナル神ノ前ニテ貴下ト面會致スベク候

敬具

일본 경찰 기밀보고서에 실린 '손정도 목사가 노블 선교사에게 보낸 편지'(1919.5.7.)

지 않아 보내는 것이 어렵다면 그 자금을 직접 가져다주실 것을 희망합니다. 만약 직접 오시기가 어려우면 친분이 있는 사람에게 부탁하시거나, 아니면 인천의 홍콩 상해은행을 통해 송금해주실 것을 부탁드립니다. 앞에서 말씀을 드린 방법이 모두 불가능할 경우에는 제가 누군가를 보내겠습니다. 제 주소는 상해 북경가(北京街) 18번지 '피치' 박사 댁입니다. 조선이 당하고 있는 잔학과 참상은 매일 모국으로부터 연락을 받아 알고 있습니다. 우리들은 오히려 집을 잃을 것에 대해 감사합니다. 집이 없어도 하나님은 우리들과 함께 계시기 때문입니다. 제가 이 세상에서 귀하와 재회할 기회가 있을지 모르겠습니다만 저는 천국에서 우리 아버지 되시는 하나님 앞에서 귀하와 만날 수 있을 것이라고 생각합니다."[35]

일본 경찰이 이 서한과 함께 입수한 다른 자료에 따르면 손정도 목사는 노블 선교사 밑에서 일하는 '정씨'와 '오씨'를 통해 임시정부 요원 김철이 인천 홍신은행에 예치해 둔 독립운동 자금을 인출한 후 그것을 노블 선교사에 전달하여 노블 선교사로 하여금 그 돈을 상해로 송금하도록 계획하였다.[36] 이 서류가 발각됨으로 손정도 목사의 계획이 그대로 이루어졌을 가능성은 없다. 다만 이 자료를 통해 1) 상해에서 독립운동에 필요한 월 5만 원 비용을 손정도 목사가 담당하고 있었다는 점, 2) 손정도 목사가 돈독한 신뢰관계를 맺고 있던 노블 선교

35 "騷密 第3153號: 朝鮮獨立運動ニ關スル上海情報"(1919.5.27.), 『日本外務省 外交史料館文書』. 이 편지는 본래 영문으로 작성되었는데 일본경찰의 비밀보고서에 일본어로 번역되어 첨부된 것을 한글로 번역한 것이다. 한글 번역은 일본 이시바시교회에서 사역하고 있는 김종규·마나미 목사 내외가 도와주었다.

36 "高秘 第8576號: 要注意鮮人ニ關スル件"(1919.5.17.), 〈不逞團關係雜件 朝鮮人ノ部 在內地 6〉, 『日本外務省 外交史料館文書』.

사를 독립운동 자금 전달망으로 활용하였다는 점을 확인할 수 있다.

손정도 목사가 독립운동 자금 수신처로 언급한 '북경로 18번지 피치 박사'는 미국 북장로회 선교사 조지 피취(George F. Fitch)였다. 피취는 1870년 미국 북장로회 중국 선교사로 파송을 받아 50년 동안 소주와 상해에서 사역하였는데 중국에서는 드물었던 '친한파' 선교사였다. 그는 1914년 여운형과 선우혁이 상해 한인교회를 시작할 때부터 적극적으로 도왔고 신한청년당의 김규식 대표 파견과 상해임시정부 조직도 후원하였으며 상해의 독립운동가 자녀들이 미국 유학을 떠날 때 '신분 보증'을 서 주기도 했다. 그가 1923년 2월 향년 78세로 상해에서 별세하였을 때 〈독립신문〉은 "우리 한인에 대한 다대한 동정심을 가지고 우리 독립운동에 대하야 비밀 또는 공연히 막대한 원조를 여(與)하던 미국인 피취 목사"라고 애도하였다.[37] 그의 맏아들(George A. Fitch)도 '친한파' 선교사였다. 그는 중국 소주에서 태어나 미국 우스터대학과 유니언신학교를 졸업한 후 1909년부터 미국북장로회 선교사로 상해와 남경에서 기독교청년회(YMCA) 사역을 하면서 임시정부 활동을 도왔고 해방 후에는 서울에 와서 기독교청년회 재건 사업을 도왔다. 그리하여 '부자가 함께 한국을 사랑한 선교사 가족'이란 명예를 얻었다.[38] 이러한 피취 선교사였기에 손정도 목사는 그를 독립운동 송금 수신자로 활용할 수 있었다.

비밀서한보다 더 공개적인 형태로 손정도 목사의 이름이 새겨진 문서가 국내에 전달되기도 했다. 1919년 5월 23일 상해에서 인쇄

37 "피취 牧師의 別世", 〈독립신문〉 1923.3.1.
38 "피취 박사를 위한 환영회", 〈신한민보〉 1920.4.20.; "Foreigners who loved Korea: The George Fitch Family, supports of Korean independence activists", *The Korea Herald*, Jun 27, 2016.

되어 국내에도 유입된 〈국제연맹 및 장로교 연합총회 청원서〉란 문서다. '조선예수교회 10인 대표' 명의로 작성된 이 문서에 손정도 목사와 함께 대표로 이름을 올린 이는 김병조 목사(의주 관리교회, 독립선언서 민족대표), 안승원 목사(의주 용산교회) 이원익 목사(의주 천마교회), 장덕로 목사(신의주제일교회), 조상섭 목사(의주 용상교회) 등이었고 장로로 장붕과 조보근, 김승만, 김시혁 등이었다. 이들은 모두 3·1운동 직후 중국으로 망명하여 상해 한인교회에 출석하였다. 상해 한인교회는 그동안 담임목사 없이 지내다가 3·1운동 직후 상해로 망명한 목사가 10여 명에 이르렀고 교인수도 2백여 명으로 늘어남에 따라 교인 투표로 김병조 목사를 담임 목사를 세우고 예배 처소도 영조계 북경로에 있던 중

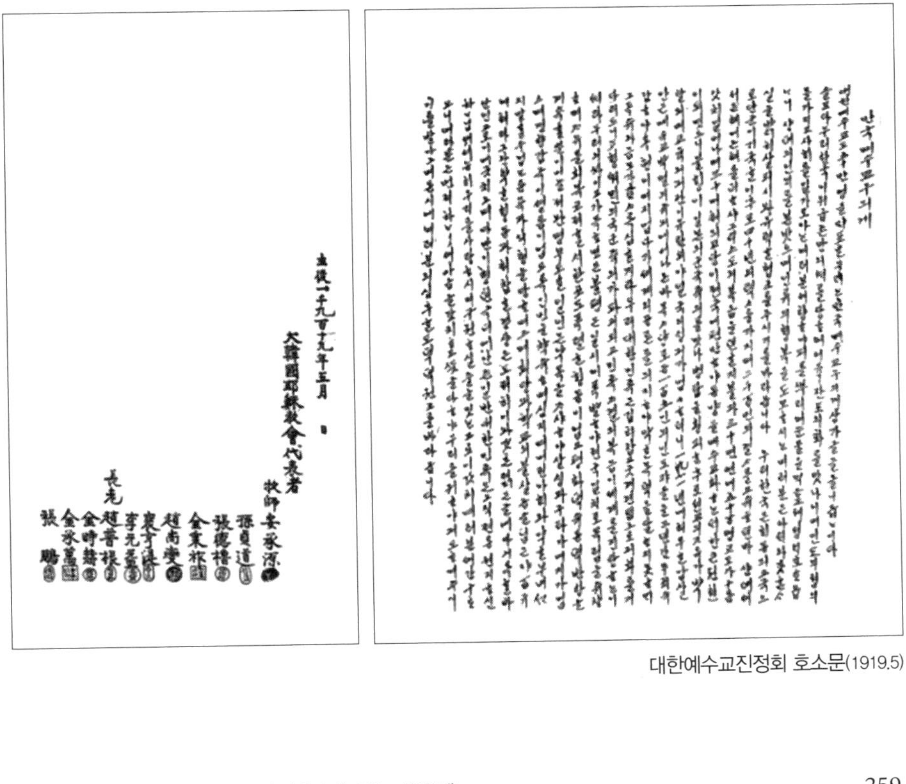
主後一千九百十九年五月 日
大韓國耶穌教會代表者
牧師 安承源
孫貞道
張德櫓
金秉祚
趙尙燮
[illegible]
李元益
長老 趙普根
金時爀
金承萬
張鵬

대한예수교진정회 호소문(1919.5)

국인교회를 빌려 사용하고 있었다.[39] 그래서 국제연맹과 미국 장로교 총회에 보낸 청원서는 사실상 상해 한인교회 지도자들의 호소문 성격을 띠고 있다.

청원서 내용은 1) 기독교 선교 40년 만에 한국교회는 30만 성도에 2천여 교회로 발전하여 '그리스도의 천국'처럼 되었는데, 2) 일본에 강제합병이 된 후 일본이 가짜 교회(조합교회)를 전파하여 교회를 혼란스럽게 하였고, 3) 1911년 일어난 정치사건으로 1백여 명의 죄 없는 목사와 전도사, 장로들이 체포되어 3년간 옥고를 치렀으며, 4) 10년간의 무단통치로 무참한 고난을 받던 중 만세운동이 일어나 전 민족이 독립을 요구하며 평화 시위를 벌였지만, 5) 일본은 군대를 파견하여 폭력으로 진압하여 6천여 명이 살해당하였고 1백여 곳 예배당이 파괴되었으며 주일예배를 드리던 교인들이 일본 군인에게 체포당했고 체포된 교회 지도자들은 십자가를 지고 거리에 끌려다니거나 여신도들은 나체로 고문당하고 열 살 미만 아이들과 육십 넘은 노인들까지 살육당하였으며, 6) 특히 수원 제암리예배당에 갇힌 30여 명 신도를 불살라 죽이는 만행을 저질렀다고 고발한 후 국제 사회와 교회에 기도와 지원을 호소하였다.

> "로마의 독이 아직도 남아 있도다. 맑은 하늘이 지켜보고 세상 사람들이 모두 아는 바라. 구리를 부으면 종(鐘)이 되고 버섯이 승하면 난초가 탄식하나니 하물며 가장 귀한 영성(靈性)을 나누어 가진 인류이랴. 자유와 존영(尊榮)을 목적으로 삼고 계시는 여러분과 예수의 보혈로 연락

39 "上海鮮人教會史", 〈기독신보〉 1922.7.19.; 김형석, 『일재 김병조의 민족운동』, 남강문화재단출판부, 1993, 67~73.

(連絡)하여 지체를 이룬 형제들이라면 이 알릴 곳도 없이 병들어 생명을 잃어가는 인생들을 어찌 돌아보지도 않고 내버려 둘 리 있으리오. 삼십만 기독 신도와 이천만 가련한 백성이 도탄에 빠져 돌아오지 못하고 있는 자들을 위해 한 목소리로 외치나니 진리를 사랑하고 정의를 추구하며 이웃을 사랑하라는 거룩한 말씀을 따르는 여러분께서 스스로 살 수 있는 희망조차 끊어진 우리 한국교회로 하여금 그 명맥을 이어나갈 수 있도록 하늘을 우러러 간구해 주시기를 다시 한번 간곡히 부탁드리는 바이다."[40]

이 청원서(호소문)가 비록 국제 사회와 교회를 향한 것이기는 했지만 국내에도 전파되었다. 이것을 통해 망명지 상해에 있는 교회 지도자들이 고국 교회와 기독교인들의 고난을 외면하지 않기 위하여 기도할 뿐 아니라 완전한 자유와 해방을 얻기 위해 국제적인 노력을 기울이고 있다는 사실이 알려졌다. 이런 유인물이 국내 동포와 기독교인들에게 희망과 용기를 불어넣어 상해임시정부를 지원하려는 국내 교인들의 모금운동도 활발하게 이루어졌다.

5) 손정도의 〈조선교회 통지서〉

손정도 목사를 비롯한 상해 한인교회 목회자와 평신도 지도자들은 1919년 9월 보다 구체적인 방법으로 국내 한국교회 지도자들에게 지지와 협력을 촉구하는 문서를 발송했다. 즉 9월 25일 김병조와 손정도, 조상섭, 이원익 등 4인 목사 명의로 〈통지서〉, 9월 29일 '대한예수

---

40 『한국독립운동사 자료 3』 3권(임정편III).

교연합진정회'(大韓耶蘇教聯合陳情會) 명의로 김병조와 손정도, 조상섭, 정인과, 이원익, 현순, 장붕, 여운형, 서병호 등이 연명한 〈제휴 청원서〉를 발송하였다. 편지 형태의 이 문건은 1919년 10월 4일부터 9일까지 평양 평양신학교에서 개최될 조선예수교장로회 제8차 총회와 11월 6일부터 11일까지 서울 정동교회에서 개최될 미감리회 제12차 조선연회를 염두에 두고 작성한 것이었다. 그러나 이 문서는 총회나 연회에 전달되거나 낭독되지 못했다. 본래 장로교 총회나 감리교 연회는 매년 9월이나 6월에 개최되었는데 독립만세시위로 일본 경찰이 집회를 금지하는 바람에 제 때에 개최하지 못하고 시위가 잦아든 늦가을에야 개최할 수 있었다. 늦게나마 개최되기는 했지만 일본 경찰의 삼엄한 감시와 통제 가운데 회의가 진행되었기 때문에 이런 '독립운동 관련' 문건을 공개적으로 발표할 수 없었다.

게다가 상해 임시의정원 대의원 김홍서로부터 이 문건을 전달받은 평양신학교 재학생 박종은(朴鍾恩)이 체포되면서 문서도 압수되었다.[41] 문서를 발송한 김홍서는 손정도 목사와 같은 강서(함종) 출신에다 숭실중학교 동기동창(1908년)이었다. 그리고 문서를 받은 박종은 역시 숭실중학교 졸업생(1915년)으로 대동군 용산면 하리교회 전도사로 시무하던 중 3·1운동을 맞아 평양 만세시위에 참가한 후 중국으로 탈출, 봉천에서 활동하다가 6월 평양으로 돌아와 평양신학교에 복학하였다. 그는 8월 중순 평양의 광성학교와 숭실학교 교사 및 졸업생들과 비밀결사 대한독립청년단(일명 결사대)을 조직하고 총무부장으로 활동했다. 대한독립청년단에는 숭덕학교 교감 정두현과 감리교 전도

41 "高警第33687號: 耶蘇教徒及假政府員ノ國際聯盟會議ニ對スル運動計劃ノ件(1919.11.8)", 『朝鮮騷擾事件 關係書類』.; "臨政要人이 國內에 보낸 宣傳文", 『한국독립운동사 자료 3』 3권(임정편III).

사 안영극, 박선주, 정진현, 유택보 등 교회 지도자들이 대거 참여하였다. 특히 손정도 목사의 고향과 가까운 강서군 수산면 가현리교회 전도사였던 정진현은 임시정부 연락원 임득산(林得山)으로부터 전달받은 임시정부 기관지 〈독립신문〉을 대동군과 황해도 일대에 배포하였고 10월 31일을 기해 평양에서 제2차 만세운동을 벌일 계획을 논의하기도 했다.[42]

이처럼 평양에서 상해임시정부와 연계한 기독교인 중심의 독립청년단과 대한국민회가 조직되어 활동한다는 정보를 입수한 일본 경찰은 11월 초 평양신학교를 급습하여 관련자 10여 명을 체포하면서 기숙사를 수색하였고 그 과정에서 박종은의 방에서 유인물이 발견되었다. 총독부와 일본 경찰당국은 이 사건을 상해 임시의정원 및 임시정부가 국내 기독교계와 연대를 시도한 '중대한' 사건으로 보고 엄중한 조사를 거친 후 12월 3일 총독부 경무국장 아카이케(赤池濃)가 직접 사건의 전모를 언론에 발표하였다. 경찰은 이 사건을 손정도–김홍서–박종은으로 이어지는 '숭실중학 동문' 관계를 바탕으로 하여 기독교인들이 중심이 된 독립운동으로 파악하였다. 이를 근거로 경무국장은 기독교인들의 정치참여를 신랄하게 비판하였다. 〈매일신보〉는 "소위 조선의 독립운동과 흑막리(黑幕裏)의 예수교도"라는 제목으로 경무국장의 발표내용을 대서특필하였다.

"금회 상해에 있는 김홍서로부터 평양신학교 생도 박종은에게 별지와 같은 제1호 내지 제3호의 인쇄물을 보내인 것을 볼진대 소위 가정부(假

42 "獨立青年團의 幹部 또 1名 逮捕", 〈매일신보〉 1920.1.18.

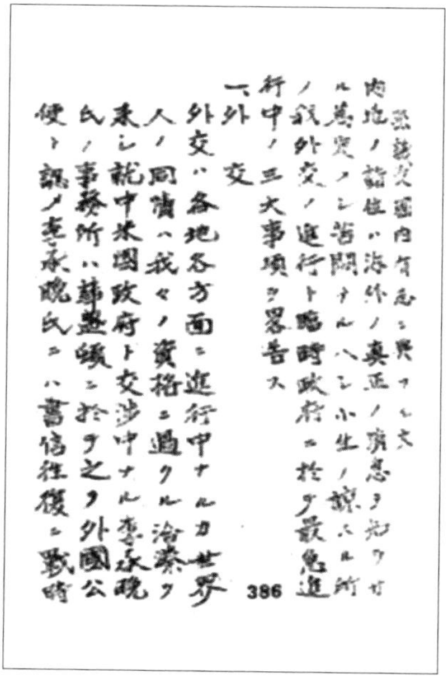

國内有志ニ與フルノ文
内地ノ諸位ハ海外ノ真正ノ消息ヲ知ラサ
ル爲更ノ心苦悶ナルヘシ小生ノ認ムル所
ノ我外交ノ進行ト臨時政府ニ於テ最急進
行中ノ三大事項ヲ略告ス
一、外 交
外交ハ各地各方面ニ進行中ナルカ世界
人ノ同情ハ我々ノ資格ニ過クル洽恭ヲ
來シ就中米國政府ト交渉中ナル李承晩
氏ノ事務所ハ華盛頓ニ於テ之ヲ外國公
使ト認ノ李承晩氏ニハ書信往復ニ戰時
386

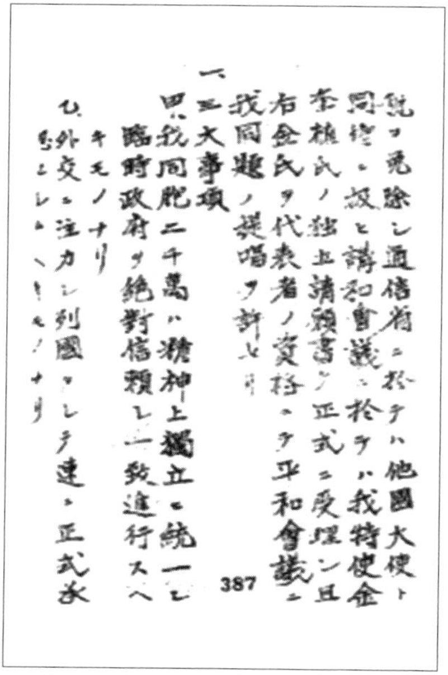

號ヲ免除シ通信省ニ於テハ他國大使ト
同様ニ認ヒ講和會議ニ於テハ我特使金
奎植氏ノ独立請願書ヲ正式ニ受理シ且
右金氏ヲ代表者ノ資格ニテ平和會議ニ
我同題ノ提唱ヲ許シタリ
一、三大事項
甲、我同胞二千萬ハ精神上獨立ニ統一シ
臨時政府ヲ絶對信頼シ一致進行スヘ
キモノナリ
乙、外交ニ注力シ列國ヲシテ速ニ正式承
認セシムヘキモノナリ
387

政府, 임시정부)의 중임자(重任者)가 서명을 하였고 또 상해에 있는 소위 가정부의 대의원 의장 손정도(孫貞道)의 '국내 유지에게 보내는 글' 이란 불온문서를 발견하였도다. 이 문서에는 '내지(內地, 조선)의 제위는 회의의 진정한 소식을 알지 못함으로 단정코 고민할지라. 소생의 생각하는바 사항을 대강 기록함' 이라 전제하고 외교와 독립준비에 관한 사항을 기재하였으며 또 별로히 '임시정부의 건설과 현황의 약보' 라는 표제 아래에 각항에 미쳐서 소위 가정부의 조직과 현재의 상황을 기술하였는데 특히 그 11항에는 '우리의 독립을 위하여 기도한다.' 제목하고 별지 제4호와 같이 사항을 기록하였도다. 이것을 보고 제군은 어떻게 생각하는지? 식국(植國, 식민통치) 개시 이래로 일부 기독교 선교사

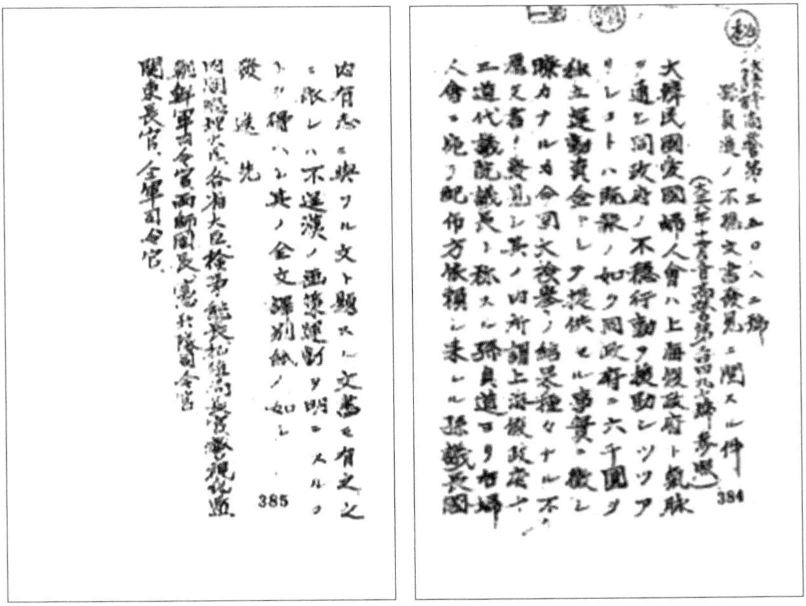

일본경찰 기밀보고서에 실린 〈손정도 목사의 취지서〉(1919.12)

와 교도들의 창도(唱導)하는 언론과 그의 행동과 이 같은 문서를 대조할진대 무엇을 추회(追懷)하며 무엇을 감각하게 될까. 나는 제군의 현명한 판단을 바라노라. 문자를 귀히 아는 조선에서는 문서의 효력이 지대하야 인심을 동요함이 심한 줄은 제군의 익히 아는 바인즉 지금 다시 나의 의견을 말할 필요도 없도다." 43

경무국장은 김홍서가 박종은에게 보낸 문서보다 손정도 의장 명의의 〈국내 유지에게 보내는 글〉이란 문서를 더 신랄하게 비판했다.

43 "所謂 朝鮮의 獨立運動과 黑幕裏의 耶蘇敎徒", 〈매일신보〉 1919.12.4.

경무국장은 사건의 증거자료라며 상해에서 들어온 문건들을 공개하였다. 그렇게 해서 상해에서 만든 독립운동 문서 내용이 〈매일신보〉를 통해 국내에 소개되었다. 우선 경찰이 '제1호' 문서라고 지칭한 〈조선교회 통지서〉로 1919년 9월 25일 자로 김병조와 손정도, 조상섭, 이원익 목사가 연명한 서한이다.

> "경축(敬祝). 은혜와 도움으로 만안(萬安)하시기 바라며 우리들은 별고 없이 있습니다. 그러하온데 현금(現今) 각 교회의 표면에는 혹종(或種)의 제지가 있는듯하나 이면에는 은혜를 충분히 받을 기회가 왔도다. 우리 한국교회는 이 만고미유(萬古未有)의 호기를 잃지 말고 그 직분을 다함은 오늘에 있도다. 그럼으로 장로 감리 양파(兩派) 교회의 총회 지부를 상해에 두고 목하(目下)의 시국에 관한 대표자를 국제연맹회에 파견할 터인데 이 인물에 대하여는 능히 직분을 감당할 만한 한국 목사 1명, 선교사 1명 및 재외 한국인 목사 1명, 합계 3명으로 하고 또 시국의 상황을 선전하며 일반신도의 신덕을 배양키 위하야 교통기관을 설치할 터이오 그 경비는 각 교회에서 부담키로 협의를 마치고 이미 총회 부회장에게 상서까지 하였은즉 귀하는 이 일을 극력하야 오는 총회 때에는 천만면력(千萬勉力)한 위에 성공하기 절망(切望)하노라." 44

이 서한에서 밝힌 것은 1) 장로교 총회와 감리교 연회가 상해에

44 "所謂 朝鮮의 獨立運動과 黑幕裏의 耶蘇教徒", 〈매일신보〉 1919.12.4.; "高警第33687號: 耶蘇教徒及假政府員ノ國際聯盟會議ニ對スル運動計劃ノ件(1919,11.8)", 『朝鮮騷擾事件 關係書類』.; "臨政要人이 國內에 보낸 宣傳文", 『한국독립운동사 자료 3』 3권(임정편Ⅲ).

지부를 설치하고, 2) 선교사와 한국인 목사 3명으로 한국교회 대표 3인을 국제연맹에 파송해서 한국 상황을 국제 사회에 알리고, 3) 상해 임시정부와 국내를 연결할 교통기관을 설치하자는 제안이었다. 다음은 경무국에서 '제3호' 증거자료라고 밝힌 〈대한예수교연합진정회 청원서〉로서 1919년 9월 29일자로 김병조와 손정도, 조상섭, 정인과, 이원익, 현순 목사와 여운형 전도사, 장붕, 서병호 장로가 연명한 서한이다.

> "천주(天主)의 극진한 사랑과 그리스도의 한량없는 긍휼이 항상 한국 내 예수교 총회와 연회 중에 계심을 만만복기(萬萬伏祈)함. 교제(教弟) 등은 사세(事勢)에 인하야 해외에 유난(流難)하야 그 비법(非法)한 악형을 벗어났으나 잔명(殘命)의 지배를 받고 아울러 천주의 명령을 믿고 기다려 청진(請陳)한 일은 먼저 번 총회와 연회 때에 우리 한국교회의 꼭 결행치 아니치 못할 일을 성안품달(成案稟達)하야 두었지만은 최선급무 되는 것은 나날이 발생할 시국의 상황을 통지함과 함께 일반신도의 신덕을 최후의 승리하는 날까지 권고할 필요가 있음으로써 어떠한 방법으로써 교통기관을 설치할까 함에 대하야 회의를 개최한 결과 상해 지회로부터는 안동현(安東縣)까지 교통하기로 결정한 사실을 앙달(仰達)함에 인하야 통촉한 후 내지(內地)에 대한 최고기관을 본회에서 결정한 후 지시하기를 복망(伏望)함."[45]

이 서한은 앞서 9월 25일 4인 목사가 보낸 〈통지서〉와 같은 맥

45 Ibid.

락에서 상해임시정부와 국내 교회를 연결하는 연락망 구축에 관한 보다 구체적인 제안을 담고 있었다. 즉 상해부터 안동(지금 단동)까지 중국 관내에는 독립운동 연락망이 구축되었으니 국내에서도 장로교 총회와 감리교 연회가 나서 신의주에서 평양을 거쳐 서울에 이르는 비밀 연락망을 구축해 달라는 제안이었다. 계속해서 경무국장은 '상해에서 온 문건'이라며 〈한국 내 예수교회 기도제목〉이란 유인물도 공개했다. 〈매일신보〉는 그것을 "영리(靈理)에 배루(背淚)된 기도, 이것이 예수교도의 행동"이란 제목으로 소개했다.

"예배 제1일 특히 우리나라에 있는 교회의 정형에 대하야 기도할 일
예배 제2일 대한민국 임시정부, 의정원과 및 기타 단체를 위하야 기도할 일
예배 제3일 부흥사업에 대하야 전국 인민의 통일을 영구케 하기 위하야 기도할 일
예배 제4일 독립운동에 순절한 사람의 유족과 옥중에서 고난을 받고 있는 사람과 및 그의 가족을 위하야 기도할 일
예배 제5일 우리의 자유 독립을 성취하기 위하야 기도할 일
예배 제6일 국제연맹을 하나님의 뜻대로 완전히 조직케 하기 위하야 기도할 일
예배일 우리 대한민국에 그리스도의 진리가 기초되어 천주의 영광을 특별히 실현케 하기 위하야 기도할 일
우리의 예배 조목은 어디까지든지 전파할지오 각 신도에 대하야 이 일정의 지시대로 기도를 시작케 하고 매주간 항상 계속 진행케 함을 바람. 다만 시국의 추이에 의하야 제목을 변경할 필요가 있는 때에는

변경할 것." [46]

일본 경찰은 실제로 평양 인근 대동과 안주에서 교인들이 이런 내용으로 기도회를 실시한 경우가 있음을 파악하고 예의주시하였다. 그러나 정작 일본 경찰당국이 경계하며 주목한 것은 '손정도 의장' 명의로 인쇄된 〈국내 유지에게 보내는 글〉이란 문건이었다. 이 유인물은 독립청년단원사건으로 체포된 박종은의 기숙사 방에서 발견된 것이 아니라 1919년 11월 말에 일어난 대한민국애국부인회사건 관련 피의자들의 가택수색 과정에서 경찰이 습득한 문건이었다.[47] 이 문건이 평양에서 발견된 것이 아님에도 경무국장이 평양 독립청년단사건과 관련한 기자회견에서 그 내용을 언급한 것은 이 문서 작성자인 손정도 목사가 김홍서와 박종은의 '숭실중학 동문'이자 비밀문서 전달체계의 최고 책임자인 것을 강조하기 위함이었다. 경무국장은 이 문건에 실린 '미국 교인들이 우리의 독립을 위하여 기도한다.'는 항목을 특별히 지목했다. 그 내용도 〈매일신보〉에 실렸다.

"미국 장로파 제일례배당 목사는 우리 대한의 독립에 관하야 강연을 하고 42교파 신구교도는 우리의 독립을 위하야 매일 1회 이상의 기도를 하기로 하였으며 일즉이 우리 한성에 와서 3개년 동안 전도에 종사하야 여류웅변가로 유명함으로써 공중집회에서 3천여 회의 연설을 한

46 "靈理에 背戾된 祈禱. 이것이 耶蘇敎徒의 行動", 〈매일신보〉 1919.12.4.; "高警第33687號: 耶蘇敎徒及假政府員ノ國際聯盟會議ニ對スル運動計劃ノ件(1919,11.8)", 『朝鮮騷擾事件 關係書類』.; "臨政要人이 國內에 보낸 宣傳文", 『한국독립운동사 자료 3』 3권(임정편III).

47 "高警第35082號: 孫貞道ノ不穩文書發見ニ關スル件(1919.12.12.)", 『日本外務省資料』; 『한국독립운동사 자료』 38권(종교운동편); 『독립운동사자료집』 9권(임시정부사자료집).

'까필' 부인은 우리 미국에 있는 국민의 요청에 응하야 미국 각지로 돌아다니며 연설을 하고 끝에 청중에게 한국독립 승인청원서를 미국 정부와 국제연맹회에 제출하기를 바라는 사람은 손을 들라 하야 전수의 동의를 얻은 후 그 뜻을 정부에 전달하였으며 그 외에 각 대학과 각 단체로부터 청원의 제출이 연속하는 터인즉 민의를 존중히 하는 미국 정부의 의향이 어떠할 것을 가히 짐작할 것이라. 그러나 우리 내외 동포는 다른 사람만 믿지 말고 우리가 스스로 지고 스스로 돕지 않으면 우리의 기망은 성취하기 어렵도다."48

경무국장의 기자회견으로 손정도 목사가 비밀리에 국내로 보낸 문건 내용이 세상에 알려졌다. 이런 기자회견 내용을 소상하게 보도한 총독부 기관지 〈매일신보〉는 의도하지는 않았지만, 결과적으로 손정도 목사가 국내 교인 및 동포들에게 전하고 싶은 메시지를 충실하게 전달하는 대변지 역할을 하였다.

이런 총독부 경무국장의 기자회견이 있기 보름 전인 1919년 11월 중순, 추가적인 두 가지 사건이 있었다. 손정도 목사와 하란사가 시도했다가 중단한 의친왕 망명을 3·1운동 직후 서울에서 결성된 비밀결사 대동단 단원들이 재추진하였는데 의친왕이 압록강을 건너기까지는 하였으나 안동역에서 일본 경찰에 체포되면서 또다시 실패하였다. 이 사건으로 대동단원으로 활동했던 서울 용두리여학교 교사 안교일, 홍인배재학교 교사 정희종, 홍인배재학교 졸업생 전대진, 동대문여학교 교사 강정희 등이 체포되었다. 이들은 모두 손정도 목사

48 "孫이 發送한 文面의 一節", 〈매일신보〉 1919.12.4.

가 동대문교회를 담임하던 시절(1914~15년) 그의 설교를 들었던 교인들이었다.[49] 그리고 같은 시기 평양에서 최종식과 최용훈, 최성수, 이덕환, 장종도, 김성택 등이 1만 2천 원의 군자금을 모금하여 상해임시정부와 만주 독립운동단체에 보낸 사실이 발각되어 체포되었다. 그 가운데 평양 남산현교회 청년회원이었던 최용훈(崔龍勳)은 2천 원을 상해 임시의정원 손정도 의장에게 보낸 혐의로 재판에 회부되어 옥고를 치렀다.[50] 이런 사건으로 손정도 목사는 '요시찰 인물'이 되었다.

이처럼 총독부 경무국장이 직접 나서서 기자회견을 한 이유는 분명했다. '목회자 신분으로 정치운동(독립운동)에 깊이 관여하고 있는' 손정도 목사를 비난하는 동시에 독립운동에 참여하거나 독립운동을 후원하고 있는 목회자나 기독교인들을 향해 "예의주시하고 있으니 주의하라."는 경고였다. 또한 선교사들을 향해 독립운동을 하는 한국교회 목회자와 교인들을 두둔하거나 보호하지 말라는 경고이기도 했다. 그런 배경에서 경무국장의 기자회견 내용을 보도한 〈매일신보〉 기사 말미에 미감리회 웰치 감독이 1919년 11월 6일 서울 정동교회에서 개막된 미감리회 연회석상에서 했다는 발언 내용을 소개하였다.

"금춘 소요(만세운동) 발생 이래로 우리교회의 교역자 된 자로 교지를 위반한 자가 있음은 실로 유감이오. 종교가는 종교에, 정치가는 정치에 진력할 것인즉 우리들과 같이 종교에 몸을 바친 이상은 어디까지든지

49 "의친왕 출경 상보", 〈독립신문〉 1919.12.25.; "의친왕의 친서", 〈독립신문〉 1919.11.20.; 〈동아일보〉 1920.6.29.~7.12; "대동단 예심종결" 〈기독신보〉 1920.7.14.~8.18; 최태육, "동대문교회 교인들의 독립운동", 〈동대문교회와 한국 근대화의 역사적 조명 학술대회 자료집〉, 61~66.

50 "高警 第3392號; 獨立運動資金募集者檢擧ノ件(1920.2.10.), 『朝鮮騷擾事件關係書類』; "上海假政府에 군자금 송부사건", 〈매일신보〉 1921.1.23.; "平安南道叔辦의 職을 띠고 軍資金을 모집하얏다는 사실로 평양감옥에 복역하다가 假出獄된 崔龍薰 李德煥 兩氏慰勞會", 〈동아일보〉 1922.2.12.

종교에 진력함이 당연한 일일 뿐 아니라 종교가의 사명이 되는 것이라. 제군은 물론 종교에 대하야 희생적으로 전도하는 천국의 사명자로 믿는 바이오. 보시는 바와 같이 우리교회 측에서 도주한 자나 입감한 자가 있다 하더라도 절대로 원조치 안을 방침이오."[51]

〈매일신보〉는 이런 웰치 감독의 발언을 소개하면서 "옳은 인사의 옳은 발언"이라고 평가하였다. 과연 웰치 감독이 이런 내용으로 연회에 참석한 한국교회 지도자들에게 훈계했는지 여부는 확실치 않다. 1919년 연회록에는 그런 내용이 기재되지 않았기 때문이다. 다만 연회 중에 총독부에서 나온 학무과장 시바타(柴田善三郎)와 외사과장 마츠나가(松永武吉), 사무관 기요시(半井淸) 등을 소개하는 시간이 있어 연회 분위기가 어떠했을지는 쉽게 짐작할 수 있다.[52] 더욱이 각 지방 감리사들의 선교보고 시간이 되자 수원 제암리교회와 수촌리교회, 오산읍교회, 평양 남산현교회, 강서읍교회, 천안 매봉교회, 공주 영명학교, 개성 호수돈여학교, 서울 배재학당과 이화학당 교인과 학생들이 당한 수난과 희생에 관한 보고를 듣는 선교사와 목회자들의 마음이 무거울 수밖에 없었다. 평양지방 감리사 무어(문요한)는 독립만세운동으로 평양지방 교회와 목회자, 교인들이 입은 피해와 수난을 이렇게 보고하였다.

"본 지방회를 열려고 할 때 조선 목사 중 1인이 말하기를 금년 지방회는 감옥에서 열면 좋겠다고 하였다. 이렇게 말한 까닭은 금번 조선독

51 "웰치 監督의 訓示", 〈매일신보〉 1919.12.4.
52 〈미감리회 조선연회록〉 1919, 17.

립운동으로 인하여 감옥에 있는 목사, 전도사, 권사, 속장, 학교 교사, 주일학교 교사 합한 숫자가 160인이라. 3월 1일에 이 운동이 시작된 후로 지금까지 본래 목사의 수가 28인인데 그중 14인은 금고(禁錮)되고 4인은 사직하였다. 고로 남은 이가 불과 10인이라. 집사 품 받은 목사 10인 중 8인은 금고되고 1인은 신병으로 휴직하니 연회 연말에는 2인만 남았나이다."[53]

그렇게 한국인 목회자 가운데 독립운동 관계로 수감되거나 피신중인 인사들이 많아 연회에는 참석자보다 불참자가 더 많았다. 상해에서 임시정부 활동을 하고 있던 손정도와 현순을 비롯하여 독립선언서에 민족대표로 서명한 이필주와 최성모, 신홍식, 감창준, 박희도, 평양지방 만세운동을 주도했던 송득후와 김찬흥, 한예건, 이하영, 주기원, 김홍식, 오현경, 이윤영, 이상만, 정진현, 홍기황, 박현숙 등도 감옥에 들어가 있었다. 특히 남산현교회 부목사로 평양 만세시위를 주도했던 박석훈 목사는 옥중에서 받은 고문으로 건강이 악화되어 연회가 끝난 직후인 11월 16일, 평양형무소 안에서 순국하였다.[54] 강서 출신 박석훈 목사의 순국 소식을 상해에서 들은 손정도 목사의 마음도 안타까웠다.

그렇게 1919년 연회는 독립운동 관련 수감자와 희생자들에 대한 보고로 우울한 분위기 가운데 진행되었다. 그런 중에도 웰치 감독은 이들 독립운동과 관련해서 수감되었거나 해외로 피신한 목회자들을 제명하지 않고 '휴직 1년'으로 처리하였다. 그래서 손정도 목사도

53 "平壤地方 監理師 文約翰氏 報告", 〈미감리회 조선연회록〉 1919, 82.
54 "朴錫薰氏 永逝", 〈기독신보〉 1919.11.26.

'휴직 상태'를 계속 유지하였다. 그리고 전국에 수감된 목회자 102명과 그 가족 368명을 위한 구제활동을 벌이기로 하고 이를 위해 전국교회가 성탄헌금을 실시하기로 하였다.[55] 이런 연회 결의를 끌어낸 인물이 웰치 감독이었다. 따라서 웰치 감독은 앞서 〈매일신보〉가 보도했던 그의 발언, "독립운동에 관여해서 도피 중이거나 수감 중인 목회자들은 절대 도와주지 않겠다."고 했던 것과는 다른 방향으로 연회를 이끌었음을 알 수 있다. 손정도 목사를 비롯한 한국인 목회자들의 독립운동 참여에 대하여 (일본인 관리들이 있는 자리에서는) 공개적으로는 비판적인 입장을 취하였지만 내막으로는 암묵적인 지지를 표하였다. 독립운동에 참여한 목회자들에게는 이런 선교사들의 '이중적인'(?) 자세만으로도 고마웠다. 전임 해리스 감독의 '노골적인' 친일 정책을 취하지 않기만 바랄 뿐이었다.

2. 상해 독립운동(2): 국내외 독립운동 연대투쟁

1) 서울 애국부인회사건과 〈손정도 문서〉

상해의 손정도 목사는 고국교회 선교사들의 '암묵적인' 지지와 동료 목회자들의 연대 투쟁에서 힘과 용기를 얻었다. 특히 그의 고향인 강서와 평양에서 많은 교인과 독립운동가들이 항일투쟁을 전개한 것에 힘을 얻었다. 그러나 그에게 가장 미안하면서도 큰 힘이 되었던 것은 평양에 있는 가족들의 수난과 투쟁이었다. 이미 앞서 살펴본

55 〈미감리회 조선연회록〉 1919, 13~14, 25~26.; "미감리교회 년회 후문", 〈기독신보〉 1919.12.24.

것처럼 손정도 목사의 아내와 자녀들은 3·1독립만세운동에 적극 참여하였다. 그 후에는 상해에서 독립운동을 하고 있는 가장(家長)을 돕기 위해 노력하였다. 특히 손정도 목사의 아내 박신일은 상해 임시의정원 의장이 된 남편이 해외 독립운동 지도자로 활약하고 있는 사실이 알려지면서 일본 경찰의 집중 감시와 통제를 받았다. 수시로 경찰이 와서 가택을 수색한 것은 물론이고 종종 경찰서에 붙잡혀 가서 조사를 받았다. 원일의 증언이다.

> "아버지의 상해 망명이 알려져 일본 관헌으로부터 혹독한 고초를 겪지 않으면 안 되었다. 한 번은 어머니가 경찰에 끌려갔다. 어머니는 매질과 협박에도 끝까지 아버지의 망명 사실을 모르고 있다고 잡아뗐다. 어머니는 얼마 뒤 풀려나왔으나 그 뒤로는 매일같이 형사가 집안을 드나들면서 감시를 강화했다. 이 무렵 할아버지는 돌아가신 뒤 우리 집안은 화목을 되찾을 때였다. 우리가 정동 살 때 둘째 삼촌 경도(敬道), 셋째 삼촌 이도(利道)를 서울로 불러올려 미국 유학을 보냈었다. 평양에 혼자 남아 계시던 할머니(吳信道)도 고집을 꺾고 기독교 신자가 되었고 아들이 모두 외국에 나가 있게 되자 자주 우리 집을 내왕하며 우리를 귀여워해 주셨다."[56]

어머니 오신도는 처음엔 '아들을 내쫓은' 남편을 따라 손자들에게까지 냉정한 모습을 보였지만 1913년 남편이 죽고 난 후에는 마음을 돌려 며느리(박신일)를 따라 남산현교회에 출석하며 신앙생활을

---

56 손원일, "나의 이력서(7)", 〈한국일보〉 1976.10.7.

하였다. 그리고 상해에서 독립운동을 하고 있는 아들을 돕기 위해 나섰다. 3·1운동 직후 서울에서 만세를 부르고 내려온 손녀딸 진실과 함께 평양에서 애국부인회를 조직하여 독립운동 자금 모금운동에 앞장서다 체포되어 옥고를 치른 것이다.

애국부인회는 3·1운동 직후 교회 여성들을 중심으로 조직된 항일비밀결사 여성독립운동 단체였다. 처음엔 국내에서 투옥된 독립운동가와 그 가족을 구휼하는 일을 하다가 시간이 흐르면서 상해임시정부와 연계하여 독립운동자금 모금활동과 국내로 파견된 독립운동가들의 연락 활동을 지원하는 등 보다 적극적인 항일투쟁을 전개했다. 이런 목적의 애국부인회는 서울과 평양, 두 곳에서 조직되었다.

먼저 서울에서는 1919년 3월 중순 정신여학교 졸업생 중심으로 혈성부인회가 조직되었고 4월 비밀결사 대한청년외교단의 여성외곽단체로서 대조선독립애국부인회가 조직되었다. 이 두 조직은 6월 상해임시정부에서 파견한 임득산의 권고로 통합하여 '대한민국애국부인회'(大韓民國愛國婦人會)를 조직하고 상해임시정부에 '여성 대표' 김원경을 파견하였다. 그리고 10월 19일 서울 만세시위에 참여하였다가 풀려난 정신여학교와 이화학당 교사와 졸업생을 중심으로 조직을 개편하고 회장에 김마리아, 총무부장에 황애덕을 선출하였다. 이후 애국부인회는 서울과 개성, 대구, 부산, 마산 등지에 지회를 설치한 후 독립운동 자금 모금과 독립운동가 지원활동을 전개했다.[57]

그러나 대한민국애국부인회는 김마리아 회장 체제로 조직을 개편한 지 한 달 만인 1919년 11월 29일 동지의 배반으로 대구 경찰서

---

57 박용옥, "여성항일운동의 조직화", 『한국여성독립운동사』, 3·1여성동지회, 1980, 236~246.

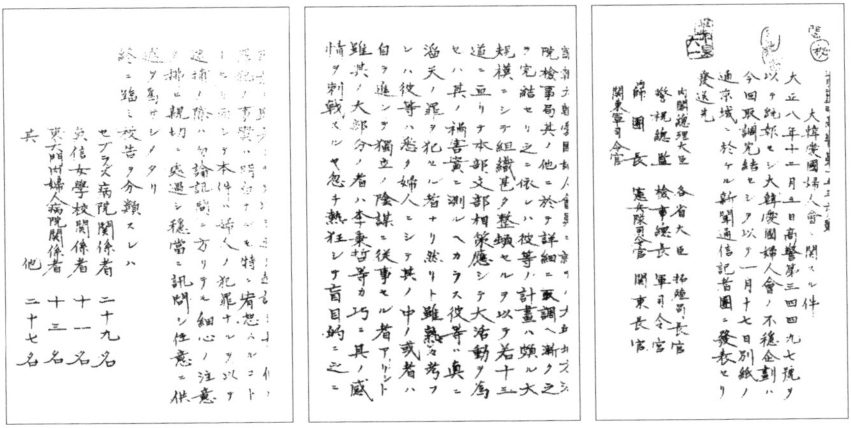

서울 애국부인회사건 기록

에 그 조직이 탄로나 회장 김마리아와 서기 김영순, 신의경 등을 체포한 것을 필두로 전국에서 50여 명의 간부와 회원들이 체포되었다. 대구 경찰서는 사건 수사 과정에서 애국부인회와 남매기구 관계였던 대한청년외교단을 발견하고 그 핵심 간부들도 체포하였다. 그리하여 12월 11일 대구 경찰서는 이병철과 안재홍 등 청년외교단 간부 10명과 김마리아와 황애덕 등 대만민국애국부인회 간부 23명을 검찰에 송치한 후 12월 16일 사건의 전모를 언론에 발표했다. 〈매일신보〉 12월 19일 자 신문에서 "가경(可驚)할 비밀결사 남녀의 독립음모단(獨立陰謀團)", "필경 배일(排日)의 거두(巨頭)인 안재홍 출동", "망동(妄動)의 경과개요" 등의 제목을 달아 그 내용을 보도하였다.[58] 일반 시민들은 이 보도를 통해 비로소 대한민국애국부인회라는 항일비밀결사의 조직과

58 "可驚할 秘密結社 男女의 獨立陰謀團", 〈매일신보〉 1919.12.19.; "秘密結社 男女의 獨立陰謀團", 『朝鮮獨立騷擾史論』, 조선독립소요사출판소, 1921, 173~189.

활동을 알 수 있었다.

그렇게 애국부인회사건에 대한 수사 결과를 상세하게 보도한 〈매일신보〉는 "애국부인회 증거물건 목록"이란 제목의 별도 기사를 통해 "경찰이 애국부인회 관련 피의자들의 가택수색에서 압수한 증거물 18종 가운데 '안창호 및 손정도가 국내유지에게 보낸 서한'(安昌鎬及孫貞道與國內有志書) 1통 13매가 있었다."고 밝혔다. 바로 이것이 앞서 1919년 12월 3일 총독부 경무국장이 손정도 목사를 비난하는 기자회견 중에 "상해에 있는 소위 가정부의 대의원 의장 손정도(孫貞道)의 '국내 유지에게 보내는 글' 이란 불온문서를 발견하였도다."하면서 그 내용의 일부를 소개했던 문건이었다. 애국부인회사건을 조사하고 있던 대구 경찰서에서 수사 발표를 하기도 전에 총독부 경무국장이 그 증거물을 기자들에게 공개하였다는 것은 그만큼 총독부 경찰당국이 그 문건을 중요시하고 있었음을 반증한 것이기도 했다. 실제로 총독부 고등경찰국은 애국부인회사건에 대한 검찰기소가 이루어진 직후인 12월 12일, 일본 총리대신을 비롯한 정부 고위각료들에게 "손정도의 불온문서 발견에 관한 건"이란 제목의 기밀보고서를 발송했다.[59] 총독부 고등경찰국은 '손정도 문서' 를 이렇게 설명하였다.

"대한민국애국부인회(大韓民國愛國婦人會)는 상해가정부(上海假政府)와 내통하며 동 정부의 불온행동을 원조하고 있다는 사실은 이미 보고한 바와 같거니와 동 정부에 일금 6천 원을 독립운동 자금으로 제공한 사실에 대하여 명확하지 않으나 이번 대검거의 결과 여러 가지 불온문서를

59 "高警第35082號: 孫貞道ノ不穩文書發見ニ關スル件(1919.12.12.)", 『朝鮮騷擾事件關係書類』(5卷); 『한국독립운동사 자료』 38권(종교운동편); 『독립운동사자료집』 9권(임시정부사자료집).

발견하고 그중 소위 상해가정부 13도 대의원 의장이라고 칭하는 손정도(孫貞道)로부터 위 부인회 앞으로 배포하여 주도록 보내온 손의장(孫議長)의 국내유지에게 보내는 글이라고 제목을 붙인 문서도 있어 이에 의하면 불령배(不逞輩)들의 획책운동을 명백하게 알 수 있다."[60]

일본 경찰당국은 '손정도 문서'를 상해임시정부와 국내 독립운동단체 사이의 '내통'(內通)을 보여주는 증거로 파악하였다. 이 조직을 통해 국내에서 모금한 독립운동 자금이 상해임시정부에 들어갔고 임시정부 지도자가 국내 모금활동을 독려하는 문서를 보급했다고 판단하였다. 그러면서 이런 문서 작성과 유통구조의 최고 책임자로 '손정도 의장'을 지목하였다. 그런데 경찰이 압수한 '손정도 문서'는 두 종류였다. 하나는 손정도 의장 명의로 작성된 〈국내 유지에게 보내는 글〉이고 다른 하나는 안창호 등 임시정부 각료들과 함께 작성한 〈임시정부 건설과 현황에 대한 약식 보고〉이다. 우선 손정도 명의로 작성된 문서다.

"국내 제위는 진정한 해외 소식을 모르기 때문에 고민하고 있을 것이다. 소생이 아는 바로는 우리의 외교 진행과 임시정부가 시급하게 진행 중인 3대 사항은 다음과 같다.

一. 외교.

외교는 각 지역, 각 방면에 진행 중인데 세계인의 동정은 우리들 자격에 과분하게 협조하여 그중 미국 정부와 교섭 중인 이승만씨의 사무소

60 "高警第35082號: 孫貞道ノ不穩文書發見ニ關スル件(1919.12.12.)", 『朝鮮騷擾事件關係書類』(5卷).

는 워싱턴에 있어서 이를 외국 공사로 인정하며 이승만씨에게는 서신 왕복에 전시세(戰時稅)를 면제하고 통신성에서는 타국 대사와 동등하게 취급하며 강화회의에서는 우리 특사 김규식씨의 독립청원서를 정식으로 수리하고 또 김씨를 대표자 자격으로 평화회의에 우리 문제를 제창하도록 허용하였다.

一. 3대 사항.

갑. 우리 동포 2천만은 정신상 독립으로 통일하여 임시정부를 절대 신뢰하며 일치 진행할지어다.

을. 외교에 주력하여 열국(列國)으로부터 하루속히 정식 승인을 받을지어다.

병. 최후 행동을 준비하자. 이에 대하여는 모모국(某某國)의 합력(合力)을 바랄지어다.

이상 실행금의 예산은 다음과 같다(11말까지).

정부 비용 5만 원, 파리 외교비 3만 원, 국제연맹회에서 일본인과 담판할 5명 이상 10명까지 파견할 여비 10만 원, 각소(各所) 통신전보비 2만 원, 중·미 외교비 5만 원, 출판비 1만 원.

이상 금액을 확보하지 못할 경우 우리 사업은 진행 불가능함과 동시에 우리가 진행 중인 독립운동은 어떻게 될 것인가. 우리 대한인은 총력을 다 하여야 한다. 제위는 힘이 닿는 데까지 노력하여 주기 바란다.

애국금(愛國金) 수용위원(收容委員)을 소개하니 총력을 기울여 독립의 목적을 달성하자.

제현하(諸賢下)에 일하고 있는 손해석(孫海石) 상(上)" 61

---

61 앞 자료.

손정도 목사는 상해임시정부의 외교 및 중점 추진사업을 소개하면서 우선적으로 외교활동에 주력하고 있음을 밝혔다. 특히 미국과 파리에서 활동하고 있는 이승만과 김규식에 대한 '긍정적인' 소식을 담은 것은 국내 독립운동 진영을 고무하려는 의도였다. 그리고 여러 나라 외교 활동에 필요한 예산 경비(26만 원)를 제시함으로 이 문서가 독립운동자금 모금을 독려하기 위해 작성된 것임도 분명히 하였다. 비밀보고서에는 그 이름이 실리지 않았지만 '손정도 문서'에는 애국금(독립운동 자금)을 수금할 요원 명단이 포함되어 있었던 것으로 보인다. 그리고 손정도는 임시정부의 3대 추진사항을 통해 "2천만 동포는 독립정신으로 단결하여 세계 열방으로부터 독립국가로 승인을 얻기 위해 외교활동에 진력하는 임시정부를 절대 신뢰하고 최후 행동(독립전쟁)을 준비하자."고 호소하였다.

다음으로 손정도와 안창호를 비롯한 임시정부 지도부에서 공동 작성한 것으로 보이는 〈임시정부 건설과 현황의 약식 보고〉 문서는 1) 상해 혁명(독립운동) 발단, 2) 임시정부 조직, 3) 각 단체 설립, 4) 외국인의 동정, 5) 파리의 우리 대표, 6) 대사(大使)의 비용, 7) 미국에서 축하식, 8) 미국에 우리 공사관 부활, 9) 미국의 여론, 10) 미국의 국민총회와 자유간친회, 11) 우리의 독립을 위한 기도, 12) 미국인의 배일(排日) 원인, 13) 만주와 러시아 동포, 14) 러시아령에서 축하식 등으로 구성되었다.[62] 전체적으로 한국의 독립운동에 대한 '국제적' 호응과 지지 여론을 소상하게 전하고 1918년 연말부터 시작된 상해의 독립운동과 그 결과물로 이루어진 임시정부 조직과 활동에 대해 자세히 소

62 앞 자료.

개하였다. 이 문건이 국내에 얼마나 전파되었고 어느 정도 효과를 얻었는지 알 수는 없다. 하지만 총독부 고등경찰국이 그 전문을 일본어로 번역해서 일본 정부 고위관료와 군부대 지휘관들에게 전달하였다는 것을 보아서도 일본 경찰당국이 이 문건과 문건 작성의 최종 책임자로 지목된 손정도 의장을 대단히 경계하였음을 알 수 있다.

2) 평양 애국부인회사건과 어머니의 투쟁

1919년 11월 대구에서 조사가 시작된 대한민국애국부인회사건 피의자들이 1920년 6월 대구지방법원 판결에 불복, 항소함으로 서울 복심법원 재판을 받기 위해 서울 형무소로 이감되던 1920년 10월, 이번에는 평양에서 교회 여성지도자들이 항일 비밀결사를 조직해서 활동한 혐의로 일본 경찰에 체포되었다. 이 사건은 1920년 10월 5일 자 〈매일신보〉 보도로 처음 세상에 알려졌다.

> "초 잇흔날 오전에 강서경찰서로부터 형사 몟 사람이 평양 시내에 들어와서 전도부인 김세지와 손정도의 모친과 안정석 박현숙 주광명 등을 모조리 체포하야 강서경찰서로 압송하였는대 사건은 무슨 사건인지 아직도 알 수 없다더라."[63]

10월 2일 강서경찰서 형사들이 평양에 들어와 전도부인 다섯 명을 체포하여 강서로 끌고 갔다는 기사였다. 이 기사를 받아 기독교계 〈기독신보〉도 10월 13일 자 신문에서 "평양 전도부인 체포"라는 제목

63 "傳道婦人 五名 逮捕", 〈매일신보〉 1920.10.5.

으로 "본 월[10월] 2일에 평남 강서경찰서로부터 평양 시내로 출장하야 그곳 예수교회에서 전도하는 전도부인 다섯 명을 체포하야 동일 강서 경찰서로 압송하였다는데 사건은 아직 알 수 없다 하며 그 체포된 부인들의 씨명은 좌와 같더라. 손정도 모친 박현숙 주광명 김세지."라는 기사를 실었다.[64] 〈매일신보〉나 〈기독신보〉가 다른 피의자들의 이름을 밝히면서도 유독 한 사람만 실명을 밝히지 않고 '손정도의 모친'이라고 하였다. 그로부터 한 달 후, 1920년 11월 4일 강서경찰서가 이 사건 피의자 50여 명을 검찰에 송치하고 사건의 전모를 언론에 알리면서 '손정도 모친'의 실명을 밝혔다.[65] 〈매일신보〉는 경찰당국의 발표 내용을 그대로 받아 "예수교 장로·감리 양파 부인신도 106명으로 조직된 비밀결사 대한애국부인회 검거", "여자일망정 사나이 볼 쥐어 지르게 잘도 꾸몄다." "상해가정부의 독립운동을 원조하려던 목적으로 기운차고 대담하게 운동하다가 모두 잡혔다." 등의 표현을 써가며 사건 내용을 상세하게 보도하였다.

> "본부 총재되는 오신도(吳信道)는 상해가정부 의정원 의장으로 있는 손정도의 친모로서 음모 조선인 간에 촉망이 있는 자이요 또 평양 감리파지회 서기 손진실(孫眞實)도 역시 손정도의 맏딸로서 동지 간에 극히 존경을 받는 자이라. 그리고 최매지 주광명 김보원 이겸량 한영신 김용복 이성수 최영보 등은 모다 지금 사립학교의 교사이요 기타 본회 간부들은 모다 지식계급자가 다수에 달하고 특히 상해에 있는 음모 조

64 "평양 전도부인 체포", 〈기독신보〉 1920.10.13.

65 "高警 第33902號: 秘密結社 大韓愛國婦人會檢擧ノ件"(1920.11.4.)『朝鮮騷擾事件關係書類』6卷.;"秘密結社 大韓愛國婦人會 檢擧",『朝鮮獨立騷擾史論』, 208~217.

> 선인의 거두되는 손정도의 친모 오신도를 총재로 추천하는 등 엇더튼지 인심을 얻고 또한 그 회의 세력을 확장하기에 부심을 한 것을 가히 추찰(推察)할 수가 있다."[66]

이 보도를 통해 손정도 목사의 어머니 오신도가 비밀결사 대한애국부인회 총재로, 맏딸 손진실이 대한애국부인회 평양 감리회지파 서기로 활약하였음이 알려졌다. 신문은 오신도와 손진실이 모두 "음모(陰謀, 독립) 조선인 사이에 촉망과 존경을 받는" 인물이었다고 표현하였다. 그러면서 "상해에 있는 음모 조선인의 거두"로서 국내 독립운동 진영과 시민사회에서 존경을 받고 있는 손정도 목사의 어머니와 딸을 애국부인회 임원으로 추대함으로 조직의 신임을 얻고 세력을 확장하려 했다고 설명하였다. 이러한 경찰 발표와 신문 기사로 손정도 목사의 어머니와 딸이 연루된 평양 애국부인회사건은 세간의 관심을 끌었다.

서울에서처럼 평양에서도 교회 여성들이 3·1운동 직후 비밀결사를 조직해서 옥중 수감자 구휼과 독립운동 지원을 위한 모금활동을 벌였다. 평양에서도 처음엔 장로교와 감리교 여성들이 별개 조직을 만들었다. 즉 1919년 6월, 비슷한 시기에 평양의 감리교 남산현교회와 장로교 장대현교회 여성신도들이 비밀 조직을 만들었는데 남산현교회에서는 오늘의 여선교회에 해당하는 보호여회 회장이었던 전도부인 김세지와 숭의여학교 교사 박현숙, 기홀병원 전도부인 박승일을 중심으로 안정석과 이성실, 최순덕, 주광명, 오신도, 손진실 등이 조직했고 장대현교회에서는 의주 양실여학교 교사로 2개월 옥고를 치르

66 "耶蘇教 長老監理 兩派婦人, 信徒 百六名으로 組織된 秘密結社 大韓愛國婦人會 檢擧", 〈매일신보〉 1920.11.7.

고 나온 한영실과 정명여학교 교사 김보원, 숭현여학교 교사 김용복 등이 조직했다. 그렇게 별개 조직으로 모금활동을 벌이던 중 11월 초 상해임시정부에서 파견된 김정목과 김순일의 주선으로 두 단체를 통합하여 '대한애국부인회'(大韓愛國婦人會)를 만들었다. 장로교와 감리교 여성대표들로 중앙본부를 조직하는 한편 그동안 별개 조직으로 활동했던 장로교와 감리교의 지방, 교회 조직들을 지회로 운영하였다. 그 결과 평양과 강서, 증산, 함종, 진남포 등 각 지방과 교회 단위로 부인들이 모금한 독립운동 자금을 중앙 본부에서 수합하여 상해임시정부에 전달하는 효과적인 체제를 구축하였다. 서울 애국부인회 조직이 한 달 만에 발각된 것과 달리 평양 애국부인회는 철저한 비밀 조직으로 운영하여 1년 동안 2천 원이 넘는 독립운동 자금을 상해임시정부에 보냈다.

이런 평양 애국부인회 조직을 제일 먼저 탐지한 곳은 평남 강서 경찰서였다. 1920년 10월 강서 경찰서 형사대는 임시정부 파견원으로 활동하던 강서 출신 독립운동가 박세환(朴世煥)의 행적을 추적하던 중 그가 증산읍교회 전도부인 송성겸과 접촉한 사실을 탐지하고 송성겸을 체포하였다. 그리고 송성겸의 집에서 압수한 자료를 통해 강서지역 교회 여성들이 "거액의 군자금을 만들어 보내려고 고심 노력하여 필경 가옥은 물론이오 집안 가장집물까지 팔아서 상해임시정부로 보낸" 후 "상해임시정부로부터 독립군이 파견되었을 때에 결사대를 만들어 친일파 조선인 관민을 살해하려는 계획까지 세웠던" 것을 파악하였다.[67] 그리하여 강서 경찰서는 1920년 10월 2일 증산면의 송성겸

67 "大韓愛國婦人會의 決死隊 檢擧", 〈매일신보〉 1920.11.14.

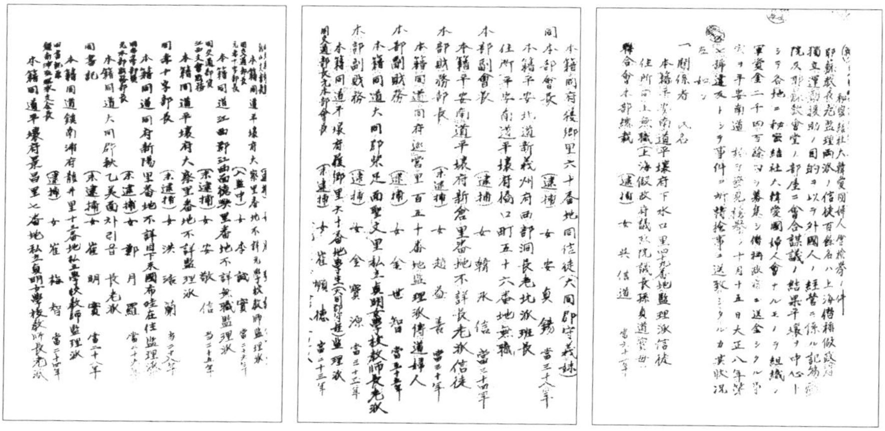

평양 애국부인회사건 기록

과 박치은, 한천면의 김진심과 송숙일, 이태신, 한명성, 김일현 등 7명을 체포한 것을 시작으로 다른 지역 애국부인회 임원과 회원들을 체포하였다. 경찰당국은 임시의정원 의장 손정도의 고향(강서) 사람들이 상해임시정부를 지원하기 위해 비밀결사를 조직한 것에 주목하였다. 그리고 손정도 목사의 어머니가 중앙본부 총재, 딸이 평양 감리교지회 서기로 활동한 것을 파악했다. 강서 경찰서 형사들이 서둘러 평양으로 가서 오신도를 비롯한 중앙본부 임원들을 체포한 것도 그때문이다. 다음은 강서 경찰서에서 파악한 대한애국부인회 중앙본부 및 각 지회 임원 명단이다.68

68 "高警 第33902號: 秘密結社 大韓愛國婦人會檢擧ノ件"(1920.11.4.)『朝鮮騷擾事件關係書類』6卷.;"秘密結社 大韓愛國婦人會 檢擧",『朝鮮獨立騷擾史論』, 208~217.

본부 지회	임원 및 회원
중 앙 본 부	오신도(총재, 61세, 손정도 어머니) 안종석(회장, 38세, 대동군수 조카며느리) 한영신(부회장, 34세, 의주 양실여학교 교사) 조익선(재무부장, 30세) 김세지(부재무부장, 55세, 전도부인) 김보원(부재무부장, 33세, 정명여학교 교사) 최순덕(교통부장, 23세, 대동군수
중 앙 본 부	조카딸) 홍활란(적십자부장, 28세) 정월라(적십자부장, 26세) 최명실(서기, 28세) 최매지(서기, 24세, 진남포 사립학교 교사) 이겸양(서기, 24세, 정명여학교 교사) 주광명(부서기, 26세, 정진여학교 교사) 김신희(평의원, 26세) 강계심(평의원, 40세) 박몽애(평의원, 27세) 송성겸(교통부원, 44세, 전도부인) 안경신(교통부원, 25세)
평양감리교지회	박승일(회장, 25세, 기홀병원 전도부인) 박현숙(부회장, 25세, 숭의여학교 교사) 손진실(서기, 19세, 손정도 장녀) 이성실(회원, 26세) 외 8명
평양장로교지회	김용복(회장, 31세, 숭현여학교 교사) 황복리(부회장, 22세, 한성은행 사무원) 이복석(재무, 23세, 사립학교 교사) 이겸양(서기, 26세) 최영보(회원, 23세) 외 6명
진남포감리교지회	안애자(회장, 48세, 속장) 이순선(재무, 22세, 진남포 참사 딸) 양진실(모집원, 46세, 전도부인) 오유덕(회원, 진남포부 참사 아내) 외 21명
진남포장로교지회	최영보(회장, 23세, 마산 사립학교 교사) 이성수(재무, 26세, 개성 사립학교 교사) 김도민(회원) 외 7명
강서감리교지회	한독신(회장, 30세) 박영복(부회장, 29세) 안경신(재무, 25세) 김성심(모집원, 38세, 전도부인) 박복녀(회원) 외 4명
함종감리교지회	강현실(재무, 29세) 김명덕(모집원, 37세, 전도부인) 최병록(회원) 외 8명
증산감리교지회	송성겸(회장, 44세, 전도부인) 박치은(재무, 41세, 대한독립부인단 부단장) 이순미(모집원, 40세) 박숙강(회원) 외 8명

최고령은 손정도의 어머니 오신도(61세)였고 최연소는 손정도의 딸 손진실(19세)이었다. 오신도는 해외에서 독립운동을 하고 있는 아들을 돕겠다는 일념으로 애국부인회의 최고책임자인 총재직을 수락

하였다. 오신도는 이름만 빌려준 것이 아니었다. 경찰당국의 발표에 의하면 1백여 명 애국부인회 회원들이 1년 동안 총 2,409원을 모금해서 상해임시정부에 전달했는데 그중 총재인 오신도가 모아 보낸 것이 2백 원이었다.[69] 그만큼 적극적으로 모금활동을 벌였다. 그리고 최연소 임원(평양 감리교지회 서기)으로 참여한 손진실 역시 서울 이화학당에 다니던 중 만세운동에 참여하고 학교 휴교령으로 평양 집에 내려온 후 학교에 복학하지 않고 할머니와 함께 애국부인회 조직과 모금활동에 참여하였다. 다행히 손진실은 사건이 터지기 전에 중국 상해로 탈출하여 체포는 면하였다.

강서 경찰서에 검거되었던 애국부인회 회원 106명 가운데 간부급 50여 명이 10월 15일 검찰에 넘겨졌다. 그리고 이 가운데 핵심간부 13명이 재판에 회부되어 12월 5일 진남포지청에서 1년 6개월에서 6개월까지 징역형을 선고받았다. 이들은 모두 판결에 불복하여 항소하였는데 1921년 2월 24일 평양 복심법원 판결에서 1심보다 높은 형량을 선고받았다. 즉 박승일과 한영신이 3년, 최매지와 안애자, 양진실, 김성심, 김용복, 이겸량, 최영보가 2년 6월, 안정석과 이성수 2년, 박현숙 1년 6월, 그리고 최고령인 오신도가 1년 징역형을 선고받았다.[70] 이렇게 2심에서 1심보다 높은 형량을 선고받은 것은 이들이 체포되어 재판을 받는 과정에서 반성하거나 뉘우치는 기색이 없이 여전히 강한 '독립운동 의지'를 표명한 때문이었다.

그렇게 해서 손정도 어머니 오신도는 평양형무소에서 1년 옥고

69 "高警 第33902號: 秘密結社 大韓愛國婦人會檢擧ノ件"(1920.11.4.)『朝鮮騷擾事件關係書類』6卷.;"秘密結社 大韓愛國婦人會 檢擧",『朝鮮獨立騷擾史論』, 214.

70 "愛婦會 覆審判決", 〈매일신보〉 1921.2.27.; "평양의 대한애국부인회 항소판결", 〈동아일보〉 1921.2.27.

를 치렀다. 옥바라지는 며느리, 즉 손정도 목사의 아내 몫이었다. 아내 박신일은 남편의 망명 이후 수시로 경찰서에 불려가 조사를 받고 가택수색을 당하는 중에서 혼자 힘으로 자녀 5남매를 양육하였고 시어머니 옥바라지까지 감당했다. 그런 그에게 희망과 용기를 안겨주는 것은 상해로부터 전해오는 남편 소식이었다. 아들 원일의 증언이다.

> "이처럼 삼엄한 감시 속이었으나 상해의 아버지는 용케도 소식을 전해왔다. 주로 연락원을 통해서였는데 그중에도 김구(金球)라는 이름을 가진 젊은 분은 기억에 뚜렷이 남는다. 혹은 중국인으로, 혹은 행상 차림으로 한밤중에 나타났다가 사라지는 그분은 말 그대로 '바람' 같은 존재였다. 그분은 올 때는 아버지 소식을, 갈 때는 국내 유지들이 모아 보내는 독립운동 자금과 연락 문서를 가져갔다. 어느 겨울밤이었다. 김씨가 나타나 안방에서 아버지의 소식을 전하고 있는데 갑자기 대문 두드리는 소리가 났다. 일본인 형사들이었다. 어머니는 침착하게 우리들을 누우라고 한 후 뒷문을 열고 김씨를 장독 속에 숨겼다. 그리고는 잠자다 일어난 것처럼 형사들을 맞이했다. 형사들은 집안을 뒤지기 시작했다. 장롱 속이며 벽장 속, 마루 밑까지 뒤졌으나 허탕이었다. 어머니는 시종 태연하게 사태를 넘겼다. 어머니는 이 일뿐 아니라 수많은 위기를 이런 식으로 해결했다. 언제나 당황하는 빛이 없었다. 타고난 독립운동가의 아내였던 셈이다."[71]

그렇게 상해와 평양 사이를 오고 갔던 연락원을 통해 박신일은

71 손원일, "나의 이력서(10)", 〈한국일보〉 1976.10.12.

"진실과 성실을 상해로 보내라."는 남편 메시지를 받았다. 이에 따라 아내는 두 딸을 중국 상해로 보냈다. 1919년 12월 연말이었다. 임시정부 연락원의 안내로 '망명길'에 오른 진실과 성실은 애국부인회 회원들이 거둔 독립운동 자금을 아버지에게 전달했다. 손정도 목사가 두 딸을 상해로 불러들인 이유는 두 가지, 외국 유학을 통해 공부를 더 시키려는 것과 1년 넘게 혼자 외롭게 해온 상해 생활을 가족과 함께해서 정신적 안정감을 얻고 독립운동에 매진하고자 함이었다. 그렇게 두 딸이 상해에 도착하자 손정도 목사는 새집으로 이사하였다. 손정도 목사는 1919년 3월 말 현순 목사와 함께 상해에 내려온 후 처음엔 법조계 김신부로가에 임시처소를 마련하였다가 4월 임시의정원 의장으로 선출된 후에는 법조계 보창로(寶昌路) 어양리(漁陽里) 21호에 주택을 마련하고 의정원과 임시정부 활동을 하였다.[72] 그러다가 두 딸이 들어오면서 법조계 장안리(長安里) 263호로 옮겼다가 얼마 후 대안리(大安里) 291호로 옮겼다.[73] 두 딸이 들어오면서 상해에 와 있던 안중근 의사의 유가족, 즉 부인 김마리아와 딸 현생(賢生), 아들 준생(俊生)도 같은 집에서 살기 시작했다. 김마리아 부인이 두 가정 살림을 맡아 하였고 안중근 의사의 자녀들도 손정도 목사 자녀와 가족처럼 생활했다. 이무렵 한국의 '최초 여류비행사'가 된 권기옥도 이 무렵 손정도 목사 집에서 함께 살았다.[74]

손정도 목사는 상해로 온 두 딸을 중국인 학교에 입학시켰다. 서

72 "機密 第53號: 不逞鮮人申錫雨及尹愿三逮捕(1919.5.16.)", 『日本外務省 外交史料館文書』; "拓秘 第1008號: 上海佛租界不逞鮮人逮捕方ニ關スル件(1919.7.19.)", 『日本外務省 外交史料館文書』.

73 "高警 第38481號: 上海ニ於ケル不逞義勇團ノ內訌ト其解散(1920.12.3.)", 『日本外務省 外交史料館文書』; "大正9年 2月末 現在 假政府의 各機關", 『독립운동사자료집』 9(임시정부사자료집), 280.

74 "안의사의 유족", 〈독립신문〉 1920.1.31.; 손원일, "나의 이력서(11)", 〈한국일보〉 1976.10.13.; 윤선자, 『권기옥 - 대한독립을 위해 하늘을 날았던 한국 최초의 여류 비행사』, 역사공간, 2016.

손정도 목사의 세 딸(왼쪽부터 성실, 진실, 인실, 1940년)

울에서 이화학당 중등과를 마친 진실은 상해 청심여고(淸心女高)에, 평양에서 정진여학교 초등과정을 마친 성실은 청심여중(淸心女中)에 들어갔다. 진실은 청심여고를 졸업하고 1923년 7월 미국 유학을 떠나기까지 3년 동안 상해에서 지냈는데 "키가 크고 성격이 활발하고 음악 연극을 모두 잘해 상해에 있던 동포청년들의 가슴을 울렁거리게 했으며 홍사단에 들어 연극도 하고 갖가지 활동에 앞장을 서 그때마다 인기가 대단했던 스타"였다. 둘째 성실도 "타고난 미인으로 성격도 뛰어나고 또 노래를 잘 불러" 동년배 청년학생들에게 인기가 많았다.[75] 두 딸의 합류로 손정도 목사의 상해 생활도 한결 안정되었다.

3) 인성학교 교장과 의용단 창설

두 딸이 들어오면서 새로 마련한 대안리 사택은 손정도 목사와 안중근 의사 가족들만 사는 곳이 아니라 임시의정원과 임시정부 관계자는 물론이고 상해에 거주하고 있는 교민과 교인들의 왕래가 잦은

75 손원일, "나의 이력서(11),〈한국일보〉 1976.10.13.; "6명 남녀 동포 도미",〈신한민보〉 1923.7.19.

연락소가 되었다. 그만큼 집안에 활기가 찼다. 손정도 목사 집만 그런 것이 아니었다. 3·1운동이 일어나기 전까지는 상해에 거주하는 한인이 70명 수준이었으나 3·1운동 후 정치적 망명객과 독립운동 지원자들은 물론이고 유학생과 상인들까지 몰려들어 1919년 연말에는 상해 거류 한인교포가 1천 명에 달했다. 그동안 서양인과 중국인들만 보였던 상해 법조계와 미조계 거리에서 한복을 입은 교민들을 보는 것은 어렵지 않게 되었다.

그런 분위기에서 1920년 1월 1일, 상해 시내 연회장에서 '대한민국 임시정부 신년축하회'가 개최되었다. 상해 임시의정원과 임시정부가 조직된 이후 처음 거행한 외부 행사였는데 의정원에서는 손정도 의장과 정인과 부의장을 비롯하여 30여 명 의원들이 참석하였고 임시정부에서는 국무총리 이동휘를 필두로 신규식, 이동녕, 이시영, 안창호, 신익희 등 20여 명 각료와 직원들이 참석하였다. 식장에는 대형 태극기가 게양되었고 애국가 제창에 이어 이동휘 국무총리의 개회사와 안창호, 신규식의 축사가 있고 난 뒤 의정원을 대표하여 손정도 의장이 "독립이 우리에게 요구하는 것이 무엇이뇨."란 제목으로 축하연설을 하였다. 〈독립신문〉이 보도한 손정도 의장의 연설 내용이다.

"금일 우리 2천만의 머리에는 '독립' 두 자 외에 갱무(更無)하오. 내가 '독립' 두 자를 묵상할 때에 독립이 나에게 향하야 요구하는 것이 있습디다. '군(君)이 만일 나를 요(要)하면 나도 또한 군에게 요하는 것 있다.'고. 즉 1) 먼저 독립할만한 민족이 되어라. 전에 우리 민족의 하던 일은 다 자기(私)를 본(本)하였소. 하다가 십 년의 치욕을 불면(不免)하였소. 금일 당지에 내류(來留)하는 우리 형제의 형편을 보건대 ○○○○

대한민국 임시정부 신년축하식(1920.1.1., 두 번째 줄 왼쪽에서 일곱 번째가 손정도 의장)

하는 일을 많이 하려 하오. 부족한 자에 대하야 나은 자는 도아 줌이 나은 자의 할 책임이오. 2) 준비하여라. 밤낮 필단(筆端)과 설첨(舌尖)으로만 '싸움 싸움' 하면 무슨 유익이 유(有)하오? 칼 한 자루라도 준비하시오. 총칼 없이 어찌 싸우겠소. 제가 싸울 장구(裝具)는 각각 제가 준비합시다. 내가 십 수 년래 목사위업(牧師爲業)하던 이나 정의를 위하여서는 아니 싸울 수 없소. 3) 피를 흘려라. 우리 독립운동에 어떤 소녀는 기(旗) 들었던 오른 손이 왜놈의 칼에 떨어짐에 왼손에 옮겨 들고 독립만세를 불렀소. 누구든지 말만 말고 독립을 위하여서는 각각 각오를 가지시오. 제군! 남의 정신에만 덤비지 말고 각각 독립한 제 정신으로 일합시다." 76

76 "임시정부 신년축하회", 〈독립신문〉 1920.1.8.

그날 축하식은 점심식사 후 축하 연주회까지 포함하여 오후 4시까지 진행되었는데 참석자들은 "감개무량하여 눈물을 흘리는 이도 있었다." "명년(明年) 이날은 우리가 서울에서 신년축하식을 열고야 만다." "금년 1년 안에는 우리의 신성국토(神聖國土)를 회복하고야 만다." "독립은 하고야 만다."는 결의를 다졌다.[77] 축하식을 마친 참석자들은 단체 사진을 찍어 국내외 독립운동 단체들에 발송하였다.[78] 이처럼 임시정부와 임시의정원 요인들이 상해 시내 번화가에서 공개적으로 연회를 거행하고 사진까지 찍어 배포한 것은 독립에 대한 강한 의지의 표현이자 '자신감'의 표출이기도 했다.

이런 상해 독립운동 지도자들과 교민들의 독립에 대한 열망과 자신감은 3월 1일 거행된 '삼일절 1주년 축하식'에서도 드러났다. 임시정부 국무원의 결정으로 '삼일절'(三一節)이라 명명한 대한민국의 최초 국경일 행사에는 상해 거주 전체 한인교포들이 참가하였다. 그 모습을 〈독립신문〉은 이렇게 보도하였다.

> "3월 1일 오전 6시경부터 상해 시내의 한인(韓人)의 주가(住家)에는 부활한 태극기가 날리기 시작하였다. 밤새기를 기다리기 어려웠던 것 같다. 가장 한인이 많이 거류하는 법계(法界)의 명덕리(明德里) 보강리(寶康里) 및 하비로(霞飛路) 일대에는 여기저기 태극기가 날린다. 혹 개인으로 한인(漢人)의 2층을 빌어 있는 이들도 다 국기를 달아 이 날을 경축하였다. 아마 법계 일대만 하여도 사오십은 될 것이니 상해 시내에 이렇게

77 위 글.

78 "機密 第9號: 上海ニ於ケル不逞鮮人等ノ寫眞送付ニ關スル件(1920.2.14.)", 『不逞團關係雜件-鮮人の部-在上海地方』 2卷.

대한의 국기가 날린 것은 이번이 처음이다. 이 날에 비로소 세계 각국인이 모여 사는 상해 한복판에서 '우리는 대한인이다.' 하는 표를 보였다. 매 일요(日曜)와 경절(慶節)에 영법미(英法美)의 국기가 호호(戶戶)에 날렸을 때 우리는 얼마나 그를 부러워하였던고. 동포들은 아이들까지 수일 전부터 이 신성한 국경일의 준비를 하야 작일(昨日)에 지(至)하야 아주 명절 기분이 되었었다."[79]

삼일절 기념행사는 오전과 오후로 나뉘어 거행되었다. 오전 행사는 마침 개회 중이던 임시의정원 행사로 진행했다. 오전 10시 명덕리 의정원 회의장에서 열린 기념식에는 손정도 의장 이하 대의원 전원과 이동휘와 이시영, 신규식, 안창호 등 임시정부 각료, 그리고 특별 초청을 받은 인성학교(仁成學校) 학생 40명도 참석하였다. 애국가 제창과 국기배례에 이어 정부 대표 이동휘 총리가 "이번에 임시정부와 임시의정원이 합하야 대한민국 국기 앞에서 이날을 축하함은 역사상 가장 영광되는 일이라. 그러나 우리의 선도자 33인과 수만의 충의 남녀는 아직도 철장 내에서 신음하는데 우리는 몸이 평안한 자리에 있어 오히려 희생의 정신이 박하고 독립선언 1주년이 되는 오늘까지 우리는 촌토척지(寸土尺地)도 광복치 못함으로 이 기념식을 외국인의 집에서 거행하니 이것이 우리의 2대 유감이라. 이를 생각하매 나는 진실로 가슴이 아프도다. 광복의 책임을 진 제군은 이날에 크게 맹서하고 굳게 합하야 명년 이날은 이와 같이 유감 되는 날이 되게 하지 말기를 바라노라."는 내용으로 개식사를 하였다.[80] 그 후 손정도 의장이 다음과

79 "상해의 삼일절", 〈독립신문〉 1920.3.4.
80 "임시정부 및 의정원의 축하", 〈독립신문〉 1920.3.4.

상해임시정부 삼일절 기념식(1920. 3. 1)

같은 내용으로 축사하였다.

"금일은 유사 이래 처음 되는 치욕을 당한 우리가 역사의 권위와 민족의 충성(衷誠)을 합하야 세계에 독립을 선(宣)한 제1회 기념일이라. 지난 1년간의 우리의 정의와 인도를 위한 혈전, 거기 발현된 대한 민족의 용기는 포악한 적의 간을 서늘케 하고 세계에 일대 경이를 주었도다. 금일은 실로 영원히 기념할 날이라. 원컨대 충의 남녀의 적의 총검 하에 피를 뿌림과 지사(志士)의 철장 내에서 고초를 당함이 그 얼마뇨. 우리는 마땅히 공약을 준수하야 최후의 1인까지 최후의 1각까지 분투함으로써 적에게 정의의 소재를 알게 할지라."[81]

81 Ibid.

손정도 의장의 축사가 끝난 후 인성학교 학생들이 "나아가세 독립군아 어서 나아가세"로 시작되는 '독립군가'를 불렀다. 오후 행사는 상해 거류 한인교민단 주최로 오후 2시 상해에서 가장 번화한 정안사로(靜安寺路) 올림픽대극장에서 개최되었다. 임시의정원 대의원과 임시정부 각료를 비롯하여 한인 교포, 한인교회 교인들과 인성학교 학생들, 외국 시민대표와 언론기자를 포함, 7백여 명이 참석하여 성황을 이루었다. 식장은 대형 태극기로 장식하였고 참석자들에게도 소형 태극기를 나눠주었다. 강단 위에는 정부 대표로 국무총리 이동휘, 내무총장 이동녕, 법무총장 신규식, 재무총장 이시영, 노동국 독판 안창호, 의정원 대표로 손정도 의장과 현순이 자리했다. 기념식은 애국가 제창과 국기 배례에 이어 현순이 독립선언서를 낭독한 후 음악 순서를 곁들인 강연회로 진행되었는데 교민단장 여운형과 정부 대표 이동휘, 안창호 등이 연설하였다. 만세삼창으로 기념식을 마친 참석자들은 인성학교 학생들의 선도로 황포강나루까지 태극기를 흔들고 "대한독립만세"를 연호하며 시가행진을 하였다.[82] 1년 전 서울에서 일어났던 만세시위를 망명지 상해에서 그대로 재현한 셈이다.

이렇게 인성학교 학생들이 임시의정원과 교민단이 주최한 삼일절 기념식에 참석하여 '독립군가'를 부르며 시가행진을 이끌었던 것은 그 학교 교장이 손정도였기에 더욱 의미가 깊었다. 인성학교는 1917년 가을 상해 한인교회 집사였던 선우혁과 한진교, 김철 등이 상해 교민 자녀들을 가르치기 위한 초등교육기관으로 설립하였다. 처음엔 미조계 조풍로(兆豊路) 재복리(載福里)에 집 한 칸을 빌려 '상해한인

82 "상해의 삼일절", 〈독립신문〉 1920.3.4.

기독소학교'(上海韓人基督小學校)란 간판을 걸고 학생 네 명으로 시작했다. 3·1운동 직후 상해로 건너오는 교포 가족들이 늘어남에 따라 학생 수도 40여 명으로 증가하여 1919년 가을 학교를 법조계 장안리 교민단사무소로 옮기고 학교 이름도 인성학교로 바꾸었다. 초대 교장은 상해 한인교회 김태연 집사였고 1920년 1월부터 손정도 목사가 교장을 맡아 1년 동안 수고하다가 여운홍(여운형의 동생)에게 교장직을 넘겨주었다. 교사로는 김태연과 박영태, 정애경, 김원경, 윤종식, 김종상, 박춘근, 김예진, 김두봉, 김공집, 유상규, 이선실, 이병주 등 독립운동 전력이 있는 인사들이 수고하였다.[83] 손정도 목사가 인성학교 교장으로 수고한 기간은 비록 1년밖에 되지 않았지만, 독립운동의 '미래 세대'를 육성하려는 꿈과 의지를 담아 학생들을 지도했다. 그런 배경에

인성학교 교사와 학생. 뒷줄 왼쪽 끝이 손정도 교장

83 "仁成學校 광고", 〈독립〉 1919.9.4.; "仁成學校 학부형회 학생연습회", 〈독립신문〉 1920.6.1.; "上海 鮮人教會史(10)", 〈기독신보〉 1922.8.30.; "機密 第126號: 不逞團關係雜件—鮮人ノ部—在上海地方(1920.8.25.)", 『日本外務省 外交史料館文書』.

서 삼일절 기념식과 축하식 같은 행사 현장에 학생들을 참석시켜 어른들이 시작한 독립운동 정신을 전달하려 했다.

1920년 들어서 상해임시정부와 교민사회에 밝고 희망찬 일만 있었던 것은 아니다. 국내에서 들려오는 독립운동 관련 소식은 여전히 우울하고 절망적이었다. 일본의 식민통치는 무단통치에서 문화통치로 이름만 바꾸었을 뿐 내용은 전혀 바꾸지 않았고 투옥된 독립운동가들에 대한 재판과 옥중 순국 소식, 그리고 상해임시정부와 연관해서 무장투쟁을 벌이던 중 일본 경찰에 체포되거나 희생된 독립운동가 소식이 들려올 때마다 임시정부 요인들의 마음은 안타깝기만 했다. 1920년 1월 17일 상해 애국부인회 주최로 1919년에 별세한 여성 독립운동가 하란사와 김경희, 이인순 추도식이 열렸다.[84] 이 추도식을 주최하고 하란사의 약력을 소개했던 이화숙(李華淑)은 이화학당 대학과 1회 졸업생으로 정동교회에서 손정도 목사의 설교를 들었다. 그는 3·1운동 직후 중국 상해로 망명하여 스승 하란사가 못다 이룬 여성 독립운동의 맥을 이었다. 이화숙은 이화학당 대학과를 졸업(1914년) 후 이화학당 교사로 봉직했는데 손정도 목사의 두 딸, 진실과 성실도 그때 그에게 배웠다. 그래서 손정도 목사는 상해에서 만난 이화숙을 가족처럼 돌봐주었고 그해 여름 그가 미국 유학을 떠날 때도 적극적으로 도와주었다.[85] 후에 손진실과 손성실이 미국 유학을 갔을 때는 이화숙이 또한 이들 자매를 도와주었다.

1920년 4월 독립운동가 안태국(安泰國)이 별세하여 상해임시정부 지도자들과 교민들에게 큰 충격과 슬픔을 안겨주었다. 평남 대동

---

84 "三愛國女史의 추도회", 〈독립신문〉 1920.1.22.
85 "뉴욕에 상륙한 신동포", 〈신한민보〉 1920.8.26.

군 출생인 안태국은 대한제국 관리로 있다가 독립운동에 투신하여 1907년 안창호와 양기탁, 전덕기, 이동휘, 이동녕, 이갑, 이시영 등과 함께 항일 비밀결사 신민회를 창설하였고 안창호가 설립한 평양 대성학교와 태극서관 책임자로 활동하다가 1909년 이재명 사건, 1911년 안명근 사건과 105인 사건으로 7년 옥고를 치렀다. 1916년 석방된 후 중국으로 망명하여 훈춘에서 독립운동을 전개하던 중 상해임시정부 조직 이후에도 갈등을 빚고 있는 중국과 연해주 출신 독립운동 세력 간의 통합운동을 위해 1920년 3월 상해에 도착했다. 하지만 옥중 고문으로 얻은 질병이 악화되어 상해 홍십자병원에 입원 치료를 받다가 회복하지 못하고 4월 11일 숨졌다.[86] 향년 43세로 별세한 안태국 장례식은 4월 14일 상해 정안사로에 있는 외국인 묘소 장지에서 1백여 명의 독립운동 동지들이 참석한 가운데 김병조 목사 집례로 진행되었다. 그 장면을 〈독립신문〉은 이렇게 보도하였다.

> "이동휘씨, 여운형씨가 이어서 눈물을 머금고 선생의 생전사(生前事)를 술(述)한 후 손정도씨가 입(立)하야 몃마대 말을 끄내더니 '나와 갓치 그 무서운 고초를 당한 나의 진실로 숭배하는 애국자 안 선생이 이 앞에 누었도다.' 하고 갑작이 방성통곡하니 울음을 억제하던 군중들도 눈물을 씻었다."[87]

이런 독립운동가들의 추도식이나 장례식에 참석한 이들은 동지를 잃은 슬픔과 함께 먼저 간 선열(先烈)들의 못다 이룬 꿈을 이루기 위

---

86 "안태국 선생 병환 위중", 〈독립신문〉 1920.4.10. "안태국 선생의 장서", 〈독립신문〉 1920.4.13.
87 "비장한 고 안태국 선생의 장례", 〈독립신문〉 1920.4.15.

한 독립운동에 매진하겠다는 결의를 다졌다. 모임 때마다 주석단에 올라야 했던 손정도 목사도 마찬가지였다. 그는 이미 1920년 1월 신년 축하식에서 "내가 십수 년 동안 목사 일을 해온 사람이지만 정의를 위해서는 아니 싸울 수 없소."라고 공언한 바 있었다. 그 약속대로 손정도 목사는 1920년 1월에 보다 투쟁적인 항일 비밀결사 '의용단'(義勇團)을 조직했다. 의용단은 손정도 의장과 임시의정원 대의원 김석황(金錫璜) 주도로 조직되었다. 황해도 봉산 출신인 김석황은 1919년 2월 일본 와세다대학 유학 중 2·8독립선언에 참가한 후 4월에 귀국했다가 두 달 만에 중국 상해로 망명해서 황해도 대의원으로 임시의정원에 참여, 입법위원으로 활동하면서 이광수, 안창호, 장동호 등과 임시정부 기관지 〈독립신문〉 발행 및 국내 발송 업무를 맡아 하였다.

그는 그해 10월 독립신문 발간 비용을 마련하기 위해 국내에 잠입하여 평양과 진남포, 추을미면에 독립신문 지국을 설치하고 독립운동 자금 2천 원을 모아 11월에 상해로 귀환, 손정도 의장을 만나 독립신문 국내 지국을 중심으로 항일무장투쟁을 벌일 비밀결사 청년조직을 만들자고 제안하였다. 이에 손정도는 이 문제를 안창호, 윤현진 등과 논의하였고 1920년 1월 24일 손정도 자택(장안리 263호)에서 손정도와 김철(교통부 차장), 김립(국무원 비서), 김구(내무부 경무국장), 김순애(김규식 부인) 등의 발기로 의용단을 조직하고 단장에 손정도, 총무에 김석황을 선출하였다.[88] 의용단은 "조국의 광복에 희생의 정신으로 정부의 뜻을 받들어 아래 운동에 진취(盡就)하여 적과 전쟁 행위를 개시할

88 "안창호 일기"(1920.1.24.), 『도산 안창호 전집』 4권; "안창호 일기"(1920.1.31.) 『도산 안창호 전집』 4권; "高警 第24115號: 義勇團檢擧(1920.8.12.)", 『朝鮮騷擾事件關係書類』 6卷; "高警 第31077號: 不逞團義首魁金錫璜勇逮捕ニ關團スル件檢擧(1920.10.12.)", 『不逞團關係事件 朝鮮人ノ部 在內地』 11卷.; "高警 第38481號: 上海ニ於ケル不逞義勇團ノ內訌ト其解散(1920.12.3.)", 『朝鮮騷擾事件關係書類』 6卷.

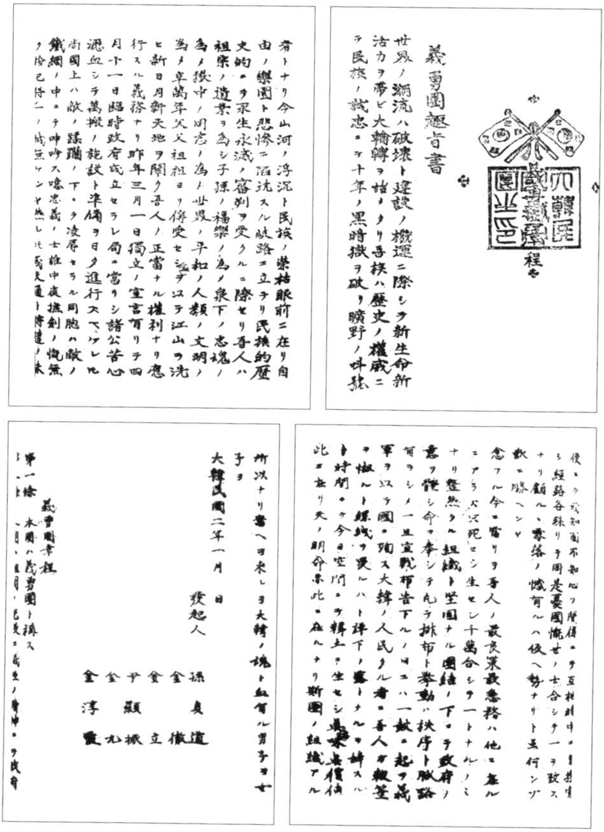

의용단 취지서
(1920.1)

때 독립군으로 국사(國事)에 목숨을 바치는 것으로 목적"을 삼았다. 그리고 구체적인 투쟁내용을 다음과 같이 정리했다.89

1) 포고문 혹 권설로서 국민을 고무하여 적개심을 격발하고 지구력을 기르도록 할 것

89 "高警 第24115號: 義勇團檢擧(1920.8.12.)", 『朝鮮騷擾事件關係書類』 6卷; 『대한민국임시정부 자료집』 32(관련단체 II), 국사편찬위원회, 2009, 79~84.

2) 임시정부 기관을 보좌하여 재정 기타 사무를 원조할 것
3) 국민개병주의(國民皆兵主義)와 개납주의(皆納主義)를 고무할 것
4) 권고 기타 방법으로 왜 총독부에 속한 관공리를 퇴직하게 할 것
5) 적의 관청에 납세를 거절하는 운동을 벌일 것
6) 일화(日貨) 저제(抵制)를 장려할 것
7) 군무부에 연락을 취하여 가능한 방법으로 군사상 실제방편을 획책하고 준비할 것
8) 임시정부 공보 및 기관지를 상호 협력 원조할 것
9) 본 단과 주의가 같은 다른 단체와 상호 협력 원조할 것
10) 임시정부의 명령 또는 지위를 받은 일과 기타 광복운동에 필요하다고 인정되는 일에 종사할 것

의용단 본부 사무소는 중국 상해에 두되 국내 각 도에 지단(支團) 각 부(府) 및 군에 분단(分團)을 설치하고 외국에도 필요하다고 인정되는 곳에 지단 혹은 분단을 설치하기로 했다. 의용단 단원은 만 15세 이상 45세 이하의 대한민국 남녀로, 입단할 때 "1. 조국의 광복운동에 몸을 온전히 바치겠습니다. 2. 임시정부를 절대 옹호하겠습니다. 3. 본 단의 명령에 복종하겠습니다."라는 내용으로 선서할 것을 규정하였다.[90] 일본과 벌이게 될 '국토회복 전쟁'을 앞두고 상해임시정부와 국내 독립운동 진영을 연결하는 준(準) 군사조직으로서 의용단 연락망을 구축하려는 의도가 분명하였다.

이렇게 상해에서 손정도와 함께 의용단을 조직한 김석황은 국내

90 "高警 第24115號: 義勇團檢擧(1920.8.12.)",『朝鮮騷擾事件關係書類』6卷.

지단 및 분단 설립을 위해 1920년 3월 다시 밀입국, 평양 기홀병원에 위장 입원한 상태로 동지를 포섭하였다. 그 결과 기홀병원 간호사 김태복과 평양 경창리 교인 김동선과 김동순, 서울의 황중극, 중화군 홍석운 등을 의용단원으로 가입시켰고 평양과 서울, 중화, 한천, 강동, 순천, 사리원 등지에 의용단 지단 및 분단을 설치하였다. 평양에서 일을 마치고 5월에 다시 상해로 귀환한 김석황은 또 다른 비밀결사 구국모험단의 김성근과 협력하기로 하고 김성근이 제조한 폭탄을 임득산을 통해 안동 연락사무소(이륭양행)에 보내 국내 의용단원들에게 전달하였다. 그렇게 들여온 무기와 폭약으로 여행렬과 정찬조, 백기환 등 평양 의용단원들은 평남도청과 평양경찰서에 폭약을 투척하였고 일본 경찰과 관리 암살을 시도하였다. 사건이 터지자 그 배후를 탐문하던 일본 경찰은 황중극과 김태복, 김동선, 김동순 등을 8월 20일 체포하였고 만주 봉천에서 밀입국을 준비하고 있던 김석황도 9월 16일 일본 경찰과 교전 끝에 체포되었다.[91]

이 사건의 주범인 김석황은 재판에 회부되어 1921년 1월 10일 평양지방법원에서 10년 중형을 선고받았다.[92] 김석황을 비롯한 사건 관련자들이 체포되는 과정에서 소지하고 있던 〈의용단 취지서〉와 〈의용단 장정〉이 경찰 손에 넘어갔고 그 결과 이번 사건의 배후에도 손정도 의장이 있었음이 드러났다. 일본 경찰은 총기와 폭탄을 동원한 무장투쟁 조직(의용단)을 손정도 목사가 조직하였다는 점을 주목하였

91 "奉天에서 就縛된 폭탄범 巨魁, 獨立義勇團長 金錫璜", 〈매일신보〉 1920.9.14.; "검거된 義勇團 간부", 〈매일신보〉 1920.9.17.; "義勇團長은 金錫璜", 〈동아일보〉 1920.9.19.; "奉天에서 平壤署에 逮捕된 義勇團長 金錫璜", 〈동아일보〉 1920.9.23.; "高警 第31077號: 不逞團義首魁金錫璜勇逮捕ニ關團スル件檢擧(1920.10.12.)", 『不逞團關係事件 朝鮮人ノ部 在內地』 11卷.

92 "義勇團事件 判決", 〈독립신문〉 1921.1.21.; "金錫璜은 懲役十年", 〈동아일보〉 1921.2.27.

다. 상해에 본부를 두었던 의용단은 김석황 체포 이후 사실상 해체되었다. 하지만 국내에서는 평안남도 대동과 중화, 진남포, 황해도 장연과 사리원, 함북 무산과 길주, 명천 등지에서 '의용단' 이름으로 무장단체, 비밀결사들이 계속 조직되어 무장 테러와 독립운동을 전개하였다.[93] 그렇게 상해임시정부의 외곽 독립운동 단체로 조직된 의용단은 1920년대 초반 항일 무장투쟁을 상징하는 용어가 되었다. 그런 의용단을 조직한 중심인물이 의정원 의장 손정도 목사였다. 상해의 손정도 목사 뿐 아니라 손정도 목사와 관련 있는 국내 인사들에 대한 일본 경찰당국의 감시와 추적이 더욱 강화되었다.

일본 경찰당국이 손정도 목사를 '상해 독립운동의 수괴(首魁)'로 칭한 것도 무리는 아니었다. 실제로 1920년 3월 상해 일본 총영사가 본국 외무대신에게 보낸 〈중요 배일파 조선인 약력 보고〉라는 비밀문건에 해외에서 활동하고 있는 주요 독립운동가 30명 명단이 실려 있었는데 손정도 목사는 이승만과 이동휘, 안창호, 여운형에 이어 다섯 번째로 언급되었다.

> "손정도. 연령 38세 혹은 39세. 평안남도 강서군 증산 출신으로 예수교 신학교를 졸업하고 목사로 있다가 전에 데라우치 총독[사실은 가츠라 총리] 암살미수사건에 관련된 혐의를 받았던 자로서 1919년 3월 조선으로부터 상해로 와서 의정원 원장이 되어 거주하고 있는데 의정원은 각도에서 3명 혹은 5명씩 의원으로 선출된 이들로 구성하였다고 하지

93 "茂山地方 義勇團 조직", 〈매일신보〉 1920.10.15.; "獨立義勇團員 二名 突然 巡査를 發射", 〈매일신보〉 1920.10.19.; "검거된 비밀결사 報國隊義勇團", 〈매일신보〉 1920.10.27.; "義勇團員 체포, 육혈포를 가지고 협박해 금전 강탈", 〈매일신보〉 1921.1.29.; "義勇團員 체포, 황해도에서 잡힌 의용단원들", 〈매일신보〉 1921.5.3.; "長淵署에 檢擧", 〈동아일보〉 1921.5.14.

만 실은 상해에 있는 각도 출신자들이 서로 추천해서 조직된 것에 불과하다."[94]

일본 경찰당국은 손정도 목사를 해외 독립운동 진영의 핵심 인물로 파악하고 있었다. 그런 상황에서 1920년 봄부터 손정도 목사를 배후 인물로 지목할만한 국내 비밀결사, 독립운동들이 연이어 일어났다. 우선 손정도 목사의 처사촌 박이준(朴履俊)이 연루된 '비밀결사 청년단사건'이 그러했다. 이 사건은 1920년 4월 초순 평양 하수구리에서 폭탄물을 운반하던 박이준과 선우관, 계재섭, 박일구 등 청년단원 4명이 일본 경찰에 체포되면서 세상에 알려졌다.[95] 이들은 모두 손정도 목사의 처가 고향, 강서군 증산면 부암리 거주자였고 그들이 체포된 곳 또한 아내 박신일이 살던 평양 하수구리였다. 따라서 이들은 박신일의 집을 감시하던 강서 경찰서 형사들에게 체포되었을 가능성이 크다. 이들을 조사한 강서 경찰서는 박이준이 같은 동네 청년들과 비밀결사 청년단을 조직하고 강서군 신흥면 신리 출신으로 상해임시정부 기관지 〈독립신문〉 연락원이 된 김기순과 연락을 취하며 독립운동 자금 모금과 청년단 모집, 〈독립신문〉 보급운동을 하였다고 발표하였다.[96] 1920년 5월 13일 〈매일신보〉의 보도다.

"청년단장 박이준은 가정부 의정원 의장 손정도의 처 박신일의 종형제(從兄弟)로 왕래가 빈번하야 사상의 감화를 받어 오든 바 대정8년

94 "機密 第42號: 重ナル排日派鮮人ノ略曆送付ノ件(1920.3.15.)", 『日本外務省 外交史料館文書』.
95 "平壤에서 四青年 被捕", 〈독립신문〉 1920.5.18.; "大爆發의 前兆", 〈독립신문〉 1920.5.29.
96 "高警 第13825號: 獨立新聞通信機關タル青年團檢擧ニ關スル件", 『朝鮮騷擾事件關係書類』 6卷.

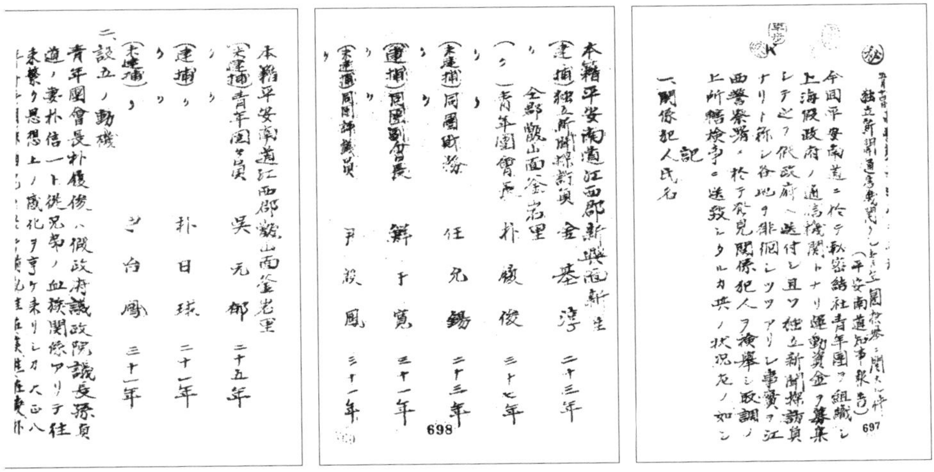

박이준 사건 기록

[1919년] 12월 자기 집에서 전기 계재실 계재섭 박일구 선우관 윤은봉 박관준 임윤석 한태준 등의 동지를 모하놋코 계재실을 좌장으로 추천하고 박이준은 방금 조선의 형세를 살피건대 청년 된 동포가 집복(蟄伏)하여 있을 때가 아니라고, 궐기맹진하야 목적을 달하도록 노력하라고 격동시키며 손정도의 통신을 낭독하고 그 취지로 근본을 삼고 청년단 창설 방법을 헌의하야 일동이 이의 없이 조직하기로 결정하고 협회금 3원식을 각각 내기로 하고 전기 두서대로 역원을 조직하였더라. 동단원의 행동은 그 후 수일을 지내다가 가정부에 독립자금 보낼 방침을 의론하고 박이준 선우관 박관준 세 사람은 각 10원식, 윤윤봉은 5원, 계재섭은 3원, 윤일봉은 2원, 합계 5십 원을 모아서 손정도에게로 보냈다." 97

97 "假政府 獨立新聞의 通信機關 新靑年團 檢擧", 〈매일신보〉 1920.5.13.

경찰당국은 비밀결사 '청년단'의 조직과 활동, 그 원인과 결과를 모두 손정도에게 돌렸다. 그렇게 해서 박이준을 비롯하여 손정도 목사의 처가 동네 청년들이 독립운동 혐의로 대거 체포되어 3~5년 옥고를 치렀다.

1920년 여름, 손정도 목사의 고향 교회와 고향 주민들이 대거 연루된 또 다른 독립운동사건이 터졌다. 이 사건은 1920년 7월 강서군 증산면 일대에서 군자금 모금운동을 하던 평양 광성고등보통학교 3학년생 박달욱(朴達郁)이 경찰에 체포되면서 세상에 알려졌다. 박달욱은 증산면 용덕리 출신으로 평양의 감리교계통 광성고등보통학교 재학 중 1919년 3월 평양과 증산에서 만세시위에 참가한 후 4월 상해로 망명하여 임시의정원 평남 대의원인 김홍서를 만나 임시정부 각원으로 참가할 뜻을 밝혔다. 김홍서는 그를 독립운동 자금 모집원으로 손정도 의장에 소개하였다. 박달욱은 손정도의 신임장을 소지하고 그 해 9월 귀국하였다. 이후 박달욱은 복학하여 광성학교에 다니면서 평양과 증산 일대에서 은밀하게 독립운동 자금 모금운동을 벌이던 중 1920년 7월 8일 그의 행적을 추적하던 강서 경찰서 형사에게 체포되었다.[98]

박달욱을 체포한 강서 경찰서는 이 사건을 박달욱 개인의 군자금 모금운동에 그치지 않고 상해임시정부 고위 지도부와 연계된 '독립공채 모집사건'으로 확대하여 발표하였다. 경찰 발표에 따르면 이 사건은 1919년 11월 상해임시정부에서 독립운동 자금 모금을 위한 방책으로 '독립공채'(獨立公債)를 발행하기로 결의하고 이에 관한 '통

---

98 "假政府員 逮捕, 平壤私立學校生徒 朴達郁氏", 〈동아일보〉 1920.8.14.; "上海로 도주한 平壤 光成學生", 〈매일신보〉 1920.8.20.

칙'(通則) 및 '조례'(條例)를 발표하면서 시작되었다.[99] 공채 발행 및 수금을 관장하게 된 재무부 총장 이시영은 김정목(金貞穆)을 공채 모집원으로 파견하였다. 평양 출신 김정목은 숭실중학(1914년)과 숭실대학(1917년) 졸업생으로 3·1운동 직후 상해로 망명하였다가 1919년 10월 임시정부 연락원으로 밀입국해서 군자금 모금활동을 벌이면서 평양의 장로교와 감리교 애국부인회 통합을 주선하기도 하였다.

그렇게 군자금을 모아 상해로 귀환했던 김정목은 이시영 재무총장으로부터 '황해도와 평안도지역 공채 모집원'으로 파송을 받아 1920년 5월 다시 밀입국, 평양 광성고보 졸업생으로 진남포에서 시계상을 하고 있던 오기주(吳基周)를 만났고 오기주의 소개로 강서 증산읍교회 담임목사 송익주(宋翼周)와 교인 박세빈(朴世彬), 박선욱(朴善郁) 등을 만나 독립공채 판매를 논의하였다. 강서 경찰서 조사 결과 송익주 목사와 박세빈의 활동으로 독립공채 모집에 응한 인사는 강서군 증산면 이안리에서 박원욱(8백 원)과 송주렴(7백 원), 송용주(3백 원), 오화리에서 오능구(4백 원), 화선리에서 황제훈(4백 원), 용덕리에서 박선건(4백 원), 낙생리에서 이봉조(3백 원)와 윤두수(3백 원), 무본리에서 한종설(3백 원)과 김경업(4백 원), 그리고 강서군 쌍룡면 신경리에서 노예순(3백 원) 등 총 11명이 4,600원 상당의 독립공채를 구입했다.[100]

일본 경찰이 송익주와 박세빈, 오기주, 박선욱의 집에서 압수한 증거물 중에는 상해임시정부와 독립공채 관련 문건 외에 1920년 1월 촬영한 대한민국임시정부 신년 축하기념 단체 사진과 손정도의

99 "국채통칙 급 공채조례", 〈독립신문〉 1919.12.27.
100 "高警 第23137號: 大韓獨立公債募集者ノ件(1920.8.20.)", 〈不逞團關係雜件-朝鮮人ノ部-上海假政府 2〉, 『日本外務省 外交史料館文書』.

도장(스탬프)이 찍힌 인증서 용지도 들어있었다. 이를 근거로 강서 경찰서는 이 사건 역시 손정도 목사를 배후로 지목해 수사결과를 발표하였다. 경찰당국은 손정도 목사의 신학 동기였던 송익주 목사가 손정도 목사의 고향교회인 증산읍교회를 담임자였던 것을 주목하였다. 1918년 6월 연회에서 증산읍교회 담임자로 파송된 송익주 목사는 3·1운동 때 평양 만세운동에 참여하고 3개월 옥고를 치른 후 증산읍으로 돌아와 교인들과 마을 주민들을 규합하여 비밀결사 향촌회(鄕村會)를 조직, 은밀하게 군자금 모금운동을 벌이다가 1920년 7월, 박달욱 사건이 터지기 직전에 체포되었다. 그는 '향촌회사건' 으로 조사를 받던 중 독립공채사건까지 터져 두 사건의 병합범으로 중형을 선고받고 옥고를 치렀다. 그 무렵 송익주 목사의 아내와 자녀들까지 독립운동 혐의로 투옥되어 주변 사람들의 안타까움을 자아냈다.[101]

같은 시기 손정도 목사가 목회했던 진남포에서도 기독청년들이 상해임시정부와 연계하여 비밀결사를 조직하고 독립운동을 하다가 체포되었다. 즉 진남포 기독교청년회(YMCA) 회원으로서 진남포 용정리에서 약국을 하던 이광윤(李光允)과 비석리에서 염료상을 하던 남재호(南在鎬)가 1920년 5월 상해임시정부에서 파견된 연락원 김성찬(金成贊)과 김선일(金善一)을 만나 활동자금을 준 것 외에 군자금 모금과 임시정부에서 파견한 결사대를 도와 관공서 파괴 및 친일관료 암살 등 무장투쟁을 지원하기 위한 비밀결사 '국민회'(國民會)를 조직하였다. 그러나 오래지 않아 그 조직이 경찰에 탄로 나 이광윤과 남재호가 7월 초 진남포 경찰서에 체포되었다. 경찰은 이들 집에서 미제 권

101 "연루자 140명 조선독립을 목적한 향촌회" 〈매일신보〉 1920.9.19.; "兩牧師의 被捉", 〈독립신문〉 1921.2.5.

총과 실탄 외에 상해임시정부 공보와 포고문, 임시의정원 의사록과 헌법, 독립공채 발매 관련 인증서, 〈독립신문〉, 대한비행대 사진 등을 압수했는데 그중에는 손정도 목사의 개인 사진도 한 장 포함되어 있었다.[102] 경찰은 이를 근거로 진남포 비밀결사 국민회도 상해의 손정도 목사와 밀접한 관련을 맺고 활약한 독립운동 단체로 파악하였다. 진남포 국민회사건으로 체포된 이광윤과 남재호는 재판에 회부되어 1920년 8월 진남포 지방법원에서 1년 6월 징역을 선고받고 옥고를 치렀다.[103]

이처럼 1920년 봄부터 여름까지 평양과 강서, 진남포 지역에서 일어난 비밀결사 독립운동사건들은 하나 같이 손정도 목사가 직접 개입했거나 그를 배경으로 해서 일어난 사건들이었다. 손정도 목사가 상해에서 조직한 의용단 총무 김석황이 개입한 평양 의용단사건을 시작으로 고향의 처사촌(박이준)이 주도했던 강서 청년단사건, 손정도의 신임장을 갖고 돌아와 고향 강서에서 군자금모금운동을 벌이다 체포된 박달욱사건, 손정도의 고향 증산읍교회 송익주 목사를 비롯하여 고향교회 교인과 주민들이 참여한 강서 독립공채모집사건, 상해임시정부와 연계하여 무장투쟁을 준비하였던 진남포 국민회사건 등이 그러했다. 손정도 목사는 이런 고향 친척과 주민, 교인과 후배들의 투쟁과 희생 소식을 들으면서 독립 '성전'(聖戰)에 임하는 각오를 다졌다. 손정도 목사는 고향이나 고국에 돌아갈 수는 없었지만 상해와 임시정

102 "자칭 가정부원 이광윤 진남포에서 체포", 〈조선일보〉, 1920.7.22.; "高警 第21588號: 決死團國民會員檢擧ニ關スル件(1920.7.15)" 〈不逞團關係雜件 朝鮮人ノ部 在內地 11〉, 『日本外務省 外交史料館文書』.

103 "남재호 이광윤 등 상해가정부 원조하던 국민단원 공판", 〈동아일보〉 1920.8.8.; "국민회사건으로 평양감옥에서 복역중이던 李光允氏 1년 6개월 滿期出獄", 〈동아일보〉 1922.5.5.

부 연락원들을 통해 이들과 소식을 주고받으며 독립운동 연대투쟁을 지속하였다.

4) 북경 감리교선교대회와 공금유용 의혹사건

1920년 접어들어 손정도 목사에게 주어진 가장 큰 임무는 임시의정원 의장으로서 임시정부가 그 기능과 역할을 충분히 발휘할 수 있도록 법적인 뒷받침을 하는 일이었다. 임시의정원이나 임시정부 사이의 긴밀한 협력관계가 무엇보다 중요했다. 임시정부 조직 이후 독립운동 지도자들에 대한 일본 경찰의 감시와 견제, 방해 공작이 어느 곳보다 치열했던 망명지 상해였기에 더욱 그러했다. 임시의정원이나 임시정부가 1919년 조직 창설과 법 제정, 체제 정비에 힘을 기울였다면 1920년에는 그 기능과 역할을 충분히 발휘할 수 있도록 조직을 운영하는 일에 힘을 쏟았다. 그런 시대적 사명감을 느끼며 손정도 의장은 1920년 2월 23일, 임시의정원 1920년도 회기 제1차 회의 개회식을 주재하였다. 이에 대한 〈독립신문〉의 보도다.

"임시대통령의 소집에 의하야 임시의정원 제1회 정기의회가 지난 23일부터 개(開)하다. 당일 오후 2시에 개원식을 행하다. 의장(議場) 내는 만국기로 장식하고 정면에는 국기를 교차하고 그 곁에 붙인 신제(新制) 지도 민국판도(民國版圖)는 특히 인목(人目)을 끈다. 선등(先登) 의원은 부의장 정인과씨, 경기도 의원 조완구씨, 미구(未久)에 어제 북경으로부터 회래(回來)한 손 의장 얼굴을 보인다. 의원은 거의 전수가 모였다. 정부위원으로 김 비서장, 윤 재무부장이 뵈이고 이 총리 이하 이 내무, 신 법무, 이 재무 총장과 안 총판 및 김 교통대리가 착석하였다. 십여 인의 방청원은 개식을 기다리다. 손 의장이 등단하야 개회를 선(宣)하고 일동이 애국가를 부른 후 국기에 향하야 최경례를 행하다."[104]

손정도 의장은 북경으로 출장을 갔다가 개회 하루 전에 도착하여 쉬지도 못하고 곧바로 의정원 개회식에 참석했다. 그는 개회 선언을 하면서 "본 의정원은 안으로 민의를 체(體)하고 밖으로 대세에 순(順)하야 만대 후손을 위하야 진췌(盡瘁)함으로써 민국 대의제도의 실(實)을 이루게 하자."고 호소하였다. 이에 정부를 대표하여 이동휘 총리가 "민국 의정원은 아모 정당이 없고 유일한 목적이 독립이다. 원컨대 내외지 동포의 의사를 대(代)하야 대동단결로써 중대 사업을 순성(順成)하라."고 부탁하자 손정도 의장은 다시 "신중한 확(確)을 가지고 배달 우리 민족의 바라는 바를 이루기를 맹세하노라."고 화답하였다. 손정도 의장은 의회 둘째 날 저녁 30여 명 의원들을 자기 집으로 초청하여 만찬을 베풀었다.[105] 그 사이 교체되어 새로 들어온 의원들이 많아 의원 상호 간에 친교와 단합이 필요했던 때문이었다.

그렇게 시작된 1920년 제1차 의정원 회의가 순조롭게 진행된 것은 아니다. 손정도 의장은 세 가지 난제를 해결해야 했다. 첫째, 의원 정족수를 채우는 문제였다. 의정원법이 정한 의원총수 57명의 과반수인 29명 이상이 참석해야 의회가 성립되는데 그 수를 채우기 어려웠다. 첫날부터 참석 의원수가 26인이어서 정식 회의를 열 수 없었다. 의원으로 등록된 이들 가운데 상해를 떠난 이들이 많았던 때문이었다. 결국 한 달간의 회기 내내 의정원 의원들은 정족수 문제와 의원 교

104 "임시의정원 기사", 〈독립신문〉 1920.2.27.
105 위 신문.

체 문제로 논란을 거듭하였다. 둘째, 의원 집단 간의 화합을 조성하는 문제였다. 의회 초반에 연해주 대표 의원들은 임시정부 조직과 각료 임명에 대하여 자신들의 요구와 입장이 반영되지 않았다며 불만을 표출하고 통합 이전 '국민의회'로 복귀하겠다는 의사를 표명하였다.[106] '지방 대표'로 의정원을 구성하다보니 지방색이 의원 간의 불신과 갈등 원인으로 작용한 것이다. 셋째, 상해로 와서 임시정부 대통령으로 정식 취임하지 않고 아직도 미국에 머물러 있는 이승만에 대한 의원들의 불만과 비난을 해소하는 문제였다. 이승만은 1919년 4월 한성임시정부와 상해임시정부가 자신을 정부 최고수반으로 추대하자 그때부터 '대한민국 대통령' 직함으로 미국 의회와 정치 지도자들을 접촉하며 외교 활동을 벌였다. 안창호와 이동휘를 비롯하여 이동녕, 신규식, 이시영 등 다른 각료들은 상해로 와서 임시정부 조직에 참여하였지만 유독 이승만은 상해 합류를 늦추고 있었다. 이에 대한 임시정부 각료들과 임시의정원 의원들의 불만이 고조되었다. 그런 분위기에서 3월 22일 '이승만 대통령 내도(來到) 촉구결의안'이 만장일치로 통과되었다.[107] 이승만 대통령은 그해 12월에야 상해로 왔다.

이처럼 어려움이 있었음에도 손정도 목사는 한 달간의 임시의정원 회기를 무난하게 이끌었다. 그는 우선 출석이 가능한 30여 명 의원들을 법제(이춘숙 나용균 유경환 고일청 홍도), 내무외무(여운형 서병호 김병조 김홍서 이필규), 재무(김인전 김태연 장붕 손영직 최근우), 군무(왕삼덕 황학수 김성근 안현경 오윤환), 교통(계봉우 김석황 황진남 김종상 염봉근), 예산결산(김인전 김태연 장붕 손영직 최근우), 청원징계(현순 유정근 김진우 이원익 정인

106 "임시의정원 기사", 〈독립신문〉 1920.3.15.
107 "대통령의 來到를 促한 결의안이 의정원을 통과하다", 〈독립신문〉 1920.4.3, 25.

과), 교육실업(현순 유정근 김진우 이원익 정인과) 등 8개 분과로 나누어 임시정부가 요청한 법안이나 규정을 먼저 심의한 후 본회로 넘겨 의회의 효율성을 살렸다. 그 결과 의정원은 1) 의정원 회의록에 관한 규정, 2) 공채관리국 설치안, 3) 정부조사 특별위원회 설치안, 4) 임시교통사무국 장정 승인, 5) 교통총장 남형우 동의안, 6) 대통령내도 촉구결의안, 7) 국경일(3월 1일 독립선언일과 음력 10월 3일 개천일) 제정안 등 주요 안건들을 의결했다. 애국가를 다시 제정하자는 안건도 올라왔지만 토론 끝에 부결되었다.[108] 의정원이 의회다운 기능을 발휘한 것은 처음이었다. '대화와 타협'을 중시했던 손정도 의장의 지도력이 빛을 발한 결과였다. 그렇게 1920년 3월 30일 제1차 의정원 회기를 마치면서 손정도 의장은 그 공로를 동료 의원과 임시정부 각료들에게 돌렸다.

"본원이 개원이래로 의원 제위의 노력하심을 인하야 1회 기간의 의사를 진행하고 본 일에 상당함으로서 이에 폐원식을 거행하는 바오이다. 본 회기 중에 의결한 의안은 모다 중요한 것으로써 이를 주도 실시케 함은 임시정부 당국 제위의 현명하심을 의뢰하야 만일의 유감이 없을 줄로 생각하는 바며 특히 우리 의원 일동은 폐원 후라도 세운(世運)을 관찰하며 시의(時宜)를 연구하야 차기 회기에는 일층 더욱 원만함을 기하야 민족의 신뢰함을 수응(酬應)하며 민족의 정신을 양휘(揚揮)케 하기를 바라나이다. 이에 식을 거행함에 제(際)하여 한마디 말로써 의원 제군의 진췌(盡瘁)하심과 임시정부 국무총리 이동휘 각하와 및 그 당국 제위의 참석하신 광영을 얻음을 감사하나이다."[109]

108 "제1의회의 성적", 〈독립신문〉 1920.4.3.; 『대한민국임시정부 자료집』 2, 53~84.
109 "임시의정원 기사", 〈독립신문〉 1920.4.3.

그렇게 임시의정원 회무를 '성공적으로' 마무리한 손정도 의장은 한 달 후, 예상치 못했던 일로 곤욕을 치러야 했다. 그 조짐은 1920년 2월 의정원 회기가 시작되기 전, 북경에서 열렸던 국제회의에 참석하고 돌아오면서 나타나기 시작했다. 손정도 목사가 참석한 북경 회의는 종교 관련 회의, 구체적으로는 중국과 한국, 일본의 감리교회 대표들이 참석하는 선교관련 회의였다. 이 대회의 목적은 중국과 한국, 일본 등 동아시아 지역에서 선교를 효율적으로 추진할 수 있는 협력 방안을 모색하고 나아가 세 나라 감리교회가 합하여 '미감리회 동아시아 총회'를 조직하여 독자적으로 감독을 선출할 수 있는 교회 조직을 만드는 것까지 내다보았다. 그리고 의화단사건과 상해혁명, 공산당 세력 확산 등으로 침체에 빠져 있던 중국 선교에 활력을 불어넣으려는 것도 중국 선교사들이 대회 개최를 강력하게 원했던 이유 가운데 하나였다.[110]

그런 배경에서 준비된 북경대회에 참석할 한국교회 대표를 1919년 11월 미감리회 한국연회에서 '투표'로 선발했다. 선교사로는 노블과 무어 외에 협성신학교 교수 케이블 등을 선정했고 한국인 대표로는 경성지방 감리사 최병헌, 인천지방 감리사 오기선, 정동교회 김종우 목사, 진남포교회 안창호(安昌鎬) 목사, 만주지방 배형식 목사, 그리고 평신도 대표로 인천 내리교회 김영섭, 평양 남산현교회의 안동원, 평양 광성고보 교장 김득수, 이화학당 교수 이을라 등이 선출되었다. 북경대회 대표로 선출된 이들은 대부분 손정도 목사와 친했다. 선교사 노블과 무어, 케이블은 물론이고 오기선과 최병헌, 김종우, 이

110 E.M. Cable, "General Conference of Eastern Asia", *KMF* May 1920, 102~104.

을라 등이 그러했다. 특히 눈에 띄는 것은 손정도 목사가 속했던 평양 지방에서 세 명(무어와 안창호, 안동원, 김득수)이나 선발되었고 손정도 목사를 대신해 만주지방 선교사로 활동하고 있는 배형식 목사가 포함된 점이다. 이처럼 손정도 목사와 가까운 인물들로 북경대회 대표를 선발한 연회원들의 '숨은 의도'를 읽을 수 있다. 연회원들은 이들을 투표로 선발한 후 즉석에서 헌금을 실시하여 한국 대표들에게 1인당 '108원씩' 경비를 지불했다.[111] "경비로 쓰고 남은 것은 독립운동 자금으로 주고 오라."는 암묵적인 뜻이 담겨 있었다.

상해의 손정도 목사도 그런 의도가 담긴 북경대회를 중시하였다. 손정도 목사는 1920년 1월 건강이 다시 악화되어 병원 치료를 받고 있었다. 그런 중에서도 손정도는 안창호와 수시로 만나 의용단 및 흥사단 원동위원회 조직에 관해 상의하였다.[112] 안창호 일기에 따르면 손정도는 1월 24일 안창호를 만나 북경 선교대회에 관하여 처음 논의했다. 안창호와 손정도는 이후 서너 차례 더 만나 논의한 결과 중국과 일본, 한국에서 사역하는 선교사들이 대거 참석하는 북경대회를 한국의 독립운동 실상과 일본의 만행을 알리는 외교무대로 활용하기로 하였다. 안창호의 2월 2일 자 일기 내용이다.

"오전에 북경에서 개최하는 동양선교사회(東洋宣教師會)에 선전할 일(본국에 재류하는 동양선교사에 대하야 우리의 사정, 미일관계, 동양선교사에게 대하여 연설할 것) 등을 기초할 새 두통이 점차 심함으로 이광수 군을 불러 이번

111 〈미감리회 조선연회록〉 1919, 20.; "감리회 통신", 〈기독신보〉 1920.2.4.
112 "안창호 일기"(1920.1.14.), 『도산 안창호 전집』 4권, 833; "안창호 일기"(1920.1.26.), "안창호 일기"(1920.1.29.), 『도산 안창호 전집』 4권, 844~849.

에 우리 민족이 당한 참상과 및 적인(敵人)의 만행을 기록하라 하고 또 이를 오늘 밤에 황진남(黃鎭南) 군과 더불어 영문으로 번역하여 인쇄하기를 부탁하다. 손정도 군이 내방하여 북경 선교사회에 갈 일을 상의하다."[113]

이로 보건대 손정도 목사의 북경대회 참석은 개인적인 차원이 아니라 임시정부 차원에서 결정하고 준비한 것임을 알 수 있다. 그런 면에서 손정도 목사는 임시정부 대표로 북경대회에 참석한 셈이다. 임시정부는 그와 함께 영어를 잘 하는 현순 목사도 동행시켰다. 이에 대한 현순의 증언이다.

"경신년[1920년] 2월경에 임시정부의 특파로 북경에 올라가서 미감리회 동양선교총회(東洋宣敎總會)에 참석하야 본국에서 나온 총대들을 만났다. 총대는 최병헌 김종우 노블 케이불 등이었다. 그때에 손정도도 왔다가 선교사 수십 인을 청하야 접대하고 동양평화의 관건은 오직 조선 독립에 있음을 역설하였다."[114]

그렇게 해서 손정도 목사와 현순 목사는 1920년 2월 11일부터 2월 16일까지 북경에서 개최된 '미감리회 동아총회'(美監理會東亞總會, Central Conference of Eastern Asia of the Methodist Episcopal Church)에 참석하였다. 이 회의에는 한국교회 대표 12명을 포함하여 모두 114명이 참석했는데 중국교회 대표가 대부분이었다. 루이스 감독과 웰치 감독이

113 "안창호 일기"(1920.2.2.), 『도산 안창호 전집』 4권, 851.
114 현순, 〈현순자사〉, 54.

공동으로 회의를 주재하였고 1주일간의 회의 결과 1) 필리핀과 말레이시아 감리교회도 동아시아총회에 가입시키고, 2) 중국교회만으로 총회를 조직하고, 3) 중국 홍화(興化)와 화서(華西)에 새 연회를 조직하고, 4) 동아시아 연합으로 감독 4인을 세워 서울과 북경, 상해, 복주에 주재하도록 하고, 5) 여선교회와 확장주일학교, 청년회운동을 지원하고, 6) 1920년 10월 일본에서 개최될 세계주일학교대회에 각국 대표를 파송하고, 7) 다음 회의는 중국 복주에서 개최하기로 결정하였다.[115] 주로 중국교회와 관련된 사항들이었다. 중국에서 사역하는 선교사와 중국교회 대표들이 주로 발언하였고 한국이나 일본교회 대표들은 '들러리' 같았다.

그런 중에도 상해에서 올라온 손정도 목사나 현순 목사, 그리고 한국에서 온 대표들은 '회의장 밖'에서 부지런히 만났다. 한국에서 온 대표들의 '숨은 의도'와 상해에서 올라온 손정도, 현순 목사의 '분명한 목적'이 같았기 때문이었다. 이들이 북경에서 만나 어떤 일을 했는지 구체적으로 밝혀주는 자료는 없다. 다만 앞선 현순 목사의 증언처럼 "손정도 목사가 선교사 수십 인을 청하야 접대하고 동양평화의 관건은 오직 조선 독립에 있음을 역설하였던" 것과 같이 임시정부 대표들은 북경대회 참석자들에게 한국의 독립운동을 알리는 외교활동을 벌였다. 그리고 손정도 목사는 개인적으로 친분이 있는 목사들을 만나 정보를 교환하고 국내에서 모금한 독립운동자금도 전달받았다. 특히 만주선교사 배형식 목사는 손정도 목사와 자주 만나 만주지역 선교와 독립운동에 관해 의견을 나누었다. 그렇게 북경대회에 참석했

115 E.M. Cable, "General Conference of Eastern Asia", *KMF* May 1920, 102~104.; "教會大事記", 『1921年 中華基督教會年鑑』, 上海: 中華續行委辦會, 1921, 36.

던 한국교회 대표들은 대회를 마친 이튿날(2월 17일) 열차편으로 귀국하였다.[116] 상해에서 올라갔던 임시정부 대표들도 되돌아왔다.

그렇게 북경대회에 참석하고 상해로 돌아온 직후 손정도 목사는 안창호를 찾아가 "의정원 의장을 사면할 의사"를 밝혔다. 이런 급작스러운 제안에 안창호는 "쉽게 결정할 일이 아니다."며 만류하였다.[117] 손정도 목사가 의장직을 사면할 생각을 갖게 된 것은 건강 문제도 있었지만 그보다는 그의 '북경 행적'에 대한 임시정부 내의 일부 비판 여론 때문이었다. 구체적으로 "손정도 목사가 북경대회에 참석한 한국 대표들로부터 독립운동 자금을 전달받았는데 그것을 정부 재정에 들이지 않고 개인 용도로 사용하였다."는 소문이 돌았다. 이에 손정도 목사는 안창호를 찾아가 의장직 사면 의사를 밝혔던 것이고 안창호는 철저한 조사를 통한 사실 확인이 우선이라며 사퇴를 만류했다. 그런 상황에서 손정도 목사는 2월 23일부터 3월 30일까지 임시의정원 회의를 주재했다. 임시의정원 회기 중에 잠잠했던 손정도 목사의 '독립운동자금 유용' 논란은 회기가 끝나면서 다시 거론되었다. 독립운동 자금을 유용한 것이 사실이라면 그것은 손정도 목사 개인뿐 아니라 그가 의장으로 있는 임시의정원, 그리고 그를 적극 지지하고 있는 안창호를 비롯한 임시정부 지도부가 치명적인 타격을 입을 것이 분명했다.

이에 임시정부를 사실상 이끌고 있던 안창호는 자신이 직접 나서 사건을 조사하기로 하고 5월 한 달 동안 당사자인 손정도 목사를 비롯하여 문제를 제기하는 인사들을 만나 진술과 의견을 들었다. 그

116 "동아총회에서 돌아온 감리사 최병헌씨 談", 〈기독신보〉 1920.3.10.
117 "안창호 일기"(1920.2.16.), 『도산 안창호 전집』 4권, 868.

결과 안창호가 파악한 사건의 내용은 다음과 같았다.[118]

1) 손정도 목사는 북경대회 참석 기간에 한국에서 온 목사 3명으로부터 1천 원 상당의 자금을 받았는데 손정도 목사는 그 돈을 '개인적으로'로 사용해도 되는 것으로 알고 북경에서 외국 선교사들을 초대한 만찬 비용과 여행 경비로 사용하였다.
2) 그런데 손정도 목사는 상해로 돌아온 직후 국내에서 군자금 모금운동을 하다가 돌아온 김기만으로부터 "그 돈은 자신이 모금한 애국금(愛國金)으로서 그 돈을 낸 사람들에게 임시정부 공채를 발급해 주어야 한다."는 말을 듣고 "그 돈을 임시정부에 보내고 공채를 발급해 주겠다."고 약속하였다.

이것으로 문제는 일단락되었다. 그럼에도 상해임시정부 안에서 논란이 끊이지 않았다. 그것은 손정도 목사가 북경에서 받은 돈이 임시정부에 보내는 독립운동 자금인가, 아니면 손정도 목사에게 '개인적으로' 쓰라고 준 것인가 하는 돈의 성격 문제였다. 이에 손정도 목사는 배형식 목사로부터 받은 "북경에서 준 돈은 손정도 목사가 개인적으로 쓰라고 준 것이다."는 내용이 담긴 편지를 제시하였다.[119] 그리고 손정도 목사는 문제가 된 돈을 임시정부에 불입하고 공채를 발급하도록 했다. 그런데도 주변에서 손정도 목사에 대한 비판이 계속 들렸다. 그럴 때마다 안창호는 단호한 입장을 취하였다. 안창호를 찾아와 손정도 목사를 조사해야 한다고 주장했던 김희선에게 한 말이다.

118 위 글, 915.
119 위 글, 929.

"손정도가 설혹 그러한 실수가 있다고 가정할지라도 그 후방에 그를 신앙하는 남녀가 많고 그 또한 역사가 있는 한 사람인데 이러한 말이 세상에 유포되면 우리 운동에 대영향이 미칠 뿐더러 손정도 군은 사기적 행위는 아니할 줄 나는 믿노라. 재정을 옮겨 쓰는(傳付) 일에 혹 미흡한(糊糢) 일이 있는지는 알지 못하겠노라. 그대는 그 내정(內情)을 자세히 알지도 못하고 타인을 가벼이 정죄하는 것은 실수인 듯 하니 조용하기를 바라노라." 120

안창호의 절대적인 신뢰와 도움이 없었더라면 쉽게 빠져나올 수 없었던 '횡령 혐의' 사건이었다. 사건은 '혐의없음'으로 종결되었지만 이 사건을 통해 손정도는 마음에 깊은 상처를 입었다. 손정도 목사로서는 서로 믿고 도와야 할 독립운동 동지 사이에 자신의 문제로 불신의 간극이 생긴 것에 무엇보다 가슴 아팠다. 그런 중에도 상해 독립

120 위 글, 913.

흥사단 원동위원부(앞줄 중앙에 손정도와 안창호)

운동 진영에서 안창호와 손정도 사이의 돈독한 신뢰 관계는 재확인되었다. 손정도는 자타가 공인하는 '도산 사람'이었다. 상해임시정부 요원들에 대한 일본 경찰당국의 비밀보고서에서도 손정도는 항상 '안창호 계열'로 분류되었다. 실제로 손정도와 안창호는 국내에서 신민회 동지로 만난 이후 '변함없는' 우정과 신뢰로 독립운동 현장에서 손을 잡았다. 안창호의 신뢰와 지원이 있었기에 손정도 목사는 '불신과 음모'가 난무한 독립운동 현장에서도 자리를 지킬 수 있었다.

손정도 목사도 안창호를 적극 도왔다. 안창호는 1919년 5월 상해에 온 직후 임시정부 일에 힘을 기울였다. 임시정부가 어느 정도 안정적인 조직으로 운영된 1920년 들어서 흥사단 조직을 확장하는 일을 추진하였다. 이에 손정도 목사는 딸 진실과 함께 1920년 3월 흥사단에 가입하였고 흥사단 원동위원부 수석 반장 및 희락부장으로 활동하였다.[121] 그는 목사에다 의정원 의장이란 직함을 가졌음에도 흥사단 활동을 하면서는 전혀 다른 모습으로 회원들을 즐겁게 만들었다. 예를 들어 1920년 12월 29일부터 이틀간 중국에서는 처음으로 흥사단 원동대회가 개최되었을 때, "흥사단원 및 내빈 일동이 입장한 후에 회장 손정도 군이 여장(女裝)을 하고 승석함에 일동이 환희하야 떠들고 각종의 창가와 유희를 행하고 다과를 나눈 후 애국가를 합창하고"[122] 헤어졌다. 여장을 하고 나타난 그로 인해 엄숙하고 자칫 우울할 수 있었던 식장 분위기가 웃음과 기쁨으로 바뀌었다. 그의 여장 변신을 딸 진실과 성실이 도왔을 것이다. 손정도는 대회 말미에 소감을 다음과 같이 전하였다.

> "나는 여러 해 동안 국사(國事)를 위하야 시험하여 본 것이 많았습니다. 기왕에 거짓되고 기쁨이 없고 사랑이 없는 가운데 섞이어 일은 뜻대로 되지 아니하고 전도(前途)는 막막하야 마음에 기쁨을 얻을 수 없었더니 오늘날 이와 같이 모히어 지남에 기쁜 마음이 만족하오…. 우리의 책임은 중대하고 우리의 앞길은 장원(長遠)하니 우리 무리는 확고불이(確固不移)의 정신을 더욱 길러야 되겠소."[123]

이처럼 손정도 목사는 회원들의 친목과 화합을 위해 자신의 체

121 『도산 안창호 전집』 4권, 873.
122 "제7회 원동대회 경과", 『도산 안창호 전집』 8권, 37.
123 앞 책, 38.

면과 권위의식을 내려놓는 진솔한 모습을 보여주었다. 그것은 남을 위해 자신을 희생하는 기독교 신앙의 표현이었다.

5) 도쿄 주일학교대회와 이승만 대통령 내도촉구

기독교 신앙인으로서 손정도 목사는 1920년 9월 다시 한번 '대한민국예수교진정회'(大韓民國耶蘇教陳情會) 명의로 국내 교회에 서한을 발송하였다. 손정도 목사와 상해 한인교회 담임 김병조 목사가 공동 서명한 이 서한은 1920년 10월 5일부터 일본 도쿄에서 열릴 세계주일학교대회에 한국교회가 대표를 파송하지 말라고 호소하는 내용이었다.[124] 손정도 목사가 이런 서한을 국내 교회 지도자들에게 발송한 것은 도쿄에서 열릴 세계주일학교연합회 대회를 일본 정부에서 정치적 선전 도구로 만들려는 의도가 있음을 간파한 때문이었다. 일본 정부에서는 1천 명 이상의 국제 기독교 지도자들이 참석하는 주일학교대회를 3·1운동으로 악화된 국제 여론을 만회할 수 있는 기회로 삼으려 했다. 그래서 파리에서 열렸던 국제박람회 규모에 버금가는 대형 회의장과 박람회 시설을 새로 건설하는 등 행사를 적극적으로 후원하였다. 특히 한국 참석자들에게는 왕복 경비(80원)는 물론 식비까지 대회 측에서 부담하고 일본 황족들이 묵는 도쿄 제국호텔을 숙소로 제공한다는 '당근'까지 제시하였다. 이에 1920년 5월 29일 평양에서 열린 조선주일학교연합회 임원회에서는 한국에 배당된 '조선인 총대 2백 명과 선교사 총대 50명'을 각 교파, 교단 별로 배분하고 참가 신청을 받겠다고 발표했다.[125] 대회 참관 후에는 일본 관광도 포함된 '공

124 "일요학교대회에 출석함은 조선인의 대치욕", 〈동아일보〉 1920.9.22.
125 "조선주일학교연합회", 〈기독신보〉 1920.2.11.; "조선주일학교 연합회" 〈기독신보〉 1920.6.23.

짜 여행' 에 관심이 폭증할 것은 당연했다.

이런 상황에서 상해의 손정도 목사와 김병조 목사는 조선예수교 장로회 총회(10월 2일)와 미감리회 연회(10월 22일)를 앞두고 도쿄 대회에 한국교회 대표를 파송하지 말 것을 호소하는 긴급 서한을 발송하였다. 두 목사는 그 이유를 "일본에서 개최되는 회의에 한국교회 대표가 참석하게 되면 세계 각국 대표들은 한국 대표가 일본교회를 대표하여 참석한 것으로 이해하고, 한국이 일본의 속국이 된 것처럼 한국교회도 일본교회의 부속이 된 것으로 여길 우려가 있기 때문이라" 하였다. 이런 손정도 목사와 김병조 목사의 서신은 1920년 9월 22일 자 〈동아일보〉를 통해 세상에 알려졌다. 〈동아일보〉는 "일요학교 대회 참석은 조선인의 대 치욕"이란 제목으로 서한의 내용과 취지를 알렸다. 그리고 이에 대한 총독부 경무국 마루야마(丸山) 사무관의 "그러한 기회에 조선 예수교도 대표가 참가하는 것이 자기네들의 주장을 선전하기에 가장 좋은 기회일 터인데 도리어 그렇게 하는 것이 이상하다. 상해에 계신 양반들은 기독교의 교지는 철저하게 알 터인데 그렇게 하는 것은 기독교의 본지에 틀리는 일이 아닐는지?"라는 '경멸조'(?) 언급까지 소개하였다.[126] 이런 〈동아일보〉 기사로 도쿄 주일학교대회 참가에 대한 부정적인 여론이 급속하게 확산되었다. 그 결과 장로교 총회나 감리교 연회 차원에서 주일학교 대회에 참가할 대표를 선정하지 않았고 일반인 가운데 참가 신청자도 없었다. 당연히 참석할 것으로 예상했던 조선주일학교연합회 한국인 임원 남궁혁과 한석원도 참석을 보류하였다.[127] 손정도와 김병조 목사의 호소에 한국교회가 호응

126 "일요학교대회에 출석함은 조선인의 대치욕", 〈동아일보〉 1920.9.22.
127 "세계주일학교대회 行", 〈기독신보〉 1920.9.22.; "조선주일학교연합회 대표자는 誰?", 〈매일신보〉

한 결과였다.

결국 한국교회 대표단은 한국에서 활동하고 있는 장로교와 감리교 6개 선교부 선교사 40명으로 구성되었다. 게다가 주일학교 대회를 위해 새로 건설하던 도쿄 박람회와 국제회의장이 공사 중 화재로 소실되어 예정대로 대회를 치를 수 없었다. 내용에서도 일본이 원하는 방향으로만 진행되지 않았다. 한국교회를 대표한 웰치 감독은 군국주의(militarism)를 비판하는 연설을 하였고 남감리회 선교사 스톡스(M.B. Stokes)의 통역으로 한국인 '박 목사'도 연설했는데, 그는 비장한 어조로 한국의 기독교 독립운동에 대해 연설하던 중 일본 측 대표들의 항의를 받고 사회자가 연설을 중단시키는 사태가 발생했다.[128] 이 연설 중단 사건으로 각국 대표들의 한국에 대한 관심이 높아졌고 그 결과 도쿄 대회가 끝난 후 10월 17일 미국 대표를 비롯하여 세계교회 지도자 54명이 서울을 방문해서 한국의 주일학교연합회와 기독교 청년회 지도자들을 만나 한국교회 상황에 대한 간담회를 가진 후 돌아갔다.[129] 결국, 도쿄 주일학교 연합대회를 계기로 일본에 불리했던 국제 여론을 반전시키려 했던 일본 측 의도는 수포로 돌아갔다. 손정도 목사가 김병조 목사와 연명해서 국내교회에 보낸 호소문이 그 반전을 끌어낸 계기가 되었다.

그렇게 선교사를 이끌고 도쿄 주일학교 대회에 참석하고 돌아온 웰치 감독은 10월 20일부터 10월 26일까지 서울 정동교회에서 개최된

1920.9.30.

128 H.T. Owens, "The World' s Sunday School Convention at Tokyo from the Standpoint of a Korean Missionary", *KMF* Dec. 1920, 230~232. 도쿄에서 연설한 '박 목사'(Pastor Pak)가 누구인지 명확치 않지만 고베의 남감리회 신학교인 칸세이학원 신학부를 졸업하고 오사카 한인교회에서 목회하던 박상동 목사로 추정된다.

129 "세계주일학교 위원 54명 환영회", 〈기독신보〉 1920.10.27.

미감리회 연회를 주재하였다. 그 자리에는 방금 도쿄에서 회의를 마치고 내한한 세계교회 지도자들이 대거 참석해 한국교회 대표들의 뜨거운 환영을 받았다. 북미 주일학교연합회 총무이자 세계주일학교연합회 부회장인 로렌스(M. Lawrence)를 비롯하여 캐나다 감리교주일학교연합회 총무 랭포드(Langford), 미국 피츠버그 주일학교연합회 총무 페니먼(G. Penniman), 뉴욕 주일학교연합회 총무 클라크(J.H. Clark), 그리고 캐나다감리교회 일본선교회의 매켄지(D.R. McKenzie) 등이었는데 이들을 대표해서 로렌스는 연회 중에 특별 강연을 하였다.[130] 이 연회에서 손정도 목사는 '휴직 3년'으로 처리하였다. 웰치 감독과 연회원들은 3년째 연회에 참석하지 못하고 있는 손정도 목사를 제명하기보다는 '언젠가는 돌아올 목사'로 계속 연회원 명부에 그 이름을 올려놓았다.[131] 그에 대한 변함없는 지지와 기대감의 표현이었다.

그러나 고국이나 고향을 자유롭게 방문하지 못하고 외지(상해)에서 일본 경찰의 감시와 추적을 피하며 살아야 했던 손정도 목사의 형편과 처지는 점점 어렵게 변했다. 더욱이 서울에서 미감리회 연회가 열리고 있던 1920년 10월, 고향 강서에서 터진 애국부인회사건으로 환갑나이의 어머니가 경찰에 체포되었다는 소식을 상해에서 들었을 때 아들의 심정은 참담하기만 했다. 어머니의 투옥으로 더욱 삼엄해진 경찰의 감시와 탄압을 받으면서 자식을 키우고 있는 아내에 대한 미안함도 컸다. 가족이 당하는 시련도 아픔이었지만 자신처럼 해외에서 독립운동을 하다가 일본 군경에 의해 희생된 독립운동 동지와 동포들에 대한 소식을 들을 때 더 큰 고통을 느꼈다. 1920년 5월 연해주

130 *KMEC* 1920, 24~25.
131 〈예수교미감리회 조선연회록〉 1920, 7.

지역 독립운동 지도자 최재형과 김이식, 엄주필, 황경섭 등이 블라디보스토크 소왕영에서 일본군과 교전 중 전사한 것이나 만주 관전현에서 청년단연합회 총재 안병찬 등 핵심간부 5명이 일본경찰에 체포되고 현장에서 함석은이 피살되었다는 소식들이 그러했다.[132] 손정도 목사를 비롯한 독립운동가들에게 이런 동지의 희생과 체포 소식은 남의 일 같지 않았다. 해외 독립운동가들은 자신도 언제 그런 일을 당할 줄 모르는 위기의 시간을 살고 있었다.

물론 만주지역에서 독립군들이 일본군 정규군과 전투를 벌여 '혁혁한' 전과를 올렸다는 소식도 들려왔다. 1920년 6월 화룡현 봉오동 전투에서 최진동과 홍범도가 이끄는 독립군 부대가 일본군 120여 명을 살상한 것이나 10월 백운동과 청산리 전투에서 김좌진과 이범석이 이끄는 독립군연합부대가 일본군 1,200여 명을 살상하였다는 소식은 국내외 독립운동 진영을 크게 고무시켰다.[133] 그러나 청산리전투에서 패퇴한 일본이 대규모 병력을 서간도 지역에 투입하여 길림성 훈춘과 왕청, 화룡, 연길, 유하, 홍경, 관전 일대의 독립군뿐 아니라 그 배후로 의심되는 한인촌들을 무차별 공격하여 3,400여 명을 학살하고 민가 170호, 학교 36곳, 교회 예배당 14곳을 방화하였다.[134] 소위 '간도 대토벌' 혹은 '경신 대학살'로 불리는 무자비한 보복 작전이었다. 손정도 목사를 비롯한 상해지역 독립운동가들과 교민들은 이런 서간도 소식을 접하고 희생자 추도회를 거행하고 '간도 참상 구제연합회'를 조직하여 이재민 구호 활동에 나섰다.

132 "최재형씨외 3씨 피살", 〈독립신문〉 1920.5.15.; "함석은씨 敵火에 死하고", 〈독립신문〉 1920.5.27.
133 신용하, "봉오동 전투와 청산리 독립전쟁", 『한민족독립운동사』 4(독립전쟁), 국사편찬위원회, 1988, 91~135.
134 "서간도 동포의 참상 혈보" 독립신문 1920.12.18.

임시정부 외곽 무장 독립군들이 봉오동과 청산리 전투에서 승리함으로 국내외 독립운동 진영이 크게 고무되었음은 사실이다. 이런 독립군 전투 소식은 국내의 〈동아일보〉와 〈중외일보〉, 〈조선일보〉 등 언론에도 소개되어 해외 독립운동 군자금 모금과 독립군 지원자들이 늘어났다. 이에 총독부 기관지 성격의 〈매일신보〉는 상해임시정부와 독립군 양성을 위한 무관학교를 비난하고 깎아내리는 기사를 싣기 시작했다. 1920년 10월에 연재했던 "상해가정부 내막"이란 기사가 그러했다. 12월 27일에는 '무관학교를 탈출한 인사의 증언' 이라며 임시정부와 무관학교를 폄하하는 기사를 실었다.

"가정부(假政府)의 형편은 유명무실로 장래 발전될 여망은 전혀 없다고 하여도 가한바 상해가정부 국무원에는 이동휘 신익희가 있고 내무부에는 이동녕, 재무부에는 이시영, 교통부에는 김철 등이 있어가지고 공연히 무슨 기이한 활동도 없이 놀고 지내며 그 외에는 김가진 안창호 김구 손정도 여운형 선우혁 등이 가정부 안에서 여러 가지로 활동하는 모양이나 그 생활 상태는 매우 어려우며 가정부라 하는 건물로만 하드래도 아주 왜소하여 보잘 것이 없는바 전기 무관학교라는 것은 더군다나 조선 내지로부터 돈량이나 가지고 오는 청년들을 끌어들여 그 돈을 공연히 털어 말리는 것밖에는 다른 도리가 없는 것이라." 135

의도적으로 임시정부를 폄하하는 기사라 과장과 오류가 없지 않지만, 임시정부 요원들의 "생활 상태는 매우 어렵다."는 기록은 사실

135 "상해가정부와 무관학교 현상", 〈매일신보〉 1920.12.27.

이었다. 손정도 목사를 비롯한 임시정부 지도자들은 국내 애국동포들이 보내오는 독립운동 자금으로 '호의호식'(好衣好食) 할 수 없었다. 개인과 가족 생활비 지출을 최소화하면서 '빈궁'(貧窮)에 가까운 생활을 하였다. 이러한 "상해임시정부는 정부 기관이라고 할 수 없는 환경에서 지도자들은 궁핍한 생활을 하고 있다."는 〈매일신보〉 기사가 오히려 해외 독립운동을 지원하려는 의지를 부추겼다.

1920년 12월 초, 그렇게 상해에서 어렵고 힘든 망명지 생활을 하고 있던 임시정부 지도자들에게 '기쁜 소식'이 전달되었다. 마침내 미국에 있던 이승만 대통령이 상해로 온 것이다. 이승만 대통령의 상해 합류는 독립운동 진영의 오랜 숙제였다. 1919년 4월 서울과 상해에서 임시정부가 조직될 때부터 그는 대한민국 정부의 최고 수반으로 지명되었다. 그해 8월 연해주와 서울 임시정부 조직이 상해임시정부로 통합된 후에도 그는 여전히 대통령으로 지명되었다. 그런데 다른 임시정부 각료들은 서둘러 상해로 집결하였는데 그만은 미국에서 '외교활동'을 이유로 상해로 오지 않았다. 이런 상황에서 손정도 목사는 개인적으로 1920년 1월 22일 이승만에게 대통령 취임을 '간곡하게' 부탁하는 서한을 보낸 적이 있었다. 손정도는 "병 때문에 연락을 드리지 못해 죄송하다."는 말로 시작된 서한에서 국내와 상해, 중국과 러시아의 독립운동과 정치 상황을 요약해서 보고한 후 '각하에 대한 인심'이란 제목 하에 이승만 대통령이 상해로 와야 할 이유를 두 가지로 설명하였다.

"가. 내지(內地)에 재(在)한 동포들의 각하를 흠모하는 상황은 재외동포 이상이라. 각하의 일언이라면 신용치 아니할 자 무(無)한데 다만 각하

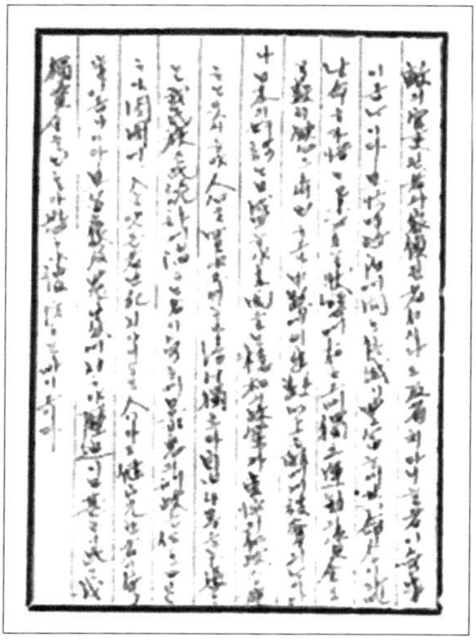
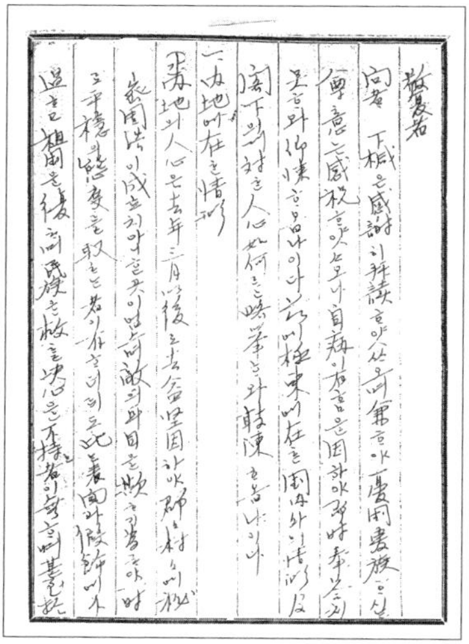

손정도가 이승만에게 보낸 편지(1920.1.22.)

가 원(遠)히 미주(美洲)에 재(在)하야 외교만 주장하고 임시정부에 취임치 아니함으로 신앙(信仰)하는 바 중에 유감으로 사(思)하는 점이 불무(不無)하야 대국(大局)의 관계가 불소(不少)하온지라. 미주에 재(在)하야 친히 외교를 행하심이 또한 다대(多大)의 공효(功效)가 유(有)할지나 대국의 이(利)를 사(思)하야 공효의 대소(大小)로써 대(大)할 자를 취함이 가할 듯하오니 우견(愚見)으로는 종속(從速)히 상해로 도래하시와 대국을 수습하심을 바라나이다.

나. 미주에 교거(僑居)한 동포의 사(事)를 각하가 직접 관할코저 하시는 존의(尊意)도 부지(不知)하는 바 아니나 연(然)이나 제삼자들의 일반 언론을 견문(見聞)한대로 약진(略陳)하나이다. 나의 실력이 부족하고 경우가 비상한 차제에 법례와 예모만 언(言)함이 불가한 듯하나 2천만 민족을 대표한 임시대통령이 외교를 위하야 원(遠)히 외국에 재(在)한 시(時)에 친히 동지(同地) 교거국인(僑居國人)의 사(事)를 직접 관리하심이 체모

(體貌)에 손상이 유(有)할 듯 하며 그럴지라도 우(右) 교민이 그 지휘와 감독을 순종하면 무방하겠사오나 논단(論端)을 주출(做出)하야 불통일(不統一)의 상태까지 현(現)하게 된다 하오니 우견(愚見)에도 직접 관리코저 하시던 것은 중지하시고 우(右) 관리방법은 해당 국무원들에게 일임하심을 망(望)하나이다."[136]

요약하면, 대통령직을 수행하는 것과 외교 업무에 몰두하는 것 중에 어느 것이 더 큰 일인지 판단하여 선택하라는 내용이었다. 외교 업무라 하면서 미주 교포사회에 일어나는 불화와 갈등을 직접 처리하려 하지 말고 그런 일은 임시정부 외교 담당 국무원에게 맡기고 상해로 와서 2천만 민족을 대표하는 대통령으로서 체통과 권위를 세워달라는 부탁이었다. 표현은 부드러웠지만 의정원 의장으로서 대통령의 결단을 촉구하는 강력한 의지가 담긴 서한이었다.

이런 손정도 의장의 서한에 대하여 이승만 대통령은 2월 28일 자로 답신을 보내왔다. 이승만은 답신에서 1) 본인도 상해로 가려고 노력했으나 여권을 만드는 과정에서 일본 영사관의 도장을 받아야 하는데 그것을 받아들일 수 없고 가명을 쓰거나 불법으로 밀항하는 것도 바람직하지 않아 결행하지 못했으며, 2) 국내 동포들은 자신이 해외에서 외교 및 군사상 사무를 보기를 원하고 있으며, 3) 상해임시정부와는 통신 연락으로 얼마든지 대통령직을 수행할 수 있으므로 상해 업무를 총리에게 일임하고 자신까지 굳이 타국(프랑스) 조계지로 들어가 있을 필요가 없으며, 4) 미주에서 자신이 처리해야 할 외교 업무도

136 "손정도가 이승만에게 보낸 편지(1920.1.22.)", 『梨花莊 所藏 雩南 李承晩文書』 東文篇 17(簡札 2), 연세대학교 현대한국학연구소, 1998, 124~132.

상해 업무에 못지않게 중요한데 미주에서 하는 일은 외교만이 아니라 장차 위원부를 만들어 일부 정부 기능을 수행할 예정이며, 5) 오히려 상해의 '정부 두령이란 자'가 공채 발행을 이유로 하와이와 미주지역에 국민회란 조직을 만들어 미국 정부 당국자들을 혼돈시킴으로 외교 활동에 방해를 받고 있으며, 5) 미주지역에서 중앙총회나 국민회 등 정치기관들이 난무한 것도 외교에 장애 요인이 되고 있으니 6) 샌프란시스코에서 발행되는 언론에 실린 자신에 대한 부정적 기사만 보고 판단하지 말 것을 당부하였다.[137]

이승만의 서한 역시 형식은 부드러웠으나 내용은 단호했다. 특히 후반부에 이르러 상해임시정부에서 '두령 역할'을 하고 있는 안창호의 공채 발행이나 국민회 조직, 그리고 샌프란시스코에서 발행되는 〈신한민보〉에 실린 (이승만에 대한) 비판적 기사에 대해 불편한 심기를 드러냈다. 안창호에 대한 견제와 비판을 읽을 수 있었다. 독립운동 진영에서 '안창호 사람'으로 분류된 손정도 의장의 "상해로 와서 대통령에 취임하라."는 호소에 이승만 대통령이 소극적으로 응대한 것도 당연했다. "미국에서 외교업무를 계속하겠다."는 이승만 대통령의 의지를 확인한 손정도 의장과 임시의정원은 1920년 3월 23일 의회에서 '대통령 내도 촉구결의안'을 만장일치로 통과시켰다.[138] 상해 임시의정원의 내도 촉구 결의가 있었음에도 이승만의 상해임시정부 합류는 계속 지연되었다. 정식으로 취임은 하지 않고 대통령으로서 직무는 계속 수행하는 불안한 상태가 이어졌다.

---

137 "이승만이 손정도에게 보낸 편지(1920.2.28.)", 『梨花莊 所藏 雩南 李承晩文書』 東文篇 16(簡札 1), 연세대학교 현대한국학연구소, 1998, 50~52.

138 "대통령에 대한 결의안 통과", 〈독립신문〉 1920.3.25.; 『대한민국임시정부 자료집』 2, 75~77.

이후 안창호와 이동휘를 비롯하여 이동녕, 이시영, 신규식, 장붕 등 상해임시정부 지도자들은 계속 대통령 취임을 촉구하고 호소하는 서한을 냈다. 미국의 이승만 지지자들도 상해임시정부 합류를 조언했다. 마침내 이승만은 상해임시정부 조직에 합류하기로 결심하고 비서 임병직을 대동하고 1920년 12월 8일 상해에 도착하였다. 상해에 도착한 후에도 두 주일 동안 '이승만 도착' 사실은 극소수 임시정부 요인들만 아는 비밀에 부쳤다.[139] 이승만 대통령이 상해에서 '공개석상'에 모습을 드러낸 것은 12월 24일 거행된 육군 무관학교 제2회 졸업식이었다. 그날 무관학교 교장 도인권과 교관 김철의 지휘 아래 총 24명이 졸업하였는데 강녕리 교민단 사무소에서 거행된 졸업식에는 이승만 대통령과 손정도 의장, 이동휘 국무총리 등 정부 요인들이 참석했다. 이승만 대통령은 졸업생들에게 "금일 나의 하고저 하는 말은 우리의 위치를 보던지 민족을 생각하던지 세계를 관찰하던지 국민개병(國民皆兵)이라는 주의에 정신을 주(注)함이 필요하다 하노라. 연즉 철혈주의(鐵血主義)를 회(懷)하야 기회를 기대하기 바라오. 연즉 지금부터는 임진임적(臨陣臨敵)으로 생각하야 시종이 여일하게 하기를 부탁하노라."는 내용으로 훈사를 하였다. 이어서 손정도 의장이 다음과 같은 내용으로 훈시하였다.

> "이 불완전한 지방에서 제2회 영광의 졸업식을 거행하게 됨은 직원 및 제위 학생의 지성의 결과라. 며칠 전에 일반 학생들이 간도참변의 보고를 듣고 감식(減食)하고 기부한다 함을 들었더니 금일을 당하매 국가를 위하야 찬송하기를 불이(不已)하오. 우리가 실력도 없고 군인도 부

139 "대통령의 내동", 〈독립신문〉 1920.1.1.

족하나 정의의 마음을 가지면 능히 대장이 되어 정의로 적을 멸하리니 정의에 헌신하야 군사상 지식을 더 연구하고 방심치 말지어다." 140

그리고 12월 28일에는 강녕리 교민단사무소에서 교민단 주최로 '이승만 대통령 환영회'가 열렸다. 손정도 의장을 비롯한 임시의정원 의원들과 이동휘, 안창호를 비롯한 임시정부 각료, 그리고 상해에 와 있던 박은식과 신채호 등 원로급 인사들을 포함하여 3백여 명이 참석하였다. 교민단장 장붕의 사회로 진행된 환영회에서 손정도 목사의 딸 손진실이 대통령에게 화환을 증정한 후 박은식과 이일림, 안창호가 차례로 나서 환영사를 하였다. 이후 이승만 대통령이 답사 형태로

이승만 대통령 환영식(왼쪽 끝이 손정도 의장)

140 "육군 무관학교 제2회 졸업식", 〈독립신문〉 1921.1.1.

연설하였다.[141] 〈독립신문〉은 그 내용의 전문을 "우리가 처음 듣는 대통령 연설"이란 제목으로 소개하였다. 그는 "우리 2천만 민족은 1) 영광의 민족, 2) 담력이 있는 민족, 3) 견인성(堅忍性)이 있는 민족, 4) 단합력(團合力)이 있는 민족이라."고 정의한 후 다음과 같이 호소하였다.

> "세상이 우리를 담량(膽量) 있는 민족이라는 찬송을 들은 것은 경과한 사실이 증명하였소이다. 이 칭송이 헛되지 않도록 용력을 할지니 그러면 오인(吾人)은 사투(私鬪)에 겁(怯)하고 공전(公戰)에 용(勇)하야 일본을 접촉하는 데마다 저항하고 국가를 위하야 생사를 결(決)합시다. 구구(苟苟)히는 1일이라도 더 사지 말고 옳게 살기를 공부합세다. 견인(堅忍)의 성(性)이 있다는 칭예(稱譽)를 받은 우리니 우리의 목적을 달할 시(時)까지 인내하야 정부에서 급히 일 아니 한다고 과히 책망 맙시다. 독립은 너무 귀한 물건인고로 가치 없이 시간(時干) 적게 할 수 없소. 우리도 가치 없는 독립하여 본 적이 있소. 그러나 기일(幾日)을 향(享)치 못하였었소. 영국 한 친구의 말이 한국의 독립은 시간과 인내에 있다 하였소. 우리는 인내하고 준비합시다. 기회가 래(來)하리다."[142]

이는 이승만 대통령의 취임 연설과 다를 바 없었다. 인내와 용기를 가지고 2천만 민족이 단합해서 일본에 대항하여 싸워나가자는 대통령의 연설에 참석자들은 박수로 호응했다. 그 자리에서 대통령의 연설을 들었던 손정도 목사의 마음도 기대감으로 충만하였다. 손정도 목사로서는 그가 중국 선교사로 처음 파송을 받았던 1911년 서울

141 "대통령의 환영회", 〈독립신문〉 1921.1.1.
142 "우리의 처음 맞는 대통령의 연설", 〈독립신문〉 1921.1.15.

상동교회에서 열린 미감리회 연회에서 만났던 이후 이승만 대통령과는 9년 만의 재회였기에 감격이 남달랐다. 이승만 대통령과 함께 할 1921년이 기대되었다. 그러나 현실은 그렇지 못했다.

3 상해 독립운동(3): 교통총장과 적십자회 회장

1) 임시의정원 의장직 사임

1921년 1월 1일 상해에서 임시정부가 조직된 후로는 두 번째, 이승만 대통령이 참석한 것으로는 첫 번째 임시정부 신년축하회가 강녕리 민단 사무소에서 거행되었다. 임시의정원과 임시정부, 교민단 지도자 1백여 명이 참석한 신년축하식은 이동휘 총리 사회로 진행되었다. 먼저 국기 배례와 애국가 제창 등 국민의례가 있은 후 이동휘 총리가 "작년에 압록강과 두만강, 서북간도에서 우리 동포의 참상이 있었으므로 유감이라 하겠으나 과거 순국 제씨의 유혈이 꽃이 되고 열매가 되어 금년은 완전한 독립으로 서울로 돌아가게 되리라 하나이다. 작년에는 약간의 참욕(慘辱)이 있었으나 금년에는 결심에 결심을 증(增)하고 단합에 단합을 가(可)하야 입법부와 행정부가 합일하야 목적을 성취하기를 바라나이다."는 내용으로 개식사를 하였다.[143] 이어서 입법부를 대표하여 손정도 목사가 신년사를 발표했다.

"3년의 원일(元日)을 또 다시 객향(客鄕)에서 하게 됨은 유감이라 하겠지

143 "新年祝賀會", 〈독립신문〉, 1921.1.15.

마는 고쳐 감희(感喜)하는 것은 오래 앙모하던 대통령 각하께서 내림(來臨)하야 한가지로 신년을 맞게 되얐스며 따라서 금년에는 새로운 경륜으로 우리 소원을 성취할 줄로 앎이로소이다. 과거의 제반 곤란은 다 구년(舊年)과 같이 보내고 우리 정부로서 광복상(光復上) 경로되는 사업을 책성(策成)하야 발포하면 국민은 곧 받아 실행하기 원하며 과거에는 부분적 활동이 된 듯하나 금일부터는 정신과 재정을 합하야 통일적으로 사업의 년(年), 또는 결과의 년(年)이 되기를 절축(切祝)하나이다."144

손정도 의장은 우선 "오래 앙모하던 대통령 각하께서 와서 함께 신년을 맞이하게" 된 것에 기쁨을 표하고 역시 "금년에 우리의 소원(독립)이 성취될 적으로" 기대하며 모든 독립운동 진영이 단합할 것을

임시정부 신년축하식(1921.1.1., 둘째 줄 왼쪽에서 여덟 번째가 손정도 의장)

144 "新年祝賀會", 〈독립신문〉, 1921.1.15.

호소하였다. 이어서 이승만 대통령이 기념사를 하였다. 그는 110년 전 미국이 필라델피아에서 작은 정부로 시작했지만, 오늘날 강대국이 된 것처럼 임시정부 규모가 비록 작을지라도 실망하지 않고 성장시켜 나갈 것을 주문하였다.

"우리 민국의 첫 생일을 금일에 비하면 의사부도처(意思不到處)에 지(至)하겠도다. 금일 반도상(半島上)에서 왜적을 전부 축출치 못한 것은 유감이라 하겠으나 우리 정부의 처지까지는 일하였소. 우리가 속하게 성공할 희망을 가지고 성력(誠力)을 합하여야 할 것은 당연하나 우리의 목적이 명일에나 혹은 금년 내로 달하지 아닐지라도 낙심하지는 맙시다. 우리의 성공은 대주재(大主宰) 하나님께 위임하고 우리는 적을 파멸시킬 실력만 예비합시다. 각각 맡은 책임대로 행하야 애기 공화국을 날로 잘 자라게 하며 건강한 역사를 가지게 하기를 나도 결심하니 제위도 함께 용력(用力)합시다." 145

마지막으로 그동안 임시정부를 이끌어왔던 노동국 총판 안창호가 축사를 하였다.

"나의 사랑하는 태극기 하에서 대통령과 의정원 원장 이하 의원 제씨와 국무총리 이하 정부직원 제씨로 더부러 신년을 영(迎)함은 심히 기쁩니다. 과거 2년간 무수한 역경에 처하야 금일에 지(至)하엿소. 금년에는 순경(順境)일가, 역경(域境)일가 하면 그냥 역경이외다. 연이나 역

145 "新年祝賀會", 〈독립신문〉, 1921.1.15.

경에서 잘 걸어 나가면 불원(不遠)에 반드시 순경이 유(有)하리이다. 금일에 우리들이 능히 역경을 파(破)하고 순경으로 나가겠다는 결심을 가지며 세인(世人)은 오인(吾人)을 가치 있게 보던지 없이 보던지 우리는 큰 가치의 인물로 자처하야 금일의 정신을 발휘합시다. 첫째는 과거 2년보다 더욱 결력(結力)을 가하고 신앙을 후(厚)케 하야 원근(遠近)이 다 신앙케 하며 둘째는 역경에는 인내력이 제일 필요하니 고난을 인(忍)하며 설상(雪霜)을 내(耐)하야 한가지로 순경으로 들어갑시다." 146

독립에 대한 전망에서 "금년 안에 이루자."고 했던 이동휘나 손정도와 달리 이승만은 "내일이나 금년 안에 이루어지지 않더라도 낙심하지 말자." 하여 약간 차이가 보였지만 큰 틀에서는 "모두 단합해서 독립운동에 하나가 되자."고 한목소리를 냈다. 우호적인 분위기에서 신년축하식을 마친 참석자 60여 명은 상해 시내 중국 음식점으로 옮겨 이승만 대통령이 제공한 오찬을 나눈 후 건물 옥상에 올라가 단체 사진을 찍었다. 훗날 이 사진은 임시의정원 의장과 임시정부 대통령 및 총리가 모두 참석하여 '완전체'를 이루었던 상해임시정부의 처음이자 마지막 모습을 보여주는 역사적 물증이 되었다.

'완전체'를 이룬 상해임시정부의 우호적인 분위기는 당분간 이어졌다. 1921년 1월 19일 학무총장 김규식이 상해에 도착하였고 한 달 후에는 군무총장 노백린이 합류하면서 이들을 환영하는 모임으로 상해의 독립운동 진영은 활기를 더했다. 1919년 3월 파리 평화회의에 민족 대표로 파견되었던 김규식은 회의가 종결된 후 상해로 돌아오지

146 "新年祝賀會", 〈독립신문〉, 1921.1.15; 『도산 안창호 전집』 6권, 311.

않고 미국으로 건너가 병 치료를 하면서 구미위원부를 중심으로 외교 활동을 하다가 2년 만에 상해로 와서 임시정부 조직에 합류하였다. 그는 1월 27일 교민단이 주최한 환영회에 참석해서 그동안의 투쟁과 활동을 보고하면서 돌아온 소감을 이렇게 밝혔다.

> "이런 국세에서 나의 일개인이 무엇을 일답게 운동할 수 있었겠소. 만은 본국 수만 충형의매(忠兄義妹)의 흘린 피를 가지고 2천만의 적수공권으로 높이 부르는 만세 소리 가운데서 활동한 결과 금일만한 효과가 생겼나이다. 금번 한국의 만세 소리는 구주(歐洲)에서 발하던 대포 소리보다 배나 더 크게 되었소. 이 만세 소리는 평양에서나 한성에서나 대구에서나 13도 어느 곳에서든지 동일한 만세 소리이므로 그 소래가 심히 커서 못 들은 나라와 못 들은 사람이 없었소. 이 시기에 우리가 일치만 하면 추호의 난점이 없다 합니다."[147]

김규식 역시 2천만 민족의 '동일한' 독립만세 소리와 국내외에서 독립을 위하여 싸우다 희생된 순국선열의 흘린 피가 독립운동의 동력이 되었음을 지적하며, 모든 독립운동 진영이 일치단결할 것을 호소하였다. 2월 18일 교민단 주최로 열린 노백린 군무총장 환영식 분위기도 마찬가지였다.[148] 노백린은 대한제국 시기 관비 유학생으로 일본에 유학하여 게이오대학과 육군사관학교를 졸업하고 돌아와 한국 무관학교 교관이 되어 구한국부대의 근대화를 이끌었고 1907년 군대 강제해산 후에는 안창호와 전덕기의 신민회 활동에 참여했다. 1910년

147 "학무총장의 연설", 〈독립신문〉 1921.2.5.
148 "군무총장 환영회", 〈독립신문〉 1921.2.25.

강제합병 후 미국 하와이로 가서 박용만과 함께 국민군단을 만들고 비행사 양성을 시작했다. 이런 전력으로 노백린은 1919년 4월 발표된 한성임시정부나 상해임시정부 조직에서 변함없는 '군무총장'이었다.[149] 군무총장으로서 노백린은 독립군 양성, 특히 현대전의 첨병인 공군 양성에 주목하여 샌프란시스코에 한인비행학교를 설립하여 1920년 3월 1회 졸업생을 배출하였다. 그때 찍은 '한인 비행사 6인' 사진은 그해(1920년) 신년 축하식 때 찍은 상해임시정부와 임시의정원 요원들의 단체 사진과 함께 국내 군자금모금운동에서 제일 많이 활용된 자료였다.[150]

그런 노백린 장군이 군자금 모금을 위해 블라디보스토크를 거쳐 상해에 도착하였을 때 그를 환영하는 열기가 뜨거울 수밖에 없었다. 노백린은 환영식장을 가득 메운 3백여 명 참석자들에게 3백 년 전의 임진왜란을 예로 들면서 독립군 양성과 '일치단결'을 호소하였다.

> "아! 그때에 율곡 선생의 말을 좇아 이순신과 신립과 같은 장사(將士)들을 많이 양성하였던들 그러한 비참한 혹화(酷禍)를 당하지 않았을 것이외다. 그때에 신 장군과 같은 웅걸(雄傑)에게도 겨우 백여 명의 약졸을 주어 마침내 그 무궁한 군략을 마음대로 펴지 못하고 탄금대의 회토(灰土)와 같이 쓰러지고 말게 하였습니다. 그러면 이것이 다 웨 이렇게 되었습니까. 조정에서나 민간에서나 피차에 양반귀천을 가리는 대악(大惡)에서 나온 것이외다. 우리는 다만 양반과 상놈을 가리고 서울과 시골을 갈러 각각 분당적(分黨的)으로 사업을 한다는 그 자들의 두(頭)에는

149 이현희, 『계원 노백린장군 연구』, 신지서원, 2000, 135~158.
150 "대한이 처음으로 가지는 비행가 6인", 〈독립신문〉 1920.4.27.

각각 일봉(一棒)을 가할 것밖에 업소.(放笑) 그러면 우리는 다 누구를 물론하고 싸울 때 싸워야 되겠으니 반상(班常)과 경향(京鄕)을 물론하고 다 하나이 되어 맨 나중의 핏방울이 떨어질 때까지 나아가 힘 있게 싸웁시다. (박수)" 151

"하나가 되자." "힘을 합치자." "단합하자." 뒤늦게 임시정부 조직에 합류한 이승만 대통령을 비롯하여 김규식 학무총장, 노백린 군무총장의 도착 메시지도 그러하였고 먼저 들어왔다가 이들을 맞이한 안창호와 이동휘, 손정도 등 임시의정원과 임시정부 요원들의 환영 메시지도 같았다. 한 마디로 '일치단결'이었다. 그런 분위기에서 2월 28일 임시의정원이 개회되었다. 1920년도 1차 회기이자 1919년 4월부터 치면 제8차 의회였다. 2월 28일 개원식 장면을 〈독립신문〉은 이렇게 보도했다.

"웃음과 기쁨 속에서 의장이 등단하야 개회를 선(宣)하자 일동은 정숙한 태도로 애국가를 불렀다. 그네의 우렁찬 음성이 애국가의 마지막 절 '괴로오나 즐거오나 나라사랑 하세.' 하는 구절에 이르러는 더욱 일층 힘을 주어 벽상에 걸린 태극기를 떠밧쳐 하늘의 높은 자리로 보내는 것 같았다. 의사(議事) 토의에 입(入)하야는 모다 고개를 기웃거리며 신중한 태도로 문제를 숙려(熟慮)하였다. 그네가 얼마나 쇄소(瑣小)한 일에라도 정려(精勵)하는 것을 넉넉히 알 수 있다." 152

대통령이 처음으로 참석한 의회였기에 분위기가 더욱 엄숙했다.

151 "군무총장의 연설", 〈독립신문〉 1921.2.25.
152 "의정원을 참관하고", 〈독립신문〉 1921.4.9.

이승만 대통령도 처음이었지만 노백린 군무총장이나 김규식 학무총장도 처음 출석하는 의회였다. 그래서 의정원 의원들은 처음 출석한 이들 세 각료를 환영하는 간단한 의식을 먼저 거행했다. 그런 후 이승만 대통령이 단상에 올라 '대통령 교서'를 발표하였다. 이승만 대통령은 "1) 공화제를 근간으로 한 임시정부 체제를 더욱 확고히 할 것이며 2) 이를 위해 정부 조직을 쇄신하고 경비를 줄이기 위해 직원을 감축할 것이며 3) 임시정부 재정의 투명성을 확립하기 위해 의정원과 협력하고 4) 외교원을 세계 각 곳에 파견하여 국제 외교업무를 활성화하고 5) 민병제(民兵制)를 도입하여 국내외에 비밀 독립군을 양성, 배치하고 무기를 비축하여 독립전쟁에 대비하며 5) 국내외 독립운동을 연결하는 교통기관을 설치하겠다."고 밝혔다.[153] 대통령의 교서 발표에 이어 손정도 의장이 답사를 겸한 개식사를 하였다.

"본원의 개회가 7회를 지나도록 대통령께서 내원치 못함을 매양 유감으로 여겼더니 금번에는 간독(懇篤)한 교서를 주심에 대하여는 기쁘고 감사함을 불이(不已)하나이다. 과거 수년간 역풍역수(逆風逆水)로 도도한 파랑(波浪)을 경과할 때에 그 국민의 중망(重望)을 진 우리가 근(僅)히 정부당국 제씨로 더불어 화협(和協)한 중에서 간난(艱難)히 지내오던 제(際)에 이제 대통령과 학무, 군무 양 총장께서 함께 미주로부터 내(來)하야 금후로는 적극 진행하게 되었으니 흔희(欣喜)함을 불승(不勝)하나이다. 오직 우리는 신중하고 면려하야 당국에서 경영하는 바와 국민의 요망하는 바를 성수(成遂)케 함이 본원의 마땅히 할 의무라 하나이다.

153 "대통령의 교서", 〈독립신문〉 1921.3.5.

임시정부 삼일절 기념식(1921.3.1., 오른쪽 끝이 송정도 의장)

이로써 일동을 대표하야 답사에 대(代)하나이다." 154

임시의정원 개원식 다음 날은 3월 1일, 임시정부가 국경일로 공포한 지 두 번째 맞는 '삼일절' 기념일이었다. 〈독립신문〉은 삼일절을 맞아 이승만 대통령을 비롯하여 김규식 학무총장, 신규식 법무총장 등 정부 각료들의 소감을 취재하여 신문에 기재하였다. 손정도 의장의 소감은 "희생하자 분발하자."는 제목으로 소개되었다.

"민국 3년 1일이 되는 오늘에 우리의 감상이 무엇일까? 단조(檀祖)의 혈족인 대한의 우리며, 삼천리 반도를 유업으로 받은 우리며, 십여 년 전

154 "의정원 개원식", 〈독립신문〉 1921.3.1.

왜적에게 당한 수치를 설(雪)키 위하야 세계만방에 독립을 선언한 우리로다. 대한의 남녀야, 만만대에 오늘을 기념키 위하야 우리는 희생하자. 독립운동에 방해되는 온갖 것을 희생하자. 저 가인(嘉仁, 일본 천황)의 나라를 멸하기 위하야 우리는 분발하며 우리는 뭉쳐 하나이 되며 전진하자. 금일이 억만 대의 무궁한 방기(邦基)를 건(建)하는 날임을 기념하자. 이것이 나의 소감상(所感想)이로라." 155

삼일절 기념행사는 전년도처럼 오전과 오후로 나뉘어 거행되었다. 오전 기념식은 개회 중인 의정원 회의장에서 거행되었다. 이승만 대통령을 비롯하여 정부 각료 20여 명도 참석하였는데 손정도 의장은 다음과 같이 기념사를 하였다.

"재작년 3월 1일에 많은 동포가 적수(赤手)로 자유를 규호(叫呼)하다가 창에 찔리고 옥에 갇힌 그이들의 그 피가 아직 마르지 않고 그 옥이 아직 열리지 아니하였도다. 그 뿐 아니라 우리를 향하야 그 피는 '나를 헛되게 말라.' 고 웨치고 그 옥은 '이 문을 열 자가 없느냐.' 고 부르도다. 전일에 우리 민족을 노예로 매(賣)하고 우리 국가를 멸망케 함(陷)한 자는 소위 지도자들이 아니뇨. 금일 국민의 사활문제를 판단할 자리에 입(立)한 우리들이 이완용 송병준의 썼던 감투를 다시 쓰게 될까 두렵소이다." 156

오후 축하식은 교민단 주최로 상해 시내 정안사로 올림픽대극장

155 "희생하자 분발하자", 〈독립신문〉 1921.3.1.
156 "상해의 삼일절", 〈독립신문〉 1921.3.5.

에서 개최되었다. 의정원 의원과 정부 각료는 물론이고 교민단 인사들과 인성학교 교사와 학생, 애국부인회와 적십자회 회원, 한인교회 교인 등 7백여 명이 참석하여 대성황을 이루었다. 대형 태극기로 장식한 단상에는 정부 대표로 이승만 대통령과 각부 총장, 안창호 독판이 올랐고 의정원 대표로는 손정도 의장이 올랐으며 원로 인사로 박은식과 김가진이 올랐다. 민족대표로 서명했던 김병조 목사가 독립선언서를 낭독한 후 부인 회원들의 음악 순서와 대통령의 축사가 이어졌다. 축하식을 마친 참석자들은 자동차 8대에 나눠 타고 시가행진을 하였는데 상해에서 가장 번화한 남경로를 지나 일본인 집단거주지인 홍구(紅口)까지 이르러 그곳의 일본 영사관 앞에서 "독립만세"를 부른 후 해산하였다.[157] 의정원과 정부의 최고 지도부가 함께 참석한 기념식과 축하식이었기에 그날 상해 교포들의 감격과 기대감은 더욱 컸다.

그러나 상해 교포와 독립운동 진영의 감격과 기대는 거기까지였다. 3월에 접어들어 임시정부를 비롯한 독립운동 진영의 불화와 갈등이 표출되기 시작하였다. 사실 임시정부 내부 갈등은 밖으로 알려지지 않았을 뿐이지 이미 이승만 대통령이 상해에 도착한 직후부터 형성되었다. 그 갈등은 1921년 1월 25일 이동휘가 국무총리직을 사임하면서 밖으로 드러났다. 국무총리가 대통령의 정책을 반대해서 사표를 제출한 것은 충격적인 일이었다. 이에 이승만 대통령은 내무총장 이동녕을 국무총리 대리로 임명하였다. 외무총장 박용만도 이승만 대통령의 정부 조직에 참여를 거부하였다. 이동휘나 박용만이 이승만을 반대한 가장 큰 이유는 그의 '위임통치론' 때문이었다. 이승만은 1919년 3월 파리 국제

157 "일반동포의 대축하회", 〈독립신문〉 1921.3.5.

평화회의에 참석할 미국의 윌슨 대통령에게 "연합국 열강이 장래 한국의 완전한 독립을 보장한다는 조건 하에 현재와 같은 일본의 통치로부터 한국을 해방시켜 국제연맹의 위임통치 아래 두는 조치를 취할 수 있도록 지원해 달라."는 내용의 청원서를 비밀리에 제출하였다. 그리고 그 사실이 일부 미국언론을 통해 알려지면서 해외 교포사회와 독립운동 진영에 논쟁을 불러왔다.[158] 이승만의 '위임통치론'은 항일 무장투쟁과 즉각적인 독립국가 건설을 추구했던 독립운동 진영으로부터 "이완용이나 송병준의 매국 행위와 다를 바 없다."는 격렬한 반발을 불러왔다.

그런 배경에서 이동휘는 1919년 4월 처음 임시정부가 조직될 때 이승만을 최고수반(대통령)에 올리는 것을 반대했지만 '모두를 끌어안고' 임시정부를 출범시키려는 안창호의 만류에 이승만의 대통령 취임을 묵인했다. 그런데 상해에 도착한 후에도 이승만의 '위임통치론'에 대한 입장이 변함없음을 알고 총리직을 사임하였다. 박용만도 임시정부 군무총장으로 임명되었음에도 아예 이승만 대통령 체제에 합류하지 않았을 뿐 아니라 1921년 4월 북경에서 신채호, 신숙, 이회영, 박건병 등 이승만을 반대하는 인사들과 함께 '군사통일회의'를 소집하여 이승만 대통령을 성토하고 그를 옹호하는 임시정부도 신임하지 않겠다고 경고하였다. 파리 평화회의에 참석했던 학무총장 김규식과 무장투쟁론자인 군무총장 노백린도 이승만 대통령의 위임통치론을 비판하고 나섰다. 이처럼 상해 독립운동 진영의 여론이 자신에게 부정적으로 흐르자 이승만 대통령은 윌슨 대통령에게 보낸 청원서에 자신은 단지 서명만 했을 뿐이라며 변명하였다. 하지만 그에 대한

158 오영섭, "대한민국임시정부 초기 위임통치 청원논쟁", 〈한국독립운동사연구〉 41, 2012, 100.

비판 여론은 수그러들지 않았다.[159]

이런 상황에서도 이승만 대통령은 1921년 2월 임시정부 중하위 직책을 대대적으로 교체하였다. 그리고 3월에는 1년 전 임시정부 국무원에서 채용한 독립공채 발행제도를 폐지한다는 내용의 '대통령 포고 제1호'를 발표하였다.[160] 이 조치로 독립운동 자금 모금활동이 한동안 위축되었다. 이런 조치들로 임시정부 내에서 이승만 대통령에 대한 비판이 고조되었고 5월 3일 학무총장 김규식과 교통총장 남형우, 그리고 노동총판 안창호가 사표를 제출하였다. 이에 이승만 대통령은 남형우 후임으로 손정도를 교통총장에 임명했다.[161] 손정도는 이승만 대통령의 '위임통치론'을 반대하였지만, "어떻게든 임시정부 와해는 막아야 한다."는 입장에서 교통총장 임명을 받아들였다. 이에 따라 손정도는

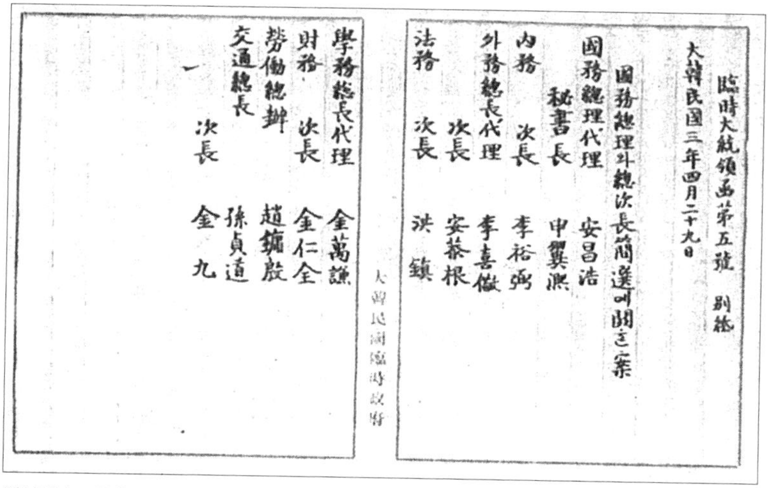

臨時大統領函第五號 別紙

大韓民國三年四月二十九日

國務總理와總次長簡選에關之案

國務總理代理 安昌浩

秘書長 申翼熙

內務次長 李裕弼

外務總長代理 李喜儆

次長 安恭根

法務次長 洪鎭

學務總長代理 金萬謙

財務次長 金仁全

勞働總辦 趙鏞殷

交通總長 孫貞道

一 次長 金九

大韓民國臨時政府

임시정부 교통총장 임명(1921.4)

159 "대통령 담", 〈독립신문〉 1921.3.26.

160 "대통령 포고 제1호", 〈독립신문〉 1921.3.12.

161 "三閣員의 사직", 〈독립신문〉 1921.5.7.; "敍任 及 辭令", 〈독립신문〉 1921.5.31.; "교통총장 新任", 〈독립신문〉 1921.5.7.

1921년 5월 6일 임시의정원에 의장직 사임을 표명했고 의정원에서는 그 후임으로 홍진(洪鎭)을 선출하였다.[162] 이로써 손정도 목사는 2년간 봉직했던 임시의정원 의장직에서 물러나 임시정부 각료로 자리를 옮겼다.

손정도 목사는 5월 20일, 제8차 임시의정원 회기 마지막 날, 신규식 법무총장, 노백린 군무총장, 이시영 재무총장과 함께 정부를 대표하여 의정원 회의에 참석하였다.[163] 개원식 때 의장석에서 사회를 보았던 그가 폐원식 때 정부 각료의 한 사람으로 방청석에서 회의를 참관하였다. 그런데 개원식 때 자리에 함께했던 이승만 대통령의 모습이 폐원식 때는 보이지 않았다. 그 시각 이승만은 미국행 배에 몸을 싣고 있었다. 이승만 대통령은 임시의정원 회의가 진행 중인 5월 17일, 의정원에 "미국에서 건너온 이래 임시정부 국무원 내부 결속을 위해 일하던 중 각료의 사퇴 문제로 많은 날을 허비하였고 이제 정부 질서가 어느 정도 정비되었으므로 그동안 못한 일을 추진하기를 바라며 대통령은 외교상 긴급한 사안과 재정상 문제로 다시 미국으로 돌아가기로 정부 각원과 협의하였으니 의정원 제위께서는 더욱 분투노력하여 정무집행 방침에 협조하고 광복사업을 촉진하기를 믿고 바라노라."는 내용의 〈대통령 교서〉를 남기고 상해를 떠났다.[164] 이로써 이승만의 상해 체류는 6개월로 끝났다.

이승만 대통령은 미국에 돌아가는 이유를 '외교상 긴급한 사안'이라 하였다. 하지만 그것은 표면적인 이유였고 실제로는 상해임시정부에 실망과 한계를 느꼈기 때문이었다. 이승만은 1919년 4월 상

162 "임시의정원 기사", 〈독립신문〉 1921.5.14.; 『대한민국임시정부 자료집』 2, 105.
163 "제8회 임시의정원 회의기사", 〈독립신문〉 1921.5.20.
164 "대통령 교서", 〈독립신문〉 1921.5.31.

해임시정부가 처음 조직될 때부터 소극적이었다. 그는 정부 조직이나 항일 독립전쟁보다는 외교활동을 통해 국제사회의 지지와 협력을 얻는 것이 효율적이라 생각했다. 그런 배경에서 '국제연맹 위임통치론'이 나왔던 것이고 그것이 결국 독립운동 진영에서 그의 지도력을 불신하게 만든 빌미가 되었다. 이승만 대통령은 임시정부 요인들의 간곡한 요청에 상해로 왔지만, 임시정부 조직을 '자기 통솔하에' 두기란 쉽지 않았다. 그동안 임시정부를 사실상 지휘해 온 안창호를 비롯하여 국무총리와 군무총장, 학무총장, 교통총장 등 임시정부 고위 각료들도 정치적 노선이나 독립운동 방략에서 이승만 대통령과 결이 달랐다. 그리고 임시정부와 임시의정원 구성원도 그러했지만, 상해에 집결한 독립운동 세력은 실로 다양해서 봉건적 사고와 혁명적 사고, 민족주의와 사회주의(공산주의) 이념과 노선이 혼재해 있었고 출신 지역에 따른 지방색도 갈등 요인으로 작용했다.

다음은 이승만 대통령이 상해를 떠나기 직전인 1921년 5월 10일, 조선총독부 경찰당국이 작성해서 일본 정부에 보고한 '상해임시정부 간부들의 당파별 분석' 자료에 근거한 임시정부 지도자들의 성향 분류이다.[165]

주도인물	성향 및 운동방략	추종자
이승만(대통령)	친미(親美), 온건파	조완구 최창식 윤기섭 이희경
이동녕(내무총장 겸 국무총리 대리)	친미, 온건파이나 비교적 군사행동 주장	정영준 윤기섭
이시영(재무총장)		

165 "高警 第13028號: 僭稱上海假政府幹部ノ黨派別"(1921.5.10.),『朝鮮騷擾事件書類』, 3卷.

신규식(법무총장)	친미 친중(親中), 온건파이나 비교적 군사행동 주장	신익희 윤보선 박찬익 심상각 이필규 조덕진 변지명 정태희 김용철
이동휘(전 국무총리)	친로(親露) 친중, 극단적 군사행동주의자	오영선 김 립 유예균 오성묵 이한영 김만겸 홍 도
박용만(외무총장)	친로 친중 친미, 극단적 행동주의자	조성화 김세준 박건봉
안창호(노동총판)	친미 친중 온화파, 국민회와 흥사단 주도, 선전외교에 주력	이광수 옥관빈 김 구 김여제 이 탁 손정도 김정묵 김인전
남형우(교통총장)	각 파를 초월한 통일 행동 주장	이규홍 윤현진 김 철
노백린(군무총장)	급진 무력행동 및 일반외교 주장	노태연 도인권 김 훈
김규식(학무총장)	친로 친중 친미, 온화파이나 일반 외교와 부분적 폭동 지지	여운형 여운홍 조동호 민병덕 서병호 정대호

이처럼 다양하고도 당파적인 요소가 강한 상해 독립운동 진영을 이끌어 나가기 위해서는 탁월한 지도력이 필요했다. 그런데 이승만은 상해에 오기 전부터 '위임통치론'으로 독립운동 진영의 전폭적인 지지를 받지 못한 상태였다. 상해에 도착해서도 적대세력까지 아우르는 포용적 지도력을 보여주지 못했다. 그의 지도력은 폭넓은 지지를 받지 못했고 심지어 일부에서 탄핵까지 거론하였다. 이승만은 이처럼 '불편한' 상황에서 상해에 남아 있어야 할 명분과 이유를 찾지 못했다. 결국 그는 상해보다는 한결 '편리한' 활동무대, 미국으로 돌아가기로 했다. 그가 미국행 배에 올랐을 때 그를 배웅하거나 환송하는 인파는 없었다. 이를 두고 〈독립신문〉은 "거연(遽然)히 떠났다."고 썼

다.[166] '황급하게', '허둥지둥' 떠났다는 뜻이다. 그를 떠나보낸 상해 인사들의 심정을 표현한 것이다.

2) 대한예수교진정회와 태평양회의

이승만 대통령이 실망감을 안고 '훌쩍' 떠난 후 상해에 남아 있는 임시정부와 임시의정원 지도자들의 실망과 분노도 적지 않았다. 그러나 대통령의 급작스러운 이탈로 인해 야기된 상해 독립운동 진영의 혼란과 분란을 수습하는 것이 더 시급하였다. 이승만 대통령 개인뿐 아니라 임시정부 요인들의 능력과 지도력에 대한 불신이 확산된 상태에서 사태 수습을 누가, 어떤 방식으로 할 것인가 하는 문제부터 풀어야 했다. 논란의 당사자들이 나설 수는 없었다. 이런 때 상해 한인교회가 나섰다. 상해 한인교회는 3·1운동을 촉발시킨 신한청년당 조직과 3·1운동 직후 상해 임시의정원 및 임시정부가 조직될 때 '산파' 역할을 감당하였다. 그래서 상해임시정부와 임시의정원 지도자들 가운데 다수가 한인교회에 출석했다. 상해 한인교회 담임자 김병조 목사를 비롯하여 치리위원인 송병조 목사, 상의위원인 손정도 목사와 김인전 목사, 정인과 목사, 이원익 목사, 조상섭 목사, 장붕 장로 등이 모두 임시의정원 의원이거나 임시정부 각료였다. 또한 한인교회 집사와 권사였던 여운형과 한진교, 김태연, 선우혁, 김종상, 서병호, 김예진, 장덕로, 김홍서, 도인권, 신현창, 강천복, 박의륜, 이창실, 이희경, 김순애, 정애경, 이화숙 등도 임시정부나 독립운동 단체에 참여하였고 미국에서 들어온 안창호와 김규식, 이승만, 박용만 등도 주일에

---

166 "대통령 離滬", 〈독립신문〉 1921.5.31.

배를 한인교회에서 드렸다.[167] 이처럼 한인교회 교인들이기도 했던 임시정부와 임시의정원 요인들이 교회 공간에서 독립운동과 나랏일에 대해 의견을 나누고 토의하는 모습은 자연스러웠다. 이들은 이승만 대통령의 돌발적인 이탈로 야기된 임시정부의 위기상황을 극복할 방안을 모색하였다.

마침 그 무렵 상해 한인교회는 새로운 예배공간을 확보하였다. 3·1운동 이전 50여 명 수준이었던 상해 한인교회 교인수가 3·1운동 이후 급증하여 1921년 세례교인만 130명, 학습인과 아동을 포함하면 2백 명 규모로 성장했다. 그동안 중국인교회를 빌려 사용했던 예배공간이 비좁게 되었다. 그런 때 북장로회 선교사 피취(George F. Fitch)의 주선으로 1921년 2월부터 상해 한인교회는 법조계 서신교(西新橋) 삼일리(三一里)에 있던 중국인교회 '삼일당'(三一堂)을 예배당으로 사용할 수 있게 되었다. 그곳에서 예배드리던 중국인교회가 근처에 새 예배당, 모이당(慕爾堂)을 짓고 나가면서 비게 된 삼일당을 한인교회가 사용하게 된 것이다.[168] 그렇게 상해 한인교회가 확보한 '삼일당'을 단지 교인들의 예배와 교육 공간으로만 사용한 것이 아니라 인성학교와 교민단, 심지어 임시의정원과 임시정부 관련 행사 장소로도 널리 활용되었다.

그렇게 획득한 삼일당에서 1921년 5월 12일 저녁, 상해 한인교회 주최로 '상해동포 대연설회'가 열렸다. 난국 타개를 모색하기 위한 대중 연설회였다. 삼일당 연설회는 5월 6일 북경에서 활동하던 김약산과 신철 등 급진파 청년단체 회원들이 상해로 내려와 대중연설회를

167 "上海 鮮人敎會史", 〈기독신보〉 1922.8.2~8.16.; 김형석, 『일재 김병조의 민족운동』, 69~70.
168 "上海 鮮人敎會史", 〈기독신보〉 1922.8.9.

열고 이승만 대통령과 임시정부를 탄핵하기 위한 국민대표회의 소집을 요구한 것에 대한 대응이기도 했다.[169] 상해 독립운동 진영이 이승만 대통령 지지파와 반대파로 양분될 수 있는 위기에서 개최된 삼일당 연설회에는 한인교회 교인을 비롯하여 교민단과 임시정부 관계자들을 포함, 4백여 명이 참석하여 성황을 이루었다.[170] 연설회는 발기인 대표 김병조 목사 사회로 애국가 제창에 이어 기도를 한 후 여운형과 안창호가 연사로 나섰다. 먼저 여운형은 "우리 독립운동의 과거 현재 및 미래"란 제목으로 "지금까지 독립운동은 국제사회에 독립을 호소하고 지지를 얻는 것에 우선하였는데 그 결과 독립운동 진영이 부분적으로 계통 없이, 조리 없이, 책략 없이, 다시 말하면 아무러한 두서없이 지내 왔다."고 진단한 후 "진정한 운동을 시작할 때"라고 정리하였다. 그러면서 구체적인 방안을 다음과 같이 제시하였다.

> "그럼으로 시국이 요란하거나 조용한 것은 고사하고 일차 각지에 산재한 동지를 회합하야 장래 대계(大計)를 완전히 정하야야 하겠습니다. 현금 문제 중에 재(在)한 대통령께서 일체의 분규를 스스로 용인하고 간절한 문자를 발(發)하야 해외 동지들에게 사(謝)하고 일실(一室)로 회합하야 흉금을 개(開)하고 간담을 토(吐)하야 과거의 일체를 망(忘)하고 장래의 대사를 계(計)할 것 같으면 족히 시국만 수습할 뿐 아니라 능히 대방침(大方針)까지도 완정(完定)할 수 있을 것 같습니다. 그러나 불행히 대통령이 이런 아량이 없을진대 우리들끼리라도 속히 방법을 취하여

169 "高秘 第14902號: 上海ニ於ケル不逞鮮人間ノ紛擾倍熾熱トナル"(1921.5.9.),『日本外務省資料』.
170 "留滬同胞의 대연설회", 〈독립신문〉 1921.5.14.

야 하겠습니다."[171]

여운형의 뒤를 이어 안창호도 "독립운동의 진행책과 시국문제의 해결방침"이란 제목의 연설에서 같은 내용을 주장하였다. 그는 우선 자신이 5월 3일 노동국 총판직을 사임한 것을 두고 세간에서 "국무원을 사직한 것은 한때 편의를 위하야 가면적 태도를 가지고 다소 민심을 수습한 후에 다시 들어가 이승만 대통령 밑에 영구히 총리가 되기로 약속하고 우선 자기 심복인 손정도 등 모모 씨를 그리 보내었다." 하는 풍문이 돈 것에 대해 "나는 실로 이러한 약속이나 의사가 없었다. 만은 내일이라도 내가 다시 노동총판으로 정부에 들어갈 필요가 있으면 마땅히 들어갈 것이다. 웨? 나는 들고 나며 가고 있는 것을 오직 우리 독립운동에 유익 되고 안 됨을 표준할 것뿐인 때문이라." 하였다. 그가 정부 각료직을 사임한 것은 "부득이 정부 안에 있음보다 밖에 나와 평민의 신분으로 무엇을 하여야 되겠다."는 결심에서 비롯된 것이라고 설명하였다. 그리고 이어서 안창호는 이후의 독립운동 진행 방침에 대하여 1) 군사운동, 2) 외교운동, 3) 재정운동, 4) 문화운동, 5) 식산운동, 6) 통일운동 등 6개 분야로 나누어 설명했다.[172] 안창호의 연설이 길어서 중간에 휴회하고 5월 19일 '제2차 연설회'를 재개하였다.

삼일당 2차 연설회는 5월 17일 갑작스럽게 미국으로 떠난 대통령에 대한 실망감이 증폭된 상황에서 열렸다. 역시 김병조 목사 사회로 애국가 제창과 기도 후에 안창호가 연단에 올라 연설을 재개하였

171 "여운형씨의 연설", 〈독립신문〉 1921.5.14.
172 "안창호씨의 연설", 〈독립신문〉 1921.5.21.

다. 그는 독립운동 방침을 설명하는 중 제일 마지막 '통일운동' 분야를 특별히 강조하였다. 당시 임시정부나 상해 독립운동 진영이 위기에 처한 이유가 '통일된' 조직과 방침을 세우지 못했기 때문이었다. 그래서 안창호는 "우리의 독립운동은 잠시도 정체 없이 적극으로 진행하여야 되고, 이 독립운동을 원만히 진행하려면 국민의 통일이 절대 필요하고, 금일 이 통일을 실현케 하려면 무엇보다도 국민대표의 소집이 가장 필요하다."면서 전 세계 흩어져 있는 독립운동 진영 대표들이 다시 한번 모여 충분한 토론을 거친 후 "전 민족적 통일기관을 설치하고 그 설치한 중앙최고기관에 전 국민이 정신과 마음과 힘을 집중하야 중앙의 세력을 확대할 것, 사회의 공론을 세우고 큰 사람이나 적은 사람이나 물론 어떠한 사람이던지 그 공론에 복종케 할 것"을 제안하였다.[173]

안창호의 연설이 끝난 후 김병조 목사가 "국민대표회의를 소집하자는 안창호의 연설에 찬성하는 이들은 서명하라."고 권하자 참석자 4백여 명 가운데 3백여 명이 서명에 참여했다. 그리하여 즉석에서 '국민대표회기성회'(國民代表會期成會)를 조직하자는 안이 성립되어 여운형과 이탁, 안창호, 서병호, 김병조, 김규식, 남형우, 송병조, 최동오, 윤현진, 이영렬, 도인권, 김만겸, 김철, 양헌, 원세훈, 나용균, 이규홍, 한진교, 이원익 등 20인 기성회가 조직되었다.[174] 상해 거주자들이 다수였지만 상해에 없는 인사들까지 포함하여 나름대로 각파 대표들을 골고루 참여시키려 노력한 인선이었다. 5월 6일 연설회를 개최하여 이승만 대통령과 임시정부 탄핵을 위한 북경 국민대회 소집을 요구했

173 "국민대표회 촉진에 대하야", 〈독립신문〉 1921.5.25.
174 "국민대표회 촉진의 제2회 대연설회", 〈독립신문〉 1921.5.21.

던 청년단체들의 주장도 어느 정도 받아들여진 모양새가 되었다. 이후 상해임시정부와 임시의정원, 그리고 독립운동 진영의 관심은 국민대표회에 쏠렸다. 안창호와 여운형 등 국민대표회 소집을 처음 제안한 인사들은 국민대표회 소집권한을 이승만 대통령에게 주려 하였다. 그러나 그는 국민대표회 자체를 반대하며 상해를 떠났다. 이에 국민대표회를 언제, 어디서, 누가, 어떤 형태로 소집할 것인가 하는 문제가 대두되었다. 결국 국민대표회의 소집 자체에 대한 찬반 토론부터 시작해서 해외에 흩어져 있는 독립운동 진영의 동의를 끌어내 상해에서 국민대표회가 소집된 것은 1923년 1월이었다.

이후 국민대표회가 소집되기까지 1년 6개월 동안 상해임시정부와 임시의정원은 '그대로' 유지되는 불안전한 상태가 지속되었다. 사표를 제출하지 않은 이승만 대통령도 그 직책을 계속 유지했다. 그는 상해를 떠나기 직전 '국무총리 대리'로 지명한 이동녕 내무총장과 연락을 취하면서 정부 업무에 관여했다. 이승만 대통령이 떠난 후 임시정부 각료로는 이동녕과 교통총장 손정도, 군무총장 노백린, 재무총장 이시영, 법무총장 신규식 등이 자리를 지켰다. 김규식과 안창호가 사직한 학무총장과 노동국총판 자리는 채워지지 않았다. 박용만이 취임을 거부한 외무총장 자리도 여전히 비어 있었다. 결국 임시정부는 대통령 부재에다 전체 각료 가운데 반 정도만 자리를 지키는 '불완전한' 상태로 유지되었다.

이와 같이 임시정부 조직이 불안한 상황에 처함에 따라 임시정부를 위한 독립운동기금, 군자금 모금활동도 약화될 수밖에 없었다. 임시정부나 임시의정원뿐 아니라 인성학교와 무관학교, 대한적십자회 등 교포들의 애국금 내지 기부금으로 운영되는 기관단체들도 재정난을 겪었다. 특히 인성학교의 경우 3·1운동 이후 학생 수가 1백 명 수준으로 급증하여 교실로 빌려 사용하는 강녕리 교민단 사무소 공간이 좁고 불편했다. 이에 1921년 1월 인성학교 새 교장 여운홍은 독자적인 교사를 건축하기 위해 2만 5천 원 목표로 모금운동을 전개하면서 〈상해 한인학교 기금모집 취지서〉를 인쇄하여 국내외 교포와 유지들에게 배포하였다. 이 취지서에 손정도 목사는 임시정부 각료인 이동휘, 이시영, 이동녕, 안창호, 신규식, 남형우와 함께 모금위원회 특별 찬조위원으로 이름을 올리고 모금활동을 적극적으로 후원하였다. 이 문건이 국내에도 전파됨으로 손정도 목사는 다시 한번 일본 경찰의 주목을 받았다.[175] 인성학교 교장 여운홍은 모금활동을 위해 국내로 들어갔다가 일본 경찰에 체포되어 상해로 돌아오지 못했다. 그래서 인성학교 교장은 김태연이 맡게 되었다.

손정도 목사는 1921년 3월 '대한예수교진정회'(大韓耶蘇敎陳情會) 회장 명의로 보다 공개적이며 구체적 방법으로 모금활동을 전개했다. 대한예수교진정회는 이미 1919년 국제연맹과 세계장로교연맹, 그리고 미국 정치지도자들에게 한국의 독립 승인을 호소하는 서한을 보낸 적이 있었다. 1920년에는 일본 도쿄에서 열리는 세계주일학교연합회에 한국교회 대표들이 참석하지 말라고 호소하는 문서를 보내기도 했다. 처음 대한예수교진정회는 상해 한인교회 소속 목사들로만 조직되었는데 1921년 3월 3일에 조직을 개편하면서 목사뿐 아니라 장로와 조사(助事), 집사까지 모두 참여하는 조직으로 확대하였다. 그렇게 조직을 개편한 대한예수교회진정회 회장으로 선출된 손정도 목사는 국

175 "高警 第2068號: 上海不逞鮮人學校ノ基金募集ト"(1921.1.27.), 『日本外務省 外交史料館文書』.

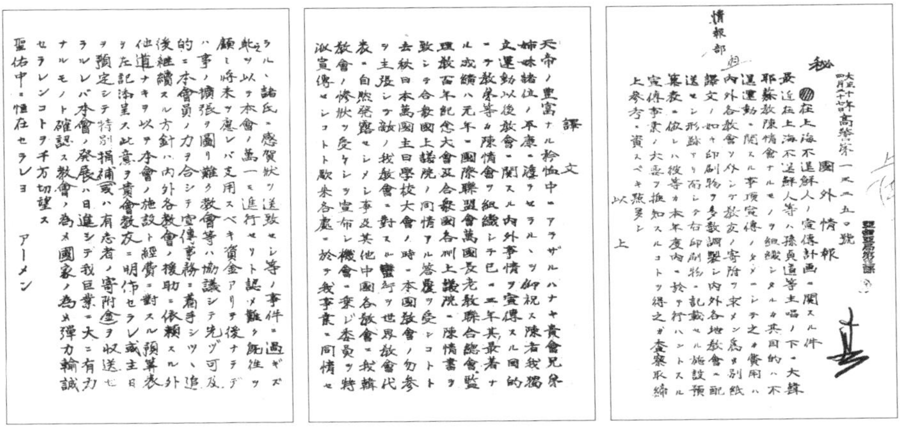

대한예수교진정회 진정서(1921.4)

내외 교회와 기독교인을 대상으로 대대적인 선전 및 모금활동을 전개했다. 우선 손정도 목사는 대한예수교진정회 회장 명의로 국내교회에 지원을 호소하는 서한을 발송하였다.

> "하느님의 풍부하신 긍휼 가운데 계시기를 바라며 귀회의 형제자매 여러분에게 평강이 임하시기를 기원하나이다. 우리가 독립운동 이후 교회에 관한 내외 사정을 선전할 목적으로 교제 등이 진정회를 조직한 지 벌써 3년이 되었습니다. 가장 먼저 한 일은 1919년에 국제연맹회와 만국장로교연합총회, 감리교백주년기념대회 및 미합중국 각주 상원의원에 진정서를 보낸 것으로 합중국 상원으로부터는 동정한다는 답서를 받은 바 있습니다. 지난가을에는 일본 만국주일학교대회 때 본국교회의 불참을 주장하여 왜적이 우리 교회에 만행을 저지른 것을 세계교회 대표에게 자연스럽게 드러내게 하였으며 기타 중국 각 교회에 우리

한국교회가 당한 참상을 선전하는 기회를 맞아 위원을 특파하여 선전하였고 각처에서 우리 사업을 동정하는 분들에게 감사장을 보내는 일을 했습니다. 이로써 본회가 진행하는 일이 어떤 것인지 아실 수 있을 것입니다. 이미 지나온 일을 돌아보고 장래를 내다볼 때 걱정되는 것은 필요한 자금이 부족하여 일을 확장시켜 나가기 어렵다는 것입니다. 교회에서는 협의하셔서 먼저는 가급적 본회에 힘을 합쳐 선전 사무에 착수해 주시고 추후에 계속되는 방침은 내외 각 교회의 원조를 의뢰하는 바이며 본회의 시설 및 경비 예산표를 아래 첨부하오니 귀회 교우에게 널리 알려 절기 혹 주일에 특별연보(혹은 유지자의 기부금)를 수합하여 보내주시면 본회의 발전이 나날이 이루어져 큰 사업을 이루는 데 힘이 될 것을 확신하오니 교회를 위하여, 국가를 위하여 힘을 기울여 정성을 다해 주시기를 간절히 바라나이다. 거룩하신 도우심이 항상 함께하시기를 바랍니다. 아멘."[176]

손정도 목사는 '대한예수교진정회'가 했던 과거 일들을 소개한 후 보다 확장해서 해야 할 미래 사업을 위해 적극적인 후원을 부탁하였다. 그리고 부록으로 대한예수교진정회의 조직 현황과 사업계획, 그에 따른 예산편성안을 첨부하였다.[177]

항 목	내 용
사무 조직	회장: 손정도 서기: 이원익 위원: 김병조 김인전 조상섭 송병조 장덕로(이상 목사) 박윤근 조보근 주현측(이상 장로)

176 "高警 第13250號: 在上海不逞鮮人ノ宣傳計劃ニ關スル件"(1921.4.27.),『日本外務省 外交史料館文書』.
177 위 책.

사무 조직		백영엽 여운형(이상 조사) 김태연 선우혁 서병호(이상 집사) 사무소: 상해에 위치 사무원: 2인(영문 편집인 1인, 한문 편집인 1인)
선전 내용	국내	1) 한국교회 역사, 2) 한국교회 핍박, 3) 한국교회 진흥, 4) 한국교회와 독립의 관계된 내용을 편집하여 국한문 5백부, 한문 6천 3백부, 영문 4천부 인쇄해서 외국에 선전
	외국	1) 각국 교회와 우리나라의 관계, 2) 각국 교회 또는 사회가 우리의 독립을 동정하고 원조한 내용을 편집하여 국한문 2천부 인쇄해서 국내에 선전
선전 구역	국내	1) 국내(국한문 1천 5백 부) 2) 중국·러시아령(국한문 5백부)
	외국	1) 중국(한문 6천 3백부, 각성에 3백부씩) 2) 미주·하와이(영문 1천부) 3) 유럽 각국 유학생(영문 3천부) 4) 미주·하와이 거류민(국한문 5백부)
예산안(1년)		비품(104원) 문구류(549원) 국한문인쇄(1,686원) 가옥세(240원) 소모품(66원) 통신 및 교통(144원) 잡비(210원) 사무원 봉급(108원) 합계 5,285원

대한예수교진정회가 계획한 사업은 국내 선전용, 외국 선전용, 두 종류 문서를 편집 출판하여 국내와 외국에 배포하는 것이었다. 즉 외국 교회 교인들에게는 한국교회의 역사와 부흥, 한국교회의 독립운동과 그로 인해 받은 핍박 등을 알리고, 국내교회와 해외 교포들에게는 세계 각국 교회의 한국 선교 상황, 세계교회가 한국의 독립운동을 동조하고 후원한 내용을 알리는 문서를 국한문(국내 교인 및 해외 교포 대상), 영문(미국과 유럽 교인 대상), 한문(중국 교인 대상) 등 3종 언어로 번역, 인쇄하여 국내와 세계 각국에 배포한다는 계획이었다. 이를 위해 사무원(번역인) 2인과 사무소까지 준비하고 이에 필요한 1년 경비를 5천

3백여 원으로 산정한 후 국내외 교회에 후원을 요청하였다. 이 계획안대로 사업이 진행되었는지 여부는 확인할 수 없다. 다만 임시정부 기능이 약화된 상황에서 정부가 해야 할 국제 선전활동을 상해 한인교회 지도자들이 기획하고 추진하였다는 사실은 분명했다.

1921년 여름에는 임시정부 교통총장으로서 손정도 목사가 블라디보스토크에 있는 임시정부 연락원에게 보낸 편지가 일본 경찰에 압수되었다. 1921년 6월 2일 블라디보스토크 일본 영사관에서 본국 정부에 보낸 비밀보고서에는 손정도의 서한에 대한 내용이 실려 있었다. 이 자료에 따르면 손정도 목사는 1921년 5월 13일 블라디보스토크에 있는 지인에게 쓴 편지에서 "1) 서울로 들어가는 〈독립신문〉 사장 이광수와 허용숙이란 여인과의 관계에 대한 생각을 적은 후 2) 일본군 철수에 관한 소문의 사실 여부를 묻고, 3) 미국으로 들어간 현순 목사의 선전활동에 효과가 있다."고 적었다.[178] 그리고 한 달 후인 1921년 7월 1일에도 블라디보스토크 일본 영사관은 손정도의 서신을 입수했다는 비밀보고서를 본국 정부에 보냈다. 이번에도 교통총장 손정도가 1921년 6월 13일 자로 블라디보스토크 지인에게 보낸 것인데 그 전문이 보고서에 실려 있다.

"선생님께, 형과 작별한 지 수년이 지났습니다. 그동안 해외에서 풍상을 겪으며 천만신산(千萬辛酸)을 겪으셨다는 사실은 김정목(金鼎穆)씨로부터 자세히 들어 알고 있습니다. 형이 블라디보스토크에 거주한 이후 어려운 가운데서도 그곳에서 우리의 사업에 헌신을 다하고 계시다

178 "機密 第41號": 鮮人ノ行動ニ關スル件"(1921.6.2.),『日本外務省 外交史料館文書』.

는 것도 김형을 통해 자세히 들었으며 이 점에 감사드립니다. 동생은 상해에 거주한 지 3년이 되었는데 우리 사업에 대해서나 그 효과에 대해서는 아실 것이지만 헌신하는 것만큼 어렵고 또한 고통받는 상황입니다. 저는 지금 임시정부 교통부총장이란 직책을 맡고 있는데 본시 능력이 부족하고 재질이 없어 직무를 감당할 수 없지만 맡겨진 일에 충성을 다하는 것이 마땅하다고 생각하여 직책을 맡고 있습니다. 이제 형님께 부탁하는 것은 교통지국을 그곳에 설치하는 것에 대하여 그곳 상황을 알아 달라는 것입니다. 러시아 형편에 대해서는 신문에 난 것을 통해 알고 있지만 본부 비서국장 김진상(金鎭相) 형도 형에게 간절한 내용의 편지를 보냈으니 보신 후에 소위 삼합(三合)이 가능한지 알아봐 주시기 바랍니다. 지다(知多, 치타)에 거하는 서울 사람 3인은 본 정부에서 파견한 적이 전혀 없는 자들로서 이들을 본 정부 재무원으로 러시아령에 파견한 적은 없습니다. 만약 이들이 형을 찾아가 부탁하면 심문하셔서 이들의 행위가 어떠한지 알려주시기 바랍니다. 동시에 정부 명칭을 함부로 쓰는 것은 막아야 할 일이니 헤아려 주시기 바랍니다."179

손정도 목사는 이 서한에서 교통국 연해주지부 설치 문제를 문의한 후 임시정부 재무원을 사칭하고 연해주 지역에서 군자금 모금활동을 벌이고 있는 '서울 사람 3인'에 대한 조사를 부탁하였다. 일본 경찰은 이러한 손정도 서한과 함께 손정도를 도와 교통국 실무를 담당하던 비서국장 김진상의 편지도 함께 입수하여 본국 정부에 그 내

179 "機密 第47號 : 鮮人ノ行動ニ關スル件"(1921.7.1.),『日本外務省 外交史料館文書』.

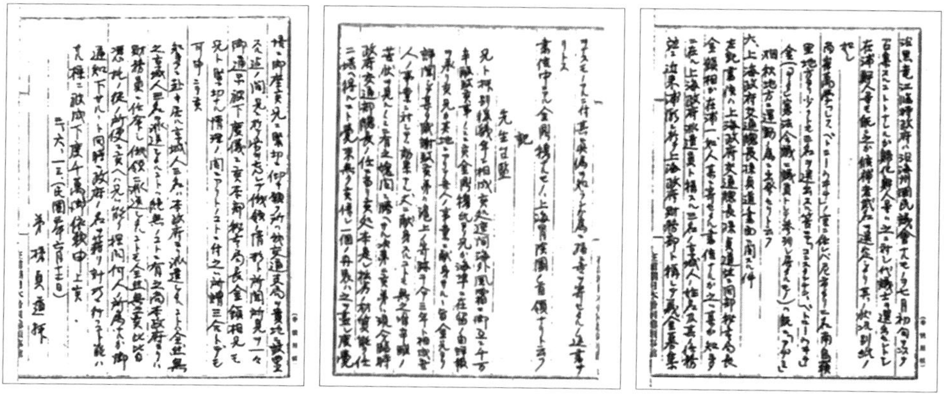

손정도 교통총장 서한을 번역한 일본 외교문서(1921.6)

용을 알렸다. 이 서한 자료를 통해 교통총장으로서 손정도 목사는 해외의 지국 설치와 군자금 모금을 담당하는 교통국 비밀요원도 관리하였음을 알 수 있다.

1921년 6월에는 평남 대동군과 강동군 일대에서 군자금 모금활동을 벌이던 김봉원과 최선식, 정석홍, 김찬두, 박원국 등이 체포되었는데 이들의 소지품에서 〈손정도 서한〉이 발견되었다. 주모자 김봉원(金鳳源)은 1919년 5월 만주 삼원보 군관학교를 졸업한 후 임시정부 군자금 모금원으로 활동하였고 1920년 9월 강동경찰서에 폭탄을 투척하였다. 김봉원은 이후에도 여러 차례 국내에 잠입하여 모금활동을 벌이다가 대동강을 건너던 배에서 일본 경찰의 심문을 받고 격렬하게 저항하다가 체포되었다. 이들이 체포될 당시 소지품에서 권총 네 자루와 실탄 외에 임시정부에서 발행한 독립공채 및 군자금 관련 통지서와 영수증, 임시정부 재무총장 이시영 발행의 신임장, 그리고 안창호와 손정도의 사진이 인쇄된 신임장도 발견되었다. 특히 손정도가 임시의정원 의장 시절에 쓴 〈분투를 기원하는 서한〉까지 발견되어 일본 경찰은 이들 배후에 임시정부와 임시의정원이 있다고 단정하였다.[180] 김봉원을 비롯한 독립단원 4명은 재판에 회부되어 평양 지방법원에서 징역 10년의 중형을 선고받았다.[181]

1921년 가을에 접어들어 상해 독립운동가들은 잇단 동지들의 별세 소식을 접했다. 제일 먼저 임시정부 재무차장 윤현진(尹顯振)이 급성 질환으로 9월 17일 별세하여 정안사로 만국공원묘지에 안장되었다.[182] 경남 양산 출신인 윤현진은 서울 배재학당에 다니면서 기독교 신앙과 개화운동을 접하였고 중국 북경과 상해에서 유학하던 중 안창호와 조성환, 오동열 등을 만나 신민회에 가입하였고 귀국해서 이광수의 〈소년〉 잡지를 편집하기도 했다. 강제합병 후에는 일본에 유학, 메이지대학 법과를 졸업한 후 귀국해서 고향 양산에서 소비조합운동을 하였고 경남은행 마산지점장도 역임했다. 그는 3·1운동 직후 1919년 4월, 보성전문학교 교수 출신으로 창원 만세운동을 주도했던 남형우와 함께 상해로 망명하여 임시의정원(경남 대의원)과 임시정부 조직에 참여했다. 그는 상해에 도착하자마자 구국재정회(救國財政會)를 설립하여 상해 독립운동 진영과 교포사회의 경제기반을 조성하는 일에 착수하였고 임시정부 재무차장으로서 이시영 총장을 보좌하며 임시정부 살림과 독립공채 및 군자금 관리의 실무를 맡았다.[183] 약관 29세의 나이임에도 상해 독립운동 진영에서 '재무통'(財務通)으로 뛰

180 "高警 第230845號: 上海假政府軍資金募集員檢擧ノ件"(1921.7.29.), 『朝鮮騷擾事件關係書類』 2卷.
181 "강동서 폭탄범 김봉원 등 체포", 〈동아일보〉 1921.6.26.; "평남 권총단 판결", 〈매일신보〉 1921.9.18.
182 "윤현진씨의 서거", 〈독립신문〉 1921.10.5.
183 "尹顯振君을 悼함", 〈독립신문〉 1921.10.5.

어난 능력을 발휘했던 윤현진의 급작스러운 죽음은 임시정부 각료들에게 큰 충격이었다. 그와 함께 의용단을 조직했던 손정도 목사의 충격도 컸다.

손정도 목사에게 윤현진의 급서(急逝)보다 더 큰 충격은 한 달 후, 10월 25일 '숭실 후배' 김태연(金泰淵) 집사의 급작스러운 죽음이었다. 그 역시 29세 약관이었다. 황해도 장연 출신 김태연은 평양 숭실중학을 거쳐 1917년 숭실대학을 졸업한 후 사업을 준비하다가 3·1운동 직후 1919년 5월 중국 상해로 망명하였다. 그는 초창기 상해대한인거류민단 조직에 참여하였으며 1919년 7월부터 임시의정원 황해도 대의원으로 활동했다. 그 외에 대한적십자회 상의원, 대한교육회 서무부원으로 활동하였고 김성근, 이춘숙, 이영렬 등과 함께 구국모험단을 창설하고 직접 폭탄제조 임무를 맡기도 했다. 김태연은 이처럼 무장투쟁과 독립운동에 적극적으로 참여하면서도 '독실한' 기독교 신앙인으로서 상해 한인교회 집사, 면려회(청년회) 회장직을 맡았다. 그가 가장 심혈을 기울인 것은 인성학교를 통한 '2세 교육'이었다. 그는 상해에 도착한 직후부터 여운형과 선우혁의 부탁을 받고 인성학교 교사로 봉직하였으며 1921년 9월 여운홍의 뒤를 이어 인성학교 교장직을 맡아 수행하다가 급성질환으로 목숨을 잃었다. 그의 유해는 앞서 안태국과 윤현진이 묻힌 장안사로 만국공원묘지에 안장되었다.[184] 손정도 목사로서는 평양 숭실중학 후배로서 한인교회와 인성학원, 의정원과 적십자회에서 함께 일하며 마음과 뜻이 통했던 기독교 신앙과 독립운동의 동지 김태연을 잃은 것이 가슴 아팠다.

184 "金泰淵의 별세", 〈독립신문〉 1921.10.28.

김태연 집사가 별세하기 직전까지 손정도 목사와 '뜻을 같이하여' 추진한 것이 미국 워싱턴에서 열리는 태평양회의에 한국 대표를 파견하는 일이었다. 태평양회의는 1921년 3월 미국의 제26대 대통령으로 당선된 하딩(Warren G. Harding)이 동아시아와 태평양 연안의 평화 구축을 위한 관련 국가들의 군축회의를 제안하면서 이루어진 국제회의다. 하딩 대통령이 이 회의를 제안한 것은 태평양 연안을 둘러싼 국가들의 군비경쟁으로 인한 경제난을 극복하는 것이 1차 목표였지만 그와 함께 극동 아시아와 태평양 연안에 이해관계가 있는 서구 열강국의 권익을 보장하는 새로운 질서를 구축하려는 것이 또 다른 목적이었다. 그런 배경에서 하딩 대통령은 1921년 8월, 제1차 세계대전 당사국이었던 영국과 미국, 프랑스, 이탈리아, 벨기에를 비롯하여 태평양 연안에서 식민지를 경영했던 네덜란드와 포르투갈, 그리고 일본과 중국 등 9개국에 '군비제한을 위한 회담'을 11월 미국 수도 워싱턴에서 개최하자고 제안하였다.[185] 러시아(소비에트)는 처음부터 미국 제안에 소극적이었고 그래서 초청 대상에서 배제되었다.

외신을 통해 태평양회의 소식을 접한 상해 독립운동 진영 안에서 "태평양회의에 한국 대표를 파견하여 독립을 호소하자."는 논의가 일기 시작했다. 그리고 8월 13일 강녕리 교민단 사무소에서 '태평양회의에 관한 연설회'가 열렸다. 2백여 명이 참석한 연설회에서 손정도와 도인권은 "이번에 국내에서 운동이 일어나지 않으면 국제회의에서 한국 문제가 거론되지 못할 것임으로 국내 동지들과 연계해서 만세운동을 벌여야 한다."고 발언했다. 안창호도 "이번에 우리 민

185 "미국 대통령의 태평양대회 주최", 〈독립신문〉 1921.8.15.

족이 일치단결해서 자금을 모아 태평양 자료를 수집하고 대표를 파견해서 우리 요구를 전하자."고 제안했다.[186] 그리하여 2년 전(1919년) 파리 국제평화회의를 계기로 3·1독립만세운동이 일어났던 것과 유사한 상황이 전개되었다. 그때도 그랬지만 이번에도 한국 문제는 정식 의제가 아니었을 뿐 아니라 한국은 정식 초청대상도 아니었다. 그럼에도 상해에 임시정부가 조직되었으니 정부 차원에서 대표단을 보내 열강국 대표들에게 한국의 독립을 호소하자는 의견이 대세를 이루었다.

이런 분위기에서 1921년 9월 29일 열린 임시의정원 제8차 회의에서 의원들은 태평양회의에 제출할 임시의정원 명의의 〈독립 청원서〉를 채택하였고 워싱턴회의에 참석할 대표로 이승만 대통령과 구미위원부의 서재필을 선출하였다.[187] 임시의정원이 이런 결론을 내기까지 김태연의 역할이 중요하게 작용했다. 즉 그는 정부가 낸 예산안 처리를 먼저 다루자는 의원들의 요구에 "다른 어떤 의제보다도 태평양회의에 대표를 파견하는 안건을 먼저 처리하자."고 강력하게 주장하여 대표단 파견 결의를 끌어냈다. 그렇게 해서 태평양회의에 제출할 임시의정원 청원서에 서명한 25인 명단에 김태연과 손정도는 함께 이름을 올렸다.[188] 김태연은 태평양회의 외교후원회 임원으로 활동했다.

이런 임시의정원의 결의로 상해를 떠난 후 한동안 관계가 어색했던 상해임시정부와 이승만 대통령과의 관계도 복원될 기회를 얻었

186 "機密 第95號: 上海不逞鮮人ニ關スル件"(1921.8.17.),『日本外務省 外交史料館文書』.
187 "제8회 임시의정원 회의기사",〈독립신문〉 1921.10.14.
188 "太平洋會議에 보낸 議員의 獨立請願書",〈朝鮮統治史料〉 第7卷(朝鮮治安狀況 國外),『한국독립운동사 자료 3』 3권(임정편III).

다. 이승만 대통령은 의정원 결의를 받아들여 자신이 단장을 맡고 서재필을 부단장, 정한경을 서기, 미국인 변호사 돌프(Fred A. Dolph)를 자문으로 하는 대표단을 구성했다. 우선 태평양회의에 제출할 문서로 임시의정원에서 보내온 청원서 외에 정부 차원에서 보다 풍부한 내용을 담은 〈대한민국의 요구서〉를 작성하였고 한국 문제를 정식 의제로 올리기 위한 외교활동을 벌였다. 그러나 태평양회의 참가는 처음부터 난관이었다. 우선 회의의 공식 명칭인 '워싱턴해군회의'(The Washington Naval Conference)였던 것에서 보듯 회의 주제는 군비 축소, 특히 태평양 연안의 해군력 감축이었다. 여타 의제는 논의 자체가 어려웠다. 특히 정식 회담대표국인 일본은 한국 대표의 참석이나 발언은 물론 한국 문제 상정 자체를 반대했고 회의 주최국인 미국도 일본과 타협할 부분이 있어 한국 문제에 관심이 없었다. 한국에 우호적이었던 중국(손문 정부) 대표도 산동반도와 북만주 문제를 두고 일본 및 서구 국가들과 담판을 해야 했기 때문에 한국 문제에 소극적이었다. 이승만을 단장으로 한 한국 대표단이 할 수 있었던 것은 회의 막판에 한국 문제를 거론해 달라며 미국 대표부에 임시의정원 제안서와 임시정부 요구서를 전달하는 것뿐이었다.[189]

결국 1921년 11월 12일 시작해서 1922년 2월 6일 끝난 태평양회의에서 한국 문제는 전혀 거론되지 않았고 태평양 연안의 해군력을 미국과 영국, 일본이 5:5:3 비율로 균형을 맞춘다는 내용을 골자로 한 타협안만 도출했다. 일정 부분 해군력 증강의 명분을 얻은 일본은 시

189 "我代表團이 美代表團에 致書", 〈독립신문〉 1921.11.26.; "我代表團 要求書 제출", 〈독립신문〉 1922.1.1.; "華盛敦會議 閉會", 〈독립신문〉 1922.2.20; "太平洋會議에 제출한 大韓民國의 要求", 〈독립신문〉 1922.1.1.~3.30.

베리아에서 군대를 철수하기로 했고 중국도 독일에게 넘겨주었던 산동반도 통치권을 되찾아 나름대로 실익을 얻었다. 이번에도 한국은 철저히 외면당했다.[190] 서구 열강국의 외면 속에 일본의 식민통치를 받고 있는 약소국으로서 한계와 비애를 다시 한번 느낄 수밖에 없었다. 태평양회의에 기대를 걸었던 상해의 독립운동가들도 허무와 좌절을 느꼈다. 임시정부 각료(교통총장)로서 태평양회의 대표 파송을 앞장서 주장했던 손정도 목사도 허탈했다. 침울했던 1921년 겨울이었다.

3) 교통총장 사임

파리 평화회의에 이어 워싱턴 태평양회의에서도 기대했던 성과를 얻지 못함에 따라 '민족자결주의'에 근거한 외교중심 독립운동론은 힘을 잃었다. '친미'(親美) 노선의 외교운동을 주장해 온 이승만 대통령의 지도력도 현저하게 약화되었다. 그를 최고수반으로 한 임시정부를 개편해야 한다는 여론도 비등했다. 반면에 세계 각처의 독립운동 대표들이 참여하는 국민대표회를 열어 독립운동 방침과 방략을 근본적으로 재검토하자는 주장이 힘을 받았다. 여기에 청년 학생 계층을 중심으로 반제국주의, 계급투쟁을 선동하는 공산주의(사회주의) 지지 세력이 급속하게 확산되면서 상해 독립운동 진영은 한층 복잡한 양상을 보였다. 1922년 1월 봉천의 일본 관동청(關東廳) 경찰국이 작성하여 본국 정부에 보낸 비밀보고서에 '상해 독립운동 진영의 상황 보

190 이현희, "太平洋會議에의 韓國外交 後援問題", 〈한국사논총〉 제1집, 성신여자사범대학 국사교육과, 1976, 53~79.

고' 란 내용이 담겼는데 요약하면 다음과 같았다.[191]

1. 현재 상해 거주 조선인은 약 8백 명 정도 되는데 그중 법조계에 7백 명, 공동조계에 150명 정도 있다. 법조계에 있는 자들은 전부 불령자(不逞者)들이며 공동조계에 있는 150명은 양민이라 할 수 있는데 직업이 있는 자도 있지만 대부분 빈곤층으로 생활이 어렵다. 불량자들은 태반이 제대로 된 직업이 없고 회사원이 20명, 상업이 15명 정도일 뿐 나머지는 떠다니면서 숙식을 해결하고 있다.
2. 상해의 불령자 중에 여러 당파가 있는데 가정부(假政府), 정부당(政府黨), 무정부당(無政府黨), 공산당(共産黨)으로 나뉘어 상호반목하고 살인행위까지 감행하고 있는 상황이다. 최근 태평양회의에서 조선 독립을 실현하는 것이 불가능한 것을 깨닫고 가정부 및 정부당에서 탈퇴하여 공산당으로 기우는 경향이다. 가정부 및 정부당은 점점 쇠약해지는 반면 공산당 세력은 점점 증가하는 추세다.
3. 가정부 기관으로는 대한민국애국부인회, 홍사단, 광복단, 사관학교, 청년교육협회, 태평양회의외교후원회 등이 있으며 그 지도자로 지칭되는 자들은 대통령 이승만(태평양회의 참석), 법무총장 신규식, 경무총장 김구, 군무총장 노백린, 학무총장 김규식(최근 가정부 측에서 탈퇴하여 공산당 가입), 내무총장 이동녕(최근 북경에 있는 독립파로 기우는 추세), 교통총장 손정도, 주미공사 현순, 재무총장 이시영 등이다. 자금난으로 기관지 〈독립신문〉도 일시 정간 중이다.
4. 공산당 가운데는 단지 공산당만 있는 것이 아니라 무정부주의자도

191 "關機高收 第190號: 上海不逞團ノ狀況"(1922.1.12.),『日本外務省 外交史料館文書』.

포함되어 있다. 무정부주의 공산당 중에는 고려청년회가 조직되어 있는데 그 주동자는 김율, 이동휘, 김철, 임원진 등이며 러시아 과격파와 연락을 취하며 원조를 구하고 있다. 이들은 러시아의 도움을 받아 조선독립을 계획하고 있다.

5. 공산당에는 여운형 세력으로 안창호, 김만겸, 원세훈 등이 있다. 여운형은 조선 독립이 성공하지 못할 것을 간파하고 공산주의에 기울어 러시아, 중국, 조선, 일본 공산주의자들과 연락을 취하며 각국 공산주의자들과 연대하여 배일(排日)을 선동하고 있다. 여운형은 상해에서 공산주의 선전원 20여 명을 길러 이들을 조선내지로 보낼 계획이다.

일본 경찰의 보고를 요약하면 "상해에서 임시정부 지지 세력은 점점 쇠약해지는 반면 공산당 지지 세력은 증가하는 추세"라는 것이었다. 사실이 그러했다. 특히 상해는 한국은 물론 중국의 첫 번째 공산당 조직이 탄생한 곳으로서 두 나라 공산주의 역사에서 '성지'(聖地)로 여기는 곳이었다. 먼저 중국의 경우 1921년 7월 23일 상해 법조계 망지로(望志路)에서 진독수와 모택동, 동필무, 주불해, 진공부, 이한준, 왕진미, 장국도 등 13명이 모여 제1차 전국대표회의를 열고 중국공산당 창당을 선언하였다. 그 자리엔 코민테른 극동담당 책임자 마링도 있었다. 중국 혁명 지도자 손문도 처음 공산당 조직을 지지하였다. 그리고 중국 공산당 창당을 선언했던 망지로 106호실은 상해 대한민국 임시정부 청사와 불과 5백 미터도 떨어지지 않은 인접한 곳이었다. 그래서 임시정부 관계자들은 중국 공산당 출발 소식을 처음부터 알고 있었다.

한국인 최초 사회주의(공산주의) 정당은 1918년 연해주 하바로프스키에서 이동휘가 조직한 '한인사회당'으로 알려지고 있다. 신민회 회원으로 105인 사건 때 체포되었던 이동휘는 황해도 무의도에 유배되었다가 1912년 탈출하여 북간도를 거쳐 연해주에서 활동하던 중 볼셰비키혁명을 목격한 후 볼셰비키 정부의 도움을 받을 목적에서 독립운동을 함께 했던 김립과 계봉우, 김알렉산드라, 유동열, 이한영, 박진순, 오하묵 등과 함께 한인사회당을 조직했다. 독자적으로 군사학교까지 운영했던 한인사회당은 백색군대(구 러시아제국 지지 세력) 및 일본군에 저항하는 볼셰비키 '적위대' 활동에도 참여했다. 한인사회당은 1919년 4월 모스크바에 박진순, 이한영 등 특사를 파견해 코민테른 가입을 신청하였고 코민테른 당국으로부터 승인과 함께 자금지원을 받았다. 그리고 3·1운동 직후 상해임시정부 국무총리로 추대를 받은 이동휘는 1919년 9월 상해로 자리를 옮겨 임시정부 조직에 참여하면서 한인사회당 활동도 겸하였다. 한인사회당은 코민테른의 조언에 따라 1920년 9월 명칭을 '한인공산당'으로 변경하고 조직을 확대하였다. 새로 조직된 한인공산당의 중앙위원으로 이동휘와 김립을 비롯하여 이한영, 김만겸, 안병찬 등이 선출되었고 임시정부 요인 중에서는 여운형과 조동호, 조완구, 신채호, 이춘숙, 한형권, 최창식, 선우혁, 윤기섭, 김두종 등이 참여하였다.[192] 안창호는 이 조직에 참여하지는 않았지만 비판적이지도 않았다. 그 결과 이동휘가 국무총리 직을 사임한 1921년 1월 말까지 한인공산당은 임시정부 조직안에서 상당한 세를 형성할 수 있었다.

192 "關機高收 第190號: 上海不逞團ノ狀況"(1922.1.12.), 『日本外務省 外交史料館文書』.; 이현주, 『한국사회주의 세력의 형성: 1919~1923』, 162~163.

한인사회당(한인공산당) 다음으로 나타난 한인공산주의 단체는 1920년 6월 서울에서 조직된 '사회혁명당'이었다. 이 조직은 1916년 일본에서 결성된 신아동맹단에 참여했던 한국 측의 김철수와 이춘숙, 윤현진, 장덕수, 정노식, 최익준, 홍도 등이 귀국해서 만든 조직이었다. 이들은 3·1운동 직후 서울에서 경성독립단본부란 이름으로 만세시위와 임시정부 조직운동을 추진하다가 1920년 6월, '계급타파와 사유제도 타파, 무산계급 독재'를 표방하는 공산주의 단체로서 사회혁명당을 조직했다. 이춘숙과 김철수, 장덕수, 허헌, 최팔용, 이봉수, 주종건, 이중림, 김종철, 김달현, 홍도 등이 중심인물이었다. 사회혁명당의 허헌은 1920년 겨울 상해를 방문하여 이동휘 측근 김립을 만나 한인공산당과의 통합을 논의했다. 둘은 일본 유학시절 '의형제'를 맺은 관계였다. 그리하여 1921년 5월 초 사회혁명당은 김철수와 이봉수, 주종건, 김종철 등 대표 8명을 상해로 파견했는데 이들은 도착 즉시 이승만 대통령과 임시정부를 규탄하는 성명을 발표했다. 그리고 5월 20일부터 5월 23일까지 서울 대표를 포함하여 중국과 연해주, 일본에서 참석한 대표 1백여 명이 상해 법조계에 모여 공산주의 통합정당으로 '고려공산당'(高麗共産黨)을 창립하였다. 고려공산당 중앙 간부로는 위원장 이동휘, 비서부장 김립, 그리고 중앙위원으로 김철수, 최팔용, 이봉수, 장덕수, 홍도, 주종건, 김하구, 박진순, 한형권, 김규면, 이용, 이중림 등을 선정했다.[193] 그렇게 상해에서 강력한 공산당 조직이 탄생하였다.

그런데 상해에서 고려공산당이 창당되기 직전 러시아 이르쿠츠

193 이현주, 『한국 사회주의 세력의 형성: 1919~1923』, 161~169.

크(滿洲里)에서도 같은 이름의 공산당이 창설되었다. 이 조직은 러시아로 귀화한 한인 중심의 공산당 조직으로서 1919년 9월 시베리아 바이칼호 남부 도시 이르쿠츠크(만주리)에서 김철훈과 오하묵, 이재목, 한안드레이, 최고려, 박이노겐치 등이 코민테른 동양비서 스미야스키의 지도하에 '전로한인공산당'(全露韓人共産黨)이란 명칭으로 처음 출발하였다. 이후 1920년 1월 이르쿠츠크공산당 고려부, 1920년 7월 전로고려공산당(全露高麗共産黨)으로 명칭을 바꾸었다가 1921년 5월 4일부터 17일까지 이르쿠츠크에서 한인공산주의자대회를 개최한 후 '전로'를 뺀 '고려공산당'으로 재출발하였다. 결과적으로 같은 시기에 같은 명칭(고려공산당)의 공산당 조직이 상해와 이르쿠츠크에서 탄생했다. 그렇게 같은 시기 창립된 '상해파' 고려공산당과 '이르쿠츠크파' 고려공산당은 서로 협력하기보다는 견제하며 경쟁하였다.

상해파와 이르쿠츠크파 반목의 배경에는 '코민테른 자금 탈취 및 유용사건'이 있었다. 1919년 8월 블라디보스토크에 있던 이동휘는 한인사회당 특파원으로 박진순과 이한영, 박애 등을 모스크바 코민테른 본부로 파송하여 운동자금을 요청하였던바 40만 루블을 받아 돌아오다가 이르쿠츠크에서 전로한인공산당 간부들에게 자금을 탈취당한 사건이 벌어졌다. 이 사건으로 이동휘의 한인사회당은 이르쿠츠크파 공산당을 불신하게 되었다. 상해로 옮긴 이동휘는 1919년 11월 재차 박진순을 모스크바에 파견하여 외교활동을 펴게 했고 1920년 1월 한형권을 파견해서 레닌과 코민테른 지도부에 상해임시정부 승인과 운동자금 후원을 요청하였다. 그렇게 해서 1920년 10월 코민테른 자금(60만 루블)은 한형권과 김립에 의해 상해에 전달되었는데 이동휘는 그 돈을 임시정부 재정에 넣지 않고 한인사회당 조직과 인물 중심으로 사용하였다. 그 과정에서 임시정부 각료들의 불만이 터져 나왔고 결국 이동휘는 1921년 1월 임시정부 국무총리 직을 사임하였다. 이동휘는 사임 후에도 코민테른 자금유용 문제에 대한 독립운동 진영의 불만과 비판 여론은 수그러들지 않았다. 심지어 이동휘 측근인 김립이 "코민테른 자금을 개인적으로 유용한다."는 소문도 돌았다. 게다가 1921년 6월 연해주 지역의 민족주의 독립군들이 대거 공산주의 무장세력에 의해 희생된 '자유시사건'이 터지면서 민족주의 독립운동 진영의 이루쿠츠크파, 상해파 고려공산당에 대한 불신과 비판이 증폭되었다.[194]

그런 상황에서 1922년 1월 26일 상해임시정부에 남아 있던 신규식(법무총장, 국무총리 대리 외무총장 겸임), 이동녕(내무총장), 노백린(군무총장), 김인전(학무차장, 학무총장 대리), 이시영(재무총장, 노동총판 겸임), 손정도(교통총장) 연서로 '임시정부 포고 제1호'를 발표하였다. 그 내용은 고려공산당의 이동휘와 김립을 규탄하는 것으로 이동휘에 대해서는 "중임(重任)에 있으면서 김립과 함께 간(奸)을 작(作)하여 한형권을 이웃 나라에 암파(暗派)하여 이웃 나라의 후의(厚意)에 의하여 거금을 정부에 증여하였음에 김립으로 하여금 중도에 횡령케 하고 각(却)히 죄를 전 각원(閣員)에게 귀(歸)하여 정부를 파멸시키고저 모(謀)하는 죄를 천인(天人) 공(共)히 불허한다." 하였고 김립에 대해서는 "이동휘와 서로 결탁하여 드디어 국금(國金)을 횡령하여 사탁(私槖)을 비(肥)하고 동류(同類)를 소취(嘯聚)하여 공산(共産)의 미명하에 은(隱)하여 간모(奸謀)를 하고 있다. 그 죄 극형에 치(値)한다." 하였다.[195] 이 포고문은 '코민

194 "흑하사변의 진상", 〈독립신문〉 1922.5.6.

195 "高警 第900號: 李東輝等ニ對スル大韓民國臨時政府ノ攻擊文 入手ノ件"(1922.2.25.), 『日本外務省 外

테른 자금유용사건'에 대한 임시정부 차원의 첫 번째 규탄 성명으로서 향후 민족주의 진영과 공산주의 진영 사이의 갈등과 마찰을 예고한 것이기도 했다. 손정도로서는 오랜 친분 관계를 맺어왔던 이동휘와 국무원 비서장으로 임시정부 재정과 행정 실무를 담당했던 김립을 규탄하는 포고문에 서명해야 했던 것이 괴로웠다.

그런데 그 무렵 손정도의 마음을 더욱 아프게 한 것은 상해 '고향(강서) 선배' 김희선(金義善)의 변절 소식이었다. 김희선은 대한제국 시기 육군 참령 출신으로 3·1운동 직후 안주 군수직을 버리고 상해로 망명해서 임시정부 군무차장으로 육군 무관학교 교장을 역임했는데 1921년 만주 동삼성에 들어가 대한광복군총영을 조직해서 항일투쟁을 벌이다가 일본 영사관 경찰에 체포된 후 회유에 넘어가 친일파로 변절했다. 이런 그의 변절에 대해 임시정부 포고문은 "우리 정부에서 중(重)히 등용하여 대우를 여(與)하여 왔었던바 도리혀 그 은의(恩義)를 망(忘)하고 변심하여 드디어 적에게 투(投)하였다. 그 죄 사(赦)하기 난(難)하다."고 단죄하였다.[196] 그런 김희선을 규탄하는 포고문에 손정도는 아픈 마음으로 서명하였다. 그런 직후 더욱 충격적인 소식이 들렸다. 1922년 2월 8일 김립이 상해 법조계 대로상에서 임시정부 경무국 총장 김구가 보낸 오면직과 노종균의 총을 맞고 절명한 것이다.[197] 독립운동 진영 내에서 '코민테른 자금유용' 논란이 가져온 비극이었다.

그런 중에 1922년 1월 임시정부 연락원 조응순(趙應順)과 계준호

交史料館文書』.

196 "假志士 追悼歌", 〈독립신문〉 1922.5.6.

197 "楊春山의 피살", 〈독립신문〉 1922.2.20.; 반병률, "김립과 항일민족운동", 〈한국근현대사연구〉 제32집, 한국근현대사학회, 2005, 63~103.

(桂俊昊)가 일본 영사관 경찰에 체포되었다.[198] 일본 영사관은 이들의 배후 인물로 임시정부 교통총장 손정도와 재무총장 이시영을 지목하였다. 일본 경찰이 밝힌 사건 내용은 다음과 같았다.[199]

1) 함남 갑산 출신 조응순은 1909년 봄 연해주 연추로 건너가 안중근과 단지동맹을 맺고 독립운동을 하다가 1919년 3월 블라디보스토크에서 김일, 김성삼 등과 조선독립단을 창설하고 부단장이 되었다. 그는 1920년 하얼빈으로 옮겨 결사대를 조직하였고 박돈하의 권고로 고려공산당에 가입했다.
2) 함남 안변 출신 계준호는 서울 배재학당에서 2년 수학한 경력이 있으며 1920년 11월 러시아 유학을 목적으로 하얼빈을 거쳐 모스크바까지 갔다가 포기하고 1921년 5월 하얼빈으로 돌아와 역시 박돈하 권유로 고려공산당에 가입했고 거기서 조응순을 만났다.
3) 하얼빈에서 의기투합한 계준호와 조응순은 하얼빈 이르쿠츠크파 하얼빈 고려공산당 연락원 자격으로 1921년 11월 상해를 방문하였다. 거기서 조응순은 다른 급진파 공산당원들과 암살단을 조직하였고 계준호는 임시정부 교통총장 손정도 목사를 만나 임시정부 군자금 모집원을 지원하였다. 손정도 목사는 계준호를 재무총장 이시영에게 소개하여 신임장을 받도록 했다.
4) 그렇게 상해임시정부 군자금 모집원 신분을 얻은 계준호는 조응순과 함께 하얼빈으로 출발하기 직전 1922년 1월 4일, 이들의 행적을

198 "機密 第58號: 共産黨首領 金立殺害ニ關スル件" ニ관スル(1922.2.17.),『日本外務省 外交史料館文書』.
199 "高警 第436號: 上海ニ於ケル赤化鮮人 趙應順及桂俊昊ノ陳述概要"(1922.2.14.)『日本外務省 外交史料館文書』; "機密 第65號: 政治ニ關スル犯人移送方ノ件"(1922.2.20.),『日本外務省 外交史料館文書』.

추적하던 일본 영사관 경찰에 체포되었다.

일본 경찰은 체포될 당시 권총을 소지하고 있었던 이들을 김립 암살에 관련된 조직원으로 의심하였다. 그러나 이들은 김립 암살과는 관련 없었다. 하지만 그간의 독립운동 전력으로 국내로 압송되었고 1922년 4월 경성 지방법원에서 조응순은 징역 3년, 계준호는 징역 2년 선고를 받았다.[200] 계준호와 조응순을 김립 암살사건에 연결시켜 그 배후 인물로 손정도 목사를 지목했던 경찰의 의도는 무위로 돌아갔다. 하지만 이 사건을 계기로 교통총장 손정도는 '공산당원까지 포용하는 목사'로 분류되어 일본 경찰의 엄중한 감시를 받았다. 실제로 손정도 목사는 상해에서 초창기 공산당 운동을 주도하였던 이

상해임시정부 유적지

200 "공산주의를 표방하고", 〈매일신보〉 1922.4.7.; "義勇決死隊 控訴", 〈매일신보〉 1922.5.4.; "高警 第1140號: 赤化不逞鮮人 趙應順及桂埈昊 處罰ニ關スル件"(1922.4.13.), 『日本外務省 外交史料館文書』.

동휘와 여운형, 현순, 이춘숙, 한형권 등과 친분 관계를 계속 유지하였다.

이런 상황에서 손정도는 능력의 한계를 느꼈다. 그동안 임시정부를 사실상 이끌었던 안창호는 1921년 5월 노동국 총판직을 사임한 후 돌아오지 않고 있었다. 손정도는 정부 각료직 사임을 생각했다. 그만 아니라 남아 있는 다른 각료들도 마찬가지였다. 제일 먼저 국무총리 대리 겸 내무총장으로 정부를 지키고 있던 이동녕이 건강 문제를 이유로 1922년 2월 말 사임을 표명했다. 이를 계기로 재무총장 이시영, 법무총장 신규식, 그리고 교통총장 손정도도 사직서를 제출하였다.[201] 결국 임시정부에는 군무총장 노백린만 남았다. 이런 상황에서 미국의 이승만 대통령은 아무런 대책도 수립하지 못했다. 결국 1922년 8월 개최된 임시의정원 의회에서 '과도정부' 형식으로 노백린을 국무총리로 하여 김구와 조소앙, 홍진, 이시영, 조성환, 유동열, 이탁, 김동삼 등을 각부 총장 및 총판으로 임명하였다. 하지만 이시영과 조소앙을 제외하고 나머지 인사들은 취임하지 않았다.[202] 임시정부 조직 이후 최대 위기 상황이었다. 남은 희망은 임시의정원과 언제 열릴지 모르는 국민대표회의에 있었다.

임명 9개월 만에 교통총장 직을 사임한 손정도 목사는 '평남 대의원'으로 임시의정원에 복귀하였다. 1922년도 임시의정원은 제10회 회기로 2월 초순에 개원하여 6월 하순까지 총 61차 회의를 열었다. 손정도 목사는 4일 차 회의인 2월 28일부터 참석했다. 그는 의정원 상임위원 배분에서 제3분과(재정)와 제8분과(교육 실업)에 속하여 활동했다.

201 "政府各員의 辭職", 〈독립신문〉 1922.3.31.
202 "臨時政府 回顧一年", 〈독립신문〉 1922.12.23.

김홍서와 김인전, 신현창, 이필규, 이병주 등이 그와 함께 분과위 활동을 한 의원들이었다.[203] 손정도 목사가 1921년 5월 교통총장으로 자리를 옮긴 후 홍진이 후임 임시의정원 의장이 되었는데 홍진도 그해 4월 4일 26일 차 회의에서 사임을 표명했다. 이에 의원들은 투표로 의장 김인전, 부의장 이유필을 각각 선출했다.[204] 임시의정원 제4대 의장으로 선출된 김인전(金仁全) 목사는 충남 한산 출신으로 평양 장로회신학교를 졸업한 후 전라노회에서 목사 안수를 받고 전주 서문밖교회에서 시무하다가 3·1운동을 맞아 전주 만세세위를 주도한 후 중국 상해로 망명하여 임시의정원 '전북 대의원'으로 활동하면서 임시정부 학무차장, 내무차장을 역임했다. 그는 의정원 의장이 된 후에 인성학교 교장을 역임했고 손정도 목사와 노병회를 조직해서 함께 활동하였다. 부의장으로 선출된 이유필 집사 역시 손정도 목사와 친했다. 그는 1912~13년 손정도 목사와 함께 진도에서 유배 생활을 하였고 상해 한인교회 집사로 '대한예수교진정회' 일도 같이하였다. 손정도 목사는 이런 김인전 목사와 이유필 집사가 의장, 부의장으로 이끄는 임시의정원 활동에 적적으로 참여하였다.

임시의정원으로 복귀한 손정도는 11일 차인 3월 31일 회의에서 신익희, 윤기섭, 양기하, 연병호 등과 함께 "우리의 조국을 광복하려는 독립운동에 관한 일체적 강령, 방략, 정책을 원만히 협의하야 적법 또는 합리하고 민속히 실행키 위하야 내외 각지 단체(독립운동에 종사하는 자)의 대표와 및 내외 각지의 신망 및 지식이 특저(特著)한 인사를 망라한 대회의를 가성적(可成的) 속히 소집할 일을 임시정부에 건의하

203 "10회 임시의정원 회의기사", 〈독립신문〉 1922.2.28.
204 앞 글, 1922.5.27.

자."는 안을 제출하였다.[205] 1920년 5월 삼일당에서 열렸던 대연설회의 결과물로 나온 국민대표회의 개최를 임시정부 소집으로 조속히 추진하자는 안이었다. 손정도는 국민대표회에 적극적인 지지 입장을 취하였다. 의원 대다수는 국민대표회 조기 소집을 지지하였다. 그러나 미국의 이승만 대통령은 국민대표회를 반대한다는 입장을 밝혀왔다. 이에 손정도와 오영선, 신익희, 이유필, 조상섭, 양기하 등은 6월 10일, 54일 차 회의에서 이승만 대통령과 임시정부 각원 불신임안을 의회에 제출하였다. 이것을 계기로 임시의정원은 국민대회 지지파와 반대파, 이승만 대통령 지지파와 반대파로 나뉘어 논쟁을 벌였다.[206] 정부에 이어 의정원까지 양분될 위기에 처하자 손정도를 비롯하여 불신임안을 제출했던 의원들이 의원직 사면을 표명했다. 그러나 이마저 받느냐, 마느냐 논쟁이 벌어져 결론이 나지 않았다.[207] 그렇게 어정쩡한 상태로 임시의정원 10차 회의는 6월 말로 끝났다. 임시정부에 이어 임시의정원마저 제 기능을 발휘하지 못하는 그런 상황이 되었다.

4) 대한적십자회와 노병회

1921~22년 손정도 목사는 임시정부에 이어 임시의정원 활동에서도 기대했던 결과보다는 실망스러운 현상을 목격하였다. 정파 혹은 당파의 이익을 우선시하는 정치적 진영논리 때문이었다. 의회나 정부 중심의 정치활동에 한계를 느낀 손정도 목사의 관심은 점차 일반시민, 민간 차원의 독립운동과 민족운동 쪽으로 향하였다. 이런 그에게

---

205 앞 글, 1922.4.15.
206 앞 글, 1922.7.15.~7.22.
207 "의원의 일대 변동", 〈독립신문〉 1922.7.8.; "臨時政府 回顧一年", 〈독립신문〉 1922.12.23.

새로운 활동 공간으로 주어진 곳이 대한적십자회였다.

상해에서 대한적십자회는 망명한 의료인과 여성 독립운동가들의 주도로 조직되었다. 당시 상해에서 활동하던 한국인 의사로 김창세(金昌世), 이희경(李喜儆), 김성겸(金聖謙), 세 명이 있었다. 김창세는 평남 용강 출생으로 일본에 유학하여 고베와 도쿄에서 공부하였고 서울 배재학당을 거쳐 1917년 서울 세브란스의학교를 졸업한 후 중국 상해 하비로에 있던 중국인 홍십자병원 의사로 근무하고 있었다. 그가 근무한 홍십자병원은 적십자병원에 해당하였다. 훗날 안창호의 동서가 되는 그는 1919년 5월 안창호가 상해에 도착한 이후 그의 임시정부 활동을 적극적으로 도왔고 흥사단에도 가입하였다.[208] 김성겸(金聖謙)도 서울 세브란스의학교 졸업생이었다. 그는 1914년 총독부에서 실시하는 의사면허시험에 합격한 후 부산 영주동에서 대동의원을 운영하다가 3·1운동 직후 중국 상해로 망명하여 세브란스의학교 후배 김창세와 함께 적십자회 창립에 참여하였다.[209] 반면에 이희경은 미국 유학 출신이었다. 이희경은 평남 순천 출생으로 1905년 미국 유학을 떠나 오하이오 웨슬리언대학을 거쳐 1916년 일리노이대학 의학부를 졸업하고 하와이 호놀룰루에서 개인병원을 하다가 1917년 9월 귀국했다. 귀국 후 평양에서 병원 개업을 준비하다가 3·1운동직후 망명을 결심, 1919년 5월 상해에 도착하여 김창세의 소개로 임시의정원(평남 대의원) 조직에 참여하였다.[210] 이처럼 상해로 '망명한' 의사들이 임시정부와

208 〈興士團員 金昌世 履歷書〉(1920); "金昌世氏가 北京에 中國紅十字病院 代表로 宣教會醫員大會에 出席", 〈독립신문〉 1920.3.11.; "初有의 細菌學者 金昌世博士 昨日歸國", 〈시대일보〉 1925.10.19.; "金昌世박사 가족동반 귀국", 〈동아일보〉 1926.8.25.

209 "의사시험의 성적" 매일신보 1914.10.11.; "부산의 명사 10인", 〈부산일보〉 1917.4.4.

210 "이희경씨 의학 졸업", 〈신한민보〉 1916.6.15.; "미국유학생 귀국", 〈매일신보〉 1917.10.2.; "高秘第14386號: "海外歸來要視察人取調ニ關スル件"(1934.12.26.), 『日本外務省 外交史料館文書』.

연계하여 적십자회를 조직하였다.

적십자회 창설을 구체적으로 발의한 곳은 상해 애국부인회였다. 즉 애국부인회 지도자 이화숙과 정애경, 김순애 등은 임시정부와 임시의정원 관계자들에게 국내외에서 항일 독립전쟁을 벌일 때 나올 부상자들을 치료하고 구호할 적십자회를 조직할 것을 호소하였다. 이에 안창호와 손정도 등 임시의정원과 임시정부 지도자들이 호응하여 30여 명의 발기인이 모여 1919년 7월 13일 하비로에서 대한적십자회를 조직하고 다음과 같이 임원을 선출하였다.[211]

회　장: 이희경
부회장: 김성겸
서　기: 김태연
사검(査檢, 감사): 김창세 안정근 김순애
상임위원: 손정도 김병조 김　철 이광수 이화숙 여운형 정인과 오의선
고일청 김홍서 서병호 강태동 김　한 원세훈 현　순 김보연
이춘숙 이기룡 옥성빈 장건상 김태연

이로써 세 명의 '망명 의사'는 물론이고 애국부인회와 임시의정원, 임시정부, 한인교회, 인성학교, 교민단 지도자들이 대거 참여한 적십자회가 조직되었다. 손정도는 상임위원으로 참여했다. 대한적십자회의 첫 행사는 1919년 8월 상해지역에 콜레라가 창궐하였을 때 임시정부 지원금(1백원)으로 교민단 사무소에서 상해거주 교민들에게 '호

211 "我 赤十字會의 출현", 〈독립신문〉 1919.9.25.; "대한적십자 총회", 〈독립신문〉 1921.11.21.; "독립운동 약사", 『한국독립운동사 자료 2』 2권(임정편II).

역병'(虎疫病, 콜레라) 예방주사를 놓아주는 일이었다.[212] 그리고 임시정부는 1919년 8월 29일 내무부령 제62호를 발표하여 정부기관으로 대한적십자회 설립을 승인하였다. 계속해서 대한적십자회는 서재필을 명예총재, 이승만과 이동휘, 안창호, 문창범을 고문으로 위촉하였다.

그리고 1919년 11월 15일 대한적십자회 제1회 총회를 열고 "적법하게 선출된 대한적십자사 대표인 우리들은 오늘 우리가 대한적십자회를 재건했음을 선언하며, 나아가 이로써 대한적십자회와 일본적십자회의 합병 합의는 무효라는 것과 두 단체 간에 기존에 존재하던 관계는 해소되었음을 선언한다."는 내용의 〈대한적십자회 공식발표〉와 14조로 된 〈대한적십자회 세칙〉을 통과시켰다. 그리고 〈사업 방

대한적십자회 간호양성소 1회 졸업

212 "적십자사의 활동", 〈독립신문〉 1919.8.21.; "상해에 호열자 만연", 〈기독신보〉 1922.8.2.

침〉으로 1) 총사무소 소재지(상해 법조계 포석로 14호)에 임시병원 설립, 2) 간호원 양성과 간호대(看護隊) 편성, 3) 본회와 동포의 관계되는 각 지방에 의약부(醫藥部) 설립 등 3대 사업을 설정했다. 그리고 임원 보선에서 안정근(안중근의 동생)을 부회장으로 선출하고 이사장 서병호, 감사 옥성빈과 김태연을 선임했다. 창립총회 때 보고에 의하면 회원 수는 4개월 만에 999명이었고 모금 결과는 상해에서 555원, 미국에서 1,167원을 모금했다.[213]

이에 적십자회는 독자적인 병원과 간호원 양성소를 설립하기로 결의하고 적십자회 임원들을 '삼일대'와 '자유대', '독립대', '십자대' 4대로 나누어 대대적인 적십자회원 모집운동을 벌였다. 이때 손정도 목사는 독립대에 편성되어 회원 모집에 나섰다.[214] 적십자회 지도부 인사들은 중국 각지로 흩어져 회원과 후원금 모집운동을 벌였고 국내에 밀파된 임시정부 연락원들도 적십자회원 모집 및 지부 조직을 추진하였다. 적십자회를 또 다른 독립운동 연락망으로 삼으려 한 것이다. 국내에서는 적십자회를 새로운 형태의 '항일 비밀결사'로 인식하였다. 그런 목적에서 임시정부 연락원들이 국내로 들어가 평양과 원산, 마산 등지에서 적십자회원 모집을 하다 체포되었다.[215] 총독부나 일본 경찰당국도 새로운 독립운동 단체가 출현한 것으로 파악하고 감시와 추적을 강화하였다. 그런 중에도 대한적십자회 지도자들은 활발하게 회원 모집활동을 전개했다. 그리하여 1920년 2월에 이르러 중

---

213 "적십자 위원회", 〈독립신문〉 1919.9.23.; "적십자 총회", 〈독립신문〉 1919.11.20.; "대한적십자회 사업방침 대한적십자회 세칙", 『雩南 李承晩文書』, 東文篇 제8권, 1998, 424~443.

214 "적십자의 美擧", 〈독립신문〉 1919.11.11.; "대한민국적십자회 회원 대모집 경쟁회", 〈독립신문〉 1919.11.27.

215 "赤十字員 被捕", 〈독립신문〉 1919.11.27.; "赤十字會 事件", 〈독립신문〉 1921.5.7. "所謂赤十字會員 三名 被捉", 〈매일신보〉 1920.11.15.; "赤十字會 事件", 〈동아일보〉 1921.11.10.

국과 미국에서 회원 1,946명(중국인 18명, 영국인 9명, 미국인 127명 포함)을 모집하였고 김성겸 책임 하에 3개월 속성과정의 간호원양성소를 시작하여 남녀 13명이 홍십자병원의 김창세에게 훈련을 받았다.[216]

1920년 5월 1일 〈독립신문〉에 실린 "대한적십자회의 현황과 장래 방침"이란 기사가 실렸는데 이사장 서병호는 회원 및 회비에 대하여 "1) 회원 총수는 2,128인이며 회원 30인 이상이면 지회를 설치할 수 있는데 정식 지회는 국내(위치는 밝히지 않음) 한 곳에 있고 2) 그동안 모은 회비가 2,000원(元)가량인데 대부분 선전비로 지출되었으며 3) 중문(中文)과 영문(英文)으로 만든 선전서류를 먼 지방까지 나가 배포하면서 후원금을 받았는데 중국인들이 많이 참여하였고, 4) 한국인은 1년 회비 2원만 내는 정도라."고 하였다.[217] 이어 부회장 안정근은 적십자회의 장래 사업 방침에 대하여 "1) 처음 적십자회 사업을 시작할 때 상당한 액수에 달한 후에 사업에 착수하자는 의론과 지금부터 조그마하게라도 병원, 간호원 양성을 해가면서 저축에 힘쓰자는 두 가지 의론이 있었으나 2) 상의회(常議會) 결의로 병원 설립과 간호원 양성사업을 하게 되었는데 병원 설립은 금전 문제로 착수하지 못했고 3) 간호원 양성사업도 1기 졸업생을 낸 후 중단한 상태로서 4) 당분간 경비를 절약하여 기금 축적에 주력할 방향이라."고 하였다.[218] 적십자회는 1921년 11월에 이르러 회원 3,439명을 기록하였고 중국내 각 성과 하와이에 지회를 설립하였다.[219]

대한적십자회는 1921~22년 조직에 큰 변화가 있었다. 우선 이

216 "赤十字看護員養成所의 開學", 〈독립신문〉 1920.2.7.
217 "大韓赤十字會의 現狀 및 그 將來方策의 大略", 〈독립신문〉 1920.5.1.
218 앞 글, 1920.5.1.
219 "大韓赤十字 總會", 〈독립신문〉 1921.11.21.

희경이 회장직을 사임했다. 그는 적십자회 창설 직후 미국으로 건너가 1년 동안 머물면서 국제적십사 총회에 가입을 신청하고 회원 모집과 후원금 모금운동을 하고 1921년 5월 돌아와 곧바로 임시정부 외무차장으로 임명되어 그는 비어 있는 외무총장 대리까지 겸하였다. 그는 그해 11월 임시정부 대표로 '코민테른자금 유용사건'의 실상을 파악하기 위해 모스크바에 파견되었다. 그는 모스크바로 갔다가 독일에 가서 의학 공부를 계속할 계획이 있어 적십자회 회장직을 사임하였다. 그 무렵 김창세와 김성겸도 미국 유학을 떠났다. 적십자회 창설 주역이었던 '의사 세 사람'이 한꺼번에 자리를 비우게 된 것이다. 상의회는 안창호를 후임 회장으로 추대했으나 그 역시 흥사단 일로 사양하였다. 한창 조직을 확대해 나가던 적십자회로서는 위기를 맞은 셈이다.

그런 상황에서 2차 연기 끝에 대한적십자회 제3회 총회가 1922년 2월 23일 법조계 포석로(蒲石路) 적십자회 본부에서 개최되었다. 거기서 손정도 목사가 회장으로 선출되었다.[220] 새로 구성된 대한적십자회 임원진은 다음과 같았다.[221]

회　장: 손정도
부회장: 안정근
이사장: 오영선
상의원: 이유필 이윤병 옥성빈 남형우 김병조 김규식 김인전 김종상
김홍서 조상섭 김명준 김　구 차리석 양　헌 신현창 이　탁

220 "赤十字總會 再開", 〈독립신문〉 1921.12.25.; "赤十字總會 經過", 〈독립신문〉 1922.3.1.
221 "關機高收 第6857號: 大韓赤十字會請捐書"(1922.5.25.)『日本外務省 外交史料館文書』.

송병조 김　철 한진교 신창희 정태희 김위택 선우훈 이규홍
강경선

손정도 목사가 회장직을 수락한 것은 적십자회 상의회와 총회 결정이기도 했지만 "필요한 조직을 살려야 한다."는 사명감 때문이기도 했다. 그렇게 해서 손정도 목사는 다시 한번 '떠밀려서' 단체장 자리에 올랐다. 대한적십자회 제2대 회장으로서 손정도 목사가 제일 먼저 한 일은 '재난을 당한 만주와 연해주 동포 구제'를 위한 모금운동이었다. 남북 만주와 연해주 일대의 독립군 진영은 물론 한인 동포들은 1920년 10월의 '훈춘사건'(경신대토벌, 간도사변)과 1921년 6월 '자유시사건'(흑하사변)을 겪은 후 처참한 지경에 빠졌다. 특히 북만주 끝자락 흑룡강성에 있는 흑하(黑河) 지역 상황이 처참했다. 1922년 3월 〈독립신문〉의 보도다.

"참상을 당한 동포들은 어린 자녀들을 이끌고 강남 즉 흑하 부근으로 유걸(流乞)하러 건너온 이가 부지기수이더라. 강남에 있는 많지 않은 동포들이 유래(流來)하는 동포들을 수용하야 구제하기는 고사하고 자기의 생도(生道)도 또한 미유(未有)함으로 저 참독(慘毒)한 재난을 당한 동포들은 부득이 중국인 집에 가서 구걸을 하나 중국인도 우리의 불상한 동포를 이루다 구제하기가 불능할 외(外)라. 당지의 중국 관리들은 그 강북에서 건너온 사람들은 거의 다 과격파로 혐의하야 핍박이 자심(滋甚)한 고로 헌옷도 변변히 못 입고 있을 데 없고 먹을 것 없는 동포들은 모두 얼고 부어서 도로에 방황하다가 구돈(溝墩)에 쓰러지는 그 참혹한 형상은 목불인견(目不忍見)이라더라. 이 참보(慘報)를 접한 우리 적

십자회에서는 그의 구제책에 대하야 방금 연구 중이라는바 우리가 급속히 별반 방침을 내여 그를 구제치 않으면 다수한 동포의 생명이 끊어지겠더라." 222

흑하 지방만 그런 것이 아니었다. 만주와 연해주 일대 한인들이 집단 거주하는 지역은 예외 없이 일본 군경의 무자비한 학살 만행을 당하였고 기존의 마적뿐 아니라 신흥 만주군벌 세력도 한인 마을들을 약탈하고 방화하였다. 게다가 시베리아와 만주 일대에 흉년이 들어 경제 상황은 더욱 악화되어 수십만으로 추정되는 한인 교포들은 일정한 직업 없이 거리를 방황하고 부모를 잃은 고아들이 얼음 벌판에서 죽어가고 있는 참상을 임시정부 특파원이나 독립군 연락원을 통해 들은 손정도 목사는 '동포 구제'를 최우선 과제로 삼았다. 그래서 적십자회 활동 방향을 종래의 독립전쟁을 대비한 병원 설립이나 간호원 양성 같은 '정치적인' 사업에서 굶어 죽어가고 있는 동포를 살리는 '인도적인' 구제 사업으로 바꾸었다. 그런 방향 전환은 '박애'(博愛, philanthropy)를 설립이념으로 삼고 있는 적십자회의 근본정신을 따르는 것이자 "강도를 만나 강도들이 그 옷을 벗기고 때려 거의 죽은 사람"을 우선 살려내야 한다는 '선한 사마리아인 정신'(눅 10:30~34)의 실천이기도 했다.

그런 배경에서 대한적십자회는 1922년 4월 손정도 회장 명의로 〈구제금 모금 청원서〉를 국내외 동포와 외국인들에게 배포하며 대대적인 모금활동을 시작했다. 청원서는 국문과 영문, 한문 등 세 가지 언

---

222 "재류동포의 참상", 〈독립신문〉 1922.3.31.

어로 인쇄하였다. 우선 한글로 된 청원서는 훈춘사건 이후 북만주, 연해주 일대에서 일본군이 저지른 만행과 그로 인해 수십만 한인 동포들이 당한 참혹한 현실을 소개한 후, "독립운동 4년간에 국내외에서 적의 총에 맞아 죽어간 자가 부지기수요, 감옥에 갇힌 이들의 가족 수만 명도 굶어 죽기 직전이니, 동포들은 충의정신을 발휘하여 어려운 동포를 구제하는 일에 앞장서 달라."고 호소하였다. 그리고 구체적인 방법으로 1) 각 지방 적십자 지회와 위원들은 수합한 재정을 속히 상해 총본부(상해 법조계 포석로 14호)로 송금할 것, 2) 각 지방 유지 및 동포들은 속히 내외 인사들을 대상으로 모집 활동을 할 것, 3) 회원 모집에 필요한 서류(국문과 한문, 영문으로 된 청원서)가 준비되어 있으니 요청하면 즉시 보내줄 것을 밝혔다.[223] 적십자회는 이 문건을 중국의 주요 도시, 특히 한인들이 집단 거주하는 곳에 먼저 보냈다. "동포가 동포를 구제하자."는 취지였다. 그렇게 지방에 뿌려진 청원서는 곧바로 일본 경찰에 들어갔다. 1922년 5월 상해 일본 총영사가 본국 외무대신, 그리고 중국 각지 영사와 조선총독부에 보낸 비밀보고서 내용이다.

> "당지[상해] 불령선인으로 조직된 적십자회에서 5월 상순 회장 손정도 명의로 북만주 및 간도지방에 거주하는 조선인 동포들이 마적 및 대흉작으로 생활이 곤란한 상태에 이르러 차마 보고 있을 수 없다면서 국문과 한문, 영문으로 의연금 모집서를 각지에 배부하여 각 단체 및 동정자들로부터 응분의 의연금을 모집하는 일에 착수하였으며 그 본부

223 "關機高收 第6857號: 大韓赤十字會請捐書"(1922.5.25.), 『日本外務省 外交史料館文書』.; 『대한민국임시정부자료집』 31(관련단체 I), 국사편찬위원회, 2009, 147~151.

는 상해 법조계 포석로 14호에 설치하였으므로 참고하기를 바람."[224]

대한적십자회는 청원서를 영문과 한문으로도 인쇄하였다. 중국에 거주하고 있는 서양인과 중국인을 대상으로 모금운동을 한 것이다. 실제로 적십자회 소주(蘇州)지회에서는 〈소주상보〉(蘇州商報) 1922년 4월 7일 자 신문에 광고지 형태로 한문본 청원서(호소문)를 끼워 배포하였다. 그 문건을 입수한 일본 소주영사는 본국 정부에 "본월(4월) 7일 당지에서 발행하는 〈소주상보〉 별지에 [일본] 제국의 조선에 대한 학정(虐政)의 결과로 도탄에 빠져 있는 조선인들을 구제하기 위해 구제금을 모집한다는 내용이 게재된 것이 있어 전문을 번역해서 보낸다."고 보고하였다.[225] 일본 경찰당국이 우려한 것은 반일(反日)을 매개로 한·중 연대가 이루어지는 것이었다. 대한적십자회가 중국어(한문)로 청원서와 호소문을 번역해서 중국 신문에 게재한 이유도 그 점을 염두에 둔 것이었다. 실제로 상해에서 김규식, 여운형, 김홍서, 이유필, 신익희, 김인전, 이탁, 조상섭, 안정근 등 임시정부 인사들과 손문의 중국 혁명정부 요인들이 참여한 '중한호조사'(中韓互助社)는 한·중 반일노선 민족운동의 중요한 실험장이었다.[226] 손정도 목사도 항일투쟁에서 한·중 연대와 협력이 중요함을 인식하고 이 조직에 일반회원으로 참여하였다. 그래서 대한적십자회 모금운동을 중국인들에게까지 확대시켰던 것이다. 그리고 결과도 나왔다. 중국인들의 모금운

224 "機密 第162號: 不逞鮮人ノ赤十字會ノ活動ニ關スル件"(1922.5.9.),『日本外務省 外交史料館文書』.
225 "公 第37號: 鮮人救濟金募集ニ關スル新聞記事件"(1922.4.8.),『日本外務省 外交史料館文書』.
226 "中韓互助社 消息", 〈독립신문〉 1922.10.12.; "中韓互助社 消息", 〈독립신문〉 1923.1.17.; "震災時 中國人·朝鮮人 참살사건에 대하야 上海에 총사를 둔 中韓互助社 宣言書를 列强에 발표" 〈동아일보〉 1923.11.14.

동 참여에 대한 〈독립신문〉 보도다.

> "우리 대한적십자회에서 북만과 아령(俄領)에 재(在)한 우리의 이재(罹災) 동포를 구휼키 위하야 내외 각 인사에게 의연금을 모집한다 함은 임의 수차 보도하였거니와 금(今)에 동회(同會) 간부 제씨의 담(談)에 의하건대 중국 각지로부터 동정금(同情金)을 투(投)하는 인(人)이 많은 중 특히 산동성(山東省)이라 여(如)한 지방에서는 연태(煙台), 제남(濟南), 위해위(威海衛) 등 도시를 중심으로 하야 각 학생계와 각 단체에서 의연금을 모집하야 보내는데 어떤 학교의 어린 학생들은 심지어 동전 1, 2푼씩까지 모와서 보낸 일이 있다더라."[227]

대한적십자회의 회원 모집 및 모금운동 지역은 중국을 넘어 멀리 미주까지 확대되었다. 1922년 9월 6일 자로 대한적십자회 손정도 회장이 미국 워싱턴에 있던 정한경에게 보낸 편지에 "미국 와이오밍 국민회의 정영서가 모금한 돈을 상해 적십자회에 보내달라며 귀하에게 부탁하였다는데 그 돈을 속히 보내주기 바란다."는 대목이 있는 것에서 확인할 수 있다.[228] 또한 1923년 6월에는 미국 샌프란시스코에서 발행되는 〈신한민보〉에 "대한적십자회 손정도 안정근 오영선 3씨 위임장을 받아 미주지역 특파원으로 모금활동하던 김동현이 남미주 중국인들을 상대로 모금을 빙자하여 협잡 취리한다."는 고발 기사가 실린 적이 있는데 이에 대하여 당사자인 김동현이 "저는 협잡이 아니오.

227 "我 赤十字會에 대한 中國人의 大同情", 〈독립신문〉 1922.7.5.
228 "大韓赤十字會 會長 孫貞道가 鄭翰景 博士에게 보낸 편지"(1922.9.6.), 『梨花莊所藏 雩南李承晩文書』 東文篇 제8권, 453~454.

하나님의 거룩하신 이름을 징계하야 나는 협잡이 아니오. 상해 적십자 총회의 대표로 선전하는 사람이오. 쉬운 말로 하자면 손정도 안정근 오영선 3씨에게 물어보았으면 첩경이 아니겠소. 오호라, 우리의 인심이 이러하고야 범사에 진행을 도모하리오."라는 해명 편지를 신문사에 편지를 보낸 것에서도[229] 미주지역 교포들이 적십자회 모금활동에 적극 참여하였음을 확인할 수 있다.

이런 적십자회의 회원 모집 및 모금운동을 통해 상해의 총본부와 국내, 중국, 그리고 미주지역 지회를 연결하는 국제 연락망이 구축되었다. 이런 적십자회를 이끌고 있는 손정도 회장에 대한 일본 경찰의 감시와 추적이 더욱 강화될 것은 당연했다. 실제로 1922년 6월에 상해 일본 총영사가 본국정부에 보낸 '상해 불령선인 단체에 관한 보고'란 제목의 비밀 보고서에는 대한적십자회가 임시정부, 고려공산당, 흥사단, 협성회, 교민회 다음으로 나온다. 그 문건에서 적십자회를 "불령배(不逞輩, 독립운동가) 부상자 및 극빈자, 그리고 독립운동으로 인해 곤고한 이들을 원조하기 위해 조직한 단체"로 규정하고 본부 직원 20명에 전체 회원이 5천 명에 달하는 독립운동단체로 설명하였다.[230] 일본 경찰당국 입장에서는 적십자회가 임시정부나 고려공산당에 뒤지지 않는 위험한 '불온단체'였다.

그리고 같은 해(1922년) 9월 조선총독부 경무국에서 본국 정부에 보낸 "상해 정보"란 비밀 보고서에도 상해에 있는 22개 독립운동 및 한인단체를 소개하는 중 대한적십자회에 대해서 "직원은 손정도 외

---

229 "김동현씨의 변명", 〈신한민보〉 1923.6.14.

230 "機密 第185號:不逞鮮人ノ組織スル團體"(1922.6.7.), 『日本外務省 外交史料館文書』; "關機高收 제8000호ノ1: 不逞鮮人ノ組織スル團體"(1922.6.16.), 『日本外務省 外交史料館文書』.

20인이고 5천 명 회원 가운데 상해거주 회원은 5백 명"이라 기록했다. 회원이 가장 많은 단체가 적십자회였다. 그리고 이 보고서의 특기 사항으로 "불령선인(不逞鮮人)의 내왕"이란 항목에서 상해 거주 독립운동가들의 동태를 보고하는 가운데 "손정도는 피서(避暑)를 칭(稱)하고 위해위(威海衛)에 체재 중이더니 지난 8월 23일 상해로 돌아왔다."는 내용이 실려 있다.[231] 일본 경찰은 손정도가 산동성 위해위로 간 이유를 단순한 '피서'로 보지 않고 있음을 암시한 대목이다. 손정도가 위해위로 간 이유는 건강 문제로 인한 요양 때문이기도 하지만 그보다는 앞서 〈독립신문〉 기사에서 보았듯이 대한적십자회 구제금 모금에 적극적으로 참여한 산동성의 연태와, 제남, 위해위 지역 중국인 학교와 기관들을 방문하여 감사를 표하고 구제금을 수령하거나 아니면 당시 산동성 내양(萊陽)과 즉묵(卽墨)을 중심으로 선교활동을 벌이고 있던 장로교 선교사 방효원과 박상순, 이대영, 홍승한 목사 등을 만나 적십자회나 독립운동 관련 논의를 했을 가능성도 있다.[232] 아무튼 분명한 것은 상해에서 손정도 목사의 위치와 행적이 일본 경찰의 주시를 받고 있었다는 점이다.

그렇게 일본 경찰의 주목을 받는 중에도 손정도 목사는 1922년 7월에 결성된 '시사책진회'라는 정치적 성격의 모임에 또 한 번 이름을 올렸다. 이 모임은 임시정부를 비롯해 상해 독립운동 진영이 겪고 있는 정치적 위기상황을 극복하기 위한 방안을 모색하려는, 일종의 '정책 토론회'와 같은 회합이었다. 임시정부는 1922년 5월 손정도를 비롯한 각료 세 명이 사임한 이후 무기력한 상태에서 제 기능을 발휘하지 못하였

231 "高警 第2760號: 上海情報"(1922.9.2.),『日本外務省 外交史料館文書』.
232 〈조선예수교장로회 총회 회록〉 1922, 91~92.

고 임시정부를 탄핵했던 고려공산당 역시 '코민테른 자금유용사건' 후유증으로 내분에 휩싸인 중에 독립운동 진영은 전체적으로 침체 상태에 빠졌다. 무엇보다 1921년 5월 삼일당 대연설회 후 기대감을 갖고 추진하였던 국민대표회도 찬반 토론에다 소집 주체가 되어야 할 이승만 대통령과 임시정부의 소극적인 태도로 지지부진한 상태로 1년을 넘겼다. 이런 상황에서 상해에 있던 손두환(임시정부 군무부 참사)과 박진우(중한호조사 간사) 등 10여 명의 청년 지도자들이 나섰다. 그들은 "늦어도 1922년 8월에는 국민대표회가 열려야 한다."는 생각에서 안창호와 이동녕, 남형우, 손정도, 원세훈, 여운형 등 임시정부와 임시의정원, 고려공산당, 교민단 지도급 인사들을 만나 "국민대표회와 독립운동 방침에 대한 의견이라도 모아 보자." 호소하였다. 이에 독립운동 지도자들이 호응하였다.

그리하여 1922년 7월 12~13일 법조계 포석로에서 상해의 독립운동계 지도급 인사 60여 명이 모여 토론한 결과, "각기 종래의 주장고집(主張固執)하든 자의견(自意見)을 양기(讓棄)하고 도의(道義)를 근거하며 이해(利害)를 타산(打算)하야 난상토의(爛商討議)하여 독립운동과 시국수습에 관한 일치공통(一致共通)한 강령방략(綱領方略)을 획책진행(劃策進行)함에 공심육력(共心戮力)하자."는 취지로 '시사책진회'(時事策進會)를 조직하고 회장에 안창호, 간사에 여운형과 김용철, 신익희를 선출하였다.[233] 그리고 토론회 참석자들 가운데 지도급 34인을 '찬성원'으로 선정하였는데 손정도 목사도 찬성원으로 이름을 올렸다. 시사책진회는 의제로, 1) 시사촉진회의 목적과 방법을 규정한 장정 제정, 2) 임시정부를 어떻게 처리할 것인가? 3) 국민대표회를 어떻게 처

233 "最近 上海에서 組織된 時事策進會", 〈독립신문〉 1922.7.22.; "同會 會集의 取旨", 〈독립신문〉 1922.7.22.

리할 것인가? 4) 의정원을 어떻게 처리할 것인가? 5) 한형권이 소지한 돈(코민테른 자금)을 어떻게 처리할 것인가? 다섯 가지를 선정한 후 다시 모여 토론하기로 결의하였다.[234] 시사책진회가 다섯 가지 의제를 선정했지만 가장 중요한 의제는 국민대표회에 관한 것이었다.

그러나 시사책진회 토론회는 예정대로 진행되지 못했다. 시사책진회는 7월 28일 첫 모임 벽두에 조소앙과 연병호, 이필규, 김용철, 조완, 이기룡 등이 시사책진회의 목적과 성격이 불분명하다며 탈퇴를 선언함으로 추진 동력을 잃었다.[235] 이로써 시사책진회는 단기간 활동으로 끝났다. 그러나 국민대회 소집을 촉진시키려 했던 시사책진회의 당초 목표는 성취되었다. 상해 독립운동 지도자들이 정파와 당파를 초월해 대거 참여했던 시사책진회는 국민대표회 소집에 소극적이었던 이승만 대통령과 임시정부 잔여파에게 압력으로 작용하였다.[236] 여기에 안창호를 중심으로 한 국민대표회 추진파에서는 이승만 대통령에 대한 기대를 접고 이미 조직된 국민대표회기성회를 중심으로 국민대표회 소집을 적극적으로 추진하였다. 그 결과는 5개월 후에 나타났다.

이처럼 국민대회의에 대한 기대가 점증되던 때 손정도 목사를 비롯한 상해의 독립운동가들은 가깝게 지냈던 동지를 잃는 슬픔을 겪었다. 1922년 7월 4일, 상해 독립운동 진영에서 가장 나이 많은 '어른'으로 존경을 받고 있던 김가진(金嘉鎭)이 별세했다. 김가진은 대한제국 시기(1903~05년) 농상공부대신, 법부대신을 지냈고 그래서 강제합

234 시사촉진회 찬성원 명단은 다음과 같았다. 안창호 이동녕 남형우 손정도 홍진 신익희 이유필 한진교 김덕진 조상섭 김인전 안정근 윤기섭 김용철 이필규 도인권 김홍서 조소앙 원세훈 여운형 이진산 장붕 이탁 양기하 김구 차리석 연병호 최일(崔一) 최일(崔日) 조완 오영선 최대갑 민충식 김현구. "公信 第505號: 時事促進會組織內容之件"(1922.7.21.),『日本外務省 外交史料館文書』.

235 "時事策進會 消息",〈독립신문〉 1922.8.1.

236 "상해 진상",〈신한민보〉 1922.7.22.; "상해가정부 양파분립",〈매일신보〉 1922.8.12.

병 직후 일본 정부로부터 남작 작위를 받았다. 그 때문에 민족주의 진영으로부터 '친일파'로 낙인찍혀 비난을 받았지만 3·1운동 직후 대동단을 조직해 의친왕 망명운동을 추진했고 1919년 8월 아들을 데리고 상해로 망명하였다. 이미 일흔이 넘은 나이라 의정원이나 임시정부 조직에 현역으로 참여하지는 않았지만, 김가진은 이후 상해에 머물러 독립운동 진영의 '원로'로서 후배들의 독립운동을 적극적으로 후원하고 격려하다가 향년 77세로 별세하여 장안사로 만국공원묘지에 안장되었다.[237]

김가진 별세 2개월 후, 이번에는 임시정부에서 법무총장과 외무총장을 지낸 신규식(申圭植)이 별세하였다. 신규식은 충북 청주 출신으로 대한제국 시기 구한국 부대 장교로 있다가 의병운동에 가담했고 1911년 중국 상해로 망명하여 손문을 비롯한 중국 혁명가들과 교류하면서 '신해혁명'에도 가담하였다. 상해로 이주하는 교민, 학생들이 늘어나자 1912년 비밀결사 형태로 '동제사'(同濟社)를 결성하였고 이후 신한혁명단, 대동보국단 등을 조직해서 항일 독립운동을 전개하였다. 신규식은 1919년 4월 상해임시정부가 조직될 때 법무총장으로 추대되었고 이후 외무총장과 총리대리까지 겸임하다가 1922년 2월 동료 손정도, 이동녕 등과 함께 임시정부 각료직을 사임한 후 지병인 신경쇠약증으로 고생하다가 9월 25일, 향년 43세로 별세하여 역시 장안사로 만국공원묘지에 묻혔다.[238] 김가진과 신규식의 별세로 우울한 중에 미국의 이승만 대통령은 1922년 10월 노백린 총리대리를 통해 임시정부 조직을 개편했다. 즉 내무총장에 김구, 재무총장에 이시영, 외

237 "東農 金嘉鎭先生 逝世", 〈독립신문〉 1922.7.8.; "故 金嘉鎭氏 葬儀", 〈독립신문〉 1922.7.15.
238 "신규식 선생 長逝", 〈독립신문〉 1922.9.30.; "신규식씨 별세", 〈기독신보〉 1922.10.4.

무총장에 조용은, 법무총장에 홍면희, 학무총장에 조성환, 군무총장에 유동열, 교통총장에 이탁, 노동총판에 김동삼 등을 임명하였다.[239] 하지만 노백린과 조소앙, 이시영, 김구 등을 제외한 인사들은 내각에 참여하지 않았다.

이런 상황에서 1922년 10월, 새로 내무총장으로 선임된 김구 주도로 항일 비밀결사 '노병회'(勞兵會)가 조직되었다. '노병'(勞兵)이란 군사 훈련을 받은 병사들이 평소에는 생업에 종사하다가 전쟁 시에는 군인으로 전투에 임하는 일종의 재향군인과 같은 준(準) 군사조직이었다. 1917년 볼셰비키 혁명 때 시베리아에서 공산주의 노동자와 농민들이 '노병' 부대를 조직해서 제정러시아 정규군을 붕괴시킨 경우가 많았다. 임시정부 차원에서 그런 노병을 양성하여 항일 독립전쟁에 대비하려는 취지에서 만든 조직이었다. 그런 목적에서 1922년 10월 7일, 김구와 여운형, 김인전, 조동호, 이유필, 김홍서, 박진우, 손정도 등 15명이 조상섭 목사 집에 모여 "장래 독립전쟁을 준비하기 위해 군인 양성과 군사에 관한 준비를 목적으로 하는 노병회를 조직하기로" 의견을 모았다.[240] 그리고 10월 28일 김구와 이유필, 조상섭, 김인전, 김현구, 손정도, 윤기섭, 조동호, 최석순, 여운형, 한태규, 김두만, 나창헌, 황용운, 진수서, 신현창, 이용재, 최준, 양기하 등 19명 발기인이 한국노병회 창립총회를 열고 〈한국노병회 취지서〉와 〈한국노병회 회칙〉을 채택하였다.[241] 취지서의 마지막 부분이다.

239 "假政府의 新閣員", 〈기독신보〉 1922,10.11; "臨時政府 回顧一年", 〈독립신문〉 1922.12.23.
240 "高警 第3323號: 上海情報"(1922.10.20.), 『日本外務省 外交史料館文書』.
241 "機密 第229號: 韓國勞兵會創立一週年紀念祝賀狀況ニ關スル件"(1923.11.3.), 『日本外務省 外交史料館文書』.

"대한 독립에 대하여는 그의 공구(工具)가 오직 왈(曰) 무력(武力)이오, 무력의 사업에 대하여는 그의 공구가 군인 및 군비(軍費)라. 이에 기명(記名) 등이 시등(是等)의 군인 및 군비를 조성하고저 양병(養兵) 및 저금(貯金)을 목적으로 하고 본회를 발기하나니 대개 노공(勞工)하야 성병(成兵)하고 경재(罄財)하여 갹금(醵金)코자 함이라. 지금까지 그 진행의 내용에 대하여는 회규(會規)에 재재(載在)하나니 만인의 뜻에 비록 과(寡)하나 무인(無人)에 중(衆)하며 백만의 금(金)이 비록 소(少)하나 공수(空手)에 참(參)하며 10년의 한(限)에 비록 지(遲)하나 또한 무기(無期)에 달한지라. 요컨대 이로써 진행상(進行上) 일양적(一樣的)을 삼음이라. 우리의 기치(旗幟)는 삼엄하나 고명하고 우리의 정호(庭戶)는 청쟁(淸淨)하나 광대하며 우리의 목적은 고원(高遠)하나 근이(近易)하고 우리의 사업은 거대하나 단순하나니 구(拘)히 기인(其人)으로서 회규(會規)만을 각수(恪守)할진대 그 소유관계의 일절을 불문하고 오직 쌍수로 봉영(奉迎)할지라. 범아동포(凡我同胞)는 내(來)할지니라." 242

독립의 마지막 단계인 일본과의 전쟁을 대비해 군인 양성과 군비 저축, 2대 사업을 추진하기 위해 노병회를 창설한다는 내용이었다. 다음으로 총 41조로 된 〈노병회 회규〉에서 노병회의 목적을 "조국광복에 공헌키 위하야 향후 10개년 이내에 1만 명 이상의 노병(勞兵)을 양성하고 1백만 원(元) 이상의 전비를 조성"하는 것으로 규정한 후 "군인과 전비가 목적한 수에 달한 때는 이사회의 제의와 총회의 결의로 독립전쟁을 개시하되 그 전이라도 국가에서 독립전쟁을 개시할 때

242 "韓國勞兵會 會憲(附會則 及 趣旨書)", 『대한민국임시정부자료집』 32권(관련단체 II), 3.

한국노병회 헌장

는 이사회의 결의로 참가 출전한다."고 하여 독립전쟁을 대비한 조직인 것을 분명히 하였다. 1919년 임시정부가 조직된 직후에 들렸던, "금년, 혹은 명년에는 독립을 이루고 서울로 돌아가자."는 말은 더 이상 들리지 않았다. 세계 열강국의 철저한 외면으로 그런 꿈은 실현 불가능하였다. 현실을 파악한 독립운동 지도자들은 '장기전'으로 독립을 준비하기로 했다. 그런 맥락에서 노병회가 나온 것이다.

노병회는 회원을 통상회원(通常會員)과 특별회원(特別會員)으로 구분하였다. 통상회원은 의무금만 내면 되지만 특별회원은 1) 6개월 이상의 군사훈련을 받고 2) 생계를 유지할 1종 이상의 노공기술(勞工技術)을 배운 후 3) 유사시 전투에 임할 의무를 부과하였다. 이들에게 '노병'이란 칭호를 부여하였다. 노병 양성을 위해서는 1) 군사학교를 설립하여 사관을 양성하고 2) 군사서적을 발간하여 사관 지식을 계발하고 3) 외국 군대 및 군사학교, 병공창(兵工廠) 등에 소개하여 군사 지식과 기능을 습득하게 하고 4) 공장을 설립하여 노공(勞工) 기술을 가르치고 5) 강연회 개최와 잡지 발간을 통해 노공사상(勞工思想)을 고취하고 6) 외국의 공창(工廠) 및 공업학교에 소개하여 공업기술을 습득하게 하고 7) 철도, 윤선(輪船) 및 여관(旅館) 등에 소개하여 종사원 실무를 견습시키도록 하였다. 노병회 부서로는 경리와 교육, 노공(勞工), 군사 등 4개 부서를 두었다.

노병회는 창립 직후 〈취지서〉와 〈회규〉를 인쇄하여 국내외 독립운동 관련단체에 보내 노병 후원자 모집에 나섰다. 그렇게 해서 국내에도 그 문건이 전달되었고 그 내용이 〈동아일보〉 1922년 11월 11일 자에 실렸다.

> "지나간 1일 상해 독립단 간부가 모여 조국을 회복하는데 쓰기 위하야 금후 십년 이내에 1만 명 이상의 노병(勞兵)을 양성하고 또 백만 원 이상의 전비를 모을지며 또 국가에서 독립전쟁을 일으킬 때에는 이사(理事)의 결의로써 참가하야 나가 싸우게 한다는 규약 이외의 43조를 제정하야 노병회(勞兵會)를 조직하였는데 근일 조선 내지에 노병을 모집하기 위하야 그 회의 임원이 조선 내지로 잠입하였다는 보도가 있음으로 경찰당국에서는 경계가 엄중하다더라."[243]

일본 경찰은 임시정부를 지원하는 새로운 군사조직으로서 노병회의 출현에 긴장하고 감시를 강화하였다. 그런 중에도 노병회는 중국과 만주는 물론 국내외 일본에까지 조직을 확장하려 시도하였다. 1923년 2월 6일 자 〈동아일보〉에 실린 "상해와 북만주에 사는 조선인들은 1만 명을 목적으로 노병회를 조직하여 각 방면으로 노력하는 중 일본에도 밀사를 들여보내 효고현 경찰부가 고베항구 안에 있는 배를 일일이 검색하였다더라."는 기사가 그것을 반증한다.[244] 그리고 1923년 4월 16일 일본 상해 총영사가 본국 정부에 보낸 기밀문서에도

243 〈동아일보〉 1922.11.11.
244 "勞兵會 密使渡日", 〈동아일보〉 1923.2.6.

"노병회는 4월 2일 밤 보강리 23호 조상섭 방에서 총회를 열고 현재 회원 약 30명 중에서 이사장 김구, 이사 조상섭, 여운형, 최준, 기인전, 손정도, 신현창, 이유필, 윤기섭, 회계검사원 조동오, 나창헌을 선정하였고 이유필과 윤기섭 양인은 이튿날 3일에 동회 취지에 관한 연설을 한다고 한다."는 내용을 담아[245] 노병회를 지속적으로 감시하고 있음을 밝혔다. 1923년 4월 2일 노병회 총회에 관한 사항은 〈동아일보〉에서도 보도하였다.

> "조선의 독립을 위하야 앞으로 10년 동안에 1만 명 이상의 군인을 양성하며 백만 원 이상의 전비를 저축할 목적과 모다 군인이 되며 모다 노동할 정신으로 조직된 한국로병회(韓國勞兵會)는 4월 2일 오전 9시에 상해 법계(法界) 그 회 사무소에서 제1회 정기총회를 열었는데 과거 3삭(朔) 동안의 사업보고와 장래사업 예산보고 군사서적(軍事書籍) 군학잡지(軍學雜誌) 등의 간행을 결정하고 임원을 새로 선정한 후 12시경에 제스필공원(公園)으로 나가 점심을 먹고 종일토록 여러 가지 운동이 있었고 삼일 하오 8시에는 삼일당(三一堂) 내에 강연회를 열고 이유필 윤기섭 양씨의 강연이 있었으며 미진한 사건은 7일 하오 8시경 계속 개회하고 토론하기로 하였더라."[246]

이렇듯 노병회는 '숨길 것 없이' 당당하게 활동했다. 1923년 10월 28일 거행된 노병회 창립 1주년 기념식 장면도 〈동아일보〉에 상세히 실렸다.

---

245 "高警 第1196號: 上海情報"(1923.4.16.),『日本外務省 外交史料館文書』.
246 "上海 勞兵會總會", 〈동아일보〉 1923.4.10.

"노병정책(勞兵政策)으로써 조직된 한국노병회에서는 지난 10월 28일 하오 8시에 인성학교 안에서 창립 1주년의 기념식을 거행하였는데 이사장 김구씨의 사회로써 개회하야 과거의 사업보고와 기념사가 있었고 그 다음에 성적이 우량한 회원에게 포장(褒章)과 포상(褒狀)의 수여와 내빈의 축사가 있은 뒤에 식을 폐하고 계속하야 야연(夜宴)을 개최하야 여러 가지 여흥 중에 밤이 깊은 뒤에 헤어졌다더라."[247]

이러한 〈동아일보〉 기사를 본 국내 독자들은 "상해에 있는 우리 정부가 아직 죽지 않고 살아 있을 뿐 아니라 멀리 내다보고 독립전쟁을 준비하고 있다."는 사실을 알고 독립에 대한 희망을 포기하지 않았다. 그것이 노병회가 '공개적으로' 활동을 취한 이유이기도 했다. 그렇게 노병회는 1932년 윤기섭이 탈퇴함으로 활동을 중단하기까지 '민족적 기대'를 받으며 중국 각 지역 군사학교와 중국군 부대와 관계를 맺고 한국 독립군 지원자들을 파견하여 군사훈련을 받도록 하였고 국내외에 조직 확산을 꾀하였다.[248]

이런 노병회에 손정도 목사는 처음 발기인 모임 때부터 적극적으로 참여하였다. 이미 1920년 1월 안창호와 김석황, 김립 등과 함께 임시정부를 후원하는 무장단체로 의용단을 창설했던 경험이 있었던 손정도 목사는 보다 구체적인 내용으로 항일 독립전쟁을 준비하는 조직으로 결성된 노병회에 발기인, 이사로만이 아니라 노병의 기술교육

247 "韓國勞兵會 창립 1주 기념", 〈동아일보〉 1923.11.4.; "機密 第229號: 韓國勞兵會創立一週年紀念祝賀狀況ニ關スル件"(1923.11.3.), 『日本外務省 外交史料館文書』.

248 "勞兵會의 新計劃", 〈동아일보〉 1925.5.14.; "勞兵會活動", 〈독립신문〉 1926.9.3.; 김희곤 "韓國勞兵會의 결성과 독립전쟁준비방략", 『윤병석 교수 화갑기념 한국근대사논총』, 한국근대사논총간행위원회, 1990, 893~918.

을 담당하는 노공부장(勞工部長)으로 활동하였다.[249]

5) 국민대표회의 개최와 결렬

국민대표회는 앞서 살펴본 바와 같이 1921년 5월 상해 한인교회 예배당인 삼일당에서 열린 '대연설회'에 참석했던 3백여 명의 발의로 국민대표회기성회가 조직되면서 구체화되기 시작했다. 처음엔 안창호와 여운형을 비롯한 상해의 독립운동 지도자 20명으로 기성회 위원을 선정했는데 후에 10명을 추가하여 30명 위원회로 확장되었다. 그러나 기성회는 이승만 대통령에 국민대회 소집을 촉구하는 것 외에 별다른 행동을 취하지 않았다. 그러다가 국민대표회에 대한 이승만 대통령의 부정적인 입장이 변하지 않음을 확인한 1922년 봄부터 움직이기 시작했다. 우선 1922년 4월 20일 국민대표회기성회 총회를 열고 그동안 결원이 된 위원을 보선하였다. 〈독립신문〉 주필 윤해와 애국부인회 회장 김순애, 그리고 김두봉, 정광호, 천세헌, 남공선, 장덕진, 나우 등이 선정되었다.[250] 그리고 1922년 6월 8일, 상해 영조계에 있는 중국인교회 모이당(慕爾堂)에서 '상해청년주최 대연설회'가 열렸다. 윤자영 사회로 진행된 연설회에서 임시정부 대표 노백린을 제외하고 임시의정원 대표 신익희와 국민대표회기성회 대표 남형우는 조속한 국민대표회의 소집을 촉구하였다.[251] 참석했던 청년들도 같은 입장이었다. 연설회 후 정광호와 장덕진, 김정목, 윤자영, 나창헌, 김보연 등 청년 대표들은 상해의 각 독립운동 단체 지도자들을 만나 의견을 청

---

249 이현희, "孫貞道 목사와 상해임시정부", 〈제1회 아펜젤러 학술강좌〉, 정동교회, 1999, 13~20; 이명화, "항일민족운동사의 맥락에서 본 손정도 목사", 『손정도 목사의 생애와 사상』, 93~104.

250 "국민대표회기성회 총회소집", 〈독립신문〉 1922.5.6.

251 "청년계 주최의 대연설회", 〈독립신문〉 1922.6.14.

취하면서 국민대표회 지지여론을 조성했다. 그런 연장선상에서 7월에 시사책진회가 개최되었다.[252]

이처럼 청년 활동으로 힘을 받은 국민대표회기성회는 9월 개최를 목표로 하여 남형우를 위원장으로 하는 '국민대표회주비회'(國民代表會籌備會)를 조직하였다. 그리고 1922년 6월 세계 각 곳의 교민단체 및 독립운동단체에 국민대표회에 참석할 대표(지방 대표와 독립운동 기관 대표) 선정과 파견을 요청하는 한편, 대회 경비를 위한 모금운동에 참여해 달라는 호소문을 〈독립신문〉에 발표했다.[253] 이때로부터 만주와 연해주, 미주 지역 한인단체와 독립운동 기관들이 국민대회에 대표를 보내겠다고 연락해 왔고 9월 말에 하와이 대표 이상호, 서간도 대표 박남준이 상해에 도착하였다. 그리고 10월 들어서 북간도에서 지방대표 강구우와 대한광복단 대표 강수희, 대한독립단 대표 정신, 대한국민회 대표 허동규, 대한구국단 대표 정남윤, 의군산포대 대표 신일헌 등이 들어왔고 서간도 군정서 대표 이진산과 연해주의 여성계를 대표하여 처녀독립단 대표 정학수와 애국부인회 대표 윤보민이 속속 도착하였다.[254] 그리하여 1922년 12월 말이 되어 상해에 도착한 독립운동 단체 대표가 40~50명에 달해 국민대회를 시작하자는 의견도 나왔으나 오고 있는 대표들을 기다리자고 하여 1923년 1월로 넘겼다. 다음은 1922년 8월부터 1923년 1월까지〈독립신문〉에 보도된 각 지역 독립운동단체 대표 명단이다.[255]

252 "留滬青年大會",〈독립신문〉 1922.6.24.; "청년대회 소식",〈독립신문〉 1922.7.8.
253 "國民代表會籌備會 謹告",〈독립신문〉 1922.7.1.
254 "국대 양대표 언론",〈독립신문〉 1922.9.30.; "대표자 착착 내도",〈독립신문〉 1922.10.12.; "여자계에 선출한 국민대표회 대표",〈독립신문〉 1922.10.30.
255 "上海에 到着한 各地方 各團體 選出代表",〈독립신문〉 1922.8.1~1923.1.24.

구분	지 역	단 체(대표)
지역 대표	국 내	전라남도(김철) 평안남도(이탁 손정도) 평안북도(이유필 조상섭) 경기도(오영선) 전라북도(김인전)
	중 국	서간도영북지방(김철) 남만철도 연변지방(유진호) 북경지방(박건병) 상해남경지방(선우휘)
	연해주	중부지방(원세훈) 연해주지방(백낙현 김종) 후바이칼지방(태용서) 북부지방(오창환) 신개령이남지방(백남준) 합파령이서지방(이중호)
	미 국	미주지방(안창호) 하와이지방(이상호)
단체 대표	상 해	대한적십자회(양헌) 고려공산청년회 청년단(정인과) 애국부인회(김순애) 고려혁명장교단(박애) 한국의용군사회(장기영) 상해한인교민회(여운형) 대한독립단(김세혁) 한인청년회(홍진우) 신의단(강빈) 대한혈성단 대한청년단(김영화)
	북간도	국민회(이치룡) 의민회(윤지순 정광호) 대한독립군단 맹호단(이한호) 독립단(윤정현) 대한독립군자위대 대한독립군단(조상벽) 대한광복군단(나창헌) 고려혁명제1군단
	서간도	벽창의용단(양영우) 군정서(김동삼 이진산 배천택) 고려공산당(왕삼덕 현정건) 국내통일당(이민창) 한족회(김형식) 중동선청년단(최대갑)
	연해주	적기단 처녀독립단(정학수) 애국부인회(윤보민) 고려혁명군대(최준형 여인빈) 교육회(박종근) 아령노인단(한태웅) 고려공산당(장건상 김응섭 이호) 수청청년단(황욱) 대한혁명군대(최충신) 외수청고려혁명군 고려혁명특립연대 흑룡한인의회 흑룡교육회(이한신) 흑룡노동회(방국춘) 치타한인회
	미 국	하와이국민군(노무영) 다뉴바국민회(천세헌)

〈독립신문〉에 명칭과 이름이 밝혀진 대표들 외에 '○○○○단 대표 ○○○', '○○지방 대표 ○○○' 식으로 일본 경찰의 추적을 피하기 위해 이름과 단체를 밝히지 않은 대표들이 더 많았다. 그렇게

해서 1923년 1월 3일, 지방 대표와 독립운동 단체 대표 62명이 참석한 가운데 국민대표회가 시작되었다. 주비위원장 남형우 사회로 임시의장 안창호와 대표들의 자격을 조사할 자격심사위원 5명(양창환 유선장 허동규 강구우 김동삼)을 선정했다. 1월 17일 통과된 국민대표회 규정에 따라 정식 의장에 서로군정서 대표 김동삼, 부의장에 안창호와 윤해를 선출하였다. 그리고 1월 31일 삼일당에서 국민대표회의 개막식을 거행하였다. 남형우의 경과보고와 윤해의 독립선언서 낭독에 이어 김동삼의 개회사, 신숙과 강석훈, 안창호, 김마리아의 연설이 있었다.[256] 개막식에 이어 국민대표회 주최로 지난 4년 동안 독립운동을 하다 희생된 열사들을 위한 추도회가 열렸다. 이때 손정도 목사는 남형우, 윤해, 주응칠 등과 함께 추모사를 낭독했다. 추도식에는 국민대표회 대표 90명과 일반 교민들도 참석했다.[257]

국민대표회의는 개회 초반 일부 대표들이 미주대표 안창호가 이승만 대통령의 '위임통치론'에 대해 분명한 반대 입장을 표명하지 않았다는 이유로 자격 문제를 거론한 것을 제외하면 순조롭게 출발했다. 18일째 되는 2월 5일 회의에서 국민대표회의 7개 분과(재정, 외교, 생계, 교육, 노동, 헌법기초위원, 과거문제조사) 위원을 배정했는데 손정도 목사는 재정분과위원으로 배정되었다.[258] 그리고 2월 21일 회의에서 다음과 같은 〈국민대표회 선언문〉을 채택하였다.

"본 국민대표회의는 이천만 민중의 공의를 체(體)한 국민적 대회합(大會

256 "국민대표회 상황", 〈독립신문〉 1923.1.24.; "국민대표회의 기사", 〈독립신문〉 1923.1.31.; "국민대표회의 개막식", 〈독립신문〉 1923.2.7.
257 "순국제현 추도제 광경", 〈독립신문〉 1923.1.31.
258 "국민대표회의 기사", 〈독립신문〉 1923.3.1.

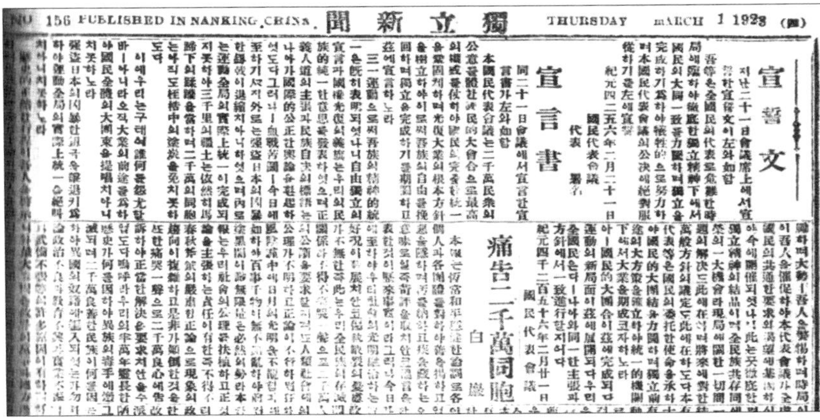
NO 156 PUBLISHED IN NANKING, CHINA. 獨立新聞 THURSDAY MARCH 1 1923

宣誓文

宣言書

痛告二千萬同胞

국민대표회의 선언문(독립신문)

合)으로 최고의 권위를 복(伏)하야 국민의 완전한 통일을 공고케 하며 광복대업의 근본방침을 수립하야 이로써 오족(吾族)의 자유를 만회하며 독립을 완성하기를 기도하고 자(玆)에 선언하노라. 삼일운동으로써 오족의 정신적 통일은 기(旣)히 표명되었나니 자유 독립의 선언과 국권 광복의 의기(義旗)는 우리의 민족 통일한 의사를 발표하였으며 정의 인도의 주장과 민족 자결의 표어는 나아가 국제적 공정한 여론을 환기하였도다. 그러나 혈전고투— 금일에 지(至)하기까지 외(外)로는 강도 일본의 흉포한 검전(劍戰)이 퇴축(退縮)치 아니하였으며 내(內)로는 운동 전국이 실제상 통일이 완성되지 못하여 삼천리강토는 의연히 마제하(馬蹄下)의 유린을 당하며 이천만의 동포는 아직도 질고 중의 도탄을 면치 못하도다."[259]

259 "선언문", 〈독립신문〉 1923.3.1.; "국민대표회의 기사", 〈독립신문〉 1923.3.7.; "警秘 第151號: 上海國民代表會議ノ議事狀況ニ關スル件"(1923.5.18.), 『日本外務省 外交史料館文書』.

국민대표회 선언문은 형식에서 1919년 민족대표 33인이 서명한 〈독립선언서〉와 유사할 뿐만 아니라 내용에서도 3·1운동이 추구했던 자유와 독립, 국권의 회복, 정의와 인도, 민족의 자결이란 정신적, 정치적 가치를 계승하였음을 밝혔다. 그리고 3·1운동 이후 지난 4년간 일제의 혹독한 탄압과 폭력으로 극심한 도탄에 빠져 있는 2천만 동포를 구원해야 한다는 시대적 사명감 때문에 국민대표회를 열게 되었다고 밝혔다.

> "이제 우리는 구태여 수하(誰何)를 원우(怨尤)할 바 아니라 오직 대업의 전도(前途)를 위하야 국민전체의 대단속(大團束)을 제창치 아니치 못하노라. 강도 일본의 흉포한 검전(劍戰)을 격퇴키 위하야 운동 전국의 실제상 통일을 절규치 아니치 못하노라. 역사적 정연한 행정(行程)이 오인(吾人)을 계시하며 민족적 건전한 생명이 오인을 고려(鼓勵)하며 대세- 오인을 경척(警惕)하며 시국이 오인을 최촉(催促)하야 본대표자는 국민의 위탁한 사명을 승(承)하야 민족 대단결을 역도(力圖)하며 독립전도의 대방책(大方策)을 확립하야 통일적 기관 하에서 대업을 기성코자 하노라. 아- 국민적 대단합이 자(玆)에 완성되도다. 운동의 신국면이 자(玆)에 전개되도다. 우리 전 국민은 다 나아와 동일한 주장과 방침에서 일치 진행할지어다." 260

선언문은 일치단결, 통일된 기관을 세워서 일본의 폭력에 대항하여 싸워 이길 방책을 강구하자는 호소로 끝났다. 이 선언문에는 그

260 "선언문", 〈독립신문〉 1923.3.1.; "국민대표회의 기사", 〈독립신문〉 1923.3.7.; "警秘 第151號: 上海國民代表會議ノ議事狀況ニ關スル件"(1923.5.18.), 『日本外務省 外交史料館文書』.

때까지 국민대표회에 등록한 125명이 서명하였다. 가장 많은 대표들이 참석한 회의였다. 그리고 2월 23일부터는 각지에서 온 지방대표, 독립운동 기관단체 대표들의 보고를 들었다. 이 보고들을 통해 그동안의 독립운동 과정과 희생, 현황과 전망을 알 수 있었다. 그리고 각 지역 간의 독립운동 연대도 모색하였다. 3월 4일부터 시국 토론을 시작하였다. 독립운동 지도자들이 자기 소신과 의견을 밝힐 수 있는 기회였다. 손정도 목사는 첫째 날 김우희와 여운형, 문시환, 서병호, 오창환에 이어 다섯 번째로 발언하였다. 그 내용을 〈독립신문〉이 요약해서 보도하였다.

> "국내에서 자유롭지 못한 고로 정부 행사를 재외인(在外人)에게 내여 맡겼으나 그 후 상해에는 금전상 실력 있는 단체가 없어서 곤경에 처하였음과 각지에 산재한 각원(閣員)을 모으기에 곤란하였음을 말하고 악평 때문에 성한 사람이 하나도 없으니 각각 자과(自過)를 자성(自省)할지오 사업은 분업적(分業的)으로 하여야 될 것이라." 261

국민대표회의 재정분과위원이었던 손정도 목사는 그동안 상해에 '재력 있는 실업가'가 없어 경제적인 문제에서 곤란을 겪어왔음을 지적한 후, "악평 때문에 성한 사람이 하나도 없으니, 각기 자기 잘못을 스스로 반성할 것이라."는 말을 덧붙였다. 이는 그동안 임시의정원이나 임시정부 요인 간에 의견이 서로 달라 험담과 모략으로 상처 입은 경우가 많았음을 지적한 것이다. "스스로 자기 잘못부터 돌아보

261 "국민대표회의 기사", 〈독립신문〉 1923.3.14.

자."는 제안은 자칫 종교인(목사)의 '설교'처럼 들려질 수도 있었지만 동료나 동지의 실수와 잘못을 용서하고 화해하기보다는 폭로하고 고발하여 조직의 갈등과 분란을 야기하는 경우가 많았던 것이 독립운동계 현실이었다.

국민대표회 참석자들에게 처음부터 가장 예민한 문제는 "기존의 임시정부를 어떻게 처리할 것인가?"였다. 즉 대통령도 없고 핵심 각료들도 떠나 '유명무실한' 상태에 처해 있는 임시정부 조직을 유지하느냐? 폐쇄하느냐? 하는 문제였다. 그 문제는 국민대표회의 37일째 되는 3월 9일 회의에서 신이진(申二鎭)외 18인이 "본 국민대표회의는 대한민국 임시정부의 조직, 헌법, 제도 및 기타 일체를 실제운동에 적합하도록 개조하기를 결의하자."는 안을 내면서 표면화되었다. 여기서 '개조파'(改造派)란 용어가 생겨났다. 이에 대하여 3월 12일 회의에서 김우희(金宇希)는 "과거 5년간에 조직된 각 기관 및 각 단체는 그 명칭의 고하(高下)와 시설의 광협(廣狹)을 물론하고 일절 폐지하야 본 회의에서 우리 운동에 적합한 헌법으로 통일 기치 하에 일신 조직할 것"을 건의했다.[262] "기존의 기관단체를 일절(一切) 폐지하고 새로운 기관을 만들자."는 말에서 '창조파'(創造派)란 용어가 나왔다. 폐지 대상엔 물론 임시정부도 포함되었다.

이후 두 달 동안 국민대표회의는 외견상 분과(재정, 군사, 생계문제, 외교, 교육, 노동) 위원회 보고를 듣는 것으로 회의를 진행했지만, 내막으로는 창조파와 개조파 사이에 치열한 논쟁을 벌였다. 창조파는 원세훈과 윤해, 신숙, 한형권 등이 주도했고 개조파는 안창호와 김동삼, 이

262 "국민대표회의 기사", 〈독립신문〉 1923.4.4.

탁, 이유필 등이 주도했다. 이런 양극 사이에 "임시정부 조직을 그대로 유지하면서 해결책을 모색하자."는 '유지파'가 나왔는데 조상섭과 손정도, 홍진, 이시영 등이었다. 유지파는 임시정부의 노백린과 함께 양측 대표를 초청해 대화와 타협을 시도해 보았지만 무위로 끝났다.[263] 결국 6월 7일 회의에서 개조파와 유지파 대의원 50여 명이 "불일치하고 편파적인 회의에 더 이상 참여할 수 없다."며 퇴장한 뒤 남은 윤해와 신숙, 원세훈, 오창환, 김우희, 박종근, 박건병, 강구우, 김세혁, 노무형 등 창조파 대의원 39인은 '국무위원제'를 골자로 한 '헌법 18조'를 채택하고 국무위원 33인, 집행위원 4인, 고문 31인을 선임하였다.[264] 이후 창조파 지도부는 8월 북경으로 옮겨 별도 정부 조직에 착수하였지만 국내외 독립운동 진영의 폭넓은 지지와 참여를 얻지는 못했다.[265]

이처럼 창조파가 별도 정부 조직을 선포하고 떠난 후 남은 개조파와 유지파 의원 59명은 창조파의 분열행동을 규탄하는 성명서를 발표하였다. 그리고 국민대표회에 참석했던 각 지역 대표 중 다수가 지지했던 '임시정부 개조'라는 취지를 살릴 수 있도록 임시헌법을 개정하기로 했다. '헌법 개정'을 고리로 삼아 개조파와 유지파, 그리고 중립적인 자세를 취해 온 온건파 세력이 연대한 셈이다.[266] 여기에 이승

263 "機密 第130號: 國民代表會ニ關スル件"(1923.3.14.), 『日本外務省 外交史料館文書』; "高警 第835號: 國民代表會ノ經過ニ關スル件"(1923.3.16.), 『日本外務省 外交史料館文書』; "高警 第1369號: 國民代表會ノ狀況竝ニ附隨問題ノ件"(1923.5.1.), 『日本外務省 外交史料館文書』; "국민대표회의 기사", 〈독립신문〉 1923.6.13.; "임시정부 창조 개조 양파 중요인물 회의", 〈동아일보〉 1923.6.14.

264 "대표회의 파열진상", 〈독립신문〉 1923.6.13.; "창조파의 회의 종료", 〈동아일보〉 1923.6.25.; "公信 第590號: 不逞鮮人創造派ノ委員制度組織ニ關スル件"(1923.6.24.), 『日本外務省 外交史料館文書』.

265 "윤해 등의 계획은 반정부파 음모 발각", 〈기독신보〉 1923.6.20.; "機密公 第362號: 創造派ニ屬スル不逞鮮人ノ行動ニ關スル件"(1923.8.2.), 『日本外務省 外交史料館文書』.

266 "臨政 創造派의 國民委員會 組織을 聲討", 〈동아일보〉 1923.7.15.; "임시정부 5주년의 금일은 3당

만 대통령도 7월 2일 자로 국무총리 노백린, 내무총장 김구, 외무총장 조소앙, 법무총장 홍진, 재무총장 이시영 등을 임명하여 정부 조직을 쇄신했다. 그리고 노백린 국무총리가 헌법개정기초위원을 임명함으로 정부가 헌법 개정을 추진하는 형식을 취하였다. 그렇게 해서 임시의정원의 이유필과 조완구, 손정도, 김철, 오영선, 임시정부 법무총장 홍진, 고려공산당 대표 왕삼덕, 서간도 군정서 대표 이진산, 대한통의부 대표 김이대, 북간도 대한독립군단 대표 정신과 조상벽, 연해주 대표 이중호와 백남준, 김제, 상해 청년단체 대표 윤자영과 윤경일, 서영완 등 16인이 헌법개정기초위원으로 선정되었다. 이들은 7월 29일 위원장에 손정도, 부위원장 김이대, 서기에 윤경일과 서영완을 선출하고 법 개정의 범위와 민의(民意) 수렴 방법에 대해서 논의한 후 개정안 초안을 만들기 위한 특별기초위원을 선정하였다.[267]

그러나 헌법 개정작업은 예정대로 진행되지 못했다. 국민대표회의 결렬(실패)로 인한 후유증이 너무 컸던 때문이었다. 창조파도, 개조파도, 유지파도 상호 불신과 비난이 최고조로 증폭된 가운데 국민대표회의가 결렬된 이후 한동안 충격과 좌절에 휩싸여 어떤 일도 확신을 가지고 추진해 나가지 못했다. 개조파와 유지파가 시도했던 임시헌법 개정작업도 그래서 위원회 조직만 해놓고 실질적인 결과물을 내놓지 못했다. 결과적으로 임시헌법개정기초위원회 위원장직은 상해에서 손정도 목사가 '마지막'으로 맡았던 직책이 되었다.

이 나뉘어", 〈신한민보〉 1923.7.19.

267 "헌법개정기초위원회", 〈독립신문〉 1923.7.21.; "機密 第174號: 假政府臨時憲法改正基礎委員會組織ノ件"(1923.7.12.), 『日本外務省 外交史料館文書』.; "高秘 第24668號: 在支那鮮人ノ行動ニ關スル件"(1923.8.9.), 『日本外務省 外交史料館文書』.; "高秘 第2770號: 上海北京情報"(1923.8.14.), 『日本外務省 外交史料館文書』.

그렇게 1923년 상반기, 국민대표회의에 대한 기대감으로 출발해서 실망감으로 끝난 격동 시기에 손정도 목사는 자신을 필요로 하는 독립운동, 교민사회, 종교관계 모임에 꾸준히 응하며 자리를 지켰다. 우선 국민대표회의 개회 직후인 1923년 2월 22일 상해에서 홍사단 원동대회(遠東大會)가 상해에서 개최되었을 때 손정도는 강연회장으로 활약하였다. 당시 대회 주석은 안창호였고 참석 회원 수는 40명에 달했다.[268] 손정도 목사의 딸 진실도 홍사단원으로 함께 참석했다. 그리고 3월 2일 교민단 주최로 '삼일절 기념식'이 올림픽극장에서 거행되었다. 교민단장 도인권의 사회로 진행된 기념식에서 박은식이 독립선언서를 낭독했고 김두봉의 역사 강연에 이어 손정도와 여운형이 축사하였다. 국민대표회의 의장인 김동삼과 임시정부 대표 노백린 국무총리도 연사로 초청했으나 오지 않았다.[269] 손정도 목사로서는 중국 땅에서 네 번째 맞는 삼일절이었다.

그리고 국민대표회의 결렬 징조가 농후하였던 5월 26일, 삼일당에서 한국과 중국인 1백여 명이 참석한 가운데 '중한호조사 2주년 기념식'이 거행되었다. 한국 측에서는 부이사장 김규식을 비롯하여 김홍서, 손정도, 이탁, 신익희, 김순애 등이 참석했다. 손정도 목사는 한국 측을 대표하여 "중한호조사 2주년을 맞이하여 호조의 정신을 중히 여겨 양국의 행복을 구현해야 할 것이다. 양국의 행복을 완전히 이루기 위해서는 한국의 완전한 독립이 이루어져야 하고 이러한 한국인의 중차대한 과업을 이루어나가는 데 있어 중국인의 협조가 필요한 만큼

---

268 "홍사단 원동대회", 〈동아일보〉 1923.2.22.
269 "高警 第816號: 所謂獨立紀念日ニ於ケル國外駐在朝鮮人ノ動靜"(1923.3.13.), 『日本外務省 外交史料館文書』.

우리의 기대에 부응하는 협조 정신을 발휘해 주기 바란다."는 내용으로 연설하였다.[270] 손정도 목사가 중한호조사 운동에 참여하면서 터득한 '호조'(互助) 가치는 후에 길림으로 옮겨 가서 전개한 '농민호조사' 운동을 통해 구체화되었다.

손정도 목사는 1923년 4월부터 상해 한인교회 담임 목사직도 맡았다. 상해 한인교회는 김병조 목사가 1919년 7월 이후 교인들의 투표로 매년 재신임을 받아 담임목사직을 맡았는데 그는 1923년 4월 돌연, 남만주 집안현의 화전자교회와 패왕조교회 목사로 부임하면서 상해를 떠났다. 김병조 목사가 상해를 떠난 것이 목회 본업으로 복귀한 것인지 아니면 남만주 지역 독립운동에 참여하기 위함이었는지 분명치는 않다. 국민대표회의 개회 직후부터 표출된 독립운동 진영 내부의 갈등과 상호비방에 실망한 때문이었는지도 모른다. 상해 한인교회뿐 아니라 임시의정원에서 중요한 역할을 했던 김병조 목사의 이탈은 상해의 독립운동 진영에 큰 손실이었다. 김병조 목사가 떠난 후 상해 한인교회 교인들은 손정도 목사와 김인전 목사, 조원창 목사 등에게 6개월씩 교회(설교와 목회)를 맡기기로 하였다.[271] 그렇게 해서 손정도 목사는 상해 한인교회 담임자로 목회를 하면서 국민대표회의에 참석하였다.

그런데 손정도 목사가 상해 한인교회를 맡아 시무한 지 한 달 만인 5월 12일 '동료 목회자' 김인전 목사가 돌연 질병으로 별세하였다.[272] 3·1운동 직후 상해로 망명하여 임시의정원 활동에 참여하였고

270 "公信 第516號: 中韓互助社二週年紀念大會ニ關スル件"(1923.6.1.),『日本外務省 外交史料館文書』.
271 金聖培, "春風秋雨 20년을 지난 在上海 朝鮮基督敎會", 〈기독신보〉 1935.3.13.
272 "金仁全氏 長逝", 〈동아일보〉 1923.5.13.; "金仁全氏 追悼壯嚴", 〈동아일보〉 1923.5.22.; "김인전 목사 별세", 〈기독신보〉 1923.5.23.; "지사의 혼: 김인전 목사", 〈기독신보〉 1923.6.6.~6.13.

1921년 4월 이후 임시의정원 의장직을 맡아 수행하던 김인전 목사의 죽음도 상해 독립운동 진영에 충격을 안겨주었다. 상해 한인교회 담임자로서 손정도 목사가 첫 번째 한 일은 4년 넘게 상해에서 임시의정원 일을 함께하였던 김인전 목사 장례식 집전이었다. 손정도 목사로서는 김병조 목사가 만주로 떠난 것에 이어 김인전 목사마저 별세함으로 급격한 '고독감'을 느낄 수밖에 없었다. 그와 함께 1919년 3월 상해로 와서 처음 임시정부 조직운동을 했던 현순 목사, 그리고 초창기 임시정부 외무차장과 임시의정원 부의장을 지냈던 정인과 목사도 미국으로 떠난 지 3년이 넘었다. 상해에서 목회자들이 '떠나는' 계절이 된 것이다. 1923년 7월, 국민대표회의가 결렬되고 독립운동 진영의 갈등과 불신이 더욱 팽배해지는 상황에서 손정도 목사도 상해를 '떠날' 계획을 세웠다.

손정도 목사는 상해를 떠나기에 앞서 먼저 딸 진실을 미국으로 떠나보냈다. 상해에서 고등과 3년 수업을 마친 진실은 1923년 6월 미국 유학을 떠났다. 미국 유학길에는 서울 애국부인회사건 주역이었던 김마리아도 동행했다. 3·1운동 직후 서울에서 애국부인회를 조직하고 활동하다가 체포되어 옥고를 치르던 김마리아는 병보석으로 풀려났다가 상해로 망명해서 애국부인회 회장으로 활동했다. 이들 두 명의 여성 독립운동가들의 미국 여행길에 상해 중국기독교청년회 총무 피취(George A. Fitch) 목사가 동행했다. 아버지(George F. Fitch)의 뒤를 이어 상해의 한국 독립운동 후원자로 활약했던 피취는 귀국할 개인적인 용무도 있었지만, 미국으로 항해하는 도중 일본 항구에 들러 일본 경찰의 검문을 받아야 했던 김마리아와 손진실의 신변 보호를 위해 동행하였다. 그렇게 진실은 피취 목사의 보호와 안내를 받으며 1923년

7월 12일 미국 샌프란시스코에 도착하여 삼촌(손경도와 손이도)과 외삼촌(박인준)이 공부하고 있는 시카고로 갔다가 이듬해 9월 아이오와주 코넬대학에 입학했다.[273]

진실이 미국으로 떠난 후 동생 성실은 남경에 있는 기독교계통 휘문(徽文)여중으로 들어가 기숙사 생활을 시작했다.[274] 그렇게 손정도 목사는 상해에서 함께 살던 두 딸을 하나(진실)는 미국으로, 하나(성실)는 남경으로 보낸 후 자신도 상해를 떠나 만주 길림으로 갈 준비를 하였다. 남은 가족, 즉 어머니와 아내, 두 아들과 막내딸은 여전히 평양에 살고 있었다. 평양의 아내 박신일은 남편의 망명에 이어 독립운동을 하던 딸까지 중국으로 망명한 이후 더욱 삼엄해진 경찰의 감시를 받는 중에도 혼자 힘으로 자녀들을 키우고 가르쳤다. 그 무렵 평양에서 초등학교를 다녔던 둘째 아들 원태의 증언이다.

> "아버지가 상해로 망명하신 후 어머니는 말 그대로 손이 닳도록 가족을 위해 일하셨다. 어머니는 기독교병원(기홀병원)에 가서 바느질을 했고 남의 집 빨래도 하셨다. 지금도 내 머리 속에 기억으로 남아 있는 것은 등에 나무 짐을 잔뜩 지고 좁은 문으로 들어와 마당에 나무를 부리시던 어머니 모습이다. 어머니는 독립운동에 깊이 관여하고 있던 남편을 위해 온갖 고생을 감수하셨다. 아이들을 정성으로 키우고 교육시키느라 갖은 고생을 하셨음에도 한 번도 불평을 털어놓으신 적이 없었다. 아버지가 떠난 후 우리 집은 일본 경찰의 감시 하에 들어갔다. 어

273 "6명 남녀 동포 도미", 〈신한민보〉 1923.7.19.; "손진실 녀사의 東方向", 〈신한민보〉 1923.8.2.; "각 대학에 우리 학생", 〈신한민보〉 1924.9.25.

274 손원일, "나의 이력서(11)", 〈한국일보〉 1976.10.13.

머니는 자주 경찰에 불려가서 심문을 당하셨고 집도 수시로 수색을 당했다. 이처럼 힘든 곤경 속에서도 어머니는 언제나 태연하셨다. 정말 어머니는 용감하고 웅지를 품은 여인이었다."[275]

그렇게 손정도 목사의 일가족 여덟 명은 세 나라, 네 곳에 흩어져 살았다. 말 그대로 '산지사방'(散地四方)으로 흩어져 살아야 했던 '이산가족'(離散家族), 독립운동가 가족이 겪어야 했던 비극적 상황이었다. 그것은 곧 일제 식민통치 시대를 살아가는 한민족이 공통으로 겪어야 했던 비극적 운명이었다.

275 Won Tai Sohn, *Kim Il Sung and Korea's Struggle: An Unconventional Firsthand History*, 23.

Ⅳ. 상해에서 길림 거쳐 천국까지(1924~1931년)

"우리가 항상 예수의 죽음을 몸에 짊어짐은 예수의 생명이 또한 우리 몸에 나타나게 하려 함이라. 우리 살아 있는 자가 항상 예수를 위하여 죽음에 넘겨짐은 예수의 생명이 또한 우리 죽을 육체에 나타나게 하려 함이라. 그런즉 사망은 우리 안에서 역사하고 생명은 너희 안에서 역사하느니라."(고후 4:10~12)

손정도 목사

손정도 목사에게 상해에서 5년은 그의 항일 민족운동 전성기였다. 그는 일제강점기 한민족의 자존심을 지켜주었던 대한민국 임시의정원 의장, 임시정부 교통총장, 대한적십자회 회장, 그리고 상해 한인교회 목사, 인성학교 교장, 의용단과 노병회 창설자로 활약하면서 1920년대 항일독립운동사에 길이 남을 업적을 쌓았다. 상해에서 그가 맡았던 직책과 역할은 자신이 추구해서 얻은 것이라기보다는 추대를 받아, 밀려서 맡은 경우가 대부분이었다. 자신을 필요로 하는 자리와 역할에 응하면서 살았던 결과였다.

그렇게 상해에서 '치열하게' 투쟁하며 살다 보니 건강이 눈에 띄게 악화되었다. 1912년 경무청 감옥에서 받은 고문 후유증이었다. 게다가 그가 몸담았던 상해 독립운동 진영의 갈등과 분쟁은 목사인 그가 감당할 수 없는 수준이 되었다. 생명과 평화보다는 죽임과 음모가 더 기세를 부리는 정치운동 현장에서 그는 한계를 느꼈다. 결국 손정도 목사는 1923년 겨울 "죽이는 운동이 아니라 살리는 운동을 해야겠다."면서 피폐한 몸을 이끌고 상해를 떠났다. 그리고 오랫동안 미루어왔던 '만주선교'를 위해 북만주 길림으로 자리를 옮겼다.

만주와 길림 상황은 상해보다 더 열악했다. 고향에서 쫓겨나온 교포들은 중국인 집에서 노예처럼 살면서 마적과 만주군벌에게 약탈당하며 '죽어가고' 있었다. 이런 상황에서 손정도 목사는 영적으로만 살리는 것이 아니라 육적으로도 살리는 생명 목회를 추구하였다.

즉 '기독의 사회주의' 정신을 바탕으로 농민호조사(農民互助社)를 설립하여 동포들에게 상생(相生)하고 호조(互助)할 수 있는 삶의 기반을 만들어 주었다. 그렇게 마지막 순간까지 최선을 다하다가 추운 겨울 여관방에서 홀로 피를 토하고 쓰러져 숨을 거두었다. 그것은 그리스도 예수가 십자가에서 마지막 한 방울까지 피를 쏟았던 장면과 같았다. 그렇게 손정도 목사는 '십자가의 길'을 가는 것으로 자신의 49년 일생을 마감하였다.

> "누구든지 나를 따라오려거든 자기를 부인하고 자기 십자가를 지고 나를 따를 것이니라. 누구든지 제 목숨을 구원하고자 하면 잃을 것이요 누구든지 나를 위하여 제 목숨을 잃으면 찾으리라."(마 16:24~25)

1. 죽음에서 생명으로: 길림 목회와 독립운동

1) 길림에서 다시 시작

1923년 7월 국민대표회의 결렬 이후 상해에 있던 독립운동가와 민족주의자들이 실망하고 대거 상해를 떠났다. 한국인들에게 '독립운동 성지'로 여겨졌던 상해 분위기와 상황도 많이 달라졌다. 임시정부 관련 핵심인사들을 제외한 독립운동가들도 대부분 상해를 떠났다. 1925년 7월 상해 혁명정부 공무국(公務局) 경무처에서 작성한 '상해의 한인사회에 관한 일반 정보'라는 문건을 통해 당시 상황을 파악할 수 있다.

"현재 상해에 있는 조선인 거류민 수는 6백 명인데 4백여 명은 프랑스

조계에, 2백여 명은 공동조계에 있다. 1919년 이전에는 50여 명이었는데 대부분 공동조계 전차회사 검표원이었고 상인이 조금 있었지만 혁명가는 아주 적었다. 1919년 이래로 조선인 수는 매일같이 급증했다. 그들 대부분은 혁명가로서 1919년 3월 1일 운동(독립운동)에 가담했다. 상해는 그때부터 조선인 혁명가의 중심지가 되었다. 그들은 이성적으로 판단하여 상해가 3·1운동 후에 선택한 최선의 도시라고 생각하였다. 1919년 겨울 그 수는 1천여 명을 상회하였고 1921년까지 이 숫자를 유지했다. 그 후 지난 몇 년 동안에 6백 명으로 줄었다. 나머지 4백여 명은 어떻게 되었는가? 많은 학생이 중국의 여러 지방과 외국으로 나가 그곳 학교나 대학에 입학했고 나머지는 만주로 가서 조선 혁명단체에 가담했다."[1]

'혁명운동'(독립운동)을 위해 상해로 몰려들었던 청년 학생들이 대거 상해를 떠났는데 중국의 다른 도시나 미국으로 유학을 떠난 경우도 많았지만 대부분 만주지역으로 가서 독립운동에 투신하였다. 손정도 목사 가족이 그 경우였다. 맏딸은 미국으로, 둘째 딸은 남경으로 유학을 떠났고 손정도 목사는 만주로 이주했다. 그리고 이 문건은 상해에 있던 독립운동 관련 단체와 기관들의 현황에 대해서도 언급하였는데 대한적십자회에 대하여 "한인 적십자회 사무실은 하비로 보강리 23번지에 있으며 그 회장이었던 손정도는 약 2년 전에 만주로 떠났다. 그 후임자로 오영선이 임명되었다."고 기록했다.[2] 손정도 목사는 길림으로 떠나기 직전까지 대한적십자회 회장으로 있었고 그가 떠나

1 "上海 韓人社會의 一般情報에 關한 件"(1925.7.12.), 『한국독립운동사 자료』 제20권(임정편Ⅴ).
2 앞 책.

면서 의정원 의원(경기도 대의원)이자 적십자회 이사장이었던 오영선이 회장직을 계승했다. 그리고 이 자료에서 손정도 목사가 상해를 떠난 시기에 대한 정보를 얻을 수 있다. 즉 1925년 7월 12일 기록된 자료에서 '2년 전'이면 1923년 7월 이후가 된다. 국민대표회의가 결렬된 직후 상해를 떠났다는 말이다.

손정도 목사가 상해를 떠나 길림으로 간 정확한 시기는 분명치 않다. 손정도 목사 자신이 이에 대한 정확한 기록을 남기지 않았고 그의 전기를 쓴 주변인들의 증언 기록도 각기 다르기 때문이다. 최봉측은 '1924년 봄'이라 기록했고 배형식 목사는 '민국(民國) 8년 10월', 즉 1926년이라 하였으며 손원일은 '1921년 늦가을'이라 하였다.[3] 손정도 목사를 '불령선인 수괴'로 지목하고 그 행적을 추적했던 일본 경찰 측 자료를 통해 그의 길림 이주시기를 추정해 볼 수밖에 없다. 다음은 1923년 12월부터 1924년 2월까지 길림과 상해, 봉천에 있던 일본 영사관 경찰이 본국 정부에 보낸 비밀보고서에 담긴 손정도 목사 행적이다.[4]

보고자(보고일자)	제 목	내 용
길림 일본총영사 (1923.12.15.)	동아일보 위문원 설태희의 길림방문	1923년 12월 12일 길림 우마항(牛馬行)에서 열린 설태희 강연회에 길림주재 왕삼덕, 손정도, 최응신, 곽종륙, 방직성, 박기백, 유진호, 최만영 등 불령선인(不逞鮮人) 다수가 참석.

3 최봉측, "고 해석 손정도 목사 약전(1)", 〈종교와기독교교육〉 2권 7호, 1931.7, 458; 배형식, 『故 海石 孫貞道牧師 小傳』, 12; 손원일, "나의 이력서(12)", 〈한국일보〉 1976.10.14.

4 "機密 第104號: 東亞日報派遣 在內鮮人慰問員 薛泰熙ノ動靜査報ノ件"(1923.12.15.), 『日本外務省 外交史料館文書』.; "中第30號: 大韓國民協會員到來ニ關スル件"(1924.1.26.), 『日本外務省 外交史料館文書』.; "公第29號: 不逞鮮人ノ行動ニ關スル件"(1924.2.9.), 『日本外務省 外交史料館文書』.; "關機高收 제3219호: 吉林地方不逞鮮人ノ情況"(1924.2.25.), 『日本外務省 外交史料館文書』.

상해 일본헌병사령관 (1924.1.26.)	대한국민협회원 이치열을 체포	1923년 12월 10일경 상해 법조계에서 열린 중한호조사 모임에 조선 임시정부 측에서 신규식, 손정도, 노백린, 이시영 등 4명이 참석.
길림 일본총영사 (1924.2.9.)	의성단 당장 편강렬의 행적	1924년 1월 20일 길림에서 열린 독립운동 지도자모임에 참석한 의성단(義成團) 단장 편강렬(片康烈)의 행적에 관한 보고서 중 "의성단 단장은 처음 임시정부 전 교통총장 손정도였으나 그가 길림으로 가면서 단장 직을 사임함으로 부단장 편강렬이 단장이 되었다."는 내용이 나옴.
일본관동청 경무국 (1924.2.25.)	길림 불령선인회(不逞鮮人會) 현황	1924년 1월 6일 길림지역 준비 독립운동 지도자 모임에 이장녕, 손정도, 박관해, 손일민, 김응섭, 곽종륙, 김태산, 김해산, 이관일, 방진성, 최만영, 왕삼덕, 오인화, 오덕림, 김영철 등이 참석하여 '점증하는 일본의 검속과 탄압을 피하기 위해 중국 관청의 도움을 받는 방안'에 대해 논의.

일본 경찰 자료를 종합해 보면 손정도 목사는 1923년 7월 국민대표 결렬 이후 상해를 떠날 준비를 하면서 먼저 두 딸을 미국과 남경으로 유학 보내고, 자신이 맡았던 대한적십자회와 시사책진회, 임시헌법개정위원회, 의성단 일을 정리한 후 1923년 12월 한 달 동안은 길림과 상해를 오가며 일을 보다가 1924년 1월부터는 길림에 정착해서 독립운동 관계 모임에 참석한 것으로 보인다. 이를 통해 알 수 있는 것은 손정도 목사가 상해를 떠나면서 독립운동을 중단한 것이 아니었다는 점이다. 상해에서 길림으로 무대만 옮겼을 뿐 그는 여전히 독립운동 지도자로 활동하였다. 결국 그가 상해에서 길림으로 거처를 옮긴 이

유는 1) 보다 효과적인 독립운동을 위해 무대를 바꾼 것이고, 2) 목사로서 본업인 목회와 선교 사역에 임하기 위함이었다.

상해를 떠나기로 한 손정도 목사는 새로운 독립운동과 목회 근거지로 길림을 선택했다. 상해는 워싱턴 태평양회의 이후 일본의 영향력이 증대되면서 일본인 조계지가 급속도로 확장되었다. 그와 함께 일본 군대와 경찰도 증파되어 한국 임시정부 활동을 통제하고 압박하였다. 독립운동가들이 활동하던 상해 불조계나 미조계도 더 이상 안전하지 못했다. 그동안 독립운동과 항일투쟁의 무대가 되었던 북간도나 연해주 지역도 사정은 마찬가지였다. 훈춘사변(간도사변)과 자유시사변을 겪으면서 한국 독립운동 단체가 활동하기에 불리한 지역으로 바뀌었다. 그런 중에도 길림을 중심으로 한 북만주 지역은 아직 일본이나 중국, 러시아 정부의 통제가 강하게 작용하지 않아 한국 독립운동 단체들이 활동할 수 있는 공간이 있었다. 길림은 북쪽으로 하얼빈을 거쳐 러시아로, 서쪽으로 장춘을 거쳐 내몽고로, 동쪽으로 통하를 거쳐 북간도로, 남쪽으로 봉천을 거쳐 남만주와 중국 내륙으로 통하는 교통 요충지였다. 그래서 1923~24년 어간에 다양한 독립운동 기관 단체들이 길림과 그 주변 지역에 새로운 거점을 마련하고 옮겨왔다. 일본 경찰도 그 점을 알고 길림지역에 대한 감시를 강화하였다. 다음은 1924년 1월 길림주재 일본 총영사가 본국 정부에 비밀리 보낸 길림지역 한인 독립운동 기관단체 상황이다.[5]

5 "關機高收 第1508號: 吉林附近ノ鮮人情況"(1924.1.30.),『日本外務省 外交史料館文書』.

단체	대표	현 황
중정부(重政府)	이석연	전 군정서를 1923년 9월에 명칭 변경. 강남오 이청천 박근식 치중산 남상복 등 간부와 병력 150명에 포대 2문, 권총 44정, 폭렬탄 50개를 갖춘 무장단체로 화전, 반석, 길림, 안도, 돈화, 빈강 일대에서 무장투쟁과 군자금 모집활동
고려공산당 길림지부	김영철	이르쿠츠크파 고려공산당 지부. 왕삼덕 현정건 박치국 등이 간부이며 당원은 17명 정도
중한호조사 길림통신부	오인화	전 군정서 외교부장 박찬금에 의해 1923년 6월 길림에서 조직. 현지 중국인 지도자들과 친교 및 협력 모색
동삼성(東三省)청년단광복회 길림지부	이장녕	전 대한독립청년단후원회를 1923년 8월에 명칭 변경. 윤목산 김희걸 등 간부와 회원 30명. 무장투쟁 후원사업
고려청년회	장남홍	회원 75명. 의연금 모집과 무기 수집 활동
대한적십자 길림지부	윤주영	회원 10여 명. 각지 독립운동 단체와 연락
천주교독립단	곽연성	교인 수 명이 각지 독립운동 단체와 연락
길림 대한애국부인회	김마리아	회원 수 명이 활동
상해독립신문후원회	손일민	1923년 7월 설립. 〈독립신문〉 보급 및 후원 활동
길림 독립단	이장녕	간부는 박관해 장제운 손일민 윤목산 박일 김응섭 성문호 김철훈 유중무 등. 배일사상 선전 활동
군정서(軍政署) 동로(東路) 선전부	나중소	김희락 이장녕 김규식 김하석 등 간부 외 병력 50명. 2대로 나누어 1대(대장 이홍래)는 간도와 함경북도 방면에서, 2대(대장 김진)는 평안북도 방면에서 군자금 모금과 무기 모집활동
대한통의부(大韓統義府)	김동삼	현병무 문명무 김창환 이종건 현정경 백남준 이웅해 등간부와 병력 2백 명이 무장하고 안도현 방면에서 활동. 군자금 모금과 군인 양성학교 설립 계획

백서(白西) 청년회	박영산	1923년 6월 설립. 고문은 김순과 이석연. 총무 박근식. 군정부(軍政府) 산하기관으로 예비병 모집과 훈련
만몽신당 (滿蒙新黨)	이범	1923년 10월 설립. 고문은 노백린 구춘선 방우룡 홍범도 현천묵 윤목산 김원봉 안명세 등. 서무부장 김동삼. 만몽지역에 세력 확장을 목적
동성노농공사(東省勞農公司)	마진	1923년 9월 조직. 고문 구춘선, 수전(水田) 경영과 교육문화 활동, 독립운동 선전 활동
길림 거민회(居民會)	이관일	1923년 12월 설립. 임원은 이기백 이희성 김성남 표학화 이규하 곽종륙 김홍진 이두칠 문주열 등
동성학회 (東省學會)	전우택	1923년 12월 설립. 임원은 박기백 이희성 이성남 곽종륙 표학화 김홍진 이규하 오인화 최만영 문주열 이두칠 김해산 등. 길림 거민회와 연락을 취하며 활동

1923년에 신설되었거나 명칭을 바꾸면서 조직을 쇄신한 단체들이 많은 것이 눈에 띈다. 간도사변 이후 새로운 독립운동 거점으로 부각된 길림에 많은 독립운동가가 몰려왔다는 증거다. 규모와 군사력을 갖춘 무장 독립운동 단체로는 '중정부'로 이름을 바꾼 군정서와 대한통의부가 가장 강력했다. 이들과 연계하여 무장투쟁을 준비하였던 고려청년회와 백서청년회, 길림독립단, 동삼성청년단광복회, 군정서동로선전부, 천주교독립단, 동성학회, 만몽신당 등도 일본 경찰이 주목하는 무장투쟁 단체들이었다. 그리고 지부 형태로 조직된 고려공산당과 애국부인회, 독립신문후원회, 적십자회, 중한호조사 등도 다른 지역 독립운동 진영과 연결되는 연락망으로서 주목을 받았다. 그렇게 새로운 독립운동 거점이 된 길림이었기에 많은 독립운동 지도자들이 길림을 방문하거나 길림에서 독립운동 관련 회합을

자주 열었다.

손정도 목사는 1924년 1월 이후 그런 길림지역 독립운동 회합에 참석했다. 그해 11월 1일 길림주재 일본 총영사가 본국 외무성에 보낸 비밀보고서에 "1924년 10월 29일까지 길림에서 손정도, 최만영, 동림(董林) 등이 양기탁과 밀회한 사실이 있다."는 대목이 나온다.[6] 독립운동 진영의 '대원로'인 양기탁이 1월에 이어 11월에도 길림을 방문하였는데 목적은 만주지역 독립운동 세력을 통일기관으로 묶기 위함이었다. 이미 국내에서 신민회를 통해 '민족운동 동지' 관계를 맺었던 양기탁과 손정도는 길림에서도 자주 만나 독립운동 세력의 통합을 위해 힘을 모았다. 그렇게 손정도 목사는 길림에서도 여전히 독립운동 지도자로 활약하였다.

그러나 손정도 목사가 상해를 떠나 길림으로 자리를 옮긴 것을

송화강변에서 바라본 길림(2009년)

6 "14489(暗) 第51號: 金東三 梁起鐸 事件에 關한 電文"(1924.11.1.),『日本外務省 外交史料館文書』.

정치적인 이유, 즉 보다 효과적인 독립운동을 전개하기 위한 것으로만 보아서는 안 된다. 정치적이기보다는 신앙적인 이유가 더 컸다. 손정도 목사가 길림으로 옮긴 직후 했던 설교 대목이다.

> "우리는 밥 먹고 나[이] 먹고 한 일은 죽을 일만 하였소. 로마서 1:29, 32 보오.[7] 우리는 독립운동 5년에 한 일이 무엇이오. 역시 죽을 일만 하였소. 종이조각에 떠다니는 일은 제 동포 죽이는 일이오. 우리는 첫째 자기를 죽음에서 구원하여야겠소. 또한 호조(互助) 하는 몸이 생기야 하겠소. 죽음에서 나오지 아니하면 삶을 얻지 못하오."[8]

손정도 목사에게 '상해 5년'(1919~23년)은 '죽을 일만 하다가 보낸' 세월이었다. 그가 "종이조각에 떠다녀 제 동포 죽이는 일"이라 표현한 것은 독립운동 진영 내에서 빈번하게 일어나는 투서(投書)와 모함, 그로 인한 정적(政敵) 추방과 살상을 의미하였다. 손정도 자신도 그런 모함에 빠져 한동안 오해와 불신을 사기도 했다. 독립이라는 같은 목표를 가졌음에도 정파와 당파, 이념과 지방색으로 나뉘어 상호 불신과 갈등을 조장하며, 살리기보다는 죽이기에 열중했던 시절이었다. 생명과 평화를 추구하는 목회자로서는 견뎌내기 힘든 환경이었다. 결국 그는 '죽임의 정치' 문화가 지배하는 상해를 떠나기로 했다. 그가 '죽음에서 나와 삶을 얻기 위해, 서로 죽이는 것이 아니라 서로

7 "곧 모든 불의, 추악, 탐욕, 악의가 가득한 자요 시기, 살인, 분쟁, 사기, 악독이 가득한 자요 수군수군하는 자요 비방하는 자요 하나님께서 미워하시는 자요 능욕하는 자요 교만한 자요 자랑하는 자요 악을 도모하는 자요 부모를 거역하는 자요 우매한 자요 배약하는 자요 무정한 자요 무자비한 자라 그들이 이같은 일을 행하는 자는 사형에 해당한다고 하나님께서 정하심을 알고도 자기들만 행할 뿐 아니라 또한 그런 일을 행하는 자들을 옳다 하느니라."(롬 1:29~32)

8 "죽음에서 나와 영생의 참 사람을 어드라", 〈손정도 목회 수첩〉.

돕고 살리는 운동을 하기 위해' 선택한 곳이 길림이었다.

그렇게 길림에 도착한 손정도 목사가 '서로 돕고 살리는 운동'을 시작한 곳이 교회였다. 그는 교회에 복귀하여 '생명 목회'를 시작하였다. 손정도 목사는 길림으로 옮긴 직후인 1924년 1월 15일부터 1월 24일까지 하얼빈에서 개최된 미감리회 만주지방 연합사경회에 참석하여 배형식 목사, 동석기 목사, 김응태 목사와 함께 교인들에게 성경과 교리를 가르쳤다.[9] 그로서는 6년 만의 목회 복귀였다. 더욱이 그가 사경회를 인도한 하얼빈은 12년 전(1912년) 중국 선교사로 부임해서 본격적인 활동을 하려다가 가츠라암살음모사건 혐의로 체포되어 국내로 압송되었던 곳이기도 했다. 그를 하얼빈 사경회 강사로 초청한 배형식 목사는 진남포에서 목회를 시작할 때부터 사귄 그의 오랜 목회 동료이자 독립운동 동지였다. 그런 배형식 목사가 북만주지역 선교를 관장하는 만주지방 감리사로 사역하고 있었던 것도 손정도 목사에게 힘이 되었다. 오랜 친구 목사로부터 "길림으로 와서 목회와 선교를 함께하자."는 요청을 받았는지도 모른다.

손정도 목사가 1912년 국내로 압송된 후 한 동안 하얼빈은 물론 북만주 지역 감리교 선교는 한동안 재개되지 못했다. 1913년 진도 유배에서 풀려난 손정도 목사는 곧바로 만주로 복귀하려 하였지만 총독부 압력으로 출국하지 못했다. 그는 서울 동대문교회와 정동교회에서 목회를 하면서도 미감리회 연회에 만주선교 재개를 계속 요청하였고 마침내 1918년 연회에서 배형식 목사를 만주에 파견하여 선교지역을 탐색하도록 결정하였다. 이에 배형식 목사는 1년간 북간도와 시베리

9 "만주지방 사경 급 담임자회", 〈기독신보〉 1924.1.16.

아, 북만주, 남만주 일대를 순회하며 만주선교 후보지를 물색하고 귀국하였는데 1919년 3·1운동 발발로 만주선교를 즉각 재개하지 못했다.[10] 그 사이에 남감리회 선교부에서는 1919년 연회에서 만주·시베리아 선교를 결의하고 만주 길림에 최수영 목사, 시베리아에 정재덕 목사를 각각 파송했다. 그리하여 길림에는 최수영 목사에 의해 남감리교회가 먼저 세워졌다.[11] 남감리회 연회에서는 1921년 3월 시베리아에 있던 정재덕 목사를 길림에 합류시켜 신안촌과 액목현에도 교회를 설립하였다. 당시 교인수는 길림에 20명, 신안촌에 40명, 액목현에 50명 수준이었다.[12] 그 사이 미감리회의 배형식 목사는 1921년 3월부터 본격적으로 만주선교를 시작하였다. 그는 1년 사이에 장춘과 하얼빈, 사평가, 흡나소, 영고탑, 도뢰소, 고유수, 공주령, 오가자, 진가둔, 철령, 무순, 봉천 등지에 교회 혹은 기도처를 설립하였다.[13]

이에 미감리회 선교부에서는 1923년 만주지방 선교사 배형식 목사 외에 봉천에 박희숙, 장춘에 이홍주, 길림에 김응태, 화전에 한기모, 신참에 최학규, 액목현에 이광태, 영안현에 강병주, 하얼빈에 이원재 전도사를 추가로 파송하여 만주지방 선교력을 강화하였다.[14] 남감리회 연회에서도 남녀 선교사와 전도인들을 만주에 파송하여 선교영역을 넓혀 나갔다. 그렇다 보니 같은 지역에서 미감리회와 남감리회 선교사와 목회자들이 경쟁하는 모습을 보였다. 이에 1923년 1월 남감리회와 미감리회 선교부 사이에 '선교지역 분할협정'을 맺

10 배형식, "만주선교 상황(1)", 〈기독신보〉 1922.9.13.
11 양주삼, 『조선남감리교회 30주년기념보』, 176.
12 "만주교회 소식", 〈기독신보〉 1921.3.16.
13 "남북만주선교후문", 〈기독신보〉 1921.12.7.; 배형식, "만주선교 상황", 〈기독신보〉 1922.9.13.~10.18.
14 "점차 발전되어 가는 남북만주의 선교사업", 〈기독신보〉 1923.1.10.; *ARMEC* 1923, 228.

고 남북만주 지역은 미감리회가, 북간도와 시베리아지역은 남감리회가 맡기로 했다. 이에 따라 남감리회에 속했던 길림과 신안촌, 신참, 화전, 액목, 돈화 지역 교회들이 미감리회로 이양되었고 도뢰소, 고유수, 공주령, 오가자, 무순 등지 교회는 남감리회로 이양되었다. 미감리회로 넘어올 당시 길림교회 교인은 64명이었고 액목현교회는 211명, 신참교회는 41명이었다.[15] 이들 세 교회를 손정도 목사가 담임하게 되었다.

이렇듯 배형식 목사의 활동으로 만주지역 교회가 늘어나자 1923년 9월 서울 정동교회에서 개최된 미감리회 연회에서는 만주지역 교회들만으로 지방회를 구성하고 배형식 목사를 초대 감리사로, 노블을 협력 선교사로 파송했다. 이후 배형식 목사는 하얼빈에 거주하면서 지방 교회들을 관리하였다. 그리고 길림교회에 김응태 목사, 액목현교회에 이광태 전도사, 신참교회에 최학교 전도사, 장춘교회에 이홍주 전도사, 봉천교회에 동석기 목사, 화전교회에 허영백 전도사, 철령교회에 김성홍 전도사가 파송되었다.[16] 그렇게 남감리회와 선교구역을 분할한 미감리회 선교부는 1924년 1월, 북장로회 선교부와도 만주지역 선교구역 분할협정을 맺었다. 그 결과 북장로회는 봉천과 무순 이남지역, 미감리회는 봉천과 사평가 이북지역을 맡기로 했다.[17] 봉천을 공동 선교구역으로 삼아 북쪽은 미감리회, 남쪽은 북장로회가 맡았다. 이로써 미감리회는 두 차례 선교구역 분할협정을 거치면서 길림과 하얼빈을 중심으로 액목현과 장춘, 신참, 영고탑 등 북만주 지

15 *ARMEC* 1922, 190.; 배형식, "남북만주선교보고", 〈기독신보〉 1923.6.6.
16 〈예수교미감리교회 조선연회록〉 1923, 33.; *KMEC* 1923, 244.
17 "만주선교구역 획정", 〈기독신보〉 1924.3.12.

역과 내몽고를 선교구역을 삼게 되었다.

다음은 선교구역 분할협정이 마무리 된 후 1924년 연회에 만주 지방 협력 선교사 노블이 제출한 보고서 내용이다.

> "만주는 중국 변방에 위치한 곳으로서 중국과 조선, 그리고 원동지역 접경이기 때문에 중국인과 조선인, 일본인, 러시아인들이 섞여 살고 있다. 만주에 있는 조선인을 위한 선교사역은 수년 전 국내의 여러 교회들이 관심을 가지고 시작하였으며 선교구역 분할협정 결과 이 지역은 미감리회 지역이 되어 한국 감리교회의 내외국선교회에서 보조하고 있다. 이곳 북방지역에 사는 한국인들은 참으로 어려운 생활을 살고 있다. 중국 군인들과 마적 떼의 약탈로 1년 농사를 지어도 남는 것이 없어 굶는 사람들이 많고 흉년까지 더해 차마 볼 수 없는 형편에 처해 있다. 현재 감리사(배형식)는 지난 1920년부터 이곳에 와서 4년 동안 사역하고 있다. 작년 연회에서 만주 지방회가 설립되면서 그가 감리사로 임명을 받았다."[18]

노블 선교사는 배형식 감리사의 지도력을 극찬하였다. 그런 '친구 목사' 배형식 감리사의 안내와 지원을 받으며 손정도 목사는 순조롭게 길림에서 목회를 재개하였다. 손정도 목사의 길림 목회는 '성경연구회'(사경회)로 시작하였다. 1924년 4월 23일 자 〈시대일보〉 기사다.

"길림에 거주하는 조선인의 유일한 집회기관인 기독교회에서는 지난

18 W.A. Noble, "Manchuria District", *KMEC* 1924, 48.

[4월] 14일부터 19일까지 목사 손정도씨 담임으로 성경연구회를 개최하였는바 대성황을 정(呈)하였다."[19]

'성경연구회'는 사경회를 의미했다. 사경회 후 두 달만인 1924년 6월 24~25일 길림교회에서 제1회 만주지방회가 개최되었고 그때 손정도 목사는 정식으로 목회 복귀를 신고하였다.[20] 그리고 3개월 후, 1924년 9월 17일부터 9월 22일까지 서울 정동교회에서 미감리회 제17차 연회가 개최되었다. 이 연회에서 손정도 목사는 '연회원'으로 재허입(再許入)되고 길림교회와 신참(新站)교회 담임자로 파송을 받았다. 손정도 목사는 1918년 연회에서 휴직 청원을 내고 중국으로 망명한 후 '휴직' 혹은 '본처 목사' 신분으로 있다가 6년 만에 정식 연회원으로 복귀하였다. 그와 함께 만주지방에 파송된 목회자로는 지방 선교사로 노블, 액목현교회에 이광태, 장춘교회에 허영백, 하얼빈교회에 김응태, 봉천교회에 최성모, 영고탑교회에 동석기 목사 등이었다.[21] 손정도 목사로서는 '오랜 목회와 선교 후원자' 노블 선교사와 다시 만난 것이 기뻤고 3·1독립선언서에 민족대표로 서명했던 최성모 목사, 남양 3·1독립만세운동을 주도하고 옥고를 치른 동석기 목사와 같은 지방에서 사역하게 된 것도 반가웠다.

그러나 정작 손정도 목사는 자신의 목회 복귀를 승인한 서울 연회에 참석하지 못했다. 상해에서의 독립운동 전력 때문에 일본 경찰 당국의 감시와 추적을 받고 있었기 때문이었다. 1921년 5월 상해임시

19 "성경연구회", 〈시대일보〉 1924.4.23.
20 "중국 만주지방 감리사 배형식씨의 본국교회에 送呈하는 서한", 〈기독신보〉 1924.6.25.
21 〈예수교미감리회 조선연회록〉 1924, 21; *KMEC* 1924, 37.

정부 기관인 구국모험단 단원 오학수, 함석은, 지응진 등이 국내에 잠입해서 군자금 모금활동을 하다가 체포되어 재판을 받은 일이 있었다. 그때 손정도 목사는 이동휘, 이동녕, 박용만, 노백린, 이시영, 고일청, 신규식, 안창호, 김규식, 선우혁, 안병찬, 이탁 등 임시정부 요인들과 함께 배후 인물로 기소되어 궐석재판에 회부되었지만 끝내 체포하지 못한 관계로 경성고등법원은 1924년 3월 12일 '공소기각' 판정을 내렸다.[22] 손정도 목사는 '사법 처리' 대상에서 벗어나기는 했지만 여전히 일본 경찰당국의 '요시찰 인물'로 1차 체포 대상이었기에 귀국해서 연회에 참석할 수 없었다. 그래서 그의 연회 복귀 절차는 배형식 감리사가 대신하여 처리했다. 감독이나 연회원들도 그런 사정을 알고 있었기에 비록 연회에는 불참했지만 손정도 목사의 연회 복귀와 목회 파송을 진심으로 환영하였다.

손정도 목사가 길림으로 옮긴 후 또 하나 얻은 행복은 가족의 합류였다. 그는 길림교회에서 목회를 시작한 1924년 1월, 독립군 연락원을 통해 평양 가족에게 "길림으로 오라."는 전갈을 보냈다. 남편으로부터 연락을 받은 박신일은 곧바로 짐을 꾸려 평양을 떠났다. 손원일의 증언대로 "도망치듯 떠난 길이었다. 짐 꾸러미도 간단했다. 역두에서 눈물을 흘려줄 사람도 없었다."[23] 그때 원일은 광성학교 4학년, 원태는 1학년이었고 인실은 일곱 살이었다. 아버지가 중국 망명을 떠날 때(1919년) 원태는 다섯 살, 인실은 두 살이었기 때문에 아버지 얼굴을 기억하지 못하고 있었다. 며칠 밤낮을 기차를 타고 길림에 도착했을 때 역으로 마중 나온 '중국옷 차림'의 아버지를 몰라본 것도 당연했

22 〈이동휘 외 경성고등법원 형사부 판결문〉(1924.3.12.)
23 손원일, "나의 이력서(13)", 〈한국일보〉 1976.10.16.

다. 그 장면을 원태는 이렇게 증언했다.

> "얼마 지나지 않아 중국옷을 입은 중년 남자가 우리에게 다가왔다. 그의 이마에는 선명한 흉터가 있었는데 우리 모두에게 큰 인상을 남겼다. 그는 원일 형과 인실, 그리고 나를 차례로 안아 주었다. 그는 내 이마를 가볍게 치면서 '이런, 몰라보게 컸구나.' 하였다. 그는 어머니와 다정스럽게 이야기를 나누었다. 어머니는 안도와 행복에 겨워 눈물을 흘렸다. 우리는 그 남자가 타고 온 마차에 올라탔다. 눈 녹은 길이라 울퉁불퉁했지만 나는 마차 안에서 평온과 행복을 느꼈다. 얼마 후 마차는 교외로 나가 예배당에 붙어 있는 중국식 주택 앞에 멈추었다. 나는 중국식 좁은 계단을 오르다가 미끄러졌다. 그러자 그 남자가 재빨리 나를 붙잡아 일으키며 괜찮으냐고 물었다. 나는 친절하고 상냥한 그가 마음에 들었다. 나는 원일 형에게 귓속말로 그가 누구냐고 물었다. 그러자 원일 형은 큰 소리로, '원태야, 아버지야.' 하며 웃어 제꼈다."[24]

그렇게 '한바탕 웃음'으로 시작된 손정도 목사 가족의 길림 생활이었다. 손원일의 기억에 의하면 그때까지도 길림 한인교회는 독자적인 예배당이 없어 길림성 안에 있던 중국인교회 예배당을 빌려 사용하고 있었는데 손정도 목사의 임시숙소도 그곳에 있었다. 한인교회는 1년 후 길림성 대동문 밖에 50평 규모의 벽돌 예배당을 마련하고 목사 사택도 마련하여 손정도 목사 가족은 그리로 옮겼다.[25] 그러면서

---

24 Won Tai Sohn, *Kim Il Sung and Korea's Struggle: An Unconventional Firsthand History*, 29.
25 손원일, "나의 이력서(15)", 〈한국일보〉 1976.10.19.

교회 부속학교로 영신소학교와 유치원도 설립했다. 손정도 목사는 평양에서 광성학교를 다니다가 온 원일을 중국인 사립 육문(毓文)중학교에 입학시켰다가 1년 후 기독교계통 문광(文光)중학교로 전학시켰다. 그리고 원태는 중국인 소학교에, 진실은 교회부속 유치원에 각각 입학시켰다. 이처럼 손정도 목사는 '살벌했던' 상해를 떠나 길림으로 자리를 옮긴 후 가족의 합류로 한층 안정적인 생활환경을 얻었다. 이를 배경으로 '살리는 목회'를 시작했다.

2) 만주선교와 길림 목회

상해를 떠나 길림으로 자리를 옮기면서 목회에 복귀한 손정도 목사는 1924년 8월 만주선교와 길림 목회에 임하는 자신의 심정과 각오를 담은 "만주선교의 요구"라는 글을 〈기독신보〉에 발표했다. 상해 망명 이후 6년 만에 국내 목회자와 교인들에게 보내는 문안편지이기도 했다. 그는 우선 만주의 '조선인 생활상'에 대하여 "아직까지 사농공상에 터가 잡히지 못하였고 사회는 조직과 질서가 없어 심히 복잡한 상태"이며 여기에 "무례한 중국민과 홍의적의 해를 입어 촌 농민은 더욱 살 수 없는 형편이라" 그런 곳에서 선교한다는 것이 "보통으로 어려운 일이 아니요 크게 어려우며 순경이 없고 역경뿐이라."고 지적하였다. 그런 면에서 "만주선교에 대한 요구도 보통이 아니고 특별한 요구가 있을 것이라"며 만주선교에 시급한 요구 사항을 다섯 가지로 정리하였다.[26]

첫째, 용감하고 모험심을 갖춘 전도자가 필요하였다. 치안이나

---

26 손정도, "만주선교의 요구", 〈기독신보〉 1924.8.6.

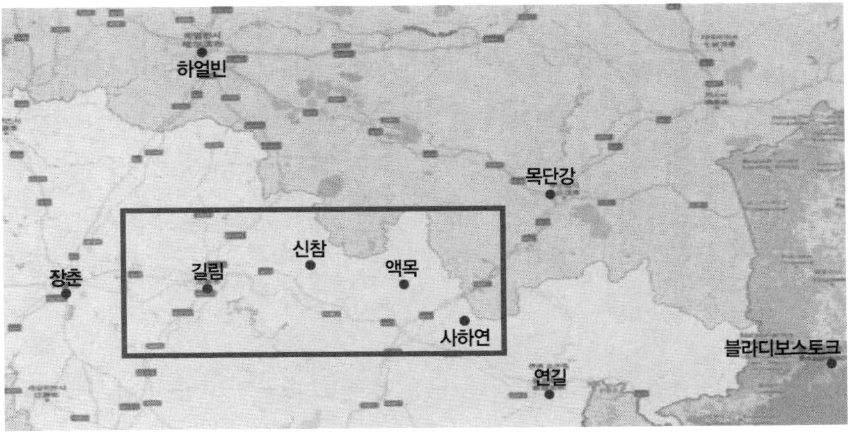

손정도 목사의 목회지역

기후, 교통이나 경제 상황이 매우 열악한 환경에서, 넓은 지역에 흩어져 살고 있는 한국인 동포들을 돌봐야 하는 선교 사역이었기에 국내 목회와는 전혀 다른 각오가 필요했다.

"길림성에서 일백 팔십 리를 가야 신참(新站)이라 하는 것이 있는데 조선 사람이 여기서 중국 사람의 집을 한 칸씩 얻어 있으며 농사를 하는 동포가 있습니다. 그곳에서 교인이 한 오십 명 되는 것을 보았으며 또 그곳에서 떠나 다시 일백 팔십 리를 가야 액목현(額穆縣)교회가 있고 다시 일백 삼십 리를 가야 사하연(沙河沿)교회가 있습니다. 그 중간에는 조선 사람이 별로 없는 모양 같습니다. 험악한 산골에는 금수(禽獸)의 소리와 물 흐르는 소리와 홍의적(紅衣賊)의 총소리만 들릴 뿐인 태산준령을 넘어 갈 때는 새벽 동 트기 전에 넘어야 하는 고로 식전에 오십 리, 육십 리씩을 넘어 보았습니다. 그러면서도 홍의적에게 잡혀 고

생도 좀 당하여 보았습니다. 그럼으로 만주에서 전도하는 일은 특별한 용감과 모험이 있어야 하겠고 길도 잘 걸어야 하겠습니다. 따라서 추위도 잘 견뎌야 하겠습니다. 만주의 찬바람은 뼈 속까지 춥습니다. 배고픔을 잘 참어야 하겠습니다. 음식이 좋지 못할 뿐 아니라 굶게 되는 때도 종종 있습니다. 마적의 위험도 두려워하지 아니하여야 하겠습니다. 만주에는 도적이 아닌 사람보다 도적이 많은 듯합니다."27

만주의 추위와 음식, 열악한 교통 환경도 힘들었지만 가장 두려운 것은 마적의 습격과 약탈이었다. 손정도 목사가 처음 담임한 신참교회의 경우, 1년 전에 부임했던 최학규 전도사의 부인이 교회를 습격한 홍의적들에게 살해당하는 바람에 결국 최학규 전도사는 만주 목회를 포기하고 귀국했다. 손정도 목사도 홍의적들에게 잡혀 고생한 적이 있었다. "만주에는 도적이 아닌 사람보다 도적이 많은 듯하다."는 표현에서 만주선교지 형편을 읽을 수 있다.

둘째, 그럼에도 '자신력'(自信力)을 갖춘 전도자가 필요했다. 그 자신력은 '초월적인' 신앙과 '거룩한' 소명감에서 나오는 것이었다. 선교사나 목회자, 전도자는 "세상 교회가 택한 것이 아니라 하나님께서 성신으로, 예수 그리스도를 위하야 증인이 되라고 선택한" 자들임을 인식할 필요가 있었다. 손정도 목사는 사도 바울을 예로 들었다.

"우리는 사도 바울을 생각합시다. 바울은 다른 사도보다 형식상 차이가 있습니다. 그런고로 바울이 전도할 당시에 어떤 사람은 바울은 사

---

27 앞 글.

도가 못 된다는 말도 있었습니다. 그러나 바울은 예수 그리스도가 자기를 이방의 사도로 택하심을 자신하고 조금도 의심 없는 것은 성신이 그 마음에 증거험이외다. 이로 인하야 바울의 자신에는 하나님께서 온갖 권세를 다른 사도에게 주시는 대로 자기에게도 주신 줄 알았으며 자기를 택하신 주께 충성하기를 다른 사도들이 충성함과 같이 하였나이다."[28]

셋째, 선교 후원이 필요하였다. 손정도 목사는 일선에 나가 싸우고 있는 군대가 승리하려면 후방 국민들이 한 마음으로 단결하여 후원해야 하듯, '전쟁터와 같은' 만주에서 선교가 성공하려면 국내 교인들의 지속적인 기도와 후원이 있어야 했다.

"간절한 후원이 있어야 할 것이외다. 어느 나라 군인이 외국과 전쟁하러 간 후에 그 나라 백성이 그 군인의 죽고 사는 것이나 승전하고 아니함을 불관하면 그 군인이 승전키 어려울 것입니다. 그러나 전쟁에 나간 군사를 위하야 남녀노유가 정성을 다하여 후원하고 사생을 같이하는 동정이 있으면 전쟁하는 군인에게 큰 위로를 주어 용감심이 더욱 분발할 것입니다. 이와 같이 우리 만주선교 사업에 대하야 내지에 계신 교회 형제자매가 간절한 마음으로 주께 기도하고 마음을 합하고 힘을 합하여 후원을 해 주어야 하겠습니다."[29]

넷째, 교육기관 설립이 필요하였다. 교육은 교인 뿐 아니라 동포

28 앞 글.
29 손정도, "만주선교의 요구(2)", 〈기독신보〉 1924.8.13.

사회의 미래, 그에 대한 소망을 심어주는 현장이었다.

> "교육기관을 가급적 속히 만들어야 하겠습니다. 사람은 육신을 쓰는 고로 육신의 소망이 없으면 절망됩니다. 절망된 자의 마음에는 하나님 나라의 소망도 알게 해주기가 어렵습니다. 만주의 동포들은 절망에 가까웠음으로 마음에 위로가 될 길이 없나이다. 자식을 나아 기르나 교육시킬 소망이 없으니 배울 길 없는 자가 무슨 소망이 있겠습니까. 우리 교회에서 상당한 교육기관을 만들면 다수 동포가 교회의 은혜를 입게 되겠습니다. 따라서 예수교인도 될 것이외다."[30]

마지막 다섯째, 금전 즉 재정이 필요하였다. 손정도 목사가 말한 재정은 선교사나 목회자가 쓸 생활비나 사업비가 아니었다. 굶주린 만주 동포들을 '먹여 살릴' 돈이었다. 손정도 목사는 자신이 목격한 만주 동포들의 생활상을 이렇게 소개했다.

> "만주 동포의 생활을 대략 말하자면 이러하외다. 내지에서 살 수 없어 빈 손 들고 나온 동포가 다수인데 인정과 풍속이 다른 외국에 와서 말 모르고 돈 없으니 어떻게 살겠습니까. 먼저 온 사람의 소개로 중국인의 집에 우거하야 살게 되나 중국인의 땅을 얻고 중국인의 양식을 먹으며 중국 사람에게 돈을 빛내어 의복을 지으며 가용을 쓰게 되니 1년 동안 농사한 후에 중국 사람에게 이미 쓴 빚을 회계하면 남는 것이 없는지라, 10년이라도 중국 사람의 집에서 떠나 갈 수가 없고 중국인에

30 앞글.

게 종살이가 되나이다."[31]

정치적으로, 경제적으로 국내 고향 땅에서 살 형편이 되지 못하여 무일푼으로 만주 땅에 와서 중국인 집에 '노예처럼' 살고 있는 동포들을 구해낼 '근본적인' 대책이 필요하였다. 구약의 모세가 '애굽 땅에서 노예로 살며 고통당하고 있는 이스라엘 백성을 애굽인의 손에서 구해내는 것'을 하나님의 뜻으로 깨달은 것처럼(출 2:7~10), 만주선교사 손정도 목사도 '만주 땅 중국인 집에서 노예처럼 살며, 중국 군벌과 마적 떼에게 학대와 약탈, 고통을 당하고 있는 조선 동포를 구해내는 것'을 하나님의 뜻이라 여겼다. 이런 '종교적 책임감'에서 손정도 목사는 오랫동안 품어왔던 자신의 구상과 계획을 밝혔다.

"사오십만 동포를 부자유한 생활에서 건져내는 것이 주의 뜻이 아니라고 할 자가 어데 있겠습니까. 저들의 종살이를 벗어나게 하자면 우리가 무슨 방법으로든지 십만 원 가량의 금전을 가져야 농장을 만들어 놓고 저들로 하여금 다 와서 농사하게 하리니 이에 저들은 자유로운 생활을 할 것이요 따라서 돈 낸 사람도 큰 이익을 보고 동포에게 은혜를 줌이 될 것이외다. 이 일에 대하야 명세히 말할 필요가 없는 것은 우리가 다 같이 아는 바이외다."[32]

손정도 목사는 구체적인 방안으로 십만 원(현 시세로 50억 원 정도) 상당의 자본금으로 대규모 농장을 조성하고 '유리걸식'(遊離乞食)하는

31 앞 글.
32 앞 글.

동포들을 집단 이주시켜 자립, 자활하는 경제공동체를 조성하겠다는 구상을 밝혔다. 이런 그의 계획은 2년 후 '농민호조사' 설립으로 구체화되었다.

손정도 목사의 기고문은 만주에서 사역하고 있던 선교사나 목회자들의 생각을 대변한 것이기도 했다. 배형식 감리사도 1924년 10월 〈기독신보〉에 기고한 '만주선교의 결과'란 글에서 만주에 거류하는 동포들의 비참한 경제상황을 소상하게 알렸다. 즉 만주 동포들의 직업은 두 가지인데, "첫째는 농업이니 저들은 중국 토비(土匪)의 약탈과 군인의 횡침(橫侵)으로 인하야 풍년에는 거의 기한(飢寒)이나 면하나 만일 흉년이 들면 유리(流離)에서 유리하야 물에 뜬 마름(萍)잎과 바람에 뒹구는 쑥(蓬) 꽃 같으며, 둘째는 상업이니 곡물상과 요리 영업과 아편 매매인데 나중 두 가지 영업은 영업자 자신만 패망할 뿐 아니라 다수한 관계자로 하여금 동일한 패망을 받게 한다."고 정리하였다.[33] 그러면서 그도 만주 동포사회의 경제적 빈궁문제를 해결할 수 있는 근본 방안을 마련할 수 있도록 지원해 달라 호소하였다.

이런 만주선교사 배형식 감리사와 손정도 목사의 호소에 국내 교인들도 '적극적인 관심'을 보였다. 그것은 선교 후원비 모금과 선교사 파송으로 나타났다. 1920년 처음 만주선교를 시작할 때 1년 선교 후원금이 383원(190달러)이었던 것이 1924년에 이르러 5천 원(2천 5백 달러)로 늘어났으며 여선교회에서는 독자적으로 선교비를 모아 협성여자신학교 1회 졸업생 양우로더(梁雨露德, Rhoda)를 첫 여성 선교사로 북만주에 파송하였다.[34] 양우로더는 1924년 1월 서울에서 출발하여 하

33 배형식, "북감리교 만주선교의 好結果", 〈기독신보〉 1924.10.15.
34 *ARMEC* 1924, 90.

얼빈에 거처를 정한 후 하얼빈과 장춘, 길림, 봉천, 철령 등 미감리회 선교구역을 두 주일 간격으로 순회하며 여자 야학강습소와 부인사경회를 열었다. 양우로더는 그렇게 8개월 동안 사역한 후 잠시 귀국해서 10월 30일 서울 정동교회에서 여선교회 회원들에게 선교보고를 하였다. 그는 자신이 순방했던 북만주 각 지역 교회 상황을 설명하던 중 "하얼빈은 부인회까지 조직되어 그 회 사업으로 유급 교사 3인을 두고 열심히 공부하며, 길림교회도 내가 떠난 후에 손정도 목사께서 담임하여 계속하여 갑니다."고 보고하였다. 양우로더는 이어서 만주 동포들의 '비참한 생활상' 을 이렇게 증언했다.

"거류 동포의 생활 형편으로는 도시는 비교적 나으나 촌으로 가면 말 못 되는 곳도 많습니다. 어떤 교회에는 목사가 순행하다가 여러 날 주린 형제의 붙들고 우는 정형이 참혹하야 여비로 쌀 사서 주고 돌아오는 곳도 있으며 어떤 곳에서는 산모가 해산한 후 먹을 것도 없고 입을 것도 없어 둥우리 안에 집을 깔고 누었다가 모자가 함께 죽었더랍니다. 영육으로 아울러 불쌍한 형제들에게 영혼의 양식을 나누어주는 동시에 물질 상으로 그들의 생활의 방도와 근거를 지어줌이 우리 내지 형제들의 책임입니다. 마지막으로 부끄러운 것은 가는 곳마다 우리의 예배당이란 중국 사람의 집을 세로 얻어 쓰는 것입니다."[35]

1924년 여름 흉년으로 만주동포들의 생활은 더욱 곤궁했다. 이런 보고를 들은 한국교회 교인들은 그해 추수감사절 헌금을 만주선

35 "만주교회 정형", 〈기독신보〉 1925.11.18.

교비로 보내기로 했다. 그 소식을 듣고 만주지방 교회도 추수감사 헌금을 극빈자 동포 구제금으로 쓰기로 하였다. 그렇게 해서 1924년 추수감사 헌금을 실시한 결과 최성모 목사의 봉천교회 39원, 철령교회 23원, 통요교회 50원, 허영백 전도사의 장춘교회 31원, 손정도 목사의 길림교회에서 30원, 신참교회 10원, 이광태 전도사의 액목현교회 10원. 김응태 목사의 하얼빈교회 79원, 동석기 목사의 해림교회 26원 50전, 영고탑교회 41원, 황기둔교회 37원 5전을 모았다.[36] 만주지역 교인들도 가난했지만 더 가난한 동포들을 위해 헌금한 결과였다. 이처럼 어려운 상황에서도 어려운 사람들끼리 '서로 도우며' 살아가는 신앙 공동체는 바로 손정도 목사가 꿈꾸었던바, '호조'(互助)하는 세상이었다.

길림으로 옮긴 이후 손정도 목사는 길림교회와 신참교회 담임자로서 매 주일 180리 떨어져 있는 두 교회를 오가며 예배를 인도하고 교인들을 심방하였다. 그곳은 마적이 수시로 출몰하는 위험한 지역이었다. 그러나 마적의 공격보다 힘든 것이 일본 경찰의 삼엄한 감시와 끊임없는 훼방 공작이었다. 그는 길림으로 온 후에도 여전히 일본 경찰의 '요시찰 인물', '불령선인의 수괴'였다. 그래서 길림에서 그의 행적은 계속 경찰의 추적을 받았고 그 결과는 비밀 보고서를 통해 조선총독부와 일본 정부에 전달되었다. 다음은 1925년 길림과 안동 주재 일본 영사관, 그리고 조선총독부 경무국에서 본국 정부에 보낸 손정도 목사와 관련된 비밀보고서 내용을 정리한 것이다.[37]

---

36 "만주지방감리회 捐金", 〈기독신보〉 1925.1.28.

37 "公第35號: 不逞鮮人行動ニ關スル件"(1925.3.9.), 『日本外務省 外交史料館文書』; "機密 第94號: 正義府支部長會議召集ニ關スル件"(1925.3.13.), 『日本外務省 外交史料館文書』; "機密 第24號: 不逞鮮人行動ニ關スル件(1925.3.30.)", 『日本外務省 外交史料館文書』; "普通 第240號: 吉林歸化鮮人生計會組織

제목(보고일자)	내 용
영신소학교 개교식 (1925.3.9.)	길림 성내에 있는 손정도 목사의 예수교회가 경영하는 유치원을 영신소학교로 개칭하여 3월 2일 개교식을 거행. 유치원은 소학교 부속으로 운영하기로 하고 유치원을 위해 작년 11월부터 평양 감리교회가 매월 40원 씩 보조하고 있음. 현재 교장은 손정도, 교원은 박용, 학무위원은 왕삼덕과 윤인보, 오덕림, 최만영 등이며 현재 유치원생 7명, 소학생 1명.
정의부 지부장회의 (1925.3.13.)	길림에서 양기탁과 손정도, 이청천, 손일민, 최일 등 정의부 수뇌부가 모여 자금 10만원 예산으로 농무조합(農務組合)을 설립하고 토지를 구입하여 미개간지 개척 등에 필요한 자금을 대불하고 농업을 장려하며 보통학교 중학교 서당 등을 설립하기로 발의하고 3월 18일 정의부 각 지부장을 모집하여 토의할 준비를 하는 중.
영신소학교 이전 (1925.3.30.)	3월 31일 길림 성내 쌍의가(雙義街)에 있던 손정도 경영의 예수교회 및 부속 영신소학교를 신개문(新開門) 밖으로 이전.
귀화조선인생계회 조직(1925.8.7.)	7월에 길림성내 조선인 예수교 예배당에서 정의부 고문 양기탁과 임시정부 특별통신기관 손정도 목사 외 3명이 회합하여 귀화한 조선인의 자위책을 '귀화조선인생계회'(歸化朝鮮人生計會)를 조직하고 귀환 조선인들의 한인전과(韓人專科) 관리경무(管理警務) 및 농회(農會) 가입을 청원하기로 하고 교섭위원으로 손정도와 양기탁 두 명을 선정하여 길림성장(吉林省長)과 교섭하기로 함.

ニ關スル件(1925.8.7.),『日本外務省 外交史料館文書』; "機密 第69號: 日韓併合紀念日狀況ニ關スル件"(1925.9.1.),『日本外務省 外交史料館文書』; "高警 際3412號: 所謂日韓合併紀念日ニ於ケル國外不逞鮮人ノ狀況ニ關スル件"(1925.9.24.),『日本外務省 外交史料館文書』; "機密 第87號: 不逞鮮人行動ニ關スル件"(1925.10.1.),『日本外務省 外交史料館文書』; "機密 第100號: 檀君紀念式擧行"(1925.11.19.),『日本外務省 外交史料館文書』; "機密 第100號: 不逞鮮人行動ニ關スル件"(1925.12.15.),『日本外務省 外交史料館文書』.

국치일 행사 (1925.9.1.)	8월 29일 신개문 밖 예수교회당에서 국치기념일 행사. 조선인 학생 마대목 외 20명, 불령선인(귀화인) 고할신 박기백 최만영 전이덕 박용 손정도 등이 국치기념일 행사 주최. 순서는 1) 일동 기립하여 국가 합창, 2) 열사 추모 묵념, 3) 제5중학교 학생 마천목이 국치기념일 소감 연설, 4) 전이덕의 한국 역사 강연, 5) 손정도 목사가 "장래 어떻게 할 것인가"라는 제목으로 연설, 6) 일동 기립하여 애국가 합창. 영신소학교는 休교.
여길학우회 총회 (1925.10.1.)	길림소재 중국인학교에 재학 중인 조선인 학생들이 조직한 여길학우회(旅吉學友會)는 매년 1회 총회를 여는데 금년 총회는 9월 19일 손정도 목사의 교회에서 개최. 36명이 참석하여 임원 선출. 곽의준이 회장, 손정도 아들 손원일이 체육부장. 고문은 손정도와 오인화.
여길학우회 주최 단군기념일 행사 (1925.11.19.)	11월 18일(음력 10월 3일) 여길학우회 주최 단군기념일 연설회를 신개문 밖 손정도 목사 교회당에서 개최. 조선인 60여 명 참석. 순서는 1) 여길학우회 회장 곽의준의 취지 설명, 2) 태극기 경례, 3) 국가 제창, 4) 고할신의 단군 이래 조선역사 설명, 5) 강연회는 손원일(손정도 장남)과 마천무 외 여길학우회원 2명이 "조선독립의 가능성이 있는가?"란 주제로 연설, 6) '대한독립만세' 삼창으로 폐회.
여길학우회 임시총회 (1925.12.15.)	11월 18일 여길학우회 임시총회. 곽의준 회장 사임으로 임원 개선. 회장에 신이순, 부회장 유진동, 재무 안병기, 서기 최몽덕 선출. 고문은 손정도와 오인화.

일본 경찰의 비밀보고서 내용을 종합해 보면 손정도 목사는 1) 길림 성 안에 '쌍의가'(우마항)에 있던 중국인교회를 빌려 사용하던 한인교회를 1925년 3월 신개문(대동문) 성 밖에 새 건물을 마련한 후 그곳으로 옮겼고, 2) 그와 함께 교회부속 영신소학교와 유치원도 옮겼으며, 3) 양기탁과 이청천, 손일민 등 정의부 지도부와 수시로 회합하여 귀화한 조선인들의 생계를 위한 후원회를 조직하였고, 4) 자본금 10만

원 규모의 농무조합을 설립하여 무의탁한 조선인들을 위한 농장 설립을 계획하였으며, 5) 길림의 중국인학교에 재학 중인 조선인 학생들이 조직한 여길학우회 고문으로서 여길학우회 총회 및 학우회 주최 국치일행사, 단군기념일 행사를 적극 후원하였다.

길림에 와서 손정도 목사가 추진했던 중요한 사업이 150만 한인 동포들의 신분 보장과 생계 기반을 마련해 주는 일이었다. 그런 목적에서 손정도 목사는 8월 정의부 고문 양기탁과 함께 '귀화조선인생계회'를 조직해서 길림성 정부와 교섭했다. 손정도 목사는 오인화 주선으로 9월 중순 왕(王) 길림성장을 면담할 수 있었다. 그는 '대한민국 임시정부 특별통신' 직함으로 교민 대표 오종한과 함께 길림성장에게 1) 길림성에 귀화한 조선인 문제를 다루는 전문부서를 두어 조선인 문제는 조선인들이 자치적으로 처리할 수 있도록 하고 2) 귀화한 조선인들도 중국인처럼 농무회(農務會)와 교육회 같은 자치단체를 조직해서 자치적으로 활동할 수 있도록 해달라고 요청하였다. 길림성장은 이런 요청을 받아들였고 그 사실이 국내에서 발행되는 〈시대일보〉에 실리기도 했다.[38]

그리고 주목을 끄는 것은 당시 문광중학교에 다니던 손원일이 여길학우회 임원으로서 독립운동 관련 행사와 연설회에 참여하였다는 점이다. 경찰은 그 사실을 보고하면서 '손정도의 아들'이라는 점을 강조했다. 그만큼 경찰은 '손정도-손원일' 부자(父子)의 '민족운동 계승'을 경계하였다. 실제로 아버지의 영향을 받아 민족의식이 강했던 손원일은 문광중학교 운동부장으로 활약하면서 조선인 학생들

38 "王 吉林省長 요구 전부를 승낙", 〈시대일보〉 1925.10.21.

길림교회가 있던 대동 밖 조양로 일대 모습(2009년)

을 "까오리(고려인) 망국노(亡國奴)"라며 희롱하는 중국인 학생들과 패싸움을 벌인 적도 있었다.[39] 손원일은 문광중학을 졸업하고 상해로 유학을 떠나기 전 잠시 길림교회 유치원 교사로 아버지를 도운 적이 있었는데 그때 직접 만들어 아이들에게 가르친 노래를 동생 원태가 기억하고 있었다.

"이국의 철없는 아해들아 웃지 마라
마른 풀도 봄이 오면 꽃 필 때 있으리
우리 커서 나라를 찾으면 기쁨에 겨운 마음으로
고향 찾아갈 날 있으리 고향 찾아갈 날 있으리"[40]

39 손원일, "나의 이력서(14)", 〈한국일보〉 1976.10.17.
40 손원일, "나의 이력서(16)", 〈한국일보〉 1976.10.20.; Won Tai Sohn, *Kim Il Sung and Korea's Struggle: An Unconventional Firsthand History,* 52.

막내 동생 인실도 그때 큰오빠 원일이 가르쳐 준 노래를 기억하고 있었다.

"아버지는 저 먼 곳에 계시니라
그곳에서 우리 동포 가르치신다
얼마 있어 기를 들고 오실 터이니
그때까지 공부 잘코 기다리어라"[41]

원일이 유치원 학생들에게 가르친 노래는 모두 독립운동에 관련된 것이었다. 광복군 군가 같기도 했다. 손정도 목사는 그런 아들의 모습을 대견스럽게 지켜보았다.

그렇게 손정도 목사는 길림에 와서 목회에 집중하면서도 독립운동, 민족운동에도 지속적인 관심을 갖고 참여하였다. 그가 담임한 교회는 단순한 종교 시설이 아니었다. 길림지역 한인 교포들의 피난처였고 어린 교포자녀들에게 한국어와 한국 역사를 가르치는 학교였으며 중국인 학교에 다니는 청소년 학생들에게는 친교와 민족의식을 함양하는 교육공간이었다. 더욱이 정의부를 비롯한 독립운동단체와 교포사회 지도자들도 수시로 교회나 손정도 목사 사택에 모여 '나랏일과 교포사회 문제'를 논의하였다. 원태의 증언이다.

"길림교회는 만주를 떠도는 수천 명 동포들의 피난처가 되었다. 신앙문제로 찾아오는 사람들만이 아니었다. 도와줄 사람이 없는 이주 동포

41 안혜령, 『손인실: 사랑과 겸허의 향기』, 29.

들, 쫓기고 있던 독립군들, 그 외에 생활기반이 없는 사람들이 목사관으로 찾아와 도움을 요청했다. 우리 집 부엌에는 큰 중국 솥이 걸려 있었는데 어머니는 밤이고 낮이고 밥을 짓고 국을 끓여 손님들을 대접했다. 우리 집은 그런 사람들의 휴식처와 숙소가 되었다. 그들이 다음 목적지를 정하고 떠날 때면 아버지는 여비로 쓰라며 주머니를 털어 돈을 주시곤 했다."[42]

길림성 대동문(大東門) 밖 길림교회 안에 있던 손정도 목사 사택은 만주지역 독립군들이 자주 들러 숙식을 해결하는 곳이었다. 손원태는 그 당시 손정도 목사 집을 자주 찾았던 독립운동가로 현익철(일명 현묵관, 정의부 중앙행정위원회 위원장)과 김이대(정의부 길림지역국위원장), 이웅(정의부 군사국위원장), 안풍(정의부 군수국 1부대사령관), 장철호(정의부 군사국 2부대사령관), 이동훈(강서 출신, 정의부 특별파견대사령관), 김구(강서 출신, 정의부 경찰사업부책임자), 이옥천(정의부 경찰사업), 고할신(일명 고원암, 용강 출신, 정의부 중앙위원, 유일당 행정조직원) 등을 기억하였다. 그 외에 정의부 내에서 좌파를 형성했던 이종락과 현정경, 차광수, 최창걸, 화요파 공산당 소속이었던 류금청과 여성 독립운동가 이장청도 손정도 목사 집에 자주 들렀다. 손원태는 이장청에 대하여 "단발머리에 파란 독립군복을 입고 총을 차고 말을 타고 다녔다. 여성 독립운동가로는 드물게 우리 집에 종종 왔는데 어머니가 좋아했다. 그는 팔소매를 걷어 부치고 어머니를 도와 부엌일을 하였다."고 회고하였다.[43]

또한 손원태는 손정도 목사 집을 자주 찾았던 인물로 고할신과

---

42 Won Tai Sohn, *Kim Il Sung and Korea's Struggle: An Unconventional Firsthand History*, 46.
43 위 책, 43~45.

오인화

김구, 이옥천(손정도 목사 집에 거주), 오인화 등을 꼽았다. 그중에도 오인화(吳仁華)와는 특별한 관계였다. 손 목사 보다 나이가 아홉 살 아래로 본명은 윤원식(尹元植 혹은 尹亨植)이었는데 손정도 목사가 목회했던 진남포교회 부속 삼숭학교를 거쳐 서울 경신학교를 졸업한 후 1911년 '차병수 사건' 때 중국 만주로 망명하여 서간도와 북간도 일대에서 독립운동을 하다가 길림으로 옮긴 후 중국으로 귀화하면서 '오인화'로 이름을 바꾸었다. 그는 액목현 고등학교를 거쳐 길림사범학교를 졸업한 후 길림성 고등법원 일문(日文) 번역원으로 근무하면서 길림성 교섭국과 경찰청 통역관으로도 일했다. 중국어와 일본어가 능통했던 그는 자연스럽게 한인동포사회와 길림성 정부기관을 연결하고 중계하는 역할을 감당하였다. 그런 배경에서 오인화는 중한호조사 길림지부 대표직을 맡아 손정도 목사 일을 도왔다.[44]

그러나 손정도 목사가 길림으로 이주한 후에도 가장 반갑게 맞이했던 인물은 안창호였다. 길림에서 두 사람의 만남에 대한 원태의 증언이다.

"아버지가 상해를 떠나 길림에 자리를 잡은 후 안창호는 중국 동북부 지역에서 독립운동을 확대해 나갔다. 두 분의 친분관계는 계속 이어졌

44 "오인화씨 약력", 〈동아일보〉 1931.4.21.; 배형식, 『고 해석 손정도 목사 소전』, 18.

> 다. 나는 그가 길림 우리 집에 오는 것을 여러 번 보았다. 그와 아버지는 밤새도록 이야기를 나누었는데 날이 밝아서야 밤을 샌 것을 알아차리곤 하였다. 때로 그들은 무술의 일종인 태극권을 하곤 하였다. 나와 인실은 문틈으로 그 모습을 보면서 터져 나오는 웃음을 참느라 손으로 입을 가리곤 하였다. 어머니가 엄한 눈으로 우리를 나무라듯 보시면 우리는 문을 닫고 방안으로 들어가곤 하였다." 45

인실도 길림 집을 방문했던 독립운동가들에 대한 기억이 많았다. 그중에도 이동녕에 대한 기억이 남달랐다.

> "때로 몇몇 독립군들이 교회에 오래 머물기도 했다. 이동녕도 그중 한 사람으로 수염이 길어 할아버지 같았던 그는 종종 원태에게 '원태야, 독립이 되면 국기를 어떻게 만들어야 할까.' 묻곤 했다. 굳이 원태의 의견을 들으려기보다는 아마도 제 생각을 정리하느라 그랬을 것이다. 아이들로서는 보고 듣는 것이 모두 조국 광복을 위해 모진 고난을 감수하는 사람들과 그 핍박받고 곤궁한 생활이었으니 애국심은 물론이요. 희생과 헌신이라는 귀중한 가치를 마음에 새기게 되었다." 46

당시 많은 동포와 독립운동가들이 몰려들고 있었던 길림이었기에 정치적인 탄압과 박해도 심했다. 일본은 길림과 주변 만주지역에서 독립운동 세력을 축출하기 위해 신흥 만주군벌인 장작림과 장작상 형제에게 압력을 넣어 한인 교포사회와 독립운동 지도자들을 탄압하

---

45 Won Tai Sohn, *Kim Il Sung and Korea's Struggle: An Unconventional Firsthand History*, 72.
46 안혜령, 『손인실: 사랑과 겸허의 향기』, 27.

도록 유도했다. 실제로 길림성 독군(督軍) 장작상은 1924년 6월, "조선인의 행동이 국법에 위배됨이 있기 때문이라."는 이유로 길림에 거주하는 한국인 호구와 직업을 일제 조사한 바 있었다.[47] 호구조사를 한 것은 세금 징수에도 목적이 있었지만 귀화 압력이기도 했다. 그리고 이를 빌미로 한인 동포나 독립운동가들을 이유 없이 체포하는 경우가 많았다. 이런 때 손정도 목사가 나서서 문제를 해결하곤 하였다. 이에 대한 원일의 증언이다.

> "아버지가 길림을 선택해서 정착을 시도한 것은 이 같은 동포들의 상황 때문이기도 했다. 동포들을 우선 신앙으로 뭉치게 하고 억울한 사정이 있을 때 관청 출입을 대신 해주는 등 목사와 변호사 역할을 동시에 맡아낸 것이다. 교회는 어느덧 길림 일대 동포들의 안식처가 됐다. 스스로 차처하지 않아도 아버지는 동포사회의 정신적 지도자로 부각되기에 이르렀다."[48]

그렇게 손정도 목사를 찾아오는 방문객과 나그네들을 대접하는 일은 언제나 부인 몫이었다. 박신일은 남편을 찾아 길림으로 왔지만 경제 사정은 나아진 것이 전혀 없었다. 교회는 새 예배당을 마련하고 옮긴 후 교인 수가 2백여 명으로 늘었지만 가난한 교인들이 내는 헌금으로는 교회와 소학교, 유치원을 유지하는 데도 급급하였다. 더구나 손정도 목사는 생활비를 아내에게 준 적이 없었다. 아내도 그것을 기대하지 않았다. 결국 가족 생계비와 3남매 교육비는 따로 벌어야 했

47 "길림주재 鮮人의 戶口 及 職業 調査", 〈기독신보〉 1924.6.4.
48 손원일, "나의 이력서(15)", 〈한국일보〉 1976.10.19.

길림 대동문

다. 그 무렵 대동문 밖에 최만영이 경영하는 대풍정미소가 있었다. 박신일은 거의 매일 그곳에 가서 쌀에서 돌을 골라내는 '날품'을 팔았다. 원태의 증언이다.

"어머니는 조금이라도 생활에 보탬이 되고 우리를 먹여 살리기 위해 정미소에 가서 쌀에서 돌을 골라내는 일을 하셨다. 나도 여러 번 정미소에 가서 어머니 일을 도왔다. 추운 겨울에 쪼그리고 앉아 돌을 골라내는 일은 쉬운 일이 아니었다. 하루는 어머니에게 왜 이런 어려운 일을 하느냐고 물었다. 그러자 어머니는 깊은 한숨을 쉬신 후 '그럼 어떡하니. 이렇게라도 해서 한 푼이라도 벌어야지. 아버지 주머니로 들어간 돈은 다른 사람에게 나가버리니.' 하셨다. 아버지는 돈을 가난한

동포나 독립운동가들만을 위해 쓰셨다." [49]

남편이 중국 선교사로 떠났을 때, 진도에서 유배생활을 하고 있을 때, 그리고 다시 중국 망명을 떠났을 때 아내 박신일은 홀로 평양에 남아 기홀병원 허드렛일을 해서 자녀들을 키우고 가르쳤다. 길림에 와서 '독립운동가의 아내이자 담임목사의 부인'이 되었음에도 그는 여전히 정미소에 가서 '날품'을 팔았다. 손정도 목사는 그런 아내에게 미안했다. 원일의 증언이다.

> "생생한 기억이 한 가지 있다. 한밤중에 손님이 닥쳤다. 간도 쪽에서 어디론가 이동해가던 독립군 부대였다. 이때 집에는 밥이 없었다. 돈도 없었다. 그러나 어머니는 무슨 수를 썼는지 밥을 구해 왔고 반찬도 푸짐하게 장만해 그들을 대접했다. 손님들이 물러간 뒤 어머니의 정성에 고마워하던 아버지의 모습이 지금도 눈에 선하다." [50]

이렇듯 손정도 목사는 길림으로 자리를 옮긴 후 길림교회 목회자, 교포사회 보호자, 독립운동 지도자로서 1인 3역을 감당하였다. 상해에서보다 훨씬 바쁘고 긴장된 생활이었다. 그만큼 고되었지만 보람도 있었다. '죽이는' 일이 많았던 상해와 달리 길림에서는 '살리는' 운동을 많이 할 수 있었기 때문이었다. 손정도 목사에 대한 일본 경찰의 감시와 훼방이 더욱 강화될 것은 당연했다. 그런 상황에서 손정도 목사는 자신이 계획했던 대로 목회와 선교 사역을 펼쳐나가기란 힘들

49 Won Tai Sohn, *Kim Il Sung and Korea's Struggle: An Unconventional Firsthand History,* 46.
50 손원일, "나의 이력서(15)", 〈한국일보〉 1976.10.19.

었다. 말 그대로 '고군분투' 하는 길림 목회였다. 그의 길림 목회를 지켜본 노블 선교사는 1925년 6월 평양 남산현교회에서 개최된 미감리회 연회에 이런 보고서를 제출했다.

> "길림의 손정도 목사는 편안치 못했다. 지난 몇 년 동안 독립운동에 관여했던 전력 때문에 그의 행동을 경찰이 일일이 감시하고 있어 목회사역에 복귀는 하였지만 고전을 면치 못하고 있다. 그러나 그가 온 것만으로도 길림 교인들은 크게 기뻐하고 있다."[51]

물론 손정도 목사는 1925년 연회에도 참석하지 못하고 축전만 보냈다. 그러나 연회에 참석했던 교회 지도자들은 노블 선교사를 통해서 "목회에 복귀한 손정도 목사가 경찰의 감시로 고전하고 있지만 길림 교인들은 그가 온 것만으로도 크게 기뻐하고 있다."는 보고를 들을 수 있었다. 1925년 연회에서 그는 여전히 길림교회와 신참교회 담임자로 파송을 받았다.

3) 액목현 목회와 유한농업공사 설립

손정도 목사는 '길림 목회' 3년차가 되는 1926년을 길림교회 교인들과 함께 하는 '신년기도회'로 시작하였다. 신년기도회는 만주지방 감리사 배형식 목사의 제안으로 시행되었다. 만주지방 전체 교회 신도들이 1925년 12월 31일 저녁의 '송구영신' 예배로 시작해서 1926년 1월 7일까지 1주일 동안 매일 저녁 교회에 모여 성경을 읽고

51 W.A. Noble, "Manchuria District", *KMEC* 1925, 125.

주제별로 기도하는 형식으로 진행되었다. 그 순서와 내용은 다음과 같았다.[52]

날 짜	기도 제목	성경 본문
12월 31일	거구취신(去舊就新)	에베소서 4:1~24
1월 1일	중국의 평화를 위하여	누가복음 21:10~36, 시편 46편
1월 2일	재난 중의 우리 민족을 위하여	시편 30편, 130편, 20편, 요한계시록 21:1~4
1월 3일	조선교회의 부흥을 위하여	사도행전 1:6~8, 2:1~4
1월 4일	천국에서 요구하는 인물	마가복음 1:17~20, 출애굽기 2:1~4, 여호수아 1:1~9
1월 5일	만주선교사업이 진흥하기 위하여	사도행전 4:23~31, 6:4~6, 2:37~41
1월 6일	우리 민족을 죄에서 구원키를	로마서 1:28~31, 5:12~21, 마태복음 1:21
1월 7일	기독군의 준비할 무기와 승리	에베소서 6:10~20, 디모데후서 2:3~5, 여호수아 1:6~9, 시편 47:1~9, 골로새서 2:15

주목을 끄는 기도 제목은 1월 1일의 "중국의 평화를 위하여"란 주제이다. 당시 중국은 전체적으로 '전쟁 분위기'였다. 신해혁명으로 봉건 왕조를 붕괴시킨 중국 혁명정부는 1924년 손문을 총통으로 세워 공화국으로 발전할 기미를 보였으나 이듬해 손문이 별세함으로 장개석의 국민당과 모택동의 공산당 사이에 본격적인 대립과 분쟁이 일어났고 그것이 내전으로 발전하였다. 국민당과 공산당 모두에게 연결되어 있던 한국의 임시정부와 독립운동 단체들로서는 중국 내전이 항

52 "만주지방회 신년기도회", 〈기독신보〉 1925.12.30.

일투쟁에 악재로 작용할 것은 당연했다. 그리고 러시아와 접경한 북만주 지역에서는 기독교에 우호적인 국민당보다 반(反) 기독교 성향의 공산당 세력이 우세하여 그것 또한 기독교 선교와 목회에 불안요인으로 작용하였다. 일본과 밀접한 관계를 맺은 장학림·장학상 군벌정부가 장악한 북만지역에서 러시아(소비에트)와 국경 분쟁까지 일어나 더욱 불안했다. 그래서 한국 교포사회와 독립운동 진영에 '중국의 평화'는 중요한 과제였다. 또한 신년기도회 마지막 날(1월 7일) '기독군의 준비할 무기와 승리'라는 제목을 갖고 기도할 때 교인들은 '기독군'(基督軍)을 종교인들로만 생각하지 않았다. 그들은 만주지역에서 항일 투쟁을 벌이고 있는 독립군과 독립운동 지도자들을 염두에 두고 기도하였다.

만주지방 목회자와 교인들이 이처럼 기도회로 새해를 시작한 것은 그만큼 만주지역 상황이 위급하고 불안했기 때문이었다. 길림성 정부는 귀화를 거부하는 한인들을 추방하겠다고 위협하였다. 정치적 불안은 물론이고 마적과 군인들의 약탈에다 독립운동 진영 내의 공산주의/민족주의 세력 간 갈등과 마찰도 심각했다. 만주지역 한인 교포사회와 독립운동 진영의 연합과 통일이 시급하였다. 그런 배경에서 손정도 목사는 길림지역 독립운동단체와 교민단체, 청년학생단체 지도자들과 함께 '삼일절'과 '국치일', '단국기념일' 등 한민족 역사와 관련된 기념일 행사를 주관하였다. 손정도 목사는 1926년 3월 1일 삼일절 기념식을 정의부 지도자 양기탁, 최일, 박기백, 김영일, 김철제, 성주열 등과 함께 주최하였으며[53] 11월 7일(음력 10월 3일) 단군교와 여

53 "機密公 第75號: 三月一日ノ狀況報告ノ件"(1926.3.2.),『日本外務省 外交史料館文書』.

길학우회, 길림조선인청년회 공동 주최로 열린 '단군기념식'에서 축사 순서를 맡았다.[54] 손정도 목사가 종교와 이념을 초월하여 이런 국경일(國慶日) 행사를 적극적으로 추진한 것은 이런 행사를 통해 교포사회, 특히 중국에서 태어난 어린 학생들에게 한민족으로서 정체성을 심어줄 수 있는 기회로 여겼기 때문이었다.

길림교회를 비롯한 만주지방 교회에서 기도회와 강연회를 자주 개최한 것도 같은 맥락이었다. 중국인 땅에서 한복을 입은 교인들은 한국말로 찬송과 기도를 하고 '애국적인' 설교를 들으면서 민족 정체성을 지켜나갔다. 그런 분위기에서 1926년 6월 14일부터 6월 16일까지 하얼빈교회에서 만주지방회가 개최되었다. 그때도 각 지역 교회 목회자와 평신도 대표자들이 모여 낮에는 회의하고 저녁에는 기도회를 개최하였다.[55] 그리고 한 주일 후 6월 23일부터 서울 피어선기념성경학원에서 미감리회 제19차 연회가 개최되었다. 1926년 연회에도 손정도 목사는 여전히 참석하지 못했다. 만주지방의 배형식 감리사와 노블 선교사도 문서로 된 선교 보고서를 제출하지 못했다. 그만큼 상황이 좋지 못했다. 그래서 연회원들은 5일 차 되는 6월 27일 주일 저녁, 상동교회에서 만주선교를 위한 기도회를 가졌다. 1년 전까지 하얼빈에서 목회하다가 동대문교회로 임지를 바꾼 김응태 목사가 만주선교 현황에 대한 설교를 한 후 "연회원 일동이 만주에 표류하는 동포와 선교 사업을 위하여 간곡한 통상기도(通常祈禱)를 하였다."[56] 그렇게 기도하는 연회원들의 마음속에는 열악한 환경에서 교회를 지키고 있

54 "機密公 第280號: 檀君紀念式ニ關スル件"(1926.11.9.),『日本外務省 外交史料館文書』.
55 "만주지방회",〈기독신보〉1926.6.30.
56 〈예수교미감리회조선연회록〉1926, 38.

는 배형식 감리사와 손정도 목사를 비롯한 만주지역 목회자들에게 감사와 존경을 표했다.

1926년 연회에서 손정도 목사의 임지 파송에 약간의 변화가 이루어졌다. 길림교회와 액목현(額穆縣)교회를 겸임하게 된 것이다.[57] 액목현에는 1915년 북장로회에서 처음 교회를 세웠고 1921년에는 남감리회의 정재덕 목사가 교회를 세웠다. 1923년 액목현이 미감리회 선교지역이 되면서 이광태 전도사가 액목현교회를 담임했다. 그때 남감리회로부터 이양받은 액목현교회 교인은 2백 명이 넘었다. 그만큼 액목현에는 한국인 교포와 교인들이 많았다. 그래서 액목현교회와 교인들은 중국관헌의 횡포와 마적의 약탈대상이 되었다. 그곳에서 생업에 종사하며 교회를 관리하던 '본처 전도사' 신분의 이광태 전도사로서는 감당할 수 없을 정도였다. 실제로 1925년 마적들은 이광태 전도사의 뒤를 밟아 그가 방문한 교인들 집만 약탈하는 바람에 이 전도사는 한동안 행적을 숨겨야 했다.[58] 이런 액목현교회를 손정도 목사가 맡게 되었다. 길림에서 신참까지 180리, 신참에서 액목현까지 180리, 도합 360리 길이었다. 더구나 "길림에서 액목까지는 험로였다. 산길을 오르내리는 도중에 비적들이 우글댔다. 자칫하다가는 목숨을 잃을 수도 있었던"[59] 위험한 길을 오가며 교회 일을 보았다.

손정도 목사가 액목현교회 담임 요청을 받아들인 배경에는 배형식 감리사의 간곡한 부탁도 있었지만 그보다는 그가 오랫동안 구상했던 계획을 실천할 가능성을 그곳에서 발견했기 때문이기도 했다. 길

57 〈예수교미감리회조선연회록〉 1926, 26.
58 W.A. Noble, "Manchuria District", *KMEC* 1925, 125.
59 손원일, "나의 이력서(19)", 〈한국일보〉 1976.10.24.

림에서 동쪽으로 80Km 떨어진 곳에 있는 액목현(현 額穆鎭)에는 북만주 최대호수 경박호(鏡泊湖)로 이어지는 목단강 지류가 있어 그 주변으로 수전(水田, 쌀) 농사를 짓는 한국인들이 가족, 혹은 집단으로 거주하고 있었다. 길림이나 장춘, 돈화 같은 대도시가 아니었기 때문에 일본 영사관이나 경찰력의 감시가 미치지 않고 있었다. 그래서 군정서와 정의부 등 만주지역 독립운동 단체들도 액목현을 거점으로 삼아 군사훈련과 항일 무장투쟁 활동을 벌였다. 손정도 목사는 그런 액목현에서 만주 동포들의 자립경제 생활과 독립운동 후방 기지로서 '농촌생활공동체' 건설을 모색하였다. 이는 그가 도산 안창호와 함께 오랫동안 구상했던 일이고, 상해를 떠나 길림으로 온 근본 목적이기도 했다. 이에 대한 배형식 목사의 증언이다.

> "목사님은 안도산(安島山) 선생과 재만(在滿) 동포의 절박한 민생문제를 각금 토의하셨다. 도산 선생의 의도는 민족자체의 실력양성이 급선무라 하셨다. 목사님은 도산 선생의 의도를 따라 이때부터 정치적 입장에서 하야(下野)하여 재만 동포와의 농촌생활을 협조하기로 결심하시고 정부 요임(要任)을 사퇴한 후 … 북만 길림으로 옮기게 되었다."[60]

아들 원일도 비슷한 증언을 남겼다.

> "어쨌든 아버지는 자금사건을 계기로 길림으로 떠나게 된 것이 확실하다. 그러나 이 사건이 있기 전부터도 만주로 떠날 계획은 있었다. 도산

60 배형식, 『故 海石 孫貞道牧師 小傳』, 12~13.

과 독립운동을 논의할 때 마다 '독립운동은 단기간에 성취되는 것이 아니요 장기적인 전망과 전략이 필요하다.'는데 의견을 모으고 이른바 '국민합작사'(國民合作社) 설립 계획을 마련했던 것이다. 이 계획의 내용인즉 만주와 상해 부근에 대규모 한인 정착지를 건설, 생활 근거를 마련하고 힘을 길러 장차 조국 광복의 날을 대처하자는 것이었다. 아버지가 길림으로 떠난 것은 이 계획이 실천에 옮겨지기 전이었던 셈이다."61

안창호는 1907년 신민회를 조직할 때부터 해외 독립운동 기지 건설을 구상하였다. 그런 배경에서 서간도 무관학교 설립을 추진하였다. 그는 강제합병 후 보다 적극적으로 독립운동 후방 기지로서 농촌 생활공동체 설립을 모색하였다. 실제로 1911년 만주 밀산현 봉밀산에 미주 공립협회 지원금으로 토지를 장만하고 한인공동체 마을을 설립했다가 재정 문제로 중단한 적도 있었다. 그리고 3·1운동 직후 상해임시정부 활동에 참여했다가 국민대표회의 결렬 이후에는 '실력양성'과 독립운동기지 건설을 목표로 한 '이상촌운동'(理想村運動)을 본격적으로 추진하여 핵심 흥사단원들을 데리고 남경과 북경, 천진, 만주 일대를 순방하며 후보지를 물색하였다. 그는 이상촌 건설자금을 모금하기 위해 1924년 11월 미국으로 돌아갔다가 1926년 5월 상해로 돌아온 후 다시 독립운동 세력들을 하나로 규합하기 위한 '유일독립당' 설립 운동을 추진하는 한편 진강현에 이상촌 건설 부지를 매입하기도 했다. 민족운동가로서 안창호의 마지막 꿈은 이상촌 건설이었다.62

---

61 손원일, "나의 이력서(12)", 〈한국일보〉 1976.10.14.

62 이돈행, "도산 안창호의 이상촌 건설운동", 〈한국교육학연구〉 15권 2호, 1976; 이명화, "도산 안창호의 이상촌운동에 관한 연구", 〈한국사학보〉 8, 고려사학회, 2000; 장세윤, "1920년대 이상촌(理想村) 건설운동과 안창호", 〈도산학연구〉 10, 도산학회, 2004.

이처럼 안창호가 국민대표회의 결렬 이후 미국과 중국을 오가며 이상촌 건설에 관심과 노력을 집중한 것과 마찬가지로 손정도 목사도 길림으로 옮겨 목회에 복귀한 후 농촌생활공동체 설립을 본격적으로 추진하였다. 손정도 목사가 처음으로 농촌공동체 건설에 대한 자신의 구상을 밝힌 것은 길림으로 자리를 옮긴 직후인 1924년 8월, 〈기독신보〉에 발표한 "만주선교의 요구"란 글을 통해서였다. 그는 "저들의 종살이를 벗어나게 하자면 우리가 무슨 방법으로든지 십만 원가량의 금전을 가져야 농장을 만들어 놓고 저들로 하여금 다 와서 농사하게 하리니 이에 저들은 자유로운 생활을 할 것이요 따라서 돈 낸 사람도 큰 이익을 보고 동포에게 은혜를 줌이 될 것이라." 하였다.[63] '자본금 10만 원'으로 상당한 규모의 토지와 농장을 마련한 후 '유리걸식'하는 동포들을 수용하여 자립, 자활하는 생활공동체를 설립하겠다는 구상이었다.

손정도 목사는 이런 계획을 독립운동 지도자들과 협의하였다. 1925년 3월, 길림 총영사가 본국 정부에 보낸 비밀보고서에 나온 것처럼, 손정도 목사는 양기탁과 이청천, 손일민, 최일 등 정의부 지도자들과 "자금 10만 원 예산으로 농무조합(農務組合)을 설립하여 토지를 구입하고 미개간지를 개척하고 보통학교와 중학교, 서당 등을 설립하는 문제"를 논의한 후 정의부 지부장 회의를 소집해서 구체적인 방안을 모색하였다.[64] 정의부로서도 독립군 양성과 훈련, 그리고 항일 무장투쟁을 지속적으로 벌이기 위해서는 식량과 무기, 물자 보급이 절실하였기에 독립운동 후방 기지로 한국 동포들이 집단 거주하는 농촌

63 손정도, "만주선교의 요구(2)", 〈기독신보〉 1924.8.13.
64 "機密 第94號: 正義府支部長會議召集ニ關スル件"(1925.3.13.), 『日本外務省 外交史料館文書』.

경제 공동체가 필요했다.[65] 그리하여 정의부는 1925년 4월 '유한농업공사'(有限農業公司)란 명칭의 농무회사를 설립하기로 하고 취지서를 발표한 후 발기인 모집을 시작했다.[66] 정의부가 주도한 농업공사 회원 모집은 순조롭게 진행되었다. 이에 대한 1925년 11월 1일 자 〈독립신문〉 기사다.

> "근자 길림에서 오성백(吳聲伯) 백남준(白南俊) 김정제(金定濟) 김정동(金正東) 한경희(韓敬禧) 등 사회유지와 민간 신용가(信用家) 수십인의 발기로 유한농업공사(有限農業公司)를 조성하야 착착히 진행하는 중 그 목적은 농지를 경영하며 농자(農資)를 대부하야 산업을 진흥하기로 함이며 자본총액은 30만 원으로 정하고 1고(股, 柱) 은수(銀數)는 10원으로 하야 이를 4기에 분(分)케 하는바 정의부(正義府)에서 절대 후원하야 아모리 빈호(貧戶)일지라도 1고 이상을 출자케 하야 발서 모집된 고수가 2만 고에 달하였다 하고 장차 토지를 잡고 영곡황야(嶺谷荒野)에 흩어져 사는 빈농가들을 모아 집단생활을 시키어서 생활근거를 정하려는 것이라는데 희망이 매우 양양하다고 한다."[67]

유한농업공사는 총 자본금 30만 원 모금을 목표로 발기인 모집을 시작했는데 6개월 만에 3분의 2를 채웠다. 일본 경찰당국은 "정의

65 박영석, "日帝下 在滿韓國流移民 新村落 形成", 『한민족독립운동사연구』, 일조각, 1982, 22~40.; 변승웅, "정의부", 『한민족독립운동사』 4(독립전쟁), 국사편찬위원회, 1988, 241~254.

66 "機密 第60號: 不逞鮮人ノ行動ニ關スル件"(1925.8.3.), 『日本外務省 外交史料館文書』. 1차로 정의부 인사 38명이 발기인으로 참여했는데 명단은 다음과 같다. 오성백 현을 정도산 박규수 정이형 유득정 송관국 선우민 김홍직 이경석 이응준 송석호 이진원 이동준 김응천 한윤학 김정동 이성규 이영석 김정제 김정모 한찬희 김기용 강부현 오남송 김기해 차중호 오정준 권중구 장경현 백의현 백신일 이기항 김익수 김익선 한경희 한윤환 정채성.

67 "生活根據의 目的으로 有限農業公司를 組成", 〈독립신문〉 1925.11.1.

부가 절대 후원하는" 유한농업공사의 주식(股) 모집운동을 예의주시하였다. 일본 경찰은 유한농업공사를 정의부 '외곽단체'로 파악하였다.[68] 조선총독부 경무국이 1926년 3월 12일자로 본국 정부에 보낸 비밀보고서 내용이다.

> "중국 길림에서 동우회(同友會, 평북 출신자들이 조직) 발기로 유한농업공사(有限農業公司)를 창립하였는데 별지에 번역한 것과 같은 정관에 의해 찬성자를 모집한 결과 약 1만 주(柱) 응모를 얻어 액목현에 토지를 매수하고 영농에 착수한다고 하며 이사장 손정도(孫貞道), 총경리 고할신(高轄信) 등이 취임하였다. 응모자 중에는 정의부 간부인 오동진(吳東振), 현정경(玄正卿) 등 중심인물도 있는데 원래 남만주 일대에서 활동하던 불령선인들로서 최근 자각한 결과 생업에 종사하는 것으로 방향을 전환한 듯 하나 그 행동을 주목할 필요가 있다."[69]

정확한 창립 시기는 기록하지 않았지만, 이 보고서를 통해 유한농업공사는 1926년 3월 이전 길림에서 창립총회를 열고 손정도 목사를 이사장, 고할신을 총경리(總經理)로 선출하였음을 알 수 있다. 실무를 총괄하는 경리로 선출된 고할신(일명 고유천)은 1922년 김동삼, 현정경 등과 대한통의부를 조직해서 활동하다가 1925년 통합된 정의부 지도자로 활약했다. 이사장 손정도와 총경리 고할신 체제는 곧 손정도 목사를 중심한 기독교 민족운동 세력과 고할신을 대표하는 정의부 독립운동 세력의 결합을 의미하였다. 이런 유한농업공사 창립 소식을

68 "朝保秘 第67號: 鮮匪團正義府ノ近狀ニ關スル件"(1926.5.10.),『日本外務省 外交史料館文書』.
69 "高警 第828號: 不逞鮮人等ノ有限農業公社設立ニ關スル件"(1926.3.12.),『日本外務省 外交史料館文書』.

전한 경무국 비밀보고서에는 창립총회 때 통과된 〈유한농업공사 장정〉 본문(41조)도 담겨 있었다. 그 골자는 다음과 같았다.70

항목	내 용
총칙	본 공사의 명칭은 '유한농업공사'로 하고, 농지(農地)를 경영하고 농자(農資)를 대부(貸付)하여 농업을 진행하는 것을 목적으로 하며, 자본 총액을 봉천 소양표(小洋票) 30만 원(元)으로 하고, 본점을 임시로 봉천성 흥경현(興京縣)에 두되 영업상 필요한 곳에 지점 또는 대리점을 둘 수 있으며, 존립 기간은 설립일로부터 만 20년으로 하고, 고주(股主, 주주)는 한족(韓族)으로 한(限)한다.
고본(股本)	본 공사의 고업(股業, 자본금) 총수는 3만으로 하고 1고 가격은 10원으로 하며, 고업은 기명식(記名式)으로 하고 고표(股表, 주식)는 1고표, 10고표, 50고표, 3종으로 발행하며, 고은(股銀, 불입금)은 4기로 나누어 분납하고, 고표는 고은 납입 후에 발행하며, 고표를 매매 또는 전매할 때는 본 공사에 알려야 하고 분실하였을 때도 신고하여 재발급을 받도록 한다.
임원	본 공사는 이사 15인 이내, 감리(監理) 5인 이내를 두되 이사 및 감리 선거는 고주총회(股主總會)에서 하고, 이사는 50고 이상 출자한 고주에 한하며, 이사회를 조직하고 이사장 1인, 총판(總辦) 1인, 경리 1인을 선출하며, 필요한 경우 고문, 간사 약간 명을 초빙할 수 있고, 이사장은 본 공사를 대표하고 소속 직원을 감독할 업무를 총괄하고 고주총회 및 이사회의 의장이 되며, 총판은 본 공사의 일상 업무를 관장하고 이사장을 보좌하며, 경리는 본 공사의 재정출납에 관한 사무를 관리하고, 감리는 본 공사의 업무를 감독하고 회계를 검사하며, 이사의 임기는 만 2년이고 감리의 임기는 1년으로 한다.
고주총회	정기총회는 매년 3월에 백 명 이상의 고주 출석을 요하며 임시총회는 필요한 경우 개최하고, 총회를 열 때 이사장은 1개월 전에 각 고주에게 회의 사항을 기재하여 통지하고, 고주는 고수(股數)의 다과(多寡)를 불문하고 모두 1개의 결의권을 가지며, 총회의 의사는 재석 고주 반수 이상의 표결로 결정하고, 총회에서 결의한 사항은 의장이 이를 공포하여 결의록에 기재하고 재석 의원도 함께 서명 날인하여 본 공사에 보존한다.

70 "高警 第828號: 不逞鮮人等ノ有限農業公社設立ニ關スル件"(1926.3.12.),『日本外務省 外交史料館文書』.

계산	본 공사의 결산기는 매년 2월 1일부터 동월 20일로 정하고 본 공사의 결산기에는 1) 재산목록, 2) 대차대조표, 3) 영업보고서, 4) 손익계산표, 5) 이익금 분배안을 정리하여 검사를 거쳐 정기 고주총회에 제출하며, 이익 배당은 법정 적립금, 임원 보수, 후기 조월(繰越)을 제(除)한 이외의 것으로 하며, 법정 적립은 이익의 10분의 1, 임원 보수는 이익의 10분의 1로 하며, 이익 배당은 정기총회 종료 후에 배부한다.
부칙	본 공사의 창립비는 대양(大洋) 2천 원으로 하고, 본 장정은 총회에서 첨삭 개정한다.

주식회사 형태로 조직된 농업공사의 총 자본금은 손정도 목사가 처음 구상했던 액수의 3배인 30만 원이었다. 국내외 한국인들을 상대로 10원씩 하는 고(股)를 3만 개를 모집하기로 하여, 앞선 〈독립신문〉 보도(2만고 모집)와 달리, 1만고를 모집해서 창립총회를 연 것으로 보인다. 총본부는 정의부 본부가 있는 봉천성 홍경(장춘)에 두고 길림이나 액목 등 필요한 곳에 지부를 설치하기로 했다. 공사의 존립 기간을 20년으로 잡은 것은 독립운동 기간을 감안하여 당대(當代) 사업으로 제한한 것으로 보인다. 공사의 권한은 이사회에 최종 결정권과 책임이 있으며 임원은 이사장, 총판, 경리, 감사를 두기로 했다. 고표(股表) 매도와 재발급에 관한 규정은 물론 결산 방법과 시기, 이익이 나올 경우 그 분배 방안까지 규정한 '완벽한' 장정을 마련하였다. 그리고 흥미로운 대목은 고표(주식) 소유의 과다를 불문하고 이사회나 총회에서 고주(股主)는 1인 1표를 행사하도록 규정한 것이다. 이 부분에서 자본주의 논리보다 사회주의 원칙을 취하였다. 이는 정의부와 신민부를 비롯한 당시 만주 독립운동 진영 안에 공산주의 노선을 추구하는 지휘부 인사들의 의견을 반영한 것이기도 했지만 후에

살펴볼 손정도 목사의 '기독교 사회주의' 이념을 구현한 것이기도 했다.

회사가 설립되었으니 남은 것은 부족한 고(주식)를 모집하여 충분한 자본금(30만 원)을 확보한 후 토지를 매입하고 공동체농장을 세우는 일이었다. 이는 이사장 손정도 목사와 총경리 고할신의 몫이었다. 그래서 손정도 목사는 교회와 동포사회를 중심으로, 고할신은 정의부를 비롯한 만주지역 독립운동 단체를 중심으로 동지를 모으기 시작했다. 이 운동에 만주의 또 다른 독립운동단체 신민부, 참의부 등도 참여하였다. 농업공사를 계기로 만주지역 독립운동 단체들의 통합 및 연대가 이루어진 것이다. 그렇다 보니 손정도 목사의 길림교회와 사택은 정의부와 신민부, 참의부 지도자들이 모여 농업공사 업무와 독립운동 관련 논의를 하는 장소가 되었다. 1926년 5월 23일 〈중외일보〉 기사다.

"북만주에 근거를 둔 정의부(正義府)에서는 최근 조선내지 상황에 비추어 시국을 대응할 어떤 관계를 형성하려고 신민부(新民府)와 협력하여 활동 중인데 최근 소식에 의하면 정의부 제1중대 제1소대장 정이형(鄭伊衡)은 수십 명의 부하를 거느리고 귀갑형(龜甲形)의 포탄과 육혈포 등 무기를 휴대하고 지난 4월 상순에 길림성 소동문(小東門) 외 최만영의 경영하는 삼풍공사(三豊公司)와 또 기독교 목사 손정도의 집에 유숙하면서 북만주 일대에 체류하고 있는 동포에게 대규모로 군자금과 기타 군수품을 징발하는 중이라 하며 더욱 지금 그곳에는 이전 정의부 중앙행정위원이든 오동진과 현정경을 위시하여 그 부하 이십여 명과 또 이전 주만(駐滿) 군참의부(軍參議府) 수령 이백파(李白坡) 등 기타 각 단체의

수령급 인물들이 각각 부하를 거느리고 많이 들어와 모사에 분주한 중이라고." 71

손정도 목사와 정의부 간부들의 농업공사 자본금 모금운동에 관한 소식은 이후에도 계속 국내 신문에 실렸다. 1926년 9월 21일 〈동아일보〉는 "정의부 간부 오동진 정이형 양기탁 등은 북만 반석현(磐石縣) 지방에 농업을 경영할 목적으로 유한농업공사를 설립하고 만주 각지 단체와 조선 안 방면에 선언문을 배포하는 중이라더라."고 보도하였고72 1926년 12월 28일 〈중외일보〉는 "손정도 고주(股主)의 열성으로 근 만 명이 개간사업을 경영하고자 노력 중"이라 보도하였다.73 바로 그 무렵, 도산 안창호가 길림을 방문했다.74 그 사실을 길림 일본 총영사가 비밀보고로 본국정부에 알렸다.

"남경에 근거를 둔 흥사단장 안창호는 최근 상해에서 임시정부 경제후원회를 조직하고 자신이 위원장이 되어 동삼성(東三省) 일대를 시찰하며 선전활동을 하기 위해 김기식을 데리고 천진 방면에서 12월 6일 당지(길림)에 도착하여 손정도의 예수교 예배당에서 12월 11일 오후 6시 '조선독립운동'이란 제목으로 '제군은 장래에도 독립운동에 노력해 달라.'는 내용으로 한 시간 동안 연설하였다. 그날 참석자는 손정도, 오인화, 최일, 박기백, 왕삼덕, 최만영, 전영일 등 남녀 50명에 달했다.

71 "正義 新民 協力劃策", 〈중외일보〉 1926.5.23.
72 "北滿 碧石縣農業公司를 設定", 〈동아일보〉 1926.9.21.
73 "북만에 농업공사", 〈중외일보〉 1926.12.28.
74 "海在留同胞 政府經濟後援會를 組織하였다", 〈동아일보〉 1926.9.3.; "機密 第971號: 僭稱上海臨時政府 經濟後援會員ノ行動ニ關スル報告"(1926.10.25.), 『日本外務省 外交史料館文書』.

안창호는 12월 13일 액목현 방면으로 출발하였다."[75]

'임시정부 경제후원회장'이란 명칭을 갖고 길림을 방문한 안창호에게 손정도 목사는 그동안 정의부와 연계하여 추진했던 유한농업공사 일을 설명했다. 안창호는 그 결과에 만족과 동의를 표하였다. 그리고 비밀보고서에 나오듯 안창호는 길림교회 연설회를 마치고 곧바로 액목현으로 갔다. 이는 손정도 목사가 농업공사 농장을 건설할 후보지로 물색해 놓은 곳을 시찰하기 위해서였다. 그렇게 해서 농업공사가 세울 공동농장 부지는 액목현으로 정해졌다. 1927년 3월 4일 〈중외일보〉 기사다.

"길림성 액목현에 있는 정의부에서 경영하는 농업공사에서 금년도 소작인을 대안에 이주한 조선인 빈곤자층에서 모집하여써 이주 조선인 보호의 방침을 세울 예정이라는데 공사주(公司主) 손정도(孫貞道)는 이미 정의부 관서총관(關西總管) 장혜원(張惠源)에게 그 모집을 의뢰하였다더라."[76]

액목현은 손정도 목사의 목회지역이었다. 농업공사는 처음에 홍경에 본부를 두고 한때 반석현에 농장을 세울 계획도 세었지만 이사장인 손정도 목사는 자신의 목회지역인 액목현 주변이 수전농사를 짓기에 유리하다고 판단하여 정의부 간부들과 협의한 후 액목현에 부지를 마련하고 농장에 입주할 빈곤층 농민 모집을 시작하였다. 이로써

75 "機密 第323號: 不逞鮮人行動ニ關スル件"(1926.12.14.), 『日本外務省 外交史料館文書』.
76 "正義府 小農 모집", 〈중외일보〉 1927.3.4.

상해를 떠나면서 손정도 목사가 품었던 농촌생활공동체 건설의 꿈은 3년 만에 길림 액목현에서 실현되었다.

4) 기독교 신농촌 농민호조사

손정도 목사는 액목현에 농장을 설립하면서 회사 명칭을 '유한농업공사'에서 '농민호조사'(農民互助社)로 바꾸었다. '농민호조사'란 명칭에는 손정도 목사의 신앙과 신학, 철학과 이념이 담겨 있었다. 손정도 목사는 상해에 있을 때부터 '중한호조사' 모임에 회원으로 참여하여 '호조'(互助) 가치의 중요성을 강조하였다. 그는 상해를 떠나 길림으로 자리를 옮길 때도 "우리는 죽을 일만 하였소. 이제는 살리는 일을 하여야겠소. 우리는 자기를 죽음에서 구원하여야겠소. 또한 호조(互助)하는 몸이 생기야 하겠소."라고 선언하였다. 길림에 도착해서 그가 추진한 '살리는 운동' 즉 '호조하는 몸'은 곧 중국인 집에서 노예처럼 살거나 유리걸식하고 있는 가난한 동포들을 구해내 자립하고 자활할 수 있는 경제적 기반으로서 농촌생활공동체를 건설하는 일이었다. 다음은 손정도 목사가 농업공사 이사장으로서 교회를 중심으로 모금(주식 모집) 활동을 벌이면서 연설(설교)한 내용이다.

"기독(基督)의 사회주의(社會主義)가 앞으로 실현되어야 합니다. 우리가 시하(時下)를 좇아 기독의 정신을 발휘하나니 조선 내지나 만주나 기독교적 신농촌(新農村)이 조직되어야 하겠고 앞으로는 네게 있는 소유를 다 이 농촌에 드려놓겠느냐 하는 문답으로 그이가 교인 되고 못 됨이 나타나게 될 것이외다. 이는 성경이 증명하나니 네 있는 바를 다 팔아 가난한 사람을 구제하고 나를 좇으라 한 즉 그가 물러갔습니다. 하느

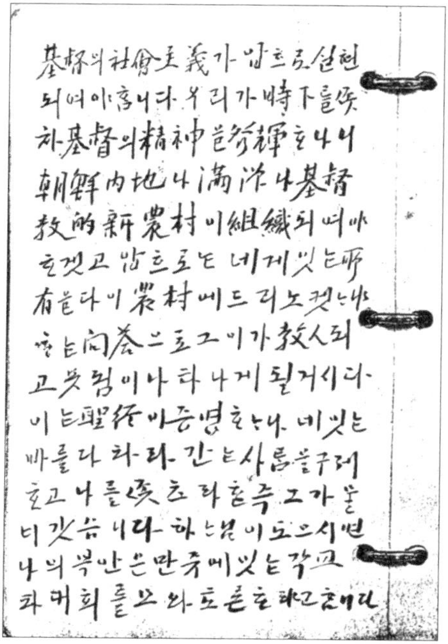

〈손정도 목회 수첩〉

님이 도우시면 나의 복안은 만주에 있는 각 교파대회를 모아 토론하려고 합니다."[77]

손정도 목사는 성경에 나오는 '부자 청년' 이야기를 예로 들면서 '물질의 나눔'을 강조하였다. 즉 돈이 많은 부자 청년이 예수를 찾아와 "내가 무엇을 하여야 영생을 얻겠습니까?" 했을 때 예수는 "네게 있는 것을 다 팔아 가난한 자들에게 나눠주라."고 했지만 그 청년은 그대로 하지 못하고 "근심하며" 돌아갔다(마 18:18~23). 이 말씀을 근거로 해서 손정도 목사는 "한국교회도 '네 가진 것을 팔아 농촌에 들여놓을 수 있는가?' 여부로 기독교인 여부를 판단해야 할 것이라."고 주장했다. 그러면서 '기독의 사회주의'와 '기독교 신농촌'이란 중요한 개념을 제시하였다.

그는 1920년대 한국교회가 추진했던 기독교 농촌운동에서 '민족의 희망'을 읽었다. 손정도 목사의 "협력과 활동"이란 설교 내용이다.

77 "기독의 사회주의", 〈손정도 목회 수첩〉.

"금일은 조선의 농촌문제는 조선인의 사활문제이다. 조선의 기독교와 기독교청년회가 농촌운동에 촉구됨은 다행이다. 지금 조선 내에 남녀 기독교청년회연합회와 그 가맹한 각 시(市) 청년회와 학생청년회는 협력하야 농촌운동 즉 농촌계발에 정당하고 견고한 활동을 하고 있습니다. 이 운동은 국내에서 비교적 실질로 되겠고 조직이 전국적으로 되겠고 앞으로 3년 후면 국내에는 가장 유력한 사회기관이 될 것이외다." 78

국내에서 전국적인 조직망을 갖춘 기독교청년회와 한국교회가 기독교 농촌운동을 전개하는 것과 호흡을 맞추어 손정도 목사가 길림 액목현에서 '기독의 사회주의'가 구현된 '기독교적 신농촌' 건설을 추진하였다. 국내든, 만주든 농촌문제는 '조선인의 사활(死活)'이 걸린 중대한 과제였다. 손정도 목사는 만주에서 유리걸식하는 동포들을 먹여 살리고, 다음으로 독립운동을 하는 동지들을 물질적으로 돕고, 멀리는 식민통치 하에 피폐해져 가고 있는 나라와 민족을 '살리는' 운동으로서 농민호조사를 설립했다. 이런 그의 생각과 의지를 담은 글이 1927년 6월 〈기독신보〉에 발표한 '농민호조사 발기문'이다. 총독부 검열에 걸려 독립운동 관련 내용은 '○○○○' 식으로 인쇄하였지만 〈기독신보〉는 1면 반에 걸쳐 그 전문을 소개함으로 농민호조사의 역사적 가치와 의미를 국내 독자에게 알렸다. 〈발기문〉은 우선 만주 동포들의 비참한 생활 현실을 소개하는 것으로 시작하였다.

78 "협력과 활동", 〈손정도 목회 수첩〉.

농민호조사 발기문(기독신보, 1927.6)

"아! 이 세상에 불쌍한 사람이 많다 하지마는 이 만주에 와 사는 우리 동포와 같이 불쌍한 사람이 어디 있으리오. 그런데 오늘 본국 안에 있는 동포들 중에서 이만큼 한 생활도 누릴 수 없음으로 흰옷을 입고 부노휴유(扶老携幼)하여 이곳으로 건너오는 동포가 날마다 달마다 백으로 천으로 되는지라. 행여나 살길이 있을까 하고 건너왔지마는 갈 바를 모르고 유리방황하는 그 정상(情狀)을 볼 때 뜨거운 눈물을 금할 수 없도다. 이것을 직접 당하는 이의 쓰리고 아픈 느낌이 있을 것은 물론이거니와 이것을 방관하는 이라도 슬픈 동정이 없지 못할 것이로다. 그런데 만일 아무 변동이 없이 우리 동포의 생활이 이 현상대로 그냥 간다하면 관내(關內)로서 중국 빈민의 이주가 해마다 여러 십만 명으로 증가되며 일인(日人)의 경제상 세력이 해마다 확대되는 이때 우리 동포는 산업에 아무 기초가 서진 것이 없고 다만 죽을힘을 다하여 남의 묵은 땅을 일구어주고는 쫓기여 다른 곳으로 가서 또 다른 황지를 일구어주고 또다시 다른 황지로 쫓기어 가니 장차는 사람이 살기에 적합지 못한 변방에 밀리어 가서 자녀의 교육은 고사하고 얼고 주리어 사망하는 화를 면치 못할 터이니 현재도 현재러니와 장래를 생각하면 더욱 두려움을 느끼지 않을 수 없도다."[79]

일제의 식민통치와 경제적 수탈로 땅과 생계 수단마저 빼앗기고 '살길'을 찾아 만주로 건너왔지만 텃세 부리는 중국인들에게 내몰리고, 경제력을 앞세운 일본인들에게 무시당하고, 도적과 마적에게 약탈당하며 '죽음으로' 내몰리고 있는 동포들을 살릴 수 있는 길은 무엇일까? 그는 "노력으로써 생산의 자본을 삼던 시대는 지나간 지 오래고 금전으로써 생산의 자본을 삼는 이 시대에 처하여 무산농민(無産農民)으로서 금전이 있는 자본가들을 저항하고 스스로 생산하기가 불능할지니 불가불 빈자(貧者)끼리 협동 상조하는 것으로 생산의 자본력을 만들어야 한다."고 주장하였다. 그리고 농민호조사가 추구하는 사업 목표를 1) 산업 협동, 2) 교육 발전, 3) 풍화(風化) 향상, 4) 보위(保衛) 안

79 "농민호조사 발기문", 〈기독신보〉 1927.6.8.

전, 네 가지로 정리하였다.[80]

목표	항목	내 용
산업 협동	토지매수	적은 자본을 가진 농민들이 돈을 모아 토지를 공동 구입하거나 세를 주고 토지를 장만한 후 자작자급(自作自給)하여 얻은 수익을 공동 분배
	농산물 제조	정미소와 유방(油坊), 제분소 등 농산물 제조업에 관련된 업소를 농민끼리 협동하여 운영
	판매와 구매	농산물 판매와 구매를 협동조합을 통해 함으로 시간과 중간 손실을 줄여 농민들의 이익을 증대
산업 협동	금융대부	자본가의 고리대금을 피하고 농민들이 금융조합을 만들어 저리(低利)로 대부사업
	기구사용	농사에 필요한 개관기(漑灌器)와 타작기, 기타 농작에 필요한 기구를 농민이 협동 매치(買置)하고 공동 사용
	부업	농작만으로 생활하기 어렵기 때문에 물품 제작과 목축 등 부업을 협동 합작
교육 발전		1백호 이상 집단 거주지에 소학교, 2백호 이상 집단 거주지에 중학교를 설립하여 공동 운영
풍화 향상		문맹자를 위한 강습회와 강습소, 동기학교(冬期學校), 서적종람소(書籍縱覽所), 촌보(村報) 발행을 통해 주민들을 훈육. 풍기문란을 방지하고 도로와 주택 개량, 공중위생, 사교오락 등 협동 개량
보위 안전		도적의 습격과 약탈을 방지할 수 있는 공동 방위 체제를 구축

이러한 네 가지 사업 목표 가운데 가장 중요한 것이 '산업 협동'이었다. 산업 협동 중에서 제일 먼저 할 것이 토지 매수와 집단생

80 "농민호조사 발기문", 〈기독신보〉 1927.6.8.

활이었다.

"이상에 말한 대로 생활난에 빠져 있는 우리 동포가 스스로 구제하기 위하여 협동 상조하는 일을 실행하려면 제일선(第一先) 착수할 것이 집단생활이요 집단생활을 함에 제1보는 다소의 토지를 살 만한 역량이 있는 이들이 먼저 협동하여 상당한 지대에 토지를 사 가지고 모여 신농촌을 건설할 것이요, 제2보는 토지를 살 역량이 없는 이들은 서로 협동하여 상당한 지대(地帶)에 십 년 이상의 가한(可限)으로 토지를 압조(押租)하여 가지고라도 모여 신농촌을 건설할 것이요, 제3보는 토지를 압조할 실력도 없는 이들은 남의 땅을 소작하되 우리 동포들의 집단된 농촌 혹 그 부근에서 소작하면서 거주하여 아직 토지를 매수하거나 압조할 것이 없더라도 다른 방면, 협동에 위선 참가하여 토지를 압조하거나 매수할 역량을 기를 것입니다."[81]

'신농촌'에 들어가 살 거주민, 즉 농민호조사 사원은 다음과 같은 〈농민호조사 약속〉을 지켜야 했다. 일종의 의무 규범이었다.[82]

1. 본사 사원은 호상협동하야 산업, 교육, 풍화, 보위 등에 합작하기로 함.
2. 본사 사원은 호상간에 신용과 화애(和愛)를 주중(注重)하며 근면하고 청결하며 정미(精美)함에 힘쓰기로 함.
3. 본사 사원은 입사금 2원을 납(納)하고 연연금(年捐金) 2원씩 납하기

81 "농민호조사 발기문", 〈기독신보〉 1927.6.8.
82 "농민호조사 발기문", 〈기독신보〉 1927.6.8.

로 함.

4. 본사의 사원은 토지를 매수하여 신농촌을 건설키 위하여 150원 이상을 출자키로 함. 출자금을 합동하야 상당한 토지를 매득(買得)하고 이를 출자한 분량에 따라 분배케 함.

5. 금 150원 이상을 현금으로 낼 수 없는 사원은 토지 매수할 저축금으로 5년 위한(爲限)하고 매년 30원 이상씩 출자키로 함. 각 사원의 저축금을 합동하야 토지를 매수가 가능한 경우에는 먼저 토지를 매수하고 후입금(後入金)으로 계속 매수하여 종국에 각 사원의 출자액에 따라 이를 분배함.

6. 토지를 매수키 위하여 30원 이상 저축할 형세도 없는 사원에게는 본사로서 상당한 지대(地帶)에 토지 압조(押租)할 것을 주선한 후에 소입(所入)한 금액을 계산하여 각자 분담 출자케 함.

7. 현금으로 토지를 사서 집단 된 농촌의 사원들의 농장하는 외에 남는 토지를 사원에게 외상으로 매도할 경우에는 30원씩 저금을 선납한 사원에게 선득권(先得權)이 있기로 함.

8. 150원을 현금으로 출자하는 사원은 금년 연말 이내로 판납(辦納)하되 계약금 30원을 선납하기로 함.

9. 30원 이상씩 저금으로 출자하는 사원은 매년 연말 이내로 판납하되 계약금 6원을 선납하기로 함.

10. 본사 찬성원은 찬성금 5원 이상을 납하고 연연금(年捐金)은 수의(隨意)로 함.

11. 통상 사원 50인 이상에 달한 시에 창립총회를 개(開)하기로 함. 단 직접 출석키 불능한 경우에는 타인에게 이임함을 득(得)함.

12. 본사의 장정(章程) 및 사업방침은 창립총회에서 확정키로 함.

이런 준비 작업을 거쳐 손정도 목사는 1927년 4월, 액목현에서 농민호조사란 이름으로 집단농장 형태의 농촌생활공동체를 시작하였다.[83] 그때 손정도 목사와함께 농민호조사 설립 작업에 참여했던 배형식 목사의 증언에 따르면, 손정도 목사는 "(길림교회 부임 이후) 지방을 순행하면서 농촌 동포의 생활을 시찰도 하시며 도산 선생과 협의한 바 농촌사업을 실현코저 동지자 30여 인의 발기로 농민호조사를 설립하고 사원 모집에 착수하였다." 그리고 "안창호가 직접 초안을 만들었다."는 취지서에는 "만주지방에 이주한 조선농민의 생활은 실로 참혹함으로 이를 구조하야 생활을 안정시킴에는 1) 산업상 생산의 증가를 계(計)할 것, 2) 교육에 발전을 계(計)할 것, 3) 위생을 수(守)하여 보건을 계(計)할 것 등 삼대강령을 실현케 하되 이를 단독 경영으로는 불가능이니 집단적으로 협동경영이 농민호조사의 목적을 달성할 것이다."는 내용이 담겨 있었다.[84]

이런 취지에 동의하여 농민호조사 발기인으로 손정도와 배형식을 비롯하여 임시정부 쪽에서 안창호와 이유필, 이탁, 정의부에서 김동삼과 오동진, 김정제, 현정경, 최일, 김이대, 길림지역에서 오인화와 최만영, 박기백, 전영일, 김기풍, 김진호, 김원식, 김호, 김유성, 김일병, 곽종육, 곽우명, 노영무, 지석보, 이욱, 이동우, 성태영, 안규원, 윤도숙, 윤원규, 오상헌, 오송파, 왕이성, 최석순, 표학화 등이 참여하였다. 농민호조사 통신처(사무소)는 길림성 대동문 밖 대동공사(大東公司)에 두었고 재무(경리) 실무는 대동공사 주인이기도 한 최일(崔日)이 맡

83 1946년 인쇄된 『조선민족운동연감』에는 "1927년 4월 1일 만주에서 농민호조사가 결성되었다."라고 기록하고 있다. 『일제침략하 한국36년사』 8권.
84 배형식, 『故 海石 孫貞道牧師 小傳』, 12~14.

농민호조사 사무소가 있던 길림 대동공사 자리

았다. 유한농업공사 총경리 고할신이 모금운동 실무를 맡았다면 최일은 농민호조사 경영 실무를 맡았다. 그리고 총회가 개최되어 정식 임원진이 구성되기까지 농민호조사 운영을 맡을 상무위원으로 최일과 최만영, 오상헌, 성태영, 표학화 등을 선임했다. 이들이 농민호조사 경영의 실질적인 책임자들이었다.[85] 손정도 목사는 회사와 농장을 만드는 것까지 해놓고 경영은 젊은 후배들에게 맡겼다. 손정도 목사가 준비단계에서 가장 심혈을 기울인 것은 모금운동과 토지(부지) 장만이었다. 이에 대한 원일의 증언이다.

"어느 땐지는 기억하지 못하지만 아버지는 길림에서 간도 쪽으로 약간

85 배형식, 『故 海石 孫貞道牧師 小傳』, 14~16.

떨어진 액목현에 농토를 사놓았었다. 넓이는 '3천 일경(日耕)' 이라고 했다.[86] 농부 한 사람이 1일 동안 갈이를 할 수 있는 넓이가 일경임으로 굉장한 넓이였던 것 같다. 이 땅을 사들이기 위해 아버지는 고향 강서에 있던 막대한 유산을 모두 처분했고 그러고도 모자라 만주 일대의 애국지사와 농민들을 상대로 주식을 발행했다."[87]

그 무렵 미국에서 돌아온 동생 경도가 평양에서 어머니를 모시고 살고 있어 그를 통해 강서 '유산'을 정리한 것으로 보인다. 손정도 목사는 앞서 '기독의 사회주의'를 언급하면서, "네게 있는 소유를 다 이 농촌에 드려놓겠느냐 하는 문답으로 그이가 교인 되고 못 됨이 나타나게 될 것이외다." 한 것처럼 자신의 '전 재산'을 털어 '신농촌' 건설에 들여놓았다. 그렇게 마련한 부지에 농민호조사에 가입한 농민 동포들이 들어가 살기 시작했다. 이에 대해 배형식 목사는 "농민호조사 사업이 발전하여 불과 1, 2년 만에 출자금이 불소(不少)함으로 길림성 액목현 지대에 농지 수천여(數千餘) 상지(墒地)를 매수하야 수전농작(水田農作)하기로 위선 집단 제1부락을 건설하고 사원(社員) 중 백여호(戶)를 입식(入植)케 하였다. 농민의 주택은 가급적 본사 사업발전을 따라 일치하게 건축할 예정이고 우선 중국인의 주택에 기거도 하며 혹은 구목위소(構木爲巢)로 임시 농막에 의거하며 농사에만 진력케 하였다."고 증언하였다.[88] 1백여 호가 집단 부락을 이루어 살았으니 작

86 '일경'(日耕)은 우리나라 고대의 토지 측량단위로서 보통 1일경을 '열 마지기'(곡식 10말을 뿌려서 농사지을 수 있는 땅)로 보았다. 지방마다 차이가 있지만 경기도지방을 기준으로 1일경은 2,400평 정도였으니 '3천 일경' 이면 720만 평 규모가 된다.

87 손원일, "나의 이력서(19)", 〈한국일보〉 1976.10.24.

88 배형식, 『故 海石 孫貞道牧師 小傳』, 16.

은 마을이 아니었다.

농민호조사가 들어서면서 액목현 일대는 활기가 넘쳤다. 고향을 떠나 만주에 와서 가난과 멸시와 천대를 받으며 살았던 동포들은 농민호조사 공동체에 들어와 '풍요와 독립'의 새 날에 대한 희망을 품고 개간과 개척 사업에 착수하였다. 농민호조사는 경박호에 수력발전소를 건설하여 농민호조사 마을은 물론 인근 중국인 부락에도 전력을 공급할 계획까지 세웠다. '먼 미래'까지 내다 본 웅대한 출발이었다. 그러나 정치·사회적 현실과 주변 상황은 농민호조사에 결코 호의적이지 않았다. 오히려 불리했다. 농민호조사가 출발과 함께 역경을 맞게 된 이유다.

5) 안창호 연행사건과 독립운동 위기

1920년대 후반에 접어들어 만주를 지배하려는 일본의 정치적 야욕이 노골화되면서 만주지역의 정치·사회 상황은 더욱 불안해졌다. 일본은 러일전쟁 후 조차지로 획득한 봉천에 관동도독부(關東都督府, 1919년 이후 관동청)를 설치하고 그것을 발판으로 만주지역 일대에 영향력을 확대해나갔다. 여순에서 장춘에 이르는 철도를 개설한 후 그것을 보호한다는 명분으로 관동군을 주둔시켰으며 남만철도 주변도시를 중심으로 일본인 이주정책을 써서 지역경제를 장악했다. 청산리 전투와 경신대토벌 이후 항일 독립운동, 무장투쟁이 봉천을 중심으로 남만주 지역으로 확장되자 조선총독부는 1925년 6월 봉천의 장작림 정부와 "봉천성 일대에서 조선인의 무장활동을 금지한다."는 내용의 '미츠야협정'(三矢協約)을 체결하여 남만지역에서 일본군경의 독립군 토벌이 가능하게 되었다. 이처럼 일본이 만주에서 세력을 확장될 수 있었던 것은 중국 중앙정부의 통제가 미치지 못했기 때문이었다. 신해혁명으로 붕괴된 청국의 '본향'이었던 만주는 한동안 혁명정부의 통제력이 미치지 못했다. 그런 상황에서 봉천을 근거로 삼은 신흥군벌 장작림이 만주지역을 장악하고 남쪽으로 요동반도와 북경까지 세력을 확장하였다. 장작림은 만주에서 세력을 확장해 나가는 과정에서 일본 관동청의 지지와 후원을 받았다.

남경의 혁명정부는 1925년 총통 손문의 별세 후 국민당과 공산당 사이에 갈등과 내전이 일어나 혼란을 겪었다. 1926년 '국공합작'으로 기세를 회복한 장개석의 국민당 혁명군은 1927년 '북벌운동'을 개시하였다. '배일 성향'의 장개석이 국민당 정부가 북경을 넘어 만주까지 진출할 것을 우려한 일본은 만주지역에서 통치력을 확보할 목적에서 1928년 6월 장작림을 암살하였다. 군력을 이양받은 장작림의 아들 장학량은 일본에 반감을 갖고 1929년 장개석의 군민당 정부에 합류하였고 만주 일대에서 일본으로부터 조차지와 남만철도 회수를 요구하는 배일운동이 일어났다. 만주에서 지배력을 잃게 될 위기에서 일본은 만주 침공의 기회를 노렸다. 그리고 1931년 7월, 장춘에서 일어난 만보산사건을 빌미로 대규모 군대를 만주로 파병하여 소위 '만주사변'을 일으켰다. 동시에 장개석 정부의 근거지인 상해와 남경도 침공하여 '중일전쟁'이 일어났다. 이때로부터 만주 일대는 사실상 일본의 지배하에 들어갔다. 만주지역 한인사회와 독립운동 진영의 수난은 불가피했다.[89]

이런 상황에서 만주지역 독립운동 단체들의 연합과 통일전선 구

89 박영석, "일제의 만주침략과 한인사회의 수난", 『한민족독립운동사』 4(독립전쟁), 388~418.

축은 중요한 과제가 되었다. 그런 배경에서 1922년 8월 남만지역 7개 독립운동단체가 통합하여 대한통의부를 결성했다. 그러나 통의부는 1년 후 내부 갈등으로 참의부와 정의부로 나뉘었다. 1925년 3월 북만지역 7개 독립운동단체가 통합하여 신민부를 조직하였다. 이후 만주지역 독립운동은 정의부와 참의부, 신민부 등 3부가 주도하였다. 그러다가 1926년 상해로 돌아온 안창호가 독립운동 세력의 '대통합'을 목표로 한 민족유일당 설립운동을 전개하였다. 만주지역 독립운동단체들도 여기 호응하였는데 정의부가 가장 적극적으로 나섰다. 그리하여 1928년 2월 정의부와 신민부, 참의부 간부들이 3부 연합회의를 열고 민족유일당 조직에 대한 논의를 시작하였다. 논의 초반부터 3부 지도자들은 민족유일당 조직과 성격을 규정하는 데서 의견이 갈렸다. 즉 기존 단체들을 완전 해체하고 새로운 단체로 민족유일당을 조직하자는 의견과 기존 단체의 존재를 인정하고 협의체로 민족유일당을 구성하자는 의견으로 나뉘었다. 전자를 촉성회, 후자를 협의회로 불렀다. 이후 촉성회와 협의회 사이에 지루한 공방이 벌어져 처음 구상했던 민족유일당 결성은 이루어지지 못했다. 하지만 협의회를 주도했던 김동삼과 김좌진, 김성호 등 정의부 지도자들은 신민부와 참의부 지도부와 직접 담판을 벌여 1929년 3월 기존의 정의부와 신민부, 참의부를 해체하고 새로운 독립운동 조직으로 국민부를 결성한 뒤 산하기구로 조선혁명당과 조선혁명군을 창설하였다. 비록 촉성회측은 참여하지 않았지만 국민부와 조선혁명군은 통합된 독립운동 조직으로 해방될 때까지 만주지역에서 항일 투쟁을 전개했다.[90]

90 정원옥, "재만독립운동단체의 민족유일당운동", 『한민족독립운동사』 4(독립전쟁), 313~338.

이런 배경에서 1926년 12월 안창호가 길림으로 손정도 목사를 찾아왔다. 그는 이상촌 건설 후보지를 물색하거나 손정도 목사가 액목현에서 하려는 농민호조사 후보지를 시찰하려는 목적도 있었지만 그보다는 만주지역 독립운동 지도자들을 만나 민족유일당 문제를 논의하는데 더 큰 목적이 있었다.[91] 실제로 그의 만주 방문 이후 정의부와 신민부, 참의부 지도부 사이에 통합 논의가 본격적으로 이루어지기 시작했다. 그렇게 만주지역 독립운동 지도자들을 만나고 액목현을 비롯한 이상촌 후보지를 둘러본 후 1927년 2월, 길림으로 돌아와 잠시 휴식을 취하고 있던 안창호는 길림청년회 요청으로 3일 동안 특별강연회를 열었다. 주제는 "대한 청년의 진로"였고 강연 장소는 농민호조사 사무소가 있던 대동공사의 창고건물이었다.

당시 초등학생으로 강연장에 참석했던 손원태의 기억에 의하면, 120평(400㎡) 규모의 창고 건물에서 열린 강연회에는 각지에서 온 독립운동가들은 물론 길림지역 일반 교포들까지 4백여 명이 운집하였다. 강연회는 3개월 전(1926년 12월) 서울에서 동양척식회사 건물에 폭탄을 투척하고 일본 경찰과 교전 중 목숨을 잃은 독립운동가 나석주(羅錫疇) 의사에 대한 추도식으로 시작되었다.[92] 2월 14일, 마지막 날 강연회 때 손원태도 제일 앞자리, 대풍공사 사장 최만영 옆에 앉아서 안창호의 연설을 들었다. 손원태는 그의 연설을 아버지의 설교처럼 들었다.

"소학생이었던 나는 그의 연설을 충분히 이해할 수는 없었다. 하지만

91 "吉林에서 安昌浩氏 ○○단체를 규합대활동", 〈중외일보〉 1927.1.28; "吉林을 中心 安昌浩氏活動, 各團糾合 ○○團組織", 〈동아일보〉 1927.1.28.
92 "東拓殺人事件 發表", 〈매일신보〉 1927.1.11.

그의 얼굴 표정이나 호소력 깊은 목소리, 그에게서 나오는 후광 같은 분위기가 강연장을 압도했다. 그의 웅변에는 사람들이 마음을 파고드는 신비한 무엇이 있었다. 나는 그것을 종교적인 것으로 믿었다. 빼앗긴 조국을 되찾기 위해 자신의 전 생을 바친 사람의 절절한 애국심과 정의감에서 비롯된 것이었다. 아버지도 뛰어난 설교가였다. 하란사 부인을 비롯하여 많은 사람들이 아버지 설교에 감명을 받았다. 나는 어려서부터 아버지 설교를 듣는 것을 좋아했다. 목소리는 애조 띤 노래를 부르듯 잔잔하게 퍼져나갔는데 자기 마음속에 쌓여 있는 슬픔을 토해내는 것 같아서 듣는 사람들 심금을 울렸다. 안창호의 연설도 아버지와 비슷했다. 내 마음을 끌어당기는 그의 연설을 들으면서 울고 싶은 생각도 종종 들었다."[93]

그때 안창호의 연설은 평소 지론인 '실력양성론'에 입각하여, "즉흥적인 행동은 피하고 장기 계획을 세워 조직을 발전시켜야 한다. 유혈투쟁으로서는 한계가 있으며 전 민족이 단결하여 독립운동 역량을 키워야 한다. 조선의 독립을 위한 경제 토대를 만들어야 한다. 그러기 위해 경박호(鏡泊湖) 같은 곳에 수력발전소를 건설하여 조선 농민들의 농업기반을 조성해야 한다. 자금은 국제연맹이나 미국, 프랑스 등에서 빌려오면 된다."는 내용이었다.[94] 그런데 강연회 막판 질의응

93 Won Tai Sohn, *Kim Il Sung and Korea's Struggle: An Unconventional Firsthand History,* 73.

94 이 대목에서 손원태는 당시 길림소년단 대표였던 김성주(후의 김일성)의 등장을 증언했다. 즉 안창호의 연설이 끝나갈 무렵 김성주가 강단 앞으로 나와 "일본의 군사적 강점 하에서 민족의 실력 양성이 가능하겠느냐? 일제 강점 15년에 이룬 것이 무어냐? 무장 투쟁 밖에 없다. 독립군대를 양성하여 침략 주구를 암살하고 군자금을 확보해야 한다."는 내용이 담긴 '항의성 질문지'를 던지고 퇴장하면서 강연장 분위기가 바뀌었다고 증언하였다. Won Tai Sohn, *Kim Il Sung and Korea's Struggle: An Unconventional Firsthand History,* 73~74.

百餘名은講演會場包圍
百餘名은各處住宅搜索
安昌浩氏外二百名同胞를檢擧
婦女兒童은一時監禁

안창호 체포사건기사(동아일보)

답 시간에 중국 경찰과 헌병들이 강연장으로 들이닥쳤다. 그리고 안창호를 비롯하여 그 자리에 있던 독립운동가들을 체포하였다. 이에 대한 원태의 증언이다.

"안타깝게도 그(안창호)는 질문에 답할 기회를 얻지 못했다. 경찰들이 강연장 앞뒤 문으로 갑자기 몰려 들어왔기 때문이었다. 길림 독군부에서는 정규 경찰과 헌병 수백 명을 동원했는데 그중 한 명은 일본인으로 보였다. 그 자가 연단으로 뛰어 올라 안창호를 체포하려 했다. 그 순간 여성독립군 이장청도 연단에 올라 일본인을 뒤에서 붙들고 안창호에게 도망치라고 했다. 그러나 연단 위의 안창호는 침착하게 묶도록 내버려 두었다. 그 경찰이 이장청까지 묶으려 하다가 '손대지 마!' 라는 외침에 섬찟 물러섰다."[95]

'파란 군복'을 입고 말을 타고 다녔던 여성 독립운동가, 손정도 목사 집에도 자주 와서 부엌일을 도와주었던 이장청이 안창호를 구출하려 나선 것이다. 계속되는 원태의 증언이다.

> "이장청이 경찰과 실랑이를 벌이는 순간 내 옆자리에 앉아 있었던 최만영이 나를 보고 연단에 올라가서 안 선생님을 풀어주라고 했다. 나는 아무 생각도 하지 않고 연단으로 뛰어올랐다가 경찰에게 잡혔다. 경찰은 연단 위에 있거나 그 주변에 서 있는 모든 이들을 체포하였다. 나도 그들과 함께 체포되어 밖으로 끌려 나왔다. 그러자 최만영이 어린아이까지 체포하느냐고 항의하였다. 다행히 나는 풀려났다."[96]

경찰은 13세 미만 어린이들을 제외하고 안창호를 비롯하여 현장에 있던 성인 140여 명을 체포하였다. 그리고 같은 시각 중국 경찰 백여 명이 길림시내 한국인 교포들의 집을 수색하여 성인 남자 40여 명을 추가로 체포하면서 독립운동 관련 문서들을 압수하였다. 그 결과 2백 명에 가까운 교포사회와 독립운동 지도자들이 경찰서에 연행되었다. 중국 경찰이 이들을 체포한 표면적 이유는 '적화선전'(赤化宣傳)이었다.

길림에서 이런 사태가 벌어졌을 때 손정도 목사는 액목현에 있었다. 안창호가 연설 도중에 경찰서로 연행되었다는 전갈을 듣자마자 그는 급히 길림으로 돌아와 사태수습에 나섰다. 안창호를 비롯한 독

95 Won Tai Sohn, *Kim Il Sung and Korea's Struggle: An Unconventional Firsthand History*, 75.
96 앞 책.

립운동 지도자들이 행여나 일본 영사관으로 넘겨져 국내로 압송된다면 그것은 길림뿐 아니라 중국 독립운동 진영에 큰 타격이 될 것은 당연했다. 그러기 전에 그들을 구출해 내야만 했다. 손정도 목사는 세 가지 방법을 동원했다. 첫째, 외교활동으로 오인화와 함께 길림성장(吉林省長) 장작상을 비롯한 길림성 고위관료들을 만나 석방을 요청하였다. 둘째, 오인화와 한중호조사를 통해 길림의 영향력 있는 중국 언론인과 유지인사들에게 상황을 설명하고 억울한 일을 당한 한국인들을 석방하도록 지방정부에 압력을 넣도록 여론을 조성하였다. 셋째, 길림지역 한인 동포들을 동원하여 석방을 요구하는 시위를 벌였다. 2월 17일 수백 명 교포가 참여한 항의시위는 길림청년회와 길림소년단 등 청년학생단체가 주도하였는데 그 내용을 〈동아일보〉가 소상하게 보도하였다.

> "약 이백 명이 체포되자 길림 일대에 거주하는 동포들은 17일 오전 열시 남녀노소 할 것 없이 전부가 손에 기를 들고 기다란 행렬을 지어가지고 길림성장 공서(公署)에 이르러 청장을 방문하고 잡힌 사람의 방면을 요구하였더니 성장은 시위운동 대표자에게 '좋도록 처리할 터이니 안심하고 해산하라.' 고 위무하고 경찰청장과 독찰장(督察長)까지 직접 출동하야 여러 가지로 사정을 들어 위로하고 다른 관청을 방문할 필요가 없으니 해산하도록 하라고 함으로 그 호의에 응하야 청원서만 제출하고 해산하였는데 시위행렬에는 부녀와 소아가 반수 이상이나 달하야 처참하기 짝이 없었으며 시위행렬의 깃발에는 '귀화한인청년단'(歸化韓人青年團) '유지귀화인민권'(有志歸化人民權) 등의 글이 쓰여 있었다 하며 체포된 사람들도 길림독군서와 성장공서와 성(省)의회, 교섭

서, 경찰정장 기타 기관에 진정서를 제출하였다더라." 97

이런 호소와 시위가 있었던 직후 안창호와 오동진, 현익철, 김리대, 김동삼 등 핵심 지도자 42명을 제외하고 나머지 교포들은 석방되었다.98 손정도 목사로서는 이들마저 구해내야만 했다. 반면 길림의 일본 영사관에서는 안창호와 독립운동가들을 넘겨달라고 재촉하였다. 손정도 목사를 비롯한 길림지역 지도자들은 이 사건이 안창호를 체포하여 국내로 압송하려는 조선총독부의 정치적 계략에서 시작된 것으로 보았다. 실제로 이 사건을 국내에서 처음 보도한 〈동아일보〉 기자는 "이번 사건은 [조선총독부] 경무국 쿠니모토(國友) 과장이 토미(富永) 평북경찰 부장을 대동하고 봉천에 출장하여 장작림의 고문으로 있는 양우정(楊宇鋌) 기타 봉천 관헌과 협의를 한 결과 그와 같이 된 것이라는 말도 있다."고 기록하였다.99 손정도 목사로서는 안창호의 국내 압송만은 막아야 했다. 손정도 목사는 오인화와 함께 길림성 고위 관료뿐 아니라 봉천 동삼성도독부로 장학량을 찾아가 안창호 석방을 요구하였다. 아버지 장작림과 달리 '배일 성향'이었던 장학량의 지시로 안창호와 남은 독립운동 지도자들은 일본 영사관에 넘겨지지 않고 석방되었다.100 석방된 안창호는 상해로 내려갔다.

중국 관헌의 손을 빌려 안창호를 비롯한 만주지역 독립운동 핵심 지도자들을 '일망타진' 할 수 있었던 기회를 놓친 조선총독부와 일본 관동청은 장작림 정부를 압박하여 만주지역 한인 교포사회와 독립

97 "安昌浩氏外 二百名同胞를 檢擧", 〈동아일보〉 1927.2.23.
98 "대부분은 석방 42명만 구류", 〈동아일보〉 1927.2.23.
99 "경무과장의 봉천행", 〈동아일보〉 1927.2.23.
100 배형식, 『故 海石 孫貞道牧師 小傳』, 17~18; 손원일, "나의 이력서(19)", 〈한국일보〉 1976.10.24.

운동 진영을 탄압하였다. 만주 지방정부는 한인들에게 "귀화하지 않으면 추방하겠다."고 위협하면서 높은 금액의 '입적료'(入籍料)를 요구했다. 한인 교포들은 몇 년째 흉년으로 입적료를 마련하지 못해 귀화하고 싶어도 신청을 하지 못하는 경우가 많았다. 귀화했다 할지라도 중국 언어와 문화에 익숙지 못하다는 이유로 정부 관리나 토착민들로부터 무시와 부당한 대우를 받았다. 한인 교포들이 많이 사는 길림지역 피해가 가장 심했다. 구체적으로 길림성 정부는 1927년 11월, "1) 성내(省內)에 거주하려는 조선인은 일률로 거주집조(居住執照)의 발급을 수(受)할 사(事), 2) 성내 선인(鮮人)은 중국복(中國服) 또는 양복에 한하여 조선복(朝鮮服) 착용은 엄금함, 3) 성내 거주 선인은 화인(華人) 동양(同樣)으로 납세의 의무를 유(有)함"을 내용으로 하는 '조선인 취체령'(朝鮮人取締令)을 발표하였다.[101]

이런 상황에서 길림지역 한인 교포들은 1927년 11월 28일 '길림재류동포임시대회'를 개최한 후 '한교구축문제대책강구회'(韓僑驅逐問題對策講究會)를 조직하고 집행위원으로 손정도 목사를 비롯하여 윤화전, 이동우, 고유천, 김동전, 최동오, 이종악, 성태영, 박기백, 이창범 등을 선출했다. 그리고 1) 길림 각 현에 널려 있는 동포의 각성을 환기하여 아무쪼록 참고 견디어 얼른 떠나지 말고 최속(最速)한 기간 안에 동일한 보조를 취하여 대표를 길림에 보내게 할 것, 2) 각 현 대표가 오기 전이라도 귀화인 명의로써 길림 당국에 항의, 질문 또는 탄원서를 제출할 것, 3) 이 문제가 길림에서 해결되지 못하면 결국 북경 정부에까지 가서 항의하기로 결의하였다.[102] 이에 집행위원들은 길림성 각

101 "길림성 조선인 취체령", 〈기독신보〉 1927.12.14.
102 "吉林에 재류하는 韓人들은 韓僑驅逐問題對策講究會를 조직", 〈동아일보〉 1927.12.3; "中官憲 横

지역별로 한인교포들에 대한 불법과 부당한 사례들을 조사하여 길림성 당국에 항의와 시정을 촉구했고 국내에도 도움을 요청했다. 이런 만주 사정이 국내에 알려지자 서울과 인천, 평양, 선천, 대구, 부산 등 전국 35개 도시에서 '재만동포구호동맹'(在滿同胞擁護同盟)이 조직되어 만주 동포를 돕기 위한 모금운동을 벌였다[103]

이렇듯 국내에서 만주동포를 구휼하기 위한 모금운동과 함께 한인동포를 구축하려는 중국 지방정부에 대한 '반중'(反中) 정서가 확산되자 길림성 당국은 수습책을 내놓았다. 우선 길림성장은 1927년 12월 중순, "퇴거령 발포의 진상을 확인키 위하여 방문한 한인대표 손정도 등에게 6개월 이내에 중국 귀화 수속을 마친다면 퇴거령을 취소하겠다고 언명하였고"[104] 얼마 후에는 "길림에서 조직된 한교구축문제대책강구회의 윤각, 오송파 등에게 공문을 보내 재만한인구축령을 완화할 것을 언명하였다."[105] 이런 대책강구회의 다방면 활동으로 길림성 당국과 대화와 타협이 이루어져 길림지역 교포들은 '당장 추방될' 위기는 면하였다. 그러자 봉천과 흑룡강 등 다른 만주지역에 사는 동포들로부터도 "도와 달라."는 요청이 왔다. 손정도 목사를 비롯한 대책강구회 위원들의 활동이 만주 전 지역으로 확대되었다. 그에 필요한 경비 마련도 쉬운 일은 아니었다. 그런 '궂은 일'은 손정도 목사의 몫이었다. 손정도 목사는 이 일을 위한 '모금 창구' 역할을 스스

暴益甚으로 재류동포 決死奮起", 〈중외일보〉 1927.12.3.; "길림거류 동포구축과 교민지도자회의", 〈기독신보〉 1927.12.14.

103 "재만동포 구호동맹", 〈기독신보〉 1927.12.14.; "全國 各地에서 組織된 在滿同胞擁護同盟", 〈동아일보〉 1927.12.19.

104 "吉林省長 退去令 취소하겠다고", 〈동아일보〉 1927.12.18.

105 "在滿韓人驅逐令을 완화할 것을 言明", 〈동아일보〉 1927.12.25.; "吉林當局과 交涉結果 當場被逐만은 僅免", 〈중외일보〉 1928.1.4.

로 맡았다. 1928년 1월, 〈중외일보〉 기사다.

> "재만 동포로 조직된 동성한교문제연구회(東省韓僑問題硏究會)에서는 길림성과 교섭을 마치고 봉천 흑룡 양성 당국과도 재류동포 구축에 대하여 교섭하기로 하였다 함은 본보에 보도한 바이어니와 동회에서는 그 목적을 달하기 위하야 여비 기타 경비가 불소하겠는데 재류동포 힘으로 마련키 어려워 〈중외일보〉로 보내주거나 직접 길림성 대동문외(大東門外) 대풍합교(大豐合交) 손정도(孫貞道) 앞으로 보내기를 바란다."[106]

손정도 목사는 만주에서뿐 아니라 국내에서도 '믿을 수 있는 사람'이었고 그래서 그가 추진하는 '만주 동포 살리기 운동'에 국내 독자들도 기꺼이 참여하였다. 그러나 손정도는 만주동포 문제를 국내 동포들의 도움을 받아 해결하는 것에 만족하지 않았다. 그가 농민호조사를 시작하면서 내건 개념은 '서로 돕는'(互助) 것과 함께 '스스로 돕는'(自助) 것이었다. 만주 동포사회의 자주적인 각성과 자립적인 노력, 자발적인 참여가 필요했다. 이런 그의 기대에 부응하여 액목현에 거주하는 한인교포들은 문제해결 방안을 정리하여 국내외 동포들에게 알렸다. 〈동아일보〉와 〈중외일보〉가 그것을 보도했다.[107]

1. 입적(入籍) 문제에 관한 건

우리 지방 우리 사람의 경제력은 흉년 기타 관계로 도저히 입적비

106 "同情 希望", 〈중외일보〉 1928.1.6.

107 "吉林省 吉額韓僑驅逐問題對策講究會에서 京城在滿同胞擁護聯盟에 통첩", 〈동아일보〉 1928.1.20; "僻地中에도 僻地 額穆縣 同胞動靜", 〈중외일보〉 1928.1.20.

(入籍費)를 지불할 가능성이 절무(絶無)함으로 대표를 선정하야 입적 수속비 면세청구서를 본현(本縣) 공서(公署)에 제출하는 동시에 직접 구두로 교섭하기로 함(교섭위원: 김상련, 박태린, 김광선, 통역 이광태).

2. 의복개착(衣服改着)에 관한 건

가. 우리 지방 우리 사람은 남녀를 물론하고 음력 정월 말일 이내로 전부 중복(中服)으로 개착(改着)하기로 함.

나. 우리 지방 우리 부녀들의 '비녀' 사용은 금지하기로 함.

다. ×××에 교섭하야 협력 실행을 기(期)함.

3. 재정에 관한 건

가. 매호(每戶) 100적(吊) 이상 수금하기로 함.

나. 수금은 재무부에 일임함.

다. 수금기한은 음력 설날 전으로 함.

라. 수금하는 대로 즉시 본성(本省) 한교문제강구회(韓僑問題講究會)로 송금하기로 함.

4. 한교문제강구단체(韓僑問題講究團體)의 통일에 관한 건

봉천에서 열린다는 전만조선인대회(全滿洲朝鮮人大會)의 발기 내용을 조사하기로 함.

"한복을 벗고 중국옷을 입겠다."고 한 것은 길림성 정부의 요구를 받아들인 것이기도 하지만 한인 교포들이 중국 땅에서, 중국 사회와 문화에 적응하여, 중국인들과 공존하며 살아가는 방안을 모색한 결과이기도 했다. 이런 구체적인 방안이 나온 액목현은 손정도 목사가 담임한 교회가 있는 곳이자 농민호조사가 있는 곳이었다. 그렇게 손정도 목사는 자신이 돌보는 교인과 교포들이 한민족으로서 정체성

을 잃지 않고 이방인의 땅에서 본토인들과 조화와 협력을 이루며 살아가는 법을 가르쳤다.

그런데 손정도 목사가 이와 같은 교포문제를 해결하기 위해 동분서주하던 중에 충격적인 비보를 접했다. 안창호만큼이나 오랫동안 함께 지내며 마음과 뜻이 통했던 독립운동 동지 오동진이 1927년 12월 16일 일본 경찰에 체포되어 국내로 압송된 것이다. 평북 의주 출신 오동진은 기독교계 의주 일신학교를 거쳐 안창호가 설립한 평양 대성학교를 졸업했고 고향에서 상업에 종사하다가 3·1운동 직후 만주로 망명하여 간도에서 대한청년단연합회를 조직했고 1920년 광복군총영(光復軍總營)을 결성, 총영장(總營長)이 되어 독립군들을 국내로 파견하여 평양과 신의주, 선천, 서울 등지에서 경찰서와 관공서에 폭탄을 투척하는 무장투쟁을 전개했다. 1922년 대한통의부가 조직될 때 교통부장과 재무부장을 거쳐 군사부장으로 사령장(司令長)이 되어 독립군을 지휘하였고 1925년 통의부가 정의부로 통합된 후에는 군사부위원장 겸 사령장으로 독립군을 지휘하여 국경지역 일본 경찰관서들을 공격하였다. 이러한 전력으로 오동진은 1920년대 만주지역 무장독립운동을 대표하는 인물이 되었다.

'오동진 대장'은 손정도 목사를 누구보다 신뢰하였고 손정도 목사의 농민호조사운동을 적극 지지하고 후원하였다. 그러다가 1927년 12월, 일본 밀정으로 변신한 독립군 출신 김종원이 "금광왕(金鑛王) 최창식이 거액 군자금을 갖고 장춘역에서 기다리고 있다."한 말에 속아 기차역에 나갔다가 일본 경찰에 체포되었다.[108] 손정도 목사는 오동진

108 "正義府의 巨頭 吳東振 逮捕押送", 〈매일신보〉 1927.12.20.; "예심에 회부된 정의부 오동진", 〈중외일보〉 1928.1.20.

체포 소식에 큰 충격을 받았다. 그는 옥중의 오동진으로부터 "목사님이 말렸음에도 속아 넘어간 것이 후회된다."는 편지를 받고 더욱 안타까워했다.[109] 이후 오동진은 국내로 압송되어 신의주 지방법원과 평양 복심법원에서에서 무기징역을 선고받았고 1944년 5월 대전형무소에서 옥사하였다.

2. 마지막 가는 길: 북산 언덕 위의 십자가

1) 절망에서 희망 찾기

독립운동 진영과 동포사회만 어려운 것이 아니었다. 교회와 선교 현장은 더욱 어려웠다. 만주에서 교회는 일본 경찰과 중국 관헌 및 본토인들에게 당하는 정치·사회적 핍박과 착취, 마적과 토비들의 약탈과 방화 위협, 그리고 '반(反)종교' 노선의 공산주의 계열 독립운동 단체들로부터 비난과 공격을 받았다. 중국 선교가 어렵기는 외국인 선교사들도 마찬가지였다. 내전으로 인한 정치혼란 중에 중국 거주 외국인 선교사들과 그들이 운영하는 학교와 병원 등은 중국인들의 공격을 받았다. 1927년 봄 중국에서 활동하던 상당수의 외국인 선교사들은 자국 공사관 지시에 따라 중국을 떠나야 했는데 그중 2백여 명이 한국으로 피신하였다.[110] 당시 중국 상황을 1927년 6월 〈기독신보〉 보도에서 읽을 수 있다.

---

109 손원일, "나의 이력서(19)", 〈한국일보〉 1976.10.24.

110 "중국에 있는 선교사 진퇴문제에 대하야", 〈기독신보〉 1927.5.4.; "중국 선교사 2백 명 피란 내선", 〈기독신보〉 1927.5.11.

북산에서 바라본 길림 전경(2009년)

"중국에는 지나간 몇 달 동안에 여러 가지 유감 되는 사건이 많이 발생하였다. 그리스도인이 많이 살해를 당하고 예배당, 교회 경영의 학교, 병원이 혹은 파멸, 혹은 문을 닫게 되었다. 혁명군의 세력이 북부 중국에 뻗침을 따라서 그리스도교회 소유의 건물이 전부 군용물(軍用物)이 되고 반(反)그리스도교의 선전이 매우 심하게 되었다. 현재를 가지고 판단한다면 중국에 있어서 그리스도교의 장래는 매우 참담하게 보인다 할 것이다."[111]

그런 중국 땅에 남아 '불안하게' 살아가는 동포와 교인들을 돌

111 "중국 기독교의 장래", 〈기독신보〉 1927.7.20.

보고 지켜주는 것이 손정도 목사의 목회 사명이었다. 불안한 정치·사회적 환경과 현실 때문에 절망과 공포를 안고 살아가는 교인과 동포들에게 물질적인 도움과 지원도 필요했지만 물질적 환경을 극복할 수 있는 정신적 위로와 용기도 중요했다. 그가 길림과 액목현을 오가며 교인과 동포들에게 전도하고 설교한 내용이었다. 1927년 6~7월, 〈기독신보〉에 손정도 목사의 설교 두 편이 실렸다. 먼저 "새 마음을 받으라."는 제목의 설교다. 신년예배 때 한 설교로 보이는데 점차 물질주의에 기울어지는 기독교를 경계하는 내용이다.

> "현대 교인들은 그리스도교적 생활 반면에 이 세대를 본받아 물질방면으로 경향이 됩니다. 태평양을 건너려는 배가 물이 없으면 능히 운동을 못할 것이나 물 우에 뜬 배로 물이 배 밑을 뚫고 배 안에 들게 되면 그 배는 반드시 바다 속에 침몰될 것이외다. 우리 인류가 이 세상에서 생활하는 기간에는 물질에 속한 인격과 신(神)의 이상에 속한 인격과의 둘이 있습니다. 물질에 속한 인격은 비열한 인격이오 신의 이상에 속한 인격은 고상한 인격입니다. 누구던지 하나님께 속한 이지력(理智力)이 믿음의 경험으로 이 세상 물질에 속한 이지력을 점점 정복하야 성신의 소욕대로 새로운 인격을 지어야 하겠습니다."[112]

손정도 목사는 물질과 정신(신앙)의 관계를 항해하는 배와 바닷물에 비유하였다. 배가 항해하려면 바닷물이 있어야 하지만 바닷물이 배 안에까지 스며들면 배는 가라앉아 항해할 수 없게 된다. 이같이 사

112 손정도, "새 마음을 받으라." 〈기독신보〉 1927.6.22.

람이 살아가는데 물질이 필요하지만, 물질이 사람의 마음속까지 파고들면 비열한 인격이 되어 고상한 가치와 이상을 실현할 수 없다. 그러므로 물질적 현실에 매여 종교적 이상을 포기하기보다는 종교적 인격과 가치관으로 물질적 현실을 극복하고 변화시켜 이상적인 세상을 만들어야 한다고 보았다. 손정도 목사는 사도 바울을 예로 들었다.

> "사도 바울이 믿기 전에 물질에 속한 소욕이 자기를 완전히 정복하였던 것을 믿은 후에 깨닫고 자탄하기를 '내가 원하는 선은 행치 못하고 원치 아니하는 악을 행하게 된다.' 고 하였습니다. 그러나 이 사망의 몸에서 자기를 구원하실 이가 계시다고 또 말씀하였습니다. 믿기 전에는 사망의 몸에서 자기를 구원하실 이가 없었지만 이제 예수 그리스도 안에 있는 자기에게는 죄를 정할 이가 없고 대개 그리스도 예수 안에 있는 생명의 성신의 법이 나를 놓아 죄와 사망의 법에서 벗어나게 하셨다고 하였습니다. 사도 바울이 이 말씀을 한 것은 자기가 이 세상에 속하였던 마음이 변하야 새 마음을 받아 하나님의 온전하신 뜻을 분변하는 간증이올시다."[113]

그것은 바울의 이야기이자 곧 손정도 목사 자신의 간증이기도 했다. 바울이 출셋길을 달려 다메섹으로 가던 도중 그리스도를 만나면서 인생이 바뀌었듯이 그도 물질과 명예, 그것을 얻기 위해 과거시험을 보러 가던 중 기독교 복음을 전해 듣고 삶의 방향과 목표를 바꾸었다. 이후 그는 물질적 가치보다는 정신(신앙)적 가치를 더 소중하게

113 앞 글.

여겼다. 그래서 가난한 만주 동포들에게 삶의 터전을 마련해 주기 위해 고향에 '물려받은 유산'을 처분할 수 있었다.

손정도 목사가 이처럼 정신(신앙) 가치 우선의 삶을 강조한 것은 현대 기독교인들이 물질적인 가치관에 매몰되어 근본적인 신앙 가치를 잃어버리고 세속화되어가는 교회 현실 때문이기도 했지만 "물질이 정신을 지배한다."는 공산주의 유물론(唯物論)에 대한 반론이기도 했다. 그가 독립운동 현장에서 공산주의자들과 연대와 협력을 추구하기는 했지만 '물질 우선'의 공산주의 가치관에는 동의하지 않았다. 그런 의미에서 손정도 목사는 '보수적' 신앙인이었다. 그는 정신(신앙) 우선의 가치관으로 얼마든지 세상을 바꿀 수 있다고 보았다. 손정도 목사는 그것을 '하늘나라'로 표현했다.

"사랑하는 이들이여, 우리가 육신에게 빚을 져서 육신대로 살려하지 말고 오직 성신으로서 몸의 행실을 죽이고 성신으로 말미암아 새로운 사람이 되어야 하겠습니다. 새로 나온 사람마다 그의 신앙경험은 새 세계를 발견합니다. 저주하던 이 세상이 변하야 새로운 환희를 느끼게 됩니다. 물질세계를 넘어서 하나님의 이상세계가 보여집니다. 경치 좋은 산곡을 들어가되 경치 좋은 그 밖에 신비하게 보이는 하나님의 영광을 찬송하게 될 것이외다. 새로 난 사람의 위대함이여, 그의 정신에는 광명이 있으며 그의 산 용기는 화산에서 솟아오르는 불길보다 강합니다. 그는 패망한 듯 한 가정, 오막살이 집 속에 앉았으되 그 이상은 사랑과 진리로 이 인간세계를 요리(料理)하고 있으며, 멸망한 듯 한 민족 중에 있으면서도 그 정신은 예수 그리스도의 십자가로서 영원히 평화로운 하늘나라를 건설함에 있을 것이외다."[114]

손정도 목사에게 천국은 죽어서 가는 '사후 세계'가 아니었다. 육을 가지고 살되 '육신에 빚을 져서 육신대로 사는 것이 아니라 성령으로 몸의 행실을 죽이고 성령의 법으로 사는 새로운 사람'들에 의해 '물질세계를 넘어서 하나님의 이상세계'가 이루어질 때, 그것이 곧 하나님 나라, 하늘나라였다. 그런 의미에서 그에게 하늘나라는 포기할 수 없는 꿈이자 희망이었다. 비록 현실은 '패망한 듯한 가정', '오막살이 집'에서 살지만, 사랑과 진리가 구현된 이상세계를 꿈꾸며 살아야 했고, '멸망한 듯한 민족'이지만 '영원히 평화로운 하늘나라'를 건설하려 노력하는 민족이어야 했다. 곧 '나라를 잃고' 만주 땅에 와서 '오막살이' 빈궁한 생활을 할지언정 정의와 평화가 구현된 나라, 독립된 대한민국에 대한 희망만은 잃지 말자고 호소하였다.

두 주일 후 〈기독신보〉에 실린 '고진감래'(苦盡甘來)란 제목의 설교도 비슷하다. 이 설교는 아버지의 명으로 형들을 만나러 갔다가 오히려 형들에게 애굽으로 팔려 간 요셉을 주제로 삼고 있다. 그런데 요셉이 당한 일과 그 처지를 서술하는 것이 마치 고향을 떠나 낯선 만주 땅에 와서 힘들게 살아가는 동포들의 형편을 설명하는 것 같다.

"너무도 뜻밖이올시다. 인정이 없는 형들은 요셉을 보더니 천재일시로구나 하고 악담과 저주로 영접하여 깊은 우물, 다시 애굽으로 가는 대상(隊商)에게 팔아버렸습니다. 거짓이 없는 요셉, 순전한 요셉은 웨-

114 앞 글.

이렇게도 불행한가. 그에게는 가는 곳마다 모해와 장애와 유혹이 거듭 생기며 필경은 노예의 생활도 허락지 않았습니다. 비명을 띠고 옥중생활을 하게 된 요셉의 마음이야말로 또 얼마나 아팠겠습니까. 슬프다. 잔인한 형들의 손에서 이역에 노예로 팔린 몸. 일월도 못보고 철장 속에 있는 몸. 아— 저 소년에게야 얼마나한 낙심을 주었겠습니까?"[115]

만주 교포와 교인들에게 가장 필요한 것은 억울한 누명과 운명적 고난 가운데서도 희망을 잃지 않았던 요셉의 신앙이었다. 요셉은 '하나님의 경륜'에 힘입어 애굽 고위관리의 꿈을 해몽함으로 감옥에서 풀려나게 되었고 이후 애굽 왕 바로의 꿈까지 풀이하여 총리대신이 된 후 7년 흉년 기간에 애굽뿐 아니라 멀리 바벨론(갈대아)에 이르기까지 세계 인민을 먹여 살린 '위대한 업적'을 남겼다. 그처럼 만주 땅에 와서 억울한 대접을 받으며 살고 있는 교포와 교인들에게도 그런 하나님의 '위대한 계획'이 있음을 강조하였다.

"형제여 자매여, 요셉의 장래가 어떻게 되었겠습니까? 의인 하나이 세상에 남이 얼마나 소중합니까. 애굽에서 굴지하는 박사도 자기 민족을 구원할 능력이 없었고 지번이 좋고 재산이 유여하고 세력이 대대로 뻗쳐 있는 애굽 사람 중에서는 이렇듯 큰 흉년에 자기 동포를 구원해낼 자가 하나도 없었습니다. 그러나 오직 애굽 족속과 이밖에 갈대아 근방 여러 족속까지 살려낸 이는 이미 여러 사람에게 학대를 받고 노예의 생활을 하여오던 이 요셉뿐이었습니다. 사랑하는 형제여 자매여,

115 손정도, "苦盡甘來", 〈기독신보〉 1927.7.6.

우리의 생활이 비록 궁곤무비(窮困無比)하나 악에게 지지 말며 우리의 앞길이 험악할지라도 낙심치 말고 요셉과 같이 멀리 보이는 소망을 위하야 은연중에서 하나님의 크신 경륜이 이룰만한 덕성과 신앙의 인격으로 꽃이 피기를 바라나이다."[116]

요셉의 형편과 처지가 만주 땅에 내몰려 중국 관헌과 본토인, 일본 경찰과 마적들에게 쫓기고 빼앗기며 살아가는 자신들의 처지와 비슷하였다. 현실은 절망이고 불안하지만 어린 시절 고향에서 꾸었던 '꿈'을 잊지 않고 살았던 요셉은 훗날 애굽은 물론 주변의 여러 나라 민족과 고향에서 굶주리는 아버지와 형제들까지 먹여 살리는 '구세주'가 되었다. 마찬가지로 만주에 와서 비참한 현실을 사는 교포와 교인들을 통해서 만주와 중국 본토민은 물론 아시아와 세계 여러 나라 민족, 그리고 도탄에 빠져 있는 고국 백성을 구해 내시려는 '하나님의 계획'이 있음을 믿고 '낙심치 말고 멀리 보이는 소망'을 내다보며 "악에게 지지 말고 선으로 악을 이기며"(롬 12:21) 살아가자고 호소하였다.

그런 중에 1927년 5월 24일부터 5월 27일까지 하얼빈에서 제4회 만주지방회가 개최되었다. 지방 목사 다섯 명 가운데 두 명만 참석할 정도로 목회자들의 참석률이 낮았다. 그만큼 지방 내 교회 상황이 어려웠다. 배형식 감리사가 주재한 지방회에서는 "하얼빈 액목현 화홍사평가 등 네 곳에 담임자 1인을 연회에 청원키로" 하고 "한신모 군은 미국 유학에, 손원일 군은 남경 금릉대학에 추천하여 주기를 연회 교육부에 보고하기로" 결의하였다.[117] 손정도 목사가 담임하던 액목

116 앞 글.
117 "제4회 만주지방회", 〈기독신보〉 1927.6.15.

현교회에 단독 목회자 1인을 파송해 달라는 것과 손정도 목사의 아들, 손원일이 남경으로 유학 가는 데 추천서를 써 줄 것을 요청하기로 한 것이다. 그리고 1927년 6월 서울 정동교회에서 연회가 개최되었다. 이번에도 손정도 목사는 참석하지 못하고 대신 '문안 편지'만 보냈다. 그가 배형식 감리사를 통해 보낸 서한은 연회 기간 중에 낭독되었다.[118] 어려운 상황에서도 목회 현장을 지키고 있는 만주지방 목회자들을 위해 기도와 후원을 부탁하는 내용이었다. 노블 선교사는 만주지방 교회와 목회자들이 당하고 있는 수난을 좀 더 구체적으로 보고하였다.

> "중국인 관리들은 교회 부속학교를 해체하고 한국인들을 추방하려고 한다. 무장한 사람들이 교회로 몰려와 교회와 학교 지도자들을 구타하였고 가져갈 수 있는 것이면 모두 약탈해 갔다. 지방 감리사인 배형식 목사 가족도 매를 맞고 쫓겨나는 곤경을 치렀다. 많은 한인들이 이런 식으로 강제 이주를 당하고 곤경을 겪었다. 앞으로 어떤 일이 벌어질지 아무도 알 수 없다. 그러나 분명한 것은 중국의 다른 지역들처럼 만주지역에서도 무법천지가 되어 많은 고통을 받게 될 것이지만 한국인 선교사들은 그런 어려운 중에서도 자기 임무에 최선을 다할 것이란 사실이다."[119]

이런 만주지방 감리사와 선교사 보고를 접한 한국교회 지도자들은 11월 둘째 주일 추수감사절 예배 때 만주지방 목회자와 교인들을 위한 특별헌금을 실시하기로 결의하였다. 이에 추수감사절을 앞두

118 〈조선기독교미감리교회연회록〉 1927, 36; *KMEC* 1927, 291.
119 *ARMEC* 1927, 154~155.

고 배형식 감리사는 국내 교회에 만주지방 선교현황을 요약해서 보고하였다. 즉 "1918년 6월 연회에서 시작된 만주선교는 지난 10년 동안 감사절 수입으로 만주선교에 쓴 돈이 총 32,500원에 달하며 그 결과는 만주선교구역 총 6만 5천 평방리 중에 감리교 선교구역 4만 3천(3분의 2)리 가운데 예배처소가 34개, 예배당이 8개, 신도 총수는 1,460명이며, 교인 헌금은 33,700원에 달하였다."고 정리한 후 만주지방 목회자들의 목회 현황을 다음과 같이 보고하였다.

> "손정도 목사 1인의 담임 구역은 9개 예배처소인대 아직 철도가 없어 도보로 순행하는 리(里) 수는 남북 360리, 동서 420리인데 동포 5,300명이 거주하오며, 한기모 목사 1인의 담임한 구역은 7개 예배처인데 주위가 680리이오 동족 5,800명이 거주하오며, 안경록 목사 1인의 담임 구역은 8개 예배처인바 주위가 450리요 동족 5,700명이 거주하오며, 배형식 목사의 담임구역은 주위가 1,400리에 예배처소가 11개 처인데 거주민 7,300명이며 교통으로는 소선(小船) 1척(隻) 뿐이외다. 그런즉 역사(役事)할 것은 많으나 역군(役軍)은 부족하니 역사용적(役事容積)을 생각하시오." 120

손정도 목사 담당 구역에서 정식 예배당이 있는 곳은 길림과 액목 두 곳이지만 예배당 없이 개인 집에서 예배를 드리는 곳이 일곱 군데 있어 아홉 곳 예배처소를 매주일 동서남북으로 5백리를 왕래하며 교인들을 지도하였다. 다른 세 명의 목사들도 마찬가지 형편이었다.

---

120 배형식, "추수감사일을 제하야 북감리교회의게", 〈기독신보〉 1927.11.2.

배형식 감리사는 이처럼 절대 부족인 목회자를 파송해 달라고 국내 교회에 호소하였다.

국내 교회의 만주지방 교회를 돕기 위한 구호운동도 계속 이어졌다. 1927년 12월 17일, 미감리회 재무위원회에 참석한 한국교회 지도자들은 배형식 감리사로부터 "길림성장의 명령으로 명년 1월까지에 입적하지 아니한 동포 전부에 대하야 가혹한 조건으로 퇴거를 강박하며 어떤 지주는 조차지를 억지로 회수하며 또 조차(租借) 가옥을 함부로 회수하되 미쳐 나가지 않으면 방내에 냉수를 주입하야 방내로 빙판을 만들며 혹은 농민을 마차에 실어다가 길가에 버린 일까지 있고 또 입적한 자라도 30원 이상의 세납을 강징(强徵)하며 새로 입적코저 하는 자는 수속비를 무리하게 요구함으로 그러한 참혹한 중에 있는 우리 기독교 신자도 물론 다수가 동일한 고통을 당한다."는 보고를 듣고 '북감리교 재만동포위문회'(대표: 김찬흥, 아펜젤러, 김창준)를 조직하여 12월 25일 성탄절에 만주 동포를 구제하기 위한 특별 헌금을 다시 실시하기로 결의했다.[121] 1928년 들어서도 만주 동포를 돕기 위한 교회 헌금이 계속 이어져 1928년 2월 미감리회 연회는 "전국 40여 교회가 헌금한 570원을 배형식 감리사에게 전달하였다."[122]

국내교회 후원은 만주지방 교회 목회자와 교인들에게 큰 힘이 되었다. 이런 국내교회의 지원에 호응하여 만주지역 교인들도 어려운 난관을 스스로 극복해 나가기 위해 노력하였다. 손정도 목사가 세운 길림교회 부속 영신소학교가 1928년 3월 재정난으로 문을 닫아야 할 위기에 처하자 길림지역 교포사회 유지인사 15명이 '길성시민회'(吉

121 "북감리교 재만동포위문회 조직", 〈기독신보〉 1927.12.21.
122 "재만 피축(被逐) 교우에게 가는 동정금", 〈기독신보〉 1928.2.15.

만주지방회(앞줄 앉은 이 오른쪽 끝이 손정도 목사, 1928)

城市民會)를 조직해서 학교 운영비를 보조하기로 결의하였다.123 손정도 목사는 교회가 설립한 학교를 지역 교포사회가 맡아서 운영하게 된 것을 다행으로 여겼다.

그러나 만주지방 교회 사정은 시간이 흐를수록 악화되었다. 1928년 8월 8일 제5회 만주지방회가 장춘교회에서 개최되었는데, 길림교회 최용신 권사 추도식으로 시작된 지방회는 "해림교회 경영인 기독학교와 본 교회 부속물품을 그곳 신민부(新民府)에서 무례히 뺏어가고 학생을 데려간 데 대하여 본 지방 교육위원회 명의로 항의하여 학생과 물품을 돌려주지 않으면 금번 연회에 제출하야 전선적(全鮮的)으로 여론을 일으키기로" 결의하였다.124 반(反)기독교 성향의 독립운동단체가 교회 물품과 학생들을 징발해 갔던 것이다.

123 『韓國獨立運動史』 5, 748; 『일제침략하 한국36년사』 8권.
124 "만주지방회", 〈기독신보〉 1928.9.26.

1928년 10월 미감리회 연회가 서울 정동교회에서 개최되었다. 이번에도 손정도 목사는 참석하지 못하고 '축전'(祝電)만 보냈다.[125] 대신 배형식 감리사는 악조건 속에서도 고군분투하며 목회를 감당하고 있는 만주지방 목회자들의 고민과 열정을 자세히 소개하였다. 배형식 목사는 "만주지역 한인 교포사회의 가장 큰 도덕적인 문제는 술과 아편, 도박, 매춘이 원인이며 목회자들은 일본 경찰과 마적, 그리고 독립군들로부터 종종 습격과 약탈을 당하는 수난을 겪고 있다."고 보고했다. 만주지방 목회에서 가장 큰 어려움은 경제 문제였다. 국내에서 보내오는 선교비로는 절대빈곤층인 교인과 교포들을 구제하기도 부족하였다. 교인들의 헌금으로는 목회자 생활비나 교회 운영도 어려운 형편이었다. 이런 상황에서 배형식 감리사는 만주지방 교회의 '자구책'으로 농민호조사운동에 희망을 걸었다.

> "교회 예산의 일부를 땅에 투자하는 것이 바람직하다는 의견이 제시되었다. 그렇게 하면 처음 몇 해 동안은 사역에 지장이 있을 것이지만 곧 정기적인 수입이 생기게 되어 보다 안정적으로 사역을 할 수 있을 것이다. 그렇게 토지를 사는데 투자해서 가난한 사람들을 돕기도 하고 나중에 보상도 받음으로 우리는 초장을 만들어 푸른 풀밭과 시원한 물가로 양떼를 인도할 수 있게 될 것이다. 만주에서는 영적인 사역과 육적인 사역을 함께 추진해야 강한 교회를 세울 수 있다."[126]

배형식 감리사나 손정도 목사에게 '만주 목회'는 영적으로는 복

125 〈조선미감리교회연회록〉 1928, 37.
126 Pai Hyung Sik, "The Manchuria District", *KMEC* 1928, 47.

음을 전하여 죄악에 빠진 영혼을 구원하며 동시에 육적으로는 '먹고 살 수 있는' 경제 기반을 만들어 주는 것이었다. 열악한 환경에서 가난한 농민들이 '서로 살리고, 스스로 사는' 정신을 배우고 실천하는 농촌생활 신앙공동체로서 농민호조사를 설립했던 손정도 목사의 계획에 만주지방 목회자들이 참여하였다. 그렇게 불안과 절망이 깊어가는 현실에서 '미래 희망'을 선포하는 것으로 손정도 목사는 길림에서 마지막 '생명 목회'를 감당하였다.

2) '걸레의 삶'으로 남 살리기

손정도 목사의 "미래를 내다보며 오늘을 준비하자."는 메시지는 길림지역 교인과 교포들에게만 국한된 것은 아니었다. 그는 기회가 있을 때마다 자녀들에게도 같은 내용으로 교훈하였다. 손정도 목사는 목회와 독립운동으로 바쁘게 지내면서 집을 비울 때가 많았지만 간혹 집에 있을 때면 자녀들을 앉혀놓고 '속생각'을 털어놓곤 했다. 인실의 증언이다.

> "손정도는 틈틈이 아이들을 앉혀놓고 타일렀다. '누가 돈을 빌려 달라고 해서 빌려줄 때는 받을 생각을 말고 주어라. 돈을 다시 받으려 하면 돈과 함께 친구마저 잃게 된다.' '남에게 밥을 한 끼 얻어먹으면 반드시 두 끼를 갚으라.' 또 아직 어린 인실과 원태를 양 무릎에 앉히고 이르기도 했다. '어떤 의미로는 사람이 제일 무서운 존재란다. 그렇기 때문에 사람에게 제일 정성을 들여야 한다. 사람을 사랑해야 한다는 말이다.' 그중에도 잊을 수 없는 말이 있었다. '인생에는 비단옷 같은 삶도 있고 걸레같이 사는 삶도 있다. 비단옷은 화려하고 아름다우나

없다고 큰 지장은 없지. 그러나 걸레는 잠시 없어도 집안이 흐트러지고 더러워진다. 나는 둘 중에 후자의 삶을 택했다. 걸레의 생명은 자기를 죽이고 이웃에 헌신하는 것이다. 너희들에게 나같이 살라고 강요하지는 않겠다만, 내 말을 기억해다오.' "[127]

'걸레의 삶.' 그것은 손정도 목사가 지금까지 목회자로, 독립운동가로 살아오면서 지켜왔던 인생의 가치관이자 행동수칙이었다. 그것은 성경의 "남에게 대접을 받고자 하는 대로 너희도 남을 대접하라."(마 7:12)는 말씀, "너희 중에 누구든지 크고자 하는 자는 너희를 섬기는 자가 되고 너희 중에 누구든지 으뜸이 되고자 하는 자는 너희의 종이 되어야 하리라."(마 20:26~27)는 말씀, "섬김을 받으려 함이 아니라 도리어 섬기려 하고 자기 목숨을 많은 사람의 대속물로 주려 함이라."(마 20:28)는 말씀, "내가 주와 또는 선생이 되어 너희 발을 씻었으니 너희도 서로 발을 씻어주는 것이 옳으니라."(요 13:14)는 말씀의 실천이었다. 그리고 그것은 "근본 하나님의 본체시나 하나님과 동등 됨을 취할 것으로 여기지 아니하시고 오히려 자기를 비워 종의 형체를 가지사 사람의 모양으로 나타나사 자기를 낮추시고 죽기까지 복종하셨으니 곧 십자가에 죽으셨던"(빌 2:6~9) '그리스도의 겸비'(humilitas christi)이기도 했다.

이처럼 손정도 목사는 스스로 낮추고 비우고 남을 위해 자신을 희생하고 양보하는 삶을 살았다. 그래서 기라성 같았던 독립운동가와 민족 지도자들이 그를 신뢰하였고 그와 함께 일하기 원했다. 이런 권

---

127 안혜령, 『손인실: 사랑과 겸허의 향기』, 27~28.

위와 지도력은 철저한 자기 관리와 통제가 있어서 가능했다. 걸레는 남을 닦기 전에 자신을 먼저 깨끗이 빨아야 한다. 그처럼 손정도 목사는 '자기 정화'에 철저하였기 때문에 '거룩한 걸레'로서 교포사회와 독립운동 진영에서 권위 있는 지도력을 발휘할 수 있었다. 손정도 목사는 자녀들도 그런 '걸레의 삶'으로 나라와 민족을 위해 봉사할 것을 기대했다. 그래서 손인실은 해방 후 여자기독교청년회(YWCA)에서 '사랑과 겸허'로 봉사하는 지도자가 되었다. 또한 인실의 증언에 나오듯 손정도 목사는 "사람이 제일 무서운 존재다."는 말을 종종 하였다. 원태는 좀 더 구체적으로 그 내용을 증언하였다.

> "아버지가 인실과 나를 무릎에 앉혀놓고 수수께끼 놀이를 했던 것이 기억에 남는다. 아버지가 '세상에 제일 무서운 것이 무엇이게?' 하자 우리는 머리를 굴리면서 '뱀… 호랑이… 귀신…' 등등 대답하였다. 그러자 아버지는 '아니야.' 하시더니 진지한 표정으로 '사람이야.' 하셨다. 그 무렵 아버지는 임시정부 안의 파벌싸움으로 인한 심적 고통과 충격을 안고 계셨다. 사람들은 출신지역에 따라 '평안도파'다. '경상도파'다 하면서 파당을 지어 서로 배격하였다. 아버지는 떨리는 목소리로 '나라도 작은데 수십 개 당파로 나뉘어 싸우고 있으니 파당 싸움이 독립운동을 망칠 것이다.' 하시며 한숨을 쉬셨다." 128

상해에서 임시정부와 국민대표회의가 실패한 것도, 길림에 와서 독립운동단체들이 하나가 되지 못하고 서로 반목하며 때로는 살상까지

128 Won Tai Sohn, *Kim Il Sung and Korea's Struggle: An Unconventional Firsthand History*, 32.

자행하는 암담한 현실을 지켜보았던 손정도 목사는 그 안타까운 '속마음' 을 자녀들에게 털어놓았던 것이다. 원일도 비슷한 증언을 하였다.

> "길림시절 어느 날 아버지는 '우리나라가 잘 되려면 지방색을 가르는 파당싸움을 말아야 한다. 좁은 나라에서 네 갈래 열 갈래로 갈려 싸우다 나라를 잃고도 정신을 못 차리고 있으니 한심하기 그지없다.' 고 한숨 섞어 이야기 한 일은 있다." 129

민족의 독립이라는 지상과제 앞에서도 지방색과 당파성을 극복하지 못하고 갈등과 분열을 거듭한 것은 봉건적 사고에서 벗어나지 못했던 '기성세대' 의 한계였다. 그런 면에서 '다음 세대' 는 달라야 했다. 손정도 목사는 미래 세대에 희망을 걸었다. 원태의 또 다른 증언이다.

> "하루는 아버지가 원일 형과 나, 그리고 인실을 당신 앞으로 불러 모으셨다. 그때 아버지가 한 말씀을 지금도 분명하게 기억하고 있다. '조선 사람이라면 누구나 독립을 갈망하고 있지만 이른 시일에 일본이 망하고 조선이 해방될 것 같지는 않다. 그러니 우리는 한동안 망국 백성으로 여기저기 떠돌아다니며 천대를 받을 것이다. 그러나 떠돌아다닐지언정 수치는 당하지 말아야 한다. 그러기 위해서는 모두가 자신을 개발해야 한다. 장차 과학과 산업의 시대가 올 터인데 그러면 실력이

129 손원일, "나의 이력서(12)", 〈한국일보〉 1976.10.14. 손원일은 해방 후 해군을 창설하고 해군참모총장이 되었을 때 해군장병들에게 내린 실천지침 가운데 "군인은 정치담을 말고 도별담(道別談)을 폐지하자."는 조항을 넣었고 장병 인사기록카드에 "원적과 본적을 빼고 현 주소만 쓰도록" 했다. 오진근 임성채, 『해군창설의 주역 손원일 제독』 상, 한국해양전략연구소, 2006, 201~202.

가장 중요하다. 이제 우리 세대는 늦었다. 그러나 너희는 서로 다른 영역이라도 각자 유능한 사람이 되기를 힘쓸 것이다. 그것만이 언젠가 이루어질 나라의 독립을 앞당길 수 있는 길이다.' 그 말씀은 내 가슴을 뛰게 하였다."[130]

손정도 목사는 "당대에는 불가능하더라도 다음 대에서는 반드시 독립이 이루어질 것이라."며 '독립된' 조국의 부흥과 발전을 위해 각 분야에서 일할 지도자들을 양성해야 한다고 보았다. 특히 다른 문명국가들에 비해 뒤떨어진 과학과 산업 분야에서 일할 유능한 지도자들이 필요했다. 그렇게 해서 손원태는 북경 유학을 마치고 귀국해서 세브란스의학교를 졸업한 후 의사가 되었고 해방 후에는 미국에 유학하여 유명 병리학자가 되었다. 원일도 같은 증언을 하였다.

"아버지는 길림에 있던 우리 삼 남매를 앞에 놓고 '공부를 열심히 하라.' 고 타일렀다. 내가 아버지로부터 이런 말을 들은 것은 아마도 처음이 아니었던가 한다. 아버지가 공부를 열심히 하도록 이끈 것은 대략 다음과 같은 뜻이었다. '너나없이 독립을 바라는 사람은 많다. 그러나 일본이 곧 망하고 곧 독립이 쟁취될 것 같지는 않다. 그렇다면 우리는 상당기간 나라 없는 백성으로 떠돌지 않을 수 없고 또 천대도 받게 마련이다. 어쩔 수 없어 떠돌더라도 천대는 받지 말아야 하는데 그러자면 개개인이 실력을 갖춰야 한다. 더욱이 앞으로 전개될 과학사회 산업사회에서는 실력이 가장 중요하다. 1세는 이미 늦었다. 그러나 2세

130 Won Tai Sohn, *Kim Il Sung and Korea's Struggle: An Unconventional Firsthand History*, 84.

들은 반드시 각 분야에서 실력자가 돼야한다. 이것은 곧 조국독립을 앞당기는 결과를 가져오는 최선을 방법일 것이다.' 평소의 지론이기도 했으나 이것은 우리 삼 남매에 대한 타이름뿐만 아니라 민족 전체에 대한 외침일 수 있었다."[131]

원일은 평양에 있을 때도 그러했지만 길림에 와서도 한동안 자신의 표현처럼 '철없는 개구쟁이' 였다. 놀기 좋아했고 운동경기에 남다른 재능을 갖고 있었으나 공부와는 거리가 멀었다. 그러나 문광중학 졸업반 때 아버지로부터 이런 충고를 들은 후 심기일전하여 공부에 매진해서 졸업할 때는 전교 1등을 하였다. 그는 북경대학 의과에 진학하려 했으나 급성 안질에 걸려 6개월 길림에서 요양하면서 아버지 교회부속 유치원과 소학교 교사로 봉사했다. 그리고 건강이 회복된 후 1926년 가을 둘째 누나(성실)가 유학하고 있는 상해로 갔다. 그는 처음 동제대학 의과에 입학했으나 '수술실 장면' 에 충격을 받아 의학을 포기하고 '해군이 되기로' 결심하고 국립중앙대학 항해과에 진학했다.[132] 그렇게 해서 해방 후 대한민국 해군창설의 주역 '손원일 제독' 이 나왔다.

그 무렵 두 딸도 외지 유학 생활을 잘하고 있었다. 성악에 재능이 있던 둘째 딸 성실은 휘문여중을 졸업한 후 상해 국립음악전문학교에서 성악을 공부하고 있었다. 성실은 길림에서 원일이 내려오자 함께 자취생활을 하면서 동생의 상해 유학을 도와주었다. 미국 유학 중인 맏딸 진실은 코넬대학을 거쳐 1926년 듀북대학에 입학해서 가정학을

131 손원일, "나의 이력서(16)", 〈한국일보〉 1976.10.20.
132 손원일, "나의 이력서(18)", 〈한국일보〉 1976.10.22.

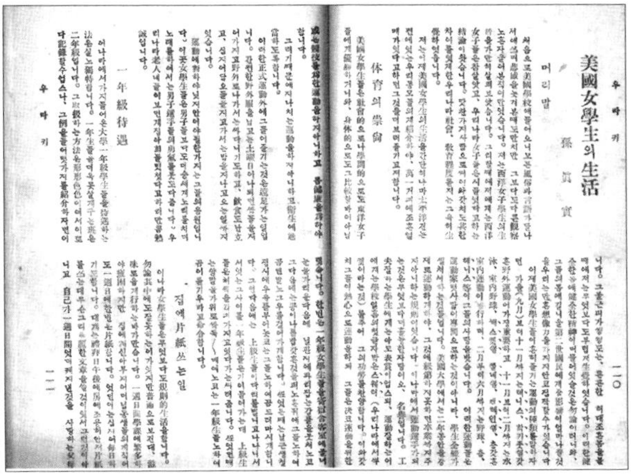

〈우라키〉에 실린 손진실 논문

전공하였다. 그는 1925~28년 미국 유학생 잡지인 〈우라키〉(The Rocky)에 "미국 여학생의 생활", "행복 된 가정에 대한 몇 가지 생각", "미국 가정에서 배울 몇 가지"란 제목의 논문을 계속 발표하였다.[133] 학구적이면서도 활동적이었던 진실은 상해에서도 그러했지만 미국에서도 남성 한인유학생들에게 '선망의 대상'이었다. 유학생 가운데 가장 적극적으로 진실에게 도전한 인물은 윤치호의 이복동생 윤치창(尹致昌)이었다. 그는 진실과 비슷한 시기에 미국에 유학하여 시카고대학 상과에 다니고 있었는데 진실의 "삼촌 경도와 이도까지 동원했고, 자살 소동마저 빚은 끝에 진실의 마음을 움직여" 결혼 승낙을 받아냈다.[134] 손진실과 윤치창, 두 사람은 대학을 마치고 1929년 4월 미국에서 결혼

133 "제1회 대한인류학생회", 〈신한민보〉 1923.9.6.; "각 대학에 우리 학생", 〈신한민보〉 1924.9.25.; 손진실, "미국 여학생의 생활", 〈우라키〉 1호, 1925.9.; 손진실, "행복 된 가정에 대한 몇 가지 생각", 〈우라키〉 2호, 1926.9.; 손진실, "미국가정에서 배울 몇 가지", 〈우라키〉 3호, 1928.4.

134 손원일, "나의 이력서(25)", 〈한국일보〉 1976.11.2.

식을 올린 후 6월에 귀국, 서울 가회동에서 신혼살림을 시작하였다.[135]

귀국 직후 진실과 윤치창은 손정도 목사 부부에게 인사하기 위해 길림을 방문하였다. 그런데 손정도 목사 집에 있던 윤치창이 공산주의 독립운동가들에게 납치당하는 사건이 벌어졌다. 얼마 후 그를 납치한 측에서 "우리는 독립운동을 하고 있는데 서울에 있는 윤치호가 독립운동 자금을 대지 않으므로 동생 윤치창에게 보복을 하겠다."는 연락이 왔다. 이에 손정도 목사는 백방으로 수소문한 결과 하얼빈에 본부를 둔 공산당원들의 소행인 것을 알고 그들과 통하는 독립운동가와 함께 하얼빈까지 가서 사위를 구출해왔다.[136] 풀려난 윤치창과 진실 부부는 곧바로 서울로 돌아갔다. 1929년 7월 15일 자 윤치호 일기 내용이다.

> "동생 치창이 아내와 함께 길림에서 돌아왔다. 내가 우려했던 일이 벌어졌다. 치창은 한국인 괴한들에게 납치당해 광야로 끌려 나가 나흘간 잡혀 있었다. 그들은 치창에게 10만 원을 요구했다. 치창은 그들에게 2만 원을 주겠다는 어음을 써주었다. 그는 장인 손정도 목사의 친구들에 의해 풀려났다. 치창은 손 목사의 조언에 따라 강압에 의해 쓴 약속어음은 지불할 의무가 없다는 내용의 편지를 납치범들에게 보냈다고 한다. 치창과 아내는 비밀리에 서로 다른 길로 길림을 떠났다."[137]

135 "해외에서 맨든 가정(3): 손진실씨 가정", 〈동아일보〉 1929.12.4.

136 손원일, "나의 이력서(27)", 〈한국일보〉 1976.11.6. 윤치창의 석방에 대해 김일성은 1991년 평양을 방문한 손원태에게 "나는 장철호와 고원암(고할신), 김사헌을 비롯한 독립운동자들을 찾아가 손 목사와의 우정을 보아서라도 그러면 되겠는가, 지금은 자유연애를 하는 때인데 젊은이들이 서로 좋아하면 그만이지 독립군서 무엇 때문에 이래라 저래라 하는가고 하면서 윤치창을 놓아주는 것이 좋겠다고 말해 주었다. 그후 독립운동자들은 자기들이 너무한 것 같다고 하면서 윤치창을 놓아주었다."고 증언하였다. 김일성, 『재미교포 손원태와 한 담화』, 평양: 조선로동당 출판사, 1992, 18~19.

137 "윤치호일기"(1927.7.15.), 『윤치호일기』 9권, 226~227.

이 납치소동은 '친일파 집안' 사람으로 알려진 윤치창이 '독립운동가 집안' 손정도 목사의 가족이 되기 위한 통과의례와도 같았다. 이후 윤치창은 외지에서 유학 생활을 하고 있는 처남과 처제들의 경제적, 정치적 후견인이 되었다. 그것이 손정도 목사 부부에게 큰 힘이 되었다.

3) 길림소년회와 김성주 후원

이 무렵(1927~29년) 길림에서 손정도 목사가 '자식처럼' 돌봐 준 독립운동 지망생이 있었다. 훗날 북조선인민공화국 수령이 된 김일성으로 당시 이름은 김성주였다. 손정도 목사가 김일성을 도와준 배경에는 평양 '숭실 동문'인 그의 아버지 김형직과의 관계 때문이었다. 김일성의 아버지 김형직(金亨稷, 1894~1926)은 1918년 평양에서 일어난 '조선국민회사건'(朝鮮國民會事件)으로 체포되어 옥고를 치른 독립운동가였다. 조선국민회는 안창호에게 영향을 받은 독립운동가 장일환(張日煥)이 1914~15년 하와이를 방문, 박용만을 만나고 돌아와 1917년 3월 평양에서 서광조, 강석봉, 배민수, 백세빈, 김형직, 이보식 등 숭실학교 졸업생, 재학생들을 규합하여 조직한 항일비밀결사였다. 조선국민회는 이보식을 회장, 배민수를 통신서기, 백세빈을 외국통신원으로 선출한 후 기관지 〈국민보〉(國民報)를 발행하고 국내와 중국 만주 지역에 지부를 설치하여 무관학교 후보생을 모집하였다. 그러나 조선국민회는 창설 1년 만인 1918년 2월 일본 경찰에 조직이 탄로나 장일환을 비롯하여 회원 12명이 체포되었다.[138] 주모자 장일환은 옥중에서

---

138 〈極祕 朝鮮人概況 第二〉(1918.5.31.); "秘號外 朝鮮人概況第二 壹部參考送付件"(1919.3.26.), 『日本外務省 外交史料館文書』.

혹독한 고문을 받다가 순국하였다.

조선국민회사건은 〈매일신보〉 같은 언론에 보도되지 않아서 일반 시민들은 잘 몰랐지만 독립운동 진영에서는 잘 알려진 항일독립운동사건이었다. 이 사건에 연루되어 옥고를 치른 김형직은 대동군 출신으로 숭실중학교에서 공부하고 강동군에서 서당 교사로 있던 중 조선국민회 창설 회원으로 가입하였다. 그는 배민수, 노덕순과 함께 집게손가락(食指)을 잘라 혈서로 '대한독립'(大韓獨立)을 써서 결의를 표할 정도로 조직 활동에 적극적이었다. 그도 1918년 2월 장일환과 함께 체포되어 평양 경찰서에 수감되었는데 장일환의 옥중 순국과 국민회 활동 내용이 별로 없다는 이유로 수형기간은 길지 않았다. 이후 김형직은 평양 3·1운동에 참가한 후 1919년 5월 중국으로 망명, 장백현 팔도구에서 순천의원을 설립하고 독립운동을 벌이다가 1926년 6월 무송에서 별세하였다.[139]

열두 살 차이가 나는 손정도 목사와 김형직이 같은 시기 평양 중학교에서 공부하거나 만났을 가능성은 희박하다. 그러나 김형직이 조선국민회 활동을 했던 1917~18년에 손정도 목사는 서울 정동교회 목회를 접고 평양에 내려와 중국 망명을 준비하고 있었다. 그래서 '숭실 동문'으로 독립운동에 뜻이 같았던 두 사람이 만나거나 교류하였을 가능성을 전혀 배제할 수도 없다. 그리고 '숭실 후배들'이 대거 연루된 조선국민회사건을 손정도 목사도 알았을 것이다. 손정도 목사가 '숭실 후배' 김형직을 자세히 알고 있었는지는 분명치 않지만 김형직

139 "高第3094號: 秘密結社發見處分ノ件"(1919.2.18.), 『日本外務省 外交史料館文書』.; "機密 第149號: 陸軍側調査ニ係ル鴨綠江沿岸地方支那地ニ於ケル在住朝鮮人ノ戶ヲ其ノ他ニ關スル件"(1925.5.5.), 『日本外務省 外交史料館文書』; 김일성, 『세기와 더불어』 1, 평양: 조선로동당 출판사, 1992, 20~34, 127.

이 가츠라암살음모사건으로 옥고를 치렀고 상해 임시의정원 의장과 임시정부 교통총장을 지낸 '숭실 선배' 손정도 목사를 몰랐을 리는 없다.[140]

그런 배경에서 손정도 목사는 아버지 장례식을 치르고 길림에 들어온 '김형직의 아들' 김성주(김일성)를 따뜻하게 맞아 주었다. 김일성은 훗날(1991년), 손원태에게 자신이 손정도 목사를 길림에서 만나 도움을 받게 된 과정을 이렇게 증언했다.

> "나는 길림에 가서 우리 아버지와 친한 사이였고 연계가 깊었던 손 목사의 집을 찾아갔습니다. 손 목사의 집은 길림시 우마항에 있었습니다. 내가 찾아가니 손 목사는 몹시 반가와하였습니다. 나는 길림에서 아버지의 친구들인 독립운동가들의 소개로 길림 육문중학교에서 영어 교원을 하는 김강을 만났습니다. 나는 김강의 소개로 시험도 치지 않고 길림 육문중학교에 입학하였는데 한 학년을 뛰어넘어 2학년에 편입하였습니다."[141]

김일성은 길림 육문(毓文)중학교에 다니면서 그의 '혁명운동 출발'이 된 공산주의 학습을 본격적으로 받기 시작했다. 그는 육문중학교의 공산당 계열 교사와 학생들로부터 공산주의 학습을 받기도 했지만 그가 길림에 정착할 수 있도록 도움을 준 오동진과 현묵관(현익철),

---

140 이에 대하여 김일성은 "손 목사는 우리 아버지와 친한 사이였다. 우리 아버지는 평양 숭실중학교 다니실 때부터 손 목사를 알고 있은 것 같다." 면서 "아버지는 무송에서 활동하면서 1925년 앓는 몸으로 조선독립운동의 분열을 막고 통일을 이룩하기 위하여 화전과 길림, 류하, 삼원포, 홍경을 거쳐 남만 일대를 한 바퀴 돌아오셨는데 길림에 갔을 때 손 목사를 만나 보았다."고 증언하였다. 김일성, 『재미교포 손원태와 한 담화』, 3~4, 6.

141 김일성, 『재미교포 손원태와 한 담화』, 8.

최동오, 양세봉, 장철호, 고원암(고할신), 김시우, 강제하 등 공산주의 노선의 독립운동가들로부터 많은 영향을 받았다. 그러나 길림에서 손정도 목사 가족으로부터 받은 도움과 사랑은 김일성에게 '결정적인 기억'으로 남았다.

"내가 길림에 와서 육문중학교에서 3년 동안이나 공부할 수 있은 것은 손정도와 같은 아버지의 친구들의 도움을 많이 받았기 때문이다. 손정도 목사는 어머니의 삯빨래와 삯바느질로 겨우 유지되여가는 우리 집의 구차한 살림살이를 걱정하면서 나에게 학비를 여러 번 보태주었다. 목사의 부인도 나를 몹시 사랑해주었다."[142]

김일성에게 길림에서 지도자로서 능력을 발휘할 수 있었던 첫 번째 무대가 '길림소년회'(吉林少年會)였다. 본래 길림소년회는 정의부와 연관해서 1925년 5월 조직되었으나 별로 눈에 띄는 활동을 하지 못하고 있었다. 이에 손정도 목사는 장철호와 고할신, 박일하 등 독립운동가들과 상의한 후 김일성에게 길림소년회를 맡기기로 했다. 그렇게 해서 1927년 3월 김일성을 회장으로 선출하는 길림소년회 총회가 길림교회에서 개최되었다. 그 모임에 참석했던 원태의 증언이다.

"소년회원들을 격려하고 후원하기 위해 온 독립운동가들과 학부모들이 예배당 뒷자리에 앉아서 지켜보았다. 연단에는 독립운동가 장철호

142 김일성, 『세기와 더불어』 1, 355.

와 아버지, 박일하, 김성주, 그리고 또 한 명이 앉아 있었는데 그 이름은 기억나지 않는다. 연단에 앉은 인사들이 개막 행사를 한 후 길림소년회 임원 구성을 위한 위원회를 구성되었고 그들은 만장일치로 김성주를 회장으로 선출했다. 김성주는 연단에 나서 자신을 회장으로 선출한 총회에 감사를 표한 후 자신이 구상했던 소년회 목적과 당면 과제, 그리고 조직을 이끌어나갈 규칙에 대해 설명했다. 그는 유창한 평안도 사투리로 남녀 회원들이 하나가 되어 조국의 독립과 명예를 위해 나서자고 호소하였다. 내가 알아듣기 쉬운 고향 사투리를 썼기 때문에 마치 오래전부터 알고 지내던 고향 사람을 만난 것 같았다." 143

원태는 그때부터 두 살 위인 김일성의 '팬'이 되었다. 여섯 살 위인 형 원일이 상해로 유학을 떠난 후라 그는 김일성을 형처럼 따랐다. 그래서 그도 길림소년회 활동에 적극적으로 참여하였다. 김일성을 회장으로 선출한 후 길림소년회는 활기를 띠었다. 원태의 계속되는 증언이다.

"이후 길림 소년 소녀들의 생활에 큰 변화가 생겼다. 방과 후에 우리는 아버지 교회에서 만나 토론회와 강연회를 열었고 독서회도 가졌다. 토론회에서는 여자아이들이 단발을 해야 하는가 하는 것으로부터 조국의 독립을 위한 투쟁방침은 무엇인가에 이르는 다양한 주제를 갖고 논쟁을 벌였다. 소년회는 작은 도서실도 운영했다. 도서실은 제분소를

143 Won Tai Sohn, *Kim Il Sung and Korea's Struggle: An Unconventional Firsthand History*, 54.

하는 인실의 친한 친구 황귀헌의 아버지가 마련해 주었다. 우리는 벽에 흰 벽지를 바르고 서가도 마련해서 도서실을 꾸몄다. 집에 있던 책을 가져오기도 했고 중학생들은 철도 공사장에서 일해 번 돈으로 책을 사 오기도 했다."[144]

원태는 그 당시 길림소년회 도서실에서 읽은 책으로 『심청전』과 『장화홍련전』, 『삼국지』, 『장한』 같은 고전 소설과 고리키의 『어머니』를 비롯하여 『철류』(鐵流), 『행복』, 『아큐정전』 같은 사상 서적도 있었다고 기억하였다. 길림소년회 회원들은 연설회나 토론회, 독서회도 자주 열었지만 야외 활동을 많이 하였다. 특히 송화강 건너편 강남공원은 길림소년회 회원들의 단골 야외활동 무대였다. 회원들은 "이천만 애국동포 하나가 되어/ 잃어버린 조국 되찾은 후에/ 삼천리강토에 새 나라 세우자"는 소년회가(少年會歌)를 부르며 강남공원으로 가서 숨바꼭질과 수건돌리기 등 어린이들이 즐기는 게임을 한 후 '병정놀이'로 마무리하였다. 원태의 증언이다.

"마지막으로 우리는 '바다'와 '땅', 두 편으로 나누어 병정놀이를 했다. 김성주는 땅 편 대장이었는데 나도 거기 들었다. 당시 아이들은 그의 편에 들기를 원했다! 나는 그의 미소와 잘 생긴 얼굴, 부드러운 목소리가 좋았다. 그 옆에 있으면 편안했고 잘은 몰랐지만 그의 맘에 들게 행동하려고 애썼다. 김성주 편은 언제나 바다 편을 이겼다. 비록 어린 아이들 놀이였지만 지력과 조직력이 필요했다. 김성주는 내게, '야, 원

144 Won Tai Sohn, *Kim Il Sung and Korea's Struggle: An Unconventional Firsthand History*, 54~55.

손원태 부부와 김일성(평양, 1992년)

태, 저 소나무 아래 숨어 있다가 오른쪽 바위로 올라 오라우!' 라고 지시하거나 '적에게 들키면 먼저 선수를 치라우!' 했다. 우리는 그가 지시하는 대로 따랐고 그래서 매번 이겼다. 심지어 여자아이들까지 병정놀이를 했다. 인실과 그의 단짝 황귀헌이 사과같이 빨개진 얼굴로 다람쥐처럼 나무와 나무 사이를 뛰어다니던 모습은 지금도 잊을 수 없다." 145

아이들의 놀이였지만 그 모습은 어른들의 독립군 전쟁과 흡사하였다. 그렇게 김일성은 길림소년회를 통해 자신의 지도력을 처음으로 실험하였다. 김일성은 얼마 후 중등학생들로만 조직된 류길학우회(留吉學友會) 회장이 되어 적극적으로 공산주의 학습활동을 시작하였다. 그때도 손정도 목사의 길림교회를 집회 장소와 활동 무대로 삼았다. 김일성의 증언이다.

"그[손정도]는 새 세대 청년들과도 잘 어울리었으며 젊은 사람들이 하

145 Won Tai Sohn, *Kim Il Sung and Korea's Struggle: An Unconventional Firsthand History*, 56~57.

는 일이면 무엇이든지 성의를 다하여 후원해주었다. 그가 교직을 차지하고 있는 대동문 밖의 예배당은 우리의 전용 집회 장소나 다름없었다. 나는 이 예배당에 자주 찾아가 풍금도 타고 연예선전대의 활동도 지도하였다. 손정도 목사는 우리가 요구하는 것이면 무엇이건 다 해결해주고 우리의 혁명 활동을 충심으로부터 지지해주었기 때문에 나는 그를 친아버지처럼 존경하였다. 손정도 목사도 나를 친자식처럼 사랑해주었다." 146

그러던 중 1929년 가을, 길림에서 공산주의 학생들이 대거 연루된 '비밀독서회사건'이 일어났다. 육문중학교를 비롯하여 길림 제1 중학과 제5 중학의 학생들이 대거 체포되었다. 대부분 중국인 학생들이었는데 김일성도 거기 포함되었다. 그때 손정도 목사는 그를 석방시키기 위해 노력하였다. 김일성의 증언에 따르면 "손 목사는 우리 아버지를 보아서라도 나를 감옥에서 구출해야 하겠다고 생각하였던 것 같다. 손 목사는 나를 빼내기 위하여 장작상과 장학량을 비롯한 중국 길림성 정부와 길림 독군서의 실권자들과 교섭도 많이 하고 그들에게 돈도 많이 먹였다." 147 그렇게 손정도 목사를 비롯하여 고할신, 최동오, 오상헌, 오인화, 김사헌 등 길림지역 독립운동가들의 노력으로 김일성은 정식 재판에 회부되지 않고 1930년 5월 초 석방되었다. 그는 석방되자마자 제일 먼저 손정도 목사를 찾아갔다. "손정도 목사는 자기 자식이 감옥에 있다가 나온 것처럼 기뻐하면서" 그를 맞아 주

146 김일성, 『세기와 더불어』 2, 평양: 조선로동당출판사, 1992, 6.
147 김일성, 『재미동포 손원태와 한 담화』, 23~24.

었다.[148] 석방된 김일성은 보다 적극적인 무장투쟁에 참여하기 위하여 길림을 떠나 돈화로 자리를 옮겼다.

김일성이 길림 형무소에서 풀려난 직후, 1930년 5월 30일 북간도 용정에서 '5·30폭동'으로 알려진 무장봉기가 일어났다. 이 사건은 간도지역 한인 공산당이 주도한 것으로 일본 영사관과 관공서를 습격하고 철도를 파괴하였다. 이에 일본군과 만주군벌이 연합작전을 펼쳐 만주 일대 공산주의자 7천여 명을 체포하였고 주현갑과 이동양 등 주모자 22명을 처형했다. 이 사건을 계기로 만주지역의 항일 독립운동 세력은 큰 타격을 받았다. 반면 일본의 만주 지배력은 한층 강화되었다. 이 부분에 대한 김일성의 증언이다.

> "만일 그때 내가 손정도 목사를 비롯한 독립운동가들의 도움으로 석방되지 못하고 감옥에 1년만 더 갇혀 있었어도 일제 놈들의 손에 넘어갈 수 있었다. 내가 일제 놈들의 손에 넘어갔더라면 큰 죄는 없었지만 김형직의 아들이라고 하여 한 10년 동안은 감옥 생활을 시켰을 것이며 그렇게 되였더라면 나는 항일투쟁을 벌릴 수 있는 기회를 놓치고 말았을 것이다. 그래서 나는 손 목사를 은인으로 생각하면서 잊지 않고 있는 것이다."[149]

김일성이 손정도 목사를 '생명의 은인'으로 부르게 된 배경이다. 그렇게 김일성은 자신의 공산주의 학습 및 혁명 활동의 출발점이라 할 수 있는 '길림 투쟁기'에 손정도 목사로부터 결정적인 도움과

148 김일성, 『세기와 더불어』 2, 2.
149 김일성, 『재미동포 손원태와 한 담화』, 27.

지원을 받았다.

이 대목에서 "왜 기독교 목사인 손정도는 공산주의 학생을 도와주고 감옥에 갇힌 그를 꺼내주었는가?"라고 질문할 수 있을 것이다. 이는 그가 농민호조사를 시작하면서 제시했던 '기독의 사회주의', 즉 '기독교 사회주의' 원리에서 보면 충분하게 이해할 수 있다. 기독교 사회주의 관점에서 보면 기독교와 사회주의(공산주의)는 과정과 방법이 다를 뿐 지향하는 목표(평등사회 구현)는 같기 때문에 배척이 아닌 대화와 협력의 대상이 될 수 있다. 그런 배경에서 손정도 목사는 상해에 있을 때부터 '기독교 목사'라는 자신의 분명한 정체성을 지키면서도 이념과 노선이 다른 공산주의자들과 연대하고 협력하였다. 그건 길림에 와서도 변하지 않았다. 그는 '조국의 독립'이라는 공동목표를 이루기 위해 민족주의, 공산주의 지도자들과 손을 잡았다. 1929년 12월 30일 길림에서 "민족주의단체 계통으로는 김동삼 손정도 외 수명과 공산주의단체 계통으로는 김찬 윤자영 최환 등이 모여 '재만한인반제국주의동맹'(在滿韓人反帝國主義同盟)을 조직하고 국내와 국외에 대하여 새로운 운동방침을 결의한 것"이 대표적인 예였다.[150]

또한 손정도 목사는 길림에 와서 '상생'(相生)과 '호조'(互助)라는 기독교 사회주의 가치를 구현하기 위해 농민호조사를 설립했다. '서로 돕고 살리는' 운동을 제시만 한 것이 아니라 직접 실천하였다. 그런 손정도 목사였기에 독립운동을 하다가 목숨을 잃은 아버지 장례식을 치르고 길림에 들어온 10대 소년 김성주를 보살펴주고 감옥

---

150 "學生運動으로 ○○團活動說: 在滿反帝國主義同盟組織", 〈중외일보〉, 1930.1.22.; "朝保秘 第三十號: 在滿韓人反帝國主義同盟組織ノ件"(1930.1.17.), 『日本外務省 外交史料館文書』.

에서 구해낸 것은 당연하였다. 누구보다 기독교 신앙원리에 충실했던 손정도 목사는 '길을 잃은 한 마리 양'을 찾아 나선 목자의 심정으로(눅 15:4~6), 여리고 골짜기에서 강도를 만나 모든 것을 빼앗기고 얻어맞아 죽게 된 사람에게 자비를 베푼 '선한 사마리아인'의 손길로(눅 10:30~37) 김성주를 돌봐주며 후원했다. 그것은 또한 "너의 원수를 사랑하며 너희를 박해하는 자들을 위하여 기도하라."는 말씀(마 5:44)과 "네 원수가 주리거든 먹이고 목마르거든 마시게 하라."는 말씀(롬 12:20)을 실천함으로 불신과 갈등, 대립과 분쟁으로 점철된 현실세계를 사랑과 신뢰, 화해와 평화의 이상세계로 바꾸어 나가야 한다는 종교적 신념에서 비롯된 신앙의 실천이기도 했다.

그 결과 손정도 목사는 해방 후 북한에서 공산주의 정권을 수립한 최고 지도자로부터 "신앙심이 깊은 독실한 기독교 신자", "일생을 독립운동에 헌신한 훌륭한 애국자" 혹은 "교직자의 간판을 가지고 한 생을 항일성업에 고스란히 바쳐온 지조가 굳고 양심적인 독립운동자"란 칭송어린 평가를 받았다.[151] 이는 곧 '골수' 공산주의자들이라 할지라도 "손정도 목사와 같이 진실로 민족을 사랑하는 기독교인이라면 얼마든지 대화하고 연대할 수 있다."는 고백이기도 했다. 그렇게 독립운동 현장에서 손정도 목사는 누구와도 대화하고 협력할 수 있는 인물이었다. "할 수 있거든 너희로서는 모든 사람과 더불어 화목하라."(롬 12:18)는 성경 말씀을 몸으로 살았던 손정도 목사였다.

---

151 김일성, 『세기와 더불어』 1, 354~355, 김일성, 『세기와 더불어』 2, 9.

4) 길림 목회 정리와 북경 이주

길림 경찰서에서 풀려난 김일성이 돈화 방면으로 떠난 것처럼 그 무렵 손정도 목사도 길림을 떠날 준비를 하고 있었다. 손정도 목사는 "무슨 까닭으로 갑자기 길림을 떠날 생각을 하게 되었는가."란 김일성의 질문에 "장작상까지 맥을 추지 못하니 이제는 이 길림 바닥에서 우리를 비호하고 후원해줄 힘도 바랄 수 없게 되었네. 장작상이 조선 사람들을 도와주지 않으면 일본군대가 쳐들어와도 야단이야. 3부가 통합되면 독립운동도 날개 달린 용마가 되리라고 생각했는데 용마는커녕 집안싸움으로 평온한 날이 없으니 이 고장에 더 버티고 있을 생각도 나지 않는다."면서 상해임시정부 시절 함께 활동했던 인사들과 흥사단 단우들이 있는 '중국 관내(關內)'로 들어갈 계획을 세웠다고 하였다.[152] 계속 통합을 위해 노력하였음에도 하나가 되지 못하고 내부 갈등과 분쟁을 그치지 않는 만주 독립운동 진영에 실망을 느끼고 국민당 정부가 통제하는 북경 쪽으로 옮겨 상해에서 올라온 동지, 흥사단 단우들과 새로운 독립운동을 모색하려 길림을 떠나기로 결심했다는 것이다. 6년 전 상해를 떠났던 이유가 독립운동 진영의 갈등과 분쟁 때문이었는데 길림을 떠난 이유도 마찬가지였다.

손정도 목사가 길림을 떠난 이유는 이런 정치적인 요인 외에 손정도 목사 자신의 건강과 가족 문제도 있었다. 우선 손정도 목사는 1929년 접어들어 건강이 눈에 띠게 악화되었다. 당시 건강 악화로 고통스러워하던 아버지의 모습을 인실은 이렇게 증언했다.

---

152 김일성, 『세기와 더불어』 2, 2~3.

"손정도는 건강이 좋지 않았다. 속병이 악화되어 식사도 제대로 못할 지경이었으며 고문의 후유증으로 온몸이 쑤시는 고통을 겪어야 했다. 날마다 안마사를 불러 안마를 받아야 잠을 이룰 정도였는데 인실도 틈틈이 아버지를 안마해 드리곤 했다. 손정도는 한 번 안마를 시작하면 그치라는 소리가 없었다. 열 살 안팎의 나이에 어른 몸 주무르기가 즐겁고 쉽지는 않았으련만 손인실은 한 번도 투정을 부리거나 짜증을 내지 않았다." 153

손정도 목사는 고문 후유증으로 얻은 만성 위궤양 및 신경통과 싸우고 있었다. 그런 만성 질병은 장기 휴식과 요양으로 치유될 수 있었는데 목회와 독립운동을 병행해야 했던 그에겐 그런 여유가 없었다. 그렇게 '아픈 몸'으로 일본 경찰의 감시와 추적을 피해가며 '신경 써야 할' 많은 일들을 처리하다 보니 건강은 갈수록 악화되었다. 거기에 1929년 들어서 길림의 목회 환경은 더욱 나빠졌다. 이는 1929년 6월 19일부터 6월 25일까지 평양 남산현교회에서 개최된 미감리회 연회에 제출한 배형식 감리사 보고서를 통해 확인할 수 있다.

"작년 연회 후로 만주지방 중 구역 변동된 곳은 남만 길림과 액목 양 구역 중에 5처 교인이 대다수가 이산타처(離散他處)하였음으로 예배소가 없어졌습니다. 그중 자소유(自所有) 예배당 3처가 공허(空虛)하였습니다. 그 이유는 작년 연흉(年凶)이 심하였고 또는 중인(中人)의 배척도 받었고 또 사회쟁투도 한 가지 원인이올시다. 또 장로교회 구역으로서

153 안혜령, 『손인실: 사랑과 겸허의 향기』, 31.

받은 구역 중 동선(東線) 7처 예배소도 이상의 원인으로 신자 다수가 환산(渙散)하였습니다. 그런즉 신자 감축된 것이 232인이오 예배소와 기도처가 감소된 것이 17처이올시다."[154]

불과 1년 전 늘어나는 길림과 액목 지역 교인들을 위해 새 목회자를 보내달라고 했던 것과는 전혀 다른 보고였다. 1년 사이에 지방내 예배처소가 17곳 없어졌다. 그중에도 손정도 목사가 담임한 길림과 액목에서만 5곳이 폐지되었다. 손정도 목사가 담당했던 9개 예배처소 중에 반이 넘는 곳이 문을 닫았다. 이런 교인 감소는 계속 이어지는 흉년과 중국인들의 탄압, 그리고 감리사가 '사회투쟁' 이라고 표현한 공산주의 독립운동 단체들의 교회탄압이 복합적으로 작용한 결과였다. 그중에도 길림과 액목 지역의 교인 감소가 심하였는데 이는 길림성 당국이 '조선인 추방정책' 의 일환으로 1929년 봄 한인 노동자들의 중국인 농장 취업을 금하는 조치를 취하여 일자리를 잃은 한인교포들이 대거 길림을 떠난 때문이었다.[155] 손정도 목사로서는 '불가항력' 이었다. 그러나 정작 배형식 감리사의 걱정은 교세 감소보다 손정도 목사의 건강이었다. 그래서 감리사는 연회원들에게 손정도 목사를 위해 기도해 달라고 부탁하였다.

"길림 담임자 손정도 목사는 연전(年前) 옥독(獄毒)이 가끔 발생하야 신체가 매우 연약함으로 육신활동이 능치 못함으로 구역 순행을 마음대로 못하였으나 주재하여 있는 길림성 교회 형편은 재미있고 복잡한

154 "만주지방 감리사 배형식 보고", 〈조선기독교미감리교회연회록〉 1929, 56.
155 "在滿 朝鮮勞動者 大變", 〈기독신보〉 1929.7.3. "滿洲 罹災同胞 救濟", 〈기독신보〉 1929.9.4.

사회 환경에서 모든 피란을 잘 이겨감으로 교회에 무슨 해는 없습니다. 여러분은 손정도 목사를 위하야 기도 많이 하여주시기를 원하나이다."[156]

그런 중에 손정도 목사는 1929년 연회에서 또다시 길림교회와 액목교회 담임자로 파송되었다.[157] 물론 그는 연회에 참석지 못했다. 그리고 매년 연회에 보냈던 문안편지나 축전도 이번에는 보내지 못했다. 건강상태나 목회형편이 여의치 못했다는 증거다.

그 무렵 손정도 목사만 아팠던 것이 아니다. 상해에서 10년 가까이 유학 생활을 하던 둘째 딸 성실이 건강을 해쳐 길림 집에 와서 휴양하고 있었다. 길림에 와서도 차도가 없자 1929년 여름 성실을 봉천의 동북대학(東北大學) 의대병원에 입원시켰다. 그 과정에서 당시 동북대학 교수로 있던 신국권(申國權)의 도움이 컸다.[158] 1920년대 중국과 한국에서 '축구왕'(蹴球王)으로 불렸던 신국권(본명 申基俊)은 서울 기독교청년회학관을 졸업한 후 중국 상해로 건너가 교통대학과 남양대학에서 수학하였다. 그는 상해에서 중국 국적을 취득하였고 '국권' 이란 이름은 "잃어버린 나라를 되찾으라."는 뜻으로 중국 석학 임어당(林語堂)이 지어주었다. 신국권은 대학생 신분으로 상해임시정부 조직에 참여하여 교통부 교통위원, 외부 외사국장을 역임했고 윤자영, 김상덕, 엄항섭 등과 '상해청년동맹'을 조직하여 활동했다. 그는 1922년 상해

156 "만주지방 감리사 배형식 보고", 〈조선기독교미감리교회연회록〉 1929, 57.
157 "만주지방 감리사 배형식 보고", 〈조선기독교미감리교회연회록〉 1929, 34.; "北監理會年會 後報", 〈기독신보〉 1929.7.3.
158 "상해축구단 입성", 〈매일신보〉 1922.8.11.; "상해에 한인운동단", 〈신한민보〉 1922.8.24.; 손원일, "나의 이력서(22)", 〈한국일보〉 1976.10.29.

유학생축구단을 조직해서 모국을 방문, 서울과 평양에서 시범 경기를 하였는데 당시 평양 광성학교 축구대표 선수로 활약했던 손원일은 숭실전문학교 운동장에서 열린 경기에서 신국권이 "문전에 떠오른 공을 머리로 받아 골에 넣는 깜짝 놀랄 묘기를 보고" 충격을 받기도 했다.[159]

이후 신국권은 1925년 미국에 유학, 오벌린대학에서 체육학을 전공하고 1928년 귀국하여 연희전문학교 교수로 부임했다가 1년 만에 봉천 동북대학 교수로 자리를 옮겼다. 동북대학은 만주군벌 장작림이 설립한 대학으로 장작림이 암살당한 후에는 그의 둘째 아들 장학명(張學銘)이 학교를 운영하였는데 그는 신국권과 상해 교통대학 동창이었다. 장학명은 동북대학을 만주의 최고 명문대학으로 육성하려는 계획을 갖고 신국권을 동북대학 체육학 주임교수로 초빙

손성실 신국권 부부(가운데)와 손진실(왼쪽) 손인실(오른쪽)

159 손원일, "나의 이력서(9)", 〈한국일보〉 1976.10.10.

하였던 것이다.[160] 신국권은 사실 상해에서 대학생으로 임시정부 활동을 할 때부터 '뛰어난 미모에 노래를 잘 불렀던' 손성실을 흠모하던 '상해 남학생그룹' 가운데 한 명이었다. 그래서 성실의 동북대학 병원에 입원한 인실을 정성껏 돌봐주었고 성실의 어머니와 두 동생, 원태와 인실도 봉천에 있는 동북대학 관사(官舍)에 살도록 도와주었다. 이로써 손정도 목사를 제외한 가족들은 모두 봉천으로 이사하였고 원태는 봉천 제5 중학에, 인실은 봉천 소학교에 입학하였다. 그 무렵 맏아들 원일은 상해 중앙대 항해과를 졸업하고 중국 해군 수로국에서 실시하는 항해사 자격시험에 합격하여 독일을 왕복하는 미국 상선 항해사가 되었다.[161]

그렇게 손정도 목사는 1929년 여름 가족을 봉천으로 옮긴 후 혼자 길림으로 돌아왔다. 그러나 이후 손정도 목사의 건강은 계속 악화되어 목회를 계속할 수 없는 상태가 되었다. 손정도 목사에겐 장기 요양이 필요했다. 결국 그는 1930년 1월 배형식 감리사에게 길림교회와 액목현교회 목사 사임을 표명하고 후임자 파송을 요청하였다. 그리고 봉천으로 가서 그동안 병원 치료를 받으면서 건강을 회복한 성실과 동북대학 관사에 살고 있던 가족을 북경으로 옮겼다. 손정도 목사는 길림 우마항에 있던 집을 처분하여 북경 시내 협화의대(協和醫大) 근처, 동성구(東城區) 금어호동(金魚胡同) 17번지에 셋집을 얻어 가족들이 묵게 했다.[162] 그곳은 손정도 목사가 20년 전 중국 선교사로 처음 북경

160 "우리 류학생의 상황", 〈신한민보〉 1923.8.30.; "신국권씨 미국유학", 〈동아일보〉 1925.9.13.; "독자와 기자", 〈동광〉 6호, 1926.10; "명감독 신씨가 훈련시킨 신구선수", 〈동아일보〉 1928.5.22.

161 손원일, "나의 이력서(22)", 〈한국일보〉 1976.10.29.; 안혜령, 『손인실: 사랑과 겸허의 향기』, 31~32.

162 손원일, "나의 이력서(26)", 〈한국일보〉 1976.11.3.; Won Tai Sohn, *Kim Il Sung and Korea's Struggle: An Unconventional Firsthand History*, 35.

북경 협화병원

에 왔을 때 묵었던 숭문문 안 미감리회 선교부와 가까운 곳이었다. 북경으로 이사한 후 원태는 회문(滙文)고등학교, 인실은 모정(慕貞)여자중학교에 들어갔다. 성실도 중단했던 학업을 계속하기 위해 상해로 떠났다. 그런데 봉천에서 성실을 지극정성으로 간호했던 신국권이 북경까지 와서 손정도 목사 부부에게 성실과의 결혼을 허락해 달라고 부탁하였다. 이에 손정도 목사는 "성실이 학업을 마칠 때까지 기다리라."고 하였다. 그렇게 해서 둘은 1931년 10월 결혼하였다. 그렇게 가족 일을 처리한 후 손정도 목사는 북경 교외 향산사(香山寺) 휴양지에서 요양생활에 들어갔다.

손정도 목사가 북경으로 떠난 후 길림에 남아 있는 교인과 교포들은 '허전함'을 감출 수 없었다. 손정도 목사가 교회를 떠난 후 임시방편으로 장춘의 한기모 목사와 사평가의 현성원 목사가 순번으로 길림교회에 와서 설교하였다. 손정도 목사가 길림을 떠난 직후인

1930년 2월 초, 서울에서 미감리회 종교교육부 총무로 일하던 변성옥(邊成玉) 목사가 만주지역 교회를 순방하는 길에 길림을 방문했다. 그는 〈기독신보〉에 손정도 목사가 떠난 후 길림교회 상황에 대하여, "길림교회에서 교역하시든 손[손정도] 목사는 사면하였으므로 지금 목자 없는 교회이다. 새로 담임자가 오기까지는 장춘 한[한기모] 목사와 사평가 현[현성원] 목사와 두 분이 매월 1주간씩 길림교회에 가서 체재하면서 교회 일을 돌보게 되었다."고 소개하였다.[163] 변성옥 목사는 1920년 2월 12일 길림교회에서 열린 특별 전도강연회에 대하여 이렇게 증언하였다.

"길림은 장춘과 달라 순(純) 중국 도시이다. 그리고 동포들도 조선복 입은 사람은 하나도 없이 모다 중국 의복을 입었다. 예배당 내에 가득이 들어앉은 분 중에 노인도 있고 청년도 유소년도 많다. 특히 이채를 돋아준 것은 여자청년들이다. 중복(中服)에 단발한 것은 조선서 찾아보기 힘든 현상이었다. 사회자의 의미심장한 개회사가 있었다. 여기 말로 별유천지이다. 아무 간섭이 없는 자유의 나라이다. 여기서는 벌써 조선이란 명사가 행세를 못하게 되었다. 그리고 저희들이 내지(內地)라고 부르는 것은 우리 조선 안에 있으면서 내지라고 부르는 덧없는 의미와는 같지 않다. 단상에 올라선 나는 얼마간 말할 수가 없었다. 생각하였던 문제도 잃어버렸다. 그럼으로 당야(當夜) 문제는 '실제'(失題)였다. 내가 연설하든 중에 제일 자유롭게 가슴을 풀어헤치고 말하여 보기는 상쾌하였던 길림 강연이었었다."[164]

---

163 春坡, "만주기행(9)", 〈기독신보〉 1930.8.20.
164 春坡, "만주기행(11)", 〈기독신보〉 1930.9.3.

비록 '조선이란 명사(名詞)가 행세하지 못하는' 곳에서 중국식 복장을 한 교인들 앞에서 행한 '제목 없는' 강연이었지만 변성옥 목사는 '아무 간섭이 없는 자유의 나라'에서 "제일 자유롭게 가슴을 풀어헤치고 말하여 상쾌하였던 강연이었다."고 진술하였다. 그렇게 변성옥 목사가 국내에서는 할 수 없었던, 민족이나 독립에 대하여 '자유롭게' 말할 수 있었던 교회 분위기였다. 그것이 손정도 목사의 6년 목회 결과였다.

그리고 1930년 6월 16일부터 6월 19일까지 장춘교회에서 제7회 만주지방회가 개최되었다. 북경에서 요양 중인 손정도 목사는 참석하지 못했다. 배형식 감리사가 주재한 만주지방회에서는 다음 몇 가지 중요한 결의를 하였다.[165]

1. 선교사업 방침을 전환(轉換). 숙제로 내려오든 만주선교사업은 농촌을 붙들지 않으면 아니 되겠다고 농촌을 주력하여 착수하자고 결의함(도시 현상유지를 약제[略除]하고라도 그것으로라도 농촌사업을 하자고 함).
1. 산업조합 설립. 남북만에 널려 있는 이들이 유랑의 생활을 하는 고로 특제(特制)한 지대(地帶)를 택하여 생활을 안정시켜 주자고 총자본 10만 원, 주수(株數) 2천 주, 매주 50원, 1회 불입 매주 12원 50전, 2회 주금(柱金) 2만 5천 원으로 제일 착수하자고 함(명세는 추후로 발표함).
1. 기독청년총연맹. 만주 내에 산재하여 있는 엡웟, 면려, 청년, 세포단체를 연합하여 가지고 사회청년들로 기독교화(基督敎化)를 시키고자 함.

---

165 "만주지방회", 〈기독신보〉 1930.7.2.

1. 만주지방 종교교육협회 조직. 회장 현성원, 총무 한기모, 서기 허영백, 회계 백내준.

첫 번째, 두 번째 결의는 손정도 목사가 시작한 농민호조사와 관련된 내용이었다. 도시교회 비용을 줄이더라도 농촌선교에 보다 많은 투자를 하여 농촌을 살리는 일에 주력할 것과 구체적인 방안으로 '총자본 10만 원'을 목표로 설립된 농민호조사 주식 모집과 농장 개척을 지속적으로 추진할 것을 결의한 것이다. 그렇게 손정도 목사의 농민호조사 일은 중단되지 않고 배형식 감리사와 만주지방회에 의해 지속되었다. 그리고 지방회에서는 손정도 목사가 사임한 길림교회와 액목교회는 사평가교회를 담임하고 있던 현성원 목사가 겸해서 보기로 했다.[166]

그러나 1930년 9월 서울 정동교회에서 개최된 미감리회 연회에서 만주지방 목회자 파송은 다시 조정되었다. 한기모 목사가 길림교회와 액목현교회를 담임자로, 현성원 목사가 사평가교회와 장춘교회 담임자로, 한동규 전도사가 해림교회와 영고탑교회 담임자로, 배형식 감리사가 하얼빈교회 담임자로 파송되었다.[167] 그리고 만주지방 선교사 데밍(C.S. Deming)은 1930년 연회에서 더욱 어려워진 만주지방 상황을 이렇게 보고하였다.

"어떤 민족이든 북만주 지역에 사는 사람들은 전시(戰時) 같은 상황에서 군인들의 살육과 약탈, 재물 파괴로 인해 고통을 당하고 있다. 추운 겨

166 앞 글, 1930.7.2.
167 *KMEC* 1930, 228.

울에 집에서 쫓겨난 사람들 가운데 기독교인들이 상당히 많은데 그들이 당하고 있는 고난은 차마 글로 표현할 수 없다. 남녀노소 할 것 없이 갈 곳을 찾지 못한 사람들이 하얼빈으로 몰려들고 있다. 국경을 따라 마을마다 그런 피난민들이 줄을 잇고 있다. 그렇게 하얼빈에 몰려온 각 나라 사람들이 4만 8천 명 정도 되는데 그중 한국인은 1백 명가량 된다. 중국과 러시아, 일본인들은 각기 협회를 만들어 자체적으로 구호활동을 벌이고 있다. 한국인들은 한인교회와 교민회가 그 일을 맡아 하고 있다." 168

만주지방 교인과 교포들은 마적과 중국(군벌) 정부와 공산주의자들로부터 3중 고난을 당하고 있었다. 데밍 선교사는 1929년 12월, 공산주의자들에게 체포된 교인들을 구출하기 위해 길림성 당국자들을 만나기도 했다. 그 일에 대한 보고다.

"만주지방은 지금 매우 위험하며 무법천지로 바뀌고 있다. 중국과 러시아 사이에 국경분쟁이 일어난 후 만주에 있는 공산주의자들의 활동이 치열해졌고 지난 12월 중국 경찰당국은 교회 예배를 포함하여 어떤 형태의 모임도 갖지 말라는 명을 내렸다. 지난 12월에는 체포된 교인 몇 명과 관계된 일로 길림을 방문해서 정부 관리를 만났다. 저들이 당하고 있는 비참한 현실이란! 정부 관리 중에는 아직도 한국인에 대한 편견을 가진 일들이 많았다." 169

---

168 C.S. Deming, "Manchuria District", *KMEC* 1930, 244.
169 위 책, 245.

길림에서 한인 교포들의 '보호자' 역할을 했던 손정도 목사가 떠난 후 교회와 교포사회가 당하는 수난은 더욱 심해졌다. 데밍은 보고서 끝에 '어려운 중에도 최선을 다하고 있는' 만주지역 목회자들의 근황을 소개하였다. 그는 우선 손정도 목사를 위한 기도를 부탁하였다.

> "손정도 목사는 길림에 파송을 받아 온 이래 건강 때문에 제대로 일을 할 수 없었다. 그는 지금 북경 근처에 살고 있다. 여러분 모두 그를 위해 기도해 주기를 바란다."[170]

1년 전 배형식 감리사가 연회원들에게 "손정도 목사의 건강 회복을 위해 기도해 달라."고 했던 것처럼 데밍 선교사도 똑같은 부탁을 하였다. 1년 사이에 손정도 목사의 건강이 더욱 악화되었기 때문이었다. 그런 가운데서도 손정도 목사는 1930년 12월, 길림에 있는 독립운동 동지들로부터 연락을 받고 길림을 방문하였다. 그리고 그것이 그의 '마지막 여행'이 되었다.

5) 별세와 장례: 십자가의 길

요양 중이던 손정도 목사가 어떤 이유로 추운 겨울에 '아픈 몸'을 이끌고 길림에 갔는지, 그가 길림에 가서 별세하기까지 두 달 동안 누구를 만나 무슨 일을 했는지, 그의 마지막 별세 과정과 모습은 어떠했는지 자세하게 알 수는 없다. 이를 알려줄 만한 기록이나 자료가 없

---

170 앞 책, 246.

손정도 목사가 별세한 길림 동양병원

기 때문이다. 우선 손정도 목사의 '마지막 길림 일정'을 증언해 줄 동료 목회자가 없었다. 1931년 6월 연회에서 손정도 목사 후임으로 길림교회를 담임하게 된 한기모 목사는 길림으로 이사한 직후인 1931년 11월 3일 부인이 출산 후유증으로 목숨을 잃었다.[171] 이 일로 충격을 받은 한기모 목사는 길림교회에 부임한 지 1년 만인 1932년 가을 어린 4남매를 데리고 귀국하여 강원도 울진교회에 부임하였다. 이후 담임자를 찾지 못했던 길림교회는 1년 동안 문을 닫았다가 남은 교인 7, 80명이 셋집을 얻어 예배를 재개하고 사평가에 있던 현성원 목사가 길림교회를 맡게 되었다.[172] 길림교회 상황이 이러하였기 때문에 손정도 목사는 길림교회 목사나 교인들의 도움을 받을 수 없었다. 그의 절친한 친구이자 동료 목회자였던 배형식 목사는 하얼빈에 있었기 때문에

171 "해외동포 소식 片片" 〈기독신보〉 1930.11.19.; "만주지방 감리사 배형식 보고", 〈기독교대한감리회 중부·동부·서부 연합연회록〉 1931.183.

"손정도 목사가 별세했다."는 소식을 듣고서야 길림으로 내려왔다.

길림에는 손정도 목사의 마지막 행적을 증언할 수 있는 또 다른 '가까운 동지'로 오인화가 있었다. 그는 북경에 있던 손정도 목사에게 "길림으로 올라오라." 연락했던 장본인이었다. 그렇기 때문에 오인화는 길림에서 손정도 목사와 함께 지내며 그의 마지막 순간도 지켜보았을 것이고 장례 실무도 맡아 보았을 것이다. 그런데 오인화는 손정도 목사의 별세 두 달 후인 1931년 4월 16일 일본 밀정으로 활동했던 길림 교민회장 김정원이 쏜 총탄에 목숨을 잃었다.[173] 그리하여 손정도 목사의 마지막 행적과 죽음에 대하여 정확하게 증언해 줄 인물이 없었다. 역설적이게도 손정도 목사의 별세와 장례에 대한 자료는 그의 행적을 감시하였던 일본 경찰기록을 통해 얻을 수 있다. 길림 주재 일본 총영사 이시이(石射)가 1931년 2월 24일 외무대신 시데하라(幣原)에게 보낸 비밀보고서 내용이다.

> "손정도는 작년[1930년] 12월 10일경 고할신과 오인화 등으로부터 만주로 올라오라는 부탁을 받고 길림으로 돌아왔다. 그는 대동문 밖 대풍정미소에 머물면서 동지들과 더불어 수차례 은밀하게 독립운동 관련 회의를 하였다. 그러다가 만성 위궤양이 도져 이달[1931년 2월] 19일 동양병원에 입원했지만 그날로 숨을 거두었다. 2월 22일 기독교식으로 장례식이 거행되었는데 유명한 조선인 40여 명이 참석했다. 그 중에는 북경에서 올라온 아내(2월 21일 도착)와 고향에서 온 동생 손경

172 "북만지방", 〈감리회보〉 1933.1.20.

173 "吳仁華氏 民會長 金正元에게 被殺", 〈동아일보〉 1931.4.18.; "吳仁華氏 被殺詳報", 〈동아일보〉 1931.4.21.

도, 그리고 봉천에서 온 백 목사도 있었다. 지금 그의 유해는 (길림에 있는) 봉천장의소에 안치되어 있는데 조선으로 옮겨 안장할 계획이라 한다." 174

이 자료를 통해 손정도 목사가 ① 길림에 도착한 시기(1930년 12월 10일), ② 그를 길림으로 부른 인물(고할신과 오인화)과 묵었던 곳(대풍정미소), 한 일(독립운동 관련 회의), ③ 별세 장소(길림 동양병원)와 일자(1931년 2월 19일), ④ 기독교식으로 진행된 장례식 일자(2월 22일)와 참석자(아내와 동생, 백 목사 등 40여 명), ⑤ 임시 시신 안치소(길림 봉천장의사)에 대한 정보를 얻을 수 있다. 그가 치료를 받다 숨진 동양병원은 일본 정부가 경영하는 만주철도회사 소유였다. 길림주재 일본 영사관 바로 근처에 있었다. 그래서 훗날 손정도 목사의 죽음을 둘러싸고 '일본 경찰에 의한 독살설'이 돌았다. 그런데 일본 경찰은 장례식 참석자 중 아내와 동생, 가족 외에 '봉천에서 올라온 백 목사'를 주목하였다. 여기서 언급된 '백 목사'는 당시 봉천에서 목회하던 장로교 백영엽(白永燁) 목사였다. 백영엽 목사는 가츠라암살음모사건으로 손정도 목사와 같이 재판을 받고 울릉도에 유배되었던 '독립운동 동지'였다. 이후 그는 남경 금릉신학교에 다니면서 상해에서 손정도 목사와 함께 '대한예수교진정회' 및 흥사단 활동을 했다. 그는 1922년 조선독립청년단 총무 안병찬 구출운동 혐의로 하얼빈에서 체포되어 1년 6월 옥고를 치르고 나온 후 만주 봉천을 거점으로 선교활동과 독립운동을 전

174 이 자료는 손원태가 1991년 5월 평양을 방문했을 때 북한 김일성으로부터 받은 것으로 영어 회고록에 수록한 것을 번역한 것이다. Won Tai Sohn, *Kim Il Sung and Korea's Struggle: An Unconventional Firsthand History*, 37~38.; 김창수·김승일, 『해석 손정도 목사의 생애와 사상연구』, 381~382.

개하고 있었다.[175] 이런 백영엽 목사였기에 손정도 목사 별세 소식을 듣고 올라와 장례식에 참여하였던 것이다.

손정도 목사의 별세와 장례 소식이 국내에 알려진 것은 이 책의 제일 앞머리에 살펴본 바와 같이 〈동아일보〉와 〈중외일보〉, 〈기독신보〉 등 언론 보도를 통해서였다. 특히 〈동아일보〉는 별세 이틀 후인 2월 21일 자 "민족운동의 거두 손정도 목사 장서(長逝)"라는 제목으로 손정도 목사의 별세 소식과 함께 그의 생애를 비교적 소상하게 소개하였다.[176] 그러면서 〈동아일보〉는 손정도 목사 별세 소식을 접한 국내 가족들의 반응도 소개하였다. 그 당시 국내에는 손정도 목사

손정도 목사 장례식(1931.2.22.)

175 "白永燁氏의 公判", 〈독립신문〉 1922.10.21.; "在滿 罹災同胞에게 一掬의 同情을 앳기지 말라", 〈기독신보〉 1929.9.25.
176 "民族運動의 巨頭 孫貞道 牧師 長逝", 〈동아일보〉 1931.2.21.

의 가족으로 유일하게 맏딸 진실이 서울 가회동에 살고 있었다. 진실은 1929년 7월 만주 길림으로 가서 6년 만에 아버지를 만나고 돌아왔다. 그때 이미 아버지는 고문 후유증으로 건강 악화로 고생하고 있었다. 그런 아버지의 모습을 보고 서울로 돌아온 진실의 마음은 무겁기만 하였다. 그래서 위궤양 치료 기기를 사서 보내기도 했다. 그러다가 1931년 2월 진실은 길림으로부터 '병세 위독', '별세 사망' 전보를 하루 상관으로 받고 혼절과 실신을 거듭하였다. 〈동아일보〉 기자는 그런 손진실을 인터뷰하지 못하고 대신 그를 진찰했던 의사 김용채로부터 다음과 같은 증언을 들었다.

> "정신없이 떠드는 소리니까 병자의 말을 준신할 수는 없지마는 거저 아버지 못 본 설움을 간절히 전할 때도 있고 간혹 자기 어른의 생전을 생각하고 말하는 것인지, '아이고 원수야, 아이고 원수야.' 하며 가슴에 매친 무슨 원통한 설움을 참지 못하는 태도도 보이드구먼요."[177]

신문 독자들은 진실이 외친 외마디, "아이고 원수야."에 담긴 뜻을 알아챘다. 그의 가슴속에 맺혀있는 '원통한 설움'이 무엇인지도 알았다. 20년 전 남산 경무청에서 일본 경찰로부터 받은 혹독한 고문과 그 후유증으로 얻은 위궤양과 신경통으로 편안한 날이 없었던 아버지였다. 그런 몸으로 목회와 독립운동을 병행하며 제대로 치료를 받거나 요양을 할 수도 없을 정도로 추적하고 감시했던 일본 경찰이었다. 진실이 지목한 '원수'가 누구인지는 분명하였다. 〈동아일보〉

177 "金溶埰씨 談", 〈동아일보〉 1931.2.21.

는 그런 진실을 위문하러 왔던 좌옹 윤치호로부터 "내가 손정도 목사를 알게 된 것은 그가 정동교회 목사로 있을 때부터요. 학식으로나 성실한 인격으로나 신임받는 목사였었소. 이 사건 저 사건으로 고생도 많이 했지요."라는 '씁쓸한' 증언도 소개하였다.[178] 그렇게 손정도 목사 별세 소식은 국내에도 알려져 '민족운동의 거두'를 잃은 슬픔을 안겨주었다.

손정도 목사의 별세에 대한 보다 자세한 소식은 1931년 연회에 참석하기 위해 귀국한 배형식 감리사를 통해 전달되었다. 1931년 6월 10일부터 6월 15일까지 개성 북부교회에서 개최된 감리교 연합연회에 참석한 3백여 연회원들은 연회 둘째 날인 6월 11일 저녁 개성 중앙회관에서 거행된 손정도 목사 추도식에 참석하였다.[179] 그리고 6월 15일 감리사 보고 시간에 배형식 감리사는 손정도 목사의 별세와 장례식, 그리고 유가족 형편에 관하여 자세히 보고하였다.

> "만주지방에서 오래 동안 악전고투로 지내시든 우리 형님 손정도 목사님은 그의 숙환으로 인하야 휴직하고 북경 어떤 사원(寺院)에서 수양하다가 지난 겨울(昨冬)에 길림에 오셨다가 그 병이 심중(深重)하여 여관(旅館) 한등(寒燈)에서 사랑하는 처자권속(妻子眷屬)도 보지 못하고 고독한 별세를 하였습니다. 엄동이라 엄관(掩棺)할 수 없다 하여 중국인의 풍속대로 장의소(葬儀所)란 곳에 행장(行葬)하여 관을 지상(地上)에 아직까지 그대로 노치(露置)하여 있으니 참으로 가엾은 일이라 하겠습니다. 그의 가족은 산지사방(散地四方)한 중 동부인(同夫人)은 유아 2명을 거느

178 "知友 윤치호씨 談", 〈동아일보〉 1931.2.21.
179 〈기독교조선감리회 동부·중부·서부 제1회 연합연회 회록〉 1931, 72~73.

리고 북경 일우(一隅)에서 잔명(殘命)을 유지하고 있다고 합니다. 우리 재만(在滿) 동역자는 조속히 주선하여 고 손목사의 유골이나 안장하여 그 유족을 위안코자 합니다. 여러 동역 제씨는 수력동정(隨力同情)하여 주시기만 바라나이다. 고 손정도 목사의 죽음은 과연 민족적 정신을 가지고 만주에 있는 동족을 위하야 애를 많이 쓰다가 희생하였다 하여도 과언이 아닙니다."[180]

배형식 감리사는 손정도 목사의 별세에 대하여 처음부터 동양병원에 입원한 것이 아니라 여관방에서 '고독한 별세'를 하였다고 증언하였다. 이 부분에 대하여 손원일은 후에 가족들로부터 전해 들은 내용이라며, "아버지는 가족을 봉천에서 북경으로 이주시킨 후 혼자서 길림으로 가서 농업공사 일과 남은 재산 일을 정리하기 위해 그곳 액목현의 한 동포 집에서 저녁을 드신 후 갑자기 피를 토하고 돌아가셨다."고 기록하였다.[181] 앞선 일본 경찰 기록과 차이가 있다. 손정도 목사의 임종 순간을 직접 목격한 증인이 없었던 때문에 생긴 혼란이라 할 수 있다. 그러나 이들 자료를 종합하면, 손정도 목사는 1930년 12월 길림에 온 후 전에도 자주 이용했던 최일의 대풍공사에 숙소를 마련하고 오인화, 고할신 등을 만나 독립운동 관계 모임을 가진 외에 길림과 액목현을 오가며 농민호조사 잔무처리를 하던 중 어느 교포 집 혹은 여관에서 갑자기 피를 토하여 쓰러짐으로 동양병원으로 이송했으나 결국 회복하지 못하고 운명한 것으로 볼 수 있다. 어떤 경우든 외롭

180 "배형식 만주지방감리사 보고", 〈기독교조선감리회 동부·중부·서부 제1회 연합연회 회록〉 1931, 184.
181 손원일, "나의 이력서(24)", 〈한국일보〉 1976.10.31.

고 쓸쓸했던 '최후의 순간'이었다.

이러한 배형식 감리사의 보고를 들으면서 연회원들이 눈물을 흘린 것은 "손정도 목사가 길림에 왔다가 병환이 심해져 여관방 차가운 불빛 아래서 아내와 자식들도 보지 못하고 고독한 별세를 하였다."는 대목과 "엄동이라 관을 묻을 수 없다 하여 중국인 풍습대로 관을 장의소에 임시 안치하고 매장지도 구하지 못해 4개월 넘게 그대로 방치해 두고 있다."는 대목이었다. 그리고 "유가족은 사방으로 흩어져 있고 미망인은 어린 두 자녀를 데리고 북경 작은 집에서 생명을 유지하고 있으니 우리라도 나서서 손정도 목사의 유골이나마 안장하여 유가족을 위로하자."는 호소에 연회원들은 "비감(悲感)이 격한 조의(弔意)"를 표하며 손정도 목사의 시신 안장을 위한 묘지구입 기금으로 130원을 모금하였다. 모금에 참여한 연회원들에게는 손정도 목사의 '최후 사진' 150여 매가 배부되었다.[182]

그렇게 연회원들의 헌금으로 마련된 장례비를 갖고 만주로 돌아간 배형식 목사는 길림성 밖 북산(北山) 자락에 1백여 평 묘지를 구입하고 11월 25일 '재만감리교회장'(在滿監理敎會葬)으로 손정도 목사 안장식을 거행하였다. 이를 앞두고 배형식 감리사는 〈기독신보〉에 다음과 같은 광고 기사를 실었다.

"길림교회를 담임하셨든 고 손정도 목사의 초정중(草定中)에 있는 영구(靈柩)를 조선감리회 연회원 일동의 성의와 출연으로 길림성 북산(北山)에 장지 30평을 매득(買得)하고 11월 25일 상오 11시에 안장례(安葬禮)

182 〈기독교조선감리회 동부·중부·서부 제1회 연합연회 회록〉 1931, 74; "고 손정도씨 추도회", 〈기독신보〉 1931.6.24.

를 거행하며 따라서 크고 넓은 석비까지 세우기로 하였는데 그날에 조선감리교회는 추모의 의(意)로 그 유족을 위하여 기도하여 주심을 바란다 한다. 장의위원 대표 배형식."[183]

길림 북산의 손정도 묘소

추운 겨울 날씨에 수십 명이 모여 조촐하게 치렀던 2월 장례식과 달리 안장식에는 길림과 만주 지방 교인과 교포 수백 명이 참석하여 북산 묘지까지 긴 행렬을 이루었다. 그렇게 친구 목사의 장례식에 이어 안장식까지 집례한 배형식 목사는 해방 후 귀국, 월남하여 1949년 2월 손정도 목사 추모예배를 주관하고 그의 전기를 출판하였다. 그리고 후에 손정도 목사의 묘소를 방문할 사람을 위해 전기 끝부분에 '추록'(追錄)이라는 제목으로 손정도 목사의 묘소에 관한 정보를 수록했다.[184]

1. 목사님 별세하신 후 동년(1931년) 2월 23일 길림 동문외(東門外) 봉천인(奉天人)의 의지(義地, 임시장지) 1등 제8호 정구실(停柩室)에 임시 사

183 "해외동포 소식 편편", 〈기독신보〉 1931.11.11.
184 배형식, 『故 海石 孫貞道牧師 小傳』, 35~36.

빈(沙濱)으로 봉안하였다.

2. 정구실 대금(貸金) 매월 봉천양(奉天洋) 8원씩 길림교회가 담당하였다.
3. 동년 9월경에 길림성 북문외(北門外) 북산(北山) 중국인의 소유 전(田) 백여 평을 830원에 매수(買收)하야 목사님의 유택지(幽宅地)로 안장하였다.
4. 목사님 묘좌향(墓坐向)은 동남향(東南向)이며 묘전(墓前)에 감리회연회(監理會年會) 일동의 추모하는 묘비를 봉립(奉立)하고 비석 상면에 심각(深刻)하여 목사님의 초상(肖像) 사진까지 넣었으므로 누구든지 그 비를 보고서 목사님의 묘인 것을 알리게 되어있다.
5. 목사님의 안장(安葬) 비용은 만주지방 감리사 배형식 목사가 1931년 감리회 연합연회로서 연회원의 의연금으로 받은 1300여 원 가지고 지출하였다.
6. 목사 사랑하시든 오인화(吳仁華) 군의 유해도 목사님 묘좌(墓左)에 입장(入葬)하였다.
7. 이후 목사님 묘지 체하(砌下)에 길림교회 교인의 입장(入葬)이 불소(不少)하다고 전한다.
8. 끝으로 불원장래(不遠將來)에 목사님 유적지(遺蹟地)인 만주를 우리나라 식민지로 되어 할빈에 안의사(安義士) 중근공(重根公)의 기념동상 건립과 길림성에 순교하신 손 목사의 기념예배당 건축되기를 필자는 가립이대(可立而待) 하노라.

여기서 주목을 끄는 것은 손정도 목사의 묘소 바로 옆자리에 오인화의 묘소가 조성되었다는 점이다. 오인화는 손정도 목사가 진남포에서 전도사로 목회를 시작할 때부터 알게 된 오랜 후배로서 길림에서 손정도 목사의 독립운동에 든든한 후원자였고 손정도 목사의 '마지막 길림 여정'을 함께 했던 동지였으며 손정도 목사가 별세한 두 달 후 그 역시 일본 밀정의 총탄에 쓰러져 '천국 길'까지 동행하였다.

오인화뿐 아니라 이후 해방되기까지 별세한 길림교회 교인들의 묘소가 손정도 목사 묘소 주변으로 조성되어 자연스럽게 길림교회 공동묘지가 되었다. 그렇게 손정도 목사는 마지막 죽어서까지, 고향을 떠나 객지에서 생명을 거둔 '외롭고 의로운' 성도들의 무덤 자리까지 마련해 주었다. 이는 곧 아브라함이 가나안 땅에 들어와 "이 땅을 네게 주리라."는 하나님의 약속의 말씀을 믿고 살다가 죽은 아내를 묻기 위해 마련했던 '막벨라 동굴 텃밭'이 아내뿐 아니라 자기 자신, 그리고 자기 아들과 손자들까지 그곳에 묻힘으로 훗날 이스라엘 민족의 최고성지가 되었던 것과 같다(창 23:19, 25:9, 35:29, 50:13). 그래서 배형식 목사는 손정도 묘소에 대한 안내문의 마지막 항목에서 "머지않은 장래에 손정도 목사 유적지인 만주를 우리나라 식민지로 삼아 하얼빈에는 안중근 의사 동상을, 길림에는 손정도 목사 기념예배당을 건립하기를 기대하노라." 하였다. 안타깝게도 그 꿈은 아직도 이루어지지 못하고 있다.

손정도 목사의 별세 소식을 듣고 가장 안타깝고 괴로워했던 이는 맏아들 원일이었다. 항해사가 된 그는 함부르크로 가던 독일 무역선 람세스호를 타고 인도양을 건널 때 무전을 통해 아버지 별세 소식을 접했다. 임종뿐 아니라 빈소를 지켰어야 할 상주(喪主)가 배 위에서 남몰래 '통곡하는 것' 외에는 할 수 있는 일이 없다는 것이 더욱 안타까웠다.[185] 그렇게 독일까지 항해를 마친 손원일이 북경 가족을 만난

185 손원일, "나의 이력서(24)", 〈한국일보〉 1976.10.31.

것은 1932년 말이었다. 그 사이 성실은 신국권과 결혼해서 상해에 살고 있었고 북경에는 어머니와 원태, 인실만 있었다. 어머니는 3년 만에 만난 아들에게 말없이 '아버지의 마지막 편지'를 꺼내 보여주었다. 원일의 증언이다.

손원일과 박신일(1931년)

"어머니는 한 뭉치의 편지를 꺼내 주셨다. 돌아가시기 한 주일 전까지 길림에서 보내온 아버지의 편지였다. 객지에서의 신체적 고통과 가족에 대한 애정이 듬뿍 밴 사연을 읽으면서 나는 한없는 감동을 받았다. 지금도 내 손에 남아 있는 그 편지들은 대개 이렇게 시작된다. '… 내 사랑하는 신일 보오. 날씨가 몹시 추운데 몸이 불편해 곧 돌아가려 하오. 사정이 여의치 않아 1등을 못 타고 3등을 타야 할 것 같소.' '… 사랑하는 원태 원실 보아라. 곧 돌아갈까 했으나 몸이 너무도 불편해 먼 길을 가다가 돌아보는 이도 없이 무슨 일이 있으면 큰일이라 망설인다.' 평소의 아버지는 가족에게 편지를 쓰지 않았고 써도 근엄했는데 이 편지들은 너무 딴판이었다. 글씨마저 헝클어져 이 무렵 아버지의 건강이 어느 정도였는가를 알 수 있었다. 고문 후유증에다 위궤양이 악화되어 고생하면서 가족들 곁으로 달려가지 못하는 안타

까움을 절절하게 토로하고 있는 것이다." 186

어머니가 고이 간직하고 있던 아버지의 편지를 받아 본 아들의 손도 떨렸다. 손정도 목사가 길림에서 보낸 마지막 편지는 더욱 악화된 건강 상태를 여실히 보여주고 있었다. 손마저 떨려 흔들리는 글씨로 쓴 편지에는 가족에 대한 그리움과 안타까움이 짖게 배여 있었다. 우선 손정도 목사가 길림에 도착한 직후, 1930년 12월 10일 아내에게 쓴 편지다.

"내 사랑하는 신일 보소. 일전에 당신과 성실에게 한 편지는 잘 받았는지요. 일간 성실이 병세는 좀 어떠하며 집안에 별 괴로운 일이나 없는지요. 늘 궁금하고 안심은 되지 않습니다. 액목을 곧 다녀오려고 하나 만일 편지하여 회답을 보고 가는지 안 가든지를 작정하려고 기다리는 중이외다. 신 선생은 언제 온다는 소식이 있는지요. 이곳에 있어서 나의 원하는 바 일의 기초를 세우면 되겠는데 집안 생각이 나서 할 수 있는 대로 속히 돌아갈 뜻을 가집니다. 그러나 재준이 편지를 받아야 하겠으니 범사를 지혜롭게 하고 밤에는 잊지 말고 문을 잘 걸고 지내시오. 이만." 187

손정도 목사는 불편한 몸을 이끌고 먼 여행을 떠난 남편 모습을 보면서 불안해 있을 아내에게 "무사히 도착했다."는 점을 알려 우선 안심시켰다. 그리고 "액목을 곧 다녀올 것이다." "나의 원하는 바 일

186 손원일, "나의 이력서(26)", 〈한국일보〉 1976.11.3.
187 김창수·김승일, 『해석 손정도의 생애와 사상연구』, 368~369.

의 기초를 세우면 되겠는데…"라면서 길림에 온 목적 중 하나인 액목현 농민호조사 일을 계속 추진하고 있음도 밝혔다. 그에게 농민호조사는 '포기할 수 없는 마지막 꿈'이었다. 그리고 자신이 아프면서도 둘째 딸 성실의 건강을 걱정하고 있다. 그가 편지에서 언급한 '신 선생'은 '사윗감'으로 염두에 두고 있던 신국권 교수를 의미했다. "밤에는 문 잘 걸고 지내라."는 마지막 말에서 가족의 안위를 걱정하는 가장의 애틋한 마음을 읽을 수 있다.

손정도 목사는 길림과 액목 일을 마치는 대로 곧 북경으로 돌아갈 계획이었다. 그러나 사정이 허락지 않았다. 무엇보다 혹독하기로 유명했던 길림의 겨울 추위에 건강이 급속도로 악화되었기 때문이었다. 해를 넘겨 1931년 2월이 되어서는 거의 '누워서' 지낼 정도로 병세가 악화되었다. 1931년 2월 7일 아내에게 보낸 편지다.

"내 사랑하는 신일 보소. 나는 병세가 별로 차도가 없소. 지금은 차를 타고 누워서야 가겠으니, 날이 너무 추워 떠나지 못하나이다. 어찌하든지 속히 갈 수만 있다면 곧 떠나려고 합니다. 떠날 때에는 전보를 할 터이니 사람이 나와야 하겠소. 여러 사람에게 말할 것 없고 김 의사가 시간 있으면 나와 주고 그렇지 않으면 아이들이 나와도 좋소. 진실이가 위병에 쓰는 기재를 사 부쳤는데 그것이 와서 치료를 해보아 좀 나으면 2등으로 가겠소. 만일 낫지 아니하면 1등으로 가야 되겠소. 자동차 세내가지고 나와 주오."[188]

188 김창수·김승일, 『해석 손정도의 생애와 사상연구』, 369.

투병 중인 아버지를 위해 서울에 있는 맏딸 진실이 위장병 치료 기재를 보내주었다. 손정도 목사는 그것을 사용해 보아서 차도가 있으면 기차에 누워서라도 북경에 있는 가족들에게 가겠다는 의지를 보였다. 북경역에 도착해서 집까지도 자동차(택시)를 대절해야 할 정도로 심각한 상황이었다. 자동차를 타고 집으로 가는 도중에 무슨 일이 생길지도 모르니 "의사가 있었으면 좋겠다."고 할 정도였다. 그렇게라도 해서 가족들이 있는 곳으로 가고 싶어 했던 남편이자 아버지였다. 그가 손정도 목사 편지에 언급된 '김 의사'는 당시 북경의대병원 의사로 있으면서 손정도 목사의 병을 돌봐주었던 김효택으로 보인다.[189] 그리고 한 주일 후 1931년 2월 15일 북경에 있는 원태, 인실 남매에게 편지를 썼다.

"내 사랑하는 원태와 인실이 보라. 나는 병이 낫지 않다. 그러나 네 누이가 치료하는 기재 사 보내어 어제부터 치료한다. 한 시간이 바쁘게 집으로 돌아갈 생각뿐이다. 그러나 먼 길을 떠났다가 보호하는 사람도 없어 별증이 생기면 차 중에서 어찌하겠니. 그래서 일기나 좀 더 더워져서 일등을 타고 누워 가면 춥지나 않게 되기를 기다린다. 세[설]나 쇠면 좀 더워지겠지. 좀만 더워져도 곧 떠나겠다. 아침 추운데 차 타러 나가기 힘들게 춥다. 금년은 제일 추운 해라고 한다. 성실이가 어떻게 학교에 들어가겠니. 듣기에 반갑다. 튼튼해서 공부를 잘하면 얼마나 좋겠니. 오마니 모시고 너희는 집 잘 보아라. 문은 늘 걸고 자라. 김

189 훗날 손원태는 북경의대병원 외과과장이었던 김효택으로부터 "(아버지 병은) 수술만 하면 나을 병이었는데 그만 세상을 떠났다."고 아쉬워하는 말을 들었다고 증언했다. 김창수·김승일, 『해석 손정도의 생애와 사상연구』, 373.

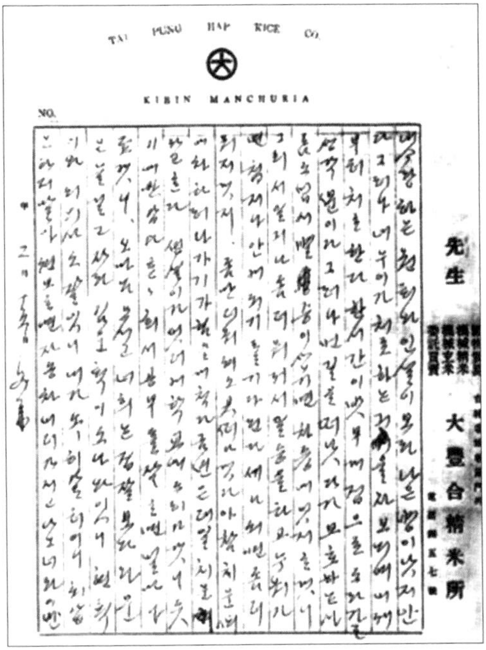
TAI FUNG HAP RICE CO.
KIRIN MANCHURIA
NO.
先生
大豐合精米所

손정도 목사가 자녀들에게 보낸 마지막 편지

운택이도 나와 있니. 현택이와 의사도 잘 있니. 내가 속히 갈 터이니 회답은 하지 말라. 전보하면 자동차 얻어 가지고 나오너라. 부서(父書)." 190

"병이 낫지 않는다." 손정도 목사는 회복 불가능한 병인 것을 알고 있었다. 맹위를 떨치는 추위 때문에 자동차 타기도 어려웠다. 추위만 풀리면 1등 기차 칸에 누워서라도 가족 곁으로 가고 싶었던 그였다. "어머님 모시고 집 잘 보아라." 그것은 자녀들에게 남기는 유언이 되었다. 그리고 사흘 후, 1931년 2월 18일 손정도 목사는 아내에게 '마지막' 편지를 보냈다.

"병이 더하지는 아니하나 헛배가 불러 터지는 것 같으니 누워서 있으면 편하고 앉아도 가쁘고 일어서도 가쁘고 약은 효험이 없나이다. 진실이가 사 보낸 기계로 기계 치료를 시작하였는데 3, 4일은 더해야 낫

190 김창수·김승일, 『해석 손정도의 생애와 사상연구』, 369~370.

는지 안 낫는지를 판단할 것 같소이다. 3, 4일 후에는 낫든지 안 낫든지 떠나라고 하더이다. 초 7일 아침에 떠나면 8일 밤에는 집에 가게 되겠소. 별 증상이 더 발하지 아니하면 가겠소. 가장(家長) 서(書)."[191]

이 편지를 쓸 즈음 손정도 목사는 동양병원에 입원해 있었다. 병원에서는 위중 환자임에도 "3, 4일 후 퇴원하라." 통보하였다. 일본영사관의 지휘를 받는 만철부속병원이었으니 항일독립운동가 치료에 최선을 다하지 않았을 것이고 오히려 방치하였을 가능성도 충분하다.[192] 그렇게 '퇴원 명령'을 받은 손정도 목사는 퇴원하는 대로 북경 집으로 갈 생각이었다. 그러면서 "사정이 여의치 않아 1등을 못 타고 3등을 타야 할 것 같소." 하였다. 1등 칸에 누워서라도 가야 할

손정도 목사 3부자 묘소(손정도 중국 길림/ 손원일 서울 국립현충원 / 손원태 평양 애국열사릉)

191 앞 책, 370.
192 앞 책, 371.

환자였지만 1등이나 2등 칸도 탈 수 없을 정도로 그는 가난했다. 그가 북경 출발일로 꼽았던 '초 7일' 음력으로 1월 7일, 양력으로 2월 23일이었다. 퇴원 후 몸을 추스른 후 북경으로 가서 마지막 임종이라도 가족들이 있는 곳에서 맞이하고 싶었다. 그러나 그런 그의 '마지막 소원'도 이루어지지 않았다. 이 편지를 북경으로 보낸 이튿날(2월 19일) 늦은 밤, 손정도 목사는 아무도 돌아보지 않는 병실에서 홀로 숨을 거두었다.

손정도 목사는 그렇게 '절대 빈곤'과 '절대 고통', '절대 고독' 가운데 삶을 마감했다. 그것은 그가 30여 년 흠모하며 따랐던 그리스도 예수가 겟세마네 동산에서 "이 쓰디쓴 잔을 내게서 멀리 하소서. 그러나 내 원대로 마옵시고 아버지의 원대로 하옵소서." 기도한 후 십자가를 지고 골고다 언덕에 올라 마지막 입었던 옷까지도 벗겨진 채(요 19:23) 가족도, 제자도 모두 떠나고 십자가에 홀로 달려 "하나님, 나의 하나님, 어찌하여 나를 버리셨나이까?"(마 27:46) '절대 절망'을 느끼다가도 이내 "아버지 내 영혼을 아버지 손에 부탁하나이다."(눅 23:46) 한 후 "다 이루었다"(요 19:30) '절대 평안' 속에 들어가신 그 모습과 너무 흡사하였다. 그렇게 손정도 목사는 마침내 '십자가의 사람'(homo cruxi)이 되었다! 그래서 역사 속에 '부활하여' 지금도 말하고 있다.

"그가 죽었으나 그 믿음으로써 지금도 말하느니라."(히 11:4)

V. 손정도의 신학 사상

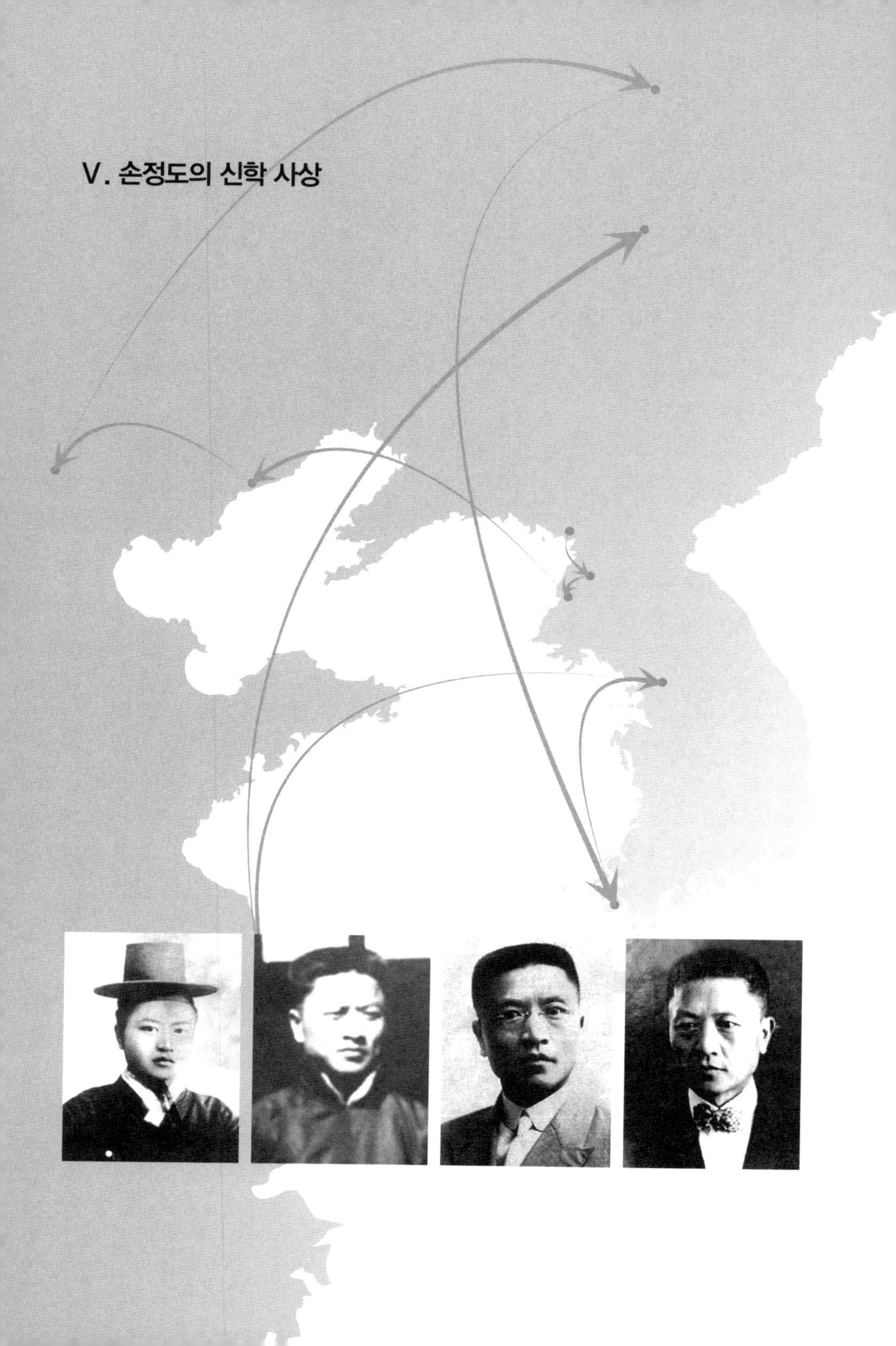

손정도는 신학자가 아닌 목회자였다. 사상가라기보다 활동가였다. 이념이나 이론보다는 행동과 실천을 중요시했다. 그렇다고 그에게 이론이나 사상이 없다는 것은 아니다. 오히려 누구보다 확고한 이론과 사상을 지녔다고 할 수 있다. 그것은 격동의 시대, 혼돈 상황에서도 '일이관지'(一以貫之)한 언행을 보였던 것에서 확인된다. 특히 손정도 목사는 초월적인 종교체험을 바탕으로 형성된 신념과 신학에 근거하여 행동하고 실천하였기 때문에 현실과 상황에 따라 흔들리거나 변절하지 않고 '올곧은' 삶을 살 수 있었다. 그런 맥락에서 손정도 목사의 삶을 이해하기 위해서는 그 바탕이 되었던 신앙과 신학을 규명할 필요가 있다.

그러나 안타깝게도 그의 신학사상을 규명할 충분한 자료가 없다. 손정도 목사는 목회나 독립운동 현장에서 실천하는 행동가로 살았기 때문에 차분하게 자신의 생각과 이론을 글로 정리해 책이나 논문으로 발표할 시간적 여유가 없었다. 물론 일기나 설교집도 남기지 않았다. 그런 중에도 '명설교가'로 알려진 그의 설교와 수필, 논술들이 기독교계 신문이나 잡지에 실려 있어 그것을 통해 그의 '시대적 고민'과 사상을 읽을 수 있다. 그리고 길림 목회 시절 사용한 것으로 보이는 〈목회 수첩〉이 유품으로 남아있는데 그 안에 30여 편의 설교초(說教抄)가 실려 있어 그의 '마지막 메시지'의 주제와 내용이 어떠하였는지 알 수 있게 도와준다. 단편적이나마 이런 자료들이 있어 손정도

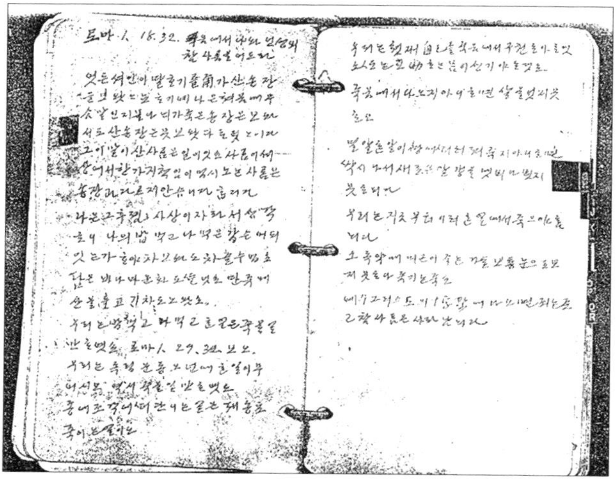

손정도의 목회 수첩

목사의 신학사상을 추적하는 데 도움을 주고 있다.[1]

여기서는 손정도 목사의 신학을 세 가지 질문을 중심으로 살펴보고자 한다. 첫째, 전통 유교집안 출신이었던 그가 기독교로 개종한 이유는 무엇인가? 그에게 기독교는 어떤 종교로 이해되었는가? 둘째,

1 〈손정도 목회 수첩〉에 담긴 설교초의 제목과 성경 본문은 다음과 같다. "物質에 대한 事와 心靈에 대한 事"(마 7:15~29), "너희는 몬저 그 나라와 그 의를 구하라"(마 3:1~12, 6:33), "德을 세울지니라"(롬 15:1~13), "우리를 시험에 들지 말게 하옵시고"(마 5:1~15), "무제"(사 1:18~20), "무제"(암 4:11), "예수는 生命의 光이라"(요 8:12), "우에 잇는 거슬 차즈라"(골 2:20, 3:4), "죽음에서 나와 영생의 참 사람을 어드라"(롬 1:18~32), "무제"(왕하 7:19), "십자가의 증인", "마리야의 택한 직분은 死함"(눅 10:38~11:4), "무제"(마 5:43~48), "無公德者는 自滅함"(마 23:33~39), "人生의 目的"(갈 5:16~25), "무제"(마 8:5~13), "진리가 너희를 노흐리라"(요 8:31~48), "내가 이 반석 우에 교회를 세우리니"(마 16:13~20), "異邦人이 救援을 밧음"(행 11:1~18), "녀자는 家庭의 主人이라"(잠 31:10~31), "今後로는 네가 果實을 永遠히 맺지 못하리라"(마 21:18~22), "物産이 豊富한 소돔이 엇지하여 亡하엿는고"(창 18:16~33), "現代人에 관한 基督敎 責任", "苦盡甘來라"(마 6:34), "길에서 곤비할가하야 굼겨보내지 못하겟다"(마 15:32~39), "傳道材料", "聖徒의 家庭은 幸福이 잇다"(시 128), "너희는 그 나라와 그 의를 구하라"(마 6:19~34), "問題는 神靈한 生活"(빌 2:1~11), "내가 아바지 집에 잇서야할 거슬 깨닷지 못하시나이가"(눅 2:49), "기독교와 우리 社會의 관계"(마 13:31~43), "燈火를 斗下에 두지 말라"(마 5:13~21), "왕으로 오신 예수"(마 2:1~12), "협력과 활동"(시 15:1~5, 시 103; 마 7:24~29).

일본 제국주의 침략과 지배로 인한 민족적 수난 상황에서 그는 어떻게 대응하였는가? 순응이 아니라 저항과 투쟁을 하게 된 종교적인 배경은 무엇인가? 셋째, 3·1운동 직후 한국 사회와 독립운동 진영 안에서 상당한 영향력을 행사한 사회주의(공산주의)의 (기독교에 대한) 비판과 도전에 대하여 그는 어떤 입장을 취하였는가? 그가 목사로서 반(反) 기독교 성향의 공산주의 운동을 비판하고 배척하기보다는 공존과 협력을 모색하였던 사상적 배경은 무엇인가? 첫째 질문을 통해 기독교 이해를, 둘째 질문을 통해 기독교 민족주의를, 셋째 질문을 통해 기독교 사회주의를 설명할 것이다.

1. 기독교 이해: 변화와 개혁의 종교

손정도 목사는 한국 사회가 수직적 질서를 중시하는 봉건주의 사회에서 수평적 관계를 중시하는 근대 시민사회로 넘어가는 과도기에 태어나 자랐다. 이런 변혁의 과도기에는 과거 전통과 가치관을 지킬 것인가? 아니면 폐기하고 새로운 질서와 가치관을 취할 것인가? 보수와 진보 사이에 선택이 중요하다. 이런 상황에서 손정도는 변화, 즉 진보 노선을 취하였다. 그는 봉건적 가치관과 전통을 중시하는 유교 가정에서 출생하여 어려서부터 한학과 유교 윤리를 배웠다. 그러다가 기독교로 개종하면서 '상투를 자르고 집안 사당을 부수는' 파격적인 행동을 취했다. 그것은 과거 유교 전통으로부터의 단절과 결별을 의미하였고 기독교를 통하여 근대적 서구문화와 종교윤리를 적극 수용하고 실천하겠다는 의지의 표현이었다. 그렇게 기독교로 개종한 그는 숭실중학교 시절 부흥운동을 통해 종교적 회심을 경험하였다. 1907년 평양 대부흥운동의 특징은 '공개적인 죄의 자백'과 '윤리적 갱신'이었다. 그때 기독교인들이 공개적으로 자복한 죄는 거짓과 탐욕, 강도와 살인, 간음과 강간, 절도와 횡령 등 인류 보편적인 죄뿐 아니라 축첩과 조상 숭배, 음주, 흡연, 아편, 도박 등 봉건시대 죄의식 없이 행해지던 행위들도 새로운 '죄목'으로 인식되어 기독교인들의 금기사항이 되었다. 내적(종교적)인 변화가 외적(윤리 도덕적)인 변화로 이어졌다. 그 결과 회심한 기독교인들은 일반 교인이나 시민들과 '구별된' 생활을 하였다. '변화된' 모습으로 기독교인이 되었음을 보여준 것이다. 상투를 자르고 기독교로 개종한 손정도가 부흥운동을 통해 그런 내적, 외적 변화를 경험하였다.

이러한 개종과 부흥운동 경험을 통해 손정도는 기독교 목사가 되어 전도자와 부흥사로, 설교자로 활약하였다. 최봉측의 증언대로 손정도 목사는 "불성실한 자 또는 불철저한 가면 운동자와 모든 위선을 책하며 기독의 완전무결한 구원의 도리를 전파하기에" 몰두하였다.[2] 그에게 '바른 믿음'은 '그릇된 것'을 버리고 '바른 것'을 취하는 것으로 시작된다. 기독교에서는 그것을 '회개'라 한다. 자신의 생각과 행동이 잘못되었다는 것 깨닫는 것이 회개의 출발이다. 손정도 목사는 회개를 '변화와 개혁'의 시작으로 보았다. 그의 설교에 회개를 강조하는 내용이 많았던 이유다.

"아모리 건강한 사람이라도 땅에 넘어지기 쉽습니다. 넘어지는 까닭은

2 최봉측, "고 해석 손정도 목사 략전(2)", 〈기독교 종교교육〉 2권 8·9호, 536.

지구의 흡력중심을 잃은 연고이외다. 신자의 믿음이 퇴락하였다던지 악한 사람이 되었다던지 부정당한 행위를 하였다던지 죄명은 다르나 그 원인은 모다 나의 마음이 하나님과 사귀여 하나님의 뜻대로 행하겠다는 그 중심사상을 잃은 연고이외다. 우리가 엇지 하다 넘어졌을지라도 낙심치 맙시다. 이제 우리가 참되지 아니한 행위를 그리스도 앞에 내여 놓으면 하나님은 성신으로 우리 죽을 몸을 다시 살려 주시리다. 사랑하는 이들이여 우리가 육신에게 빚을 져서 육신대로 살려 하지 말고 오직 성신으로서 몸의 행실을 죽이고 성신으로 말미암아 새로운 사람이 되어야 하겠습니다."[3]

그는 '마음을 바로잡는 것'(metanoia)을 회개의 출발로 보았다. 이는 죄(오류)의 근본 원인이 육신에 있는 것이 아니라 마음에 있기 때문이었다. 즉 살인이나 강간, 절도와 같은 행위의 범죄는 미움이나 음욕, 탐심과 같은 '그릇된' 마음에서 비롯된 것이기 때문에 마음을 바로잡는 회개가 있어야 만 육신의 범죄를 막을 수 있다고 보았다. 그런 마음의 교정이 종교인의 역할이었다. 그런 면에서 목회자의 회개를 강조했다.

"우리가 이 일을 행하려면 인도하려는 자기가 몬저 주의 보혈로 씻음을 입어 흰 사람이 되여 하느님과 같이 완전하여야 될지니 만일 그럿치 못하면 우리가 전도할 때에 듣는 사람이 말하기를 나는 당신 같은 교인은 보지 못하였다 하리니 그런즉 우리의 언어와 행동과 처사로써

3 손정도, "새 마음을 밧으라", 〈기독신보〉 1927.6.22.

남에게 전도하지 못하면 도저히 남을 주께로 인도할 능력이 없으리니 고로 자기가 몬저 성결하여야 할지니라."[4]

손정도 목사는 자신의 사역을 '걸레'로 비유하였다. 걸레의 사명은 더러워진 마루나 방바닥을 깨끗하게 닦아주는 데 있다. 그렇게 지저분한 것들을 자신의 것으로 만든 걸레는 그것을 물에 헹궈 깨끗하게 빨아낸 후 다음 작업을 위해 '보이지 않는 곳'에 대기하고 있어야 한다. 더러운 걸레로 더러운 바닥을 씻을 수 없다. 그래서 역설적이게도 걸레는 늘 깨끗해야 한다. 내가 깨끗해야 남을 깨끗하게 만들 수 있기 때문이다. 손정도 목사의 삶이 그러하였다. 그가 교인이든 아니든 폭넓은 지지와 존경을 받았던 것은 그가 일상적 삶에서 보여준 경건과 성결한 생활태도 때문이었다. 그와 진도 유배 시절을 함께 했던 한중전의 증언처럼 "손 목사의 온후고덕(溫厚高德)함은 널리 여러 사람의 아는 바 되어…. 수삭(數朔)이 지나는 동안 진도읍내는 물론이요 근방까지 소문이 떨쳐 필경은 수십 리 밖에 있는 교우가 찾아오게"[5] 되었다. 주체성과 자존심이 강한 인물들이 총집결한 상해 임시의정원과 임시정부에서 손정도 목사가 요직을 맡게 된 것도 이러한 종교적 권위에서 비롯된 것이라 할 수 있다. 그의 '사회적 지도력'은 '종교적 권위'에서 비롯된 것이었다.

이처럼 기독교가 추구하는 '변화와 개혁'은 내적인 것에서 외적인 것으로, 정신 영역에서 육신 영역으로, 종교적 경험에서 윤리적 실천으로, 개인적 변화에서 사회적 변화로 발전한다. 이는 곧 요단강에

4 "양의 피로 옷을 씨슴", 〈기독신보〉, 1916.1.12.
5 한중전, "추념사: 진도유배의 회고", 『故 海石 孫貞道牧師 小傳』, 28.

서 세례요한이 세례를 받기 위해 나오는 자들에게 "먼저 회개에 합당한 열매를 맺으라."고 한 후 부자들에게는 "옷 두 벌 있는 자는 옷 없는 자에게 나눠 주라."하고 세리 공무원에게는 "부과된 것 외에 거두지 말라." 군인들에게는 "강탈하지 말며 거짓으로 고발하지 말고 받은 급료를 족한 줄로 알라."(눅 3:8~14)고 한 것과 같은 맥락이다. 개인적 회개는 사회적 회개로 연결되어야 한다. 그것이 곧 손정도 목사의 설교 메시지였다. 그는 교인과 목회자 개인의 변화에서 멈추지 않고 국가와 사회의 변화까지 촉구하였다. 개인이 그러하듯 세상도 변해야 했다. 특히 '갈등과 분쟁'으로 점철된 세상이 바뀌어야 했다.

> "무슨 까닭에 무엇을 얻고저 하야 서로 다투느뇨. 집이 집을 다투며 지방이 지방을 다투며 나라이 나라를 다투며 민족의 분간, 황색 흑색 백색의 분간과 동편 서편의 분간, 이처럼 서로 야단스럽게 서로 눈을 부릅뜨고 서로 칼을 겨누며 서로 대포를 겨누느뇨. 무슨 까닭인가. 자세히 생각하여 보아라. 너희들이 얻고저 하는 것이 너희가 죽이는 사람보다 더 귀하며 더 친하며 더 아름다우며 보배스러운 것이 무엇이 잇는가. 이 갓흔 일을 행하는 사람들아 너희의 어두온 것을 속히 회개하라. 우리는 이와 갓치 악하고 어두운 세계를 철장으로 질그릇 갓치 부스러트리듯 하고 평화의 세계 즉 사랑의 세계를 짓고자 하노라."[6]

이 글은 손정도 목사가 본격적으로 독립운동에 투신하기 전(1916년)에 쓴 글이지만 그는 이미 대한제국 시기 말부터 민족운동 내

6 "조선의 변천을 론함" 〈신학세계〉, 창간호, 112~113.

부의 갈등과 분쟁을 목격하였다. 그가 상해로 망명한 후 직접 독립운동 현장에 참여한 후에도 진영논리에 따른 갈등과 분쟁을 계속 목격하였다. 그 자신 그런 갈등과 분쟁의 희생제물이 되기도 했다. 서로 살리기보다는 서로 죽이기에 몰두하는 살벌한 세상을 '평화의 세계', '사랑의 세계'로 바꾸는 것이 종교인으로서 손정도 목사의 꿈이기도 했다. 곧 기독교 신앙과 정신을 바탕으로 이루어지는 평화와 공존의 세계였다. 그런 면에서 한국 사회에 필요한 것은 '물질상의 변천'이 아니라 '종교상의 변천'이었다.

> "이 세계는 경쟁의 세계도 아니오 황금의 세계도 아니오 학문의 세계도 아니라. 이 세계는 신학 세계며 너희 앞에 속히 이를 세계며 하느님이 그 아들 예수 그리스도로 말미암아 지으신 세계라. 이 세계는 전쟁도 없고 시기도 없고 편당도 없고 민족과 민족, 나라와 나라, 황색 흑색 백색 홍색의 분간도 없는 신학의 세계니 신학의 세계여 속히 오시옵소서."[7]

일제 식민통치 시대를 살았던 손정도 목사의 꿈은 로마 식민통치 시대 밧모섬에 유배된 중에도 "다시는 사망이 없고 애통하는 것이나 곡하는 것이나 아픈 것이 다시 있지 아니하리니"(계 21:4) '새 하늘과 새 땅'을 바라보면서 희망을 잃지 않고 "아멘 주 예수여 오시옵소서"(계 22:20)라고 기도하였던 사도 요한의 꿈과 같았다. 그에게 새롭게(바르게) 변화된 세상에 대한 꿈은 아무리 절망적인 상황서도 포기할

7 "조선의 변천을 론함", 113.

수 없었던 신앙 목표였다.

이처럼 손정도 목사의 일생은 '변화와 개혁'을 추구하는 것으로 일관하였다. 그는 과거 전통을 중시하는 유교 봉건주의 집안에서 태어나 세속적인 출세를 위해 평양으로 과거시험을 보러 가던 중 기독교 복음을 접한 후 '돌연' 상투를 자르고 집으로 돌아와 집안 사당을 부숨으로 변화와 개혁에 자신의 운명을 맡겼다. 그리고 평양 대부흥운동을 통해 종교적 각성과 윤리적 갱신을 체험한 후 목회자가 되어 '변화와 개혁' 메시지를 전하기 시작했다. 그 변화는 개인에서 출발하여 가정과 사회와 국가로 확산되었다. 그리하여 그의 목회 영역은 교회로 머물지 않고 사회와 국가로 확장되었다.

2. 기독교 민족주의: 나라 사랑이 곧 하나님 사랑

일제강점기 민족운동, 독립운동에 대한 기독교인의 자세는 크게 세 부류로 나눌 수 있다. 첫째, 정교분리(政敎分離) 입장에서 기독교와 독립운동을 전혀 별개의 것으로 생각하거나 현실도피적인 신앙에 몰입하는 경우다. 정치와 종교를 엄격하게 구분하여 기독교인들의 정치 참여나 교회에서 독립운동을 논의하는 것을 경계하고 금기하였다. 대부분 선교사들이나 보수적인 신앙인들이 이런 입장을 취했다. 둘째, 교회나 기독교를 민족운동의 방편으로 삼아 기독교인이 되는 경우다. 이들에게 종교는 목표라기보다는 수단이고 민족운동이 궁극적인 목표였기에 기독교의 종교적 체험엔 관심이 없었다. 그리고 민족운동의 수단으로서 기독교의 한계가 드러나면 기독교를 포기하고 다른 이념이나 종교로 전향할 수 있었다. 셋째, 기독교 신앙과 정신을 실천하는 과정에서 민족운동에 참여하는 경우다. 종교적 신앙체험을 바탕으로 기독교인으로서 확고한 신념을 지닌 이들은 자유와 정의, 평화, 사랑 등 기독교적 신앙 가치를 구현하기 위해 민족운동, 독립운동을 전개한다. 이들에겐 기독교 신앙 자체가 목표이고 민족운동이나 독립운동은 그런 신앙의 표현이며 실천이다. 그렇기 때문에 기독교 신앙과 민족운동이 배타적이거나 갈등 요인으로 작용하는 것이 아니라 서로 연결되며 상보적(相補的)인 요소로 작용한다. 그래서 기독교인으로서 정체성을 훼손하지 않고 내적 갈등도 겪지 않으며 민족운동에 참여할 수 있다. 엄밀한 의미에서 세 번째 경우를 '기독교 민족주의'(Christian nationalism)라 할 수 있다. 손정도 목사의 위치가 그러하였다.[8]

손정도 목사는 1907년 평양 대부흥운동을 통해 영적 회심과 윤리적 갱신을 경험함과 동시에 '민족 구원'에 대한 종교적 확신도 얻었다. 그는 부흥운동 기간 중 자신의 '영적 구원'을 위해서만 기도한 것이 아니라 위기에 처한 나라와 민족의 구원을 위해서도 기도하였다. 부흥운동 기간 중에 기도와 전도에 매진하였다. 이에 대해 최봉측은 "길에 가나 방에 앉거나 오매간에 광명한 종교적 정화의 세계를 찾기 위하야 또는 캄캄한 조선이 구원의 길로 나아갈 살길을 찾기 위하야 쉬임없는 기도이었다."고 기록하였다.[9] '종교적 정화'와 함께 '조선의 구원'이 그의 기도 내용이었다. 그것이 현실 초월적인 신앙에 매몰되어 민족이나 국가가 처한 정치나 현실 문제를 도외시하고 개인의 영혼 구원만을 간구하였던 보수적 신앙인과 달랐다. 그렇게 나라와

8 이덕주, "손정도 목사의 생애와 기독교 사상", 『손정도 목사의 생애와 사상』, 31~32.
9 최봉측, "고 해석 손정도 목사 약전(2)", 〈기독교 종교교육〉 2권 8·9호, 535.

민족의 구원을 위해 기도하던 중 신비한 환상과 깨달음을 얻었다.

> "답답히 앞길의 광명을 찾으려고 애닮게 호소하던 나의 앞에는 신의 광명한 빛이 세상에 볼 수 없는 이상의 빛으로 빛났다. 인자하시고도 진실하신 구세주 예수께서 자애 깊은 눈물을 흘리며 나에게 임하셨다. 나도 흐득였고 그도 느끼셨다. 이 흐득임은 슬프거나 답답해서가 아니라 너무 감격하고 말할 수 없이 기쁜 그 극(極)에서 정화된 눈물이다. 광명을 찾은 즐거움이오 앞으로 나아갈 그 길을 하도 애쓴 뒤에 발견된 기쁨에 넘치는 눈물이다. 그 담으로는 나 자신 앞에 이천만의 남녀 동포가 하나도 빠짐없이 죽 늘어선 것이 보였다. 즉 사망에 빠지는 그들, 죄악의 멍에에 착고를 당한 그들을 구원하고 해방함이 나의 책임이라고 보여줌이다."[10]

비슷한 시기 그는 평양 남산현교회에서 새벽기도를 하던 중 사도행전 1장 8절, "오직 성령이 너희에게 임하시면 너희가 권능을 받고 예루살렘과 온 유대와 사마리아와 땅 끝까지 이르러 내 증인이 되리라."는 성경 말씀을 '응답 계시'로 받은 후 "국가가 있어야 할 자유 독립과 국민이 가져야 할 민족주의를 부르짖고 신앙 자유의 용기로 화평한 복음을 전하며 진리와 정의로 선한 싸움을 싸워보리란 결심으로" 목회를 지원하였고 이후 전도자로, 부흥사로, 선교사로 사역하였다.[11] 그렇게 손정도 목사에게 목회와 독립운동은 처음부터 불가분(不可分), 불가결(不可缺)의 양대 사역이었다. "하나님 사랑이 곧 나라 사

10 앞 책, 536.
11 배형식, 『故 海石 孫貞道 牧師 小傳』, 2~3.

랑"이라는 명제는 이때 만들어졌다. 손정도 목사의 목회를 '민족 목회'(nationalistic ministry)라 부를 수 있는 이유다.

손정도 목사가 중국 선교사로 북경에 가 있을 때(1911년 12월) 안창호에게 보낸 편지에서 '민족 목회자'로서 그의 자세와 각오를 읽을 수 있다.

> "제(弟)는 전신(全身)을 교회에 막기여 선교하는 목사의 직분을 당(當)하였으나 엇지 제 민족을 원수의 수(手)에서 구원하는 사(事)에 생명과 혈(血)을 앳기리오. 그런즉 우리의 생명이 이 세상에 잇는 동시(同時)에는 저 왜(倭)에 악축한 원수를 발아래 밟고 발등상이 되게 하야만 우리 마음이 만족할 터이니 애형(愛兄)님은 상제(上帝)에게 특별히 받으신 기품(氣稟)으로 외교와 해외에 유(留)한 동포에게 대하야 작(作)하는 사(事)가 잘될 줄 확신하나이다."[12]

그는 안창호에게 "제가 상제께 고소(告訴)하기는 나의 생명을 나의 국욕(國辱)을 씻고 저 왜(倭)의 원수를 갚기 전에는 아(我)가 불사(不死)하겠다 하였소이다. 지성(至誠)이 유(有)하야 지성(至誠)으로 사(事)를 도모하면 응당 상제가 허(許)하시리이다."는 편지를 보내기도 했다.[13]

이처럼 손정도 목사에게 영혼 구원을 향한 목회에 못지않게 민족 구원을 위한 독립운동도 중요하였다. 민족의 구원과 나라의 독립도 그에게는 종교적 신념이었다. 그 결과 그의 목회 영역은 교회 안에

---

12 "손정도가 안창호에게 보낸 편지"(1911.12.25.).
13 "손정도가 안창호에게 보낸 편지"(일자 미상).

서 기독교인에 제한되지 않고 교회 밖 일반사회와 민족까지 확장되었다. 그에게 세상은 배척과 도피 대상이 아니라 구원의 대상이며 기독교 신앙을 실천할 곳이었다. 그런 의미에서 손정도 목사는 추상적인 이론이나 교리에 집착한 신앙이 아니라 구체적으로 실천하는 신앙을 강조하였다.

> "그리스도교에 신앙은 미시적이 아니오 경험적으로 점점 자라는 신앙을 가집니다. 피세(避世)하야 세상을 등지고 도(道)를 닦지 아니하고 세상에서 활동하면서 고통 속에서 진리를 각득(覺得)케 됩니다. 그리스도교는 뿌리만 얻지 아니하고 가지와 잎과 열매까지 충실한 종교이외다."[14]

손정도 목사는 자신이 처한 현실, "고통 속에서 진리를 각득"해야만 하는 수난과 고난 상황을 극복할 수 있다고 보았다. 그런 '고통 현실'이 곧 그가 살았던 '일제 식민통치 상황'이었다. 그는 구약성경의 이스라엘 백성들이 처했던 '포로 상황'과 비교하며 우리 민족이 처한 고난 현실의 원인과 해결책을 찾았다.

> "아, 이스라엘인은 그와 갓치 젓과 꿀이 흐르는 땅에 쫓겨나서 이와 갓치 되엇느뇨. 상제(上帝)께 범죄한 까닭이외다. 이와 갓치 된 백성이 어디 또 잇슬까요. 우리가 그럿습니다. 여러분 우리 무슨 죄를 그리 크게 범하야 이와 갓치 되었습니까. 어느 민족이든지 이 지경에 떨어짐은

14 "길에서 곤비할가하야 굶겨 보내지 못하겟다", 〈손정도 목회 수첩〉.

세 가지 책임자(責任者)를 지적하외다. 일왈(一曰) 사회, 이왈(二曰) 부모, 삼왈(三曰) 자기외다. 사회가 불량하면 위생상(衛生上) 사창(私娼) 음패(飮悖)로 손자만대(孫子萬代)에 화(禍)가 급(及)할 거시외다. 연고(然故)로 자기를 위하야, 가정을 위하야, 사회를 최량(最良)한 사회로 개조치 못하면 안 되겠고, 이왈 부모의 죄라. 육체상(肉體上)과 도덕상(道德上), 정신상(精神上) 불구자가 부모로 인하야 유전됩니다. 삼왈 자기 죄라. 좋은 사회, 좋은 가정에서도 부랑패류(浮浪悖類)에 자처(自處)하야 망하는 자 불소(不少)하외다. 우리는 여하히 하면 구원을 득(得)하겠나이까. 나 개인부터 죄를 회개하고 깨다라야 하겟오. 상제께서는 여차(如此) 민족에게 기회를 주십니다. 그중에서 하느님을 부름을 입어 구원을 밧아 하느님의 쓰는 사람이 되야하겠소."[15]

이스라엘의 경우와 마찬가지로 우리나라가 망한 것도 '하나님께 범죄' 한 때문이었다. 망국의 원인이 된 죄는 세 가지, 사회의 죄, 조상의 죄, 자기 자신의 죄였다. 따라서 구원(국권 회복)은 '하나님께로 돌아오는' 회개로 가능한 데 그것은 자신에서 출발하여 가정과 사회로 연결되어야 한다. 그렇게 구원의 길이 있음에도 그것을 얻기 위해 애쓰지 않는 것은 더욱 큰 죄다.

"슬프다. 유태인은 로마에 망한 지 몇 해에 이사야 오시기를 바라고 이사야 오시면 자기 나라를 구원해 주리라고 믿었소. 그러나 그들은 나라와 민족을 위하야 손가락 하나를 움직이지 아니하였소. 백성은 죽

15 "아모스 4:11", 〈손정도 목회 수첩〉.

던지 살든지 자기 사욕에만 들 살았소. 오늘 예수의 저주는 나무에 과실이 무(無)함이 아니라 유태인은 나라만 망한뿐 아니라 인족(人族)까지 망한 것을 말씀함이외다. 망국에서 더 될 것이 무어시요. 하지만은 또 엇든 자는 거짓 애국자가 많다 하오. 독립운동을 기회삼아 자기 의식(衣食)을 백성에게 탈취함이라. 만일 애족(愛族)의 심리(心裏)가 자기 백성을 그렇게 하면 안 될 것이외다."[16]

나라의 독립을 위해 미동조차 하지 않는 것도 잘못된 것이지만 독립운동을 기회 삼아 사리사욕을 채우는 '가짜' 독립운동가가 판을 치는 것이 더 큰 문제였다. 진심과 진정으로 민족과 나라를 위해 자신을 희생하는 '바른' 신앙인에게 민족 구원의 희망이 있다. 손정도 목사는 그 예를 이스라엘 예언자 엘리사(왕하 6:24~7:20)에게서 찾았다.

"1인의 현인(賢人)은 전 도시를 구하고 1인의 의인(義人)은 천인(千人)을 안태(安泰)케 하나니 성인(聖人)은 지상에 연(鹽)이 되여 악인의 부패함을 방(防)하는 고로 어느 나라이든지 상제를 신앙하는 선인(善人)이 무(無)하면 전 민족이 멸하고 말거시외다. 1) 사마리아성에는 의인, 상제의 복(僕)된 엘리사가 재(在)하였나이다. 2) 그 시(時)에 왕 된 자와 백성까지 상제를 배반하고 우상교(偶像教)에 함입(陷入)되었소. 3) 상제는 이방으로 사마리아성을 엄습하였나이다. 4) 먹을 것이 없는 여자가 둘이 자식을 잡아먹었소, 5) 엘리사는 여차(如此)한 극난의 인민을 구(救)케

16 "금후로는 네가 과실을 영원히 맺지 못하리라." 〈손정도 목회 수첩〉.

되었나이다. 6) 엘리사가 기도하고 명조(明朝)에는 좋은 가루가 채우리라 하였소. 왕은 기뻐하고 백성은 명일에는 충만하도록 먹자 하였나이다. 7) 왕의 대장은 불신하였소. 자래(自來)로 위대한 자나 고귀한 자는 예언을 신(信)함이 희소하외다." 17

이스라엘 백성이 우상을 숭배한 죄로 하나님의 징벌을 받아 수도 사마리아 성이 외적(앗수르)의 공격을 받아 봉쇄됨으로 성안의 백성들이 극심한 기근에 빠졌을 때 '의로운 예언자' 엘리사가 하나님께 기도함으로 문제가 해결되었다는 성경 고사(古事)를 예로 들어 손정도 목사는 위기에 처한 민족을 구할 '의인'으로서 종교인의 역할을 중시하였다.

동서양의 인류 역사를 보면, 종교가 나라를 구하기도 하고 망하게도 한다. 종교가 민족에 행복 요인이 될 때도 있고 불행 요인이 될 때도 있다. 나라와 민족의 흥망성쇠가 종교에 달렸다고도 할 수 있다. 종교가 건강하면 나라가 흥하고 종교가 타락하면 나라가 망한다는 이치다. 손정도가 과거 인습과 전통만 고집하다 퇴락한 종교인 유교를 버리고 '변화와 개혁'의 종교인 기독교를 택한 이유가 그러하였다. 그는 기독교가 추구하는 자유와 정의, 평등과 평화 가치로 위기에 처한 나라와 민족을 구할 수 있다고 믿었다. 그러한 종교적 신념을 갖고 그는 교회 안에서뿐 아니라 교회 밖, 나라와 민족을 향하여 '해방의 복음'을 선포하였다.

---

17 "열왕기하 7:19", 〈손정도 목회 수첩〉.

3. 기독교 사회주의: 상생과 호조

손정도 목사가 말한 '기독의 사회주의'는 19세기 영국의 진보적 신학자와 성직자들을 중심으로 논의된 '기독교 사회주의'(Christian Socialism)를 의미하였다. 프랑스혁명 이후 유럽 여러 나라는 봉건왕조가 붕괴되는 과정에서 폭력과 파괴가 난무하여 사회적 혼란이 극에 달하였다. 영국 런던에서도 급진파가 주도하는 차티스트운동이 폭력적 시위로 발전하고 마르크스는 '과학적 사회주의'(공산주의)를 제창하며 사유재산을 폐지하고 노동자 중심의 프롤레타리아 혁명을 호소하였다. 마르크스가 〈공산당 선언〉을 발표하였던 1848년, 영국 런던의 옥스퍼드대학 윤리학 교수였던 모리스(F.D. Maurice)와 변호사 러들로우(M. Ludlow), 영국 성공회 사제 킹슬리(C. Kingsley) 등은 '기독교 사회주의'를 제창하며 봉건주의 및 자본주의 폐해인 빈부격차 문제를 해결하는 방안을 폭력적 계급혁명이나 정부의 강압적인 통제에 의한 평등분배가 아니라 기독교적 신앙과 가치관에 의한 자발적 나눔과 협동을 통해 구현할 수 있다고 주장했다. 이후 서구에서 기독교 사회주의는 자본주의와 공산주의, 양극의 배타적인 갈등과 충돌 구조 속에서 중립적이고 진보적인 '소수 신학'으로 자리 잡으며 유럽 기독교 국가들의 평등분배와 사회복지 정책에 일정 부분 영향을 끼쳤다.[18]

이런 기독교 사회주의 신학사상이 한국교회에 전파되기는 1920년대 후반 일본 유학생들을 중심으로 사회주의(공산주의) 이론과

---

18 James C. Cort, *Christian Socialism: An Informal History*, New York: Orbis Books, 1988; 김준성, "기독교와 사회주의" 〈기독신보〉 1930.1.1~11.26; 이덕주, 『기독교 사회주의 산책』, 홍성사, 2011, 50~62.

사상이 국내에 유입되면서부터였다. 1925년 서울에서 조선공산당이 조직된 후에는 공산주의 진영에서 조직적으로 반(反)기독교운동을 전개하여 두 진영 사이의 갈등과 충돌이 심화되었다. 이런 공산주의(사회주의)의 비판과 도전에 대한 기독교계의 대응은 세 가지로 나뉘었다. 첫째, 배타적인 반공주의(反共主義) 입장으로 다수 보수적인 교회 지도자들이 여기에 속했다. 이들은 공산주의자들과는 대화도, 타협도 불가능하다고 여겼다. 둘째, 3·1운동을 계기로 독립운동의 방편으로서 기독교에 한계와 실망을 느낀 급진적 민족운동가들이 공산주의운동을 새로운 대안으로 여기고 공산주의로 전향하였다. 상해에서 고려공산당을 조직했던 이동휘와 여운형이 대표적인 경우였다. 셋째, 기독교청년회(YMCA)를 중심으로 활동했던 이대위와 김창제, 김준성 등이 취했던 '기독교 사회주의' 노선이다. 이들은 기독교와 사회주의가 방법론에서 차이가 있을 뿐 '평등'을 구현하려는 목적이 같음으로 대화와 협력이 가능하다고 보았다. 그리고 그것을 기독교 농촌운동에서 구현하려 노력하였다.[19] 손정도 목사는 세 번째 입장, 즉 기독교 사회주의 노선을 취했다.

기독교 사회주의자로서 손정도 목사는 기독교 신앙에 최우선 가치를 두었다. 그런 면에서 그는 종교를 비과학적 미신(迷信)으로 치부하고, "물질이 정신을 지배한다."는 공산주의 '유물론'(唯物論)에 반대하는 입장이 분명하였다.

---

19 강원돈, "일제하 사회주의 운동과 한국 기독교", 『일제하 한국 기독교와 사회주의』(김흥수 편), 한국기독교역사연구소, 1992, 51~52.; 한규무, "일제강점기 '기독교 사회주의'와 손정도 목사", 『손정도 목사의 생애와 사상』, 113~129.

"물질주의자(物質主義者)들이 숭상하는 신(神)은 박물학 식물학으로 없어지고 무교(無敎)의 사신(邪神)은 천문학으로 꼼짝 못하였나이다. 그러나 정의(正義)의 태양 예수는 진리대로 세상을 지배하외다. 종교가 죽는다 하면 인류의 영원한 생활은 무유(無油)의 등잔과 여(如)함이외다. 만대(萬代)의 불변하는 주의 이상(理想)과 진리는 우리의 민족도 개조하여 살 세계로 인도함이외다."[20]

과학의 발전으로 종교의 미신적 요소는 허위로 드러났지만 '영원한 진리'를 담고 있는 종교는 여전히 태양처럼 인류를 비추고 있다. 그는 종교가 없는 물질만의 세상을 '기름 없는 등잔'에 비유하였다. 그러면서 물질을 우선시하는 물질주의를 극복할 것을 촉구하였다.

"사랑하는 이들이여. 우리가 육신에게 빚을 져서 육신대로 살려하지 말고 오직 성신으로써 몸의 행실을 죽이고 성신으로 말미암아 새로운 사람이 되여야겠습니다. 새로 나온 사람마다 그의 신앙의 경험은 새 세계를 발견합니다. 저주하던 이 세상이 변하야 새로온 환희를 느끼게 됩니다. 물질세계를 넘어서 하나님의 이상세계가 보여집니다."[21]

물질세계를 넘어 하나님의 이상세계(理想世界)를 바라보는 것이 참 행복의 길이다. 삶에 과학과 물질이 중요하지만 그것에 매이지 않고 그것을 넘어 정신과 종교 세계로 나갈 것이다. 이는 공산주의가 주장하는 '종교 무용론' 내지 '종교 아편론'과는 거리가 있다. 그러나

20 "너희는 이 세대를 본받지 말고", 〈손정도 목회 수첩〉.
21 "새마음을 밧으라", 〈기독신보〉, 1927.6.22.

손정도가 공산주의를 비판하였다고 해서 자본주의를 옹호하는 '우익 편향' 자세를 취한 것은 아니다. 그는 자본주의 옹호자도 아니었다.

"현시대는 세상 큰 죄악(罪惡)한 발견하기를 두 가지 있다. 1) 계급주의(階級主義) 2) 재본주의(財本主義). 그것이 기독교인의 힘쓸 바라. 예수 말씀하시기를 나는 너희를 친구라 하리라. 우리는 완전한 세상을 만드는데 책임이 있다."[22]

손정도 목사가 현대 사회에 나타난 두 가지 죄악이라고 표현한 '계급주의'와 '재본주의'는 곧 공산주의와 자본주의를 의미하였다. 공산주의는 자본가와 지배계층을 타도의 대상, 적으로 여기기 때문에 증오와 폭력을 피할 수 없고, 자본주의는 노동자와 농민 계층을 착취의 대상으로 여길 뿐이기에 사회적 불평과 불만을 해소할 수 없다. 그런 의미에서 사람들을 계급이나 재물의 유무로 서열을 매기고 차별하는 세상이 아니라 모든 계층, 모든 부류가 서로 "친구라 부르는"(요 15:15) '완전한 세상'을 건설할 책임이 기독교에 있다. 그것이 곧 손정도 목사가 말하는 기독교 사회주의였다. 그는 기독교 사회주의 원리를 성경에서 찾았다. 그가 길림에서 농민호조사 운동을 시작하면서 교인들에게 호소했던 내용이다.

"기독(基督)의 사회주의(社會主義)가 앞으로 실현되어야 합니다. 우리가 시하(時下)를 좇아 기독의 정신을 발휘하나니 조선 내지나 만주나 기독

22 "너희는 몬저 그 나라와 그 의를 구ᄒᆞ라", 〈손정도 목회 수첩〉.

교적 신농촌이 조직되여야 하겠고 앞으로는 네게 있는 소유를 다 이 농촌에 들여놓겠느냐 하는 문답으로 그 이가 교인 되고 못 됨이 나타나게 될 것이다. 이는 성경이 증명하나니 네 있는 바를 다 팔아 간난한 사람을 구제하고 나를 좇으라한 즉 그가 물러갔습니다.”[23]

손정도 목사는 ‘모으는’(gathering) 자본주의보다 ‘나누는’(sharing) 사회주의에 더 가까웠다. 자발적으로 자기 소유를 이웃과 함께 나눔으로 평등한 사회를 건설하려는 기독교 사회주의 기본개념을 그에게서 발견할 수 있다. 그는 이러한 기독교 사회주의 원리를 길림 액목현의 농민호조사를 통해 구현해 보고자 하였다. 그는 자신의 목회 구역이었던 길림과 액목현 지방의 ‘가난하고 굶주린’ 동포들을 구제할 수 있는 방안을 모색하던 중 세 가지 길을 찾았다. 첫째, 자본주의 체제와 질서 안에서 구제하는 방법이다. 재물에 여유가 있는 부자가 ‘자선사업’으로 내놓은 돈으로 농장을 조성하는 방법인데, 그런 부자를 만나기도 어려울 뿐더러 그렇게 마련한 농토에 들어와 농사를 짓는 농부들은 자립심을 키울 수 없어 바람직하지 않았다.

“이제 구제할 판법(辦法)을 말하면 혹 유지(有志)한 자본가들이 자선의 마음으로 구제할가 하는 이가 있을는지 모르거니와 이것은 크게 어리석은 것이라. 그러한 자본가가 있기도 어렵거니와 가령 있다하더라도 남을 의뢰하여 사는 삶은 떳떳한 삶이 아닐뿐더러 위험한 삶이라. 남의 도움을 바랄 바이 아니오 자조(自助)의 정신과 자조의 능력으로 스

23 “기독의 사회주의”, 〈손정도 목회 수첩〉.

스로 살 길을 열어야 떳떳한 삶이오 원만한 삶이라 하겠습니다."[24]

둘째, 공산주의 원리대로 사회 제도를 혁명적으로 바꾸는 방법이다. 빈곤은 사회구조적인 문제임으로 사회제도 자체를 개혁하고 혁신함으로 빈곤문제를 근본적으로 해결하는 것이다. 그러나 그 기간이 오래 걸릴 뿐 아니라 당장 죽어가는 동포를 살리기에는 적합지 않았다. 자산과 지위를 빼앗긴 자들의 불만과 불평도 있거니와 "일하지 않아도 정부에서 먹여준다."는 생각에서 자기 노력을 기울이지 않는 사회적 태만도 문제가 된다.

"혹은 오늘의 비참한 생활은 오직 사회제도의 불공평한 데 기인한 것이니 현생활의 구제법은 이 사회제도를 근본적으로 개혁함에 있다 하겠습니다. 옳습니다. 언제던지 이 사회제도를 합리적으로 개혁한 후에야 인류의 균등한 행복이 있을 것이외다. 그러나 근본적 변화가 될 날은 아직 멀었고 되기 전 오늘에 있어서 당장 살아갈 판법(辦法)을 세우지 아니할 수 없습니다."[25]

결국 창조적 방안은 셋째, 가난한 농민들끼리 '서로 돕고 협동하며' 함께 살길을 모색하는 것이다.

"그런즉 어떻게 하여야 이제 가난한 농민으로서 남을 의뢰하지 아니하고 자조의 정신과 자조의 능력으로 스스로 구제할 수 있으리오. 스스

24 "농민호조사 발기문", 〈기독신보〉 1927.6.8.
25 앞 글.

로 구제할 유일의 방법은 가난한 농민이 농민끼리 단결하여 협동호조(協同互助)하는 것입니다."[26]

가난한 농민들이 적은 돈을 모으고, 재산에 여유 있는 자들은 자발적으로 자본을 투자하여 공동 구매한 농지에서 공동 생산, 공동 판매로 남은 이익을 공평하게 분배함으로 '모두 함께' 사는 신앙생활 공동체를 만들고자 하였다 그런 맥락에서 손정도 목사가 액목현에 세웠던 농민호조사는 안창호가 독립운동 후방기지로 설립하고자 했던 '이상촌' 이상(以上)의 종교적 의미를 지닌 것이었다. 그것은 초대교회 오순절 공동체가 추구하였던 신앙공동체, 즉 "믿는 사람이 다 함께 있어 모든 물건을 서로 통용하고 또 재산과 소유를 팔아 각 사람의 필요를 따라 나눠 주며 날마다 마음을 같이 하여 성전에 모이기를 힘쓰고 집에서 떡을 떼며 기쁨과 순전한 마음으로 음식을 먹고 하나님을 찬미하며 또 온 백성에게 칭송을 받으니 주께서 구원 받는 사람을 날마다 더하게 하시니라."(행 2:44~47)는 믿음의 세계였다.

손정도 목사는 농민호조사를 설립하면서 교인들에게 참여를 권면하고 촉구할 뿐만 아니라 그 자신 솔선수범하여 '참 신앙의 본'을 보여 주었다. 즉 자기 선대로부터 물려받은 '강서 유산'을 처분하여 전액 액목현 농민호조사 농장 개척자금으로 활용하였고 그것을 자기 소유로 여기지 않았다. 이는 '자기 밭을 팔아 그 값을 가지고 사도들의 발 앞에 두었던' 바나바의 행적(행 4:36~37)이었다.

그렇게 손정도 목사는 '기독의 사회주의' 개념을 바탕으로 자

26 앞 글.

신이 목회하는 지역의 교인뿐 아니라 일반교포, 나아가 중국인들까지 모두 함께 도우며 사는 '하나님의 이상세계'를 꿈꾸었다. 꿈만 꾼 것이 아니다. 그런 종교적 이상을 현실 세계에서 구현하기 위해 자신의 물질을 기꺼이 희사하였다. 그렇게라도 해서 민족과 민족이, 나라와 나라가, 지방색에다 이념 논쟁, 종파와 당파로 나뉘어 서로 죽이고 빼앗는 살벌한 세상 가운데서 사랑과 나눔으로 모두가 행복한 세상을 만들고자 하였다. 비록 당시의 시대 상황과 현지의 정치·사회적 현실, 그리고 그 자신의 건강 악화로 농민호조사 사업이 뜻대로 되지는 못했지만 상생(相生)과 호조(互助), 서로 살리고, 서로 돕는 '하나님의 나라'를 지상에 건설하려 했던 손정도 목사의 꿈과 도전은 '역사적 가치'로 남아 있다. 한반도에 평화 통일이 이루어지는 그 날까지.

연표

연도	손정도 관련	가족 관련
1882	7.26 평안남도 강서군 증산면 오흥리에서 손형준과 오신도 사이에 장남으로 출생	
1887	고향 사숙에서 한문공부 시작	
1890		8.17 동생 손진도 출생
1894		12.24 동생 손경도 출생
1895	박신일과 결혼	
1899		4.2 동생 손이도 출생
1902		1.2 딸 손진실 출생
1903	과거시험을 보러 평양으로 가던 중 전도를 받고 기독교 개종	
1904	집안 사당을 훼파하고 고향에서 쫓겨나 평양 이주 평양 숭실중학교 입학	
1905	증산에 있던 아내와 딸 평양으로 합류	3.13 딸 손성실 출생
1907	2월 평양 대부흥운동 회심 체험 3월 말 인천 내리교회 부흥회 인도	
1908	6월 숭실중학교 졸업(5회), 숭실대학 입학 10월 숭실대학 중퇴, 협성성경학원 입학 신민회 가입	5.5 아들 손원일 출생
1909	3.5~4.21 협성성경학원 수업(평양) 참석 6.23~29 미감리회 연회(평양)에서 진남포와 삼화구역 담임 전도사로 파송됨 9월 협성성경학원 수업(개성) 참석 11월 〈대도〉에 "한국교회 세력을 낙론함" 발표	

연도	손정도 관련	가족 관련
1910	3~4월 협성성경학원 수업(서울) 참석 3.31 서울 기독교청년회관 강연회 연설 4.10 서울 기독교청년회관 전도회에서 강연 5.11~19 미감리회 연회(서울)에서 중국 선교사로 파송 받음 6.1 진남포교회에서 개최한 환송회 참석 9월 중국 봉천을 거쳐 산해관에서 선교사 훈련	
1911	4.15 〈그리스도회보〉에 "그리스도인의 자신력" 발표 6월 미감리회 연회(서울)에 참석, 연회 후 평양 교인들의 환송회에 참석 11.15〈그리스도회보〉에 "천시가 변천함" 발표 12.25 북경에서 도산 안창호에게 편지	
1912	1.23 북경에서 안창호에게 편지 3.5~12 미감리회 연회(서울)에서 중국 하얼빈 선교사로 파송을 받음, 연회 직후 백천읍교회 주최 환송회 참석 4월 하얼빈에 도착하여 장로교 선교사 최관흘과 협력 선교, 하얼빈한인교회 설립 7.20 가츠라암살음모사건으로 러시아 경찰에 체포되어 일본 영사관을 거쳐 서울 경무청에 이송되어 고문 조사를 받음 10월 보안법조례위반 혐의로 1년 유배형 11.5 진도에 유배	
1913	6.6~12 미감리회 연회(서울)에서 '진도 유배 중' 인 손정도 서한 낭독 11.5 진도 유배에서 풀려남 11.10 서울 협성신학교 학생 주최 환영회 참석 평양 남산현교회 전도사 시무	손진실과 손성실 이화학당 입학 9.18 부친 손형준 사망 12.20 동생 손진도 사망
1914	6.3~8 미감리회 연회(서울)에서 집사목사 안수를 받고 서울 동대문교회 담임목사로 파송 받음 11월 서울 정동교회 부흥회 인도 협성신학교 복학	6.21 아들 손원태 출생
1915	2.21~3.1 서울 종교교회 특별전도회 강사 3.30 이화학당 대학과 졸업식 기도 4.21~27 미감리회 연회(서울)에서 서울 정동교회 담	

연도	손정도 관련	가족 관련
1915	임목사로 파송을 받음 5.31 이화학당 졸업식에서 기도 11월 이화학당 부흥회 인도	
1916	1.12〈기독신보〉에 "양의 피에 옷을 씻음" 발표 2월〈신학세계〉에 "조선의 변천을 론함" 발표 3.8~14 미감리회 연회(서울)에서 정동교회 예배당 증축 보고 10.4〈기독신보〉에 "위대한 사업은 시간과 믿음에" 발표 11.24〈기독신보〉에 "글 닑는 맛" 발표	2.25 딸 손영실 출생, 3일 후 사망
1917	1.7 서울 중앙교회 특별강연회 강사 1.8 서울 기독교청년회관에서 "사치와 시대의 인심"이란 주제로 강연 2월 감리교협성신학교 졸업(5회) 6.19~26 미감리회 연회(평양)에서 "중국선교가 급무"란 주제로 강연 7.18~26 강서읍교회에서 개최된 평양지방 제직사경회 '예배학' 강사로 참여 11월〈신학세계〉에 "노보을 박사 조선선교 이십오주년기념식 일람" 발표	4월 동생 손경도 도미 유학 8.21 딸 손인실 출생 손원일 영신소학교 입학
1918	1.7 경성 빈민구제회 조직 1.13 기독교청년회 복음회 강사 2월 협성신학교 졸업(5회) 3.9 이화학당 프라이교장 선교25주년 기념식에 참석, '12첩 반상' 선물 증정 6.19~24 미감리회 연회(서울)에서 장로목사 안수를 받음. 연회에 휴직원 제출 7.9 정동교회를 사임하고 평양 신창리로 이주 이화학당 교사 하란사와 의친왕 망명운동 추진	7월 손성실 평양 정진 여학교 입학 손원일 평양 광성소학교에 입학
1919	2.15 평양 기홀병원에서 이승훈에게 신홍식 목사를 소개 2.16 상주로 변장한 후 중국으로 망명 3.8 북경에서 현순 목사, 하란사와 회합 3.13 북경 숭문문교회에서 하란사 장례식 집행 3.25 현순과 함께 상해 도착 3.26 보창로 독립운동가 회합에 참석 4.10~11 임시의정원 조직에 참여, 부의장으로 선출됨	3.1 아내 박신일과 아들 손원일 손원태 평양 만세운동 참여

연도	손정도 관련	가족 관련
1919	4.11 대한민국 임시의정원 및 임시정부 조직 선포 4.13 임시의정원 조직 개편으로 의장에 선출됨 4.25 임시의정원법 기초위원 5.7 서울 노블 선교사에게 독립운동 지원요청 서한 발송 5.23 '조선예수교회 10인 대표' 명의로 국제연맹과 미국 장로교총회에 서신 발송 7.13 대한적십자회 창립총회에서 상임위원에 선출됨 8.18 임시의정원 개회, 신병으로 정인과 부의장이 사회 9.11 대한민국 임시헌법 제정 공포 9.25 〈조선교회 통지서〉 발송 9.29 '대한예수교연합진정회' 명의로 국내교회에 서한 발송 11.6 미감리회 연회(서울)에서 '휴직' 처리 12.3 총독부 경무국에서 '손정도 불온문서 사건' 경위 발표	11월 어머니 오신도, 딸 손진실 평양 애국부인회 조직 참여 동생 손이도 미국 유학
1920	1.1 상해임시정부 주최 신년축하회 축사 1.22 이승만 대통령에게 내도촉구 서한 발송 1월 상해 인성학교 교장 1월 김석황 등과 의용단 창설 2.12~16 북경에서 개최된 미감리회 동아총회에 참석 2.23~3.30 임시의정원 정기의회 사회 3.1 상해 삼일절기념식 축사 3.23 임시의정원 이승만 대통령 내도 촉구 결의 3월 상해 한인교회 상무위원 4.14 안태국 장례식에서 추모사 5월 독립운동자금 유용혐의로 조사를 받음(무혐의로 판명) 6.10 홍사단 가입, 원동위원부 수석반장 9월 대한예수교진정회 명의로 도쿄 세계주일학교 대회거부 촉구 서한 발송 10.20~26 미감리회 연회(서울)에서 '휴직 3년' 처리 12.24 상해 육군 무관학교 2회 졸업식에 이승만 대통령과 참석하여 축사 12.28 상해 교민단 주최 이승만 대통령 환영회 참석	1월 손진실과 손성실 중국으로 망명, 상해 청심여학교 입학 4월 처사촌 박이준 청년단사건으로 체포됨 6월 손진실 홍사단 가입 10.2 어머니 오신도 평양 애국부인회사건으로 강서경찰서에 체포됨 12.8 손진실 이승만 대통령 환영식에서 화환 증정

연도	손정도 관련	가족 관련
1921	1.1 임시정부 주최 신년축하식 축사 1.27 학무총감 김규식 환영회 1월 인성학교 교장 사임 2.28 임시의정원 개원식 사회 3.1 상해 삼일절기념식 치사 3.3 대한예수교회진정회 회장으로 선출됨 3월 대한예수교회진정회 회장 명의로 국내 교회에 지원요청 서한 발송 5.3 임시정부 교통총장에 임명됨 5.6 임시의정원 의장직 사임 5.12 삼일당 국민대연설회 참석 5.19 삼일당 2차 국민대연설회와 국민대표회 기성회 참여 7.5 황성신문사 사장 유근 추도식 참석 8.13 상해 교민단에서 '태평양회의에 관한 연설회' 주최 9.28~10.3 미감리회 연회(평양)에서 연회 퇴회 후 '본처 목사'가 됨	2.24 어머니 오신도 애국부인회사건으로 평양복심법원에서 1년 징역형 선고
1922	1.26 고려공산당과 이동휘 규탄 〈임시정부 포고령〉에 서명 2.23 대한적십자회 2대 회장 2.11 임시의정원 재정분과위원 2월 임시정부 교통총장직 사임 3.31 임시의정원 국민대표회의 촉구 결의안에 서명 4월 대한적십자회 회장 명의로 국내외 교회에 〈만주동포 구제모금〉 서한 발송 7.22~28 상해 시사책진회 토론회 주최 8월 피서를 빌미로 위해위 방문 10.28 김구 여운형 조동호 이유필 등과 한국노병회 창설, 노공부장에 취임	손원일 평양 광성고등보통학교 입학
1923	1.3 상해에서 개최된 국민대표회에 평안도 대표로 참석 3.4 국민대표회 시국토론회에서 연설 2.21 국민대표회 선언문에 서명 2.22 홍사단 원동대회 강연회 회장 3.2 상해교민단 주최 삼일절 기념식 참석	

연도	손정도 관련	가족 관련
1923	4.20 국민대표회의 성명서 서명 참여 4월 상해 한인교회 임시 담임목사 5.26 상해 중한호조사 2주년기념식 축사 7.13 상해 여자청년회 주최 독립기념연극회 축사 7.29 헌법개정위원회 위원장 12.10 상해 중한호조사 모임에 참석 12.12 길림 우마항에서 개최된 동아일보 특파원 설태희 강연회에 참석	7월 손진실 미국 유학 손성실 남경 휘문여자중학교 입학
1924	1.6 길림지역 독립운동가 모임에 참석 1.15~25 하얼빈교회 만주지방사경회 강사로 참석 3.12 서울 경성고등법원 형사부 임시정부와 구국모험단 조직 내란죄로 기소되었던 손정도에 대해 공소 기각 4.14~19 길림교회 사경회 인도 8.13 〈기독신보〉에 "만주선교의 요구" 발표 9.17~22 미감리회 연회(서울)에서 연회 복귀, 만주지방 길림교회와 신참교회 담임자로 파송됨 10.29 길림에서 양기탁 최만영 등과 회합	1월 평양에 있던 아내와 가족들 길림에 합류 손원일 길림 육문중학교 입학 손원태 길림 영신학교 입학 9월 손진실 미국 코넬대학 입학
1925	3.2 길림교회 부속 영신소학교 개교 3.18 길림 정의부 지부장회의 참석 3.31 길림교회와 영신소학교를 신개문(대동문) 밖으로 이전 4월 정의부 지도자들과 유한농업공사 창설, 이사장 취임 6.17~23 미감리회(평양) 연회에 축전 7월 정의부 고문 양기탁과 회합 8.29 길림교회에서 '국치일' 기념행사 8월 정의부 고문 양기탁과 '귀화조선인생계회' 조직 10.1 길림교회에서 여길학우회 총회 고문으로 위촉 11.18 길림교회에서 여길학우회 단군기념일 행사	9.26 손진실 〈우라키〉에 "미국 여학생의 생활" 발표 10.1 손원일 여길학우회 체육부장 선임 11.18 손원일 여길학우회 단군기념일 강연회에서 연설
1926	3.1 길림교회에서 삼일운동기념식 거행 6.23~30 미감리회 연회(서울)에서 만주지방 길림교회와 액목현교회 담임자로 파송 12.11 길림교회에서 안창호 강연회 개최 12월 안창호 양기탁 등과 독립운동 관련 회의	9월 손원일 상해 동제대학 항해과 입학 9.17 손진실 〈우라키〉에 "행복된 가정에 대한 몇 가지 생각" 발표

연도	손정도 관련	가족 관련
1927	2.14 길림에서 안창호 연설 도중 중국 경찰에 연행 2.17 길림교민들과 안창호 석방요구 시위 4월 액목현에 농민호조사 설립 5.24~27 제4회 만주지방회(하얼빈) 참석 6.15~21 미감리회 연회(서울)에 문안편지 발송 6.8 〈기독신보〉에 "농민호조사발기문" 발표 6.22 〈기독신보〉에 "새 마음을 밧으라" 발표 7.6 〈기독신보〉에 "고진감래(苦盡甘來)" 발표 11.28 길림 재류동포임시대회 개최	손성실 상해 국립음악전문학교 입학
1928	3월 길림교회 부속 영신소학교 운영을 위한 길성시민회 조직 8.8 제5회 만주지방회(장춘) 참석 10.3~9 미감리회 연회(서울)에 축전, 길림교회와 액목현교회로 파송됨	4.7 손진실 〈우라키〉 3호에 "미국가정에서 배울 몇 가지" 발표
1929	6.19~25 미감리회 연회(평양)에서 길림교회와 액목현교회로 파송됨 12.30 민족주의 공산주의 연합 '재만한인반제국주의동맹' 조직에 참여	4월 손진실 미국에서 윤치창과 결혼 후 귀국 6월 손성실 봉천 동북의대 병원 입원
1930	1월 길림교회와 액목현교회 사임 1월 가족을 북경 시내 금오호동으로 이주시키고 북경 근방 향산사(香山寺)에서 요양 12.10 길림의 오인화 고할신으로부터 "길림으로 와 달라"는 부탁을 받고 길림에 가서 대동문 밖 태풍하제분소에 머물며 독립운동 모의	손원태 북경 휘문고등학교 입학 손인실 북경 모정여자중학교 입학
1931	2.15 북경의 자녀에게 마지막 편지 발송 2.18 북경의 아내에게 마지막 편지 발송 2.19 길림 동양병원에서 별세 2.22 재만감리교회장으로 장례식(유해는 길림 봉천장의소에 임시 안치) 6.11 기독교조선감리회 연회(개성) 주최 손정도 목사 추도식 거행, 연회원들이 손정도 목사 유해 안장을 위한 헌금 실시 8~10월 최봉측 〈기독교 종교교육〉에 "고 해석 손정도 목사 약전" 연재 11.25 배형식 감리사 집례로 길림 북산에 손정도 목사 유해 안장식	10월 손성실 신국권과 결혼

연도	손정도 관련	가족 관련
1932		2.15 〈중앙일보〉에 어머니 오신도 관련 기사
1933		9.5 어머니 오신도 증산에서 별세
1934		1.20 손원일 강서경찰서에 체포됨
1935		2.23 손원태 손인실 북경 빙상대회 우승 박신일과 손인실 귀국
1935		손인실 이화여전 입학 손원태 상해 교통대학 입학
1937	2월 최봉측 〈새사람〉에 "고 손정도 목사를 추모함" 발표	
1939		3월 손원일 서울에서 홍은혜와 결혼 9.9 손인실 일본에서 문병기와 결혼
1944		손원태 서울에서 이유신과 결혼
1948		11.30 손원일 초대 해군참모총장
1949	2.20 서울 정동교회에서 '고 손정도 목사 19주기 추도식' 거행 10월 배형식 목사의 『고 해석 손정도 목사 소전』(기독교 구국전도단) 출간	손원태 미국 유학
1962	3.1 대한민국 건국훈장(국민장) 추서	
1968		아내 박신일 서울에서 별세
1980		2.15 손원일 서울에서 별세
1996	9월 '손정도 목사 유해' 국립묘지에 안장	

연도	손정도 관련	가족 관련
1999	12.15 서울에서 '해석 손정도 기념 국제학술세미나' 개최 12.17 김창수 김승일 저 『해석 손정도의 생애와 사상연구』(넥서스) 출간	2.9 손인실 별세
2003	10.13 평양에서 '손정도 목사 기념 남북학술대회' 개최	
2004	5.25 손정도 목사 기념 남북학술대회 논문선집 『손정도 목사의 생애와 사상』(감리교신학대학교 출판부) 출간	9.28 손원태 미국에서 별세
2006		8.15 어머니 오신도 대한민국 건국훈장(애족장) 추서

참고문헌

1. 손정도의 글과 관련 자료

손정도, "한국교회 세력을 낙론함", 〈대도〉 1권 11호, 1909.11.
손정도, "그리스도인의 자신력", 〈그리스도회보〉 1911.4.15.
손정도, "천시가 변천함", 〈그리스도회보〉 1911.11.15.-11.30.
손정도, "양의 피에 옷을 씨슴", 〈기독신보〉 1916.1.12.
손정도, "朝鮮의 變遷을 論함", 〈신학세계〉 1권 1호, 1916.2,
손정도, "위대한 사업은 시간과 믿음에", 〈기독신보〉 1916.10.4.
손정도, "글 닑는 맛", 〈기독신보〉 1916.11.24.
손정도, "魯普乙博士 朝鮮宣教 二十五週年紀念式 一覽", 〈신학세계〉 2권 4호, 1917.11,
손정도, "만주선교의 요구", 〈기독신보〉 1924.8.6.-8.13.
손정도, "새 마음을 받으라." 〈기독신보〉 1927.6.22.
손정도, "農民互助社 發起文", 〈기독신보〉 1927.6.8.
손정도, "苦盡甘來", 〈기독신보〉 1927.7.6.

"손정도가 안창호에게 보낸 편지(1911.12.25.)", 『도산안창호전집』 2권(서한II), 도산안창호기념사업회, 2000.
"손정도가 안창호에게 보낸 편지(1912.1.23.)", 『도산안창호전집』 2권(서한II), 도산안창호기념사업회, 2000.
"손정도가 이승만에게 보낸 편지(1920.1.22.)", 『梨花莊 所藏 雩南 李承晩文書』 東文篇 17(簡札2), 연세대학교 현대한국학연구소, 1998.

"孫이 發送한 文面의 一節", 〈매일신보〉 1919.12.4.
"民族運動의 巨頭 孫貞道 牧師 長逝", 〈동아일보〉 1931.2.21.
"손 목사 추도식 진남포에서 거행", 〈동아일보〉 1931.3.7.
"손정도 목사 영면", 〈기독신보〉 1931.2.25.
"고 손정도씨 추도회", 〈기독신보〉 1931.6.24.
"吉林서 客死한 손정도씨의 母堂 安東縣에 漂泊", 〈중앙일보〉 1932.2.15.

“고 손정도 목사 二十日 追念式”,〈동아일보〉 1949.2.17.

2. 손정도 관련 저술과 논문

최봉측, “고 해석 손정도 목사 약전”,〈종교와기독교교육〉 2권 7-10호, 1931.7-10.
최봉측, “고 손정도 목사를 추모함”,〈새사람〉 제2호, 1937.2, 44-45.
배형식,『故 海石 孫貞道 牧師 小傳』, 기독교건국전도단, 1949.
손원일, “나의 이력서”,〈한국일보〉 1976.11.6.-11.10.
김일성, “손정도 목사”,『세기와 더불어』 2, 평양: 조선로동당출판사, 1992.
김일성,『재미교포 손원태와 한 담화』, 평양: 조선로동당 출판사, 1992.
박화원,〈해석 손정도의 목회와 민족운동〉, 목원대학교 대학원, 1994.
김창수 · 김승일,『해석 손정도의 생애와 사상 연구』, 넥서스, 1999.
안혜령,『손인실: 사랑과 겸허의 향기』, 이화여자대학교 출판부, 2001.
오진근 · 임성채,『해군창설의 주역 손원일 제독』, 한국해양전략연구소, 2006.
홍은혜,『은혜의 항해: 해군의 어머니 홍은혜의 인생 이야기』, 토기장이, 2010.
이현희, “孫貞道 목사와 상해임시정부”,〈제1회 아펜젤러 학술강좌〉, 정동교회, 1999.
이현희, “손정도 목사의 애국일생”,『역사의 힘』 솔과학, 2007.
김득중 편,『손정도 목사의 생애와 사상』, 감리교신학대학교 출판부, 2004.
김득중, “손정도 목사 연구의 종교사적 · 민족사적 의의”,『손정도 목사의 생애와 사상』.
이명화, “항일민족운동사의 맥락에서 본 손정도 목사”,『손정도 목사의 생애와 사상』.
한규무, “일제강점기 ‘기독교 사회주의’와 손정도 목사”,『손정도 목사의 생애와 사상』.
최상순, “손정도 목사는 그리스도교 정신을 독립운동으로 승화시킨 애국의 거성”,『손정도 목사의 생애와 사상』.
김석준, “우리 나라 반일민족해방운동과 손정도 목사”,『손정도 목사의 생애와 사상』.
김영희, “김일성주석의 회고록「세기와 더불어」를 통하여 본 손정도 목사”,『손정도 목사의 생애와 사상』.
강수현,”손정도 목사와 반일무장투쟁로선“,『손정도 목사의 생애와 사상』.
이덕주, “손정도 목사의 생애와 기독교 사상”,『손정도 목사의 생애와 사상』.
이덕주, “해석 손정도 목사”,『믿음 그리고 겨레사랑』, 한국기독교역사연구소, 2000.
이덕주, “도산 안창호와 해석 손정도: 변함없는 신뢰와 협력, 그것을 가능케 했던 공유가치”,〈도산학연구〉 13권, 도산학회, 2010.12.
Won Tai Sohn, Kim Il Sung and Korea’ s Struggle: An Unconventional Firsthand History, Jefferson: McFarland & Company, Inc., Publishers, 2003.

3. 회의록 및 정기간행물

Annual Report of the Board of Foreign Missions of the Methodist Episcopal Church, 1904–1927.
Annual Report of the Korea Woman's Conference of the Methodist Episcopal Church, 1908–1917.
Official Minutes and Reports of the Korea Mission of the Methodist Episcopal Church, 1898–1930.
The Korea Methodist, 1905–1906.
The Korea Mission Field, 1906–1930.
〈미감리회 조선매년회록〉 1909–1929.
〈기독교조선감리회 동부·중부·서부 연합연회 회록〉 1931–1933.
〈每日申報〉 1910–1931.
〈신학월보〉 1900–1907.
〈그리스도인회보〉 1911–1914.
〈基督申報〉 1914–1933.
〈神學世界〉 1914–1927.
〈獨立新聞〉 1919–1927.
〈신한민보〉 1910–1935.
〈기독교종교교육〉 1931.
〈새사람〉 1937.
〈監理會神學校 同窓會報〉, 감리회신학교동창회, 1932.

4. 일반도서

강매, 『貞洞教會 三十年史』, 1915.
김상옥열사기념사업협회, 『김상옥열사의 항일투쟁실기』, 1949.
김형석, 『일재 김병조의 민족운동』, 남강문화재단출판부, 1993.
김홍수 편, 『일제하 한국 기독교와 사회주의』, 한국기독교역사연구소, 1992.
도산안창호선생전집편찬위원회, 『도산안창호전집』, 도산안창호선생님기념사업회, 2000.
박영석, 『한민족독립운동사연구』, 일조각, 1982.
박용옥, 『한국여성독립운동사』, 3·1여성동지회, 1980.
양주삼 편, 『조선남감리교회 30주년기념보』, 조선남감리교회전도국, 1930.
오영교, 『정동제일교회 125년사』 제1권, 정동삼문출판사, 2011.
윤경로, 『한국 근대사 성찰과 고백』, 한성대학교 출판부, 2008.
윤경로, 『105인 사건과 신민회 연구』(개정증보판), 한성대학교 출판부, 2012.

이덕주, 『기독교 사회주의 산책』, 홍성사, 2011.
이덕주, 『독립운동의 요람 남산재 사람들』, 도서출판 그물, 2015.
이덕주, 『상동청년 전덕기』, 공옥출판사, 2016.
이덕주, 『백아덕과 평양 숭실』, 숭실대학교 출판부, 2017.
이덕주 · 김호운 엮음, 『중국·시베리아지역 한국기독교관련 자료집』 2권, 한국기독교역사연구소, 2015.
이병헌 편저, 『삼일운동비사』, 시사시보사출판국, 1959.
이현주, 『한국 사회주의 세력의 형성: 1919-1923』, 일조각, 2003.
이현희, 『계원 노백린장군 연구』, 신지서원, 2000.
한국기독교역사연구소 엮음, 『3·1운동과 기독교 민족대표 16인』, 한국기독교역사연구소, 2019.
홍만호, 『진남포 백년사』, 알파문화사, 1987.
『崇實學友會 會員名簿』, 숭실전문학교, 1938.
『尹致昊日記』, 국사편찬위원회, 1988.
『한민족독립운동사』, 국사편찬위원회, 1988.
『한국독립운동사 자료』, 국사편찬위원회, 1994.
『대한민국임시정부 자료집』, 국사편찬원원회, 2005.
『日本外務省資料』.

찾아보기

ㄱ

ㄴ

ㄹ

ㅁ

ㅂ

ㅅ

ㅇ

ㅈ

ㅊ

ㅋ

ㅌ

지은이 이덕주(李德周)
감리교신학대학교와 동대학원을 졸업(신학박사) 하고 모교에서 한국교회사를 가르치다가 2018년 은퇴했다. 한국기독교역사연구소 소장을 지냈다. 저서로는 본사에서 펴낸『한국 교회 이야기』,『한국 영성 새로 보기』,『신석구』,『유관순』, 외에 자전적 에세이『너는 내 아들이 아니다』가 있다.『스크랜턴』,『전덕기』,『주기철』, 등 여러 전기를 썼으며, 한국기독교 역사 유적을 답사하면서 쓴『눈물의 섬 강화 이야기』,『개화와 선교 요람 정동이야기』 같은 많은 저서들이 있다.

손정도
자유와 평화의 꿈

2020년 8월 15일(초판 1쇄)

지은이 이덕주
펴낸이 최병천
편집실무 강면실 윤진선 권오무 김동성

펴낸곳 신앙과지성사
등록 1988년 1월 13일(제9-136호)
주소 서울시 서대문구 연희로 177 옥산빌딩 2층
전화 02)335-6579 · 323-9867 · 팩스 02)323-9866
E-mail miral87@hanmail.net
홈페이지 http://www.miral.co.kr

ISBN 978-89-6907-236-8 03910

값 35,000원

밀알북스는 신앙과지성사의 자매브랜드로 이 땅에서 "한 알의 밀알"이 되신 분들의 삶을 재조명하는 마당입니다.